# हे! नवभारत निर्माता
# डॉ. अम्बेडकर

# हे! नवभारत निर्माता डॉ. अम्बेडकर

भाग–1

नव–भारतोदय

सी. डी. नाईक

KALPAZ

**हे! नवभारत निर्माता डॉ. अम्बेडकर**

**(भाग–1: नव–भारतोदय)**



ISBN : 978-93-5324-641-9 (Set)
978-93-5324-972-4

भारत में सन् 2022 में प्रकाशित

**कल्पाज पब्लिकेशन**

सी–30, सत्यवती नगर,
दिल्ली–110052
वेब साइटः www.kalpazpublications.com
ई–मेलः kalpaz@hotmail.com
Phone : 011-47034999, 9811692060

*मुद्रितः* ज्ञान प्रेस, दिल्ली

# अनुक्रम

## समर्पण

जो

इस दुनिया में आये और अपना सर्वस्व देकर चले गए: आयुष्मान राजू काम्बले, श्री बी. पी. मौर्य, डॉ. डी. सी. अहिर, भन्ते रेवत धम्म, भन्ते सद्धातिस्स, भन्ते वालपोल राहुल, भन्ते साम्बुन, आचार्य शांति स्वरुप बौद्ध, पू. भन्ते सदानन्द, प्रो. भाऊ लोखंडे, एडवोकेट संदेश भालेकर प्रभृतियों को समर्पित।

# नमस्कार

नमस्कार उनको, नमस्कार भगवन, नमस्कार अर्हन, नमस्कार सम्यक सम्बुद्ध को नमस्कार उनको, नमस्कार भगवन नमस्कार अर्हन, नमस्कार सम्यक सम्बुद्ध को नमस्कार उनको, नमस्कार भगवन नमस्कार अर्हन, नमस्कार सम्यक सम्बुद्ध को ।।धृ।।

प्रथम वार मैं बुद्ध–शास्ता को समर्पित हूँ।
प्रथम वार मैं धम्म–तथता को समर्पित हूँ।
प्रथम वार मैं संघ–शुद्धता को समर्पित हूँ।

द्वितीय वार मैं बुद्ध–शास्ता को समर्पित हूँ।
द्वितीय वार मैं धम्म–तथता को समर्पित हूँ।
द्वितीय वार मैं संघ–शुद्धता को समर्पित हूँ।

तृतीय वार मैं बुद्ध–शास्ता को समर्पित हूँ।
तृतीय वार मैं धम्म–तथता को समर्पित हूँ।
तृतीय वार मैं संघ–शुद्धता को समर्पित हूँ।

जो प्राणीपात है, शुद्धता का नाश है उसे नहीं मैं करूँगा।
जो नहीं दिया हो उसे लिया गया हो उसे नहीं मैं करूँगा।
जो लैंगिक बात है ब्रह्मचर्य वास है उसे दूषित नहीं मैं करूँगा।
जो मृषावाद है, निंदा–कठोर–बकवाद है, उसका प्रयोग नहीं मैं करूँगा।
जो लोभ, दोष, है, मोह जैसी आग है उसे मन में बुझा जाऊँगा।

साधु साधु साधु

# प्रास्ताविक

यह पारंपरिक नहीं है कि किसी पुस्तक की प्रस्तावना दोहे या गाने से लिखी जाए। परंतु दोहे और गाने कम शब्दों में बहुत कुछ कह देने में समर्थ होने से लेखक ने इस विधा को चुना है। बहुत से कबीर जी के दोहे जनमानस में विद्यमान होने से उसके अर्थ वाक्प्रचार में होने से वे यहाँ नहीं दिए गये तथा हिन्दी में जो गीत दिए गए हैं उसके अर्थ स्वयं शब्द ही वहन कर रहे हैं।

**कबीर**

**कबीर मन निर्मल भया जैसे गंगा नीर**
**पाछे पाछे हरि फिरे कहत कबीर कबीर**

(सी.डी. नाईकः 2019ः 224)

**धीरे धीरे रे मना धीरे सब कुछ होए**
**माली सींचे सौ घड़ा ऋतु आए फल होए**

(सी.डी. नाईकः 2019ः 224)

घर घर दीपक बरै, लखै नहीं अंध है।
लखत लखत लखि परै, कटै जमफंद है।।
करन सुनन कछु नाहीं, नहिं कछु करन है।
जीते जी मरि रहै, बहुरि नाहि मरन है।।

(सी.डो. नाईकः 2019ः 228)

जोगी पड़े वियोग, कहै घर दूर है।
पासहि बसत हजूर, तूं चड़त ख़जूर है।।

(सी.डी. नाईकः 2019: 228)

बाह्मन दिछ्छा देत सै घर घर घालि है।
मूर सजीवन पास, तूं पाहन पालि है।।

(सी.डी. नाईकः 2019: 224)

ऐसन् साहब कबीर, सलोना आप है।
नहीं जोग नहीं जाप पुंन नहि पाप है।।

(सी.डी. नाईकः 2019: 228)

आसन् कर डिंड धरि बैठे, मन मैं बहुत गुमाना।
पीपर पाथर पूजन लागे, तीरथ वरत भुलाना।।

(सी.डी. नाईकः 2019: 229)

हिंदू की दइआ मिहर तुरकन की, दोनों घर से भागी।
वह करै जिबर वां झटका मारे, आग दैऊ घर लागी।।

(सी.डी. नाईकः 2019: 229)

या विधि हंसी चलत है हमको, आप कहावे सिआना।
कहै कबीर सुनो भई साधो इन में कौन दीवाना।।

(सी.डी. नाईकः 2019: 229)

## बुद्ध

बुद्ध एक मानव ही थे जैसे मानव हैं हम लोग।
सिद्धार्थ जैसे बुद्ध बने बन सकते वैसे हम लोग।।
असंख्य कितनी ही हो कमियाँ हम में तुम में और किसी में
एक एक कर सब दूर करेंगे बढ़ते आगे कदमों कदमों में
असीम सागर तर जायेंगे धम्म बेड़े से हम लोग ।।1।।

अगणित कितनी ही हो परीक्षा जल थल अगन अंतरिक्ष में
पार करेंगे हर चुनौती बाहर हो या अंतःस्थल में
दुःख से भारी अवनी सारी सुख से भर देंगे हम लोग ।।2।।

अपरिमित कितनी ही हो हानि विपदा प्रलय या सृष्टि विनाश
उदय स्थिति लय के ऊपर आबाद करेंगे मैत्रीमय निवास
नये कल्प के धम्मचक्र को मिल के गति देंगे हम लोग ।।3।।

## डॉ. बी. आर. अम्बेडकर सामाजिक विज्ञान विश्वविद्यालय

डॉ. बी. आर. अम्बेडकर सामाजिक विज्ञान

प्रणाम, विश्वविद्यालय प्रणाम = धृ =

चम्बल क्षिप्रा बाघ नर्मदा

उज्जेनी सांची सतपुडा गोदा

महू मालवा भारत वर्ष तू एक ही विद्या धाम =1= प्रणाम,

विश्वविद्यालय प्रणाम

समता स्वतंत्रता बंधुत्व

कुटुम्ब समस्त है वसुधैव

शिक्षा शोध प्रशिक्षण प्रसार अखंड राष्ट्र निर्माण =2= प्रणाम, विश्वविद्यालय प्रणाम

भारत उदय की अगस्त क्रांति

बुद्ध कबिर और फुले दम्पति

सामाजिकी कृषि जगत तू पहला ही संग्राम =3= प्रणाम,

विश्वविद्यालय प्रणाम

अनन्त विषयों अनन्त विधायें

शोध बोध बोधि द्रुम लताएं

अंतराल का संविधान तू धरती का आसमान =4= प्रणाम,

विश्वविद्यालय प्रणाम

चार सत्य चौसठ कलायें

समाज केन्द्र बहुविध सुविधायें

मानविकी विज्ञान तकनीकि दुःख का अनुसंधान =5= प्रणाम, विश्वविद्यालय प्रणाम

# अध्याय – 1

# भीम

## प्रस्तावना

क्या कोई कल्पना कर सकता था कि जिसके बारे में विश्व में आज चलचित्र बने, इंटरनेट साइट खुले, जिन के अनुरागी देश–विदेश में फैले, जिन के विचार और दर्शन से एक पुरानी व्यवस्था का खात्मा होते चला जा रहा है, उसका जन्म मध्य प्रदेश की हृदय स्थलि महू में हुआ था।

## डॉ. अम्बेडकर नगर

अब महू को ही डॉ. अम्बेडकर नगर से जाना जा रहा है। यहीं सन् 1891 में दिनांक 14 अप्रैल को भीनाबाई और सूबेदार मेजर रामजी सकपाल के चौदहवी संतान हुई। उनकी चौदह संतानों में से केवल पांच ही संतानें जीवित रहीं और उनमें सबसे छोटे का नामाभिधान भीम रखा गया। जिस घर में भीम पैदा हुये वह महू छावनी के आम बेरेक का एक हिस्सा था, जहाँ आज एक भव्य स्तूप ने अपनी आदरणीय शक्ल अख्तियार की है और जिस अस्पताल में इस नव शिशु का आगमन हुआ उसका रिकार्ड यहाँ के कॉलेज ऑफ कॉम्बेट (अब कॉलेज ऑफ वार) में उपलब्ध होना उसके जन्म का ऐतिहासिक साक्ष्य है। जो ख्याति ब्रिटिश सेना मुख्यालय होने से महू नहीं अर्जित कर सका वह ख्याति आज डॉ. अम्बेडकर की जन्म स्थलि होने से विश्व भर फैल गई है।

इस प्रकार डॉ. अम्बेडकर की जन्म भूमि मध्य प्रदेश है तो उनकी कर्मभूमि महाराष्ट्र बन गई।

## महू

तथापि रामजी का पैतृक गांव भूतपूर्व बम्बई प्रांत के अधीनस्थ रत्नागिरी जिले के मडंनगढ़ (खेडू) तहसील में अंबावडे नामक ग्राम था। परंतु सैनिकी पेशे के कारण उनको अपना पैतृक गाँव छोड़कर मिलिटरी हेडक्वाटर ऑफ वार अर्थात् महू में आना पड़ा था। भीम के जन्म के समय वह स्थानीय सैनिकी नार्मल स्कूल में अध्यापक थे। जब वह सेना से निवृत्त हो गये तब बालक भीम लगभग दो वर्ष का था। सेवानिवृत्त सूबेदार मेजर रामजी महू को छोड़ दापोली में सपरिवार गये। परंतु वहाँ का वातावरण भीमामाई को अनुकूल न होने से वे सतारा में गये और वहाँ पी. डब्लू. डी. के दफ्तर में स्टोर कीपर का काम करने लगे। वहाँ उन्होंने भीम को शासकीय प्राथमिक स्कूल में भर्ती कराया था। अब बालक भीम सतारा स्कूल में पढ़ते थे। भीम ने अपनी प्राथमिक और माध्यमिक शिक्षा को सतारा से ही ग्रहण किया था। एक दिन वहाँ के एक अध्यापक ने उनके कुल नाम ''अंबावडेकर'' को अपने कुलनाम ''अम्बेडकर'' में बदल दिया था।

## भीमाबाई

भीम की मातोश्री भीमाबाई भी फौजी खानदान और धार्मिक परिवेश से आईं थीं। सन् 1896 में जब भीम मात्र 5 वर्ष का था तो उनकी माता का देहांत हुआ। माता भीमाबाई की स्मृति स्थलि भी सतारा में है। भीम को एक जीजाबाई नामक सौतेली माँ भी थी। जब वह उसकी दिवंगत माँ के वस्त्र और गहने पहनती तो भीम मन ही मन बड़ा दुःखी होता और कुढ़ने लगता था।

## अंबावडे

अब रामजी कोरेगांव में एक निजी कपंनी में कैशियर के पद पर

काम कर रहे थे, तब वहाँ घटित उनके बालपन की मुख्य घटना को डॉ. अम्बेडकर ने स्वयं की लेखनी से इस प्रकार बयान किया है। उन्होंने लिखा है:

''हमारा परिवार मूलतः बम्बई प्रेजीडेंसी के रत्नागिरी जिले के दापोली तहसील (अंबावडे ग्राम) से आया था। ईस्ट इण्डिया कंपनी के बिल्कुल आरंभ से मेरे पूर्वजों ने अपना पैतृक व्यवसाय त्याग दिया था और कंपनी की सैनिकी सेवा में भर्ती हो गये थे। मेरे पिताजी ने भी परिवार की इस परंपरा का अनुकरण किया और सैनिकी सेवा में भर्ती हुये। अपने केरियर में वे अधिकारी की श्रेणी तक पहुँचे और मेजर सूबेदार के पद पर (महू से) सेवा निवृत्त हुये। अपने सेवानिवृत्त होने के पश्चात् स्थायी रुप से बसने के इरादे से मेरे पिता अपने कुटुंब को लेकर दापोली आये। लेकिन कुछ कारणों से मेरे पिताजी ने अपना मन बदला। अतः वे दापोली छोड़कर सतारा आये और वहाँ हम सन् 1904 तक रहे।

## कोरेगाँव

पहला प्रसंग जो मैं लिपिबद्ध कर रहा हूँ और जिसे मैं याद कर सकता हूँ वह सतारा में ही लगभग सन् 1901 में घटित हुआ था। मेरी माँ (जिसे मैं बय कहता था) शांत हो गई थी। मेरे पिताजी कोरेगाँव में केशियर का काम करते थे। यह गाँव सतारा जिले के खाटव तहसील में था। यहीं पर बम्बई सरकार ने हजारों की तादाद में भूख से मर रहे लोगों को आजिविका देने के उद्देश्य से तालाब की खुदाई का उपक्रम शुरु किया था। जब मेरे पिताजी कोरेगाँव गये तो उन्होंने हम दो भाईयों और हमारे दो भानजों को मेरी बुआ और कुछ दयालु पड़ोसियों की निगरानी में छोड़ दिया था।

... केशियर होने के कारण मेरे पिता अवकाश लेकर हमें देखने के लिये सतारा नहीं आ सकते थे। अतः उन्होंने लिख भेजा था कि हम आगामी ग्रीष्म की छुट्टियाँ उनके पास गोरेगाँव में ही बितायें। हम बच्चे

इस सुअवसर को पाकर फूले न समायें, विशेषतः इसलिये क्योंकि हम में से किसी ने भी हाल तक रेलगाड़ी नहीं देखी थी।

बड़ी तैयारियाँ की गई। अंग्रेजी बनावट के नये शर्ट, चमकीली रत्नजडित टोपियाँ, नये जूते, रेशम की जरी की किनारेवाली नई धोतियाँ यात्रा के लिये मंगाई गई।

... रेलवे स्टेशन हमारे घर से 10 मील की दूरी पर था। रेलगाड़ी से गोरेगाँव जाने के लिये सबसे नजदीक मसूर स्टेशन पड़ता है। वहाँ पर हम शाम को 5 बजे पहुँचे। सभी यात्री जा चुके थे। हम चार बच्चे प्लेटफार्म पर पिताजी अथवा उनके नौकर, जिसे वे भेजनेवाले थे, का इंतजार कर रहे थे। काफी समय बीत गया पर कोई नहीं आया। हमारे सुंदर परिधान देखकर स्टेशन मास्टर को लगा कि हम ब्राह्मण लड़के होंगे। अतः उन्होंने पूछा कि हम कौन है। मैने महार कह दिया। बंबई प्रेजीडेंसी में महार एक अस्पृश्य होती है। यह बात तांगेवालों तक फैल गई। हमें ले जाने के लिये एक तांगेवाला बड़ी मुश्किल से तैयार हुआ। वह भी इस शर्त पर कि हम उसे दुगुना भाड़ा देंगे और तांगा हम खुद चलायेंगे और स्वयं तांगेवाला गाड़ी के पीछे–पीछे पैदल चलेगा।

शाम के लगभग साढ़े छः बज चुके थे जब हम लोगों ने स्टेशन छोड़ा। तांगेवाला कह रहा था कि कोरेगाँव पहुँचने के लिये तीन घंटे से अधिक समय नहीं लगेगा। आगे एक नदी लगी। तांगेवाले ने सुझाया कि हम वहीं पर अपना भोजन कर लें क्योंकि आगे पानी नहीं मिल पायेगा। वह स्वयं खाने के लिये पास के किसी गाँव में गया जिसके लिये हम ने किराये का कुछ भाड़ा केश में अदा कर दिया था। हमने भी अपने खाने के डिब्बों की टोकरी खोली और उसमें से खाना निकाल कर खाने लगे। हम में से एक पानी लेने नदी में उतर गया परंतु खाली हाथ लौट आया क्योंकि वहाँ का पानी कीचड़ और गंदगी से बदबूदार हो चुका था। हम ने अपना खाना लपेट कर टिफिन में बंद कर दिया और गाड़ीवाले का इंतजार करते रहे। वह काफी विलंब से आया। जब आया तो यात्रा फिर जारी की गई लेकिन रात के दस भी बज चुके थे पर कोरेगाँव नहीं आया।

मध्य रात्री भी बीत गई जब मात्र चुंगी नाके तक पहुँचे थे। नाके वाला हिंदू था, उससे पानी मांगा तो उसने साफ इंकार कर दिया। हम वहाँ भूखे–प्यासे ही सोये। दूसरे दिन सुबह 8 बजे फिर बैलगाड़ी में यात्रा जारी रखी तो कोरेगाँव सुबह 11 बजे पहुँचे। हमें देखकर पिताजी को आश्चर्य हुआ। हम ने कहा सूचना भेजने पर भी हमें लेने स्टेशन पर क्यों नहीं आये तो उन्होंने पता लगाया कि उन्हें इसकी सूचना मिली ही नहीं थी, जो उनके नौकर की भूल थी।

## नया आविष्कार

खैर, इस घटना का मेरे जीवन में खास महत्व है। जब वह घटना हुई तो मैं 9 साल का बालक था। लेकिन उसने मेरे मन पर अमिट छाप छोड़ी है। इस प्रसंग के पूर्व मैं जानता था कि मैं एक अछूत बालक हूँ और सभी अस्पृश्य कुछ अप्रतिष्ठा और भेद–भाव के शिकार हैं। मिसाल के तौर पर मैं जानता था कि स्कूल में मैं अपने क्रन के अनुसार अपने वर्ग–सहपाठियों के बीच में नहीं बैठ सकता था और मुझे एक कोने में अकेले ही बैठना पडता था। मैं जानता था कि स्कूल में मुझे एक बोरी की चटाई पर अपनी कक्षा से अलग हट कर बैठना पड़ता था और जो फर्राश स्कूल की सफाई करता था वह भी मेरे द्वारा इस्तेमाल की गई बोरी की चटाई को नहीं छूता था। बोरी की चटाई भी मैं प्रति दिन घर से अपने साथ लेकर स्कूल में जाया करता था। स्कूल में अन्य बच्चे प्यास लगने पर अध्यापक की अनुमति से पानी के नल के पास जाते, उसे खोलते और अपनी प्यास बुझाते थे। पर मैं पानी का नल छू नहीं सकता था और जब तक कोई दूसरा स्पृश्य प्राणी मेरे लिये उसे खोल नहीं देता तब तक मैं प्यासा का प्यासा ही रह जाता। अध्यापक ऐसे काम के लिये स्कूल के चपरासी को भेजते पर जब वह उपलब्ध नहीं होता तो मैं बिना पानी के ही रह जाता था। क्योंकि चपरासी नहीं, तो पानी नहीं, ऐसा नियम बन गया था। मैं जानता था कि घर में कपड़े धोने का कार्य मेरी बहनें करती थीं, इसलिये नहीं कि सतारा में धोबी नहीं थे, अथवा हम धुलाई का खर्चा देने योग्य नहीं थे, बल्कि इसलिये

कि हम अछूत थे और कोई भी धोबी अछूत के कपड़े नहीं धोता था। दाढ़ी बनाने और बाल कटवाने का काम मेरी बड़ी बहन करती थी क्योंकि सतारा का कोई नाई अछूत की दाढ़ी और बाल नहीं बनाता था। ये सब मैं जानता था। परंतु इस घटना ने तो मेरे दिल को ऐसी चोट पहुँचाई जिसे मैंने पहले कभी अनुभव नहीं किया था। और उस घटना ने मुझे उस अछूतपन के बारे में सोचने के लिये मजबूर कर दिया जो इस प्रसंग के पूर्व मेरे और अन्य कई स्पृश्य और अस्पृश्यों के लिये एक आम बात थी और आज भी है''।[1]

## श्रमिक कॉलोनी

सन् 1904 में रामजी बम्बई में आये। वहाँ वे परेल की एक श्रमिक कॉलोनी में रहते थे। भीम ने बम्बई में एलफिन्स्टन हायस्कूल में दाखिला लिया था और वहीं से उसने सन् 1907 में मैट्रिक की परीक्षा उत्तीर्ण की। सन् 1908 में भीम 17 वर्ष के हुये तो उन्होंने 9 वर्षीय रमा के साथ विवाह किया। सन् 1912 में एलफिन्स्टन कॉलेज से अंग्रेजी और पर्शियन आदि विषयों को लेकर और बड़ौदा महाराज सयाजी राव की वित्तीय सहायता से पढ़ाई कर वे ग्रेज्युएट परीक्षा में उत्तीर्ण हुये। उसके पश्चात् भीम राव की बड़ोदा सैनिक दल में लेफ्टिनेंट के पद पर नियुक्ति हुई। कुछ दिनों के पश्चात् उनके पिताजी का देहांत हुआ।

## प्रबंध और शोधपत्र

तथापि सन् 1913 में बड़ौदा नरेश सयाजीराव गायकवाड द्वारा पिछडे वर्ग के लिये संस्थापित छात्रवृत्ति के हासिल होने पर भीम राव कोलंबिया विश्वविद्यालय, अमेरिका गये और वहाँ से ईस्ट इंडिया कंपनी का प्रशासन और वित्त विषय पर शोधग्रंथ प्रस्तुत कर एम.ए. हो गये। उन्होंने फिर नेशनल डिविडंडः ए हिस्टोरिकल एण्ड अनालिटिकल स्टडी अर्थात् राष्ट्रीय लाभः एक ऐतिहासिक तथा विश्लेषणात्मक अध्ययन पर पीएच.डी. की उपाधि हासिल की। वहीं उनका संपर्क जॉन डिवि (John Dewey), एडविन सेलिग्मन और ए.ए. गोल्डनवेजर जैसे सुविख्यात

दार्शनिक और प्रोफेसरों के साथ हुआ। उन्होंने वहीं पर भारत में जातियां: उनकी सरंचना, व्युत्पत्ति, और विकास नाम्क एक शोध पत्र भी लिखा था।

## लंदन स्कूल ऑफ एकानामिक्स एण्ड पोलिटिकल साइंस

सन् 1916 में डॉ. अम्बेडकर ने लंदन स्कूल ऑफ एकानामिक्स एण्ड पोलिटिकल साइंस में प्रवेश प्राप्त किया। वहाँ पर उनका संपर्क श्री सिडनी वेब, बेट्रिस वेब, एडविन केनन, जे.ए. हाबसन, एल.टी. हाबहाउस प्रभृति विद्वान दार्शनिकों से हुआ। डॉ. अम्बेडकर बार–एट–लॉ की उपाधि हेतु ग्रेज इन नामक विधि संस्थान में भी प्रविष्ट हुये थे। परंतु शिष्यवृत्ति की शर्तों के अनुसार छात्रवृत्ति का नियुक्त समय बीत जाने के पश्चात उन्हें अब अपनी सेवा बडौदा राज्य को अर्पित करना लाजमी हो गया था। अतः डॉ. अम्बेडकर अपनी पढ़ाई बीच में ही छोड़कर सन् 1917 में भारत वापिस आ गये। और बड़ौदा में अकाउंटन्ट जनरल के ऑफिस में प्रोबेशनर की हैसियत से काम करने लगे। परंतु दफ्तर के अन्दर और बाहर भी तत्कालीन दकियानूसी समाज ने डॉ. अम्बेडकर को इतना पढ़ा–लिखा होने पर भी एक अछूत ही मान कर वैसा ही उनके साथ सलूक भी किया, फलतः उन्हें वह स्थान जल्दी ही छोड़ कर वापिस बंबई जाना पड़ा।

## राजनीति–अर्थशास्त्र के प्रोफेसर

बंबई लौट कर कुछ दिन डॉ. अम्बेडकर को बेरोजगारी में ही काटने पड़े। बाद में वे सिडनम कॉलेज (Sydenham) में राजनीति–अर्थशास्त्र के प्रोफेसर पद पर नियुक्त हुये।

## मताधिकार

सन् 1919 में जब मान्टेग्यू–चेम्सफोर्ड सुधार चल रहा था तो मताधिकार के विषय पर डॉ. अम्बेडकर ने अपना अभिमत साउथबरो कमेटी के समक्ष रखा था। उनका मत था कि जब 1916 से ही

मुसलमानों को पृथक मताधिकार सरकार द्वारा मान्य हो गया था तो सबसे अधिक पिछड़े दलित वर्ग के लिये पृथक मताधिकार क्यों न बहाल किया जाये।

## मूकनायक

31 जनवरी 1920 को उन्होंने मूकनायक नामक एक मराठी पाक्षिक आरंभ किया। प्रथम अंक में उन्होंने ऐसे मुख पत्र की आवश्यकता को बयान करते हुये कहा था कि वह अन्याय के खिलाफ मंथन और समीक्षण वाला मुखपत्र है। सन् 1920 में उन्होंने कोल्हापूर के छत्रपति साहू महाराज की छत्रछाया में प्रथम अखिल भारतीय दलित वर्ग संस्था का नागपुर में सम्मेलन कराया और वहाँ यह ऐलान किया कि दलित वर्गों की मुक्ति उनके अपने प्रयासों से ही संभव है।

## अध्ययन व उपाधियाँ

सितंबर 1920 में उन्होंने अपने लंदन विश्वविद्यालय की पढ़ाई फिर से आरंभ की। अगले ही वर्ष उन्होंने एम. एससी. की उपाधि प्राप्त की, जो डॉक्टरल शोध के लिये अनिवार्य शर्त थी। उसके बाद उन्होंने उस समय के सर्वश्रेष्ठ अर्थशास्त्र के विद्वान सर एडविन केनन के मार्गदर्शन में रुपये की समस्या पर एक बृहद् शोध प्रबंध लिखा, जिसे बाद में लंदन के ही पब्लिशर, पी. एस. किंग एण्ड सन्स ने सन् 1923 में 'रुपये की समस्या, उसकी उत्पत्ति और उसका उपचार' प्रकाशित किया। और उसी प्रकाशक ने अमरीका के कोलंबिया विश्वविद्यालय से स्वीकृत उनका पहले से ही तैयार ब्रिटिश भारत में प्रांतीय वित्त नामक पी. एच. डी. की उपाधि का शोध प्रबंध सन् 1925 में प्रकाशित किया। सन् 1922 में डॉ. अम्बेडकर ने बर्लिन में उच्चतर शोधाध्ययन के लिये तीन माह खर्च किये। उसी वर्ष ग्रेज इन के बार का बुलावा आया।

## इंदौर

अगले वर्ष वे भारत लौट आये और वहाँ बम्बई उच्च न्यायालय में

वकालत की। इदौर के तत्कालीन महाराज मल्हार राव होलकर के एक राज घराने के बाहर की महिला के साथ वैवाहिक संबंध के बारे में उपजे विवाद में महाराजा की वकालत करने, और एक अन्य इंदौर निवासी के एक मंदिर के पास की जमीन के मुकद्दमें में पैरवी करने के सिलसिले में डॉ. अम्बेडकर इंदौर आये थे। इंदौर के इन दोनों मामले में उनकी वकालत ने संबंधित पक्षों को जिताकर राहत दिलाई थी।

## अंशकालीन प्राध्यापक

जून 1925 से मार्च 1928 तक उन्होंने वहॉ के अकाउन्टंसी की 'बाटलीबोई प्रशिक्षण संस्थान' में अंशकालीन प्राध्यापक की सेवायें प्रदान कीं। जून 1928 से मार्च 1929 तक वे बम्बई के शासकीय विधि महाविद्यालय के प्राध्यापक और बाद में प्राचार्य भी रहे।

## बहिष्कृत हितकारणी सभा

सन् 1924 में उन्होंने बहिष्कृत हितकारणी सभा की स्थापना की। उसके तहत उन्होंने शोलापुर में दलित वर्ग छात्रावास खोला। सन् 1927 में उन्होंने महाड सत्याग्रह चलाया और अहिंसा के मार्ग से आम लोगों की तरह अछूतों के अधिकार को भी कुओं, तालाबों आदि पर प्रस्थापित किया। उससे दलितों का हिंदुओं के साथ सीधा संघर्ष छिड़ गया। इतना ही नहीं, बल्कि 25 दिसंबर 1927 के दिन मनुस्मृति का सामूहिक रुप से दहन कर उन्होंने सिद्ध कर दिया कि अब वे हिंदुओं की गुलामी में नहीं रहेंगे।

सन् 3 अप्रैल 1927 से डॉ. अम्बेडकर ने बहिष्कृत भारत नामक पाक्षिक चलाया। उनके संघर्ष का यह एक पायदान था। इसी दौरान डॉ. अम्बेडकर ने समाज सुधार और राष्ट्र निर्माण की कटिबद्धता स्वीकार की थी। अतः उन्होंने बम्बई विधान मंडल में सन् 1927 से सन् 1937 तक कुल 10 वर्ष के कार्यकाल में एक सक्रिय सदस्य की भूमिका निभाई। बम्बई विधान मंडल में उन्होंने गरीबों पर लादे जानेवाले बजट के संबंध में प्रशासन की लापरवाही पर कठोर प्रहार किया।

## दलित वर्गों का दृष्टिकोण

उनका वक्तव्य अनोखा रहता था। उन्होंने 29 मई और अक्टूबर 1928 में सायमन कमिशन में बम्बई विधान मंडल कमेटी से हटकर उसके एक सदस्य की हैसियत से अपना अलग वक्तव्य दिया कि भारत के संवैधानिक प्रजातंत्र में दलित वर्गों का दृष्टिकोण ध्यान में रखा जाना चाहिये। वहाँ उन्होंने बम्बई पैतृक व्यवसाय अधिनियम 1874 के संशोधन का विधेयक प्रस्तुत किया।

## समाज समता संघ

समाज में एकता स्थापित करने के लिये उन्होंने क्रमशः समाज समता संघ और समता सैनिक दल की स्थापना सितंबर और दिसंबर को सन् 1927 में की।

## बहिष्कृत हितकारणी सभा

उन्होंने बहिष्कृत हितकारणी सभा की ओर से शिक्षा में दलित वर्गों की स्थिति पर प्रकाश डालते हुये वक्तव्य दिया था कि प्रशासन का आधार सार्वत्रिक वयस्क मताधिकार होना चाहिये। उसी वर्ष उन्होंने दलित वर्ग शिक्षा समाज की स्थापना की और उसके माध्यम से उच्च विद्यालय के दलित छात्रों के लिये पनवेल, ठाणे, नासिक, पुणे और धारवाड में छात्रावास खोले।

## कालाराम मंदिर प्रवेश सत्याग्रह

सन् 1930 में नासिक में ही कालाराम मंदिर प्रवेश सत्याग्रह में उन्होंने दलित वर्ग के धार्मिक हितों की रक्षा के लिये अहम भूमिका निभाई। और उसी वर्ष नागपुर में आयोजित अखिल भारतीय दलित वर्ग कांग्रेस की अध्यक्षता की। उन्होंने ब्रिटिश प्रशासन के प्रतिकूल रवैये, भारतीय उच्च जातियों का रुढ़िवाद तथा गांधी और कांग्रेस की सनातनी नीतियों पर अपनी आलोचना से प्रहार किया। और दूसरी गोलमेज परिषद में उन्होंने गांधी से दलित हितों के रक्षणार्थ लड़ाई मोल ली।

उनके विचारों का मायनारिटी पैक्ट पर इतना प्रभाव था कि उनके सुझावों का समावेश 1932 के जातीय समझौता तथा 1935 के भारत अधिनियम में भी है, हालांकि गांधी के आमरण अनशन से दलितों को पृथक प्रतिनिधित्व के स्थान पर संयुक्त प्रतिनिनिधित्व और आरक्षण से संतोष करना पड़ा।

## पत्रकारिता

उन्होंने 24 नवंबर 1930 को जो जनता नामक पाक्षिक चलाया था वह एक वर्ष बाद साप्ताहिक के रुप में चलता रहा, और 4 फरवरी 1956 से प्रबुद्ध भारत के नाम से प्रकाशित होता रहा।

## मताधिकार कमेटी

भारतीय मताधिकार कमेटी अथवा लोथीयन कमेटी के एक सदस्य की हैसियत से डॉ. अम्बेडकर ने दलितों की प्रातिनिधिक और मताधिकार की स्थिति का जायजा लेने हेतु भारत भर का दौरा कर उसका परीक्षण किया।

## हरिजन सेवक संघ

पूना पैक्ट के बाद एंटी–अन्टचेबिलिटी लीग की स्थापना भी हुई। परंतु डॉ. अम्बेडकर ने पाया कि अछूतों पर हिंदू दमन बरकरार रखने वाली बलात् अवस्था में हुये पूना पैक्ट और हरिजन सेवक संघ यानी एन्टी अन्टचेबिलिटी लीग के द्वारा अछूतों का आत्म सम्मान दांव पर लगा देखकर डॉ. अम्बेडकर ने सन् 1933 में संघ से अपना इस्तीफा दे दिया।

## गोलमेज परिषद

उन्होंने 17 नवंबर 1932 से 24 दिसंबर 1932 तक के दौरान आयोजित गोलमेज परिषद में हिस्सा लिया था।

## प्राचार्य

बम्बई के शासकीय महाविद्यालय में जून 1934 में प्रथम अंशकालीन प्रोफेसर के पद पर कार्य किया और 1 वर्ष पश्चात् वहाँ के प्राचार्य पद को संभाला।

## रमाबाई

27 मई 1935 में उनकी धर्मपरायण पत्नी रमाबाई का देहांत हुआ। उन्होंने स्वयं 3 पुत्र और 1 पुत्री के निधन का दुःख सहकर और डॉ. अम्बेडकर के विदेश में अध्ययन करने के दौरान अपना जीवन एकांत और दरिद्रता में बिताकर अब संसार से विदा ली थी।

## येवला

13 अक्तूबर 1935 को डॉ. अम्बेडकर ने नासिक में येवला की दलित वर्ग की सभा में हिंदू धर्म छोड़ने की बात कही थी। मई 1936 में उन्होंने इस प्रश्न को सुलझाने के लिये एक महार परिषद भी बुलाई। अगले 21 वर्ष तक उन्होंने धर्मों का तुलनात्मक अध्ययन किया।

## जातिभेद निर्मूलन

1936 का उनका अत्यंत प्रखर भाषण 'जांत पांत तोड़क मंडल', लाहौर की सभा के लिये तैयार किया गया था। उसमें व्यक्त विचारों में धर्म पर की गई समीक्षा पर मंडल के संगठक श्री संत राम व अन्य प्रमुख नेताओं को एतराज होने से वह सभा ही रद्द कर दी गई। अतः उस भाषण को बाद में जातिभेद निर्मूलन शीर्षक से एक पुस्तिका की शक्ल में छाप दिया गया। डॉ. अम्बेडकर की यह पुस्तिका भारत के मजलूमों के लिये वही कार्य कर रही है, जो काम कार्ल मार्क्स और एंगल्स के कम्युनिस्ट घोषणा पत्र ने विश्व के सर्वहाराओं के लिये किया था। डॉ. अम्बेडकर की हिंदू धर्म की समीक्षा पर गांधी जी भी खफा हो गये थे, क्योंकि उनके लिये वर्ण व्यवस्था में कोई बुराई नहीं थी।

उसी वर्ष डॉ. अम्बेडकर ने खेतीहर श्रमिकों की अल्प जोतों से संबंधित खेती पद्धति को मिटाने का विधेयक बम्बई विधान परिषद में प्रस्तावित किया।

## स्वतंत्र मजदूर दल

इतना ही नहीं बल्कि 15 अगस्त 1936 में ही उन्होंने स्वतंत्र मजदूर दल की स्थापना कर 1937 के निर्वाचन में 17 सीटों में से 15 सीटों पर निर्वाचन में जीत हासिल की और 1938 में श्रमिकों के हितैषी के नाते श्रमिक आंदोलन को नियंत्रित करने वाले औद्योगिक श्रम विवाद विधेयक का विरोध भी किया। शासन की युद्ध नीति पर भी उनका एक विशेष दृष्टिकोण रहा, जिस के आधार पर उन्होंने शासकीय प्रयासों को सराहा था।

## जातिगत समाज

गांधी और कांग्रेस के सामाजिक सुधार के प्रति उदासीन रहने के फलस्वरुप मुस्लिम लीग ने लाहोर में अपने अलग राष्ट्र पाकिस्तान की मांग की। सन् 1940 में डॉ. अम्बेडकर ने पाकिस्तान अथवा भारत का विभाजन और सन् 1943 में अपने दूसरे भाषण–ग्रंथ रानडे, गांधी और जिन्ना के माध्यम से इस खतरे की ओर इशारा किया था। बार– बार चेतावनी देने पर भी सनातनी समाज के कान में जूं तक नहीं रेंगी। डॉ. अम्बेडकर ने भांप लिया कि यहाँ का समाज राजनीतिक कम और जातिगत अधिक है। अतः जुलाई 1942 में, जब क्रिप्स मिशन की चर्चा चल रही थी, उन्होंने शिडयुल्ड कास्ट फेडरेशन की स्थापना की। भारत के संवैधानिक निर्माण में हिंदू और मुस्लिम राजनैतिक दलों के बीच उस फेडरेशन की भूमिका ऐसी ही अपेक्षित थी जैसी दो बड़े धड़ों के बीच एक संतुलन शक्ति की होती है।

## गांधी और अछूतों की मुक्ति

27 जुलाई 1942 में महाराज्यपाल की कार्यकारिणी में पांच साल के

लिये श्रम मंत्री के पद पर नियुक्त हो जाने के पश्चात् दिसंबर 1942 में ही डॉ. अम्बेडकर ने पेसिफिक रिलेशन्स कमेटी द्वारा क्युबेक में आयोजित सम्मेलन के लिये 'गांधी और अछूतों की मुक्ति' नामक एक शोध पत्र लिखा। इसी समय के दौरान डॉ. अम्बेडकर ने दलितों का नौकरी में आरक्षण, श्रम विधियाँ व श्रम कल्याण तथा श्रमिक–उद्योगपति – सरकार की परस्परावलंबी त्रिसूत्रीय योजना, बहुउद्देशीय विकास योजना अर्थात् दामोदर घाटी तथा महानदी परियोजना की व्यापक नीतियाँ बना ली थीं। संक्षेप में उन्होंने एक कल्याणकारी शासन की नींव रखी हालांकि सन् 1951 में पंचवार्षिक योजना विभाग मंत्रालय श्री नेहरु ने उन्हें सौंपने से इंकार किया था।

## अस्पृश्यों का मूल

अवाम के अम्बेडकर ने सार्वजनिक जीवन में अपना सर्वस्व समर्पित कर दिया था। 24 अप्रैल 1942 में बम्बई प्रांत के राज्यपाल श्री लुमली ने वायसराय श्री लिनलिथगो को लिखा था कि डॉ. अम्बेडकर सार्वजनिक कार्य में अरुची रखते है, यह वक्तव्य डॉ. अम्बेडकर की चर्या से असिद्ध हुआ है। भले ही अनुसूचित जाति परिषद दल सन् 1945 के अंत में हुये चुनाव में अयशस्वी रहा, संवैधानिक सभा के लिये भले ही उन्हें बंगाल से निर्वाचित होना पड़ा, और जब केबिनेट मिशन मार्च 1946 में भारत आया और उसके सदस्य प्रतिनिधियों अर्थात लार्ड पेथिक लॉरेन्स और ए.वी. अलेक्झांडर और उस समय के ब्रिटेन के प्रधान मंत्री श्री ॲटली ने एस. सी. एफ की पराजय को इंगित कर अनुकुल सलूक नहीं किया, तथापि डॉ. अम्बेडकर ने जून 1946 में दलितों की भावी समय में भूमिका के लिये चलाये गये संघर्ष का नेतृत्व किया।

सन् 1945 में गांधी और कांग्रेस ने दलितों के लिये क्या किया नामक एक बड़ा ग्रंथ रचा। सन् 1946 में हिंदू धर्म के विभाजन और ब्राह्मणवाद के परिणाम को दर्शानेवाला ग्रंथ 'शूद्र पहले कौन थे' लिखा, और 1948 में अस्पृश्यों को मूल बौद्ध बतानेवाला ग्रंथ अछूत का निर्माण किया।

## कानून मंत्री

बंगाल का विभाजन होने के पश्चात् वहाँ से संविधान सभा के लिये डॉ. अम्बेडकर द्वारा जीती गई सीट भी निरस्त हुई, अतः कांगेस ने बम्बई से उन्हें जिताया। उसके कारण क्रांगेस को उनकी सेवाओं को भुनाने का एक अच्छा अवसर मिला और उसका उसने भरपूर फायदा भी उठाया। 3 अगस्त 1947 में डॉ. अम्बेडकर से श्री नेहरु की केबिनेट में कानून मंत्री के पद की सेवायें ली गईं। 19 अगस्त 1947 में उन्हें मसौदा समिति का सभापति बनाकर उन से संविधान रचा गया, हालांकि उनकी सेहत सन् 1940 से ही खराब चल रही थी और उस वजह से उन्होंने डॉ. शारदा कबीर से अंतर्जातीय विवाह भी कर लिया था। परंतु जब डॉ. अम्बेडकर ने हिंदू परिवार तथा समाज की सीढी–दर–सीढी विभाजक स्तरों को मिटाने के लिये हिंदू कोड बिल की संहिता संविधान सभा में पारित करने की अपेक्षा शासन से की तो कांग्रेस का सनातनी हिंदुत्व आड़े आया। सन 1951 में सितंबर माह में डॉ. अम्बेडकर ने अपने पद से प्रधान मंत्री को इस्तीफा सौंप दिया।

## विश्व नव निर्माण

भले ही 1952 के आम चुनाव में अस्पृश्य जाति परिषद लोक सभा के निर्वाचन और सन् 1954 में भंडारा निर्वाचन क्षेत्र से लोक सभा के उपचुनाव में हार गई थी और भारत के राजनीतिक जीवन में नया प्राण फूंकने वाली रिपब्लिकन पार्टी ऑफ इंडिया की उनकी योजना अधूरी रह गई थी तथापि शिक्षा और बौद्ध वैचारिकी के क्षेत्र में उनके द्वारा विश्व नव निर्माण का बुना हुआ सपना वास्तव में अब साक्षीभूत हो गया और उसकी पूर्णता का अभियान चल रहा है।

## बुद्ध और उनका धम्म

उन्होंने 8 जुलाई 1945 में पिपुल्स एज्युकेशन सोसायटी की स्थापना कर उसके माध्यम से सिद्धार्थ कॉलेज आफ आर्टस् एण्ड सायंस, 1946; सिद्धार्थ नाइट स्कूल 1947; मिलिंद महाविद्यालय, 1950; सिद्धार्थ कॉलेज

आफ कामर्स एण्ड एकॉनामिक्स, 1953; मिलिंद मल्टिपरपज हायस्कूल, 1955; और सिद्धार्थ कॉलेज ऑफ लॉ, 1956 इन शैक्षणिक संस्थाओं को खड़ा कर अपने अभियान को फलिभूत किया है। उन्होंने हिंदू धर्म का पर्याय ही नहीं बल्कि विश्व के बेहतर मानवतावादी धर्म को 21 वर्ष अध्ययन के परीक्षण के बाद परख कर उसे भारत के लिये अनुशंसित किया। सन् 1949 में उन्होंने काठमांडू में विश्व बौद्ध परिषद में मार्क्सवाद और बौद्धधर्म पर संबोधन दिया, बुद्ध और उनके धर्म का भविष्य नामक आलेख महाबोधि जनरल में छपवाया, उन्होंने सन् 1950, 1954 और 1956 में श्रीलंका, रंगून और नेपाल में जाकर वहां आयोजित विश्व बौद्ध सम्मेलन में उद्बोधन ही नहीं दिया बल्कि व्यवहार में जीवित बौद्ध संस्कारों का अवलोकन भी किया। 14 अक्तूबर 1956 में उन्होंने नागपुर में लाखों जनता के साथ बौद्ध जीवन पद्धति को अपनाया। उनकी अंतिम रचना बुद्ध और उनका धम्म थी।

## एल एल डी, डी. लिट्.

5 जुलाई 1952 में कोलंबिया विश्वविद्यालय ने उन्हें एलएल.डी. की मानद उपाधि प्रदान की और एक वर्ष प्श्चात उस्मानिया विश्वविद्यालय ने उन्हें डी.लिट की उपाधि से विभूषित किया। परंतु डॉ. अम्बेडकर ने 6 दिसंबर 1956 को महाप्रयाण किया और विश्व के भावी जीवन की खुशहाली के लिये वे हमारे पास अपने द्वारा प्रदत्त शिक्षा, संस्कार और प्रेरणा ही छोड़ गये, जो हमें कदम–कदम पर मार्गदर्शन करते रहेंगे।

## संदर्भ

1. वसंत मून संपा. डॉ. बाबासाहेब अम्बेडकर लेखन और भाषण, खंड 12, भाग 5, अध्याय 1: वीजा की प्रतीक्षा, शिक्षा विभाग, महाराष्ट्र शासन, बम्बई 1993, पृ. 661–691.

# अध्याय – 2

# विश्व लीडर

विश्व भूषण महामानव प्रज्ञासूर्य डॉ. बाबासाहेब अम्बेडकर ने गुलामों को गुलामी के प्रति आगाह करते हुये 31 जनवरी 1920 को मूकनायक नामक मराठी पाक्षिक आरंभ किया। वृत्तपत्र समता के क्रांति की तलवार और सामाजिक परिवर्तन का आईना होता है। मूकनायक ने बहिष्कृत भारत की जनता को प्रबुद्ध भारत की ओर ले जाते हुए असमानता का इतिहास तोड़ दिया। समता का इतिहास प्रस्तुत किया। मात्र छत्तीस वर्षों के भीतर ही अपने अम्बेडकरी युग को जन्म देनेवाले डॉ. बाबासाहेब की विश्वभूषणता को कोलंबिया विश्वविद्यालय ने भी मान्यता दी।

न्याय के लिए संघर्ष करनेवाले विश्व के प्रत्येक मनुष्य को जय भीम केवल नमस्कार नहीं है, बल्कि समतामूलक जीवन जीने की प्राणवायु लगती है। इसीलिए तो डॉ. बाबासाहेब पर पीएच.डी. करनेवाले संसार में सबसे अधिक दिखते हैं। किसान एक वर्ष तक बिदागी चाहता है तो खेत में अनाज रोपता है। यदि उसे सौ साल तक बिदागी चाहिए तो वह मानवों को रोपें। और हजारों बरसों की बिदागी चाहिये तो विचारों को रोपना चाहिए। कबीर, रविदास, फुले, साहू और अम्बेडकर ने यही विरासत आगे बढाई। फिर बुद्ध ने समता का विचार रोपा तो विश्व को युद्ध नहीं बल्कि बुद्ध प्रिय है। अम्बेडकरवाद सफल बनाने के उद्देश्य से ही विश्व लीडर का सूत्रपात हुआ है। जैविक वैज्ञानिक बोस ने कहा कि उन्होंने वनस्पति को बोलना सिखाया। परंतु साहित्यरत्न अन्नाभाऊ साठे ने कहा कि संसार को पलटकर जख्म को बताकर गये थे हमें भीमराव !

विश्व को अपने में समाने की ताकत रखनेवाले अम्बेडकरवाद को संसार बदलवाना है। अतः परिवर्तनवादी, प्रगतिवादी और समाजवादीओं को चाहिए कि वे विश्व को अम्बेडकरी नजर से देखें। क्योंकि दूसरों को पहचानना एक चालाकी होती है किन्तु स्वयं को पहचानना बुद्धिमत्ता कहलाती है। क्योंकि दूसरों पर नियंत्रण करना एक ताकत होते हुए भी स्वयं पर नियंत्रण करना एक सामर्थ्य है।

प्रज्ञा से जागृत राष्ट्रीय और अंतराष्ट्रीय स्तर पर अम्बेडकरवाद को यशस्वी बनाने हेतु मैत्री और बंधुत्व के निर्मिति की जरुरत है। अपने भीतर का बैर खत्म करना और मैत्री करना ही अम्बेडकरवाद है। मानव–मानव को जोडने से जगत अपने आप जुडता जाता है का अम्बेडकरी संदेश लेकर समाज प्रबोधन की ओर चार वर्षों से उन्मुख ''विश्व लीडर'' सिर्फ मासिक न होकर अम्बेडकरी मिशन है। मासिक पर नजर डालने से ज्ञात होगा कि ''विश्व लीडर'' में प्रस्तुत विचारवानों के आलेख और उसके फोटो सत्र साहित्य सौंदर्य और कला सौंदर्य का एक संगम हैं।

महान शिल्पकार मायकल एन्जेलो कहते हैं, ''मैं शिल्प नहीं बनाता, बल्कि पत्थर में मौजूद अवांछित अंश को हटाता हूँ तो वह अपने आप शिल्प का रुप धारण करता है।'' शब्द में बहुत सामर्थ्य होता है। शब्दों से राष्ट्रों को जैसे मिटाया जा सकता है वैसे उन्हें घड़ा भी जा सकता है। विश्व को घड़ने की विरासत अम्बेडकरवाद में है। वही जगत का विश्व लीडर है। उसीके लिए कटिबद्ध ''विश्व लीडर'' ने अन्न, वस्त्र, निवारा, आरोग्य और शिक्षा से सम्बद्ध विशेषांक निकाल कर जन जागरण का कार्य आरंभ किया है। उसी प्रकार संपूर्ण मानव जाति की जानकारी हेतु उसके माध्यम से पर्यावरण जागरुकता, जल बचत, रक्त शिविर, नेत्र दान और महिला दिवस जागतिक स्तर पर मनाये जाते हैं। विश्व लीडर उन्हीं से संबंधित विशेषांक निकालता है।

सामाजिक प्रेरणा प्रदान करने हेतु अम्बेडकरी साहित्यिक राजा ढाले, शिक्षा लीडर सचिव तासगाँवकर, उद्योगपति कल्पना सरोज, और

मिलिंद कांबले जैसे अनेक कर्मठ व्यक्तियों को विश्व लीडर के मुख पृष्ठ पर सादर अंकित किया गया। लीडर ऑफ दि मन्थ में अम्बेडकरी कार्यकर्ताओं की स्तुति के कार्य को विश्व लीडर ने सम्मान का स्थान दिया। आंदोलन जल जैसा होता है। परंतु मिशन एक कानून का (बाय–लाज) अंग होता है। विश्व लीडर के कदम (बाय–लॉज) के माफिक है। समय के प्रवाह के अनुसार चलनेवालों का इतिहास समय के साथ ही अतीत होता है। परंतु समय के प्रवाह को दिशा प्रदान करनेवाले इंसानों को ही समय हमेशा याद रखता है। ऐसी यात्रा के दौरान विश्व लीडर के परिवार ने भी बोला है: ''चढ़ता आया कष्ट के पहाड़, सारी कष्ट–भरी राह कुचलता आया, और सहता आया अंदर के जख्म सारे''

परंतु विश्व लीडर ने अम्बेडकरी दर्शन और गुणवत्ता से कभी भी समझौता नहीं किया। उसका संपादकीय समाज को विचार मंथन करने को बाध्य करनेवाला होता है। संपादक, मालक, मुद्रक सिरिश रामटेके तार पर कसरत करने के समान संघर्षरत रहते हुए पाठकों के हाथों में इसका अंक थमाते है। विश्व लीडर ने प्रस्थापित मीडिया में अपना उच्च स्थान अर्जित किया है। अम्बेडकरवाद को यशस्वी कराने हेतु विश्व लीडर को प्रत्येक देश और विश्व को अपने कदमों तले लाना होगा। विश्व–उड़ान भरनेवाले विश्व लीडर के पंखों में अम्बेडकरवादी ही जान फूंक सकते हैं। नामानुरुप विश्व पर छानेवाले विश्व लीडर को राष्ट्रीय अंतर्राष्ट्रीय विचारवंतो, साहित्यिकों, हितचिंतकों, पाठकों, और विज्ञापन दाताओं के सहयोग की आवश्यकता है।

आभार का भार क्यों, अब फूलों का हार क्यों, घर बांधेंगे हृदय के अंदर, उस घर को दरवाजा क्यों?

सबका सहयोग ही अम्बेडकरवाद के यश का रहस्य है।

आभार ज्ञापण किसका करें, यहाँ सभी अपने हैं, शब्दों की वर्षा किस पर करें, यहाँ हरेक अपना है।

जै भीम!

## अध्याय – 3

# कलाप्रेमी अम्बेडकर के भाष्यकार डॉ. अंगने लाल

स्वयं प्रोफेसर अंगने लाल विद्यमान बुद्धप्रेमियों में एक महान विचारों के धनी और कला के सूक्ष्म अवलोकनकार हैं। उनके ऐतिहासिक और सास्कृतिक अवदानों के उदाहरण उनकी अपनी ही ग्रंथ संपदा साक्षी है।

अपने संस्कृत बौद्ध साहित्य में उन्होंने भारतीय जीवन की प्रथम सदी से तीसरी सदी की झलक दिखाई। बौद्ध साहित्य में भारत का प्राचीन दर्शन करनेवाली रचनाकार की व्यापक अवलोकन दृष्टि कितनी उच्चतर है, विशेषतः उनमें जो भारतीय साहित्य में सांप्रदायिक प्रतीकों की खोज करते हैं, का एहसास उनके पाठक को अनायास ही हो जाता है।

उन्होंने बारहवी सदी तक बौद्ध साहित्य में उपलब्ध भौगोलिक तथ्यों का भी अन्वेषन किया और शोधार्थियों को कहां क्या ढूंढना चाहिए की मूल शिक्षा दी। उनकी इन कृतियों से दर्शनाचार्य और विद्यावाचस्पति उपाधियाँ भी धन्य हुई।

डॉ. अंगने लाल विद्या के प्रेम और जीवन के सार को अथक प्रवाहित करते रहे। प्राचीन भारतीय इतिहास एवं पुरातत्व विद्या तथा संस्कृति की 32 सरितायें उन्होंने विज्ञान और कला के सागर में जोड़ दीं।

डॉ. अंगने लाल के साहित्य अनुराग में हिन्दी का विद्याभूषण सम्मान, वाचस्पति उपाधि तथा सारस्वत सम्मान उनके चरण स्पर्श करता है। बौद्ध पर्यावरण और परिस्थिति में उनका समर्पण इतना था कि देश–विदेश के वैश्विक प्रतिष्ठान उनको अलंकृत करने की होड़ लगाते रहे। उन्होंने अपनी कलम से दलित जख्मों को भी वाचा दी। हिन्दी के साथ साथ उन्होंने पालि और संस्कृत को भी भारतीय विरासत की वाहिनी माना और यह त्रिवेणी संगम उन्होंने अपने शब्दांकन में प्रवाहित किया। उन्होंने बंगाली, मराठी और अंग्रेजी की दूसरी त्रिवेणी भी चलायमान की।

उनकी विद्वत्ता की छवि से बौद्ध भिक्षुओं की छटायें, समाज रचनायें, अम्बेडकर विज्ञान, यात्रा विवरण, उपन्यास अथवा फिक्शन, अश्वघोष, बुंदेलखंड, उत्तर प्रदेश में बौद्ध संस्कृति, बाबासाहेब अम्बेडकर की सांस्कृतिक देन, श्रावस्ती के श्रमण, आचार्य और महिलायें, अम्बेडकरी आंदोलन के आधुनिक पञ्चवर्गीय भिक्षु, बुद्ध शासन के रत्न, आधुनिक भारत के पांच बौद्धाचार्य, बौद्धाचार्यों का भारतीय स्वतन्त्रता आंदोलन में योगदान, बौद्ध दीक्षा एवं संस्कार विधि, बौद्ध धर्म की युगयात्रा, आदिवंस कथा, डॉ. अम्बेडकर का व्यक्तित्व और विचार, प्राचीन भारत में बौद्ध प्रसारक आदि उनकी कृतियाँ सामाजिक दर्पण की तरह जीवन को प्रतिबिंबित कर रही हैं।

वर्तमान विख्यात सांस्कृतिक संस्थानों के वह प्रमुख मुखर नेतृत्व हैं। उनके मुख से प्रस्फुटित शब्द–इंसानों और उनके अर्थ–ईमानों को वक्त की परछाई को मोड़ने हेतु बुद्ध का प्रज्ञा अभियान जारी रखना समय की मांग है।

इस पंक्ति का लेखक प्रो. अंगने लाल से कई बार मिला। परंतु दो स्थानों की भेंट आज भी स्मृति पटल पर तरोताजा है। एक बार वे डॉ. बाबासाहेब अम्बेडकर राष्ट्रीय सामाजिक विज्ञान संस्थान, महू में पधारे और उन्होंने बौद्ध संस्कृति के बारे में बहुत ही सुस्पष्टता से सस्कारों की भूमिका पर ओजपूर्ण व्याख्यान दिया। दूसरी बार हमारी

भेंट बाबासाहेब भीमराव अम्बेडकर केन्द्रीय विश्वविद्यालय, लखनऊ में हुई। तब उन्होंने बाबासाहेब के कलात्मक पहलुओं पर बड़ी बारीकी से प्रकाश डाला और शोधार्थियों को अभिभूत कर दिया।

इस प्रकार अंगने लाल जी के विचार दिवाने–खास के लिए ही नहीं बल्कि दिवाने–आम के लिए भी होते थे। और वे जो कहते थे उस पर उनके अभिनव ऐतिहासिक पुरातात्विक और पच्चुपन्न मानस को दिशादर्शन करने की आधुनिक शब्दावली की छाप उनके रोम रोम से प्रतिबिंबित होती थी।

उनके अवलोकन से कलात्मक अम्बेडकर और चरितार्थ बुद्ध की प्रतिमायें निम्न प्रकार से अभिव्यक्त की जा सकती हैं:

नालंदा में अवशेष से प्राप्त बुद्ध मूर्ति को अज्ञानी लोग 'तेलुआ' बाबा मानकर उस पर तेल की धार छोड़कर पूजते थे और समझते थे कि उससे वह प्रसन्न होता है। दूसरी बुद्ध मुर्ति को 'ढेलुआ' बाबा मानकर उस पर ढेलों का वर्षाव कर उसे पूजते थे और मानते थे कि उससे वह प्रसन्न होता है। डॉ. अम्बेडकर ने अपने एक दौरे नें ये दोनों मूर्तियों को साफ कराया और उन मूर्तियों को अपने मूल रुप में प्रतिष्ठित कराकर कहा कि यह बुद्ध की प्रतिमायें हैं, उस बुद्ध की जिस ने संसार के अंधकार को दूर कर प्रज्ञा लोक को प्रतिष्ठित किया।

सारनाथ में विश्व की सबसे सुंदर बुद्ध की मूर्ति भूमिस्पर्श मुद्रा में है। यह बात सर्वविदित है। डॉ. अम्बेडकर को जब भिक्षुओं ने बताया कि वह विश्व की सबसे सुदर बुद्ध प्रतिमा है तो उन्होंने उनसे सवाल किया कि वह सबसे सुंदर प्रतिमा किस मुद्रा में है? जब उत्तर मिला कि वह बैठी हुई ध्यान मुद्रा में हैं, तो डॉ. अम्बेडकर बोले, ''नहीं'', ''बहुजन हिताय बहुजन सुखाय में रत बुद्ध बैठे नहीं रह सकते। मेरे बुद्ध तो हमेशा चारिका करनेवाले हैं।'' आश्चर्य नहीं कि उन्होंने जो बुद्ध की कल्पना की वह कितनी नई और कितनी सार्थक है। आज भी डॉ. अम्बेडकर के बुद्ध चलते रहनेवाले चंक्रमण मुद्रावाली प्रतिमा से अंकित समाज सेवक बुद्ध ही हैं।

इसी प्रकार के अनेक छोटे–छोटे अवलोकनों द्वारा डॉ. अंगने लाल डॉ. अम्बेडकर की अभिव्यक्ति और बुद्ध की यथार्थ शक्ल को श्रोताओं पर बिंबित करते रहे।

एक निश्चित तिथि वाली भेंट प्रो. अंगने लाल जी से इस पंक्ति के लेखक की जो हुई थी वह है, 19 अगस्त 2002 में। उस समय उन्होंने अपनी लघु पुस्तिका ''मानव सुख का स्रोत बौद्ध धर्म'' भेंट की थी। इस सोलह पृष्ठीय पुस्तक के लेखक प्रो. अंगने लाल को भारतीय बौद्ध परिषद के अध्यक्ष की हैसियत से मुखपृष्ठ पर अंकित किया हुआ है और वह लखनऊ के प्रबुद्ध प्रकाशन द्वारा प्रकाशित हुई है। उसका मूल्य मात्र पांच रुपये अंकित है।

उक्त तिथि तक प्रो अंगने लाल की तीन पुस्तकें 1. बौद्ध पठनुगामी, 2. बौद्ध संस्कुति भाग–2 और 3. 22 प्रतिज्ञाः प्रकाश भावी प्रकाशन हेतु तैयार थी और उनकी अन्य तीन किताबें 1. बौद्ध दीक्षा विधि एवं संस्कार, 2. विस्मृत बौद्ध केन्द्र भाग–1ए और 3. बौद्ध आचार्यवली मुद्रण की प्रक्रिया में थीं।

उक्त पुस्तक में उन्होंने अंग्रेजी में यह बताया है कि बौद्ध धर्म मानव सुख का स्रोत है। कैसे? इस प्रश्न की सरल भाषा में समाधानकारक प्रस्तुति करते हुए उन्होंने निम्नांकित बातों का उल्लेख कियाः

1. बुद्ध ऐतिहासिक व्यक्तित्व हैं। वह काल्पनिक या मनगढ़न्त उपन्यास के पात्र नहीं हैं। उनके जन्म स्थान लुम्बिनी में सम्राट अशोक द्वारा गड़वाया शीला स्तंभ उनके जन्म की गवाही आज भी दे रहा है। उनके बुद्धत्व की साक्षी बोधिवृक्ष, बुद्ध विहार और अनुराधापुर का जयश्रीमहाबोधि है। उनके धर्मचक्र प्रवर्तन की गवाही धमेक स्तूप है। और उनके महापरिनिर्वाण का प्रमाण कुशीनगर का स्तूप और उनकी शयन मुद्रावाली प्रतिमा है।
2. डॉ. अंगने लाल जी कहते हैं कि ''बुद्ध ने मध्यम प्रतिपदा की देशना की और हमेशा मानव कल्याणार्थ विचरण करते रहे।''

3. व्यक्ति को अपने दैनंदिन जीवन को नापने के लिए पंचशील के मापदण्ड को स्वीकार करना चाहिए ताकि वह अपनी दैनिक नैतिकता का मूल्यांकन कर सके। डॉ. अगने लाल जी ने कहा कि भारतीय दंड संहिता का आधार तो पंचशील ही है।
4. श्रावस्ती के अनाथपिण्डिक के जेतवनाराम में बुद्ध ने 38 महामंगलों की देशना की थी। उस में जो उपदेश हैं वे गृहस्थ और सामाजिक जीवन के लिए उपयुक्त निर्देशन हैं।
5. तत्कालीन तथा समकालीन भ्रमित व्यक्तियों को सही मार्गदर्शन करनेवाला एक दूसरा सूत्र है सिगालोवाद सुत्त। यह देशना राजगृह के श्रेष्ठिपुत्र सिगाल के संदर्भ में की गई थी। क्योंकि सिगाल प्रति दिन स्नान करने के बाद दस दिशाओं की पूजा अपने पिता के अनुसरण में किया करता था। उसे बुद्ध ने नई दिशा दी और कहाः माता–पिता की सेवा करना ही पूर्व दिशा है। आचार्यों की सेवा करना ही दक्षिण दिशा की पूजा करना है। पत्नी और संतान के प्रति अपने दायित्व को पूरा करना ही पश्चिम दिशा की पूजा करना है। मित्र और सलाहकारों के प्रति समानता का व्यवहार करना ही उत्तर दिशा की पूजा करना है। सेवकों के प्रति उदारभाव रखना ही अधो दिशा की पूजा करना है और धार्मिक व्यक्तियों के प्रति सम्मान का भाव रखना ही ऊर्ध्व दिशा की पूजा करना है। इस देशना को सुनकर सिगाल आजीवन बुद्ध का शिष्य बन गया था।
6. उसी प्रकार पराभव सुत्त में व्यक्ति के पतन के कारणों का उल्लेख है।
7. वसल सुत्त में बुद्ध ने श्रावस्ती के अग्गिक भारद्वाज ब्राह्मण को उपदेश दिया कि गोत्र या जाति से व्यक्ति नीच नहीं होता बल्कि क्रोध, ईर्ष्या, अज्ञान, ठगी और हत्या करने से वह नीच होता है। इस संबंध में डॉ. अंगने लाल ने और स्पष्ट करते हुए लिखा कि जन्म से कोई महान होता तो चांडालपुत्र मातंग ऋषि बनकर ब्राह्मणों और क्षत्रियों का पूजाभाजन नहीं होता।

8. बुद्ध कितने यथार्थ वादी थे इसका उल्लेख करते हुए डॉ. अंगने लाल ने खुद्दक पाठ का संदर्भ देकर बताया कि जब बुद्ध को पूछा गया कि समस्त जीवित प्राणियों के लिए सबसे जरुरी बात क्या है? तो बुद्ध ने उसका उत्तर दिया कि सभी प्राणी आहार पर निर्भर करते हैं। इसी के परिप्रेक्ष में डॉ. साहेब ने कहा कि अलवी के विहार में बुद्ध जब भाषण दे रहे थे तो एक किसान भी वहाँ उनको सुनने आया। लेकिन वह भूखा होने से एकाग्र चित्त से उनको सुन नहीं पा रहा था। तब बुद्ध ने अपनी संवेदनशीलता से जानकर उस किसान को खाना खिलवाया और उसके बाद ही अपना उपदेश पूर्ण किया। उन्होने कहा था कि भूख सबसे बड़ा रोग है।
9. बुद्ध ने श्रम करने पर इतना जोर दिया कि वे कहते थे कि "जो लोग बिना उत्पादन करे पृथ्वी पर भोग करते हैं, वे अपने मुंह में गर्म लोह के ग्रास डालते हैं।"
10. उनका श्रम करने पर जितना जोर था उतना ही श्रम से कमाया गया धन युक्त रुप से वितरित करने पर भी था। पसीने की कमाई से अपना परिवार चलाओ, अपनी जीविका चलाने के लिए उसका विनियोग करो और भावी जरुरतों के लिए उस धन की बचत करो – यह उनका मार्गदर्शन था।
11. उन्होंने सार्वजनिक संपत्ति के बंटवारे की उतनी ही निंदा की जितनी निजी स्वामित्व की। भिक्षु के लिए दो जोडी चीवर के अतिरिक्त निजी कपडा ग्राह्य नहीं होगा यह उनका आदेश था।
12. उन्होंने बुद्धि–स्वातन्त्रय का पहला मेग्ना कार्टा कालाम सूत्र में बहाल किया था।
13. बुद्ध ने सामंतशाही की जगह लोकशाही पर अधिक बल दिया और अहिंसा के नाम पर कायरता और पराधीनता के रवैये की भर्त्सना की। इस बिंदू पर और प्रकाश डालते हुए डॉ. अंगने लाल जी ने अपनी शैली से बताया कि श्रीलंका, थाईलैंड,

जापान आदि बौद्ध देश अपनी आजादी के लिए हमेशा लड़ते रहे। बौद्ध भिक्षु भी अपने देश की आजादी में सक्रिय रहे है। थाईलैंड का अर्थ ही मुक्त जनता की भूमि है। और वह कभी किसी साम्राज्य का गुलाम नहीं बना है। जापान ने तो अपना अस्तित्व राख से कायम किया ही था।

14. भारत की सीमायें बौद्ध नरेश अशोक, कनिष्क, हर्ष और पाल के समय अपने भौगोलिक और सांस्कृतिक मर्यादाओं से अधिक विस्तृत थीं। इस प्रकार बुद्ध शिक्षा वैश्विक रही है, न कि संकुचित जैसा कि जातिवाद, वर्णवाद और लिंगभेद की संकीर्णतायें रही हैं और हैं।
15. डॉ. अंगने लाल ने उक्त पुस्तिका में बुद्ध के बारे में कहा है कि ''बुद्ध ने अपना सारा जीवन अपनी अंतिम सांस तक गाँव–गाँव, नगर–नगर, जनपद–जनपद पैदल चलकर मानवता के कल्याण और हित में खर्च किया''।

    ऐसे भारत के सुपुत्र डॉ. अंगने लाल को बौद्ध विश्व का प्रेम भरा अभिवादन!

## संदर्भ ग्रंथ


1. डॉ. बी. आर. अम्बेडकर, बुद्ध और उनका धम्म, पीएसो, बम्बई 1957
2. डॉ. बी. आर. अम्बेडकर, लेखन तथा भाषण, खंड 1 से 21, महाराष्ट्र शासन, बम्बई 1979–2007
3. प्रो. अंगने लाल, मानव सुख का स्रोत बौद्ध धर्म, लखनऊ 2002
4. सी. डी. नाईक, भोगवाद तथा भौतिकवाद से निपटने की बौद्ध पद्धति, नागपुर, 17/18 अप्रैल 2010
5. सी. डी. नाईक, बौद्ध और इस्लामी दर्शन का जागतिक वैज्ञानिक चेतना में योगदान, जागतिक सम्मेलन, जामिया मिलिया इस्लामिया, अंसारी सभागृह, नई दिल्ली 2010
6. सी. डी. नाईक, घडी, 115 वी भदन्त आनंद कौसल्यायन जयंति स्मरणिका, बुद्ध भूमि, नागपुर 2010
7. सी. डी. नाईक, धम्म ही तारणहार है, ओल्ड जी.डी.सी., इन्दौर 24/25 अप्रैल 2010

8. सी. डी. नाईक, डॉ. अम्बेडकर के सामाजिक एवं राजनीतिक विचार, अराइज पब्लिशर्स एण्ड डिस्ट्रीब्यूटर्स, नई दिल्ली 2008।
9. सी. डी. नाईक, बौद्ध धर्म और दलितः सामाजिक दर्शन तथा परंपरायें, कल्पाज पब्लिकेशन, नई दिल्ली 2009।
10. सी. डी. नाईक, सचित्र यदि बाबा न होते, (हैड देअर बिन नो अम्बेडकर), सम्यक प्रकाशन, नई दिल्ली 2010।
11. सी. डी. नाईक, धम्म महानायकः कौसल्यायन, सम्यक प्रकाशन, नई दिल्ली 2010

# अध्याय – 4

# न्यायः सामाजिक, आर्थिक, राजनीतिक

## प्रास्ताविक

नवंबर 26, 2017 भारत के एकमेव गरिमामय गणवेश ''संविधान'' की यादगार तिथि है। इस अवसर पर डॉ. बो. आर. अम्बेडकर ने स्वरचित राष्ट्रीय डॉक्यूमेंन्ट को तत्कालीन राष्ट्रपति डॉ. राजेन्द्र प्रसाद को संविधान सभा में सौंप दिया था, जिसे राष्ट्र ने स्वयं अंगीकार कर दो माह पश्चात् आत्मार्पित किया था।

भारत के आजादी के सात दशकों बाद भी इस घटना को याद करने में नागरिकों की चेतना तरोताजा होनी चाहिए। आज देश अंतराष्ट्रीय राजनीतिक दूरदृष्टि, सामाजिक भाईचारा, और आर्थिक स्वनिर्धारण की चुनौतियों से गुजर रहा है। इतने अंतराल के बाद पहले से प्राप्त सांस्कृतिक और वैचारिक विरासत को छोड़ने, बिछुड़ने और परिमार्जित करते–करते कुछ कष्ट तो होगा ही परंतु वह न्याय हित में जरुरी है।

## सामाजिक न्याय के प्रर्वतक डॉ. अम्बेडकर

सितंबर 1920 में डॉ. अम्बेडकर ने अपने लंदन विश्वविद्यालय की पढ़ाई फिर से आरंभ की। इसी वर्ष गांधीजी ने लोकमान्य तिलक की राजनीतिक धरोहर का चोला पहन लिया। डॉ. अम्बेडकर ने अगले ही वर्ष एम. एससी. की उपाधि प्राप्त की, जो डॉक्टरल शोध के लिये

अनिवार्य शर्त थी। सन् 1922 में उन्होंने बर्लिन में तीन माह उच्चतर शोधाध्ययन किया। उसी वर्ष ग्रेज इन के बार–एट–लॉ की उपाधि का ऐलान हुआ। उसके बाद उन्होंने उस समय के सर्वश्रेष्ठ अर्थशास्त्र के विद्वान सर एडविन केनन के मार्गदर्शन में रुपये की समस्या पर एक वृहद् शोध प्रबंध लिखा, जिसे बाद में रुपये की समस्या, उसकी उत्पत्ति और उसका उपचार शीर्षक दिया गया, जिसे लंदन में पी. एस. किंग एण्ड सन्स द्वारा सन् 1923 में और पहले से तैयार उनकी पी. एच. डी. उपाधि का शोध प्रबंध ब्रिटिश भारत में प्रांतीय वित्त सन् 1925 में प्रकाशित किया गया।

वर्ष 1924 में डॉ अम्बेडकर भारत लौट आये और उन्होंने बम्बई उच्च न्यायालय में वकालत की। उन्होंने इंदौर के तत्कालीन महाराज मल्हार राव होलकर और अमेरिकन देवी के विवाह से उपजे विवाद में महाराजा के पक्ष में वकालत की और वहीं एक शिव मंदिर के पास की जमीन के मुकदमें में पैरवी की। इन दोनों मामले में उन्होंने संबंधित पक्षों को जिताकर राहत दिलाई थी। जून 1928 से मार्च 1929 तक वे बम्बई के शासकीय विधि महाविद्यालय के प्राध्यापक और बाद में प्राचार्य भी रहे।

## न्यायाधिष्ठित संविधान

''1927 में लार्ड बर्कन हैड ने भारतीयों को चुनौती दी थी कि वे अपना संविधान बनाकर दिखायें।

एक संविधान बनाया गया जिसे 'नेहरु–संविधान' कहा गया, चूंकि संविधान निर्माण समिति के अध्यक्ष पंडित मोतीलाल नेहरु थे इसलिये उसे यह नाम दिया गया किन्तु उस को भारतीयों ने नकारा समझ अस्वीकार किया। 1930 में गोलमेज सम्मेलन द्वारा संविधान बनाने का यत्न किया गया किन्तु भारतीय लोग इस में विफल रहे। सप्रू कमेटी द्वारा संविधान बनाने का तीसरी बार यत्न किया गया मगर कोई सफलता न मिली। दिसंबर 1946 में गठित संविधान सभा में सर तेज

बहादूर सप्रू, के. एम. मुंशी, ठाकुरदास भार्गव, सरदार पटेल आदि कितने ही वकील थे। उनमें से किसी को संविधान के निर्माण का काम नहीं सौंपा गया। यह काम डॉ. अम्बेडकर ही के जिम्मे आया। यह इसलिये कि वह संविधानिक–कानून में कुशल व निपुण थे और एक सच्चे देश प्रेमी थे।''[1]

## न्यायप्रिय देशभक्ति

देशप्रेमी अम्बेडकर कहते थे, ''यदि मैं श्री गांधी तथा श्री जिन्नाह से घृणा करता हूँ, मैं उनसे घृणा नहीं करता। मैं उन्हें नापसंद करता हूँ, तो उसका कारण यह है कि मैं भारत से अधिक प्रेम करता हूँ। मुझे आशा है कि मेरे देशवासी किसी न किसी दिन यह सीख लेंगे कि देश व्यक्ति से कही महान होता है। श्री गांधी या श्री जिन्नाह की पूजा और भारत की सेवा में आकाश–पाताल का अन्तर है और वह परस्पर विरोधी भी हो सकती है।''

डॉ. अम्बेडकर ''कमीनगी को अत्याचार से बदतर'' मानते थे[2]। ''विश्व युद्ध संसार के क्षेत्रों यानी प्रदेशों के बटवारे के लिए नहीं है बल्कि वे एक ऐसी क्रान्ति है जो इन्सान व इन्सान और राष्ट्र व राष्ट्र के मध्य मेल मिलाप का तकाज़ा करता है। ये क्रांति सहचारी जीवन को ध्वस्त कर सामाजिक पुनर्गठन के लिये है। मजदूरों को नाज़ीवाद पर विजय पाने हेतु लड़ना चाहिए क्योंकि ये जीत गया तो ऐसी नाज़ी व्यवस्था स्थापित हो जाएगी जिससे स्वतन्त्रता का दमन हो जाएगा, समता से इन्कार होगा और भातृत्वभाव को मिटा दिया जायेगा। नाजीवाद पर विजय के फल होंगेः आजादी और नई सामाजिक व्यवस्था। केवल स्वतंत्रता काफी नहीं है, स्वतंत्रता का उपयोग कल्याणकारी सरकार का गठन और न्यायप्रिय समाज के निर्माण में होना चाहिए। इसलिए कामगरों को 'क्विट इण्डिया के बजाय 'न्यू इण्डिया' पर ज्यादा बल देना चाहिए। हिंसा की शक्तियों के सामने घुटने टेक कर प्राप्त की गई शान्ति, अमन नहीं हुआ करता। ये तो एक घातक कृति होगी और अच्छे मानवीय जीवन को बनाए रखने के लिए

जो कुछ भी उत्तम व अनिवार्य है, उसे बहशी व बर्बर शक्तियों के सामने कुर्बान कर देने जैसा होगा। जब हमला किया गया हो तो युद्ध करने से इन्कार कर युद्ध को समाप्त नहीं किया जा सकता। युद्ध की समाप्ति के लिए आपको जंग जीतना होगा और न्यायी अमन स्थापित करना होगा[3]।''

संविधान सभा द्वारा गठित 'अल्पसंख्यक कमेटी' को डॉ. भीमराव अम्बेडकर ने बताया थाः कि '' प्रशासन किसी एक धर्मीयों के हाथों में नहीं होना चाहिए, न उस पर उनकी इजारादारी हो या ऊपर से नीचे तक उनका नियंत्रण हो या हर विभाग पर उनका प्रभुत्व हो! चाहे पुलिस हो, मैजिस्ट्रेसी हो या राजस्व सेवा विभाग हो। यदि प्रशासन में विशिष्ट धर्मीयों का अन्य धर्मीयों के प्रति समाज–विरोधी व शत्रुआना रुख होगा तो वह प्रशासन से बाहर के बर्ताव से कतई अलग न होगा। उससे एक ही मकसद सिद्ध होगा और वह होगा गैरधर्मीय के विरुद्ध पक्षपात व भेदभाव करना। नतीजा यह होता है कि एक बहुसंख्यक आबादी और उसकी प्रभुत्व वाला प्रशासन के बीच यदि कोई गैर स्थान पाता है तो एक तरफ उस पर वह आबादी जुल्म जबर ढाती है और प्रशासन उत्पीड़ितों की सहायता करने के बजाए अत्याचारी ही की सुरक्षा करता है[4]।''

## संविधानिक न्याय

भारत के संविधान के प्राक्कथन में ही हम भारतीय लोग संकल्प करते हैं कि अपने देश को एक संप्रभुता सम्पन्न समाजवादी धर्मनिरपेक्ष प्रजातांत्रिक गणतंत्र बनाकर लोगों के लिए सामाजिक, आर्थिक और राजनीतिक न्याय सुनिश्चित करेंगे। प्राप्त भौतिक और आर्थिक विरासत को लोगों में न्यायिक ढंग से वितरित करेंगे। नागरिकों के निजी प्रयास को प्रोत्साहित कर स्वतंत्रता को व्यावहारिक बनायेंगे। सामाजिक सरंचना को सुदृढ और लचीली परंतु जबाबदेही बनाने में बंधुत्व का अगींकार करेगें और आवश्यक सुधारों से विद्यमान असमानता, हिंसक तथा बुरे

प्रभावों और रुकावटों को जड़ से उखाड़ फेकेंगे। ये हम लोगों के कुछ संकल्प हैं, जिसे सदा स्मृति में रखने और आगे बढने के लिए प्रत्येक नागरीक कटिबद्ध है।

## न्याय के लिए आरक्षण

सदियों से समाज का एक वर्ग सामाजिक प्रतिष्ठा, दण्ड़विहीन अपराध, शासन में एक वर्ग केंद्रित सत्ता, शिक्षा में एकाधिकार आदि का भोक्ता रहा है। परंतु उसे बर्दाश्त करते हुये जिन जातियों ने अपना खून पसीना बहा दिया उनके प्रति शासक और शोषक वर्ग की हृदय–शून्यता अब तक अवाक रही है। जब से भारतीय संविधान ने जीवन में सबसे अधिक दलित और पीड़ितजनों के लिये आरक्षण की व्यवस्था बहाल की तब से ही आरक्षण के विरुद्ध आंदोलन ने विकराल रुप धारण कर लिया है। आरक्षण विरोधियों की दृष्टि आरक्षितों के प्रति समाज के एक ऋग्ण वर्ग को स्वस्थ बनाने की नहीं बल्कि उन्हें अधिक से अधिक वंचित रख कर बेमौत मारने की है ऐसा प्रतीत होता है।

जब बिहार के श्री कर्पुरी ठाकुर के नेतृत्व में जनता दल की सरकार ने मुंगेरीलाल आयोग की सिफारिसों के अनुसार शासकीय नौकरियों में अन्य पिछड़ा वर्ग 8 प्रतिशत, अति पिछड़ा वर्ग 12 प्रतिशत, अनुसूचित जाति 14 प्रतिशत, अनुसूचित जमाति 10 प्रतिशत, महिला 3 प्रतिशत, आर्थिक रुप से पिछड़ों के लिये 3 प्रतिशत आरक्षण की घोषणा की थी तो उसके 3 वर्ष के बाद गुजरात में वैद्यकीय छात्रों द्वारा अनुसूचित जाति–जमाति के छात्रों के पदव्युत्तर वैद्यकीय अभ्यासक्रम में प्रवेशार्थ प्राप्त आरक्षित सीटों के विरुद्ध हिंसक आंदोलन शुरु किया गया। जब 1989 में केंद्र में भूतपूर्व प्रधान मंत्री श्री विश्वनाथ प्रताप सिंह के नेतृत्व में राष्ट्रीय फ्रंट की सरकार ने मंडल आयोग के प्रतिवेदन की कुछ सिफारिसों को कार्यान्वित करने के लिये अधिसूचना निकाली और सामाजिक और आर्थिक रुप से पिछड़े हुये वर्गों {एस. ई. बी. सी.} के लिये सरकारी नौकरी में 27 प्रतिशत आरक्षित सीटों का ऐलान किया तो देश के अन्य भागों में नौकरियों में आरक्षित सीटों के विरुद्ध तर्क दिया

गया कि इस आरक्षण के कारण सभी दलितों को फटाफट नौकरियाँ मिल जाती हैं और उससे अन्य जातियों में बेरोजगारी पैदा होती है। वैद्यकीय और अभियांत्रिकी शाखाओं में शैक्षणिक आरक्षण के तहत दलितों को कम गुणों पर ही प्रवेश मिलता है और उन्हें कम गुणों से ही पास किया जाता है और उससे अधिक गुणवाले और मैरिट के छात्रों की उपेक्षा होती है और उससे समाज में और व्यावसायिक गुणवत्ता में कोताई आ जाती है। उसी प्रकार राजनीतिक आरक्षण के कारण आरक्षित निर्वाचन क्षेत्र के सवर्ण मतदाताओं को अपने समाज का प्रतिनिधि लड़ाने का अवसर नहीं मिलता, आरक्षित उम्मीदवार लाद दिया जाता है और निर्वाचन क्षेत्र का विकास रुक जाता है। ऐसा आरक्षण विरोधी आंदोलन हिंदी भाषाई राज्यों में हुआ।

''एक चीनी दर्जी के माफिक, जिसने अपने एक ग्राहक का नया कोट सिलाते वक्त उसके एक पुराने कोट का उपयोग पुराने पैबंद नये कोट पर ज्यों के त्यों उतार देने में किया था'', भारत के नये–नये शासकों ने अपने–अपने शासन का उपयोग सदियों से विद्यमान जाति–पांति के पुराने पैबंद नये सामाजिक ढांचे में ज्यों के त्यों बरकरार रखने में किया हैं। श्री तिलक ने कहा ही था कि 1895 में अंग्रेजों द्वारा एक अस्पृश्य श्री नारायणराव लोखण्डे को बहाल की गई ''रावबहादूर'' की उपाधि दी थी और एक चितपावन ब्राह्मण श्री विश्वनाथ केशव जोगकर को बहाल की गई ''रावबहादूर'' की उपाधि उचित थी''[5]। अतः 1882 से 1904 के दरम्यान भारतीय सिविल सेवा में यशस्वी हुये 16 भारतीयों में 15 ब्राह्मणों का होना कोई आश्चर्यजनक नहीं था। ज्योतिराव फुले ने 19 अक्तूबर 1882 को हंटर शिक्षा आयोग के समक्ष सादर प्रस्तुत किया था कि ''उच्च शिक्षा पद्धति में स्पष्ट झलकने वाली प्रवृत्ति यह है कि उस मे वरिष्ठ अधिकारी के पद केवल ब्राह्मणों की बपौति हो चुके हैं। यदि शासन को रयत के कल्याण की वास्तविक चिंता है तो उसका प्रथम कर्तव्य है कि वह इस पद्धति के कई प्रकार के दुरुपयोग को प्रतिबंधित कर, शासकीय नौकरियों में धीरे–धीरे अन्य जातियों के लोगों

को प्रवेश के अवसर दिलाकर उसी अनुपात में ब्राह्मणशाही का नियमन करें''। वे कनिष्ठ जातियों के बच्चों की शिक्षा हेतु स्वतन्त्र विद्यालय की व्यवस्था करें।

इसीलिए श्री भालेकर ने पूना अधिवेशन में सवर्ण बाहुल्य कांग्रेस के रुख के विरुद्ध निदर्शन किया, श्री वलंगकर ने श्री रानडे की मदद से सेना में महारों की भर्ती को प्रतिबंधित करने के आदेश के विरुद्ध ब्रिटिश सरकार से अपील की, श्री कांबले ने सेना और पुलिस में अस्पृश्यों की भर्ती हेतु मांग रखी, श्री बन्सोडे, श्री गवई और श्री नंदागवली ने दलित जागरण का अभियान चलाया, उसी प्रकार श्री शिंदे की भारतीय निराश्रित सहायक मंडल {डिप्रेस्ड क्लासेस मिशन सोसायटी ऑफ इण्डिया} के तत्वावधान में अस्पृश्यों के हितों के प्रति संवेदनशीलता को बढाया गया।

कोल्हापूर के साहू महाराज ने भी जब देखा कि शासकीय नौकरियों में उच्च पदों पर ब्राह्मणों का प्रतिनिधित्व अतिरेकी है तो उन्होंने अपने रियासत में 26 जुलाई 1902 से अपने संस्थान के प्रशासनिक सेवाओं में पिछड़ी जातियों को 50 प्रतिशत आरक्षण बहाल किया। इससे लगभग 17 वर्ष पूर्व राष्ट्रीय कांग्रेस की स्थापना हो चुकी थी और उसके 13 वर्ष और 23 वर्ष बाद फुले व रानडे के सामाजिक आंदोलन के विरुद्ध हिंदू महासभा {1915} और राष्ट्रीय स्वयंसेवक संघ {1925} नामक ब्राह्मणवादी संगठनों की स्थापना हुई।

## न्याय और अर्थव्यवस्था

ईस्ट इड़िया कंपनी का प्रशासन और वित्त (1913) ग्रंथ में 'यह आर्थिक इतिहास बताया गया कि ईस्ट इंडिया कंपनी ने अपने 66 वर्षों के राज में प्रशासन और वित्त व्यवस्थापन किस प्रकार किया। उसे सन् 1814 में ब्रिटिश सरकार ने प्रशासन और वित्त व्यवस्थापन में पृथकता बरतने का आदेश दिया था और 24 वर्ष बाद शासन ने उसका व्यापार में विद्यमान एकाधिकार भी बंद करवाया। 1858 में कंपनी को बर्खास्त कर ब्रिटिश सरकार ने स्वयं शासन और व्यापार का संचालन

भारत में करना आरंभ कर दिया। ब्रिटिश सरकार के कार्यों का मुल्यांकन करते हुये डॉ. अम्बेडकर ने लिखा था कि ''भारत ने इंग्लैंड़ के लिये आर्थिक रुप से जो प्रचंड योगदान किया वह जितना आश्चर्य चकित करने वाला है, उतना इंग्लैंड ने भारत के लिये जो नगण्य आर्थिक योगदान किया वह विस्मयकारक है।'' ब्रिटिश सरकार के कानून और शिक्षा द्वारा प्रस्थापित पाशविक शांति का आर्थिक रुप से यतीम किये गये भारतीयों के लिये कोई उपयोग नहीं था। यह मरघट और पाशविक शांति आर्थिक गुलामी थी। डॉ. अम्बेडकर को सामाजिक शांति की तलाश थी।

ब्रिटिश भारत में प्रांतीय वित्त का विकास (1915) तथा ब्रिटिश भारत में साम्राज्यीय वित्त का प्रांतीय विकेंद्रीकरण (1917) ग्रंथों में उन्होंने कहा था कि केंद्रीय, प्रांतीय और स्थानीय शासकों में 1833 से 1921 की कालावधि में आर्थिक संबंध का विकास क्रम–क्रम से होता गया। 1871 तक वित्त व्यवस्था केंद्रीभूत रही। उसके बाद केंद्र और राज्य का स्वतंत्र बजट बनाने की पद्धति आरंभ हुई। 1872 से 1877 में कुछ विशिष्ट केंद्रीय सरकार के विभागों के प्रशासन का भार राज्य सरकार को सौंपा गया। 1878 से 1882 के दरम्यान राजस्व पर आधारित बजट प्रस्तुत करने की पद्धति अपनाई गई। राजस्व के हिस्से के वितरण पर आधारित संतुलनात्मक पद्धति सबसे बेहतर सिद्ध हुई। अतः वह 1883 से 1921 तक प्रचलित रही। हालांकि इसी बीच 1919 के कानून सुधार द्वारा जवाबदार सरकार निर्माण करने के ध्येय से स्वयंशासित संस्थाओं को सुरक्षित रखने का सिद्धान्त मान्य हुआ था। इस ग्रंथ का मुल्यांकन करते हुये डॉ. अम्बेडकर के मार्गदर्शक प्रो. सेलिग्मन ने कहा था, ''मेरी जानकारी में अब तक कहीं भी भारतीय केंद्र सरकार और घटक राज्य के बीच आर्थिक संबंध की इतनी विस्तृत और गहरी मीमांसा नहीं की गई''।

रुपये की समस्या, उत्पत्ति तथा विकास (1923) में भारतीय रुपया चलन में 1800 से 1893 तक किस प्रकार परिमाण और मूल्य का कार्य संपादन करता रहा इसका इतिहास है। पहले भारत में स्वर्ण तथा चांदी का परिमाण के रुप में प्रचलन रहा। 1833 में ब्रिटिश सरकार ने संपूर्ण

भारत में अपना आधिपत्य जमाया। 1842 तक भारत के निर्यात पर 50 से 500 प्रतिशत कर लादा जाता था। जब इस कर को घटाया गया तब भारत का निर्यात फिर से बढ गया। लेकिन सन् 1853 के कानून द्वारा स्वर्ण का प्रचलन बंद कर दिया गया। और एकमात्र चांदी का रुपया प्रचलन में चलने दिया गया। सन् 1864 में भारतीय निर्यात में वृद्धि होने के कारण चांदी के रुपये चलन में अपर्याप्त होने लगे। तब चांदी के रुपयों के पूरक के रुप में कागज के रुपयों को प्रचलित किया गया। 1873 तक भारतीय रुपया और ब्रिटिश पौंड के बीच विनिमय की दर 1 रुपया बराबर 1 शिलिंग, 10/.5 पेन्स के स्तर पर स्थिर था। यानी चांदी का 15/.5 औंस का रुपया सोने के 1 औंस सिक्के के बराबर था। परंतु बाद के समय में सोना और चांदी के दरम्यान यह दर स्थिर रखना कठिन हो गया। 70 वर्ष के पश्चात् आज भी इस ग्रंथ की प्रासंगिकता है। सन् 1926 में रिजर्व बैंक के स्थापनार्थ जो हिल्टन यंग कमीशन नियुक्त हुआ था उसके सामने अपना साक्ष्य देते हुये डॉ. अम्बेडकर ने कहा था, ''चलन निर्माण करने वाली संस्था की चलन निर्माण क्षमता पर परिणामकारक प्रतिबंध होना आवश्यक है। अनिर्बंध चलन पूर्ति और बेहिसाब मूल्य वृद्धि के कारण आर्थिक स्थिरता खतरे में आ सकती है''[6]।

बौद्ध धर्म तथा मार्क्सवाद नामक शोध आलेख में डॉ. अम्बेडकर ने सामाजिक और धार्मिक शोषण भी आर्थिक शोषण के समान ही घातक होता है, के अभिमत को प्रतिपादित किया है। गांधी और कांग्रेस ने अछूतों के लिये क्या किया इस ग्रंथ में डॉ. अम्बेडकर ने कहा कि ''अस्पृश्यता केवल धार्मिक रचना न होकर गुलामगिरी से भी भयानक आर्थिक रचना है। उसी प्रकार जातिभेद निर्मूलन में उन्होंने बताया कि जातिभेद में बताई गई व्यवस्था श्रम विभाजन की नहीं बल्कि श्रमिकों के विभाजन की व्यवस्था है[7]।

छोटी जोतों की चकबंदी करने हेतु डॉ. अम्बेडकर ने फ्रांस और इटली में विद्यमान सामूहिक खेती पद्धति और राष्ट्रीयकरण की प्रक्रिया को अनुकरणीय बताया था। उत्पादन साधनों को सामूहिक स्वामित्व में

करने के बाद भी जब तक समाज में जातिभेद की निम्न श्रेणियाँ और अस्पृश्यता हैं तब तक सामूहिक स्वामित्व अर्थशून्य रहेगा। छोटे किसानों को छोटी जोतों से वंचित कर भूमिहीन मजदूर बनने से मुक्ति दिलाने हेतु उन्होंने सामूहिक कृषि यानी एक से अधिक छोटे किसान मिल कर निश्चित आकार का खेत बनाये रखने और इस प्रकार सामूहिक कृषि कायम करने की अनुसंशा की।

अर्थशास्त्र के सुप्रसिद्ध विद्वान रॅगनर नर्क्स के प्रछन्न बेरोजगारी और डॉ. अम्बेडकर की अतिरिक्त श्रमिक की संकल्पना में अत्यधिक समानता है।

आर्थिक जोत से उनका अभिप्राय ऐसे उत्पादक खेत से था जिसकी निवेशित व्यय की पूर्ति हो जाने के बाद शेष उत्पादन की राशि पर एक परिवार अपना खर्च चला सकें[8]।

परंतु भारत में औसतन बोने योग्य जोत का आकार 1.67 हेक्टर, सीमांत जोत का प्रतिशत 56.00, जोत के औसतन टुकड़े 4.04 हेक्टर और प्रत्येक टुकड़े का औसत आकार 0.41 हेक्टर होने पर भी प्रत्येक राज्य में हर दशक में जोत का औसतन आकार घटता रहा, जो वर्ष सन् 1961 में 2.6 हेक्टर, 1971 में 2.20 हेक्टर और सन् 1981 में 1.67 हेक्टर तक कम होता गया। तथापि सन् 1950 से भूसुधार कानून को भारत के हर राज्य में लागू करना आर्थिक क्षेत्र में एक बहुत बड़ा परिवर्तन था।

उनका शासकीय राज्य समाजवाद सहकारी कृषि, औद्योगिकरण तथा सामुदायिक कृषि से संलग्न रहा। आर्थिक समानता के बिना राजनीतिक स्वाधीनता का अर्थ नहीं था। इसलिये डॉ. अम्बेडकर ने संवैधानिक स्टेट सोशलिज्म के एक अंग के रुप में सामुदायिक कृषि की अनुसंशा की, उन्होंने विखंडित और छोटी जोतों के लिये उपाय के रुप में सहकारी कृषि की सिफारिश की, और उन्होंने भारतीय कृषि सुधार के लिये अर्थात कृषि पर पड़े अतिरिक्त मनुष्य बल के भार को गैर कृषि क्षेत्र में स्थानांतरित करने हेतु औद्योगिकरण का उपाय बताया।

सन् 1946 में राज्य और अल्पसंख्यंक नामक ग्रंथ में उन्होंने कृषि जमीन को बीमा और मूलभूत उद्योगों की तरह शासन के स्वामित्व में रखने की बात कही। उन्होंने निजी मालिकों की हुकुमशाही से समाज और शासन पर पड़ने वाले कुप्रभाव का भी जिक्र किया। उन्होंने शासन के हस्तक्षेप से मुक्ति को स्वतन्त्रता नहीं माना। बल्कि वे शासन द्वारा सामाजिक और आर्थिक मामलों में न्याय के हित में हस्तक्षेप चाहते थे। उनका मानना था कि यदि शासन ने सामाजिक व आर्थिक क्रियाकलापों का नियमन नहीं किया तो वह निजी मालिकों को करना पड़ेगा और ऐसा करते समय वे अपनी आजादी का उपयोग दूसरों पर अधिसत्ता स्थापित करने के लिये भी करेंगे। उस परिस्थिति में जमींदार भी कुलों पर जबरदस्त जमीन भाड़ा थोपेंगे और पूंजीपति भी कामगारों के काम करने के घंटे बढायेंगे और उनके वेतन कम करेंगे। अर्थात् इससे राजनीतिक प्रजातन्त्र के मूलभूत सिद्धान्त यानी स्वयंभू व्यक्ति, अविछिन्न मूलभूत अधिकार, संवैधानिक अधिकार का बिना शर्त लाभ, और शासन संस्था द्वारा दूसरों पर लादने योग्य सत्ता का निजी व्यक्ति के हाथों में अहस्तांतरण को क्षति पहुँचेगी। अतः खोतों का अन्त करना उस समय के भूमि सुधार की मांग थी, जिसे बाबासाहेब ने पूरी करने की चेष्टा की थी[9]।

डॉ. अम्बेडकर का समाजवाद व्यक्ति के निम्न भौतिक अधिकारों पर आधारित हैः

1. व्यक्ति उद्देश्य है।
2. व्यक्ति के कुछ अधिकार अहस्तांतरणीय है। इसकी गारंटी संविधान को देनी चाहिये।
3. किसी भी व्यक्ति को अपनी सुख सुविधा का उपयोग करते हुये अपने संवैधानिक अधिकार की तिलांजली देने का अवसर नहीं आना चाहिये। और
4. शासन द्वारा किसी भी निजी व्यक्ति को अन्य व्यक्तियों पर आधिपत्य करने का अधिकार नहीं देना चाहिये।

इस समाजवाद में सामाजिक संघर्ष के कारकों में धन की तरह धर्म पर भी बल दिया गया है। इस बात में डॉ. अम्बेडकर का समाजवादी सिद्धान्त औरों से विशेष और अनोखा है।

सन् 1917 में रशिया में राज्यक्रांति हुई और उसके 8 वर्ष के बाद भारत में भारतीय कम्युनिस्ट पार्टी की स्थापना की गई। सन् 1926 में स्थापित ''लाहौर नौजवान सभा'' और 1928 में प्रस्थापित ''नौजवान भारत सभा'' जैसे स्वतन्त्र संगठनों के माध्यम से कम्यूनिस्ट विचारों का अमल भी किया जा रहा था। तत्कालीन कम्यूनिस्ट विचारों के नेता कॉमरेड एम. एन. राय थे। सन् 1934 में आचार्य नरेन्द्र देव और जयप्रकाश नारायण प्रभृति मार्क्सवादी; श्री अशोक मेहता जैसे फेबियन समाजवादी; डॉ. राममनोहर लोहिया जैसे गांधीवादी; युसुफ मेहेर अली और संपूर्णानन्द जैसे राष्ट्रवादी और मिनू मसानी जैसे ट्राट्स्कीवादीयों ने अपनी वैचारिक भिन्नता को कायम रखकर समाजवादी आंदोलन को वैश्विक, आर्थिक और राजनीतिक संदर्भ में चलाया था।

कॉ. श्रीपाद अमृत डांगे, बी. टी. रणदिवे, नंबुद्रिपाद, कॉ. श्रीनिवास, कॉ. सरदेसाई प्रभृति विद्वानों के नेतृत्व में अंतर्राष्ट्रीय कम्यूनिस्ट आंदोलन ने 1943 तक भारतीय कम्युनिस्ट पार्टी का पथ प्रदर्शन किया। जनता नामक पाक्षिक में दिनांक 7 नवंबर, 1938 को प्रकाशित अपने एक साक्षात्कार में डॉ. अम्बेडकर ने कहा था कि ''भारतीय समाजवादी यूरोप के समाजवादियों के कदमों पर कदम रखकर भारतीय परिस्थिति पर भी आर्थिक सिद्धान्त लागू करने की चेष्टा करते हैं। धर्म भी एक बहुत बड़ी प्रेरक शक्ति है, इसके प्रति समाजवादियों की उपेक्षा दृष्टि रही है।

डॉ. अम्बेडकर को प्रजातन्त्र में दो बातें अभिप्रेत थी। पहली बात, मानवीय वृत्ती की है। यह वृत्ती समाज के अन्य सदस्यों के प्रति समानता और आदर से देखने की होनी चाहिये। दूसरी बात, यह है कि समाज की सरंचना में सख्त बंधन नहीं होने चाहिये। अन्यथा प्रजातन्त्र अधूरा रहेगा। अलगाववाद और एकाकीपन प्रजातन्त्र व्यवस्था के विसंगत

गुण हैं। क्योंकि उनकी परिणति विशेषाधिकार संपन्न अल्प और अधिकार विपन्न बहुसंख्य वर्गों में होती है। यही उनके राजनीतिक समाजशास्त्र का प्रमाण है।

## न्याय के लिए राजनीति

प्रथम महायुद्ध के बाद ब्रिटेन की संसद ने हिन्दुस्तान को जिम्मेदार शासन प्रदान करने हेतु मॉंटेग्यू नीति को लागू कराने की घोषणा की थी। और कांग्रेस ने अपने कलकत्ता के अधिवेशन में अस्पृश्यता को मिटाने की घोषणा की थी।

मॉंटेग्यू योजना का मकसद भारत में प्रजातन्त्र राज पद्धति को बहाल कर ब्रिटिश सत्ता को शिक्षित उच्च जातियों के हाथों में हस्तांतरित करना था। इस योजना का विरोध कोल्हापूर के शाहू महाराज (1910), पूना के सत्यशोधक समाज, मद्रास के साउथ इंडियन लिबरल फेडरेशन और जस्टीस पार्टी तथा महाराष्ट्र के डेक्कन रयत समाज ने दर्शाया था।

श्री तिलक के बाद कांग्रेस का नेतृत्व गांधी जी ने सम्भाला। फरवरी, 1922 में बारडोली में कांग्रेस वर्किंग कमेटी ने दलित वर्ग की शैक्षणिक दशा को सुधारने का नया कार्यक्रम अम्ल में लाने का निर्णय लिया। उधर डॉ. अम्बेडकर ने बम्बई में मूकनायक नामक पाक्षिक पत्रिका चलाई और नागपुर में अखिल भारतीय बहिष्कृत समाज की स्थापना की। बम्बई में सिडेनहेम शासकीय महाविद्यालय में प्रोफेसर होते हुये भी डॉ. अम्बेडकर ने दिनांक 27 जनवरी, 1919 के दिन साउथबरो कमेटी के समक्ष दलितों के लिये पृथक निर्वाचन अधिकार की मांग के पक्ष में अपनी साक्ष्य दी थी। सन् 1928 में उन्होंने उक्त मांग को संयुक्त निर्वाचन और आरक्षण अधिकार के रुप में सामन कमिशन के सम्मुख प्रस्तुत किया था।

सन् 1928 से 1930 तक उन्होंने महाड और नासिक के सार्वजनिक तालाब और मंदिर पर पानी और पूजा के संबंध में समानता का अधिकार स्थापित करने हेतु अपने नेतृत्व में सफल आंदोलन चलाया था।

परंतु 1930–32 के दौरान चले बर्तानिया के गोलमेज परिषद ने भारतीय राजनीति की दिशा ही मोड़ दी। इस गोलमेज परिषद के अधिवेशन में जब गांधी जी मुसलमान, क्रिश्चियन, सिख, ईसाई, पारसी, एंग्लो–इंडियन आदि के स्वतंत्र राजनीतिक अस्तित्व को मान्य कर रहे थे तब वे अस्पृश्य के ऐसे स्वतंत्र राजनीतिक अस्तित्व को मानने से इंकार क्यों कर रहे थे यह समझ में नहीं आ रहा था। आखिर गांधीजी भी श्री तिलक के नक्शे–कदम पर ही चल रहे थे।

ब्रिटेन के प्रधान मंत्री श्री मेक्डोनल्ड द्वारा दलितों को बहाल किया गया स्वतन्त्र निर्वाचन अधिकार निरस्त करने हेतु सन् 1932 में गांधी जी ने पूना के येरवडा कारागृह में आमरण अनशन आरंभ किया था।

सन् 1935 में नासिक के येवला में डॉ. अम्बेडकर ने घोषणा की थी कि वे हिंदू धर्म में पैदा हुये लेकिन वे हिंदू के रुप में नहीं मरेंगे।

सन् 1936 में डॉ. अम्बेडकर का ''जातिभेद निर्मुलन'' नामक भाषण उसके आयोजकों को इतना क्रांतिकारी लगा कि लाहौर के ''जात–पात–तोड़क–मंडल ने डॉ. अम्बेडकर की अध्यक्षता में होने वाली उस सभा को ही भंग कर दिया। आखिर उस भाषण को समाज हित में एक लघु ग्रंथ की शक्ल में प्रकाशित करने के पश्चात् ही लोगों तक पहुँचाया गया। उस पर गांधी जी की टिप्पणी यह थी कि ''हिंदू धर्म के प्रति अपनी नफरत दर्शानेवालों में अकेले अम्बेडकर ही नहीं है, बल्कि उन लोगों में वह सबसे अधिक दृढ और योग्यतम व्यक्ति है''।

द्वितीय महायुद्ध की पृष्ठभूमि में भारतीय राजनीति के घटनाक्रमों में प्रचंड उलट–पुलट हो रही थी। उनमें भारत छोड़ो आंदोलन, क्रिप्स–व्हेवल योजना, केबिनेट मिशन इत्यादि के साथ–साथ धर्म और जातियों का उभार अधिक स्फोटक रहा कहना अतिशयोक्ति नहीं होगा। इसी बदलाव के कारण डॉ. अम्बेडकर ने सन् 1936 में एक व्यापक नींव पर स्थापित स्वतन्त्र मजदूर दल नामक राजनीतिक पक्ष के स्थान पर चार वर्ष के बाद मात्र अनुसूचित जातियों पर केंद्रित शिड्युल्ड कास्ट

फेडरेशन नामक पार्टी की स्थापना की। उन्होंने मनमाड की दलित वर्गीय रेलवे मजदूर परिषद को उदबोधन दिया था कि वे मनुष्यत्व को गिराने वाले पूंजीवाद से सावधान रहें।

सन् 1942 में नागपुर के दलित जाति परिषद के सम्मेलन में दलितों के अधिकारों को भारत के भावी संविधान में अंतर्भूत करने का निर्णय सर्व सम्मति से पारित किया गया।

सन् 1945 में पीपल्स एज्युकेशन सोसायटी के तत्वावधान में बम्बई और औरंगाबाद में उच्च शिक्षा के प्रचार और प्रसार हेतु बुद्ध और मिलिंद नामक दो बौद्ध ऐतिहासिक महापुरुषों के नाम पर दो महाविद्यालय शुरु किये गये। डॉ. अम्बेडकर ने भिन्न भिन्न जाति और धर्मों को अविभाजित भारत की राजनीति में युक्त प्रतिनिधित्व प्रदान करने हेतु ''जातीय गुत्थी और उसे सुलझाने का उपाय'' नामक योजना एक लिखित पुस्तक की शक्ल में प्रस्तुत की थी। परंतु विभाजित भारत की बदलती परिस्थिति को देखते हुये उन्होंने ''राज्य और अल्पसंख्यक'' नामक योजना को भी एक पुस्तिका के रुप में ही देशवासियों के विचारार्थ रखा।

श्रम मंत्री के पद पर 5 वर्ष तक उन्होंने महा–राज्यपाल की कार्यकारिणी में श्रमिक कल्याण और प्लानिंग का कार्यभार संभाला था। सन् 1947 से उन्होंने श्री नेहरु की केबिनेट में कानून मंत्री का भार वहन कर संविधान का मसौदा तैयार करने और और राष्ट्रीय जीवन में स्वाधीनता के संविधान को मूर्त बनाने के लिये स्वयं को खपाया। 26 जनवरी, 1950 के अपने संबोधन में उन्होंने भारतीय राजनीतिक जीवन और सामाजिक–आर्थिक लोकचर्या में विद्यमान विसंगति की तरफ इशारा करते हुये उसे मिटाने का देशवासियों को आवाहन किया।

इस विसंगति को मिटाने का एक उपाय आरक्षण पद्धति भी है। परंतु जब तक भारत में मनुष्य और मनुष्य के बीच के संबंध जाति व्यवस्था से निश्चित करने वाली ब्राह्मणी परंपरा चालू रहेगी तब तक सामाजिक, सांस्कृतिक और आर्थिक जीवन में पिछड़े हुये वर्गों के लिये

''समान अवसर के लिये विशेष अवसर' के सिद्धान्त पर निर्भर आरक्षण की सीटें रखनी ही पड़ेगी क्योंकि समान मनुष्यों में ही समानता हो सकती है। और असमान लोगों को समान मानना यानी असमानता को कायम रखना है।

पूंजीवाद और ब्राह्मणवाद की ताकतों और उभरती साम्यवादी शक्तियों के बीच का निरंतर सत्ता संघर्ष विश्व के देशों को दो प्रतिस्पर्धी वर्गों में विभक्त कर रहा है।

जो राष्ट्र अभी तक प्रजातन्त्र शासन के अधीन स्थापित नहीं हुए वे उक्त दोनों शक्तियों में से किसी भी एक में शामिल हो सकते हैं। नेपाल में अब तक लोकतन्त्र शासन की स्थापना नहीं हो सकी है तो उस दशा में ब्रिटेन व अमेरिका उसका उपयोग पूंजीवादी बनाने, भारत उसका उपयोग ब्राह्मणवादी बनाने तथा कम्यूनिस्ट चीन उसका उपयोग साम्यवादी बनाने में सुगमता के साथ कर सकते है। क्योंकि इतिहास गवाह है कि जब राजा स्रोंङ–त्सान–गैम्पो के नेतृत्व में तिब्बत शक्तिशाली था, तो उसके साथ सांस्कृतिक संबंध नेपाल, चीन और भारत ने अपने सम्राट अंशुवर्मा, हर्षवर्धन और ताओ–त्सुंग के जरिए मधुर बनाये रखे थे[10]।

## सेवायें और संघर्ष

सन् 1924 में स्थापित बहिष्कृत हितकारणी सभा द्वारा उन्होंने सोलापुर में दलित वर्ग छात्रावास खोला। आम लोंगों की तरह अछूतों के अधिकार को भी कुओं, तालाबों आदि पर प्रस्थापित करने के लिए उन्होंने सन् 1927 में महाड सत्याग्रह चलाया और 25 दिसंबर, 1927 के दिन मनुस्मृति का सामुहिक दहन किया। 3 अप्रैल, 1927 से उन्होंने बहिष्कृत भारत नामक मराठी पाक्षिक चलाया। उन्होंने बम्बई विधान मंडल में सन् 1927 से सन् 1937 तक कुल 10 वर्ष के कार्यकाल में एक सक्रिय सदस्य की भूमिका में गरीबों पर लादे जाने वाले बजट के संबंध में प्रशासन की लापरवाही पर कठोर प्रहार किया। वहाँ उन्होंने बम्बई पैतृक व्यवसाय अधिनियम, 1874 के संशोधन का विधेयक प्रस्तुत

किया। उन्होंने एक सदस्य की हैसियत से 29 मई और अक्टूबर 1928 को सायमन कमिशन के समक्ष अपना एक अलग वक्तव्य दिया था कि भारत के संवैधानिक प्रजातंत्र में दलित वर्गों का दृष्टिकोण ध्यान में रखा जाना चाहिये। उन्होंने सन् 1927 के सितंबर में समाज समता संघ और दिसंबर को समता सैनिक दल स्थापित किया। उसी वर्ष उन्होंने दलित वर्ग शिक्षा समाज की स्थापना की और उसके माध्यम से उच्च विद्यालय के दलित छात्रों के लिये पनवेल, ठाणे, नासिक, पुणे और धारवाड में छात्रावास खोले।

उन्होंने वक्तव्य दिया था कि प्रशासन का आधार सार्वत्रिक वयस्क मताधिकार होना चाहिये। सन् 1930 में उन्होंने नासिक में कालाराम मंदिर प्रवेश सत्याग्रह किया। उसी वर्ष नागपुर में आयोजित अखिल भारतीय दलित वर्ग कांग्रेस की अध्यक्षता की। उन्होंने 17 नवंबर, 1932 से 24 दिसंबर, 1932 तक के दौरान आयोजित गोलमेज परिषद में हिस्सा लिया था। उन्होंने ब्रिटिश प्रशासन के प्रतिकूल रवैय के साथ साथ, भारतीय उच्च जातियों का रुढिवाद तथा गांधी और कांग्रेस की सनातनी नीतियों पर भी आलोचना की। दूसरी गोलमेज परिषद में उन्होंने दलित हितों के रक्षणार्थ गांधी जी से लोहा लिया। उनके विचारों का प्रभाव न केवल मायनारिटी पैक्ट बल्कि सन् 1932 के जातीय समझौता तथा 1935 के भारत अधिनियम पर भी है। उनकी निर्णयात्मक दृढता में दब कर ही गांधी जी को दलित पृथक प्रतिनिधित्व के खिलाफ आमरण अनशन करना पड़ा। उनके विचारों की अभिव्यक्ति पाक्षिक/साप्ताहिक मूकनायक, बहिष्कृत भारत, जनता (24 नवंबर), समता, प्रबुद्ध भारत (4 फरवरी, 1956) में अनवरत होती रही।

भारतीय मताधिकार कमेटी अथवा लोथीयन कमेटी के एक सदस्य की हैसियत से डॉ. अम्बेडकर ने दलितों की प्रातिनिधिक और मताधिकार की स्थिति का पूरे भारत का दौरा कर जायजा लिया। उन्होंने एंटी–अन्टचेबिलिटी लीग अर्थात् हरिजन सेवक संघ से सन् 1933 में अपना इस्तीफा दे दिया क्योंकि डॉ. अम्बेडकर ने पाया कि हिंदू दमन

बरकरार रखने वाली बलात् अवस्था में अछूतों का आत्म सम्मान दांव पर लगा था।

डॉ. अम्बेडकर के विदेश अध्ययन के दौरान 3 पुत्र और 1 पुत्री के निधन का दुख सहकर और अपना जीवन एकांत और दरिद्रता में बिताकर उनकी धर्मपरायण पत्नी रमाबाई 27 मई, 1935 में चल बसी।[13] अक्तूबर 1935 को डॉ. अम्बेडकर ने नासिक में येवला दलित वर्ग सभा और मई 1936 में एक महार परिषद बुलाकर जिस धर्म में हम पैदा हुये उसमें नहीं मरेंगे की घोषणा की और अगले 21 वर्ष तक वे धर्मों का तुलनात्मक अध्ययन करते रहे।

सन् 1936 का उनका अत्यंत प्रखर भाषण पढ़कर लाहौर की जात–पात–तोडक मंडल ने अपनी अखिल भारतीय सभा ही रद्द कर दी थी। वही भाषण जातिभेद निर्मूलन शीर्षक से प्रकाशित है। डॉ. अम्बेडकर का यह जातिभेद का विचार भारत के मज़लुमों के लिये वही कार्य कर रहा है, जो कार्ल मार्क्स और एंगल्स का कम्यूनिष्ट घोषणा–पत्र विश्व के सर्वहारा वर्गं के लिये कर रहा था। इस आधार पर गांधी और गांधीवादी भी अपने नकाब के खरोंचे जाने पर वर्ण व्यवस्था प्रेमी ही सिद्ध हुए।

उसी वर्ष खोति पद्धति को मिटाने का विधेयक बम्बई विधान परिषद में प्रस्तावित कर उन्होंने 15 अगस्त, 1936 को स्वतंत्र मजदूर दल की स्थापना की और सन् 1937 के निर्वाचन में 17 सीटों में से 15 सीटों पर जीत हासिल की और 1938 में श्रमिक आंदोलन को नियंत्रित करने वाले औद्योगिक श्रम विवाद विधेयक का विरोध भी किया। शासन की युद्ध नीति पर भी उनका एक विशेष दृष्टिकोण रहा।

## न्याय के लिए शिक्षा

सामाजिक, आर्थिक और राजनीतिक क्रांति का मूलाधार शिक्षा है। सभी शैक्षणिक विचारों का सार ''सीखो, संगठित हो और संघर्ष करो'' के तत्व में निहित है। ''हर मनुष्य के आयुष्य में जब अवसर की लहर आती है तो उसका युक्त प्रकार से उपयोग करने के बाद उसे वैभव

प्राप्त होता है'' के वचनानुसार डॉ. अम्बेडकर कहते थे, ''माता–पिता संतान को जन्म ही नहीं बल्कि कर्म भी देते हैं। वे अपनी संतान के जीवन में दिशा दे सकते हैं''। इस बात को ध्यान में रख कर हम सभी को बालकों–बालिकाओं की शिक्षा के लिये प्रयास करना चाहिये ताकि समाज की प्रगति द्रुत गति से हो सकें।

सन् 1986 में भारत सरकार ने नई शिक्षा नीति की घोषणा की थी। उसके अनुसार भारतीय लोगों में साक्षरता का अंतर लिंग भेद और जाति भेद के उच्च और निम्न वर्ग के क्रम में असमान प्रतीत होता था। स्वर्ण पुरुष सबसे ज्यादा साक्षर (36 प्रतिशत), स्वर्ण महिला स्वर्ण पुरुष से कम साक्षर (24 प्रतिशत), अनुसूचित जाति सामान्य महिलाओं से कम साक्षर (22 प्रतिशत) और अनुसूचित जमात सबसे कम साक्षर (16.1 प्रतिशत) थे। सामुदायिक शिक्षा के प्रणेता डॉ. अम्बेडकर चाहते थे कि लोगों की प्रभुसत्ता पर संचालित प्रजातन्त्र नें अमीर वर्ग के बच्चों के लिये शाही विद्यालय और गरीब बच्चों के लिये कोई स्कूल ही न होना असाह्य दुर्व्यवस्था है।

इसी अव्यवस्था का दूसरा नामाभिधान हैः ''विद्या बिना मति नहीं, मति बिना नीति नहीं, नीति बिना गति नहीं, गति विना वित्त नहीं, वित्त बिना शूद्र गिरा, इतना अनर्थ एक अविद्या ने करा''! लोक शिक्षक गाडगे महाराज कहते थे कि शिक्षाविहीन मानव पत्थर है और लोक शिक्षिका सावित्रीबाई फुले का वचन थाः शूद्रों को बताने योग्य एक ही मार्ग यही कि शिक्षा से है मनुष्यत्व, पशुत्व नहीं।

शिक्षा यानी परिवर्तन यह उनके शैक्षणिक विचारों का मुख्य सूत्र रहा है। 13 जून, 1953 को रावली कैम्प, बम्बई की सभा में संबोधित करते हुये डॉ. अम्बेडकर ने कहा था, ''हम लोग शिक्षित हुये यानी सब कुछ हो गया ऐसी बात नहीं है। शिक्षा के साथ–साथ मनुष्य का शील भी सुधरना चाहिये। उसके बिना शिक्षा का मूल्य शून्य है। ज्ञान तलवार की भांति है। यदि किसी आदमी के पास तलवार है तो उसका सदुपयोग अथवा दुरुपयोग करना उसके सदाचार पर निर्भर करेगा।

वह उससे किसी की जान भी लेगा या किसी की जान बचा भी लेगा। ज्ञान भी ऐसा ही हैं। इसके अतिरिक्त उन्होंने कहा कि इससे काम नहीं चलेगा कि शिक्षित मनुष्य केवल अपने उदर भरण में ही लगा रहे। जिन्हें स्वार्थ के अलावा कुछ दूसरा दिखता ही नहीं है वे किंचित भी परार्थ कर नहीं सकते। ऐसे व्यक्ति मात्र शिक्षित होने से क्या लाभ? समाज का वर्णों में विभाजन व्यवसाय के उद्देश्य से हुआ है। परंतु ज्ञान रोजगार का प्रश्न हो ही नहीं सकता। ज्ञान जीवन के लिये अत्यंत आवश्यक है। उसके बिना हमारा नुकसान होता है[11]।

डॉ. अम्बेडकर के अनुसार शिक्षा के परिणामस्वरुप स्वाभिमान, स्वावलंबन और आत्मोद्धार प्राप्त होते हैं और उससे क्रमशः बंधुत्व, समानता और स्वतत्रंता के मूल्य प्राप्त होना चाहिये। इस मापदण्ड से वर्तमान भारतीय शिक्षा पद्धति का पीठ किस प्रकार मानवीय चूंजे निर्माण करने का केन्द्र बन गया इस की हम कल्पना कर सकते हैं।

## न्याय के लिए समाज परिवर्तन

समाज परिवर्तन के दो मुख्य साधन हैं – कानून और शिक्षा।

भारतीय संविधान ने शासन को 14 वर्ष तक की उम्र के बालक–बालिका को मुफ्त और सख्ति से शिक्षा प्रदान करने का आदेश दिया है और अस्पृश्यता जैसे सामाजिक कुरीतियों के व्यवहार को दण्डनीय अपराध करार दिया है।

कानून की दृष्टि से भारतीय प्रजातन्त्र में दो त्रृटियाँ हैं। एक, उस में ब्रिटिश संसदीय प्रणाली की प्रभावशीलता नहीं है और उसमें अमेरिका की न्यायपालिका की निर्णायकता का अभाव है। उदाहरणार्थ सन् 1896 में प्लेसी बनाम फर्ग्युसन् नामक मशहूर मामले में अमेरिका के सर्वोच्च न्यायालय ने काले वर्ग के लोगों के लिये पृथक सुविधाओं की व्यवस्था पर अपना फैसला सुनाते समय कहा था कि ऐसे विशेष वर्ग की विशेष सुविधा की व्यवस्था से समानता के तत्व का उल्लंघन नहीं होता है। परंतु 67 वर्ष के बाद भारत में बालाजी बनाम मैसूर के मामले में सर्वोच्च

न्यायालय ने व्यवस्था दी थी कि आरक्षण व्यवस्था के रहते समानता के तत्व का अमल तभी होगा जब दो शर्तों अर्थात्; 1. आरक्षण का मापदण्ड जात न हो तथा 2. आधे से अधिक पदों का आरक्षण न हो का पालन किया जायेगा।

कानून समाज परिवर्तन के साधनों में से एक साधन है। परंतु हिंदू कानून इसका अपवाद है। ई. स. 1772 से पूर्व और 1772 के बाद के हिंदू कानून को मिताक्षर तथा दायभाग इन दो परंपराओं में वर्गीकृत किया जा सकता है।

ईस्ट इंडिया कंपनी ने अपने प्रशासन में रेग्युलेशन अधिनियम के ठीक एक सदी बाद तलाक की व्यवस्था देने वाला पंजीयन विवाह अथवा विशेष विवाह अधिनियम, और सन् 1856 में हिन्दू विधवा पुनर्विवाह अधिनियम सम्मत कर लिया था। सन् 1929 में बाल विवाह निरोध अथवा शारदा अधिनियम के अंतर्गत वधू और वर की विवाह योग्य आयु क्रमशः 14 और 18 वर्ष निश्चित की गई थी। परंतु इस अधिनियम का बड़े–बड़े नेताओं ने विरोध किया।

सन् 1935 में आर्य विवाह विधिग्राह्यता अधिनियम से अंतर्जातीय और अंतर्धर्मीय विवाहों का प्रचलन आसान हो गया था। सन् 1942 में तत्कालीन कानून मन्त्री सर सुल्तान अहमद ने निवेदन किया था कि बिना मृत्यु पत्र उत्तराधिकार और विवाह के संबंध के दो विधेयकों को एक मसौदा समिति ने तैयार किया और उन्हें लोकमत का समर्थन प्राप्त करने हेतु राजपत्र में प्रकाशित किया गया है। सन् 1946 में एक ही गोत्र के व्यक्तियों के विवाह को वैध बनाने वाला कानून और 1949 में हिंदू विवाह निःसमर्थता निर्मूलन अधिनियम के सम्मत हो जाने से हिंदू धर्म की भिन्न भिन्न जाति–उपजातियों को ऐसे विवाह करने का परवाना मिल गया। 9 अप्रैल, 1948 में हिंदू संहिता विधेयक को संविधान समिति के सम्मुख डॉ. अम्बेडकर ने प्रस्तुत किया था। परिणामस्वरुप सन् 1955 में हिंदू विवाह अधिनियम, हिंदू उत्तराधिकार अधिनियम, भरणपोषण और दत्तक ग्रहण अधिनियम, सम्मत किये गये।

सामाजिक परिवर्तन का दूसरा साधन शिक्षा में डॉ. अम्बेडकर का काफी योगदान रहा है। उन्होंने दलितों के प्राथमिक व माध्यमिक शिक्षा के प्रचालनार्थ बहिष्कृत हितकारणी सभा और दलित वर्ग शिक्षा समाज को क्रमशः सन् 1924 और 1928 में स्थापित कर दलित छात्रों के लिये छात्रावास, खेल क्लब, ग्रंथालय, बोर्डिंग आदि की व्यवस्था की थी। और दलितों की उच्च शिक्षा हेतु उन्होंने पिपुल्स एज्युकेशन सोसायटी (8 जुलाई, 1945), को संस्थापित कर उसकी छत्रछाया में सन् 1946 में बम्बई में सिद्धार्थ कला, विज्ञान, व विधि महाविद्यालय और 1953 में सिद्धार्थ वाणिज्य और अर्थशास्त्र महाविद्यालय तथा 1950 में औरंगाबाद में मिलिंद कला व विज्ञान महाविद्यालय स्थापित करने के उपरांत उनकी शैक्षणिक सेवायें उपलब्ध कराईं। डॉ. अम्बेडकर का राजनैतिक विचार दर्शन उनके समकालीन चिंतक आचार्य नरेन्द्र देव और एम. एन. राय के वैज्ञानिक तथा नैतिक समाजवाद से काफी नजदीक रहा है, अपितु उनका मानना था कि मार्क्स और बकल ने इतिहास के निर्माण में मनुष्य की भूमिका शून्य बताकर भारी भूल की है। उन्होंने कहा18 कि बुद्ध द्वारा लाये गये धार्मिक और सामाजिक सुधार के बाद चंद्रगुप्त ने राजकीय क्रांति की। महाराष्ट्र में संतों द्वारा किये गये धार्मिक और सामाजिक सुधारणा के पश्चात् ही शिवाजी ने राज्य क्रांति की थी। सिक्खों के राजनीतिक परिवर्तन के पूर्व गुरु नानक द्वारा धार्मिक–सामाजिक क्रांति की गई थी।

श्री रसेल ने कहा है कि शिक्षा का झुकाव समाज की स्थितिशीलता कायम रखने के लिये होता है, तथापि स्वभाव और मत निर्माण करने की उसकी क्षमता बहुत अधिक होती है। डॉ. अम्बेडकर के अनुसार क्रांति के तीन घटक; (1) समाज के दोष का संज्ञान, (2) उस दोष से पीड़ित वर्ग की उपस्थिति का एहसास और (3) शस्त्रार्थ हैं। उनमें से पहले दो घटक शिक्षा पर निर्भर हैं। इस प्रकार शिक्षित वर्ग ही संगठित होकर संघर्ष की बुनियाद बनाता है। डॉ. अम्बेडकर के अनुसार बुद्ध द्वारा बताई गई सबसे बड़ी बात यह थी कि मनुष्य और जगत में सुधार किये बगैर संसार में सुधार नहीं किया जा सकता। परंतु इस का भावार्थ यह

नहीं है कि मनुष्य के मन में बदलाव होने के साथ ही समाज में अपने आप परिवर्तन हो जाता है। उदाहरणार्थ पूंजीपति और गरीब वर्ग पहले वर्ग के लोभ–लालच के कारण नहीं पैदा होते। अतः उनका खात्मा पहले वर्ग के संपत्ति त्याग से नहीं होगा। बल्कि उनका नियमन किसी की व्यक्तिगत इच्छा के बाहर की बात है।

## व्यक्तिगत न्याय

डॉ. अम्बेडकर ने कहा है कि किस समाज में किसने जन्म लेना चाहिये और उसको किस ढंग से रखना चाहिये यह मनुष्य के काबू में नहीं है। परंतु एक बार किसी मनुष्य का अस्पृश्य के रुप में किसी हिंदू समाज में जन्म हुआ तो उस के भीतर विद्यमान जातियों के संबंध और सामाजिक नियम उसके ऊपर नियत हो जाते हैं। उस के अनुसार आचरण करना उसकी मजबूरी हो जाती है। इस परिस्थिति में यदि ब्राह्मणों ने अस्पृश्यों को समानता के नाते से सलूक करने के मत को अंगीकार किया तो उससे अधिक से अधिक व्यक्तिगत रुप में अस्पृश्य की अन्याय से मुक्ति हो सकती है, परंतु सामाजिक रुप में कदापि नहीं हो सकती। उसके लिये उन वर्गों में विद्यमान सामाजिक संबंध को बदलना जरुरी होता है। यह संबंध यदि धर्म संस्था नियंत्रित करती है तो धर्म संस्था में परिवर्तन करना पड़ेगा, यदि वह धार्मिक, सामाजिक, आर्थिक और राजनीतिक संरचना से जुड़ी समस्या है तो उस प्रकार से परिवर्तन करना लाजमी हो जायेगा।

## भगवान अम्बेडकर

आज विश्व में भारत के सपूत डॉ. भीमराव अम्बेडकर के विचार–दर्शन ने समानता–स्वतंत्रता–बंधुत्व पर आधारित अवाम की जीवन पद्धति के प्रजातंत्र की ऐसी पहचान बनाई कि कई विभूतियों की वैचारिकियाँ विस्मृत हो चुकी हैं। डॉ. अम्बेडकर द्वारा रोपित यह पहचान आज उनके आलोचकों के सिर पर चढकर बोल रही है। श्री अरुण शौरी ने कहा ही हैः ''गत पचास वर्षों का शुद्ध परिणाम यह है कि फिर एक बार भारत

में आज वही क्रम शुरु हुआ है। लोकमान्य विस्मृत से हो गये। नारायन गुरु को केरला के बाहर कोई नहीं जानता है। स्वामी दयानंद, रामकृष्ण परमहंस, श्री (अरविंद) या औरोबिंदो, रमन महर्षि, कांची के परमाचार्य इत्यादिओं ने हमें अपने पैरों पर खड़ा करने के लिये क्या किया इसे भक्तों के एक संकुचित दायरे के सिवाय और कोई नहीं जानता। स्वामी विवेकानंद को धूल झाड़कर कुछ अवसर पर बाहर निकाला जाता है और उनको ठीक ऐसे संप्रदाय–निरपेक्ष के पहनावे में दर्शाया जाता है, जिसे वे स्वयं तीव्र रुप से फटकार देते। गांधी जी की तो प्रतिदिन छंटनी हो ही रही है– एक दिन पहले से चली आ रही विकास की प्रतिक्रिया के कारण तो दूसरे दिन मुसलमान नेताओं को पाकिस्तान का आग्रह धरने में प्रवृत्त कराने के कारण यह छंटनी की जा रही है और अम्बेडकर जैसे व्यक्तिओं की देवता की भांति पूजा हो रही है[12]। सैम्युअल जानसन् ने भी कहा है कि ''कृतज्ञता महान उद्यम का फल है, जाहिल लोगों में आप इसे नहीं पाते''।

## शिक्षा, दीक्षा और प्रेरणा

8 जुलाई, 1945 में स्थापित पिपुल्स एज्युकेशन सोसायटी, सिद्धार्थ कॉलेज आफ आर्टस् एण्ड साईंस, 1946; सिद्धार्थ नाइट स्कूल, 1947; मिलिंद महाविद्यालय, 1950; सिद्धार्थ कॉलेज आफ कामर्स एण्ड एकॉनामिक्स, 1953; मिलिंद मल्टिपरपज हाईस्कूल, 1955; और सिद्धार्थ कॉलेज ऑफ लॉ, 1956 शिक्षा, दीक्षा और प्रेरणा के गवाह हैं। 21 वर्ष अध्ययन और परिक्षण के बाद उन्होंने भारत के लिये विश्व का बेहतर मानवतावादी धर्म अनुसंशित किया। 14 अक्टूबर 1956 में उन्होंने नागपुर में लाखों जनता के साथ बौद्ध जीवन पद्धति को अपनाया। उनकी अंतिम रचना बुद्ध और उनका धम्म ही थी।

डॉ. अम्बेडकर ने 6 दिसंबर 1956 को महाप्रयाण किया और विश्व के भावी जीवन की खुशहाली के लिये वे हमारे पास अपने द्वारा प्रदत्त शिक्षा, संस्कार और प्रेरणा ही छोड़ गये, जो हमें कदम कदम पर मार्गदर्शन करते रहेंगे।

## संदर्भ ग्रंथ


1. श्री एल. आर. बाली, अम्बेडकर ने क्या किया, जलंधर 2002।
2. श्री अरुण शौरी, वरशिपिंग फाल्स गॉड़, एएसए प्रकाशन, नई दिल्ली 1997, पृ. x
3. श्री अरुण शौरी, वही
4. श्री अरुण शौरी, वही
5. डॉ. नरेन्द्र जाधव, डॉ. अम्बेडकरांचे अर्थशाास्त्रीय लेखन, डॉ. बाबासाहेब अम्बेडकर गौरव ग्रंथ, महाराष्ट्र राज्य साहित्य आणि संस्कृति मंडळ, बम्बई 1993, पृ. 362–372
6. डॉ. बाबासाहेब अम्बेडकर राईटिंग्ज एण्ड स्पीचेज, वाल्युम 1, पृ. 44 और एस. एस. गायकवाड, डॉ. अम्बेडकर यांची समाजरचनेची सैद्धांतिक मांडणी, डॉ. बाबासाहेब अम्बेडकर गौरव ग्रंथ, महाराष्ट्र राज्य साहित्य आणि संस्कृति मंडल, बम्बई 1993, पृ. 27
7. डॉ. बाबासाहेब अम्बेडकर राईटिंग्ज एण्ड स्पीचेज, वही
8. डॉ. बी. आर. अम्बेडकर, राईटिंग्स एण्ड स्पीचेस, खण्ड 1 बम्बई 1979 पृ. 227
9. डॉ. बी. आर. अम्बेडकर, वही
10. डॉ. भालचंद्र लक्ष्मण मुणगेकर, डॉ. अम्बेडकर यांचे भारतीय शेती विशयक विचार, डॉ. बाबासाहेब अम्बेडकर गौरव ग्रंथ, बम्बई 1993, पुनर्मुद्रण 1999, पृ. 393–394 तथा अरुण शौरी, प्रस्तावना, वर्शिपिंग फाल्स गॉडस् एएसए पब्लिकेशन, नई दिल्ली 1997, पृ. x
11. डॉ. भालचंद्र लक्ष्मण मुणगेकर, वही
12. डॉ. धनंजय कीर, डॉ. अम्बेडकरः जीवन तथा कार्य, प्रकाशान पुणे, 1976
13. डॉ. बी. आर. अम्बेडकर, रायटिंग्स एण्ड स्पीचेस, खण्ड 1 बम्बई 1979 पृ. 54
14. डॉ. बी. आर. अम्बेडकर, थॉटस् ऑन पाकिस्तान, ठक्कर एण्ड कंपनी, बम्बई, 1945, विदेशियों से सबक नामक अध्याय

# अध्याय – 5

# भारत की चुनाव प्रणाली

भारत की चुनाव प्रणाली यह ब्रिटिश चुनाव प्रणाली है और ब्रिटिश चुनाव प्रणाली यह बहुमत चुनाव प्रणाली (Majoritarian Electoral System) है। इस प्रणाली में राजनीतिक पार्टियाँ अपने उम्मीदवार चुनाव के समय खड़े करते हैं और जिस पार्टी के उम्मीदवार बहुमत में जितकर आते हैं या होते हैं उसकी सरकार बनती है। भारत में 32.35 प्रतिशत वोट में पार्टी बहुमत प्राप्त करती है और अपनी सरकार बना लेती है। यह भारत का प्रजातंत्र तथा चुनाव प्रणाली है। संविधान ने समान मुल्यों के आधार पर एक वोट एक मूल्य दिया है, जहाँ 32.35 प्रतिशत में सरकार बनती है और 65 प्रतिशत वोट का मूल्य सरकार बनाने या उसमें भागीदारी में महत्वपूर्ण नहीं होता। यह स्थिति ब्रिटिश चुनाव प्रणाली से है। अर्थात् भारत की चुनाव प्रणाली में 65 प्रतिशत वोट जो अन्य पार्टियों को मिले हैं एक तो उनके सदस्य चुनकर नहीं आते या आए भी हो तो उनका सरकार में महत्व नहीं होता। यह भारत का लोकतंत्र है, जिसकी स्थिति विश्व लोकतांत्रिक देशों में 30वें क्रमांक पर है।

इस चुनाव प्रणाली को बदलना होगा। इस चुनाव प्रणाली को उखाड़ फेकना ही होगा। इसे उखाड़ फेंके बगैर भारत में 100 प्रतिशत वोट की भागीदारी वाला प्रजातंत्र नहीं आ सकता। इस चुनाव प्रणाली को उखाड़ फेंकने के लिए अन्ना हजारे के भ्रष्टाचार आंदोलन से भी बड़ा आंदोलन करना होगा। आपके पास समानुपातिक चुनाव प्रणाली

(Proportional Electoral System) का विकल्प है, जहाँ प्रतिशत के आधार पर पार्टी के सांसद, विधायक की संख्या निश्चित करके चुने जाते है। यह एक बेहतरीन चुनाव प्रणाली है, जहाँ 100 प्रतिशत वोट का मूल्य होता है और इन सभी का सरकार में महत्व होता है, जिसके बगैर सरकार बन नहीं सकती और इस प्रणाली में ही वास्तविक एक वोट एक मूल्य (One vote One value) होता है। यह ब्रिटिश चुनाव प्रणाली में नहीं है।

समानुपातिक चुनाव प्रणाली (Proportional Electoral System) क्या है? इस प्रणाली में राजनीतिक पार्टियों से उम्मीदवार खड़े नहीं होते बल्कि स्वयं राजनीतिक पार्टियाँ खड़ी होती हैं और इस राजनीतिक पार्टियों को सर्वप्रथम चुनाव आयोग को अपने उम्मीदवारों की सूची देनी होती है। चुनाव में जिस पार्टी को जितने प्रतिशत वोट मिलेंगे उसके समानुपातिक प्रतिशत के आधार पर उसके उम्मीदवार निश्चित किए जाते हैं। उदाहरण के लिए वर्ष 2012 के उत्तर प्रदेश चुनाव में (Proportional Electoral System, PES) होती तो 1. बसपा को 25.95 वोट मिला और विधायक चुनकर आए 80। परंतु समानुपातिक चुनाव प्रणाली (Proportional Electoral System, PES) होती तो ये विधायक 104 होते। 2. समाजवादी पार्टी को 29.16 प्रतिशत वोट मिला और विधायक चुनकर आए 224। स. चु. प्र. (PES system) होती तो सपा के विधायक 116 होते। 3. भाजपा को 15 प्रतिशत वोट मिला और विधायक चुनकर आये 47। यदि स. चु. प्र. (PES system) होती तो उसके 60 विधायक होते। 4. कांग्रेस को 11 प्रतिशत वोट मिला और विधायक मात्र 25 थे। अगर स. चु. प्र. (PES system) होती तो 44 विधायक होते।

समानुपातिक चुनाव प्रणाली के अनुसार उत्तर प्रदेश की सरकार में चारों पार्टियों अर्थात् बीएसपी, एसपी, बीजेपी और कांग्रेस की भूमिका महत्वपूर्ण होती।

सन् 2014 में समानुपातिक चुनाव प्रणाली के अनुसार लोकसभा का चुनाव होता तो लोकसभा के 552 सीटों के अनुपात में राजनीतिक

पार्टियों के सांसदों की स्थिति इस प्रकार होती। 1. भाजपा को 31 प्रतिशत वोट मिले तो सांसद होने चाहिए थे 171 लेकिन थे 282। कांग्रेस को 19.31 वोट मिले तो सांसद होने चाहिए थे 104 लेकिन थे 44। बसपा को मिले 4.14 प्रतिशत वोट और सांसद होने थे 22 लेकिन थे 0। सपा को 3.37 प्रतिशत वोट मिले तो सांसद चाहिए थे 16 लेकिन थे 5।

समानुपातिक चुनाव प्रणाली में मिडीया के सहारे विज्ञापन तथा भ्रष्टाचार एवं चुनाव के लिए करोड़ों का खर्च करने की आवश्यकता नहीं और न ही मध्यावधी चुनाव की आवश्यकता एवं किसी रिक्त हुए सांसद/विधान क्षेत्र के चुनाव की आवश्यकता। क्योंकि पार्टी अपने उम्मीदवारों की सूची पहले ही चुनाव आयोग को दे देती है। मानलो किसी पार्टी का सांसद/विधायक की मृत्यू या त्याग पत्र देता है तो पार्टी के जेष्ठता सूची के अनुसार उस व्यक्ति को रिक्त सांसद/विधायक के रुप में नियुक्त कर लेगा। समानुपातिक चुनाव प्रणाली में जो पार्टियाँ वास्तविक समाज और देश के हित में काम करना चाहती है, उसको निश्चित भागीदारी मिलेगी एवं इसी चुनाव प्रणाली में समतामूलक समाज की सुख–शांति, समृद्धी के लिए बहुसंख्यक सच्चा लोकतन्त्र समाया है, यह वादा है समानुपातिक चुनाव प्रणाली का।

समानुपातिक प्रतिनिधित्व प्रणाली से देश की सरकार निर्वाचित की जाती है। यह प्रणाली बहुदलीय शासन को बढावा देती है। यह ''विजेता को सर्वस्व'' वाली नीति के विरुद्ध है। इसमें चुनाव क्षेत्र का विजयी उम्मीदवार लोकप्रिय उम्मीदवार नहीं हो सकता।

अमेरिका में बहुप्रतिनिधि प्रणाली अथवा इंग्लैंड और कामनवेल्थ में बहुसंख्यक प्रणाली मतदान में उम्मीदवार अथवा प्रस्ताव को अन्य की अपेक्षा अधिक मत प्राप्त होता है परंतु वह सभी दिए गये मतों के आधे से अधिक नहीं होते।

जब ओबामा ने रोम्नी को हराया तो उसे मतक्षेत्र के 332 मत मिले थे और 51.1 प्रतिशत जनमत प्राप्त हुए थे, जिसकी तुलना में रोम्नी को

206 मतक्षेत्रीय मत मिले तथा 47.2 प्रतिशत लोकप्रिय मत हासिल हुए थे, हालांकि दोनों उम्मीदवार सैनिकी अनुभव सम्पन्न नहीं थे।

## संदर्भ

1. राज एम. सी., चुनाव प्रणाली, ग्रीन इन्क, 2013।

# अध्याय – 6

# भारत का संविधान

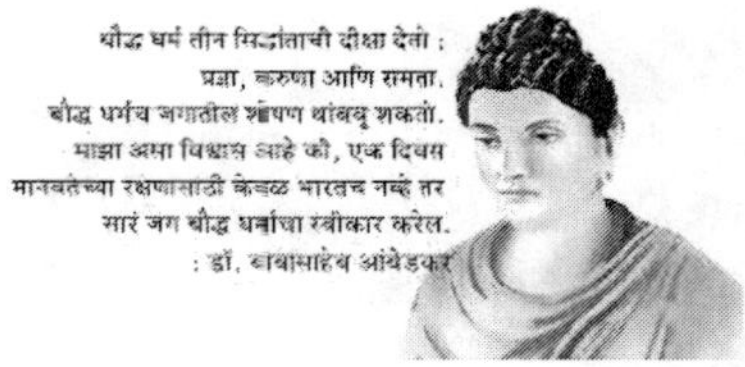


बौद्ध धर्म तीन सिद्धांतों की दीक्षा देता है: प्रज्ञा, करुणा और समता। बौद्ध धर्म ही संसार में विद्यमान शोषण को रोक सकता है। मेरा ऐसा विश्वास है कि एक दिन मानवता की रक्षा के लिए केवल भारत ही नहीं बल्कि सारा जगत बौद्ध धर्म को स्वीकार करेगा।

## भारत का संविधान

### उद्देशिका

हम, भारत के लोग, भारत को एक [1][**संपूर्ण प्रभुत्व-संपन्न समाजवादी पंथनिरपेक्ष लोकतंत्रात्मक गणराज्य**] बनाने के लिए, तथा उसके समस्त नागरिकों को :

सामाजिक, आर्थिक और राजनैतिक **न्याय,**
विचार, अभिव्यक्ति, विश्वास, धर्म
और उपासना की **स्वतंत्रता,**
प्रतिष्ठा और अवसर की **समता**

प्राप्त कराने के लिए,
तथा उन सब में

व्यक्ति की गरिमा और [2][राष्ट्र की एकता
और अखंडता] सुनिश्चित करने वाली **बंधुता**

बढ़ाने के लिए

दृढ़संकल्प होकर **अपनी इस संविधान सभा** में आज तारीख 26 नवम्बर, 1949 ई० (मिति मार्गशीर्ष शुक्ला सप्तमी, संवत् दो हजार छह विक्रमी) को **एतद्द्वारा इस संविधान को अंगीकृत, अधिनियमित और आत्मार्पित करते हैं।**

## अध्याय – 7

# असच्चिदानन्द

*महाकारुणिक तथागत बुद्ध एक चलते विश्वविद्यालय की भांति 45 वर्षों तक ग्राम, निगमों और जनपदों में 'बहुजनहिताय बहुजनसुखाय' की वैश्विक शिक्षा समान भाव से विविध मनुष्यों और प्राणियों में वितरित करते रहे। तब से तथागत गौतम बुद्ध दुनिया के सामान्य और असामान्य मुनियों और समाधिजन्य मानस के उच्चतम मापदण्ड का पैमाना स्वीकृत हुये, जिसका अनुसरण आम व्यक्ति और खास भिक्खू भी करते आ रहे हैं। तथागत के साथ छाया की तरह रहने वाले भिक्खू आनन्द भिक्खूनी संघ के संस्थापक सदस्य और प्रेरक स्रोत रहे। आनंद, उपाली और कस्सप जैसे आदर्श बुद्धानुयायी के कारण ही आज हमें विनय, सूत्र और अभिधम्म नामक त्रिपिटकों विश्वविद्यालय विरासत में प्राप्त हुये हैं।*

*अंग्रेजी की कहावत* ***एक्सेप्शन प्रूव्हज द रुल*** *के अनुसार सुभद्र जेसै आपत्तिजनक भिक्षुओं के उदाहरण निन्यानवे दशमलो नौ प्रतिशत श्रावक संघ सुपटिपन्न होने के पक्ष की गवाही देते हैं। आज हम लोगों के पास जिस स्तर पर पालि, संस्कृत, चीनी, तिब्बति, जपानी, थाई, बर्मीज, सिंहली, रोमन, देवनागरी आदि कई लिपियों और लौकिक अंतर्राष्ट्रीय भाषाओं में बुद्ध वचन उपलब्ध हैं, उस स्तर पर पालि, संस्कृत आदि शास्त्रीय प्राचीन वाणी में बुद्ध वचन प्रचारित और प्रसारित करने वाले भिक्षु–भिक्षुणी तथा बौद्ध गृहस्थ–गृहिणी ढाई टोटरु के पैमाने पर भी उपलब्ध हो तो कहना ही होगा कि* ***पंडिता दश सहस्त्रेशु।***

वर्तमान में डॉ. प्रफुल्ल गडपाल जैसे संस्कृत–पालि में मूसलधार वर्षा की तरह धाराप्रवाह संल्लाप, संचार, लेखन और प्रशिक्षण करने वाले बहुश्रृतों का ऐसा ही अकाल है जैसा पुराणे हजार और पांच सौ के नोटों का। उनके द्वारा विरचित भदन्तसदानन्दचरितामृतम तथा उसकी हिन्दी टीका मुदिता भन्ते सदानन्द जी को एक आदर्श भिक्षु मानकर प्रसिद्ध की गई एक अनूठी कृति है।

उर्दू में गालिब का एक शेर है: ***हमें तो मालूम है जन्नत की हकीकत लेकिन मन को बहलाने के लिये ख़याल यह अच्छा है।*** प्रस्तुत काव्य रचयिता का लौकिक नायक तो भदन्त सदानन्द है। उसका आदर्श है: डॉ. बाबासाहेब अम्बेडकर ने अपनी अंतिम कृति **द बुद्ध एण्ड हिज धम्म** जिन बुध्दपुत्रों को समर्पित की थी वे मिसाल के लिये पालि गाथा उद्धृत करते हैं–**यो हवे दहरो भिक्खू युन्जति बुद्ध सासने सो मं लोंकं पभासेति अब्भामुत्तो' व चन्दिमा।।** अर्थात् जो अल्पवयस्क बुद्धसेवक धम्म में अविरत उद्यत रहकर संलग्न रहता है वह बादलों से मुक्त चन्द्रमां की तरह इस लोक को प्रकाशित करता है।

भदन्त सदानन्द थेरो ने मिलिंदपञ्हो का मराठी में अनुवाद किया, और परित्राण कारिका, बौद्ध संस्कार पाठावली, अनागारिक देवमित्त धर्मपाल, अहिंसकाचा अंगुलिमाल, भगवान बुद्धाचे धम्मदतू, भगवान बुद्धाचे दन्त–धातु, नाटक, बौद्धचर्या नीति–पाठ, बुद्धभक्ति–शतकम, तेलकटाह गाथा, भारतीय बौद्धांची वाटचाल आणी दिशा, बोधगया–मुक्ति, हिन्दी महाराणी वुफमार देवी, बौद्ध विवाह पद्धति, चार बौद्ध तीर्थ स्थाने, बुद्ध धर्म आणि बौद्धांचे दायित्व तथा उत्खनित प्राचीन बुद्धावशेश संग्रह उनकी ग्रंथ संपदा है।

नायक (मृ. 4/8/2020) की समस्त गंथ संपदा एक पलड़े में और प्रस्तुत ग्रन्थ के लेखक डॉ. प्रफुल्ल गड़पाल की इतने सुन्दर ढंग से संस्कृत में (हिन्दी व्याख्या सहित) प्रस्तुत **भदन्तसदानन्दचरितामृतम** दूसरे पलड़े में रखकर पाठक तोले तो निश्चय ही वह अपने लिये दो–दो मोदक खाने का आनन्द प्राप्त करेगा– एक चरित्र को आदर्श

*चरित्र बनाने का मोदक और दूसरा अपने आदर्श को सदियों से वर्जित भाषा के गद्य, पद्य में ही नहीं बल्कि अनुष्टुभ–छन्द के एक शतम चतुर श्लोक में चित्रांकन करने का मोदक।*

*डॉ प्रफुल्ल गड़पाल के निरापद तथा सुखी जीवन की कामना करता हूँ।*

640वीं रविदास जयंती, **– प्रो. सी.डी. नाईक**

10 फरवरी, 2017

# अध्याय – 8

# बोधिद्रुम

## आज

बोधगया के महाबोधि द्रुम की हस्ति विश्व में सुपरिचित है। भारत के लिये वह आन–बान–शान का प्रतीक है। यहाँ का सर्वोच्च नागरिक पुरस्कार भारतरत्न वर्ष 1954 से अब तक गरिमामय ढंग से शीर्ष और पृष्ठ के दोनों तरफ बोधिद्रुम की पत्ति पर अंकित अशोक चक्र और चतुरसिंह मुद्रायें तिरंगा ध्वज की पृष्ठभूमि पर अंकित कर, प्रदान किया जाता है। डॉ. अम्बेडकर को यह पुरस्कार वर्ष 1990 में प्राप्त हुआ था तब भी इसी रुप में प्रदान किया गया और अब भी इसी रुप में प्रदान किया जाता है। अतः यह प्रबुद्ध भारतीयकरण का अमिट प्रतीक बन चुका है।

जिस महाबोधि वृक्ष के एक पत्ते की ऐसी गरिमा हो उस पत्तेवाले समग्र द्रुम की कहानी कितनी गौरवशाली होनी चाहिये इसका पाठक अंदेशा लगा सकते है। इस कार्य को शब्दांकित करने वाले संस्कृत, पालि, हिन्दी, अंग्रेजी, मराठी और अन्य भाषाओं के धारा प्रवाह अध्यापक वक्तृत्व हस्ताक्षर तथा गद्य, पद्य, शास्त्र, व्याकरण और डॉ. अम्बेडकर के सेनानी और बुद्धांकुर आयुष्मान प्रफुल्ल गडपाल ने स्व–विरचित महाबोधिद्रुमविजय विद्वद संसद के सम्मुख प्रस्तुत कर सम्पन्न किया है। उनके आग्रह पर मैं यहाँ अपने प्राकथन से बोधि द्रुम विजय की पताका फहराने का यत्न कर रहा हूँ।

बोधगया में तथागत ने सम्बोधि प्राप्त कर **मा एकेन द्वे गच्छथ** की कहावत के अनुसार वे यहाँ इसके पश्चात् कभी नहीं आये। इसकी पूर्ति हेतु श्रद्धालुओं ने इस बोधि द्रुम को प्रत्यक्ष तथागत का बीज और वृक्ष समझकर प्रेरणा ग्रहण करना आरंभ किया था।

## कल और कल

ईसा पूर्व तीसरी शताब्दि में सर्व प्रथम उरुवेला वन में सम्राट अशोक ने **बहुजन हिताय बहुजन सुखाय** के उद्देश्य से मंगल तरंगे उत्पन्न करने वाले इस विश्वजेष्ठ वृक्ष के पास महाबोधि महाविहार बनवाया था। तब से लेकर आज तक हम कहते ही हैं: जिस महाबोधि वृक्ष के नीचे बैठकर तथागत ने समस्त शत्रुओं पर विजय प्राप्त कर सम्बोधि प्राप्त की थी, उसको मैं वंदन करता हूँ।

प्रेरणा यह है कि सम्बोधि भी प्राप्त करना हो तो सम्बोधिनाशक शत्रुओं पर पहले विजय प्राप्त करनी पड़ती है।

खैर सम्राट अशोक ने बोधिवृक्ष के सानिध्य में जो तरंगे स्वयंसात की थी, उनकी प्रेरणा से वह भावनामयी प्रज्ञा को प्राप्त हुये और उन्होंने वहीं पर स्तूप, तोरण और अन्य प्रज्ञोपयुक्त दर्शनीय परिष्कार बनवाये। दुर्भाग्य से उनकी अग्रमहिशी इस महाबोधि वृक्ष को सौतन की तरह मानती थी। अपने अभिशाप का सूत्र उसने खलनायिका मातंगी द्वारा

बोधिवृक्ष पर लपेटकर उसने उस वृक्ष को सूखा दिया था। वृक्ष को सूखा देखकर राजा अशोक ने प्रण किया, ''यदि सम्यक सम्बुद्ध के साक्षात दर्शन करने वाले इस महाबोधि द्रुम को कोई हानि हुई तो निश्चय ही मैं अपने प्राण त्याग दूंगा''।

बांधे गये सूत्र के हट जाने पर वृक्ष फिर से हरा–भरा होने लगा। अशोक ने वहाँ वज्रासन् के साथ भीत्तियों और हस्ति–स्तम्भ की कला युक्त शिलायें भी स्थापित कराई। अपने पुत्र महेन्द्र और पुत्री संघमित्रा को भिक्षु–भिक्षुणी बना उन्होंने तथागत के तरंगों को लंका तक पहुँचा दिया। वहाँ इस वृक्ष को जयश्रीमहाबोधि कहकर वंदन करते हैं और वहाँ की सरकार उस वृक्ष को प्राणवायु की नलि लगा कर उसे स्वर्ण परकोट के दण्डों से घिरा अपनी सेना की निगराणी में रात दिन सुरक्षित रखते है। जब कभी उस जेष्ठतम और श्रेष्ठतम वृक्ष से कोई सूखी पत्ति नीचे गिरती है तो जन सैलाब उसे लेने ऐसे दौड़ पड़ते हैं मानो दुनियावी संपत्ति तुच्छ हो।

उत्तर प्रदेश के श्रावस्ती में अनाथपिण्डक जैसे सुदत्त लोग तथागत की अनुपस्थिति में बेचैन महसूस करते थे तो उस हेतु शास्ता ने उपाय दिया था कि 'उरुवेला से मेरे प्रिय महाबोधि महावृक्ष की एक शाखा को लाकर श्रावस्ती के इस जेतवन आराम में रोपित करें। मेरी अनुपस्थिति में वह सदा ही मेरे अभाव को पूर्ण करता रहेगा'। इसे आनन्द महाबोधि वृक्ष से अभिधानित किया गया था।

प्रथम शताब्दी में मित्रवंश की धर्म–वत्सला तीन रानियों ने वज्रासन् के आस–पास सुरक्षा की दृष्टि से दीवारें बनवा दी थी। दूसरी शताब्दी में राजा कनिश्क ने इसे अधिक आकर्षक और ऊंचा कर दिया। इसमें कुशाण वंश के राजा हुविष्क का भी योगदान रहा। गुप्तकाल में धम्म–वत्सल राजाओं के योगदानों को भी न भूले। लगभग 388 ईस्वी में श्रीलंका के राजा मेघवर्मा ने यहाँ संघारामों का निर्माण कराया था। पांचवी शताब्दी में वहीं के भिक्षु प्रख्यात–कीर्ति ने यहाँ भेंट दी थी। इसके सौ साल बाद वहीं के महानाम नामक भिक्षु ने यहाँ आकर प्रतिमा दान की तथा एक बुद्ध–कुटी का निर्माण कराया।

इसके पश्चात् भारत में ही बंगाल के राजा नरेन्द्रगुप्त शशांक ने इस बोधिवृक्ष को ही नष्ट कर दिया। हजारों भिक्षुओं को मरवा दिया। मृत भिक्षु के सिर लाने वाले को सोने की मुद्रायें भेंट की। महाविहार में स्थापित बुद्ध मुर्ति को हटवाकर उसके स्थान पर शिव की मूर्ति रखवा दी। तब अनुराधपुर में संघमित्रा के द्वारा रोपित इसी महावृक्ष के उत्तराधिकारी की शाखा को लाकर यहाँ रोपी गई। पाल राजाओं ने इस महाबोधि तथा महाविहार को संरक्षण दिया था। ईस्वी 1010 में महाराजा महिपाल ने यहाँ महाविहार के मरम्मत का कार्य किया। बारहवीं शताब्दी में श्रीलंका के नागरिक उदयसिरि ने महाबोधि महाविहार में बुद्ध की प्रतिमा स्थापित कराई।

1205 में इख्तियारुद्दीन मुहम्मद बिन बख्तियार खिलजी ने महाविहार के आदिम स्तूप को नष्ट कर दिया। 1234 में इसके दर्शन करने तिब्बत से धर्मस्वामी यात्री आये। तुरुश्क या मुस्लिम सेना के आतंक से भयभीत बौद्ध भिक्षु यहाँ से चारों ओर चले गये। बाद में अशोक–छल्ल नामक राजा ने महाबोधि महाविहार का पुनरुत्थान कराया। इसके बाद राजा बुद्धसेन के पुत्र राजा जयसेन ने बौद्ध भिक्षु मंगल–स्वामी को श्रीलंका से निमंत्रित कर महाविहार के संरक्षण का दायित्व सौंप दिया। इसके पश्चात् तेरहवीं शताब्दी में बर्मा के बुद्धानुयायियों ने इसे सुसमृद्ध कर दिया। पन्द्रहवीं शताब्दी में बंगाल के शासक छग्लराज की रानी ने महाविहार की मरम्मत करवाई। सोलहवीं शताब्दी में शैव महन्तों के आदि पुरुष गिरि ने अपना मठ यहाँ बनवाया। महाबोधि महाविहार शैव महन्तों के हाथों में चला गया। 1727 में तत्कालीन महन्त को मुस्लीम शासक महमूद शाह ने दो गाँवों की मालगुजारी उपहार–स्वरुप दी।

पेशवाई के कर्दनकाल महार–अभियान के पूर्व 1811 में बोधगया में पधारे डॉ. बुचानन हेमिल्टन ने यहाँ की स्थिति पर प्रतिवेदन दिया। 1820 में पेशवाई के अन्त होने के बाद बर्मा के राजा ने अपना राजदूत यहाँ भेजा। 1823 में बर्मी राजा वाजिदो ने पुनः अन्य दूत भेजा। 1832 में गया जिले के प्रधान न्यायाधिश मिस्टर हाउथोर्न ने बोधगया के

महाबोधि महाविहार के खण्डहर हो चुके स्थलों का अवलोकन किया। कालांतर में बर्मा के महाराजा मिंडनमिन ने भारत सरकार से महाविहार की मरम्मत तथा जीर्णोद्वार के लिये अनुमति मांगी। 1846 में मारहम किट्टो ने ब्रिटिश सरकार के निर्देशानुसार निरीक्षण करके सरकार के पास अपना विस्तृत विवरण प्रस्तुत किया। 1861 में पुरातत्वविद सर जनरल कनिंघम ने महाबोधि महाविहार के उत्थान के लिये एक विवरण–पत्र सरकार को भेजा। वही कार्य डॉ. राजेन्द्रलाल मित्र द्वारा किया गया। सन् 1870 में प्रचण्ड आंधी–तुफान के कारण महाबोधि महावृक्ष को क्षति पहुँची। 1875 में बर्मा के राजा मिंडनमिन ने महाबोधि महाविहार की मरम्मत, पुनरुद्वार, और धर्मशाला का कार्य किया। 1877 में राजेन्द्रलाल मित्र को बर्मा सरकार के कार्यों का निरीक्षण करने हेतु बोधगया भेजा गया। महाबोधि महाविहार का खुदाई कार्य 1877 में आरंभ होकर 1880 में सम्पन्न हुआ।

1878 में राजा मिडनमिन के उत्तराधिकारी थीबो अपने राज्य के वित्त–कोष से महाबोधि महाविहार के लिए व्यय करता रहा परंतु कुछ समय बाद उसका अंग्रेजों के साथ विवाद हो गया और उसे बंबई प्रेसीडेंसी के रत्नागिरि में कैद कर लिया गया। 1881 में बोधगया के महाबोधि महावृक्ष के गिर जाने पर जनरल कनिघम ने श्रावस्ती के जेतवनाराम में विराजित आनंद बांधिवृक्ष की एक शाखा को लाकर यहाँ लगवाया, जो आज भी वहाँ विद्यमान है। 1 जनवरी, 1886 को जैसे ही अंग्रेजों ने बर्मा देश पर अपना शासन स्थापित किया वैसे ही भारत में बर्मा राज्य के धन से महाबोधि विहार पर होने वाला व्यय बलात् हटा दिया गया।

22 जनवरी, 1891 में श्रीलंका के अनागारिक धम्मपाल अपने जापानी मित्र भिक्खु कोजान के साथ बोधगया आये। महाबोधि विहार की दुर्दशा देखकर वे जमीन पर बैठकर फूट–फूटकर रोये। उन्होंने संकल्प किया कि जब तक मैं इस महाविहार को महंतों से आजाद नहीं करता तब तक मैं चैन की सांस नहीं लूंगा। फिर उन्होंने श्रीलंका से बोधिवृक्ष लाकर पुनः यहाँ रोप दिया। महाबोधि सोसाइटी ऑफ इण्डिया की

स्थापना की। महाबोधि जर्नल का प्रकाशन आरम्भ किया। महन्त हरिहरनाथ गिरि ने मुकदमेबाजी और गुंडागर्दी आरम्भ कर दी। 1893 में शिकागो की धर्मसंसद में अनागारिक धम्मपाल ने आव्हान किया कि महाविहार बौद्धों के हाथों में हो।

1922 में महापण्डित राहुल सांकृत्यायन ने सरकार को प्रस्ताव भेजा कि बोधगया महाविहार बौद्धों को सौंप दिया जाये। इस प्रस्ताव पर ध्यान नहीं देने के कारण उन्होंने छपरा कांग्रेस कमेटी के मन्त्री पद से इस्तीफा दिया। भदन्त आनन्द कौसल्यायन ने इस हेतु सहस्रशः प्रयत्न किये।

अन्ततोगत्वा 1949 में महंत विहार का मुकदमा हार गया। भारत के तत्कालीन वायसराय लार्ड कर्जन ने महाविहार के विवाद की समाप्ति के लिये न्यायाधिश सुरेन्द्रनाथ तथा हरप्रसाद शास्त्री की दो सदस्यीय समिति का गठन कर समुचित जांच के निर्देश दिये। दोनों की राय परस्पर विरोधी थी। पहले सदस्य महन्तवादी होने से सरकार ने उसी की राय मानी। महंत ने महाबोधि महाविहार के लिए दीवानी मुकदमा दायर कर दिया। इसके पश्चात् महाबोधि महाविहार मुक्ति आन्दोलन का सूत्रपात हुआ। आर्य नागार्जुन सुरई ससाई ने इसका नेतृत्व किया।

बिहार सरकार ने महाबोधि महाविहार के संरक्षण के लिए एक प्रबंधन समिति बनाई। इसमें कुल नौ सदस्य हैं। चार हिन्दू सदस्य और गया जिले का कलैक्टर पदेन इस समिति का अध्यक्ष और प्रायः हिन्दू ही होता है।

## आने वाला कल

डॉ. प्रफुल्ल गडपाल विरचित महाबोधिद्रुमविजयम एक खण्डकाव्य है। पृष्ठ क्र. 115 पर और अन्यत्र लेखक ने मानव अपनी संपूर्ण मानवता प्राप्त होने तक हानि–लाभ, यश–अपयश, निंदा–प्रशंसा, सुख–दुःख, मान–अपमान, आंधी–तूफान, मार–श्मशान, भय–मरण की प्रवाह न कर सतत् अपने विजय पथ पर आरुढ़ रहकर संसार को बुद्धमय बनाने

तक अविश्राम संघर्ष करते रहा वे धन्य हैं की चेतना को काव्यांकित किया है।

यह संग्राम एक आम वृक्ष और डाक–टिकटों पर भारत, श्रीलंका, जापान, थाईलैंड आदि देशों द्वारा प्रचारित किया जाने वाला शासकीय वंदना, अभिव्यक्ति, लोकप्रियता तथा महत्ता का प्रदर्शन मात्र नहीं है। अपितु सबसे बड़ी बात यह है कि भारतीय संविधान में अंकित मानवीय गरीमा को मैत्री और धम्म की प्रेरणा से विराट बनाने वाला हर व्यक्ति बोधिद्रुमांकुर से महत् महाबोधिमय बनने वाला अस्तित्व का अमिट तरंग है।

जिस प्रकार दीपंकर, कौण्डिन्य, मंगल, सुमन, रेवत, सोभित, अनोमदर्शी, पद्म, नारद, पद्मोत्तर, सुमेध, सुजात, प्रियदर्शी, अर्थदर्शी, धर्मदर्शी, सिद्धार्थ, तिश्य, पुश्य, विपश्यी, शिखी, विश्वभू, ककुसन्ध, कोणागमन, काश्यपादि बुद्धों ने पीपल, शाल, नाग, अर्जुन, सोण, महासोण, कदम्ब, महावेणु, पियङ्गु, चम्पक, रक्तकुरवक, कर्णिकार, असन, आमला, पाटलि, पुण्डरीक, शिरीश, उदुम्बर, न्यग्रोधादि वृक्षों तले बैठकर बुद्धत्व को प्राप्त किया था, उसी प्रकार डॉ. अम्बेडकर ने बड़ौदा में विभिन्न वृक्षों के उद्यान में एक वटवृक्ष की छाया में बैठकर सामाजिक बुद्धत्व प्राप्त कर अपनी आयु के 26वें वर्ष में बाबासाहेब बने थे।

त्रिपिटक की भांति डॉ. अम्बेडकर के लेखन, विचार, भाषणों को महाराष्ट्र शासन ने अब तक बाईस निकायों में प्रकाशित किया है।

महाराष्ट्र में भीमा नदी के तट पर स्थित कोरेगाँव के युद्ध में मात्र पांच सौ, महार रेजिमेन्ट के सैनिकों ने पेशवाई के तीस हजार सशस्त्र ब्राह्मण सेना को परास्त कर 1 जनवरी, 1818 को अपनी विजयगाथा से वहाँ के जयस्तंभ को चार चांद लगा दिये और विषमता व शोषण के साम्राज्य को सम्यक दिशा दी, और उसी प्रेरणा से डॉ. अम्बेडकर ने मानवाधिकार और समता, स्वतंत्रता और बंधुत्व के बुद्धवचन पर आधारित राष्ट्रीय दस्तावेज "संविधान" के माध्यम से भारत को संप्रभु प्रबुद्ध की दिशा प्रदान की। इसी दिशा में महाबोधिद्रुमविजय अपने कलेवर पर

अंकित करता है कि ''यः सर्वथा सर्व हतांधकारः संसारपंकाजगदुज्जहार तस्मै प्रवक्षामि यथार्थ काव्यम् वृक्षम् नमस्सामि महाबोधिदृमम्। अर्थात् संसार हताशा और घोर अंधकार के कीचड़ में डूबा हुआ है। अतः उस बुद्धसूर्य को मानव मानस पर उदित करने वाले खण्डकाव्य का प्रक्षालन करते हुये मैं महाबोधिद्रुम को वंदन करता हूँ।''

इस खण्डकाव्य के रचयिता ने पृ. 7 पर लिखा ही है कि विश्वस्य निखिलस्य स्यान्माङगल्यं भद्रता सदा अधीतिः काव्यबन्धस्य प्रकल्पयेव विहारताम।। अर्थात् इस शुभ ग्रंथ, जो समस्त विश्व के चिरन्तन सुख और मंगल कामना से लिखा जा रहा है, के अध्ययन से सभी मनुष्य अनन्त मैत्री के धनी बनें।

कहीं ऐसी मैत्री लापरवाही, विपरीत अवस्था और भारत में वर्तमान बौद्ध दशा से बेखबर होकर असावधान न हो इस दृष्टि से प्रेरक गाथा भाग 2/23 में कहा गया है कि दुःख के पहाड़ रौंद कर विश्वविजयी सम्राट अशोक ने अपनी प्रतिकुल परिस्थिति पर विजय पाकर 84000 धर्मस्कंधों पर उतने ही बौद्ध विहारों, चैत्यों, मठों, धर्मपीठों, बौद्ध मंदिरों व धम्मस्थलों की शिल्पात्मक कृतियाँ विश्व धरोहर के लिए स्थापित की थी। अतः काल के गाल पर, कब्जे के बाहु पर और बेपरवाही के नाक पर मुक्का मारते–मारते हम लोगों ने वर्ष 2002 में यूनेस्को को इस महाबोधि महाविहार को वर्ल्ड हकरिटेज साईट बनाने का विश्वास दिया है और तीन वर्ष पहले घटित आतंकवाद को करारा जबाब देते हुये थाईलैंड के महाराजा भूमिबोल अतुल्यतेज ने महाविहार के सर्वोच्च गुंबद को स्वर्णिम बना कर निर्भयता का प्राणांतक संदेश दिया है। इस से ऐसा लगता है कि विश्व बौद्ध जगत की वाणी को महाबोधिदृमविजय खण्डकाव्य कह रहा हो किः

शब्द के इंसान लेकर आ गये हम
अर्थ के इमान लेकर आ गये हम
वक्त की परछाईयों को मोड़ देने
अम्बेडकर अभियान लेकर आ गये हम।।

ऐसे ही अभियान में 1893 से अनागारिक धम्मपाल ने महाविहार बौद्ध के हाथों में दिलाने के लिए प्रचण्ड संघर्ष किया। 1922 में महापण्डित राहुल सांकृत्यायन ने कांग्रेस द्वारा बोधगया महाविहार बौद्धों को सौपने पर ध्यान नहीं दिये जाने पर कांग्रेस को ही छोड़ दिया। भदन्त आनन्द कौसल्यायन ने इस महाविहार के उद्धार के लिए पूर्णतः कटिबद्ध होकर सहस्त्रशः प्रयत्न किये। ऐसे कतिपय संघर्शों के बाद ही 1949 में एक और डॉ. अम्बेडकर कृत संविधान पारित हुआ तो दूसरी ओर बोधगया महाविहार और प्रबंधन और अधिकार पुनः बौद्धों के हाथों में आ गया।

वर्ष 2014 में सम्राट अशोक जयन्ति उत्सव के अवसर पर प्रफुल्ल गडपाल विरचित महाबोधिद्रुमविजय नामक खण्डकाव्य द्वारा सुधी पाठकों को बताया गया कि शिवलिंग, हिन्दू देवी–देवताओं की मूर्तियाँ, बोधिसत्वों को पंच पांडव प्रचारित करने जैसी युक्तियाँ, श्राद्ध, तर्पण, कर्मकांड़ादि संस्कार जैसे कृत्य बोधगया महाविहार और महाबोधि परिसर में मच्छर की भांति काट रहे हैं। डॉ. अम्बेडकर की 22 प्रतिज्ञाओं के आंधी–तूफान के एक झोके से ही उन्हें उड़ाने की देरी है। ऐसे कृत्यों को चेतावनी डॉ. केपरा के शब्दों में है कि इट इज ओनली फायू मिनटस् टू मिडनाईट यू बेटर चेंज अर्थात डॉ. अम्बेडकर के विचार–दर्शन की आंधी आने में केवल पांच मिनट की देरी है। बेहतर होगा कि आप बदल जायें।

चीनी बौद्ध तीर्थ यात्री व्हेनसांग ने तो विश्व को महाबोधिद्रुम के महत्व के बारे में इन शब्दों में आगाह किया कि 'यदि यह आविर्भूत न हुआ होता, तो पृथ्वी भी अस्तित्व में नहीं आती। और तो और वज्रासन् के अतिरिक्त संसार में दूसरा कोई वज्रसमाधि को धारण करने वाला आधार भी नहीं है।''

बौद्ध दर्शन में वर्तमान वैज्ञानिक उपलब्धि के तौर पर तरंगों की असीमता पर मनुष्यकृत और प्रकृतिजन्य सभी सूक्ष्म क्रियाकलापों की अमिट छाप अंतराल में अंकित रहने का सत्य बताया जाता है। सदियों

पहले तथागत ने बताया था, "ये धर्मा हेतुप्रभवः तेसं हेतु तथागतो आह, तेसंच ये निरोधो एवं वादी महासमनो" अर्थात् समस्त ब्रम्हांड के तरंगमय क्रियाकलाप सहेतुक है। उसका कारण और लय तथागत ने स्पष्ट किया है और इसी बात के वे उद्घोशक है।"

इसीका प्रतिबिंब पृ. 6 गाथा 14 है, जिसमें कहा गया है कि भगवान बुद्ध का धम्म पूर्ण रुपेन वैज्ञानिक पद्धति पर आश्रित होने के कारण विज्ञान के कार्यकरण अथवा प्रतीत्य समुत्पाद सिद्धान्त पर आधारित है। इस धम्म में प्रज्ञा, करुणा, शील और मैत्री जैसे उदात्त भाव सदा ही प्रतिष्ठित रहे हैं।

तथापि बौद्ध सदाशयता कमजोरों पर जोर नहीं दिखाती बल्कि पेशवा शाही जैसी बुराईयों के लिये प्रलयंकारी औषधि भी होती है। वर्ष 1990 में डॉ. अम्बेडकर को जो भारत रत्न नामक देश का सर्वोच्च नागरीक पुरस्कार मरणोपरांत प्राप्त होने पर जो प्रशस्ति–पत्र राष्ट्रपति वि. वि. गिरि ने माईसाहेब को भेंट किया था वह महाबोधिद्रुम के एक पत्ते पर अंकित राष्ट्रीय आन–बान–शान का ज्वलंत प्रतीक है।

## अतः कहना चाहियेः

जिस महाबोधि वृक्ष का पत्ता–पत्ता भारतरत्न है वह बुद्ध द्वारा समस्त शत्रुओं पर विजय प्राप्त कर सम्बोधि के पर्यावरण से उत्पन्न प्रबुद्ध भारत का ऐतिहासिक ताज है। इस मुकुट को आंच न आने पाये!

अत्त दीपो भव!

# अध्याय – 9

# सामाजिक आजादी का राजनीतिक आयुध

## प्रस्तावना

आधुनिक जीवन में हर संभव स्तर पर संघर्ष करने से ही लक्ष्य की प्राप्ति संभव है। आधुनिक भारत की विद्यमान अवस्था की आधारशीला भी ऐसे ही संघर्षशील महामनाओं के उत्सर्ग से प्राप्त हुई है। उनमें से एक सर्वोपरी विभूति थे डॉ. बी. आर. अम्बेडकर।

## जीवन संघर्ष

विशम सामाजिक परिवेश में भी सैनिक छावनी में कुछ भौतिक सुविधायें बिना भेदभाव के उसके सभी वर्ग के सदस्यों को मुहय्या हो जाती हैं। उनमें शिक्षा, प्रशिक्षण, आवास, स्वास्थ्य, फीज, और अन्य भौतिक सहुलियतों का समावेश हैं। सन् 1891 में महू की काली पल्टन के एक बैरेक में सुबेदारी करने वाले रामजी सकपाल और उनकी जीवन संगीनी भीमाबाई ने 14 अप्रैल को जो पुत्ररत्न जन्मा, जिसका नाम आगे भीमराव रखा गया, उस समय भी ऐसे ही हालात रहे होंगे। अंबावडे गाँव, दापोली तहसील और सातारा जिले में जो सामाजिक विशमता और अस्पृश्यता जैसी सामाजिक बुराई की दाह में जलते रहने की जिंदगी छावनी में अनुपस्थित ही रही होगी

सतारा के प्राथमिक विद्यालय की ही घटना है। भीमराव गणित का सवाल हल करने ब्लैकबोर्ड के पास क्लासरुम में प्रवेश करते तो क्लास

के सारे बच्चे बोर्ड के पास रखे अपने टिफिन्स हटा लेते ताकि उनके पास जाने से वे अपवित्र न हो जाये। इतनी प्रतिकूल परिस्थिति में भी भीमराव विद्यार्जन कर रहे थे तो हीरे के पारखी की तरह पहचानने वाले अध्यापक ने भीमराव को अपना कुलनाम अम्बेडकर से अभिधानित किया। एक ब्राह्मण अध्यापक भीमराव को कह रहा था, ''भीम तू महार है, पढ लिख–कर तुझे तो केवल सेवक ही बनना है।'' तो भीम बोले, ''सर, आईन्दा आप मुझे मेरे जातिसूचक नाम से पुकारेंगे तो अच्छा नहीं होगा।''

भीम आगे चलकर बी. ए., एम. ए., एम.एस.सी, बैरिस्टर, डॉक्टर, डी. एस.सी, तथा एल.एल.डी. व डीलिट् बने और सन् 1946 से 1949 तक आजाद भारत में एक नागरिक किसी भी दूसरे नागरिक को जातिसूचक नाम से न पुकारे इसके लिये 2 साल 11 महीने और 17 दिन के स्वश्रम से दुनिया का सबसे बड़ा समता तत्व पर आधारित संविधान बनाया, जिसमें अनुच्छेद 17 अस्पृश्यता के व्यवहार को कानूनन् दंडनीय अपराध घोशित करता है।

आज सारी दुनिया डॉ. बी. आर. अम्बेडकर को जानने लगी है। भारत में ही सभी राजनीतिक दल उनका नाम सम्मान से लेकर अपने धार्मिक देवी–देवताओं के साथ उनकी प्रतिमा को भी पूजते हैं।

डॉ. अम्बेडकर ने सार्वजनिक तालाबों, स्कूलों, आम रास्ते, मंदिरों, मौलिक अधिकारों, जीने–रहने–खाने–कमाने, भ्रमण करने, एसोसिएशन बनाने, रोजगार करने, महिला और पुरुष को समान व्यक्ति समझने और प्रत्येक नागरिक को दूसरे नागरिक के प्रति आदर, प्रतिष्ठा और इज्जत से पेश आने व अपना मत अपनी पसंद से प्रयुक्त कर योग्य शासक चुनने आदि के लिये सामाजिक, धार्मिक, संगठनात्मक, शैक्षिक, आर्थिक, प्रशासनिक और राजनीतिक संघर्ष किये और 65 साल की अपनी संघर्ष–मय जीवनगाथा की धरोहर तीन शब्दों में–स्वतंत्रता, समता और बंधुत्व–विश्व के हाथों में छोड़कर 6 दिसंबर 1956 को प्रबुद्ध भारत की पवित्र माटी में समा गये। सन् 1991 में उन्हें देश के सर्वोच्च नागरिक

पुरस्कार 'भारतरत्न' से नवाजा गया और उनके द्वारा अनुसंशित बौद्ध चिन्हों को राष्ट्रीय प्रतीकों के रुप में राष्ट्रध्वज, राजभवनों, न्यायालयों, सचिवालयों, संसद, राष्ट्रमुद्रा, चलन आदि पर अंकित कर उच्चतम सम्मान से लोकार्पित किया गया।

## साउथबरो कमेटी में

विकसित देशों में भी पहले गुलामों और निशक्तजनों को अपने मन, मत और शरीर पर अधिकार नहीं था। बाद में कम से कम धार्मिक मामलों में गरीबों और निशक्तजनों को गिरजाघरों और मस्जिदों में जाकर ईश्वर की गुलामी करने का अवसर मिला। भारत में तो मौर्य काल के समाप्ति के पश्चात् यह भी नसीब नहीं रहा जब तक डॉ. अम्बेडकर ने सन् 1919 में साउथबरो कमेटी के सम्मुख अछूतों को मुसलमान, ईसाई, और अभिजात हिन्दूओं की तरह एक राष्ट्रीय और स्वतंत्र कौम के रुप में सार्वभौमिक स्वनिर्णयाधिकार के तत्व के अनुसार अपने मत को अपने पसंदीदा हुक्मरान को चुनने के अधिकार की पुरजोर पैरवी नहीं की थी। उनका कहना था कि मानव होकर मंदिर जाने, शिक्षित होने, जीवनयापन करने और आन जीवन व्यतीत करने देने पर भी अभिजात लोग अमानवीयता से उन्हें समाज से बहिष्कृत कर ही चुके थे तो कम से कम अंग्रेज शासन उन्हें राजनीतिक मताधिकार से वंचित कर उनके जख्मों पर मरहम लगाने के स्थान पर उन्हें हरे करने का ही अमानवीय काम करेगा।

साउथबरो कमेटी मताधिकार के प्रश्न पर सर फ्रैंक जी स्लाय की अध्यक्षता में चर्चा कर रही थी और डॉ. अम्बेडकर के प्रतिनिधित्व के ज्ञापन से कायल होकर उन्हें अछूतों के लिये न केवल निर्वाचित कराने का अधिकार बल्कि जातीय मतदान प्रणाली से मतदान करने के अधिकार को भी सकारात्मक दृष्टि से स्वीकार करना पड़ा।

## साइमन आयोग में

23 अक्टूबर 1928 को भारतीय स्टॅट्यूटरी आयोग अथवा साइमन

कमिशन पूना में अपनी बैठक आयोजित कर रहा था तो उसमें डॉ. अम्बेडकर बम्बई कमेटी के सदस्य की हैसियत से शरिक हुये। उनके साथ डिप्रेस्ड क्लासेस के प्रतिनिधि डॉ. सोलंकी भी थे, जो अपने साथी नेता के कथन का शत प्रतिशत अनुमोदन कर रहे थे। डॉ. अम्बेडकर ने अपने कथन में कहा था कि ''समाज के सबसे निम्न स्तर, शिक्षा से पिछड़े, आर्थिक दृष्टि से पंगु और राजनीतिक दृष्टि से वंचित ब्रिटिश भारत के लोगों को मुस्लीम वर्ग की तरह अल्पसंख्यक समझा जाये, उन्हें इसाई लोगों की तरह प्रशासनिक पदों पर नियुक्त किया जाये, उन्हें पारसीजनों की तरह आर्थिक सुविधा प्राप्त हो, उन्हें युरोपीयन वर्ग की तरह राजनीतिक भागीदारी मिलें। मुबई प्रांत अथवा ब्रिटिश भारत के संविधान निर्माण अथवा मताधिकार के मामले में अछूतों को आरक्षण के साथ वयस्क मताधिकार प्राप्त हो। यदि यह नहीं मिला तो उसके स्थान पर उन्हें पृथक प्रतिनिधित्व मिले और उपरोक्त सभी गैर–हिन्दू अल्पसंख्यकों की तुलना में उन्हें अधिक संविधानिक सुरक्षा और अधिक राजनीतिक शक्ति प्रदान की जाये ताकि वे सबसे कमजोर स्थिति से निकल कर सबके बराबर की स्थिति में पहुँच सकें''।

इसीके साथ डॉ. अम्बेडकर ने एक बात और कही थी कि जो जरायम पेशा और आदिम जातियाँ है वे समाज से संपर्क न होने के कारण अस्पृश्यता के दंश से उस समय उतने आहत नहीं थे जितने कि तत्कालीन अनुसूचित जातियों की समस्त उपजातियाँ रही और जो सार्वजनिक जलाशय और मंदीर तथा विद्यालय में प्रवेश से और रोजगार के साधनों से समान रुप से वंचित रहे।

इस प्रकार एक व्यक्ति एक मत और एक मत एक मूल्य के राजनीतिक सिद्धांत को आगे कर डॉ. अम्बेडकर ने राजनीति को सामाजिक स्वतंत्रता का आयुध बनाया और तत्कालीन हिन्दू नेता महात्मा गांधी के बहुसंख्यक नेतृत्व और बहुसंख्यक राजनीतिक वर्ग की असमावेशी राष्ट्रीय आजादी के सम्मुख एक बौद्धिक विवेक नीति प्रस्तुत की।

## महाड के तालाब पर

वास्तव में आर्थिक रुप से पिछड़े, शैक्षणिक रुप से निरक्षर, आर्थिक रुप से असहाय और नैतिक रुप से हताश तथा राजनीतिक रुप से उपेक्षित लोगों की पहचान सवर्णो द्वारा सार्वजनिक तालाब और धार्मिक स्थलों पर प्रवेश करने पर कृरतापूर्वक प्रतिबंधित किया जाना था। फिर भी डॉ. अम्बेडकर ने 20 मार्च, 1927 को दलित, पीड़ित, असहायों में व्याप्त मूकता और गुलामी को झंझोड़कर उनमें साहस और एकता तथा आत्मविश्वास की जान फूंकने के लिये पहला सामाजिक चेतना सत्याग्रह किया। दलितों का एकिकृत संगठन सामंतशाही को तीव्रता से खटका और उन्होंने बाल, वृद्ध, महिला का फर्क न कर सबको रक्तरंजित कर दिया। सही सैनिक वह होता है जो गिरने के बाद भी उठ खड़ा होता है। डॉ. अम्बेडकर तो पैदाईसी सैनिक थे। उन्होंने हजारों जख्मी आंदोलनकारियों को फिर से 25 दिसंबर को बुलाया और महाड की धरती पर फ्रेंच क्रांति का बिगुल बजाकर सत्याग्रहियों को संबोधित किया कि,''यह सत्याग्रह पानी के लिये नहीं, मानवाधिकार के लिये ही नहीं अपितु समाज की पुनरर्चना, सामंतशाही पर आधारित पुराने समाज के स्थान पर स्वतंत्रता, समता और बंधुत्व पर आधारित नवसमाज की स्थापना के लिये है''।

## मनुस्मृति के दहन पर

इस समताधिष्ठित समाज के निर्माण में पहला कदम विशमताधिष्ठित समाज के संविधान–मनुस्मृति को जलाकर दफनाना होगा। अतः आप लोग सामूहिक रुप से इसे जलाकर इस ऐतिहासिक संग्राम की अमिट छाप अपने मस्तिष्क में छोड़कर जिलाधिश महोदय ने लगाये गये प्रतिबंध को ध्यान में रखते हुये अपने–अपने स्थान जायें ताकि रणभूमि का नाद घर–घर से सुनाई दें। पेशवाई को नेस्तनाबुत करने के लिये 14 महार सैनिक ही काफी थे। आप हजारों में हो और विश्व की सामंतशाही का जनाजा निकालने के लिये पर्याप्त हो। ब्रिटिश भारत की विसंगति आपके सामने लाचार होगी।

## नाशिक के कालाराम मंदिर में

दलितों के नाशिक के कालाराम मंदीर में प्रवेश के सत्याग्रह के बारे में पंडित मदन मोहन मालवीय और महात्मा गांधी दोनों को दो प्रकार की गतल फ़हमी थी। पहला समझता था कि मंदिर प्रवेश के लिये अछूत सवर्णों पर लाचार है और दूसरा समझता था कि मंदीर प्रवेश से अछूतों का लक्ष्य पूर्ण होकर वे सुब्बरायन मंदीर प्रवेश विधेयक का समर्थन करगें, जो रंगा अय्यर द्वारा प्रस्तावित था और जो गांधी जी द्वारा समर्थित था। सन् 1934 मे येरवडा जेल में डॉ. अम्बेडकर के साथ गांधी जी की मुलाकात होने पर यह बात सामने आई।

असल में स्वतंत्रता के लिये पूर्ण स्वतंत्रता का लक्ष्य होने पर उसे किश्त–किश्त में प्राप्त करना स्वीकार्य हो सकता है। अस्पृश्यों का संग्राम तो पूर्ण मानवता प्राप्त करने के लिए था और नाशिक के कालाराम मंदीर प्रवेश सत्याग्रह इसके लिये एक छोटासा किस्तीय कदम था। सम्पूर्ण सामाजिक आजादी प्राप्त करने का जिनका लक्ष्य रहा वे अछूत मंदिर प्रवेश से नहीं बल्कि शिक्षा, रोजगार, आर्थिक सम्पन्नता से अपना स्थान सवर्णों के बराबर कराना चाहते थे। अतः मालवीयजी का यह भ्रम कि अछूत उनकी दया के मोहताज है वह दूर होना चाहिये। गांधी जी का भ्रम था कि मंदीर प्रवेश के विधेयक का अछूत समर्थन करेंगे और चुप बैठेंगे। परंतु उन्होंने कहा कि अस्पृश्यता नष्ट करने का हमारा लक्ष्य आर्यसमाजी शुद्धि आंदोलन जैसा नहीं था कि मंत्र का उच्चारण करो और जैसे थे वैसे ही बने रहो। हमारा मकसद् संपूर्ण वर्णाश्रम धर्म उसके जातिव्यवस्था के साथ और असमानता की शिक्षा देने वाले ग्रथों सहित सामंतवाद को नेस्तनाबूत करना है। गाांधी जी तो अस्पृश्यता को नहीं मानते थे लेकिन वर्ण व्यवस्था को मानते थे। फिर उनके विधेयक का समर्थन करने से हमारा समाज पुनर्रचना का लक्ष्य कैसे हासिल हो सकता था?

2 मार्च, 1930 को आयोजित नाशिक के कालाराम मंदिर प्रवेश सत्याग्रह के बारे में स्वयं डॉ. अम्बेडकर ने कहा था कि, ''मैंने मंदिर

प्रवेश का सत्याग्रह अस्पृश्यों को मूर्तिपूजक बनाने के लिये नहीं छेड़ा, जहाँ उनका प्रवेश निषिद्ध है और नहीं वह इसलिये छेड़ा गया कि मैं मानता हूँ कि उससे अस्पृश्य सवर्ण के समान होंगे और सवर्ण समाज का अविभक्त हिस्सा बन जायेंगे''।

## गोलमेंज परिषद में

जहाँ तक मत, मन और भौतिकता के गुलामी की बात है, सबसे महत्वपूर्ण और मूल स्वमत और उसके उपयोग की है। जिस मात्रा में वह व्यक्ति में बलवती होती है उसी मात्रा में वह गुलामी से निजात पा सकता है। इस अर्थ से वर्ष 1930 से 1932 तक के दौरान गोलमेज परिषद में उनके मतों की स्वतंत्र अभिव्यक्ति दलित आंदोलन के लिये निर्णायक रही।

सहानुभूति होते हुये भी 200 साल के ब्रिटिश राज में सरकार सामाजिक पुर्रचना के बारे में कुछ नहीं कर सकी थी। भौतिक और सभ्य सुख सुविधाओं के साधन और एक जैसी विधि प्रणाली, मूक शांति और सुव्यवस्था स्थापित कर भारतीय निधि को जिस पैमाने पर विश्व युद्धों में स्वाहा किया और देश को दरिद्र रेखा के नीचे गिरा दिया उसे तुलनात्मक रुप से तोले तो ब्रिटन की अपेक्षा भारत के योगदान का ही पलड़ा अधिक भारी प्रतीत होगा।

गैर–भारतीय शासक, भारतीय अस्पृश्यता के नाश के लिये न सामंती हिन्दूओं से लोहा लेंगे न ऐसा संविधान बनायेगे इस पर डॉ. अम्बेडकर के मन में कोई भ्रम नहीं रहा। अतः भारतीय सरकार के गठन हेतु जितनी पुरजोर हो सकी उतनी आवाज बुलंद कर उन्होंने ब्रिटिश साम्राज्य के अंत के बारे में सचेत कर भारतीय स्वतंत्रता के आगमन की आगाज की। फलस्वरुप भारत के सर्वहारा अस्पृश्य वर्ग के लिये गोलमेज परिषद के अध्यक्ष और ब्रिटिश प्रिमियर रैम्जे मैक्डोनल्ड ने सन् 1932 में जातीय निर्णय की घोषणा की, जिसमें दलितों के लिये पृथक राष्ट्रीय अवाम के रुप में मान्यता तथा पृथक मताधिकार के प्रावधान की व्यवस्था थी।

## पूना पैक्ट पर

उस व्यवस्था को लागू करने से आज जब 60 सालों बाद भी दलित वर्ग सवर्ण के नजदीक स्तर तक नहीं पहुँचा वह कभी का समान होकर उसके कंधे से कंधा मिलाकर देश को और अधिक उत्पादक, गरिमामय और आधुनिक तकनीकी और वैज्ञानिक उपलब्धिओं की सहायता से गुण और संख्या में विकसित करा उसे विश्व में अग्रणी राष्ट्र बना देता।

गांधी जी जो मंदिर सत्याग्रह के विधेयक पर अछुतों का अनुमोदन चाहते थे परंतु इस जरा से पृथक मताधिकार पर अड़ गये। अपनी सहमति को ब्रिटिश प्रीमियर के निर्णय दस्तावेज पर स्वयं हस्ताक्षर कर अपनी स्वीकृति देने के बावजूद भी वह 20 सितंबर 1932 को आमरण अनशन पर बैठ गये कि, पृथक मताधिकार अथवा मेरी जान। तत्कालीन राजनीतिक चिंतक उनके आमरण के कारण उपचारात्मक सोच का उपयोग करने से भी वंचित रह गये।

पूना पैक्ट डॉ. बाबासाहेब अम्बेडकर और गांधी जी के बीच 24 सितंबर, 1932 को येरवडा केन्द्रिय कारागृह पूना में उभय पक्षों द्वारा हस्ताक्षरबद्ध वह इकरारनामा है जिसमें अछुतों को अपने मन पसंद नेता को चुनने के मताधिकार को तिलांजली देनी पड़ी और बदले में सामान्य उम्मीदवार को संयुक्त रुप से चुनने के अधिकार को भी खोना पड़ा और साउथबरो कमेटी के द्वारा प्राप्त आरक्षण और संख्यात्मक प्रतिनिधिक लाभ से संतोष करना पड़ा। शरीर तो मिला लेकिन उसका प्राण छिन गया। जहाँ कम्यूनल अवार्ड में 71 सीटें दलित वर्ग को आरक्षित थी वहाँ पूना पैक्ट के तहत राज्य स्तर पर 147 सीटें हो गईं थीं और समस्त केन्द्रिय विधान मंडल का 18 प्रतिशत सीटों का बंटवारा हाथ आया। शासन ने इसे कम्यूनल अवार्ड का संशोधन कह कर स्वीकृत भी किया।

जैसा कि ऊपर कहा गया कि किश्त में थोडा भी मिले तो लक्ष्य पूर्ति के उद्देश्य से ग्रहण किया जाना चाहिये। परंतु पूना पैक्ट में तो थोड़ा तो दूर बल्कि जो मिला था वह भी छिन गया था। अतः समस्या का निपटारा नहीं हुआ, भले ही सरकार उसे संशोधन माने।

## वर्तमान में भावी अम्बेडकरों के आगमन के इंतजार में

आज सामाजिक बुराई को दूर करने के लिये सामाजिक शोध केन्द्रों के द्वारा डॉ. बी. आर. अम्बेडकर विश्वविद्यालय के माध्यम से देश के कोने कोने में महाड और कोरेगाँव क्रांति का आगाज करना समय की मांग है। हर दूर दराज के दरवाजे पर दस्तक देती शिक्षित बनो, संघर्ष करो, संगठित रहो की तालिम से सामाजिक और राष्ट्रीय पुनर्निर्माण की चेतना जगाना भविष्य में अलख का काम होगा।

जैसे एक लौ से दूसरी बत्ती प्रकाशमान होती है वैसे एक ऊर्जा केन्द्र विश्वविद्यालय के बौद्धिक लौ अत्त दीपो भव से हजारों लाखों करोड़ों युवाओं को अम्बेडकरमय बनाना हमारा वैश्विक लक्ष्य है। इसके लिये हम अविराम निरंतर संघर्ष करते रहेंगे।

**जय भीम!**

# अध्याय – 10

# जन्म स्थली के मूरल केप्शन (भित्तीचित्रांकन)

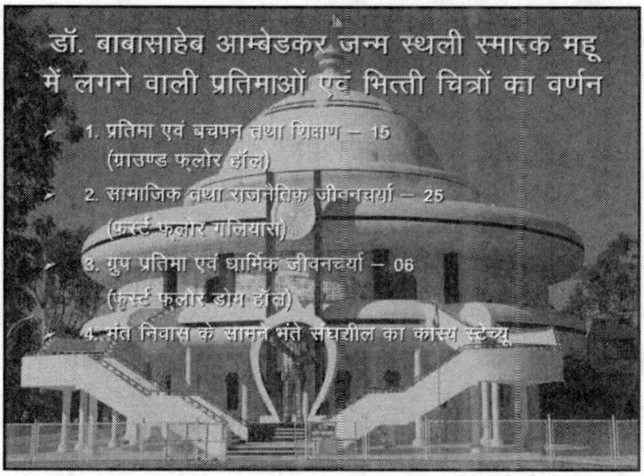


1. माता भीमाबाई और पिता रामजी अम्बेडकर के चौहदवें पुत्ररत्न भीमराव रामजी सकपाल का जन्म काली पल्टन, महू में 14 अप्रैल, 1891 को हुआ। बालक के जन्म के पश्चात् माता–पिता उसे पालने में झुला दे रहे हैं।

2. सन् 1896 में बालक भीमराव जब पांच वर्ष की आयु के थे तब उनकी माता भीमाबाई का सतारा छावनी (महाराष्ट्र) में निधन हुआ। उसी स्थान पर उनकी समाधि बनी हुई है।

3. सतारा महाराष्ट्र में भीमराव जी का प्राथमिक स्कूली शिक्षण सम्पन्न हुआ। अस्पृश्य होने के कारण बालक भीमराव और उनके भाई आनंद राव को कक्षा के बाहर ही अपने टाट पर बैठना पड़ता था।

4. भीमराव का प्राथमिक शिक्षण सतारा में हुआ। अस्पृश्यता के शिकार बालक भीमराव को अपने भाई आनंद राव के साथ स्कूल में कक्षा के बाहर ही बैठे या खड़े रहना पड़ता था।

5. स्कूल प्रांगण में पानी की टंकी के नल से सभी अन्य विद्यार्थी पानी पी रहे हैं। अस्पृश्य भीम को लोटे की धार से दूर से पानी पिलाया जा रहा है।

6. गाँव के कुंए का खुद खींचा हुआ पानी हथेलियों से पीते हुए भीम को देख रुढ़िवादी लोग भीम को लाठियों से मार रहे हैं।

7. भीम अन्य साथियों के साथ रेलवे स्टेशन से अपने गाँव कोरेगाँव जाने के लिए किराए की बैलगाड़ी पर सवार हुआ। वह अस्पृश्य है, यह जानने के बाद गाड़ीवान ने उन्हें सामान के साथ उतार फेंका।

8. आर्थिक तंगी के कारण बालक भीमराव को पढ़ाई करने के लिए घर में दीया और तेल भी जुटाना मुश्किल होता था। अतः वह रास्ते में जलते हुए लैम्प–पोस्ट के नीचे बैठ कर पढ़ाई करते थे।

9. भीमराव के गाँव का नाम अम्बावडे था। इसीसे उनका कुल नाम अम्बावडेकर था। परंतु उसके स्कूल के अम्बेडकर नामक अध्यापक उसे 'अम्बेडकर' नाम से पुकारते थे।

10. बम्बई में एलफीन्स्टन हाईस्कूल से भीमराव ने मैट्रिक की परीक्षा उत्तीर्ण की। इस उपलक्ष्य में अर्जुनकृष्णा जी केलुस्कर गुरूजी ने उनको अपनी लिखी हुई पुस्तक "बुद्ध चरित्र" भेंट की। वर्ष 1906 के समय मैट्रिक परीक्षा उत्तीर्ण होने वाले भीमराव प्रथम दलित थे।

11. सन् 1908 में 17 वर्षीय भीमराव का 9 वर्षीय रमाबाई से विवाह हुआ।

डॉ. भीमराव अम्बेडकर अपनी पत्नी रमाबाई के साथ

12. एलफीन्स्टन महाविद्यालय, बम्बई से सन् 1912 में स्नातक शिक्षा के लिए महाराजा सयाजी राव गायकवाड़ (बड़ौदा) ने 25 रू. प्रतिमाह की छात्रवृत्ति दी और उन्होंने स्नातक की परीक्षा पास की।

13. अपने पुत्र भीमराव के मैट्रिक परीक्षा उत्तीर्ण होने पर रामजी सूबेदार अति प्रसन्न हुए, परंतु उसके आगे की स्नातक शिक्षा देने के लिये वह आर्थिक कठिनाई महसूस कर रहे थे। इसी समय अध्यापक श्री केलुस्कर ने बड़ौदा नरेश के पास बालक भीमराव के लिये छात्रवृत्ति की सिफारिश की। महाराजा सयाजी राव गायकवाड़ ने 25 रु. प्रतिमाह छात्रवृत्ति देकर सन् 1912 में भीमराव को एलपफीन्स्टन महाविद्यालय, मुम्बई से स्नातक परीक्षा उत्तीर्ण होने का अवसर

दिया। बदले में उसे बड़ौदा के दरबार में सैनिक अधिकारी के पद की सेवायें प्रदान करना थी। भीमराव इसके लिये तैयार हुये, परंतु बड़ौदा में निवास हेतु किराये पर मकान देने के लिए कोई तैयार न था। एक उदारमान श्री जोशी अपने घर में निवास व्यवस्था करने वाले थे, परंतु उनकी पत्नी के इंकार करने पर वह असमर्थ सिद्ध हुये। इसी समय बम्बई से तार मिला कि श्री रामजी सकपाल गंभीर रुप से अस्वस्थ हैं। भीमराव सब छोड़ बम्बई वापिस लौटे, लेकिन यह उनके लिए पिताजी का अंतिम दर्शन सिद्ध हुआ।

14. सन् 1913 में बड़ौदा के महाराजा सयाजी राव गायकवाड़ के दरबार में छात्रवृत्ति की शर्तों के अनुसार भीमरावजी ने सेवा करना स्वीकार किया, लेकिन दफ्तर में उनके अधीनस्थ सेवक फाइलें दूर से उनके टेबल पर फेंकते थे, ताकि ढंग से रखने के कारण वह उन्हें छू न जाए और इसी कारण वे उनको एक ही गिलास से पानी भी नहीं देते थे।

15. पारसी होटल में अस्पृश्य होने के कारण उनको रहने नहीं दिया गया और लाठियाँ भांजते डराते हुए बलात् उनका सामान बाहर फेंक दिया गया। छद्म पारसी नाम से भी वे अपनी पहचान नहीं छुपा

सके। बेबस होकर वे एक पेड़ के नीचे बैठ धधक–धधककर रोते रहे। जहाँ वह पेड़ है, उस स्थली को आज लोग संकल्प भूमि के अभिधान से जानते हैं।

16. स्नातक के बाद भीमराव अब स्नातकोत्तर अध्ययन के लिये विदेशागमन करने वाले थे। बड़ौदा नरेश की तरह कोल्हापूर नरेश श्री छत्रपति शाहू महाराज, भीमराव को सामाजिक प्रबोधनार्थ साप्ताहिक / पाक्षिक चलाने तथा उच्च शिक्षा संपादन करने के लिये अपनी ओर से कुछ वित्तीय सहायता देने उनके बम्बई स्थित निवास पर गये। तब वह स्वयं भीमराव को वजीफा हस्तांतरित कर रहे और उनकी धर्मपत्नी त्यागमूर्ति रमाबाई से चाय की प्याली स्वीकार कर रहे हैं।

17. सन् 1913 में अमेरिका के कोलम्बिया विश्वविद्यालय, न्यूयार्क से भीमराव ने एम.ए. और सन् 1915 में पी.एच.डी. की उपाधि प्राप्त की।

कोलम्बिया यूनिवर्सिटी, न्यूयार्क

18. भीमराव अम्बेडकर वर्ष 1913 में कोलंबिया विश्वविद्यालय, न्यूयार्क गये। वर्ष 1915 तक वहाँ के ग्रंथालय में सबसे पहले प्रवेश कर अध्ययनरत होकर सबसे आखिरी में जानेवाले शोधार्थी भीमराव अम्बेडकर इस दौरान एक चाय की प्याली और एक ब्रैड का टुकड़ा ग्रहण कर गुजारा करते थे। 1917 में उनकी छात्रवृत्ति अवधि समाप्त हो गई। वापिस भारत आते हुये उन्होंने लंदन के स्कूल ऑफ एकॉनॉमिक्स एण्ड पोलिटिकल सायंस, लंदन नामक विश्वविद्यालय में एम.एस.सी. और डी.एस.सी. तथा बार–एट–लॉ की शोध उपाधियों हेतु स्वयं को पंजीकृत कर लिया था।

19. सन् 1916 में लंदन के स्कूल ऑफ एकॉनॉमिक्स एण्ड पोलिटिकल साइंस लंदन नामक विश्वविद्यालय से भीमराव ने एम.एस.सी, डी.एस.सी. और विधि संस्थान ग्रेज–इनमें बैरिस्टरी की उपाधियाँ प्राप्त करने हेतु नामांकन किया परंतु छात्रवृत्ति की अवधि समाप्त होने से अपनी अधूरी पढ़ाई छोड़कर जर्मनी होते हुए वह भारत लौट आए।

लंदन विश्वविद्यालय

ग्रेज–इन विधि संस्थान

20. सन् 1917 में भारत लौटकर इन्होंने सिडनहैम महाविद्यालय, बम्बई में अंशकालीन अर्थशास्त्र के प्राध्यापक की सेवा से अपनी अधूरी उच्च शिक्षा हेतु कुछ पूंजी जुटाई।

21. भारत लौटने के बाद डॉ. अम्बेडकर अपनी अर्जित शिक्षा से अशिक्षितों का अज्ञान दूर करने और मूक–मानवों को वाचा देने मराठी साप्ताहिक यथा मूक नायक, बहिष्कृत भारत आदि वर्ष 1920 से 1927 के दौरान निकालते रहे, जो आगे पाक्षिक बने और समता, जनता और प्रबुद्ध भारत के नाम से वे सन् 1956–57 तक प्रकाशित होते रहे। इन मुख पत्रों को योग्य हाथों में सौंप कर अपने अधूरे शोध अध्ययन को पूर्ण करने के लिए वह फिर सन् 1919 में ब्रिटेन आये।

मराठी साप्ताहिक / पाक्षिक

1. मूकनायक 1920, 2. बहिष्कृत भारत 1927, 3. समता 1930,
4. जनता 1930, और 5. प्रबुद्ध भारत 1956

22. लंदन जाकर उन्होंने अर्थशास्त्र में एम.एस.सी. और सन् 1923 में डी.एस.सी. की उपाधियाँ प्राप्त की और बैरिस्टर भी बन गये और बॉन यूनिवर्सिटी, बर्लिन में जाकर अर्थशास्त्र व प्रशासन में और अधिक शोध कार्य किया।

बॉन विश्वविद्यालय, बर्लिन, जर्मनी

23. वर्ष 1917 में डॉ. अम्बेडकर ने साउथबरो कमेटी के समक्ष अपनी राजनीतिक साक्ष्य दी थी। उसके एक वर्ष बाद उन्होंने नागपुर में अखिल भारतीय अस्पृश्य सभा को संचालित किया। सन् 1924 में

उन्होंने शिक्षा हेतु बहिष्कृत हितकारिणी सभा की स्थापना की, सन् 1926 में वह बॉम्बे प्रांत के विधान परिषद के नामित सदस्य बने और सामाजिक समानता को बढ़ावा देने के लिए सन् 1927 में समाज समता संघ की नींव रखकर सामाजिक सत्याग्रह में कूद पड़े।

24. सन् 1922 में अपने शोध कार्य के बाद डॉ. अम्बेडकर भारत लौट आए और उन्होंने यहाँ सामाजिक, शैक्षणिक तथा राजनीतिक आंदोलन चलाया।

महाड़ तालाब

कालाराम मंदिर

25. तब भीमराव ने अर्थशास्त्र और विधि की एम.एस.सी, डी.एस.सी. तथा बैरिस्टर की तीनों उपाधियाँ हासिल कर ली। फिर भी वह जर्मनी के बॉन विश्वविद्यालय गये और वहाँ जिम्मेदार सरकार की जिम्मेदारी नामक प्रशासकीय प्रबंध, प्रकाशित किया। उसके पश्चात् वह भारत लौट कर सामाजिक और प्रशासनिक सेवा में समर्पित हो गये। अपनी बैरिस्टर की डिग्री, वे रमाबाई को सौंप रहे हैं। उनकी भाभी लक्ष्मीबाई साथ खड़ी है।

26. मानवता को सामाजिक न्याय दिलाने हेतु उन्होंने सन् 1927 में समता सैनिक दल की स्थापना की, महाड़ सत्याग्रह आरंभ किया और उसके एक वर्ष पश्चात् सायमन आयोग के समक्ष अपनी साक्ष्य दी।

27. सार्वजनिक तालाब से पानी ग्रहण करने का मानवाधिकार दिलाने हेतु उन्होंने महाड़ के चवदार तालाब पर सन् 1928 में सत्याग्रह किया। यह भारत में समानता की फ्रेंच क्रांति थी।

28. जब वह बड़ौदा रियासत में सैनिक व वित्त अधिकारी के पद पर कार्यरत थे। तब उन्हें रहने के लिये संपूर्ण रियासत में किसी हिन्दू ने किराये पर मकान नहीं दिया। एक पारसी धर्मशाला में छद्म नाम से कमरा मिल गया, परंतु उनकी पहचान ज्ञात होते ही लाठी लेकर 20–25 पारसी उनके कमरे में आकर धर्मशाला छोड़ने की धमकी दे गये और उनका सामान बाहर फिंकवा दिया गया। असहाय अम्बेडकर बड़ौदा पार्क में एक वटवृक्ष के नीचे बैठकर अपने नयनाश्रुओं से अस्पृश्यता की आग को सहते–सहते संकल्पित हुये कि यदि मैं समाज के इस कलंक को मिटा न सका तो स्वयं को ही मिटा दूंगा। इसी से इस स्थलि को संकल्प भूमि और उस वृक्ष को संकल्प वृक्ष का अभिधान प्राप्त हुआ।

29. हिन्दू कॉलनी, दादर में स्वयं का निवास गृह बनवाकर उसे राजगृह नाम देकर डॉ. अम्बेडकर ने अपनी 26000 पुस्तकों के लिये उसमें जगह बनाई और बुद्धभूषण मुद्रणालय स्थापित किया।

30. बाबासाहेब के साथ उनके राजगृह में भन्ते सद्धातिस्स और अन्य श्रीलंकन भिक्षु हैं।

31. डॉ. अम्बेडकर के परिवार सदस्यों में राजगृह के सामने कुर्सी पर बैठे हुये बायें से दायें हैं – उनके पुत्र यशवंतराव, स्वयं डॉ. अम्बेडकर, उनकी पत्नी रमाबाई, उनकी भाभी लक्ष्मीबाई और उनका भतीजा मुकुंदराव तथा नीचे है टोबी।

32. डॉ. अम्बेडकर ने बम्बई विधान परिषद में सदस्य बनने के बाद छोटे किसानों के हित में खोती प्रथा प्रतिबंधक विधेयक, बेगार प्रथा के विरुद्ध आनुवंशिक व्यवसाय प्रतिबंधक विधेयक और श्रमिकों के हितार्थ औद्योगिक विवाद न्यायिक ट्रिब्यूनल विधेयक पारित करवाये।

33. सन् 1927 में महाड़ के चवदार तालाब का सत्याग्रह प्राकृतिक संपदा पर सब का समान अधिकार प्रस्थापित करने के लिये हुआ था। बाबासाहेब ने कहा था कि तालाब का पानी पीने से हम अमर नहीं होंगे। हम भी इन्सान के नाते इस देश की हवा–पानी के हकदार हैं।

34. बाबासाहेब के साथ उनके सहकारी श्री कमलाकांत चित्रे, सुरेन्द्र टिपनिस, राजभोज, दादासाहेब गायकवाड़ आदि ने चवदार तालाब का पानी पीकर आन्दोलन शुरु किया।

35. तालाब का पानी पीने पर निहत्थों पर सवर्णों ने लठमार की।

36. अस्पृश्यों द्वारा चवदार तालाब का पानी पीने से अपवित्र हो गया, जबकि कुत्तों द्वारा पानी पीने से तालाब अपवित्र नहीं हुआ मानकर उसे पंचगव्य अर्थात् गोबर, मूत्र, दूधादि से मन्त्रोच्चार द्वारा शुद्धिकरण किया गया।

37. रुढ़िवादी मानवाधिकार हनन के चार दृश्य निम्नवत हैं: अर्थात् 1. शुद्रों द्वारा संस्कृत बोलने पर जिव्हा काटना और उसे सुनने पर कान में उबलता तेल डालना, 2. शूद्र द्वारा मरे पशु ढोया जाना, 3. शूद्र के पद्चिन्ह मिटाने के लिए उसके कमर पर झाडू लटकाना

और उसकी थूक रास्ते पर पड़ने से रोकने हेतु गले में मटका लटकाना और 4. महिला को घरेलु हिंसा और कई तरीके से प्रताड़ित करना।

38. शुद्र तथा नारी को मानवाधिकार से वंचित रखने के विरुद्ध बाबासाहेब अम्बेडकर और सहकारियों ने कड़ा कदम उठाया।

39. सन् 1930 में मानव निर्मित धार्मिक संस्था के अंतर्गत पूजा, उपासना और विचार तथा अभिव्यक्ति की स्वतंत्रता सब के लिये समान रुप से अधिकृत कराने हेतु दूसरा सत्याग्रह किया गया। उसी प्रकार सन् 1930 को गोलमेज परिषद्, लंदन में समान मताधिकार तथा समानुपातिक प्रतिनिधित्व तथा महाराष्ट्र के येवला में असमानतामूलक धर्म का परित्याग करने से आंदोलन का आगाज़ हुआ।

40. कालाराम मंदिर प्रांगण में बाबासाहेब ने कहा कि मंदिर प्रवेश से हमें स्वर्ग नहीं मिलेगा, पर इन्सान के नाते मंदिर प्रवेश हमारा मानवाधिकार है।

41. रुढ़िवादी शक्तियों के क्रूर विरोध के बावजूद डॉ. अम्बेडकर अपने सहकारियों के साथ मंदिर में प्रवेश करते हुए।

42. मंदिर में भगवान का रथ शूद्र और अतिशूद्र भी खींचना चाहते थे। धार्मिक रुप से भगवान भी उनको ऐसा करने से मना नहीं कर सकते थे। परंतु सामाजिक रुढ़िवादियों ने अस्पृश्यों पर बर्बर होकर आक्रमण किया और कई लोगों के जख्मी होने के साथ डॉ. अम्बेडकर भी लहुलुहान हुए।

43. रमाबाई का देहावसान सन् 1935 में हुआ। उस समय डॉ. अम्बेडकर शासकीय विधि महाविद्यालय के प्राचार्य थे।

44. सन् 1935 में डॉ. अम्बेडकर के जीवन में सुखद और दुखद घटनाओं का योग रहा। दुखद में उनकी प्रिय पत्नी रमाबाई अम्बेडकर 27 मई को चल बसी और सुखद में डॉक्टर विधि महाविद्यालय, मुम्बई के वह प्राचार्य बने।

45. डॉ. अम्बेडकर असह्य मस्तिष्क पीड़ा से ग्रस्त हुये। इसके उपचारार्थ वे लोनावला के कैवल्यधाम में सिर के बाल मुंडवा और योगानुकूल चोला पहनकर चिकित्सा के अधीन रहे।

46. डॉ. अम्बेडकर के तीन गुरु बुद्ध, कबीर और फुले उन्हें आजीवन प्रेरणास्पद रहे।

47. चवदार तालाब के सत्याग्रह के दिन आम सभा को संबोधित करते हुये डॉ. अम्बेडकर ने कहा, ''एक इंसान के नाते हम भी इस देश की आबो–हवा के समान रुप से हकदार हैं, इसी हेतु हमारा यह सत्याग्रह है, इस हेतु नहीं कि इस तालाब का पानी पीने से हम अमर हो जायेंगे।''

48. महाड़ के चवदार तालाब का आंदोलन डॉ. अम्बेडकर अग्रणी कमलाकांत चित्रे, सुरेन्द्र टिपनिस, राजभोज, दादासाहेब गायकवाड़ आदि सत्याग्रहियों के द्वारा जल ग्रहण करने के साथ ही क्रियाशील हुआ।

49. इसी आंदोलन में दिनांक 25 दिसंबर 1927 को नर–नारी को इंसानियत से दूर करनेवाली मनुस्मृति स्वरुप कुसंस्कृति को सदा के लिये भस्मीभूत किया गया।

50. सामाजिक पुनःनिर्माण के संग्राम में समाज को अनुशासन में रखने हेतु डॉ अम्बेडकर ने समता सैनिक दल की स्थापना की। उसी दल द्वारा अपने राष्ट्रीय हृदय सम्राट डॉ. अम्बेडकर को सत्ताईस तोपों की सलामी दी गई।

51. डॉ. अम्बेडकर ने दलितों को मनुष्यत्व दिलाने का दूसरा आंदोलन सन् 1930 में नासिक के कालाराम मंदिर प्रवेश से शुरु किया। इस में महिला–पुरुषों ने बढ़ चढ़कर हिस्सा लिया था। परंतु मामला दस साल तक अदालत में लम्बित रहा।

52. एक ओर नासिक के कालाराम मंदिर प्रवेश का आंदोलन समान धार्मिक स्वतंत्रता की अभिव्यक्ति हेतु डॉ. अम्बेडकर के नेतृत्व में सक्रिय था तो उसी समय दूसरी ओर सायमन अथवा स्टेट्यूटरी आयोग मानवाधिकार से वंचित दलितों के स्वतंत्र निर्वाचन पर भारत में अन्वेषन करने आया था।

कालाराम मंदिर, नासिक

53. रुढ़िवादियों ने सायमन कमिशन द्वारा शूद्रों को गुलामी से मुक्त कराने के प्रयास का जी जान से विरोध किया।

54. प्रथम गोलमेज परिषद में डॉ. अम्बेडकर ने ब्रिटिश प्रीमियर रेम्जे मेकडोनल्ड की अध्यक्षता में चल रही विद्वद् परिषद को संबोधित करते हुआ कहा, ''सदियों से अछूत गुलामी में जी रहे हैं, डेढ़ सौ वर्ष के अपने राज में अंग्रेजों ने भी कुछ नहीं किया। अब स्वयं अछूत लोग ही प्रजातांत्रिक शासन में सत्ता से लैस होकर अपना उद्धार करेंगे।''

55. द्वितीय गोलमेज परिषद में डॉ. अम्बेडकर ने दलितों के लिये स्वतंत्र निर्वाचन क्षेत्र के मांग की गर्जना की तो गांधीजी बोले, ''यह आत्मघाती निर्णय है और इसके विरुद्ध मैं अंतिम सांस तक लड़ूंगा।''

56. वर्ष 1930 से वर्ष 1932 तक की अवधि में सम्पन्न लंदन की तीन गोलमेज परिषदों में सक्रिय भाग लेकर उन्होंने भारतीय समाज के श्रेष्ठतम हितों का प्रतिनिधित्व किया। उसके उपरांत ब्रिटिश कम्युनल अवार्ड की घोषणा हुई और महाराष्ट्र में उस व्यवस्था पर पूना समझौता हुआ।

57. वर्ष 1932 में शासन प्रदत्त स्वतंत्र निर्वाचन अधिकार को अस्पृश्यों पर लागू करने के विपक्ष में जब महात्मा गांधी जी यरवडा जेल के प्रांगण में आम–वृक्ष के नीचे आमरण अनशन पर बैठे थे तब उनके साथ डॉ. अम्बेडकर राजनीतिक पृथक निर्वाचन अधिकार के पक्ष में चर्चा करते हुए। 24 सितम्बर को महात्मा गांधी के मरणांतक उपवास से विवश होकर डॉ. अम्बेडकर को दलितों के पृथक निर्वाचन अधिकार के बदले संयुक्त निर्वाचन पद्धति और आरक्षण व्यवस्था को ही स्वीकार करना पड़ा।

बैरिस्टर जयकर, सर तेज बहादुर सप्रू, प्रभृति पूना पैक्ट के बाद बाबासाहेब के साथ यरवडा जेल के परिसर में बात करते हुए।

58. इन्सेट में गांधी जी अनशन में पड़े हैं। उनके समर्थक डॉ. अम्बेडकर से प्राण बचाओं पर चर्चा कर रहे।

59. देवदास, कस्तूरबा गांधी अन्य गांधी समर्थकों के साथ याचना करते हुए कि गांधी के प्राण बचाए।

60. यरवडा जेल में आम्रवृक्ष के नीचे मरनासन्न गांधी जी को जीवनदान देकर डॉ. अम्बेडकर ने कहा, ''गांधीजी, देश को आपकी जरुरत है, आमरण अनशन का हथियार हर जगह न चलायें।''

61. सन् 1935 में उन्होंने येवला जिला परिषद में उद्घोष किया कि मैं हिन्दू पैदा हुआ यह मेरे बस में नहीं था, लेकिन मैं वैसा नहीं मरुंगा। उसके एक वर्ष बाद उन्होंने बॉम्बे प्रांतीय महार परिषद को संचालित किया।

62. डॉ. अम्बेडकर ने येवला परिषद में सन् 1935 को ''मैं हिन्दू पैदा हुआ यह मेरे बस में नहीं था, परंतु मैं हिन्दू नहीं मरुंगा'' की सिंह गर्जना की थी। उससे हिन्दू, मुसलमान, सिक्ख, ईसाई और बौद्ध प्रतिनिधियों ने डॉ. अम्बेडकर धर्मांतर करना चाहते हैं यह समझकर

अपने अपने धर्म की अनुशंसा करना आरंभ कर दिया। हिन्दू प्रतिनिधियों ने विशेषतः जातिगत व्यवस्था मिटाने के लिये पांच साल का समय मांगा। डॉ. अम्बेडकर ने बोस साल का समय दिया। परिणाम वर्तमान है।

63. सिक्ख धर्म के ग्रंथी, क्रिश्चन पादरी, मुस्लिम मुल्ला और हिन्दू धर्म के प्रतिनिधि बाबासाहेब से अपने–अपने धर्म की खूबियाँ बता रहे हैं।

64. डॉ. अम्बेडकर सन् 1942 में स्वर्ग से भी महान अपनी जन्म भूमि के दर्शनार्थ आये। तब उनके साथ श्री आर. डी. भण्डारे और महू के अन्य कार्यकर्ता मौजूद थे।

65. महाराज्यपाल कार्यकारिणी परिषद के सदस्य के रुप में डॉ. अम्बेडकर केन्द्रीय मंत्रिमंडल के श्रम मंत्री का दायित्व संभाल रहे थे। सन् 1942 से सन् 1946 के दौरान उन्होंने कई राष्ट्र निर्माण की योजनायें यथा श्रम कल्याण, जल संवर्धन, कृषि सुधार, सिंचाई, जलमार्ग, निर्वाचन आयोग, रिज़र्व बैंक अधिनियम, सतत विद्युत पूर्ति ग्रिड, अधोसंरचना, शिक्षा, महिला–पुरुष समानाधिकार, रोजगार, विदेश नीति, संविधान आदि प्रस्तावित कर दी थी।

66. सन् 1937 में डॉ. अम्बेडकर ने स्वतंत्र मजदूर दल नामक राजनीतिक पार्टी की स्थापना कर आगामी चुनाव में बम्बई प्रेसिडेन्सी की सीटों पर भारी बहुमत से जीत हासिल की और दलित–श्रमिकों के राजनीतिक हितों की रक्षा कर अपने दल का दबदबा बनाये रखा।

67. वर्ष 1937 में डॉ. अम्बेडकर बॉम्बे प्रांतीय विधान सभा के निर्वाचित सदस्य बने। तत्कालीन महाराष्ट्र में विद्यमान कृषक शोषक खोती पद्धति, बेगारी, वतनदारी, श्रम शोषण, औद्योगिक विवाद और दास्यत्व के आनुवंशिक व्यवसाय के विरुद्ध उन्होंने बम्बई विधान सभा में प्रतिबंधक विधेयक पारित किया। इसी प्रकार नियोक्ता, शासक और श्रमिकों की त्रिपक्षीय व्यवस्था देकर शोषित मजदूरों के हितों की रक्षा की।

68. 1937 में बॉम्बे विधान सभा के मान्यवर सदस्य डॉ. अम्बेडकर अपने असहनीय सिरदर्द के इलाज के लिए लोनावला स्थित कैवल्यधाम

संस्था में उपचारार्थ गये। उस समय उन्होनें सिर के केश निकलवा दिए थे और योगानुकूल चोला पहन रखा था।

69. सन् 1938 में उन्होंने मनमाड़ की रेलवे मजदूर यूनियन के सम्मेलन में कहा था कि उनके अहितों के दो ही कारक हैं– सामाजिक असमानता और आर्थिक विषमता। अतः उन्हें जड़–मूल से खत्म करना ही सामाजिक आजादी का लक्ष्य होना चाहिए।

70. डॉ. अम्बेडकर ने संसद में मालिक, श्रमिक और सरकार के त्रिपक्षीय संवाद से वादग्रस्त मामलों की न्याय व्यवस्था दी, कर्मचारियों के हित में वैतनिक अवकाश और चिकित्सा का प्रावधान किया, रहिवास, गणवेश, शिक्षा, कार्यस्थान में स्वास्थ्यवर्धक दशायें उपलब्ध करवाई, और रोजगार कार्यालय खोलने जैसे कतिपय सुधार विधेयक पारित करवाये।

71. सन् 1942 में अपने द्वितीय राजनीतिक दल अखिल भारतीय अनुसूचित जाति परिसंघ की स्थापना के तुरंत बाद डॉ. अम्बेडकर महाराज्यपाल कार्यकारिणी परिषद के सदस्य बने और श्रम मंत्री के रुप में उन्होंने श्रम कल्याण नीतियों, नदी घाटी परियोजनाओं और राष्ट्रीय जलमार्ग के बारे में अपने व्यावहारिक योजनाओं को रेखांकित किया।

72. डॉ. अम्बेडकर सन् 1942 में अखिल भारतीय दलित महिला परिषद, नागपुर को संबोधित करने गये। उस अवसर पर महिला स्वयं सेविकाओं के समूह में वे उपस्थित हैं। अपने आंदोलन में महिलाओं के नेतृत्व का विकास कर सन् 1942 में डॉ. अम्बेडकर ने अखिल भारतीय अनुसूचित जाति महिला परिषद की नागपुर में स्थापना की। यहाँ श्रम मंत्री डॉ. अम्बेडकर उनकी कार्यकारिणी सदस्यों के साथ हैं।

73. सन् 1944 में डॉ. अम्बेडकर मद्रास गये। वहाँ एक आम सभा को संबोधित किया। उसके उपरांत वे वहाँ के प्रसिद्ध नेता पेरियार रामस्वामी नायकर तथा वहाँ पधारे मुस्लिम नेता जिन्नाह के साथ उपस्थित हुये।

74. सन् 1944 में डॉ. अम्बेडकर ने अपने जन्म नगर, महू को भेंट दी। उनके यहाँ आगमन पर सबसे पहले वह महू रेलवे स्टेशन में स्वागत माला पहने हुए दिखाई दे रहे हैं।

75. सन् 1945 में डॉ. अम्बेडकर ने पिपुल्स एजुकेशन सोसायटी और बुद्ध भवन की स्थापना की।

76. वर्ष 1946 में डॉ. अम्बेडकर ने महाराज्यपाल की कार्यकारिणी सभा से इस्तीफा देकर तत्कालीन राजनीतिक परिदृश्य को विधायक मोड़ देने हेतु एक दूसरी राजनीतिक पार्टी "अखिल भारतीय अनुसूचित जाति परिषद" की स्थापना की और बंगाल क्षेत्र से संविधान सभा के लिए नवंबर में निर्वाचित हुए। बंगाल विभाजन के बाद वह बम्बई के निर्वाचन क्षेत्र से विजयी होकर फिर से संविधान सभा के सदस्य बने।

77. 15 अगस्त, 1947 को भारत की आजादी के पर्व पर डॉ. अम्बेडकर देश के प्रथम विधि मंत्री बने। उसी महीने की 29 वीं तिथि को वह संविधान की मसौदा समिति के अध्यक्ष नियुक्त हुए।

78. उसी पीपुल्स शिक्षा सोसायटी के जरिये डॉ. अम्बेडकर ने बम्बई के आनन्द भवन में सिद्धार्थ महाविद्यालय और औरंगाबाद के नागसेन वन परिसर में मिलिंद महाविद्यालय बनवाये और सन् 1951 में इसका भारत के तत्कालीन राष्ट्रपति डॉ. राजेन्द्र प्रसाद के हाथों उद्घाटन किया।

79. डॉ. अम्बेडकर ने सन् 1945 में वंचितों के लिये उच्च शिक्षा ग्रहण करने के द्वार खोल दिये। जब उन्होंने स्वयं संस्थापित पिपुल्स एजुकेशन सोसायटी के तत्वावधान में बम्बई में सिद्धार्थ महाविद्यालय और औरंगाबाद के नागसेन वन में मिलिंद महाविद्यालय आरंभ कर दिये। वर्ष 1947 में स्वतंत्र भारत के पहले प्रधानमंत्री पंडित जवाहरलाल नेहरू के केबिनेट में डॉ. अम्बेडकर प्रथम कानून मंत्री बने।

80. सन् 1948 में अपने कार्यभार और बीमारी से जर्जर अवस्था में जीवनसाथी के रुप में उन्होंने श्रीमती डॉ. शारदा कबीर से निबंधित विवाह किया। तब से डॉ. शारदा कबीर का नाम सविता अम्बेडकर हो गया।

81. डॉ. अम्बेडकर ने मिलिंद महाविद्यालय के परिसर में एक बोधि शाखा को रोपित किया।

82. डॉ. अम्बेडकर संविधान सभा के सदस्य निर्वाचित होने के पश्चात् अष्ट सदस्यीय मसौदा समिति के अध्यक्ष मनोनीत हुये और विश्व का सबसे बड़ा संविधान कम से कम व्यय और समय में अधिक से अधिक स्वश्रम से संविधान के प्रमुख शिल्पकार बने।

83. सन् 1947 में डॉ. अम्बेडकर डॉ. श्यामाप्रसाद मुखर्जी से संसद गलियारे में राष्ट्रीय बिंदू पर चर्चा कर रहे थे। 27 जुलाई, 1949 में डॉ. अम्बेडकर ने समाज सुधारक संतश्री गाडगे महाराज के साथ सामाजिक मुद्दे पर चर्चा की।

84. 25 नवम्बर 1949 को डॉ. बाबासाहेब अम्बेडकर ने स्वतंत्र भारत के परिष्कृत संविधान को स्वीकृति हेतु संविधान सभा के अध्यक्ष डॉ. राजेन्द्र प्रसाद को सौंपा। उनके समवेत वहाँ पंडित जवाहरलाल नेहरु, सरदार वल्लभ भाई पटेल, अब्दुल कलाम अजाद और सर राजगोपालाचारी भी थे।

85. मसौदा समिति के अध्यक्ष डॉ. अम्बेडकर द्वारा स्वरचित भारत का संविधान राष्ट्रपति डॉ. राजेन्द्र प्रसाद को, प्रधान मंत्री नेहरु, सरदार वल्लभभाई पटेल, अब्दुल कलाम आजाद और श्री राजगोपालाचारी की साक्ष्य में सौंपा गया। उस पर हुई बहस में आदरणीय सांसदों द्वारा उठाये गये सभी शंकाओं का सदन में समाधान कर दिया गया तथा तीसरे वाचन के उपरांत 26 नवम्बर 1949 को उसे पारित किया गया।

86. 14 अप्रैल, 1950 को डॉ. बाबासाहेब अम्बेडकर ने स्वयं द्वारा पुनर्जीवित सागर के महार रेजीमेंट के जवानों के साथ अपने साठवें जन्मदिन के सारे पल बिताये।

87. संविधान सभा की ध्वज कमेटी के सदस्य होने के नाते डॉ. अम्बेडकर ने अपने राष्ट्र के लिए अशोक या धम्मचक्रधारी तिरंगा ध्वज की व्यवस्था दी।

88. डॉ. अम्बेडकर ने 8 मई, 1950 को स्वतंत्र भारत के प्रथम विधि मंत्री बनना इस शर्त पर स्वीकार किया था कि राष्ट्रपति डॉ. राजेन्द्र प्रसाद और पंडित जवाहरलाल नेहरु स्त्री–पुरुष समता समर्थक हिन्दू संहिता विधेयक को पारित करने में सहायक सिद्ध होंगे।

89. 26 सितम्बर, 1951 को स्त्रियों को मानवाधिकार से लैस करने वाले हिन्दू कोड बिल का रुढ़िवादियों ने विरोध किया और विधेयक नामंजूर कर दिया।

90. 27 सितम्बर 1951 को हिन्दू कोड बिल की नामंजूरी से आहत होकर डॉ. अम्बेडकर ने अपने कानून मंत्री पद से इस्तीफा दे दिया।

91. भारत की आजादी के अनन्तर संविधान सभा की मसौदा समिति के अध्यक्ष के रूप में डॉ. अम्बेडकर ने अकेले दिन–रात कड़ी मेहनत कर संविधान का सबसे उत्तम प्रदर्श प्रस्तुत किया। अतः उन्हें संविधान के मुख्य शिल्पकार और विधि–वेत्ता की उपाधि से नवाजा गया।

92. डॉ. अम्बेडकर सन् 1950 में श्रीलंका के प्रथम विश्व बौद्ध सम्मेलन में पधारे और वहाँ के बौद्ध रीति–रिवाजों का नजदीकी से अवलोकन कर उन्होंने बौद्ध पूजा–पाठ तथा पालि व्याकरण की रचना कर उन्हें प्रकाशित किया।

93. सन् 1950 में कोलम्बो (श्रीलंका) में आयोजित प्रथम विश्व बौद्ध सम्मेलन में अतिथि डॉ. बाबासाहेब अम्बेडकर ने भारतीय बौद्धों का प्रतिनिधत्व कर वहाँ के बौद्ध समुदायों के धार्मिक जीवन का सूक्ष्मता से अवलोकन किया।

94. डॉ. अम्बेडकर ने सन् 1951 में भारत को संयुक्त राष्ट्र का सदस्य बनने, विश्व में नये मित्र बनाने, कश्मीर समस्या का सदा के लिये निपटारा करने तथा देशोन्नति के बजट पेश किये जाने जैसे विदेश और स्वदेश नीतियों को अमल में लाये जाने की पेशकश की थी।

95. डॉ. अम्बेडकर प्रति वर्ष 1 जनवरी को पेशवाई साम्राज्य को जिन मुट्ठी भर जांबाज महाड़ सैनिकों ने नेस्तनाबूद कर दिया था और जिनका शौर्य भीमा कोरेगाँव के विजय स्तंभ पर अंकित नामों से हर पल आसुरी शक्ति को थरथराता था, उन अमर शहीदों को अपने

आंसु भरे पुष्प अर्पण करने वह जाया करते थे। इस स्मृति में यह चित्र आपके नजर के सामने रखा गया है।

96. डॉ. अम्बेडकर 31 जनवरी 1950 को केन्द्रीय कैबिनेट के मंत्री मण्डल और राष्ट्रपति डॉ. राजेन्द्र प्रसाद के साथ पहली पंक्ति में प्रथम आसन पर विराजमान हैं।

97. डॉ. अम्बेडकर ने 27 सितम्बर, 1951 को स्त्री–पुरुष बराबरी के समर्थक हिन्दू संहिता विधेयक को अधिनियम के रुप में पारित होता न देख अपने विधि मंत्री पद से इस्तीफा दिया।

98. डॉ. अम्बेडकर ने अपने अकेले व्यक्तित्व के बल पर इतना महान और व्यापक योगदान दिया कि उसकी स्वीकृति देश ही नहीं बल्कि विदेशी राष्ट्र भी देने लगे। परिणामस्वरूप अमेरिका की कोलम्बिया विश्वविद्यालय ने उनके संवैधानिक योगदान को विश्व का सबसे बड़ा योगदान स्वीकार कर एल.एल.डी. की मानद उपाधि सन् 1952 में प्रदान की थी और बाबासाहेब को मिलेनियम महामस्तिष्क आदर्श घोषित किया।

99. सन् 1952 में महामानव अम्बेडकर को उनके संवैधानिक योगदान पर कोलम्बिया विश्वविद्यालय (अमेरिका) ने विधि की सर्वोच्च उपाधि एल. एल. डी. से सम्मानित किया। उस समय उन्होंने हवाई जहाज से प्रस्थान किया। उसी प्रकार सन् 1954 में उन्हें उस्मानिया विश्वविद्यालय, आंध्र प्रदेश द्वारा साहित्य की सर्वोच्च उपाधि डी.लिट. से विभूषित किया गया।

100. स्त्री और पुरूषों को संपत्ति का उत्तराधिकार, अपनी मर्जी से विवाह और तलाक का अधिकार, गोद लेना आदि मामलों में समानता स्थापित करने हेतु डॉ. अम्बेडकर ने यत्र–तत्र बिखरी पड़ी संहिताओं को एकीकृत कर हिन्दू कोड बिल बनाया और उसे प्रधानमंत्री के लिखित अनुमोदन से संसद पटल पर प्रस्तुत किया। परंतु वांछित समर्थन के अभाव में बिल पारित न होने की वजह से डॉ. अम्बेडकर ने सन् 1952 में कानून मंत्री के पद से इस्तीफा दे दिया। उसके पश्चात् उन्होंने संसद में विपक्ष नेता के रूप में अपने दायित्व का निर्वहन किया।

101. वैश्विक विद्या के जगतमान्य विभूति डॉ. अम्बेडकर ने बौद्ध विद्वान के रुप में रंगून (ब्रह्म देश) में आयोजित सन् 1952 और 1954 के दो विश्व बौद्ध सम्मेलनों में भारत का प्रतिनिधित्व करते हुए अपने राष्ट्र की तुलनात्मक श्रेष्ठता बताई और काठमाण्डू (नेपाल) में सम्पन्न सन् 1956 के विश्व बौद्ध सम्मेलन में बुद्ध और कार्ल मार्क्स विषय पर अपने उद्‌बोधन से उपस्थित बौद्ध जगत को अभिभूत किया।

102. डॉ. अम्बेडकर ने 14 अक्टूबर, 1956 को ऐतिहासिक नागवंशीय राजधानी नागपुर में म्यांमार के तत्समय के वरिष्ठ महास्थविर पूज्य उ. चन्द्रमणि के शुभ हस्ते बौद्ध धम्म की दीक्षा अपने पांच लाख अनुयायी के साथ 22 प्रतिज्ञाओं के उच्चारण से ग्रहण की।

103. डॉ. अम्बेडकर वर्ष 1952 तथा 1954 को म्यांमार की तत्कालीन राजधानी रंगून में सम्पन्न द्वितीय व तृतीय विश्व बौद्ध सम्मेलन में भारत के प्रतिनिधि के रुप में प्रतिभागी हुये और वहाँ बौद्ध भिक्षुओं के विनय तथा अभिधम्म ज्ञान का बारीकी से अध्ययन किया। वहाँ के आयोजकों के आग्रह करने पर डॉ. अम्बेडकर ने वहाँ बौद्ध धर्म पर अपने विचार प्रस्तुत किये।

104. 14 अक्टूबर 1956 को नागपुर की दीक्षा भूमि पर बौद्ध धर्म ग्रहण करने के पश्चात् सत्कार मूर्ति डॉ. बाबासाहेब अम्बेडकर एवं उनकी पत्नी डॉ. सविता अम्बेडकर अपने पूज्य धर्म–गुरू महास्थविर चंद्रमणि जी के सत्संग में जनता से मुखातिब हुये।

105. डॉ. अम्बेडकर सन् 1956 को नेपाल की राजधानी काठमांडू में आयोजित चतुर्थ विश्व बौद्ध सम्मेलन में शरीक हुये और सम्मेलन के अध्यक्ष डॉ. मल्लसेकरे के निवेदन पर बुद्ध और कार्ल मार्क्स विषय पर ऐतिहासिक उद्बोधन दिया।

106. डॉ. बाबासाहेब अम्बेडकर द्वारा रचित अंतिम ग्रंथ बुद्ध और उनके धम्म की प्रस्तावना की अंतिम पंक्तियाँ दिनांक 5 दिसंबर 1956 को दिल्ली के निवास 26 अलीपुर रोड़ में रात्रि में अपने सेवक श्री नानकचन्द रत्तु और धर्मपत्नी डॉ. सविता अम्बेडकर के बीच उल्हासित मुद्रा में बैठकर लिख रहे थे और उसे अपनी तकिया के नीचे रखकर सो गये। 6 दिसंबर 1956 को ज्ञात हुआ कि वे वह अपना पार्थिव शरीर हमारे बीच छोड़कर स्वयं अदृश्य होये। बम्बई में उनके इसी शरीर को साक्ष्य मानकर लाखों लोग अश्रुमुख होकर दादर से शिवाजी पार्क तक पदयात्रा और विलाप कर उनका अंतिम संस्कार सम्पन्न होने तक अनन्त धम्म सागर में चैतन्यमय हुये और बुद्ध शरण मे चले गये।

107. डॉ. बाबासाहेब का अंतिम संस्कार विश्व प्रसिद्ध बौद्ध विद्वान, हिन्दी लेखक, पालि त्रिपिटक और डॉ. अम्बेडकर लेखन और वाचन के अनुवादक महास्थविर डॉ. भदन्त आनन्द कौशल्यायन के हस्ते सम्पन्न हुआ। उन्होंने कहा कि जो लोग बाबासाहेब की पुण्य स्मृति में बौद्ध धर्म ग्रहण करना चाहते हैं वे अपना हाथ ऊपर उठायें। प्रतिसाद में इतने हाथ ऊपर उठे कि न आरंभ का आकलन कर सकते थे न अन्त का। इतिहास ने ऐसा अंतिम संस्कार कभी न देखा होगा।

108. डॉ. अम्बेडकर ने 26, अलीपुर रोड़, नई दिल्ली के निवास में ही अति व्यस्त कार्यव्याप के बीच अपनी अंतिम सांस ली। मृत्युशैय्या पर लेटे हुए परिनिर्वाणस्थ डॉ. अम्बेडकर के अंतिम दर्शन हेतु प्रधानमंत्री पंडित जवाहरलाल नेहरू और सोहनलालशास्त्री समेत अन्य श्रद्धालुगण वहाँ उपस्थित हुए।

109. 7 दिसम्बर, 1956 को डॉ. अम्बेडकर की अंत्येष्टि महास्थविर भदन्त आनन्द कौशल्यायन के द्वारा दादर चौपाटी, बम्बई में बौद्ध पद्धति से सम्पन्न हुई। उनकी अंतिम यात्रा में लाखों जनसमुदाय

शामिल हुए। इतिहास में इतना विशाल जनसमुदाय किसी भी महापुरुष के अंतिम यात्रा में पहले कभी नहीं देखा गया।

110. निजी जीवन में डॉ. अम्बेडकर विपक्षीयों से भी मैत्रीपूर्ण संबंध बनाये रखते थे। संसद के परिसर में वह श्यामाप्रसाद मुखर्जी, सरदार बलदेव सिंह एवं डॉ. के. सी पंत के साथ टहलते हुए वार्तालाप कर रहे हैं।

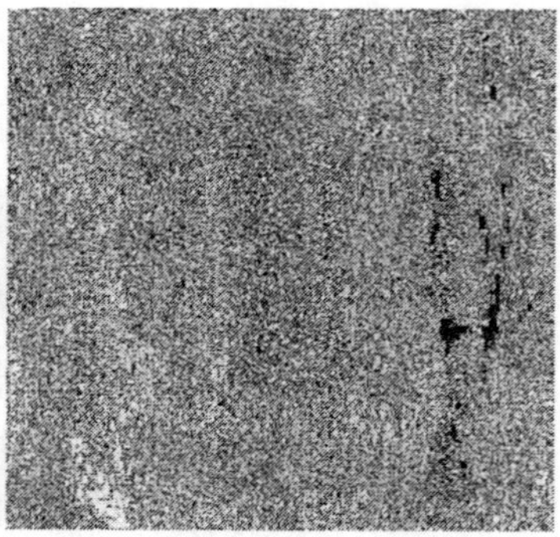

111. डॉ. अम्बेडकर ने अपने जीवन काल में दो दर्जनों से अधिक पुस्तकें लिखीं। इनमें से एक पुस्तक ''जातिभेद निर्मूलन'' सन् 1936 में सुविख्यात हुई। इनमें से जागतिक कीर्ति की मरणोपरांत प्रकाशित पुस्तक ''भगवान बुद्ध और उनका धम्म'' है।

112. सन् 1956 में डॉ. अम्बेडकर ने अपने तीसरे राजनीतिक दल रिपब्लिकन पार्टी ऑफ इंडिया को राष्ट्रीय अखंडता और सार्वभौमिक गणराज्य के तत्वों पर आदर्श रेखाकृति तैयार की, जिसे उनके पांचवे साप्ताहिक प्रबुद्ध भारत के विशेषांक में सविस्तार प्रकाशित किया गया। उन्होंने हमेशा बुद्ध, कबीर और फुले को अपने तीन व्यक्तित्व के गुणों, शील, ज्ञान और आत्म–सम्मान की भांति प्रेरक गुरूवर माना।

113. मरणोपंरात डॉ. अम्बेडकर को भारत सरकार द्वारा सर्वोच्च नागरिक पुस्कार भारत रत्न से अलंकृत किया गया। इस पुरस्कार को सन् 1990 में उनकी पत्नी डॉ. सविता अम्बेडकर ने महामहिम राष्ट्रपति डॉ. आर. वैंकटरमन के हाथों ग्रहण किया।

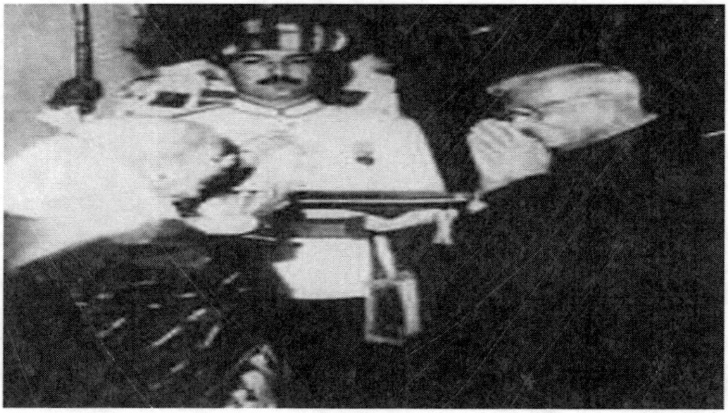

## जन्मस्थली

## प्रतिमा–1 ग्राउण्ड फ्लोर हॉल

स्मारक के ग्राउण्ड फ्लोर हॉल में बैरिस्टर डॉ. बाबासाहेब अम्बेडकर शाही सौफे पर बैठे हुए स्थिति में कांस्य प्रतिमा का कॉन्सेप्ट है।

## प्रतिमा – 2

फर्स्ट फ्लोर डोम आकार हॉल (ध्यान कक्ष) कांस्य प्रतिमाओं का कॉन्सेप्ट है।

## प्रतिमा – 3

भंते निवास के सामने निर्वाणस्थ भंते धर्मशील की कांस्य प्रतिमा का कॉन्सेप्ट है।

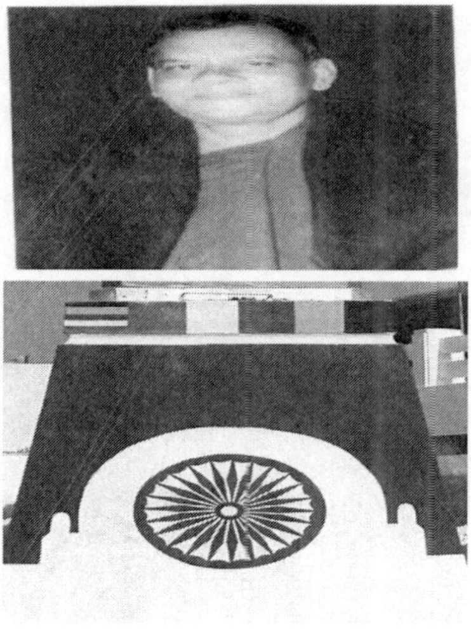

# अध्याय – 11

# मौर्योत्तर बौद्ध राजवंश

## प्रस्तावना

मौर्य वंश के अंतिम राजकुमार बृहद्रथ के बाद शुंग वंश, कझव वंश, और सातवाहन वंश आये। मौर्योत्तर काल में महाभारत तथा गीता का संकलन वेदव्यास ने किया और रामायण का संकलन वाल्मीकि द्वारा संपन्न हुआ। अवतारवाद की कल्पना सर्वप्रथम मौर्योत्तर काल में आयी। स्मृति साहित्य की रचना मौर्योत्तर कालीन में आरम्भ हुई।

पुष्यमित्र शुंग वंश की स्थापना अंतिम मौर्य शासक बृहद्रथ की हत्या के बाद हुई। राजा बनने के बाद भी पुष्यमित्र ने सेनापति की ही पदवी बनाए रखी और स्वयं को राजा घोषित नहीं किया। उसने दो अश्वमेघ यज्ञ किए, जिसमें एक का पुरोहित पतंजलि था। यवनों को पराजित करने के बाद एक अश्वमेघ यज्ञ किया। पतंजलि पुष्यमित्र शुंग के पुरोहित थे।

गौड़ नरेश शशांक ने उस वृक्ष को कटवा दिया था जहाँ पर गौतम बुद्ध को ज्ञान प्राप्त हुआ था। उसकी राजधानी कर्णसुवर्ण थी। शशांक शैव मतावलंबी था।

मौर्योत्तर कालीन अग्रहार नामक भूमि वह थी, जो बिना कर ब्राह्मणों को दी गई थी।

## अग्निमित्र

कालिदास के नाटक मालविकाग्निमित्रम् में उल्लेखित अग्निमित्र शुंग राजवंश का राजा था। अग्निमित्र, पुष्यमित्र के शासनकाल में विदिशा का शासक था। यह मालविकाग्निमित्रम् नाटक का नायक है, जिसकी नायिका मालविका है।

## सातवाहन

सातवाहन के समय का समाज संभवतः मातृसत्तात्मक था। सातवाहन वंश के शासकों में सर्वप्रथम गौतमीपुत्र शातकर्णी ने अपने नाम के पहले अपनी माता का नाम जोड़ा। इसी से ज्ञात होता है कि सातवाहन समाज मातृसत्तात्मक रहा होगा।

भूमि अनुदान का प्रथम पुरातात्विक साक्ष्य सातवाहन कालीन है। ब्राह्मणों तथा बौद्ध भिक्षुओं को कर मुक्त ग्रामदान की प्रथा तथा ब्राह्मणों को जागीर देने वाले प्रथम शासक सातवाहन थे।

## हाल

प्रसिद्ध राजा हाल सातवाहन वंश का था। वह कवि था। इसने प्राकृत भाषा में गाथा सप्तशती नामक श्रृंगार रस का काव्य ग्रंथ लिखा। गुंणाढ्य इसी के दरबार में रहते थे, जिन्होंने गाथा सप्तशती की रचना की।

## शातकर्णी प्रथम

सतकर्णी प्रथम को दक्षिणापथ का अधिस्वामी कहा गया है। सातकर्णी प्रथम की पत्नी नैनिका के नानाघाट शिलालेख में इसका उल्लेख है। सातवाहनों की भाषा प्राकृत और लिपि ब्राम्ही थी।

सातकर्णी ने क्षहरात वंश के नहपान शासक को परास्त किया। नहपान क्षहरात वंश का सर्वाधिक प्रसिद्ध शासक था, जिसे सातवाहन नरेश शातकर्णी ने परास्त किया।

गौतमीपुत्र शातकर्णी को ही अद्वितीय ब्राह्मण की उपाधि दी गई। नासिक प्रशस्ति में गौतमीपुत्र शातकर्णी एक धर्म–सहिष्णु शासक था। वह बौद्धों के प्रति उदार था तथा उसने भिक्षुओं के लिए ग्राम तथा भूमि दान में दिया।

## मिलिंद

मिलिद राजा भी बौद्ध था और उसके गुरु नागसेन थे। जातक कथाओं में 18 व्यवसायिक संघों का उल्लेख है। महावस्तु के अनुसार राजगृह में लगभग 36 प्रकार के शिल्पी रहते थे। प्राचीन रेशम मार्ग, चीन के सेरा से रोम तक जाता था, जो लगभग 4350 मील लंबा था। मिलिंदपन्हों में 75 व्यवसायों का उल्लेख है।

## कनिष्क

कनिष्क की पहली राजधानी पुरुषपुर या वर्तमान में पाकिस्तान की पेशावर थी। उसकी दूसरी राजधानी मथुरा थी। कनिश्क के दरबार से अवघोष, नागार्जुन, पार्श्व तथा चरक: ये चारों ही सम्बंधित थे। कनिष्क ने बौद्ध धर्म की महायान शाखा को संरक्षण दिया। उसे द्वितीय अशोक कहा जाता है। कनिष्क के समय चौथी बौद्ध संगीति कुण्डलवन कश्मीर में आयोजित हुई। इसी संगीति में नहायान को बल मिला।

## खारवेल

खारवेल ने अपने शासनकाल के 11वें वर्ष दक्षिण भारत का अभियान किया। इसी दौरान उसने भी पिथुन्ड नगर में गदहों का हल चलवाया। आठवें वर्ष में मगध पर आक्रमण का विवरण मिलता है। उसने 5वें वर्ष नंदो द्वारा बनवाई गई नहर का विस्तार किया। 7वें वर्ष का विवरण अस्पष्ट है। अपने शासनकाल के दूसरे वर्ष सातवाहन नरेश शातकर्णी को ललकारते हुए मूशिक नगर पर आक्रमण किया।

महामेघवाहन कुल से खारवेल का संबंध है। खारवेल कलिंग के चेदिवंश के महामेघवाहन कुल का तीसरा शासक था। हाथीगुफा

अभिलेख में खारवेल के शासन के तेरहवें वर्ष तक की उपलब्धियों का वर्षवार वर्णन है।

## गुप्त शासक

गुप्त शासकों ने सर्वाधिक स्वर्ण मुद्राएं चलाई, जिन्हें उनके अभिलेख में दीनार कहा गया है। गुप्तकाल में पुलिस अधिकारी को दंडपाशिक और पुलिस कर्मचारी को भट कहा जाता था। दान अधिकारी को अग्रहारिक, अभिलेख विभाग के प्रधान को महाअक्षपटलिक तथा राजकोष के अधिकारी को महाभंडाराधिकृत कहा जाता था। गुप्तचर कर्मचारी को दूत कहा जाता था।

गुप्तों के शासनकाल में शासन व्यवस्था राजतंत्रात्मक और प्रशासनिक ढांचा सामंती था। वे दैवीय उत्पत्ति में विश्वास और ब्राह्मण धर्म को प्रोत्साहन दिया करते थे।

गुप्तकाल में विषय को विषयपति, ग्राम को ग्रामपति/ग्रामिक, मुक्ति को उपरिक तथा देश को गोप्ता कहा जाता था।

गुप्तवंश के शासकों का सही क्रम है– रीगुप्त, घटोत्कच, चन्द्रगुप्त और समुद्रगुप्त।

उज्जैन का महत्व गुप्त काल में शक विजय के बाद बढ़ गया था जो कि गुप्तोत्तर युग में हटकर कन्नौज हो गया।

गुप्त साम्राज्य के पतन के कारण थेः 1. उत्तरवर्ती गुप्त शासकों का बौद्ध धर्म में जाना, 2. शासन का सामंती ढांचा, तथा हूणों और पुष्यमित्रों का आक्रमण।

## चंद्रगुप्त द्वितीय

श्रीगुप्त, गुप्तवंश का संस्थापक था, जबकि गुप्तवंश के वास्तविक संस्थापक चंद्रगुप्त प्रथम थे। श्रीगुप्त के शासनकाल की शुरुआत बी. 275 ई. स. से मानी जाती है। प्रभावती के पूना ताम्रलेख से पता

चलता है कि गुप्तवंश का संस्थापक घटोत्कच था। पूर्वी उत्तर प्रदेश से मिले सिक्कों के आधार पर गुप्त मूलतः पूर्वी उत्तर प्रदेश के थे।

गुप्त शासकों में से चंद्रगुप्त द्वितीय ने सर्वप्रथम चांदी के सिक्के चलाये। शकों को पराजित करने के उपलक्ष्य में चंद्रगुप्त द्वितीय ने सर्वप्रथम चांदी के सिक्के जारी किए और शकारि की उपाधि ली। चन्द्रगुप्त विक्रमादित्य को ही देवगुप्त, देवश्री, देवराज तथा शकारि की उपाधि मिली थी।

चन्द्रगुप्त द्वितीय के शासनकाल में फाहियान भारत आया। उनकी प्रसिद्ध रचना फो–क्यो–की / द रेकार्ड ऑफ बुद्धिस्ट किंगडम नाम से जानी जाती है। गुप्तवंश का वास्तविक संस्थापक चंद्रगुप्त प्रथम था। संस्थापक श्रीगुप्त था।

चंद्रगुप्त द्वितीय की पुत्री प्रभावती थी, उनकी माता का नाम कुबेरनागा था। कुबेरनागा से चंद्रगुप्त द्वितीय को प्रभावती तथा दूसरी पत्नी धृवदेवी से कुमारगुप्त का जन्म हुआ। प्रभावती का विवाह वाकाटक नरेश रुद्रसिम्हा से हुआ था।

चंद्रगुप्त ने अपने विवाह के उपलक्ष्य में जो सिक्का जारी किया था, उसके एक तरफ कुमारदेवी–चंद्रगुप्त तथा दूसरी ओर देवीलक्ष्मी अंकित था।

## स्कन्दगुप्त अथवा विक्रमादित्य

चंद्रगुप्त द्वितीय का स्कन्दगुप्त प्रसिद्ध नाम है। उसको ही स्कन्दगुप्त कहा जाता है। स्कन्दगुप्त को बौद्ध ग्रंथ आर्यमंजुश्रीमूलकल्प में श्रेष्ठ, बुद्धिमान तथा धर्मवत्सल शासक कहा गया है। भीतरी स्तम्भ–लेख में यह बताया गया है कि स्कन्दगुप्त ने हूणों को पराजित किया। इस लेख में पुष्यमित्र और हूणों के साथ स्कन्दगुप्त के युद्ध का उल्लेख है। यह अभिलेख वर्तमान में उत्तर प्रदेश के गाजीपुर जिले के सैदपुर में है। इस युद्ध में हूण बुरी तरह से पराजित हुए। गुप्तकाल में सुदर्शन झील का जीर्णोद्धार स्कन्दगुप्त के शासनकाल में करवाया गया। जूनागढ़ अभिलेख

के अनुसार स्कन्दगुप्त के सौराष्ट्र के गोप्ता पर्णदत्त के पुत्र चक्रपालित द्वारा सुदर्शन झील का जीर्णोद्धार करवाया गया था जो कि मौर्यकाल में बनी थी।

## कुमारगुप्त

खंगनिहंता प्रकार के सिक्के में कुमारगुप्त को गेंडा मारते हुए दिखाया गया है। कुमारगुप्त को महेंद्रादित्य उपाधि से भी जाना जाता है। नालंदा महाविहार की स्थापना कुमारगुप्त ने करवायी थी। मयूर पंकार का सिक्का कुमारगुप्त ने चलाया। नालंदा महाविहार की स्थापना कुमारगुप्त ने करवायी थी। इसे मुहम्मद गौरी के सेनापति बख्तियार खिलजी ने नष्ट कर दिया था।

## समुद्रगुप्त

माता की तरफ से लिच्छवी शासक समुद्रगुप्त था। उसकी माँ कुमारदेवी थी। वह लिच्छवी राजकुमारी थी। बी. ए. स्मिथ ने समुद्रगुप्त को भारत का नेपोलियन कहा है। समुद्रगुप्त की प्रयाग प्रशस्ति पर मुगल शासक जहांगीर का लेख भी है। समुद्रगुप्त की प्रयाग यात्रा से हरिषेण सम्बंधित है। प्रयाग प्रशस्ति समुद्रगुप्त के सैन्य अभियान का वर्णन करता है।

## हर्षवर्धन

जयभट्ट के नौसारी दानपत्र से वल्लभी युद्ध का उल्लेख मिलता है। वल्लभी का युद्ध सम्राट हर्षवर्धन और वल्लभी के शासक ध्रुवसेन द्वितीय या ध्रुवभट के मध्य हुआ। जिसमें ध्रुवसेन पराजित हुआ।

नेपाल में हर्ष संवत का प्रारंभ संभवतः हर्ष की नेपाल विजय के बाद हुआ। हर्षवर्धन द्वारा नेपाल विजय का संकेत हर्षचरित ग्रन्थ से मिलता है। प्रियदर्शिका, नागानन्द, तथा रत्नावली रचनायें सम्राट हर्षवर्धन द्वारा रची गई हैं। कवि मयूर, हर्षवर्धन के दरबारी कवि थे। सूर्यशतक रचना

कवि मयूर की है। हर्षवर्धन ने कश्मीर के शासक से बुद्ध के दन्त अवशेष बलपूर्वक प्राप्त किया।

भारत में संवतों का कालानुक्रम विक्रम संवत–शक संवत–गुप्त संवत–हर्ष संवत् होगा।

सम्राट हर्षवर्धन ने धार्मिक सम्मेलन का आयोजन प्रयाग में किया था। गुप्तोत्तर काल के सम्राट हर्षवर्धन ने महायान बौद्ध धर्म को अपनाया। हर्षवर्धन के समकालीन शासक देवगुप्त, भाष्कर वर्मन और पुलकेशिन द्वितीय थे। कन्नौज से पहले हर्षवर्धन की राजधानी थानेश्वर थी। कन्नौज के शासक हर्षवर्धन को पुलकेशिन द्वितीय ने हराया था। एहोल अभिलेख मे पुलकेशिन द्वितीय द्वारा हर्षवर्धन को पराजित करने का उल्लेख है। एहोल अभिलेख रविकीर्ति द्वारा लिखित है। वतापिकोंडा की उपाधि लेनेवाले नरसिंह वर्मन ने पुलकेशिन द्वितीय को हराया था। हर्षकालीन प्रसिद्ध गणितज्ञ ब्रह्मगुप्त ने ब्रह्मसिद्धान्त और खंडखाद्य नामक ग्रंथ की रचना की।

वर्तमान का हिन्दू पंचांग विक्रम संवत से संबद्ध है। हिन्दू पंचांग में प्रथम मास चैत्र तथा अंतिम बारहवां नास फाल्गुन होता है। विक्रम संवत को मालव संवत भी कहा जाता है। इसे उज्जैन के राजा विक्रमादित्य ने लगभग 58 ईसापूर्व में शकों को पराजित करने के उपरांत चलाया।

## व्हेनसांग

व्हेनसांग ने क्षत्रियों को राजाओं की जाति कहा था। व्हेनसांग को यात्रियों का राजकुमार कहा जाता है। चीन के लेखकों ने भारत का उल्लेख पिन–तु के नाम से किया। व्हेनसांग की यात्रा के समय नालंदा महाविहार का प्रमुख आचार्य शीलभद्र था। व्हेनसांग की यात्रा के समय सुती कपड़ों के उत्पादन के लिए सबसे प्रसिद्ध नगर मथुरा था।

## देवपाल

देवपाल बंगाल के पालवंश के राजा था। इसने लगभग 810 इसवीं

में बंगाल में शासन किया। विज्ञानेश्वर कृत मिताक्षरा हिन्दू विधि पर टीका–टिप्पणी से संबंधित है।

## पहलव और यवन

गोडोफर्नीज एक पार्थियाई या पहलव शासक था। उसी के समय संत थॉमस ईसाई धर्म के प्रचारार्थ भारत आया।

बेसनगर या विदिशा स्तंभ अभिलेख में उल्लेखित वह एक इण्डो–ग्रीक शासक था। परवर्ती शुंग शासक भागभसद्र की राजसभा में यवन शासक एंटियालकिड्स का राजदूत हेलियोडोरस आया। हेलियोडोरस ने भागवत धर्म स्वीकार कर बेसनगर में गरुड़ ध्वज स्थापित किया।

## मूर्ति शैली

कुषाण काल में मथुरा मूर्तिकला का एक प्रमुख केंद्र था। वहाँ ग्रेनाइट की मूर्तियाँ बनाई जाती थी। मौर्योत्तर काल में दो प्रमुख मूर्ति शैलियाँ गंधार और मथुरा का विकास हुआ।

गांधार कला शैली में भारतीय तथा यूनानी कला में गांधार एवं हेलेनिस्टिक शैली का मिश्रण है।

## सोने के सिक्के

सर्वप्रथम सोने के सिक्के विम कडफिसस ने चलाये। तक्षशिला से प्राप्त सिक्कों पर निगम शब्द का उल्लेख है।

## पुरातत्व विभाग

पहले जब हमारे पास टेक्नोलॉजी नहीं थी तब बौद्ध साहित्य, झुआल–झ्वान्ग, फाहियान जैसे चीनी यात्रिओं के संस्मरण, कनिंघम, नारायणन जैसे पुरातत्वविदों ने भरसक काम कर अयोध्या में साकेत के बौद्ध अवशेष और संस्कार विश्व धरोहर के रुप में दिखा दिया। परंतु आज नेशनल भूगोल शास्त्रीय शोध संस्थान, हैदराबाद ने बताया कि

उसके पास ऐसे साधन हैं कि वह बिना उत्खनन किए जमीन के अन्दर गड़प धरोहर के रचनात्मक स्वरुप को बता सकता है। साथ ही गूगल जैसी कंपनियाँ, जिनके पास विश्व के प्रत्येक क्षेत्र का ज्ञान–संग्रह हैं, भी उपरोक्त से संबंधित आवश्यक तकनीकी के स्वामी हैं।

क्यों न हम आधुनिक भारत में अपने दिलो–दिमाग को आधुनिक बनाए!

## संदर्भ सूची

1. धीरेन्द्र गर्ग, रोजगार और निर्माण, भेपाल 10 अप्रैल, 2017 से 16 अप्रैल, 2017, पृ. 37
2. धीरेन्द्र गर्ग, प्राचीन इतिहासः गुप्तकाल, रोजगार और निर्माण, भोपाल 17.4.2017–23.4.2017, पृ. 33
3. आनन्द जाट, वरिष्ठ पत्रकार, रोजगार और निर्माण, भोपाल, 24.4.2017–30.4.2017, पृ. 28

# अध्याय – 12

# बौद्ध जनसंख्या

7.8 बिलियन विश्व जनसंख्या में अधिकतम बौद्ध जनसंख्या वाले देश निम्नानुसार हैं, जिसे सारणी द्वारा दर्शाया गया है:

| क्र. स. | देश का नाम | आम जनसंख्या 2020 | बौद्ध जनसंख्या | बौद्ध जनसंख्या का % |
|---|---|---|---|---|
| 1. | चीन | 1,439,323,776 | 1,22,50,87,000 | 91 |
| 2. | जापान | 126,476,464 | 12,33,45,000 | 96 |
| 3. | वियतनाम | 97,338,579 | 7,45,78,000 | 85 |
| 4. | भारत | 1,380,004,385 | 6,79,87,899 | 06 |
| 5. | थाईलैंड | 69,791,648 | 6,46,87,000 | 95 |
| 6. | म्यांमार | 54,409,800 | 4,99,92,000 | 90 |
| 7. | दक्षिण कोरिया | 51,269,185 | 2,46,56,000 | 54 |
| 8. | ताइवान | 23,816,775 | 2,21,45,000 | 93 |
| 9. | उत्तर कोरिया | 25,778,816 | 1,76,56,000 | 72 |
| 10. | श्रीलंका | 21,413,249 | 1,60,45,600 | 75 |
| 11. | कम्बोडिया | 16,718,965 | 1,48,80,000 | 97 |
| 12. | इंडोनेशिया | 273,523,615 | 80,75,400 | 03 |
| 13. | हांगकांग | 7,496,981 | 65,87,703 | 93 |
| 14. | मलेशिया | 33,220,000 | 63,47,220 | 22 |
| 15. | नेपाल | 29,136,808 | 62,28,690 | 22 |
| 16. | लाओस | 7,275,560 | 62,87,610 | 98 |
| 17. | अमेरिका | 331,002,651 | 61,49,900 | 02 |
| 18. | सिंगापूर | 5,850,342 | 37,75,666 | 67 |
| 19. | मंगोलिया | 3,278,290 | 30,35,690 | 98 |
| 20. | फ़िलीपीन्स | 109,581,078 | 28,55,700 | 03 |
| | विश्व जनसंख्या 7.8 बिलियन | | | |

# अध्याय – 13

# डॉ. अम्बेडकर के उद्धरण

## उद्धरण का प्रपत्र

| क्र.स. | उद्धरण (हिन्दी) | बा. आ. स. वा. खण्ड क्र. | पृ. क्र. |
|---|---|---|---|
| 1. | बुद्धिजीवी वर्ग वह है, जो दूरदर्शी होता है, सलाह दे सकता है और नेतृत्व दान कर सकता है। | 1 | निरंक |
| 2. | जाति–समस्या के संबंध में मेरे अध्ययन के चार पक्ष हैं : 1. हिन्दू जनसंख्या में विविध तत्वों के सम्मिश्रण के बावजूद इसमें दृढ़ सांस्कृतिक एकता है, 2. जातियाँ इस विराट सांस्कृतिक इकाई के अंग हैं, 3. शुरु में केवल एक ही जाति थी, और 4. इन्हीं वर्गों में देखा–देखी या बहिष्कार से विभिन्न जातियाँ बन गई। | 1 | 35 |
| 3. | किंतु संसार ऐसे विद्रोहियों का ऋणी है, जिन्होंने धर्म गुरुओं के मुंह पर ही तर्क करने का साहस किया है और जोर देकर कहा है कि आप जो कहते हैं, वही सही नहीं है। | 1 | 35 |
| 4. | संबंध इतने कठोर न हो कि सवर्ण हिन्दुओं को अपने कट्टरपंथी साथियों से अलग होने की कोई इच्छा न हो और आत्म–सम्मानी अछूत वर्ग के पास सुधारों पर जोर देने के अलावा कोई विकल्प न हो। | 1 | 51 |

| | | | |
|---|---|---|---|
| 5. | भारत में समाज सुधार का मार्ग स्वर्ग के मार्ग के समान है और इस कार्य में अनेक कठिनाइयाँ हैं। | 1 | 55 |
| 6. | किसी देश के वास्तविक संविधान का अस्तित्व उस देश में विद्यमान शक्ति की वास्तविक स्थिति में ही होता है। | 1 | 60 |
| 7. | मन और आत्मा की मुक्ति जनता के राजनीतिक विस्तार के लिए पहली आव यकता है। | 1 | 62 |
| 8. | सामाजिक सुधार और धार्मिक सुधार को आवश्यक सुधार के रुप में स्वीकार किया जाना चाहिए। | 1 | 64 |
| 9. | खेद है कि आज भी जातिप्रथा के समर्थक मौजूद हैं। | 1 | 66 |
| 10. | जाति–प्रथा मानव–वंश या प्रजाति के विभाजन का निर्धारण नहीं करती। | 1 | 68 |
| 11. | जातिप्रथा से आर्थिक उन्नति नहीं होती। | 1 | 69 |
| 12. | सामूहिक गतिविधियों को वर्जित करके ही जाति–प्रथा ने हिंदुओं को एक ऐसे समाज के रुप में उभरने से रोका है, जिसमें सभी समुदाय एक होकर जिएं और उनमें एक ही चेतना व्याप्त हो जाए। | 1 | 71 |
| 13. | असामाजिक भावना जाति–प्रथा का ही एक सबसे घृणित पक्ष है। | 1 | 71 |
| 14. | मुझे यह कहने में कोई संकोच नहीं है कि अगर मुसलमानों को क्रूर माना जाए तो हिंदुओं को भी निकृष्ट माना जाना चाहिए और निकृष्टता क्रूरता से भी अधिक निंदनीय है। | 1 | 74 |
| 15. | चतुर्वर्ण के समर्थकों ने यह नहीं सोचा है कि उनकी इस वर्ग–व्यवस्था में स्त्रियों का क्या होगा? | 1 | 83 |
| 16. | भारतीय इतिहास में पराभव और अंधकार का युग वह था, जब घृणित चतुर्वर्ण देश के अधिकांश भाग में अभिशाप बनकर फैल गया। | 1 | 86 |
| 17. | जब तक आप अपनी सामाजिक व्यवस्था नहीं बदलेंगे, तब तक कोई प्रगति नहीं होगी। | 1 | 88 |
| 18. | जात–पात मानने में लोग दोषी नहीं हैं, उनका धर्म दोषी है, जिसके कारण जाति–व्यवस्था की धारणा का जन्म हुआ है। | 1 | 91 |

| | | | |
|---|---|---|---|
| 19. | जब ऐसा बुद्धिजीवी वर्ग जाति व्यवस्था में सुधार करने का विरोधी है, तभी मुझे जातिप्रथा समाप्त करने वाले आंदोलन का सफल होना नितांत असंभव दिखाई देता है। | 1 | 95 |
| 20. | कुछ भी स्थिर नहीं है, कुछ भी शाश्वत नहीं है और न ही कुछ सनातन है, हर चीज परिवर्तनशील है, व्यक्ति और समाज के लिए परिवर्तन जीवन का नियम है। | 1 | 105 |
| 21. | आम आदमी की संत और महात्माओं के प्रति यही मनोवृत्ति है कि उनका सम्मान करते हैं, लेकिन अनुसरण नहीं करते। | 1 | 114 |
| 22. | वेद में वर्ण की धारणा का सारांश यह है कि व्यक्ति वह पेशा अपनाए, जो उसकी स्वाभाविक योग्यता के लिए उपयुक्त हो। महात्मा की वर्ण की धारणा का सार यह है कि व्यक्ति पैतृक पेशा ही अपनाए चाहे वह उसकी स्वाभाविक योग्यता के अनुरुप हो या न हो। | 1 | 119 |
| 23. | महात्मा को यह कह देना चाहिए कि वह अपने आपको धोखा दे रहे हैं तथा वर्ण के नाम पर जाति का उपदेश देकर लोगों को धोखा दे रहे हैं। | 1 | 120 |
| 24. | हिन्दू और हिन्दू धर्म से मेरा झगड़ा उनके सामाजिक आचरण की अपूर्णता से नहीं है। यह बहुत अधिक मौलिक है। यह झगड़ा उनके सिद्धांतों से है। | 1 | 121 |
| 25. | महात्मा, जिससे हिन्दू मार्गदर्शन की अपील करते हैं, वह सोचने में विश्वास नहीं करते, इसलिए मार्गदर्शन नहीं कर सकते जो अनुभव की कसौटी पर खरा उतरे। | 1 | 122 |
| 26. | हर जिम्मेदार व्यक्ति में पुनर्विचार करने और अपने विचारों में परिवर्तन लाने का साहस होना चाहिए। | 1 | 171 |
| 27. | भाषावार राज्यों का गठन कितना ही आवश्यक हो, उसका निर्णय किसी प्रकार की जोर–जबरदस्ती से नहीं किया जा सकता। न ही वह ऐसे ढंग से किया जाना चाहिए, जिससे केवल दलगत हित ही सिद्ध होता हो। | 1 | 172 |
| 28. | मेरे देशवासी किसी न किसी दिन यह सीख लेंगे कि देश, व्यक्ति से कहीं महान होता है। भारत की सेवा और व्यक्ति की पूजा परस्पर विरोधी हो सकती है। | 1 | 251 |

| | | | |
|---|---|---|---|
| 29. | केन्द्र में वास्तविक उत्तरदायित्व के बिना प्रांतीय स्वायत्तता सारहीन है। | 2 | 136 |
| 30. | सेवाओं के भारतीयकरण के दौरान ऐसी व्यवस्था होनी चाहिए कि पिछड़े वर्गों की मांगो को पूरा किया जाए। | 4 | 117 |
| 31. | राष्ट्रवाद तभी औचित्य ग्रहण कर सकता है जब लोगों के बीच जाति, नस्ल, या रंग का अंतर भुलाकर उनमें सामाजिक–भ्रातृत्व को सर्वोच्च स्थान दिया जाए। | 5 | निरंक |
| 32. | कार्य करने की वास्तविक स्वतंत्रता केवल वहीं पर होती है, जहाँ शोषण का समूल नाश कर दिया गया है, जहाँ एक वर्ग द्वारा दूसरे वर्ग पर अत्याचार नहीं किया जाता, जहाँ बेरोजगारी नहीं हैं, जहाँ गरीबी नहीं हैं, जहाँ किसी व्यक्ति को अपने धंधे के हाथ से निकल जाने का भय नहीं है, अपने कार्य के परिणामस्वरुप जहाँ व्यक्ति अपने धंधे की हानि, घर की हानि तथा रोजी–रोटी की हानि के भय से मुक्त है। | 6 | निरंक |
| 33. | अगर इंसानों के अनुरुप जीने की सुविधा कुछ लोगों तक ही सीमित है, तब जिस सुविधा को आमतौर पर स्वतंत्रता कहा जाता है, उसे विशेषाधिकार कहना अधिक उचित होगा। | 9 | निरंक |
| 34. | सभी मनुष्य एक ही मिट्टी के बने हुए हैं और उन्हें यह अधिकार भी है कि वे अपने साथ अच्छे व्यवहार की मांग करें। | 9 | 62 |
| 35. | जो कुछ मैं कर पा रहा हूँ, वह जीवन–भर मुसीबतें सहन करके विरोधियों से टक्कर लेने के बाद ही कर पाया हूँ। | 10 | निरंक |
| 36. | आदिम जातियों, जरायम–पेशा जातियों और अस्पृश्य वर्गों की दशा हिंदू सभ्यता के मूल सिद्धांतों का ही कुफल है। | 10 | निरंक |
| 37. | स्पृश्य तथा अस्पृश्य के बीच एकता कानून के बल पर नहीं लाई जा सकती। केवल प्रेम ही उन्हें एकता के सूत्र में पिरो सकता है। | 10 | 197 |
| 38. | सभ्यता एक वरदान है। वह एक नागरिक संहिता है, जो शासक तथा शासित के अधिकारों तथा कर्तव्यों का प्रावधान करती है। | 12 | 296 |

| | | | |
|---|---|---|---|
| 39. | सही राष्ट्रवाद है, जाति–भावना का परित्याग, और वह जातिभावना गहन सांप्रदायिकता का ही रुप है। | 12 | 46 |
| 40. | यदि महाभारत के शांतिपर्व के लेखकों, चाहे वह व्यास हो, वैशम्पायन हो, सूत हो, लोमहर्षण हो या भृगु, उसने यह न बताया होता कि पैजावन शूद्र था तो शूद्र का कुल खोज पाना पूरी तरह असंभव था। | 13 | प्राक्कथन |
| 41. | शूद्र आर्यों के सूर्यवंशी समुदाय में से ही थे। | 13 | प्राक्कथन |
| 42. | उपनयन संस्कार से वंचित होने पर शूद्र जो क्षत्रिय थे उनका सामाजिक ह्रास हो गया, उनका दर्जा वैश्यों के नीचे हो गया और वे चौथे वर्ण में गिने गए। | 13 | प्राक्कथन |
| 43. | अनुमान का जो स्थान वैज्ञानिक प्रश्न के हल में है, उसका वही स्थान अस्पृश्यता के मूल की खोज में है। | 14 | प्राक्कथन |
| 44. | मैं अपनी कृति को अंतिम मानने का दावा नहीं करता। | 14 | प्राक्कथन |
| 45. | हिंदुओं और अछूतों के बीच नस्ल का कोई अंतर नहीं है। | 14 | प्राक्कथन |
| 46. | विद्वत्ता का पूरा ठेका मिला हुआ होने के बावजूद ब्राह्मणों ने आज तक भी कोई वाल्टेयर पैदा नहीं किया जिसमें कैथोलिक चर्च के सिद्धान्तों के विरोध में बिगुल बजाने की ईमानदार बौद्धिकता रही हो। | भ | भ |
| 47. | जरायम पेशेवर कबीले, आदिम जातियाँ और अछूत वर्गों का अस्तित्व एक कलंक है। | भ | भ |
| 48. | ऐसे संतों की स्मृति में समर्पण हैं जो अछूत जाति में जन्म लेकर भी अपने सदाचरण और सद्गुणों से सभी के आदरणीय बन गए। | भ | भ |
| 49. | अस्पृश्यों का त्रास ही हिंदुओं का अपराध है। | भ | 10 |
| 50. | जाति–भावना का परित्याग ही सही राष्ट्रवाद है। | भ | 42 |
| 51. | सभ्यता एक नागरिक संहिता है, जो शासक तथा शासित के अधिकारों तथा कर्त्तव्यों का प्रावधान करती है। | भ | 64 |
| 52. | जिन लोगों में हमारा जन्म हुआ है, उनका उद्धार करना हमारा कर्त्तव्य है। | भ | 81 |

| | | | |
|---|---|---|---|
| 53. | जिन लोगों की जन–आंदोलन में रुचि है, उन्हें भारत के लोगों के प्रति सामाजिक एवं आर्थिक दृष्टिकोण भी अपनाना होगा। | भ | 98 |
| 54. | जाति भावनाओं से आर्थिक विकास रुकता है। | भ | 136 |
| 55. | सभी मनुष्य एक ही मिट्टी के बने हुए हैं और उन्हें यह अधिकार भी है कि अपने साथ अच्छे व्यवहार की मांग करें। | भ | 148 |
| 56. | यह तथ्य है कि श्री गांधी और श्री जिन्नाह ने अपनी हाल की वार्ता में विषय की प्रामाणिकता के तौर पर **पाकिस्तान अथवा भारत का विभाजन** का उल्लेख किया है, जिससे लाभ उठाते हुए अध्ययन किया जा सकता है। | 15 | |
| 57. | हिन्दू सोसायटी उस बहुमंजिली मीनार की तरह है जिसमें प्रवेश करने के लिए न कोई सीढ़ी है न दरवाजा। जो जिस मंजिल में पैदा हो जाता है उसे उसी मंजिल में मरना होता है। | 16 | निरंक |
| 58. | देशामध्यें असें लुच्चे लोक आहेत कीं, ते कानामात्रा बदलून दुस–यांचे पुस्तक आपलेंच आहे म्हणून प्रसिद्ध करता; दुनिया में ऐसे लुच्चे लोग हैं कि वे आकार और मात्रा बदलकर दूसरे की पुस्तक अपनी ही है समझकर प्रकाशित करते हैं।) | 16 | 724 |
| 59. | जो अपनी बुद्धि जागृत रखकर अपना स्वामित्व, अधिकार और कर्तव्य के प्रति सजग है वही स्वतंत्र है। | 18.I | पिछला पृष्ठ |
| 60. | देश आजादी के साथ हमें अपनी समाज आजादी भी चाहिए। | 18.II | 452–3 |
| 61. | मनुष्य के अंदर जितना नैतिक बल अधिक होगा उतना ही उसका आत्मविश्वास बढ़ता जाएगा और भी उसे सम्मान के साथ यश भी मिलेगा। | भ | आरंभिक पृष्ठ |
| 62. | हमारे अंतःकरण की आकांक्षा शासक जमात बनना है। | भ | 433 |
| 63. | बौद्ध धर्म का अधिष्ठान जगत में दुःख है इस तत्व पर आधारित है। ईश्वर या आत्मा पर आधारित नहीं। दुःख का निर्मुलन करना और दुःख निर्मुलन मार्ग दिखाना धर्म का अंतिम ध्येय है। | 18.III | पिछला पृष्ठ |

| | | | |
|---|---|---|---|
| 64. | बौद्ध धर्म मानव धर्म है। इस धर्म के सिवाय मानव कल्याण का दूसरा कोई भी धर्म नहीं है। | भभ | 199 |
| 65. | अगर कोई जाति अवनत हुई हो तो उसकी अवनति का कलंक अन्य जातियों पर भी लगे बिना नहीं रहेगा। | 19 | पिछला पृष्ठ |

# अध्याय – 14

# भरहुत

## प्रस्ताविक

टी. डब्ल्यू रिस डेविड्स की बुद्धिस्ट इंडिया (1971) आज भी भरहुत स्तूप के बारे में अधिकृत ग्रंथ है। उन्होंने अपनी इस ऐतिहासिक रचना में इस बात का उल्लेख किया है कि भरहुत सही नाम नहीं है, बल्कि उसका सही अभिधान "भरहत" है। भरत सिंह उपाध्याय ने भी एक जैन ग्रंथ को उद्धृत करते हुए 'भरह' कबीले का उल्लेख किया। तथापि डॉ. अम्बेडकर ने अपने शोध ग्रंथ शूद्र कौन थे में कहा है कि भारतवर्ष का नाम भरत कुल यानी विश्वामित्र, दिवोदास, सुदास के कबीले के प्रभाव से पड़ा है। हालांकि धर्मानंद दामोदर कोसम्बी जी मानते थे कि वशिष्ठ ऋषि भी दास वंश के थे। यूं तो ऐसे भी पाश्चात्य विद्वान हुए हैं कि जिन्होंने देवों के प्रिय प्रियदर्शी को अशोक के पहले का सम्राट मानकर इतिहास लेखन किया। दोनों के एक ही सम्राट होने का तथ्य बाद में प्रकट हुआ। परंतु प्रश्न है कि क्या भारत की पहचान भरहुत रही है? उत्तर के लिए निम्नांकित आलेख प्रस्तुत है।

## भरहुत स्तूप

भरहुत स्तूप प्रथम बार 1873 में जनरल सर अलेक्जैंडर कनिंघम द्वारा खोजा गया। सती चंद्र सील के अनुसार (1934) हड़प्पा व मोहनजोदड़ो की सिन्धु घाटी की प्राचीन सभ्यता और मौर्य शिल्पावशेष के बाद भरहुत वास्तु व कला का कालानुक्रम है।

भरहुत स्तूप में तोरण के आडे बीम पर उत्कीर्ण दृश्य बुद्ध चरित्र की सांकेतिक रुपरेखा बताते हैं और उसके तीन आड़े आर्किट्रेव के छोर पर अंकित मकर नीचे जल प्रवाह के अस्तित्व का बोध देते हैं तथा उसके मध्य भाग कष्ट पार कराने वाले सेतु का बोधक है। सबसे ऊपर त्रिरत्न और धम्मचक्र है, जो क्रमशः सर्वोत्तम शरण स्थान और सेतु की भांति संसार को सागर पार करानेवाला आर्य अष्टांगिक मार्ग के द्योतक है।

अर्ध चन्द्राकार पूर्वद्वार पर उकेरे चित्र बुद्ध के जीवन के पांच बड़े प्रसंग अर्थात् जन्म, महाभिनिष्क्रमण, बुद्धत्व, प्रथम धर्मचक्रप्रवर्तन देशना और महापरिनिर्वाण के संकेत हैं।

भरहुत स्तूप का शिल्प कौशल समकालीन और उत्तरकालीन होता है, जो भारत और श्रीलंका की मूर्तिकला का आदर्श नमूना रहा है।

उस पर आगरजु के पुत्र धनभूति, शुंगक्षत्रप अग्निमित्र, रेवतिमित्र की पत्नी चापादेवी, धनभूति के पौत्र धनभूति द्वितीय आदि का नामोल्लेख है। शुंगवंश के संस्थापक पुष्यमित्र शुंग ई. स. पूर्व 184–148 में हुये थे।

## बोधि वृक्ष

प्रत्येक बुद्ध ने अलग–अलग वृक्ष को बोधि वृक्ष के नाम से विख्यात किया। विपस्सी बुद्ध पाटली (bignonia suoveolens or trumpet-flower), सीखी बुद्ध पुण्डरीक (magnifera Indica or white-mango), वेस्सभू साल (shorea robusta), ककुसन्ध शीरीश (acacia), कोणागमन उदुम्बर (ficus glomereta), कस्सप न्यग्रोध (ficus indica or banyan), और शाक्यमुनि बुद्ध पीपल अथवा अश्वत्थ (ficus religiosa) नामक बोधि वृक्ष के पाद तले बुद्ध बने थे। बोधिवृक्ष को यहाँ पुरुष, हाथी, सिंह और गरुडादि द्वारा पूजित दर्शाया गया है।

## वज्रासन

शेधिमण्ड अथवा वज्रासन् पाशाणासन् है, जो बुद्ध के विजय और लोकोत्तर दृढ़ प्रण का सूचक है। उसका चतुर्भज आकार उस समय के

विश्वास यानी पृथ्वी चौकोणी है का ज्यामितीय प्रस्तुतिकरण है। दिशायें गंधर्वों के नेता धृतराष्ट्र लोकपाल सूर्य की मदद से पूर्व दिशा के प्रहरी हैं। कुम्भण्ड के नेता विरुढ़क यम की सहायता से दक्षिण दिशा के पहरेदार हैं। नागनायक विरुपाक्ष वरुण के साथ पश्चिम दिशा के रक्षक हैं और यक्ष नेता कुबेर मणिभद्र से मिलकर उत्तर दिशा के लोकपाल हैं। वे कामलोक के वासी हैं व स्याशी चिन्ह के धारक हैं।

## जातक

भरहुत स्तपू पर जो 28 जातक खुदवाये, उनकी संख्या 28 बुद्ध परंपरा से मिलती है। उदाहरणस्वरुप उस पर उत्कीर्ण महाउम्मग्ग जातक का अंश देखिये। यवमज्झकिय जातक के दृश्य को प्रदर्शित करते हुए भरहुत स्तूप में दिखाया गया है कि महोषध पंडित न्यायविद् है, जो वस्तुओं के असली स्वामी की पहचान करानेवाला निर्णय देकर झगड़े का निपटारा करते हैं। इस में यवमध्यक प्रसंग में श्रीवर्धक श्रेष्ठी के पुत्र महोषध किस प्रकार क्लिष्ट समस्या का समाधान देते हैं का वर्णन है। घटना निम्न प्रकार हैः विदेह की राजधानी मिथिला के चारों द्वारों के पास बसी मंडियों को पूर्व, दक्षिण, पश्चिम व उत्तर नगर कहते थे। श्रीवर्धन की पत्नी सुमना ने महोषध को जन्म दिया। बालक का जन्म उसके हस्त में औषधि की वनस्पति के साथ होने से उसका नाम महोषध पड़ा। उसने अपने नागरिकों के विवादों का निपटारा करने हेतु एक भव्य न्याय सभागृह बनवाया था। उसके होते मानो बुद्धप्रिय सुखी व न्यायिक समय का समाज प्रस्थापित हुआ हो का आभास हो रहा था।

एक दिन एक महिला तालाब में स्नान करने गई। उसने अपने हाथ से बनाये सूक्ष्म धागे के गोले को तट पर रख लिया था। तब दूसरी महिला वहाँ आई और उसने उसे वहाँ से उठा कर अपनी गोदी में छिपाया व वहाँ से निकल गई। नहाते हुई महिला ने उसे देख लिया और वह जल से बाहर आकर उसके पीछे दौड़ी और उसे वस्त्र से पकड़े लिया। फिर उसने उसे चिल्लाकर कहा, 'तुम मेरे धागे के गोले को चुरा कर ले जा रही हो।' उस पर दूसरी महिला बोली, 'यह गोला

मेरा है, तुम्हारा नहीं।' इस प्रकार झगड़ते झगड़ते दोनों महिलायें न्याय सभागृह के पास से गुजरी तो महोषध ने उनका शोर सुन कर पूछा, क्या हो रहा है? जब वे दोनों उनके सामने खड़ी थीं तभी उन्होंने मुखमुद्रा से चोर महिला को पहचान लिया था और उसे पूछा, तुमने गोला कब बनाया और उसे किस चीज से लपेटा था? चोर महिला ने कहा, मैंने गोला बना कर उसे कपास के बीज में लपेटा था। तब महोषध ने दूसरी महिला से पूछा तो उसने तिम्बरु बीज में गोले को लपेटा होने की बात कही। तब उस गोले को खुलवाया और देखा तो उस में तिम्बरु बीज ही निकला। उसी से चोर महिला का भेद खुल गया। वहाँ एकत्रित लोगों ने महोषध के इस न्याय पद्धति की प्रशंसा की।

इस प्रकार महोषध के न्यायप्रियता की प्रसिद्धि चारों ओर फैली। उसके बुद्धि की परीक्षा करने हेतु विदेहराज ने पूर्व नगर के लोगों के पास नर और मादा पुरुष की दो खोपड़ियां भेज कर उन्हें पहचानने को कहा अन्यथा हजार कार्षापण के दंड का हुक्म दिया। पूर्व नगर के लोगों ने महोषध की मदद ली। महोषध ने खोपड़ियों के जोड़ को देख कर ही पहचान लिया था कि कौन सी नर है और कौन सी मादा तथा उसने लोगों को बताया कि नर की खोपड़ी के जोड़े सीधे होते है तथा मादा के सिर के जोड़ टेढ़े होते है।

तीसरी बार राजा ने आदेश दिया कि पूर्व नगर के लोग ऐसा नया हौद (जलाशय) बनवा कर भेजें, जिस में पांच प्रकार के कमल उगे हों। तब पंडित महोषध ने प्रतिप्रश्न से उसका समाधान किया। उसने कुछ अच्छे बोलनेवाले लोगों को बुला कर कहा कि तुम अपनी आंखें लाल होने तक जल में क्रीड़ा करो और गीले बाल व कपड़े के साथ कीचड़ से भरे शरीर से रस्सियाँ, दण्ड और ढेले हाथ में लिए राजा के पास जाकर कहो कि महाराज! हम ने महातालाब आपकी रुचि के अनुसार बनवाया और उसे यहाँ तक ले आ रहे थे। परंतु जलाशय जंगल के जीवन का आदी होने से नगर की दीवारें, परकोट और पहरा–स्तंभों को देखते ही भयभीत होकर रस्सियों को तोड़ कर जंगल में भाग गया। हम

ने यथासंभव प्रयास किया परंतु उसे वापस नहीं ला सके। यदि आप अपना जंगल से लाया हुआ पुराना जलाशय दें तो हम दोनों को इकट्ठा बांध कर वापिस ले आयेंगे। राजा को ऐसा पूछने पर कहना पड़ा कि उसने कोई जलाशय जंगल से कभी नहीं लाया था। तब पंडित महोषध के मार्गदर्शन के अनुसार उन आदमियों ने कहा, 'महाराज! यदि ऐसा ही है तो पूर्व नगर के लोग आप को जलाशय कैसे भेज सकते है?'

इसी प्रकार भरहुत के स्तूप में कई जातक हैं। उनमें से उल्लेखनीय एक जातक वृक्षमृग और शाखा मृग के पात्रों को लेकर है, जिसके माध्यम से मानवी जीवन को प्रेरणा देनेवाले प्रसंग भरहुत की पाशान वेष्टनियों पर उत्कीर्ण किये गये हैं, जो विधिशासन और मृत्यु पर विजय के मूल्यों पर प्रकाश डालते हैं।

## बुद्ध

बौद्ध परंपरा में 28 बुद्धों का उल्लेख है। अट्ठाईसवें शाक्यमुनि बुद्ध के महापरिनिर्वाण के बाद कुशीनगर में उनकी अस्थियाँ मल्लों ने सुरक्षित रखी थी और उस पर अपना एकाधिकार जमाया। उसमें दूसरों को हिस्सेदार बनाने से इंकार करने पर, परिणामतः मगध–नरेश अजातशत्रु, वैशाली के लिच्छवी, कपिलवस्तु के शाक्य, अल्लकप्प के बुली, रामग्राम के कोलिय, वेठदीप का ब्राह्मण और पावा के मल्लों को बुद्धावशेष की राख के लिए लड़ाई करने तक की नौबत आई। परंतु द्रोण नामक ब्राह्मण के हस्तक्षेप से युद्ध टला और अस्थियों का आठ समान भागों में बंटवारा हुआ। बाद में पिप्पलीवन के मौर्य भी अपनी हिस्सेदारी जताने आये परंतु उनके लिए कुछ भी नहीं मिला। अतः उन्होंने जले हुए कोयले को ही ले जाकर उन पर एक स्तूप बनवाया था।

सम्राट अशोक ने उपरोक्त आठ हिस्सों पर बने स्तूपों में से सात की अस्थियों को निकाल कर उसके हिस्सों पर 84000 स्तूप बनवाये थे। परंतु रामगाम के स्तूप को नागरक्षकों के अपरिमित विरोध के कारण वे छू न सके। वह स्तूप नागों द्वारा रक्षित था और वे बुद्ध के गहन भक्त थे।

सांची स्तूप के दक्षिण तोरण पर नेपाल तराई में स्थित रामग्राम के स्तूप को सम्राट अशोक भेंट करते हुए दिखाई देते हैं। उस पर उत्कीर्ण शिलालेख में अंकित है कि 'यह चैत्य धम्म–देशक आर्य शूद्र आयचूड़ के शिष्य बालमित्र का दान है।'

## बौद्ध पहचान

भरहुत के चैत्य (जवचम) में प्रस्तर–वेष्टनी पर कौशल–नरेश प्रसेनजीत के रथ के ऊपर धम्म चक्र का प्रदर्श इस बात की गवाही देता है कि ईसा पूर्व छठी शताब्दी में तथा इसके पश्चात् भी सम्राट अशोक के साम्राज्य की भांति शासक और जनता के जीवन का प्रतिष्ठा चिन्ह धम्मचक्र रहा है। भरहुत स्तूप में बुद्ध के प्रतीकात्मक चिन्हों यथा आसन, पद, बोधिवृक्ष, चक्र, स्वतिक आदि का प्रयोग किया जाना तत्कालीन समाज की मौलिक पहचान से बुद्ध को सरलता से जाना जा सकता है।

## धम्मचक्र

धम्मचक्र के मायने हैं विश्व के जीवों की सबसे कठिन समस्या दुख को समझने और उनको सुख देने के मार्ग पर आरुढ़ करने के लिए संकल्पित चिन्ह। यह एक प्रकार से बुद्धकालीन समाज और शासन की अलिखित सांकेतिक उद्देशिका थी और वह बौद्ध संघ और नैतिक जीवन की वैश्विक आधारशीला रही।

भरहुत के स्तूप में सोलह, अठारह और चौबीस आरावाशले चक्रों के डिज़ाईन मिलते हैं। यूं तो अथर्ववेद में भी चक्र की उपमा देते हुए कहा गया है कि जैसे काट और नाभी आरों से परस्पर जुड़े रहते हुए चक्र को गति देते हैं वैसे ही जीवन के रथ का जूं सब के कंधो से वहन किया जाये।

बौद्ध–चक्रों का संदेश जीवन को सुखकर या दुखकर अथवा आगे या पीछे ले जाने के हर व्यक्ति के मानसवृत्ति के यथार्थ को प्रकट करने

वाला है और मात्र सुखकर और प्रगत दिशा की ओर जानेवालों के लिए अष्टांगमार्ग के अवलंबन की पद्धति बताना है।

डॉ. अम्बेडकर ने भी कौम को आगाह करते हुए कहा था कि मैंने भारी पीड़ा सहकर इस सामाजिक जीवन के रथ को यहाँ तक खेंच लाया हूँ, उसे यह पीढ़ी आगे से आगे ले जाये। यदि वह वैसा नहीं कर सकती, तो उसे जहाँ जो है उसे वहाँ ही रख दें परंतु उसे पीछे न धकेलें। आधुनिक समाज जीवन का धम्मचक्र संदेश बाबासाहेब के इस वचन से बेहतर और क्या हो सकता है? पिटकों में धम्म को भी रथ की संज्ञा दी गई है।

भरहुत स्तूप में धर्म चक्र चार स्थानों पर अंकित है। प्रथम और द्वितीय स्थानों के धम्मचक्र बुद्ध की प्रथम देशना के प्रतीक हैं। तृतीय और चतुर्थ स्थलों पर अंकित धम्मचक्र धम्मचेतिय सुत्त के संकेत हैं। धम्म के चैत्य पर जो चक्र है उसके धम्मिक व वास्तुकलात्मक महत्व हैं। उसके चक्र अलंकृत हैं। उससे बुद्ध का व्यक्तित्व और उपस्थिति जाहिर होता है। उसमें सोलह आरे हैं। उसके शीर्ष पर दो हिरण अंकित हैं। जीवन चक्र व्यक्ति की पांच गतियों अर्थात् नारकीय, पाश्विक, मृतात्मक, मानवीय और परम गति को निर्देशित करता है, जो भरहुत स्तूप में उत्कीर्ण नहीं है।

## सिंह, हाथी व पदचिन्ह्

तथापि भरहुत में अंकित चार शीर्षवाले सिंह चार प्रकार के बौद्ध श्रमणों को इंगित करते हैं। स्तूप में उत्कीर्ण हाथी रानी महामाया के शिशु के जन्म के द्योतक हैं। अशोक स्तंभ पर उत्कीर्ण हाथी राजपद का चिन्ह् है। उसमें अंकित पदचिन्ह् सिद्धार्थ का अस्तित्व, गृहत्याग के लिए अभिनिष्क्रमण, उनका तुषित देवलोक से कौशाम्बी में अवतरण तथा पादवंदना के प्रयोजन से प्रयुक्त हुआ है।

## कला

बौद्ध कला और बौद्धोत्तर कला में सूक्ष्म और स्पष्ट भेद है। यत्

प्रतिरुपं तत् शिल्पं अर्थात् जो निसर्ग में है, उसका प्रतिरुप बनाना शिल्प है यह ब्राह्मण कला का निर्धारण है। परंतु बौद्ध कला में समय, आकाश और मन के संगठन से सामान्य से असाधारण की ओर उभर जाने को कला माना गया है। पतिरुप देसवासो च अर्थात् अनुकूल स्थान में वास करना मंगल सूत्र का वचन है। क्षण–क्षण और बूंद–बूंद क्रमिक भावों को उदात्त में साकार कर कृति के आनन्द को भी पार करना बौद्ध कला का मन्तव्य है। जहाँ मन वर्तुलाकार संसार चक्र से निर्वाणाकार व निर्विकार धम्मचक्र में गुजर कर असीम में समा जाता है।

मन अपने स्वरुपों से पदार्थ को प्रभावित करता है। स्वरुपों को अपने स्वभाव पर अंकित करता है। उन्हें अपनी कल्पनाओं का आकार देता है। उन्हें अपनी वेदनाओं से सजीव बनाता है। उन्हें अपनी भावनाओं से गतिमान करता है और उन्हें अपनी चेतना से उत्स्फूर्त बनाता है। अर्थात् कला और रंग को चित्त कहा गया है। कलात्मक रुप निर्मिति को चित्तकत बिंब की संज्ञा दी गई है।

## स्तूप

ऐतिहासिक घटना और महापुरुष के स्मरण में निर्मित विशाल कृति को स्तूप (Monument) कहते हैं। किसी महापुरुष के अवशेष पर निर्मित चेतना स्थलि को चैत्य (tope) की संज्ञा दी जाती है। मध्य प्रदेश में विद्यमान सांची और भरहुत के स्तूप 'स्तूप और चैत्य' दोनों हैं।

श्री टी. डब्ल्यू. रिस डेविड्स ने भरहत और भरहुत दोनों नामों को एक ही स्थान के पर्याय के रुप में प्रयुक्त किया (इन्डेक्स पृ. 324)। परंतु उनके अनुसार भरहत नाम ही अधिक सही है (पृ. 209)। लेकिन इस आलेख में दोनों नामों का प्रयोग किया गया है। उन्होंने पृ. 9 पर एक आंख खोल देने वाली सूचना दी कि भरहुत स्तूप के प्लेट 13 पर राजा प्रसेनजीत 600 ई. पू. अपने रथ में विराजमान हैं और रथ के ऊपर 24 आरे वाला धम्मचक्र प्रदर्शित है। इससे एक बात जाहिर है कि राजा प्रसेनजीत न केवल बुद्धानुयायी थे, बल्कि वे सम्राट अशोक के 300 सदियों पहले से ही बुद्ध के धम्म के प्रतीक चक्र को अपने राज्य

का गौरव मानकर उसे राज चिन्ह के रुप में अपने वाहन पर प्रदर्शित करते थे। अगले पृष्ठ 10, 82, 198, 209 और 288 पर और उत्कीर्ण मकर नीचे जल प्रवाह के अस्तित्व का बोध देते हैं तथा उसके मध्यभाग धम्मसेतु के प्रतीक हैं।

## संस्कृति

धर्मानंद दामोदर कासम्बी जी ने अपने ग्रंथ संस्कृति और अहिंसा में भारतीय आर्य संस्कृति एलाम से प्रवाहित होने का संकेत दिया है। भरहुत के शुंग कालीन कला पर परसेपोलिस के वास्तुशिल्प का प्रत्यक्ष प्रभाव है। यही बात मौर्यकालीन घण्टा शीर्ष के बारे में भी कही गई है। यहाँ के स्तंभों पर जो पंखयुक्त चतुष्पाद के चित्र हैं यथा अश्व, हिरण, बकरे, शेर और हाथी, वे सब इरान के युनिकार्न स्तंभों के डिजाईन से मिलते हैं। इरान के स्तंभचित्रों का स्रोत अंततः असिरिया या पश्चिम एशिया ही है। उसमें आख्यायिक वनस्पतियों के सजावट के लिए प्रयोग किया जाना एलाम अर्थात् हेलेनिक की कला परंपरा से ग्रहण किया गया प्रभाव जाना जाता है। भरहुत स्तूप में उत्कीर्ण यक्ष और यक्षिणि के परिधान इजिप्त की कला का अनुकरण लगता है। ऐसा विदेशी प्रभाव से भारतीय कला की जानकारी मिलती है, जो भरहुत स्तूप के उक्त प्रस्तर–वेष्टिनियों का काल 300 ई. पू., कनिंघम द्वारा उसका पुनरोद्धार किया जाना, उन पर उत्कीर्ण बास–रिलिफ उनकी तिथि की गवाही कैसे दे रहे, और बौद्ध जातक ग्रंथों में उपलब्ध 28 जातक की कहानियाँ भरहुत के बास–रिलिफ में लगभग उसी शीर्षक से किस प्रकार दृष्टिगोचर होते हैं, से संबंधित है।

पुरातत्वविद् जनरल कनिंघम ने न केवल भरहुत स्तूप का उत्खनन किया बल्कि रीवा रोड़ पर स्थित रामबन का भी पता लगाया, जिसमें बुद्ध के शिष्य और उनके निजी सहायक आनंद की अस्थियां मिली। भरहुत में जो छत्री प्राप्त हुई थी, उसे नगौदा के परिहार कुल के वंशज और विधायक श्री राम प्रतापसिंह के भवन में सुरक्षित रखा गया है।

उपरोक्त स्तूप पर आकृति क्रमांक 21, 22 और 23 परिचक्रों की आकृतियाँ, शीर्ष के आवरण और अनाथपिंडिक का जेतवनाराम का संघदान उल्लेखनीय प्रदर्श हैं।

## तोरण

तोरण एक धम्मसेतु है, जिसका सांकेतिक अर्थ सांसारिक नदी के दोनों तीरों पर शिकार के लिए प्रतिक्षित मकर के आघात से बचाव के लिए सुरक्षा कवच का प्रतीकात्मक द्वार है। भरहुत स्तुप में तोरण के आड़े बीम बुद्ध चरित्र की सांकेतिक रुपरेखा बताते हैं। उसके तीन आड़े आर्किट्रेव के छोर वास्तुशिल्प पर पड़ना स्वभाविक है। क्योंकि मौर्य और शुंग कालीन कला रुप इरान, ग्रीक–यवनादि के साथ सांस्कृतिक संबंध स्थापित होने के बाद विकसित हुए थे और भरहुत के शिल्पी उत्तर–पश्चिम भारत से आये थे। जहाँ भारतीय, इरान, यवन और पश्चिमी एशिया की संस्कृति परस्पर घुलमिल चुकी थी।

निःसंदेह भरहुत स्तूप में प्राप्त मिहिर सूर्य देवता का कटिबंध यवनी है। यह उत्तरापथ अर्थात् उत्तर–पश्चिम क्षेत्र के सूर्य देवता का अनुकरण है।

## राष्ट्र–राष्ट्र को जोड़ना

लगभग 28 बौद्ध लोकप्रिय कहानियों को भरहुत के स्तूप के पाशान–वेष्टनियों पर उत्कीर्ण किया गया है। स्थविरवादी सूत्र पिटक के पांचवे खुद्दक निकाय के दसवे ग्रंथ जातक की 547 कहानियों में से उपरोक्त को उस स्तूप में अंकित करने के लिए चयनित किया गया। बौद्ध संस्कृति वैश्विक कलह को तोड़कर एक राष्ट्र को दूसरे राष्ट्र के साथ जोड़कर भातृत्व पर आधारीत समाज के निर्माण के लिए समर्पित है।

## विश्व को श्रेष्ठ नैतिक संदेश देना

इसलिए स्तूपों पर उत्कीर्ण पाशान–वेष्टनियों के माध्यम से नैतिक संदेश के पुंज जातक कहानियों को लोकप्रिय स्थलों यथा स्तूप व चैत्य

पर लौकिक कलात्मक और मनमोहक तरीकों से उत्कीर्ण कर जन–जन को नैतिक सबक दिये गये हैं।

## इतिहास बनाना

डॉ. अम्बेडकर ने कहा ही है कि जो लोग इतिहास को भूलते हैं वे इतिहास नहीं बना सकते। अतः बौद्ध जन का गौरवमय ऐतिहासिक संदेश जन–जन को इस बात की चेतना देता है कि भव्य महान संस्कृति बनाये रखने के लिए भव्य और उदात्त विचार संजोये रखना सबसे महान कार्य है।

डॉ. अम्बेडकर ने भारत के नाम को उस भरत के नाम पर पड़ा हुआ होने की बात कही, जो श्रीराम के भ्राता, और दुष्यन्त–शकुंतला के बेटा भी नहीं थे, बल्कि भरत नामक वैदिक जनजाति के प्रभावी जन थे। क्या भरहुत ऐसे भारत को उदात्त पहचान देने का महान प्रतीक नहीं है?

## भारत को आदर्श पहचान दिलाना

दास का अर्थ उदात्त (noble) और देनेवाला होता है। सुदास के उत्तराधिकारी और आज के बुद्ध और अम्बेडकर के अनुयायी अपने गौरवमयी संस्कृति को न भूलें, बल्कि जानें कि वे ही कल के उदात्त भारत के भविष्य हैं। अतः उन्हें चाहिए कि वे अपने इतिहास को जान कर उसकी पहचान भारत को दें।

## अवैर से वैर मिटाना

खुद्दक निकाय के एक ग्रंथ धम्मपद की गाथा हैः नहि वेरेन वेरानि सम्मंतीध कुदाचनं अवेरेन च सम्मंति एस धम्मो सनन्तनो। अर्थात् वैर से वैर कभी शांत नहीं होता। अवैर से ही वैर शांत होता है। यही कालसिद्ध धम्म है।

उसी प्रकार विधि, शासन और मृत्यु विजय के मूल्यों को संजोये रखनेवाला मिगजातक का संदेश भरहुत के पाशान–वेष्टनियों पर उत्कीर्ण है।

## जन–जन हिताय सुखाय के लिए अविरत प्रयास करना

बुद्ध ने अपने शिष्यों को गतिशील बने रहने के लिए जो उपदेश दिया था, जो विनय पिटक के उपसम्पदा कथा में संकलित है, वह इस प्रकार हैः भिक्षुओं! जितने भी दिव्य और मानुष–बन्धन हैं, मैं उन सबों से मुक्त हूँ, तुम भी दिव्य और मानुष–बंधनों से मुक्त हो। भिक्षुओं! बहुत जनों के हित के लिए, बहुत जनों के सुख के लिए, लोक पर दया करने के लिए, देवताओं और मनुष्यों के प्रयोजन के लिए, हित के लिए, सुख के लिए विचरण करो। एक साथ दो मत जाओ। हे भिक्षुओं! आदि में कल्याणकारक, मध्य में कल्याणकारक, अन्त में कल्याणकारक इस धर्म का उपदेश करो। अर्थ सहित व्यंजन सहित, केवल अमिश्रद्ध परिपूर्ण परिशुद्ध ब्रह्मचर्य का प्रकाश करो। अल्प दोषवाले प्राणी भी हैं, धर्म के न श्रवण करने से उनकी हानि होगी। सुनने से वह धर्म के जानने वाले बनेंगे। भिक्षुओं! मैं भी जहाँ उरुवेला है, सेनानी ग्राम है, वहां धर्म देशना के लिए जाऊँगा। ये केचि बंधना देवा वा मानुसा वा सब्बेपि अहं मुत्तस्मिं तुम्हेपि सब्बे ते बंधनानं देवा वा मानुसा वा मुत्ता। चरथ भिक्खवे चारिकं, बहुजन हिताय बहुजन सुखाय लोकानुकम्पाय अत्थाय हिताय देवमनुस्सानं। मा एकेन द्वे गच्छथ। देसेथ भिक्खवे धम्मं आदि कल्याणं मज्झे कल्याणं परियोसान कल्याणं सात्थं सव्यंजनं केवल परिपुण्णं परिसुद्धं ब्रह्मचरियं पकासेथ। सन्ति अयं अप्पदोसा पाणा। तस्स धम्मस्स असवनस्स हानाय भविस्सन्ति। सवनता ते धम्मजानकारो होन्ति। मतलब यह कि बौद्धों! विश्व में सब के सुख के लिए अविरत प्रयत्न करो।

## भरहुत स्तूप किस सामाजिक वर्ण/जाति और जनजाति/वर्ग का प्रतिनिधिक स्मारक हैं?

इसे जानने के लिए भरहुत स्तूप से प्राप्त व्यवसायिक जनों की सूची पर नजर डालना आवश्यक है, जो निम्नानुसार हैः 1. मोची, 2 कुम्हार, 3. हस्तिदंतशिल्पी, 4. रंगरेज, 5. जोहरी, 6. मछेरे, 7. खटीक, 8. शिकारी, 9.पाककर्मी, 10. हज्जाम, 11. फूलकर्मी, 12. नाविक, 13. हस्तशिल्पी, 14. रंगारी और 15. व्यापारी इत्यादि।

## भरहुत कैसे पहुँचे?

बघेलखण्ड का एक प्रमुख भाग और बघेली जनभाषा का केन्द्र सतना जिले से नातिदूर एक प्राचीन व्यापार मार्ग, गंधार–उज्जैयनि का केन्द्र स्थान भरहुत है। सतना–मैहर रोड़ से 13–14 कि. मी. जाकर पूर्व दिशा में उंचेहरा पार कर 2–3 कि. मो. पर गोबराय के पास की मोड़ से भरहुत पहुँचा जा सकता है। भरहुत नामक गांव अपने प्राचीन ऐतिहासिक स्थान की स्मृति, जीवित रखने हेतु आज भी विद्यमान है। वह नगरगंवा स्टेशन से लगभग दो कि. मी. आगे है। उसके आगे 15 कि. मी. दूरी पर जो पहाड़ियाँ हैं, उसके ऊपर गुफायें भी विस्मृत संस्कृति की याद दिलाती हैं। सतना नगर पार करते ही पहाड़ियाँ दिखने लगती हैं। वही पर भरहुत स्तूप अपने ऐतिहासिक खण्डहर से बिखरा हुआ दिखता है। उसी के समीप एक पहाड़ी पर 10 वीं सदी में प्रचलित देवनागरी लिपि में बलाल देव द्वारा उत्कीर्ण एक शिलालेख है। उसके स्तूप पर अंकित अण्डभूत अथवा अन्धभूत जातक का दृश्य भी मिला है। अब यहाँ के सारे प्राचीन अवशेष कलकत्ता के संग्रहालय में सुरक्षित रखे हैं।

## लिपि

भरहुत स्तूप पर अंकित लिपि ब्राह्मी या खरोष्ठी लिपि है। पालि में सात बुद्धों के जो नाम हैं, वे पालि, भरहुत और दिव्यावदान तथा महावस्तु ग्रंथों में अक्षरभेद से अंकित है। उनमें से तीन के नाम इस प्रकार दिए हैंः यथा वेस्सभुस्स, कोणागमणस्स, विपसिस्स (pali), विश्वभुव, कणकमुनेः/कणकमुनिस्य, विपश्यिनो/विपश्यिने (divyavadana, mahavastu), वेसभुनो, कोणागमेनस, विपासिनो, (bharahut)।

भरहुत स्तूप में जो प्रसेनजीत, विडूडभ, बिंबिसार और अजातशत्रू ठभ है। उसमें प्रथम ठभ अथवा स्तंभ विदिशा राजघराने के रेवतिमित्र की रानी चम्पादेवी का है। उसी प्रकार वेनिमित्र की पत्नी वासिठिदेवी का ऋणानुनिर्देश है। धनभूति का दान भी उल्लेखनीय है। भरहुत में

प्राप्त वेदिका स्तम्भलेख से उस काल की उत्तर भारत की ब्राह्मी लिपि का नमूना देखिए।

सुगन रञे रञो गागीपुतस विसदेवस। पौतेण गोतिपुतस आगरजुस पुतेण। वाछिपुतेन धनभूतिन कारित तोरना। सिलाकमंता च उपण।

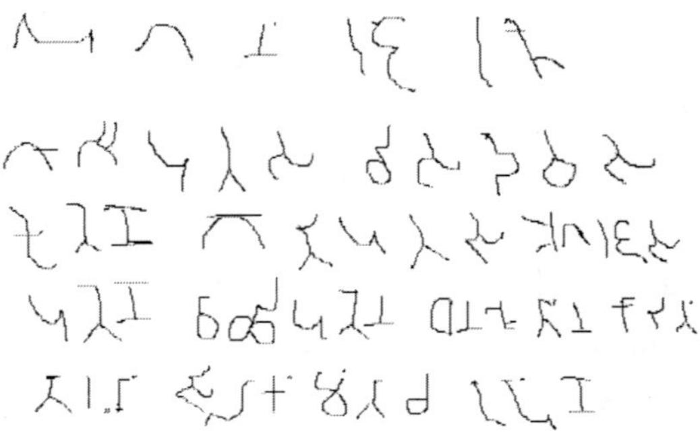

उपरोक्त लिपि का देवनागरी में लिप्यंतर निम्नानुसार होगा।

सुगनं रञे रञो गागीपुतस विसदेवस। पौतेण गोतिपुतस आगरजुस पुतेण। वाछिपुतेन धनभूतिन कारितं तोरनां। सिलाकंमंता च उपंण।

## उपसंहार

उपरोक्त सभी बातें भरहुत के स्तूप की वेष्टनियों पर अंकित बौद्ध संस्कृति का सार है। यही भारत को बौद्ध पहचान देने की शुरूआत थी और यही आज की आवाज है। अस्तु।

## संदर्भ सूची

1. टी. डब्ल्यू रिस डेविड्स की बुद्धिस्ट इंडिया (1971)।
2. भरत सिंह उपाध्याय, प्राचीनकालीन भारतीय भूगोल।
3. धर्मानन्द कोसम्बी, संस्कृति व अहिंसा।
4. डॉ. अम्बेडकर, हू वेअर द शूद्राज, शूद्र पहले कौन थे, 1946।
5. राहुल सांकृत्यायन, दर्शन–दिग्दर्शन, विनय पिटक।
6. सी. डी. नाईक, मंथन।
7. गुणाकर मुले, अक्षर कथा, दिल्ली, 1972
8. Sir John Marshall, A Guide to Sanchi, Delhi, 1936, p. 50, 165-166.

# 15

# वैचारिक आज़ादी और वास्तविकता

## कमजोर वर्ग

600 ईसा पूर्व में सिद्धार्थ गौतम की जन्मस्थली, लुम्बिनी और बुद्धत्व का स्थल बोधगया दोनों जम्बूद्वीप यानी भारत की धरोहर थी, परंतु बाद में लुम्बिनी वन ही नहीं, बल्कि उस वन के दो साल वृक्ष जिसके बीच उनका जन्म हुआ था, उनकी माता महारानी महामाया की कुटी और राजा शुद्धोदन की राजधानी कपिलवस्तु नगर (अब पिपरहवा), और उस घटना के तीन सदियों बाद सम्राट अशोक का वहाँ पर स्थित विशाल स्तंभ, जिसके ऊपर खरोष्ठी लिपि में ''इधो तथागतो जातो'' अर्थात् ''तथागत का जन्म यहीं हुआ'' उत्कीर्ण किया हुआ है और संबंधित सारे पुरातात्विक सबूत भी नेपाल की धरोहर बने हैं। उसी प्रकार डॉ. अम्बेडकर की जन्मस्थली अब मध्य प्रदेश की धरोहर है और उनकी दीक्षास्थली महाराष्ट्र की। हालांकि वे स्थल भोपाल राजधानी वाले आज के मध्य प्रदेश के जन्म (1.11.1956) के पहले नागपुर राजधानी वाले मध्य प्रांत व बेरार (सी. पी. एण्ड बेरार) के थे। परंतु भूख मरी और प्लेग जैसी नैसर्गिक आपदा में कुछ मराठी जन, विशेषतः महाड़ लोग महाराष्ट्र से स्थालंतरित होकर मध्य प्रदेश के इन्दौर, खंडवा, उज्जैन आदि जिलों में जाकर बस गये थे।

भारत का इतिहास गैर–भारतीय आर्य, ग्रीक, ईरानी, कुषान, शक, हूण, मुस्लिम और अंग्रेज आदि के आक्रमणों और भारतीय जाति,

उपजाति और जमातियों में सामाजिक दुराव, आपसी वैरत्व और द्वेष का रहा है। गाने के लिये हम गाते हैं कि धर्म नहीं सिखाता आपस में वैर रखना। परंतु प्राचीन भारतीय पराधीनता का बीज धार्मिक दुराव में ही छिपा था, इस से इन्कार नहीं किया जा सकता। डॉ. अम्बेडकर ने सन् 1946 में स्वरचित शोध ग्रंथ ''शूद्र पहले कौन थे'' में इस प्रकार वर्णित किया हैः–

''आर्यों से भी ज्यादा पराक्रमी दास या दस्यु लोग थे। वे जंगली आदि–मानव नहीं थे। वे आर्यों की भांति सभ्य और उनसे भी अधिक बहादुर थे। श्री अयंगर ने लिखा है कि ऋग्वेद संहिता के अनुसार दस्यु लोग, नगरों में रहते थे और कई लोगों के नाम राजाओं की सूची में आते थे। इन्द्र ने अपने भक्त दिवोदास के लिये दस्युओं के शत–शत शिलाओं से बने महलों पर अतिक्रमण किया था। अग्नि देवता ने आर्यों के खातिर अग्निपूजा के वैरी दस्युओं के नगर तोड़कर उन्हें अग्नि में स्वाहा कर दिया था। जिन शिला–कारागृहों में, आर्यों से छिनी हुई गौवें सुरक्षित रखी जाती थी, उन्हें ही बृहस्पति ने नष्ट कर दिया था। दस्यु लोगों के अपने रथ, और आयुध थे, जिनका प्रयोग वे आर्यों की तरह, युद्ध में करते थे[1]।

आर्यों के साथ दस्युओं का विवाद नस्ल का नहीं बल्कि धर्म पर आधारित विवाद था। ऊपरोल्लेखित वही लेखक बताते हैं कि दस्यु अव्रत थे यानी वे आर्य के संस्कार से नहीं चलते थे। वे अपवगत और विभिन्न प्रकार के अन्य व्रत के संस्कार वाले थे। वे अनगनित्र, अग्निविहीन, अयज्यु, अयज्वन या बलिकर्म के विरोधी थे। वे अब्रह्म, वैदिक अर्चना और अर्चक को न मानने वाले, अनरिछः या रिक्विहीन, ब्रह्मद्वेष या ब्रह्मण अर्चना के द्वेष्टा, अनिन्द्र या इन्द्र के शत्रु थे। वे न क्षीर का तर्पण करते थे न किसी ब्राह्मण को चढ़ावा चढ़ाते थे[2]।

स्वाधीनता से वंचित जाति, महाड़ और उनके राष्ट्र, महाराष्ट्र का इतिहास डॉ. अम्बेडकर के जीवन–चरित्र को समझने के लिये आवश्यक है। महाराष्ट्र की उत्पत्ति का एक विचारणीय तर्क यह है कि पूर्व समय

में वर्तमान महाराष्ट्र में एक महारट्ठ नामक बौद्ध भिक्षु को प्रचारार्थ भेजा गया था। उसने वहाँ के लोगों को बौद्ध धर्म में धर्मांतरित किया था। इस प्रकार बौद्ध धर्म अपनाने वालों को उनके गुरु महारट्ठ के नाम से पहचाना जाने लगा। सबसे अधिक महारट्ठ जिस प्रदेश में निवास कर रहे थे, उस प्रदेश का नाम कालांतर में महाराष्ट्र पड़ा। महारट्ठ स्थविर द्वारा नाग लोगों को बौद्ध धर्म की दीक्षा देने का जिक्र श्रीलंका के प्राचीन इतिहास का ग्रंथ ''महावंस'' में भी मिलता है[3]।

दूसरा सिद्धान्त है जिसकी मान्यता है कि नाग शब्द नाईक की पर्यायवाची संज्ञा है[4]। इस जाति के लोगों ने समानता की लड़ाई लड़ने के लिये काफी कुर्बानियाँ दी थी।

महाड़ यानी भूमिपुत्र, नाग या नाईक। वह एक लड़ाकू जाति थी। और उनका राज्य महाराष्ट्र था जिसकी राजधानी नागपुर थी। उनका धर्म बौद्ध था। वे आज भी महाराष्ट्र और उसके इर्द–गिर्द के प्रदेशों में विद्यमान हैं। ऐतिहासिक काल से उन्हें अपना अस्तित्व कायम रखने के लिये कई दुदम्य युद्धों का सामना करना पड़ा था। जब उनका सर्वस्व नष्ट हुआ तो उनका सामाजिक–आर्थिक दर्जा भी घटा और उन पर कई सख्त और हानिकारक पाबंदियाँ लाद दी गई। हालांकि उनके पास उपजाऊ जोतें, सैनिकी और नागरिक प्रशासनिक पद और बस्तीवालों से सभी प्रकार के फसलों का सोलहवाँ हिस्सा वसूल करने के आय के साधन आदि बावन अधिकार थे। कालान्तर में वे ही अधिकार अहितकर हो गये और वे उनके पैर की बेजियाँ बन गये, जिसे तुड़वाने के लिये वे लड़ते रहे और अन्त में सन् 1956 में बौद्ध धर्म अपना कर सफल हुये।

प्राचीन समय में महाड़ लोग बुद्ध के अनुयायी थे। अस्सी प्रतिशत भारतीय बौद्धों की उत्खनन की सामग्री महाराष्ट्र में और विशेषतः महाड़ बस्तियों के क्षेत्र में पाई गई है। बौद्ध गुफाओं में भी महाड़ नाम उत्कीर्ण किया हुआ प्राप्त हुआ है। परंतु गुप्त काल के दौरान, विशेषतः मुगल काल में महाड़ों ने बौद्ध धर्म के संस्कारों का पालन करना छोड़ दिया, प्रतीत होता है।

यद्यपि महाड़ों ने मुस्लिम, मराठा, पेशवा, ब्रिटिश और भारतीय सेना में अपनी सेवायें प्रदान की थीं और उन्होंने वारकरी, महानुभाव, कबीर और लिंगायत जैसे हिन्दू संप्रदायों, मुस्लिम और क्रिश्चन मजहबों को अपनाया तथापि उनकी सामाजिक प्रगति और प्रतिष्ठा, आर्थिक बढोतरी तथा सांस्कृतिक हिस्सेदारी बौद्ध धर्म अपनाने के बाद भी और आज भी निरन्तर प्रश्नचिन्ह् बनी हुई है।

ईस्ट इंडिया कंपनी के प्रत्येक टुकड़ी के लिये स्वतंत्र स्कूल और योग्य शिक्षक की व्यवस्था थी। पूणे में नार्मल स्कूल अध्यापक प्रशिक्षण केन्द्र था। रामजी सकपाल ने इसी नार्मल स्कूल में मास्टर का डिप्लोमा प्राप्त किया था। वे 14 वर्षों तक सैनिक स्कूल में हेडमास्टर रहे और बाद में तरक्की करते हुये सूबेदार मेजर बने थे। सेना में 25 वर्षों की सेवा पूर्ण होने के उपरान्त वे सेवानिवृत्त हुये थे।

उसके एक वर्ष बाद श्री गोपाल विट्ठल वलंगकर (सन् 1940 इ. स. में) को कंपनी शासन ने महान के लोकल बोर्ड में नियुक्त किया था। उनका जन्म महाड़ जिले के रावदक गाँव में हुआ था। वे श्री रामजी मालोजी सकपाल के समकालीन और ब्रिटिश सेना में नौकरी और समाज सेवा करने वाले पहले महाड़ थे। वे महात्मा ज्योतिबाराव फुले के सानिध्य में लेखन कार्य करते थे। उन्होंने सन् 1886 में सैनिकी सेवा से सेवामुक्त होकर ''विटाल विध्वंसक'' नामक ग्रंथ लिखा था। उसके चार वर्ष पश्चात् उन्होंने ''अनार्य दोष परिहार मंडल'' की स्थापना की। जब अंग्रेजों ने सन् 1892 में महारों को सेना में भर्ती करना बंद कर दिया तो उन्होंने इसके विरुद्ध प्रतिकार किया था। श्री वलंगकर की तरह श्री रामजी भी वारकरी पंथ, कबीर पंथ और ज्योतिबाराव फुले के भक्त रहे।

दूसरे महाड़ समाज सुधारक श्री शिवराम जानबा कांबले थे। उनका जन्म पूना में सन् 1875 में हुआ था। सन् 1904 में उन्होंने ''सोमवंशीय हितचिंतक मित्र समाज'' नामक संस्था की स्थापना की थी। उन्हीं का समाचार पत्र ''सोमवंशीय मित्र'' के प्रेरणास्पद वचनों से प्रभावित होकर

श्री गणपतराव हनमंत गायकवाड़ ने उस समय में प्रचलित धार्मिक वेश्या रिवाज में पली जागतीनी, मुरली आदि देवदासियों में से एक शिबूबाई के साथ विवाह कर लिया था।

सन् 1901 में ''सन्मार्ग निराश्रित समाज'' नामक एक सामाजिक संस्था की भी स्थापना की और 1910 से 1918 के दरम्यान ''निराश्रित हिन्द नागरिक'', ''विटाल विध्वंसक'', और ''मजदूर पत्रिका'' नामक समाचार पत्र चलाने वाले श्री किसन फागू बन्सोडे पाटील की धर्मपत्नी श्रीमती तुलसाबाई बन्सोडे पाटील पहली महाड़ समाज कार्यकर्ता महिला थी। सन् 1906 में तीसरे महाड़ श्री विठोबा राव मून उर्फ संत पंडे ने ''अंत्यज समाज कमीटी'' की स्थापना की थी। इस प्रकार उपरोक्त संस्था और उनके नेताओं ने डॉ. अम्बेडकर के सामाजिक सुधार कार्य हेतु एक खास पृष्ठभूमि तैयार कर रखी थी।

उसके अनंतर डॉ. अम्बेडकर भारत के सामाजिक क्षितिज पर उतरे तो उन्होंने दलितों के राजनीतिक पृथक अधिकार हेतु साउथबरो मताधिकार कमेटी के सम्मुख सन् 1919 में अपनी लिखित साक्ष्य दी थी। और बाद में ''बहिष्कृत हितकारिणी सभा (20.7.1924) ''समता सैनिक दल (मार्च 1927)'', स्वतंत्र मजदूर दल (15.8.1936), अखिल भारतीय शिड्युल्ड कास्ट फेडरेशन (19.7.1942) और ''रिपब्लिकन पार्टी ऑफ इंडिया (3.10.1957) जैसी देश सुधारक संस्थाओं की स्थापना की थी।

अपने इंदौर आगमन के दौरान वे अपनी जन्म स्थली महू भी आये थे और यहाँ आपने–अपने कार्यकर्ताओं के साथ यादगार के रुप में एक सामूहिक फोटो भी खिंचवाई थी, जो डॉ. बाबासाहेब अम्बेडकर राष्ट्रीय सामाजिक विज्ञान शोध संस्थान (Dr. B. R. Ambedkar University of Social Sciences) के कलेक्शन में भी सुरक्षित है।

आर्य, मुगल और ब्रिटिश आक्रमकों से पराजित और अपनी स्वाधीनता के लिये आक्रामकों के साथ अधिक से अधिक समझौता और आत्मीय लोगों से ज्यादा से ज्यादा नफरत करते हुए अपना वैशिष्ट्य कायम रखने वाले भारतीय समाज की अपनी एक अलग चर्या रही है।

डॉ. अम्बेडकर के अनुसार ''भारतीय इतिहास यानी ब्राह्मणवाद और बौद्धवाद के बीच विद्यमान संहारक संघर्ष है। भारतीय इतिहास के तीन काल खंड अर्थात् ब्राह्मणी भारत, बौद्ध भारत व हिंदू भारत है। ब्राह्मणी भारत की जो समाज रचना थी वह बौद्ध धर्म ने बदल डाली। वह एक विशाल क्रांति थी। क्योंकि उस क्रांति से धार्मिक, सामाजिक और राजनीतिक संरचना में परिवर्तन हुआ है। परंतु हिंदू भारत ने समानताधिष्ठित समाज रचना को क्रमिक असमान जातियों में बदल डाला।''

डॉ. अम्बेडकर के अनुसार क्रांति के लिये वर्गों में सत्ता संघर्ष होता है जैसा कि वह भारतीय इतिहास में ब्राह्मण और क्षत्रिय वर्गों में रहा है और पराजित क्षत्रिय जाति ही शूद्रों में परिणत हुई है। इसके लिये मूल्य संघर्ष भी आवश्यक है। बदलते समाज में मूल्य में भी निरंतर बदलते रहना जरुरी है। यदि मनुष्य की कृति का मूल्यांकन करने वाले मापदण्ड हैं तो उसमें भी पुनः सुधारनी करने की तैयारी उसे रखना चाहिये। चिरस्थायी मूल्यों के निर्देशन में उसे कालस्थायी मूल्यों में परिवर्तन करना चाहिये। क्रांति के लिये महापुरुष और बुद्धिजीवी वर्ग की भी जरुरत होती है। डॉ. अम्बेडकर के अनुसार जब समाज संकटावस्था में होता है तो उसे उससे बाहर निकलने के लिये पथ प्रदर्शन का कार्य मानवी बुद्धि करती है। महापुरुष इतिहास का निर्माता है इस बात को मानने या न मानने के बावजूद भी यह बात अमान्य नहीं की जा सकती है कि प्रत्येक समाज में बुद्धिजीवी वर्ग होता है और वह सत्ताधारी न होने पर भी अधिक प्रभावशाली होता है[5]।

## भीम

सन् 1904 में रामजी बम्बई में आये। वहाँ वे परेल की एक श्रमिक कालोनी में रहते थे। भीम ने बम्बई में एलफीन्स्टन हाईस्कूल में दाखिला लिया था और वहीं से उसने सन् 1907 में मैट्रिक की परीक्षा उत्तीर्ण की। सन् 1908 में भीम 17 वर्ष के हुये तो उन्होंने 9 वर्षीय रमा के साथ विवाह किया। सन् 1912 में एलफीन्स्टन कॉलेज से अंग्रेजी और पर्शियन आदि विषयों को लेकर और बड़ौदा महाराज सयाजी राव

की वित्तीय सहायता से पढ़ाई कर वे स्नातक परीक्षा में उत्तीर्ण हुये। उसके पश्चात् भीम राव की बड़ौदा सैनिक दल मे लेफ्टीनेंट के पद पर नियुक्ति हुई। कुछ दिनों के पश्चात् उनके पिताजी का देहांत हुआ।

तथापि सन् 1913 में बड़ौदा नरेश सयाजी राव गायकवाड़ द्वारा पिछड़े वर्ग के लिये संस्थापित छात्रवृत्ति के हासिल होने पर भीमराव कोलंबिया विश्वविद्यालय, अमेरिका गये और वहाँ से ईस्ट इंडिया कंपनी का प्रशासन और वित्त विषय पर शोधग्रंथ प्रस्तुत कर एम. ए. पास कर लिया। उन्होंने फिर, नेशनल डिविडेण्डः ए हिस्टोरिकल एण्ड अनालिटिकल स्टडी अर्थात् राष्ट्रीय लाभः एक ऐतिहासिक तथा विश्लेषणात्मक अध्ययन, पर पी.एच.डी. की उपाधि हासिल की। वहीं उनका संपर्क जॉन डिवि, एडविन सेलिग्मन और ए.ए. गोल्डनवेजर जैसे सुविख्यात दार्शनिक और प्रोफेसरों के साथ हुआ। उन्होंने वहीं पर भारत में जातियां तथा उनकी सरंचना, व्युत्पत्ति, और विकास नामक एक शोध–पत्र भी लिखा था।

सन् 1916 में डॉ. अम्बेडकर ने लंदन स्कूल ऑफ एकॉनॉमिक्स एण्ड पोलिटिकल साइंस में प्रवेश प्राप्त किया। वहाँ पर उनका संपर्क श्री सिडनी वेब, बेट्रिस वेब, एडविन केनन, जे. ए. हाबसन, एल.टी. हाबहाउस प्रभृति विद्वान दार्शनिकों से हुआा। डॉ. अम्बेडकर बार–एट–लॉ की उपाधि हेतु ग्रेज–इन नामक विधि संस्थान में भी प्रविष्ट हुये थे। परंतु शिष्यवृत्ति की शर्तों के अनुसार छात्रवृत्ति का नियुक्त समय बीत जाने के पश्चात् उन्हें अब अपनी सेवा बड़ौदा राज्य को अर्पित करना लाजमी हो गया था। अतः डॉ. अम्बेडकर अपनी पढ़ाई बीच में ही छोड़कर सन् 1917 में भारत वापस आ गये और बड़ौदा में अकाउंटेन्ट जनरल के ऑफिस में प्रोबेशनर की हैसियत से काम करने लगे। परंतु दफ्तर के अन्दर और बाहर भी तत्कालीन दकियानूसी समाज ने डॉ. अम्बेडकर को इतना पढा–लिखा होने पर भी, एक अछूत ही मानकर वैसा ही उनके साथ सलूक भी किया, फलतः उन्हें वह स्थान जल्दी ही छोड़ कर वापस बंबई जाना पड़ा।

बंबई लौट कर कुछ दिन डॉ. अम्बेडकर को बेरोजगारी में ही काटने पड़े। बाद में वे सिडेहेम कॉलेज में राजनीति–अर्थशास्त्र के प्रोफेसर पद पर नियुक्त हुये।

सन् 1919 में जब मान्टेग्यू–चेम्सफोर्ड सुधार चल रहा था तो मताधिकार के विषय पर डॉ. अम्बेडकर ने अपना अभिमत साउथबरो कमेटी के समक्ष रखा था। उनका मत था कि जब सन् 1916 से ही मुसलमानों को पृथक मताधिकार सरकार द्वारा मान्य कर दिया गया था तो सबसे अधिक पिछड़े दलित वर्ग के लिये पृथक मताधिकार क्यों न बहाल किया जाये?

31 जनवरी, 1920 को उन्होंने मूकनायक नामक एक मराठी पाक्षिक पत्रिका को आरंभ किया। प्रथम अंक में उन्होंने ऐसे मुखपत्र की आवश्यकता को बयान करते हुये कहा था कि वह अन्याय के खिलाफ मंथन और समीक्षण करने वाला मुखपत्र है। सन् 1920 में उन्होंने कोल्हापूर के छत्रपति शाहू महाराज की छत्रछाया में प्रथम अखिल भारतीय दलित वर्ग संस्था का नागपुर में सम्मेलन कराया और वहाँ यह ऐलान किया गया कि दलित वर्गों की मुक्ति उनके अपने प्रयासों से ही संभव है।

सितंबर 1920 में उन्होंने अपने लंदन विश्वविद्यालय की पढ़ाई फिर से आरंभ की। अगले ही वर्ष उन्होंने एम.एस.सी. की उपाधि प्राप्त की, जो डॉक्टरल शोध के लिये अनिवार्य शर्त थी। उसके बाद उन्होंने उस समय के सर्वश्रेष्ठ अर्थशास्त्र के विद्वान सर एडविन केनन के मार्गदर्शन में रुपये की समस्या पर एक बृहद् शोध प्रबंध लिखा, जिसे बाद में लंदन के ही पब्लिशर, पी. एस. किंग एण्ड सन्स ने सन् 1923 में रुपये की समस्या, उसकी उत्पत्ति और उसका उपचार शीर्षक से प्रकाशित किया। उसी प्रकाशक ने अमेरिका के कोलंबिया विश्वविद्यालय से स्वीकृत उनका पहले से ही तैयार ब्रिटिश भारत में प्रांतीय वित्त नामक पी. एच. डी. की उपाधि का शोध प्रबंध सन् 1925 में प्रकाशित किया। सन् 1922 में डॉ. अम्बेडकर ने बर्लिन में उच्चतर शोधाध्ययन के लिये तीन माह खर्च किये। उसी वर्ष ग्रेज–इन के बार का बुलावा आया।

अगले वर्ष वे भारत लौट आये औंर वहाँ बम्बई उच्च न्यायालय में वकालत की। इंदौर के तत्कालीन महाराज मल्हार राव होलकर के एक राजघराने के बाहर की महिला के साथ वैवाहिक संबंध के बारे में उपजे विवाद में महाराजा की वकालत करने. और एक अन्य इंदौर निवासी के एक मंदिर के पास की जमीन के मुकदमे में पैरवी करने के सिलसिले में डॉ. अम्बेडकर इंदौर आये थे। इंदौर के इन दोनों मामलें में उनकी वकालत ने संबंधित पक्षों को जीताकर राहत दिलाई थी।

जून 1925 से मार्च 1928 तक उन्होंने वहाँ के काउन्टेंसी की बाटलीबोई प्रशिक्षण संस्थान में अंशकालीन प्राध्यापक की सेवायें प्रदान की। जून 1928 से मार्च 1929 तक वे बम्बई के शासकीय विधि महाविद्यालय के प्राध्यापक रहे।

सन् 1924 में उन्होंने बहिष्कृत हितकारिणी सभा की स्थापना की। उसके तहत उन्होंने सोलापूर में दलित वर्ग के लिए छात्रावास खोला। सन् 1927 में उन्होंने महाड़ सत्याग्रह चलाया और अहिंसा के मार्ग से आम लोंगों की तरह अछूतों के अधिकार को भी कुओं, तालाबों आदि पर प्रस्थापित किया। उससे दलितों का हिंदुओं के साथ सीधा संघर्ष छिड़ गया। इतना ही नहीं, बल्कि 25 दिसंबर 1927 के दिन मनुस्मृति का सामुहिक रुप से दहन कर, उन्होंने सिद्ध कर दिया कि अब वे हिंदुओं की गुलामी में नहीं रहेंगे।

3 अप्रैल 1927 से डॉ. अम्बेडकर ने बहिष्कृत भारत नामक पाक्षिक चलाया। उनके संघर्ष का यह एक पायदान था। इसी दौरान डॉ. अम्बेडकर ने समाज सुधार और राष्ट्र निर्माण की कटिबद्धता स्वीकार की थी। अतः उन्होंने बम्बई विधान मंडल में सन् 1927 से सन् 1937 तक कुल 10 वर्ष के कार्यकाल में एक सक्रिय सदस्य की भूमिका निभाई। बम्बई विधान मंडल में उन्होंने गरीबों पर लादे जानेवाले बजट के संबंध में प्रशासन की लापरवाही पर कठोर प्रहार किया।

उनका वक्तव्य अनोखा रहता था। उन्होंने 29 मई और अक्टूबर 1928 में सायमन कमिशन में बम्बई विधान मंडल कमेटी से हटकर

उसके एक सदस्य की हैसियत से अपना अलग वक्तव्य दिया कि भारत के संवैधानिक प्रजातंत्र में दलित वर्गों का दृष्टिकोण ध्यान में रखा जाना चाहिये। वहाँ उन्होंने बम्बई पैतृक व्यवसाय अधिनियम, 1874 के संशोधन का विधेयक प्रस्तुत किया।

समाज में एकता स्थापित करने के लिये उन्होंने क्रमशः समाज समता संघ सितंबर और दिसंबर सन् 1927 में की।

उन्होंने बहिष्कृत हितकारिणी सभा की ओर से शिक्षा में दलित वर्गों की स्थिति पर प्रकाश डालते हुये वक्तव्य दिया था कि प्रशासन का आधार सार्वत्रिक व्यस्क मताधिकार होना चाहिये। उसी वर्ष उन्होंने दलित वर्ग शिक्षा समाज की स्थापना की और उसके माध्यम से उच्च विद्यालय के दलित छात्रों के लिये पनवेल, ठाणे, नासिक, पुणे और धारवाड़ में छात्रावास खोले।

सन् 1930 में नासिक में ही कालाराम मंदिर प्रवेश सत्याग्रह में उन्होंने दलित वर्ग के धार्मिक हितों की रक्षा के लिये अहम भूमिका निभाई और उसी वर्ष नागपुर में आयोजित अखिल भारतीय दलित वर्ग कांग्रेस की अध्यक्षता की। उन्होंने ब्रिटिश प्रशासन के प्रतिकूल रवैये, भारतीय उच्च जातियों का रुढिवाद तथा गांधी और कांग्रेस की सनातनी नीतियों पर अपनी आलोचना से प्रहार किया। दूसरी गोलमेज परिषद में उन्होंने गांधी से दलित हितों के रक्षणार्थ लड़ाई मोल ली। उनके विचारों का मायनॉरिटी पैक्ट पर इतना प्रभाव था कि उनके सुझावों का समावेश सन् 1932 के जातीय समझौता तथा 1935 के भारत अधिनियम में भी है, हालांकि गांधी के आमरण अनशन से दलितों को पृथक प्रतिनिधित्व के स्थान पर संयुक्त प्रतिनिनिधित्व और आरक्षण से संतोष करना पड़ा।

उन्होंने 24 नवंबर, 1930 को जो जनता नामक पाक्षिक चलाया था वह एक वर्ष बाद साप्ताहिक के रुप में चलता रहा, और 4 फरवरी, 1956 से प्रबुद्ध भारत के नाम से प्रकाशित होता रहा।

भारतीय मताधिकार कमेटी अथवा लोथियन कमेटी के एक सदस्य की हैसियत से डॉ. अम्बेडकर ने दलितों की प्रतिनिधिक और मताधिकार की स्थिति का जायजा लेने हेतु पूरे भारत का दौरा कर उसका परीक्षण किया।

पूना पैक्ट के बाद एंटी–अन्टचेबिलिटी लीग की स्थापना भी हुई। परंतु डॉ. अम्बेडकर ने पाया कि अछूतों पर हिंदू दमन बरकरार रखनेवाली बलात् अवस्था में हुये पूना पैक्ट और हरिजन सेवक संघ यानी एन्टी–अन्टचेबिलिटी लीग के द्वारा अछूतों का आत्मसम्मान दांव पर लगा देख कर डॉ. अम्बेडकर ने सन् 1933 में संघ से अपना इस्तीफा दे दिया।

उन्होंने 17 नवंबर, 1932 से 24 दिसंबर, 1932 तक के दौरान आयोजित गोलमेज परिषद में हिस्सा लिया था।

बम्बई के शासकीय महाविद्यालय में जून 1934 में प्रथम अंशकालीन प्रोफेसर के पद पर कार्य किया और 1 वर्ष पश्चात् वहाँ के प्राचार्य पद को संभाला।

27 मई, 1935 में उनकी धर्मपरायण पत्नी रमाबाई का देहांत हुआ। उन्होंने स्वयं 3 पुत्र और 1 पुत्री के निधन का दुख सह कर और डॉ. अम्बेडकर के विदेश में अध्ययन करने के दौरान अपना जीवन एकांत और दरिद्रता में बिताकर अब संसार से विदा ली थी।

13 अक्तूबर 1935 को डॉ. अम्बेडकर ने नासिक में येवला की दलित वर्ग की सभा में हिंदू धर्म छोड़ने की बात कही थी। मई 1936 में उन्होंने इस प्रश्न को सुलझाने के लिये एक महाड़ परिषद भी बुलाई। अगले 21 वर्ष तक उन्होंने धर्मों का तुलनात्मक अध्ययन किया।

1936 का उनका अत्यंत प्रखर भाषण जात पात–तोडक मंडल, लाहौर की सभा के लिये तैयार किया गया था। उसमें व्यक्त विचारों में धर्म पर की गई समीक्षा पर मंडल के संगठक श्री संत राम व अन्य प्रमुख नेताओं को एतराज होने से वह सभा ही रद्द कर दी गई।

अतः उस भाषण को बाद में जातिभेद निर्मूलन शीर्षक से एक पुस्तिका की शक्ल में छाप दिया गया। डॉ. अम्बेडकर की यह पुस्तिका भारत के मजलुमों के लिये वही कार्य कर रही है, जो काम कार्ल मार्क्स और एंगल्स के कम्युनिस्ट घोषणा–पत्र ने विश्व के सर्वहाराओं के लिये किया था। डॉ. अम्बेडकर की हिंदू धर्म की समीक्षा पर गांधी जी भी खफा हो गये थे, क्योंकि उनके लिये वर्ण व्यवस्था में कोई बुराई नहीं थी।

उसी वर्ष डॉ. अम्बेडकर ने खेतिहर श्रमिकों की अल्प जोतों से संबंधित खोति पद्धति को मिटाने का विधेयक बम्बई विधान परिषद में प्रस्तावित किया।

इतना ही नहीं बल्कि 15 अगस्त, 1936 में ही उन्होंने स्वतंत्र मजदूर दल की स्थापना कर 1937 के निर्वाचन में 17 सीटों में से 15 सीटों पर जीत हासिल की और 1938 में श्रमिकों के हितैषी के नाते श्रमिक आंदोलन को नियंत्रित करने वाले औद्योगिक श्रम विवाद विधेयक का विरोध भी किया। शासन की युद्ध नीति पर भी उनका एक विशेष दृष्टिकोण रहा, जिसके आधार पर उन्होंने शासकीय प्रयासों को सराहा था।

गांधी और कांग्रेस के सामाजिक सुधार के प्रति उदासीन रहने के फलस्वरुप मुस्लिम लीग ने लाहौर में अपने अलग राष्ट्र पाकिस्तान की मांग की। सन् 1940 में डॉ. अम्बेडकर ने पाकिस्तान अथवा भारत का विभाजन और सन् 1943 में अपने दूसरे भाषण–ग्रंथ रानडे, गांधी और जिन्ना के माध्यम से इस खतरे की ओर इशारा किया था। बार–बार चेतावनी देने पर भी सनातनी समाज के कान में जूं तक नहीं रेंगी। डॉ. अम्बेडकर ने भांप लिया कि यहाँ का समाज राजनीतिक कम और जातिगत अधिक है। अतः जुलाई 1942 में, जब क्रिप्स मिशन की चर्चा चल रही थी, उन्होंने शिड्युल्ड कास्ट फेडरेशन की स्थापना की। भारत के संवैधानिक निर्माण में हिंदू और मुस्लिम राजनैतिक दलों के बीच उस फेडरेशन की भूमिका ऐसी ही अपेक्षित थी जैसी दो बड़े धड़ों के बीच एक संतुलन शक्ति की होती है।

27 जुलाई, 1942 में महाराज्यपाल की कार्यकारिणी में पांच साल के लिये श्रम मंत्री के पद पर नियुक्त हो जाने के पश्चात् दिसंबर 1942 में ही डॉ. अम्बेडकर ने पैसिफिक रिलेशन्स कमेटी द्वारा क्युबेक में आयोजित सम्मेलन के लिये गांधी और अछूतों की मुक्ति नामक एक शोध पत्र लिखा। इसी समय के दौरान डॉ. अम्बेडकर ने दलितों का नौकरी में आरक्षण, श्रम विधियाँ व श्रम कल्याण तथा श्रमिक–उद्योगपति – सरकार की परस्परावलंबी त्रिसूत्रीय योजना, बहुउद्देशीय विकास योजना अर्थात् दामोदर घाटी तथा महानदी परियोजना की व्यापक नीतियाँ बना ली थी। संक्षेप में उन्होंने एक कल्याणकारी शासन की नींव रखी, हालांकि सन् 1951 में पंचवर्षीय योजना विभाग मंत्रालय श्री नेहरु ने उन्हें सौंपने से इंकार किया था।

## ग्रंथ निर्माण

अवाम के अम्बेडकर ने सार्वजनिक जीवन में अपना सर्वस्व समर्पित कर दिया था। 24 अप्रैल 1942 में बम्बई प्रांत के राज्यपाल श्री लुमली ने वायसराय श्री लिनलिथगो को लिखा था कि डॉ. अम्बेडकर सार्वजनिक कार्य में अरुचि रखते हैं, यह वक्तव्य डॉ. अम्बेडकर की चर्या से असिद्ध हुआ है। भले ही अनुसूचित जाति परिषद दल सन् 1945 के अंत में हुये चुनाव में अयशस्वी रहा, संवैधानिक सभा के लिये भले ही उन्हें बंगाल से निर्वाचित होना पड़ा, और जब कैबिनेट मिशन मार्च 1946 में भारत आया और उसके सदस्य प्रतिनिधियों अर्थात लार्ड पेथिक लॉरेन्स और ए. वी. अलेक्जैंडर और उस समय के ब्रिटेन के प्रधानमंत्री श्री ॲटली ने एस. सी. एफ. की पराजय को इंगित कर अनुकूल सलूक नहीं किया, तथापि डॉ. अम्बेडकर ने जून 1946 में दलितों की भावी समय में भूमिका के लिये चलाये गये संघर्ष का नेतृत्व किया। सन् 1945 में ***गांधी और कांग्रेस ने दलितों के लिये क्या किया*** नामक एक बड़ा ग्रंथ रचा, सन् 1946 में हिंदू धर्म के विभाजन और ब्राह्मणवाद के परिणाम को दर्शाने वाला ग्रंथ ***शूद्र पहले कौन थे*** लिखा, और 1948 में अस्पृश्यों का मूल बौद्ध बताने वाला ग्रंथ ***अछूत*** का निर्माण किया।

## संविधान निर्माण

बंगाल का विभाजन होने के पश्चात् वहाँ से संविधान सभा के लिये डॉ. अम्बेडकर द्वारा जीती गई सीट भी निरस्त हुई, अतः कांग्रेस ने बम्बई से उन्हें जिताया। उसके कारण कांग्रेस को उनकी सेवाओं को ग्रहण करने का एक अच्छा अवसर मिला और उसका उसने भरपूर फायदा भी उठाया। 3 अगस्त 1947 में डॉ. अम्बेडकर से श्री नेहरु की कैबिनेट में कानून मंत्री के पद की सेवायें ली गई। 19 अगस्त, 1947 में उन्हें मसौदा समिति का सभापति बनाकर उन से संविधान रचा गया, हालांकि उनकी सेहत सन् 1940 से ही खराब चल रही थी और उस वजह से उन्होंने डॉ. शारदा कबीर से अंतर्जातीय विवाह भी कर लिया था। परंतु जब डॉ. अम्बेडकर ने हिंदू परिवार तथा समाज की सीढ़ी–दर–सीढ़ी विभाजक स्तरों को मिटाने के लिये हिंदू कोड बिल की संहिता संविधान सभा में पारित करने की अपेक्षा शासन से की तो कांग्रेस का सनातनी हिंदुत्व आड़े आया। सन् 1951 में सितंबर माह में डॉ. अम्बेडकर ने अपने पद से प्रधानमंत्री को इस्तीफा सौंप दिया।

## विश्व नव निर्माण

भले ही 1952 के आम चुनाव में अस्पृश्य जाति परिषद लोकसभा के निर्वाचन और सन् 1954 में भंडारा निर्वाचन क्षेत्र से लोकसभा के उपचुनाव में वह हार गई थी और भारत के राजनीतिक जीवन में नया प्राण फूंकने वाली रिपब्लिकन पार्टी ऑफ इंडिया की उनकी योजना अधूरी रह गई थी तथापि शिक्षा और बौद्ध वैचारिकी के क्षेत्र में उनके द्वारा विश्व नव निर्माण का बुना हुआ सपना वास्तव में अब साक्षीभूत हो गया और उसकी पूर्णता का अभियान चल रहा है।

## प्रबुद्ध विश्व

उन्होंने 8 जुलाई, 1945 में पिपुल्स एजुकेशन सोसायटी की स्थापना कर उसके माध्यम से सिद्धार्थ कॉलेज ऑफ आट्स एण्ड साइंस, 1946; सिद्धार्थ नाइट स्कूल, 1947; मिलिंद महाविद्यालय, 1950; सिद्धार्थ

कॉलेज ऑफ कॉमर्स एण्ड एकॉनॉमिक्स, 1953; मिलिंद मल्टिपरपज हाईस्कूल, 1955; और सिद्धार्थ कॉलेज ऑफ लॉ, 1956। इन शैक्षणिक संस्थाओं को खड़ा कर अपने अभियान को फलीभूत किया है। उन्होंने हिंदू धर्म का पर्याय ही नहीं बल्कि विश्व का बेहतर मानवतावादी धर्म को 21 वर्ष अध्ययन के परीक्षण के बाद परख कर उसे भारत के लिये अनुशंसित किया। सन् 1949 में उन्होंने काठमांडू में विश्व बौद्ध परिषद में मार्क्सवाद और बौद्धधर्म पर संबोधन दिया, बुद्ध और उनके धर्म का भविष्य नामक आलेख महाबोधि जर्नल में छपवाया। उन्होंने सन् 1950, 1954 और 1956 में श्रीलंका, रंगून और नेपाल में जाकर वहां आयोजित विश्व बौद्ध सम्मेलन में उदबोधन ही नहीं दिया बल्कि व्यवहार में जीवित बौद्ध संस्कारों का अवलोकन भी किया। 14 अक्तूबर 1956 में उन्होंने नागपुर में लाखों जनता के साथ बौद्ध जीवन पद्धति को अपनाया। उनकी अंतिम रचना बुद्ध और उनका धम्म थी।

## प्रेरणा

5 जुलाई, 1952 में कोलम्बिया विश्वविद्यालय ने उन्हें एल.एल.डी. की मानद उपाधि प्रदान की और एक वर्ष पश्चात् उस्मानिया विश्वविद्यालय ने उन्हें डी. लिट की उपाधि से विभूषित किया। परंतु डॉ. अम्बेडकर ने 6 दिसंबर, 1956 को महाप्रयाण किया और विश्व के भावी जीवन की खुशहाली के लिये वे हमारे पास अपने द्वारा प्रदत्त शिक्षा, संस्कार और प्रेरणा ही छोड़ गये, जो हमें कदम–कदम पर मार्गदर्शन करते रहेंगे।

## अस्पृश्यता

अब रामजी कोरेगाँव में एक निजी कंपनी में कैशियर के पद पर काम कर रहे थे। कोरेगाँव में घटित उनके बचपन की मुख्य घटना को डॉ. अम्बेडकर ने स्वयं की लेखनी से इस प्रकार बयान किया है। उन्होंने लिखा हैः

## सतारा

हमारा परिवार मूलतः मुम्बई प्रेजीडेंसी के रत्नागिरी जिले के दापोली तहसील (अंबावड़े ग्राम) से आया था। ईस्ट इण्डिया कंपनी के बिल्कुल आरंभ से मेरे पूर्वजों ने अपना पैतृक व्यवसाय त्याग दिया था और कंपनी की सैनिकी सेवा में भर्ती हो गये थे। मेरे पिताजी ने भी परिवार की इस परंपरा का अनुकरण किया और सैनिकी सेवा में भर्ती हुये। अपने कैरियर में वे अधिकारी की श्रेणी तक पहुँचे और मेजर सूबेदार के पद पर (महू से) सेवानिवृत्त हुये। अपने सेवानिवृत्त होने के पश्चात् स्थायी रुप से बसने के इरादे से मेरे पिता अपने कुटुंब को लेकर दापोली आये। लेकिन कुछ कारणों से मेरे पिताजी ने अपना मन बदला। अतः वे दापोली छोड़कर सतारा आये और वहाँ हम सन् 1904 तक रहे।

## खाटव

पहला प्रसंग जो मैं लिपिबद्ध कर रहा हूँ और जिसे मैं याद कर सकता हूँ, वह सतारा में ही लगभग सन् 1901 में घटित हुआ था। मेरी माँ (जिसे मैं बय कहता था) शांत हो गई थी। मेरे पिताजी कोरेगाँव में कैशियर का काम करते थे। यह गाँव सतारा जिले के खाटव तहसील में था। यहीं पर बम्बई सरकार ने हजारों की तादाद में भूख से मर रहे लोगों को आजीविका देने के उद्देश्य से तालाब की खुदाई का उपक्रम शुरु किया था। जब मेरे पिताजी कोरेगाँव गये तो उन्होंने हम दो भाईयों और हमारे दो भांनजों को मेरी बुआ और कुछ दयालु पड़ोसियों की निगरानी में छोड़ दिया था।

## रेलगाड़ी

केशियर होने के कारण मेरे पिता अवकाश लेकर हमें देखने के लिये सतारा नहीं आ सकते थे। अतः उन्होंने लिख भेजा था कि हम आगामी ग्रीष्म की छुट्टियाँ उनके पास गोरेगाँव में ही बितायेंगे। हम

बच्चे इस सुअवसर को पाकर फूले न समायें, विशेषतः इसलिये क्योंकि हम में से किसी ने भी अभी तक रेलगाड़ी नहीं देखी थी।

## यात्रा

बड़ी तैयारियाँ की गई। अंग्रेजी बनावट के नये शर्ट, चमकीली रत्नजड़ित टोपियाँ, नये जूते, रेशम की जरी की किनारेवाली नई धोतियाँ यात्रा के लिये मंगाई गई।

## मसूर

रेलवे स्टेशन हमारे घर से 10 कि. मी. दूरी पर था। रेलगाड़ी से गोरे गांव जाने के लिये सबसे नजदीक मसूर स्टेशन पड़ता है। वहाँ पर हम शाम को 5 बजे पहुँचे। सभी यात्री जा चुके थे। हम चार बच्चे प्लेटफार्म पर पिताजी अथवा उनके नौकर, जिसे वे भेजने वाले थे, का इंतजार कर रहे थे। काफी समय बीत गया पर कोई नहीं आया। हमारे सुंदर परिधान देखकर स्टेशन मास्टर को लगा कि हम ब्राह्मण लड़के होंगे। अतः उन्होंने पूछा कि हम कौन है? मैंने महार कह दिया। बंबई प्रेजीडेंसी में महार एक अस्पृश्य जाति होती है। यह बात तांगेवालों तक फैल गई। हमें ले जाने के लिये एक तांगेवाला बड़ी मुश्किल से तैयार हुआ। वह भी इस शर्त पर कि हम उसे दुगुना भाड़ा देंगे और तांगा हम खुद चलायेंगे और स्वयं तांगेवाला गाड़ी के पीछे–पीछे पैदल चलेगा।

## तांगा

शाम के लगभग साढ़े छह बज चुके थे जब हम लोगों ने स्टेशन छोड़ा। तांगे वाला कह रहा था कि कोरेगाँव पहुँचने के लिये तीन घंटे से अधिक समय नहीं लगेगा। आगे एक नदी थी। तांगे वाले ने सुझाया कि हम वहीं पर अपना भोजन कर लें, क्योंकि आगे पानी नहीं मिल पायेगा। वह स्वयं खाने के लिये पास के किसी गाँव में गया जिसके लिये हम ने किराये का कुछ भाड़ा नकद अदा कर दिया था। हम ने भी अपने खाने के डिब्बों की टोकरी खोली और उस में से खाना निकाल

कर खाने लगे। हम में से एक पानी लेने नदी में उतर गया परंतु खाली हाथ लौट आया क्योंकि वहाँ का पानी कीचड़ और गंदगी से बदबूदार हो चुका था। हमने अपना खाना लपेट कर टिफिन में बंद कर दिया और गाड़ीवाले का इंतजार करते रहे। वह काफी विलंब से आया। जब आया तो यात्रा फिर जारी की गई लेकिन रात के दस बज चुके थे पर कोरेगाँव नहीं आया।

## कोरेगाँव

मध्य रात्रि भी बीत गई जब मात्र चुंगी नाके तक पहुचे थे। नाके वाला हिंदू था, उससे पानी मांगा तो उसने साफ इंकार कर दिया। हम वहाँ भूखे–प्यासे ही सोये। दूसरे दिन सुबह 8 बजे फिर बैलगाड़ी में यात्रा जारी रखी तो कोरेगाँव सुबह 11 बजे पहुँचे। हमें देखकर पिताजी को आश्चर्य हुआ। हमने कहा सूचना भेजने पर भी हमें लेने स्टेशन पर क्यों नहीं आये तो उन्होंने पता लगाया कि उन्हें इसकी सूचना मिली ही नहीं, जो उनके नौकर की भूल थी।

## न्यूटन का सेब

खैर, इस घटना का मेरे जीवन में खास महत्त्व है। जब वह घटना हुई तो मैं 9 साल का बालक था। लेकिन उसने मेरे मन पर अमिट छाप छोड़ी है। इस प्रसंग के पूर्व मैं जानता था कि मैं एक अछूत बालक हूँ और सभी अस्पृश्य कुछ अप्रतिष्ठा और भेद–भाव के शिकार हैं। मिसाल के तौर पर मैं जानता था कि स्कूल में, मैं अपने क्रम के अनुसार अपने वर्ग–सहपाठियों के बीच में नहीं बैठ सकता था और मुझे एक कोने में अकेले ही बैठना पड़ता था। मैं जानता था कि स्कूल में मुझे एक बोरी की चटाई पर अपनी कक्षा से अलग हट कर बैठना पड़ता था और जो फर्राश स्कूल की सफाई करता था वह भी मेरे द्वारा इस्तेमाल की गई बोरी की चटाई को नहीं छूता था। बोरी की चटाई भी मैं प्रति दिन घर से अपने साथ ले कर स्कूल में जाया करता था। स्कूल में अन्य बच्चे प्यास लगने पर अध्यापक की अनुमति से पानी के नल के पास जाते,

उसे खोलते और अपनी प्यास बुझाते थे। पर मैं पानी का नल छू नहीं सकता था और जब तक कोई दूसरा स्पृश्य प्राणी मेरे लिये उसे खोल नहीं देता तब तक मैं प्यासा का प्यासा ही रह जाता। अध्यापक ऐसे काम के लिये स्कूल के चपरासी को भेजते पर जब वह उपलब्ध नहीं होता तो मैं बिना पानी के ही रह जाता था। क्योंकि चपरासी नहीं तो पानी नहीं ऐसा नियम बन गया था। मैं जानता था कि घर में कपड़े धोने का कार्य मेरी बहनें करती थीं, इसलिये नहीं कि सतारा में धोबी नहीं थे, अथवा हम धुलाई का खर्चा देने योग्य नहीं थे, बल्कि इसलिये कि हम अछूत थे और कोई भी धोबी अछूत के कपड़े नहीं धोता था। दाढ़ी बनाने और बाल कटवाने का काम मेरी बड़ी बहन करती थी क्योंकि सतारा का कोई नाई अछूत की दाढ़ी और बाल नहीं बनाता था। ये सब मैं जानता था। परंतु इस घटना ने तो मेरे दिल को ऐसी चोंट पहुँचाई जिसे मैंने पहले कभी अनुभव नहीं किया था और उस घटना ने मुझे उस अछूतपन के बारे में सोचने के लिये मजबूर कर दिया जो इस प्रसंग के पूर्व मेरे और अन्य कई स्पृश्य और अस्पृश्यों के लिये एक आम बात थी और आज भी है[6]।

## नई दृष्टि

डॉ. अम्बेडकर के लिये यह घटना मानो सिद्धार्थ द्वारा दुःख दर्शन के सत्य को पाने के समान थी जब वे अपनी आयु के 29वे वर्ष में चार दृश्य अर्थात बुढ़ापा, बीमारी, मृत्यु और संसार त्याग की मानवीय घटनाओं से मजबुरन लाईलाज गुजरते हुये मनुष्यों को देखकर सर्व दुःख मुक्ति यानी निर्वाण की खोज में घर से बाहर एकान्त में निकल पड़े थे। अथवा न्यूटन के उस अनुभव के समान थी। जब किसी खास अवसर पर सेब को दरख्त से जमीन पर गिरते हुये देख कर उन्होंने गुरुत्वाकर्षण सिद्धान्त का आविष्कार किया था। हालांकि उन्होंने पहले भी कई बार सेब को गिरते हुये देखा होगा। इसी के अनुरुप डॉ. अम्बेडकर को अस्पृश्यता के बारे में नई दृष्टि और नया एहसास

उक्त मौके पर हुआ हालांकि उन्होंने अस्पृश्यता का अनुभव इस घटना के पूर्व भी कई बार किया था।

## कृत्रिम दूरियां

उनके लेखन में अस्पृश्यता का उल्लेख कई बार हुआ है। अस्पृश्यता का अर्थ है ऐसे सामाजिक संबंध जो एक मनुष्य को दूसरे मनुष्य से तोड़ने वाले हों। जैसे मनुष्यों में स्वाभाविक रुप से एक साथ बैठने, एक साथ विचार करने, एक साथ निर्णय लेने, एक साथ खान–पान करने, एक दूसरे के गोत्र में शादी–ब्याह करने जैसी बातों में कृत्रिम दूरियाँ पैदा करना अस्पृयता है। अथवा सार्वजनिक तालाबो, कुओं, नदियाँ, पनघटों, स्कूलों, संस्थाओं, धर्मशालाओं अथवा अन्य किसी भी सामूहिक उपभोग की जगहों को किसी वर्ग के लिये प्रतिबंधित कर देना, अथवा जाति–जाति में अंतर्विवाह करने न देना, समाज के समस्त स्त्री–पुरुष सदस्यों में बराबरी की भावना न रखना और समानता, स्वतंत्रता तथा भाईचारा के सिद्धान्त से सार्वजनिक सार्वभौमिक प्रजातंत्रीय जीवन व्यवस्था को व्यवहार में न अपनाना इत्यादि अस्पृश्यता है।

## पिरामिड

जिस समाज की दैनंदिन की चर्या अस्पृश्यता के संबंध से निश्चित होती है वह समाज अन्‌गिनत वर्गों और संवर्गो में लिंग, रुप, रंग, वर्ण, भाषा, प्रांत, परंपरा, धर्म आदि के आधार पर विभक्त होता चला जाता है। ऐसे समाज की संरचना पिरामिड की भांति होती है। सबसे ऊपर मुट्‌ठी भर लोग, और सबसे नीचे आम परिश्रमी लोग। सीढ़ी–दर–सीढ़ी के क्रम से कई श्रेणियों में विभक्त क्षत्रिय, वैश्य और शूद्र जातियों की साहसिक, सांपत्तिक और शारीरिक कमाई पर ऐश करने वाले सर्वोपरी अधिकारी ब्राह्मण होते हैं यद्यपि वे भी कई श्रेणियों में विभक्त होते हैं। इतना ही नहीं बल्कि हिंदू धर्म शास्त्रोक्त कानून के तहत एक ब्राह्मण मनुष्य कम से कम ब्राह्मणी, क्षत्राणी, वैश्याणी तथा शूद्राणी। इन चार–चार महिलाओं के साथ वैधता से यौन संबध रख सकता है और

राजनीतिक, धार्मिक और आचार के नियमों का नियन्ता और न्यायकर्ता भी वही होता है। इस आधार पर हम कह सकते हैं कि भले ही कोई अस्पृश्य व्यक्ति हो लेकिन वह भी ब्राह्मण का उपभोग पदार्थ होता है।

## संगठन

नीचे के सभी वर्ण, वर्ग या जातियाँ ऊपर की तथाकथित सर्वश्रेष्ठ जाति की तरह आपस में विभक्त तो है परंतु उन्हीं की तरह एक होकर कभी अपना संगठित 'समाज' नहीं बना पाने के कारण पराधीन है।

## लड़ाई

वर्ण–जाति और लिंग के आधार पर बंटे समाज की चौखट से परे एक धर्म या नैतिकता की वरिष्ठता पर आधारित लड़ाई की भी परंपरा है, जिससे आहत वर्ग एक साथ विद्यमान राजनैतिक सत्ता, आर्थिक संपन्नता, शैक्षणिक विकास, सामाजिक प्रतिष्ठा और सांस्कृतिक गुणात्मकता के बराबरी के हिस्सेदार नहीं है और न उनके धर्न एक हैं।

## समाज

अवाम से अभिप्राय ऐसे बहुसंख्यक श्रमिक, शिल्पकार, बुद्धिजीवी, कृषक और उत्पादक सामाजिक वर्ग से है, जो अपने श्रमाधिक्य से संपूर्ण सामाजिक विलासिता के भार को सहन करते हुये विनष्ट हो रहा है किन्तु अपने परिश्रम का न्यायोचित लाभ उठाने की प्रतीक्षा में निरंतर संघर्षरत है।

अवाम को उनकी इस भयानक लड़ाई में आगे की विकास सीढ़ी पर पहुँचाने के लिये रहबर की भूमिका में योगदान देने वाली विभूति के रुप में डॉ. अम्बेडकर धन्य और महान है। उनका जीवन और कृतित्व जिसने उनके संपर्क में आने वाले हर व्यक्तित्व को उज्जवल भविष्य की धरोहर का स्वामित्व प्रदान किया और कर रहा है।

अवाम का भावी विकास डॉ. अम्बेडकर के विचार और दर्शन को सही भावार्थ में लेने पर निर्भर है। उनके अभियान को निम्न पंक्तियों में अभिव्यक्त किया जा सकता है :

शब्द का इंसान लेकर आ गया मैं,
अर्थ का ईमान लेकर आ गया मैं।
वक्त की परछाईयों को मोड़ देने क्रांति का
अभियान लेकर आ गया मैं।।

अवाम की उपलब्धि इसी बात में है कि वे लंबे अर्से के बाद अपने में से किसी एक को रहबर के गुणों से अभिभूत कर अगली सामाजिक विकास सीढी लांघे और जब वे ऐसी शख्सियत पैदा करें तो वह भी लंबे अर्से तक अपनी ऊर्जा का लाभ उन्हें भेंट करता रहे।

अवाम के अम्बेडकर जीवन के प्रति उत्साहित करने वाले दर्शन के समर्थक रहे। उन्होंने अपने शैक्षणिक विचारों से अवाम के सुप्त क्रियाशील भीतरी श्रोतों को अभिव्यक्त कर उन्हें उपयुक्त ऊर्जा में परिवर्तित किया था।

## शिक्षा

उन्होंने बताया कि सामाजिक, आर्थिक और राजनीतिक क्रातिं का मूलाधार शिक्षा है। डॉ. अम्बेडकर के सभी शैक्षणिक विचारों का सार ''सीखो, संगठित हो और संघर्ष करो'' के तत्व में निहित है। शैक्सपियर को उद्धृत करते हुये डॉ. अम्बेडकर कहते थे, ''हर मनुष्य के आयुष्य में जब अवसर की लहर आती है तो उसका युक्त प्रकार से उपयोग करने के बाद उसे वैभव प्राप्त होता है''। वे कहते थे, ''माता–पिता संतान को जन्म ही नहीं बल्कि कर्म भी देते हैं। वे अपनी संतान के जीवन में दिशा दे सकते हैं''। इस बात को घ्यान में रख कर हम सभी को बालकों की शिक्षा के साथ–साथ बालिकाओं की शिक्षा के लिये भी प्रयास करना चाहिये ताकि समाज की प्रगति द्रुतगति से हो सके।

सन् 1986 में भारत सरकार ने नई शिक्षा नीति की घोषणा की थी। उसके अनुसार भारतीय लोगों में साक्षरता का अंतर लिंग भेद और जाति भेद के उच्च और निम्न वर्ग के क्रम में असमान प्रतीत होता था। सवर्ण पुरुष सबसे ज्यादा साक्षर, महिला, पुरुष से कम साक्षर, अनुसूचित जाति महिलाओं से कम साक्षर और अनुसूचित जमात सबसे कम साक्षर अर्थात् उनकी साक्षरता का प्रतिशत क्रमशः 36, 24, 22 और 16.1 था। डॉ. अम्बेडकर सामुदायिक शिक्षा के प्रणेता थे। वे चाहते थे कि लोगों की प्रभुसत्ता पर संचालित प्रजातन्त्र में अमीर वर्ग के बच्चों के लिये शाही विद्यालय की व्यवस्था होना और गरीब बच्चों के लिये कोई स्कूल ही न होना असहय दुर्व्यवस्था है।

बुद्ध ने अविद्या में ही सभी मानवीय प्रश्नों के मूल को तलाशा था। फूले ने तो कह दिया था कि ''विद्याविना मति नहीं, मतिविना नीति नहीं, नीतिविना गति नहीं, गतिविना वित्त नहीं, वित्तविना शूद्र गिरा, इतना अनर्थ एक अविद्या ने करा''! लोक शिक्षक गाडगे महाराज और लोक शिक्षिका सावित्रीबाई फूले के शैक्षणिक विचार उक्त कथन से एकदम मिलते–जुलते हैं। गाडगे जी कहते थे कि शिक्षाविहीन मानव पत्थर है और सावित्रीबाई का वचन थाः शूद्रों को बताने योग्य एक ही मार्ग यही कि शिक्षा से है मनुष्यत्व, पशुत्व नहीं।

डॉ. अम्बेडकर के अनुसार शिक्षा के परिणामस्वरुप स्वाभिमान, स्वावलंबन और आत्मोद्धार से क्रमशः बंधुत्व, समानता और स्वतंत्रता के मूल्य प्राप्त होने चाहियें। शिक्षा यानी परिवर्तन यह उनके शैक्षणिक विचारों का मुख्य सूत्र रहा है। 13 जून, 1953 को रावली कॅम्प, बम्बई की सभा में संबोधित करते हुये डॉ. अम्बेडकर ने कहा था, ''हम लोग शिक्षित हुये यानी सब कुछ हो गया ऐसी बात नहीं है। शिक्षा के साथ–साथ मनुष्य का शील भी सुधरना चाहिये। उसके बिना शिक्षा का मूल्य शून्य है। ज्ञान तलवार की भांति है। यदि किसी आदमी के पास तलवार है तो उसका सदुपयोग अथवा दुरुपयोग करना उसके सदाचार पर निर्भर करेगा। वह उससे किसी की जान भी लेगा या किसी की जान बचा भी लेगा। ज्ञान भी ऐसा ही है। इसके अतिरिक्त उन्होंने कहा

कि इससे काम नहीं चलेगा कि शिक्षित मनुष्य केवल अपने उदर–भरण में ही लगा रहे। जिन्हें स्वार्थ के अलावा कुछ दूसरा दिखता ही नहीं है वे किंचित भी परार्थ कर नहीं सकते। ऐसे व्यक्ति मात्रक शिक्षित होने से क्या लाभ? समाज का वर्णों में विभाजन व्यवसाय के उद्देश्य से हुआ है। परंतु ज्ञान रोजगार का प्रश्न हो ही नहीं सकता। ज्ञान जीवन के लिये अत्यंत आवश्यक है। उसके बिना हमारा नुकसान होता है। इस मापदण्ड से वर्तमान भारतीय शिक्षा पद्धति का पीठ किस प्रकार मानवीय चूंचे निर्माण करने का केन्द्र बन गया, इस की हम कल्पना कर सकते हैं।

## अर्थव्यवस्था

डॉ. अम्बेडकर ने एम.ए., पी.एच.डी., एम.एस.सी., और डी.एस.सी. की शैक्षणिक उपाधियाँ प्राप्त करने हेतु ईस्ट इंडिया कंपनी का प्रशासन और वित्त (1913), ब्रिटिश भारत में प्रांतीय वित्त का विकास (1915), ब्रिटिश भारत में साम्राज्यीय वित्त का प्रांतीय विकेंद्रीकरण (1917), और रुपये की समस्या, उत्पत्ति तथा विकास (1923) नामक शोध ग्रंथों को लिखा और प्रकाशित किया।

## प्रशासन और वित्त

पहले ग्रंथ में आर्थिक इतिहास बताया गया कि ईस्ट इंडिया कंपनी ने अपने 66 वर्षों के राज में प्रशासन और वित्त व्यवस्थापन किस प्रकार किया? उसे सन् 1814 में ब्रिटिश सरकार ने प्रशासन और वित्त व्यवस्थापन में पृथकता बरतने का आदेश दिया था और 24 वर्ष बाद शासन ने उसका व्यापार में विद्यमान एकाधिकार भी बंद करवाया। 1858 में कंपनी को बर्खास्त कर ब्रिटिश सरकार ने स्वयं शासन और व्यापार का संचालन भारत में करना आरंभ कर दिया। ब्रिटिश सरकार के कार्यों का मूल्यांकन करते हुये डॉ. अम्बेडकर ने लिखा था कि ''भारत ने इंग्लैंड के लिये आर्थिक रुप से जो प्रचंड योगदान किया, वह जितना आश्चर्य चकित करने वाला है, उतना इंग्लैंड ने भारत के लिये

जो नगण्य आर्थिक योगदान किया वह विस्मयकारक है''। अर्थात् ब्रिटिश सरकार द्वारा कानून और शिक्षा द्वारा प्रस्थापित पाश्विक शांति का आर्थिक रुप से यतीम किये गये भारतीयों के लिये कोई उपयोग नहीं था। डॉ. अम्बेडकर को मरघट और पाश्विक शांति नहीं बल्कि सामाजिक शांति की चाह थी, जो आर्थिक गुलामी में अस्तित्वहीन हो जाती है।

## वित विकास

उपरोक्त दूसरे ग्रंथ में उन्होंने कहा था कि केंद्रीय, प्रांतीय और स्थानीय शासकों में 1833 से 1921 की कालावधि में आर्थिक संबंध का विकास क्रम–क्रम से होता गया। 1871 तक वित्त व्यवस्था केंद्रीभूत रही। उसके बाद केंद्र और राज्य का स्वतंत्र बजट बनाने की पद्धति आरंभ हुई। 1872 से 1877 में कुछ विशिष्ट केंद्रीय सरकार के विभागों के प्रशासन का भार राज्य सरकार को सौंपा गया। 1878 से 1882 के दरम्यान राजस्व पर आधारित बजट प्रस्तुत करने की पद्धति अपनाई गई। राजस्व के हिस्से के वितरण पर आधारित संतुलनात्मक पद्धति सबसे बेहतर सिद्ध हुई। अतः वह 1883 से 1921 तक प्रचलित रही। हालांकि इसी बीच 1919 के कानून सुधार द्वारा जवाबदार सरकार निर्माण करने के ध्येय से स्वयं शासित संस्थाओं को सुरक्षित रखने का सिद्धान्त मान्य हुआ था। इस ग्रंथ का मुल्यांकन करते हुये डॉ. अम्बेडकर के मार्गदर्शक प्रो. सेलिग्मन ने कहा था, ''मेरी जानकारी में अब तक कहीं भी भारतीय केंद्र सरकार और घटक राज्य के बीच आर्थिक संबंध की इतनी विस्तृत और गहरी मीमांसा नहीं की गई''।

## वित विकेन्द्रीकरण

तीसरे ग्रंथ में भारतीय रुपया चलन में 1800 से 1893 तक किस प्रकार परिमाण और मूल्य का कार्य संपादन करता रहा इसका इतिहास है। पहले भारत में सुवर्ण तथा चांदी का परिमाण के रुप में प्रचलन रहा। 1833 में ब्रिटिश सरकार ने संपूर्ण भारत में अपना आधिपत्य

जमाया। 1842 तक भारत के निर्यात पर 50 से 500 प्रतिशत कर लादा जाता था। जब इस कर को घटाया गया तब भारत का निर्यात फिर से बढ गया। लेकिन 1853 के कानून द्वारा स्वर्ण का प्रचलन बंद कर दिया गया। और एकमात्र चांदी का रुपया प्रचलन में चलने दिया गया। 1864 में भारतीय निर्यात में वृद्धि होने के कारण चांदी के रुपये चलन में अपर्याप्त होने लगे। तब चांदी के रुपयों के पूरक के रुप में कागज के रुपयों को प्रचलित किया गया। 1873 तक भारतीय रुपया और ब्रिटिश पौंड के बीच विनिमय का दर 1 रुपया बराबर 1 शिलिंग, 10/.5 पेन्स के स्तर पर स्थिर था। यानी चांदी का 15/.5 औंस का रुपया सोने के 1 औंस सिक्के के बराबर था। परंतु बाद के समय में सोना और चांदी के दरम्यान यह दर स्थिर रखना कठिन हो गया। 70 वर्ष के पश्चात आज भी इस ग्रंथ की प्रासंगिकता हैं। 1926 में रिजर्व बैंक के स्थापनार्थ जो हिल्टन यंग कमिशन नियुक्त हुआ था उसके सामने अपनी साक्ष्य देते हुये डॉ. अम्बेडकर ने कहा था, ''चलन निर्माण करने वाली संस्था की चलन निर्माण क्षमता पर परिणाम कारक प्रतिबंध होना आवश्यक है। अनिर्बंध चलन पूर्ति और बेहिसाब मूल्य वृद्धि के कारण आर्थिक स्थिरता खतरे में आ सकती है''[9]।

बौद्ध धर्म तथा मार्क्सवाद नामक शोध आलेख में डॉ. अम्बेडकर ने रयत का शोषण केवल वर्ग कलह से होता है इस मार्क्स के सिद्धान्त को नकारते हुये सामाजिक और धार्मिक शोषण भी आर्थिक शोषण के समान ही घातक होता है इस अभिमत को प्रतिपादित किया है। गांधी और कांग्रेस ने अछूतों के लिये क्या किया इस ग्रंथ में डॉ. अम्बेडकर ने कहा कि ''अस्पृश्यता केवल धार्मिक रचना न होकर वह गुलामगिरी से भी भयानक आर्थिक रचना है। उसी प्रकार जातिभेद निर्मुलन में उन्होंने बताया कि जातिभेद में बताई गई व्यवस्था श्रम विभाजन की नहीं बल्कि श्रमिकों के विभाजन की व्यवस्था थी[10]।

छोटी जोतों की चकबंदी करने हेतु डॉ. अम्बेडकर ने फ्रांस और इटली में विद्यमान सामूहिक खेती पद्धति और राष्ट्रीयकरण की प्रक्रिया को अनुकरणीय बताया था। उत्पादन साधनों को सामूहिक स्वामित्व में

करने के बाद भी जब तक समाज में जातिभेद की निम्न श्रेणियाँ और अस्पृश्यता हैं तब तक सामूहिक स्वामित्व अर्थशून्य रहेगा। खोति पद्धति (उत्तर भारत की जमींदारी प्रथा की भांति)[10] के कारण छोटे–छोटे जोत धारक या कुलजन जमीनदारों यानी खोतों के अधीन गुलाम होते जा रहे थे और वतन पद्धति (बेगार प्रथा की भांति)[11] के कारण महार लोग स्वाभिमान और स्वावलंब से वंचित हो रहे थे, इसलिये उन्होंने उन दोनों पद्धतियों को समाप्त करने वाले दो विधेयक बम्बई विधान सभा में प्रस्तुत किये थे। खोति पद्धति रयत पद्धति से इस बात में भिन्न थी कि दूसरी में स्वयं भूधारक प्रत्यक्ष रुप से शासन को भू–शुल्क देता था परंतु पहली पद्धति में शासन द्वारा वरिष्ठ खोत भू–शुल्क अदा करने हेतु नियुक्त किये गये थे, जो शासन को निश्चित राजस्व की रकम अदा कर देने के पश्चात कनिष्ठ भूधारकों पर आर्थिक जुल्म ढाते थे। अतः डॉ. अम्बेडकर ने खोतों की समाप्ति हेतु एक विधेयक दिनांक 15 सितम्बर, 1937 को बम्बई विधान सभा में प्रस्तावित किया था। इससे पहले सन् 1927 में श्री एफ. जी. एच. ॲन्डरसन् ने बम्बई विधान सभा में अल्पभूधारक मदद विधेयक प्रस्तुत किया था। परंतु उसका अभिप्राय जमीन का शासकीय स्वामित्व स्थापित करना नहीं था। अतः इससे जमीनदारों की प्रगल्भता और छोटे जोतों वालों की दरिद्रता बेहिसाब बढ़ने वाली थी। इस विधेयक में एक निश्चित आकार से कम जमीन धारणा पर प्रतिबंध और दण्ड की व्यवस्था थी। छोटे किसानों को छोटी जोतों से वंचित कर भूमिहीन मजदूर बनने से मुक्ति दिलाने हेतु उन्होंने सामूहिक कृषि की अनुसंशा की यानी एक से अधिक छोटे किसान मिल कर निश्चित आकार का खेत बनाये रखना और इस प्रकार सामूहिक कृषि कायम करना संभवनीय था।

अर्थशास्त्र के सुप्रसिद्ध विद्वान रॅगनर नर्क्स के प्रछन्न बेरोजगारी और डॉ. अम्बेडकर की अतिरिक्त श्रमिक की संकल्पना में अत्यधिक समानता है।

ब्रिटिश भारत में प्रांतीय वित्त का विकास बयान करते समय डॉ. अम्बेडकर ने शासन की नीतियों में जो सप्ताह–सप्ताह में सुधार

होता गया उस बाबत टिप्पणी की थी, ''संयुक्त कुटुंब पद्धति में कुटुम्ब प्रमुख'' जिस प्रकार प्रत्येक सदस्य के नाम से बैंक में खाता खोलता है, उसी प्रकार सरकार की व्यवस्था थी[13]।

## वित समस्या

मान का संबंध लक्षणों से है। वह बीमारी तक नहीं जा सकता। बल्कि वह बीमारी को और गंभीर बनाता है। जहां तक समस्या के समाधान की बात है, डॉ. अम्बेडकर स्वर्ण मान विरोधी अर्थशास्त्रीयों की भांति न सोचते हुए दूसरे ढंग से समाधान प्रस्तुत करते हैं। ऐसा माना जाता था कि रुपया चलन को स्थिर रने का सबसे श्रेष्ठ समाधान यह है कि उसकी स्वर्ण में परिवर्तनीयता परिनामकारक हो ऐसी व्यवस्था होनी चाहिए। यह भी एक तरीका हो सकता है। परंतु डॉ. अम्बेडकर के अनुसार उससे भी बेहतर तरीका यह होगा कि रुपया को अपरिवर्तनीय रखकर उसका चलन निर्धरित सीमा तक ही होने देना चाहिए। अर्थात् भारत शासन को चाहिए कि वे रुपये को गला दें, बुलियन के रुप में उसका विक्रय करें और प्राप्ति को राजस्व हेतु लगाए और रिक्ति को अपरिवर्तनीय रुपये से भर दें।

अगर यह प्रस्ताव ज्यादा ही क्रांतिमूलक लगता है तो डॉ. अम्बेडकर उसके लिए आग्रह नहीं करेंगे यद्यपि वह जरुर उपकारक है। आवश्यकता इस बात की है कि टकसाल को, जनता के लिए ही नहीं बंद करें जैसा कि किया जाता है, बल्कि सरकार के लिए भी बंद हो। ऐसा किया गया हो तो भारतीय चलन, जो विधिक देय स्वर्ण पर आधारित है, और रुपया चलन का निकास निर्धारित मात्रा में है, तो वह अंग्रेजी चलन प्रणाली में निहित तत्वों से मेल खायेगा। डॉ. अम्बेडकर इस संबंध में दिए गए फाउलर कमेटी की अनुसंशाओं से इत्तेफाक नहीं रखते।

यद्यपि भारतीय चलन को स्वर्ण मान से स्वर्ण विनिमय मान में प्रवृत्त करने पर अफसोस करने वाले लोग समझते थे कि फाउलर कमेटी की अनुसंशाओं को पूर्णतः लागू करने से सब कुछ ठीक होगा। परंतु इसके विपरित डॉ. अम्बेडकर के अनुसार भारतीय चलन में वह परिवर्तन

इसलिए आया क्योंकि सरकार ने उन अनुसंशाओं को अंजाम दिया था। कुछ और विद्‌वान यह मानते थे कि कमेटी का प्रतिवेदन बुद्धिमत्ता का सबसे बड़ा नमूना है, परंतु डॉ. अम्बेडकर के अनुसार वह बेवकूफी का सबसे बड़ा नमूना था। क्योंकि इसी समिति द्वारा स्वर्ण मान की संस्तुति करते हुए हर्षल समिति की इस मूढता को भी अनुसंशीत किया गया और उसे टिकाऊ बना दिया गया कि सरकार जनता की जरुरतों की अनुसंशाएं पहले की अनुसंशाओं की मारक है। अतः भारतीय चलन को स्थायी आधार प्रदान करने के लिए फाउलर कमेटी के तत्वों को त्यागना होगा।

भारत सरकार का भारतीय चलन बाबत घोषित ध्येय वर्ष 1913 तक स्वर्ण विनिमय मान नहीं था। यद्यपि उस वर्ष में नियुक्ति चेम्बरलेन आयोग में उसे बरकरार रखने के पक्ष में प्रतिवेदन दिया था। भारत सरकार वचनबद्ध थी कि उसकी अनुसंशाएं युद्ध खत्म होने तक और जनता को उसकी समीक्षा करने का अवसर दिए बिना कार्यान्वित नहीं की जाएगी। परंतु जब गत युद्ध के कारण विनिमय मान तल से कंपित होने के बाद भारत सरकार अपनी वचनबद्धता से पीछे हटी और बार बार विरोध के बावजूद उन्होंने अपनी शर्तें स्मित समिति द्वारा विनिमय मान के स्थायित्व को सुनिश्चित नहीं किया गया, तो शासन और जनता की आकांक्षा भारतीय चलन प्रणाली को दृढतर आधार पर रखने की थी। इसी हेतु को पूर्णत्व तक पहुँचाने डॉ. अम्बेडकर के इस ग्रंथ का प्रयोजन रहा है।

आर्थिक जोत से उनका अभिप्राय ऐसे उत्पादक खेत से था जिसकी निवेशित व्यय की पूर्ति हो जाने के बाद शोध उत्पादन की राशी पर एक परिवार अपना खर्च चला सके[14]।

परंतु भारत में डॉ. अम्बेडकर द्वारा लिखित छोटी जोतें और उनके उपाय नामक शोध आलेख 1918 में प्रकाशित होने के 86 वर्षों के बाद भी भारत में औसतन बोने योग्य जोत का आकार 1.67 हेक्टेयर, सीमांत जोत का प्रतिशत 56.00, जोत के औसतन टुकड़े 4.04 हेक्टेयर और

प्रत्येक टुकड़े का औसत आकार 0.41 हेक्टेयर रहा है। इतना ही नहीं बल्कि प्रत्येक राज्य में हर दशक में जोत का औसतन आकार घट रहा है। भारत में यह आकार वर्ष 1961, 1971 और 1981 में क्रमशः 2.6, 2.20 और 1.67 हेक्टेयर तक कम होता गया। तथापि सन् 1950 से भूसुधार कानून को भारत के हर राज्य मे लागू करना आर्थिक क्षेत्र में एक बहुत बड़ा परिवर्तन था।

उनका शासकीय समाजवाद शोषितों को न्याय देने के हेतु से आर्थिक, सामाजिक व राजनीतिक जीवन को जोड़ने वाली दर्शन प्रणाली थी। वह सहकारी कृषि, औद्योगिकरण तथा सामुदायिक कृषि से संलग्न रहा। आर्थिक समानता के बिना राजनीतिक स्वाधीनता का अर्थ नहीं था। इसलिये डॉ. अम्बेडकर ने संवैधानिक स्टेट सोशलिज्म के एक अंग के रुप में सामुदायिक कृषि की अनुसंशा की थी। उन्होंने विखंडित और छोटी जोतों के लिये उपाय के रुप में सहकारी कृषि की सिफारिश की थी। उन्होंने भारतीय कृषि सुधार के लिये अर्थात कृषि पर अतिरिक्त पड़े मनुष्य बल के भार को गैर कृषि क्षेत्र में स्थानांतरित करने हेतु औद्योगिकरण का जो उपाय बताया था वह सामाजिक न्याय की दृष्टि से भी उचित था और है, क्योंकि ग्रामीण क्षेत्र में जाति व्यवस्था और अस्पृश्यता थी, है और रहेगी परंतु शहरों में उनकी तीव्रता कम हो रही है।

सन् 1946 में डॉ. अम्बेडकर ने अखिल भारतीय अनुसूचित जाति परिषद की ओर से संविधान समिति को एक मसौदा प्रस्तुत किया था, जो राज्य और अल्पसंख्यंक नामक ग्रंथ के रुप में प्रकाशित हुआ था। उसमें उन्होंने कृषि जमीन को बीमा और मूलभूत उद्योगों की तरह शासन के स्वामित्व में रखने की बात कही थी। इसी मसौदे में उन्होंने निजी मालिकों की हुकुमशाही से समाज और शासन पर पड़ने वाले कुप्रभाव का भी जिक्र किया है। उन्होंने शासन के हस्तक्षेप से मुक्ति को स्वतन्त्रता नहीं माना है। बल्कि वे शासन द्वारा सामाजिक और आर्थिक मामलों में न्याय के हित में हस्तक्षेप चाहते थे। उनका मानना था कि यदि शासन ने सामाजिक आर्थिक क्रियाकलापों का नियमन नहीं किया

तो वह निजी मालिकों को करना पड़ेगा और ऐसा करते समय वे अपनी आजादी का उपयोग दूसरों पर अधिसत्ता स्थापित करने के लिये भी करेंगे। उस परिस्थिति में जमीनदार भी कुलों पर जबरदस्त जमीन भाड़ा थोपेंगे और पूंजीपति भी कामगारों के काम करने के घंटे बढायेंगे और उनके वेतन कम करेंगे। अर्थात् इससे राजनीतिक प्रजातन्त्र के मुलभूत सिद्धान्त यानी स्वयंभू व्यक्ति, अविछिन्न मुलभूत अधिकार, संवैधानिक अधिकार का बिन शर्त लाभ, और शासन संस्था द्वारा दूसरों पर लादने योग्य सत्ता का निजी व्यक्ति के हाथों में अहस्तांतरण को ही क्षति पहुँचेगी।

खोतों ने अपनी स्वाधीनता का उपयोग छोटे भूधारकों (कुल) का शोषण करने में किया था और उससे बम्बई प्रांत मे अशांति फैल चुकी थी। अतः खोतों का अन्त करना उस समय के भूमि सुधार की मांग थी, जिसे बाबासाहेब ने पूरी करने की चेष्टा की थी[15]।

डॉ. अम्बेडकर का समाजवाद व्यक्ति के निम्न भौतिक अधिकारों पर आधारित हैः

1. व्यक्ति उद्देश्य है।
2. व्यक्ति के कुछ अधिकार अहस्तांतरणीय है। इसकी गारंटी संविधान को देनी चाहिये।
3. किसी भी व्यक्ति को अपनी सुख सुविधा का उपयोग करते हुये अपने संवैधानिक अधिकार की तिलांजली देने का अवसर नहीं आना चाहिये। और
4. शासन ने किसी भी निजी व्यक्ति को अन्य व्यक्तिओं पर आधिपत्य करने का अधिकार नहीं देना चाहिये।

इस समाजवाद में सामाजिक संघर्ष के कारकों में धन की तरह धर्म पर भी बल दिया गया है। इस बात में डॉ. अम्बेडकर का समाजवादी सिद्धान्त औरों से विशेष और अनोखा है।

1917 में रशिया में राज्यक्रांति हुई और उसके 8 वर्ष के बाद भारत में भारतीय कम्युनिस्ट पार्टी की स्थापना की गई। 1926 में स्थापित

''लाहौर नौजवान सभा'' और 1928 में प्रस्थापित ''नौजवान भारत सभा'' जैसे स्वतन्त्र संगठनों के माध्यम से कम्युनिस्ट विचारों का अमल भी किया जा रहा था। तत्कालीन कम्युनिस्ट विचारों के नेता कॉमरेड एम. एन. राय थे। 1934 में आचार्य नरेन्द्र देव और जयप्रकाश नारायण प्रभृति मार्क्सवादी; श्री अशोक मेहता जैसे फेबियन समाजवादी; डॉ. राममनोहर लोहिया जैसे गांधीवादी; युसुफ मेहेर अली और संपूर्णानन्द जैसे राष्ट्रवादी और मिनू मसानी जैसे ट्राट्स्कीवादीओं ने अपनी वैचारिक भिन्नता को कायम रख कर समाजवादी आंदोलन को वैश्विक, आर्थिक और राजनीतिक संदर्भ में चलाया था।

कॉ. श्रीपाद अमृत डांगे, बी. टी. रणदिवे, नंबुद्रिपाद, कॉ. श्रीनिवास, कॉ. सरदेसाई प्रभृति विद्वानों के नेतृत्व में अंतर्राष्ट्रीय कम्युनिस्ट आंदोलन ने 1943 तक भारतीय कम्युनिस्ट पार्टी का पथ प्रदर्शन किया।

जनता नामक पाक्षिक में दिनांक 7 नवंबर 1938 को प्रकाशित अपने एक साक्षात्कार में डॉ. अम्बेडकर ने कहा था कि वे एक मुक्त समाजवादी है। जातिभेद निर्मुलन को चाहनेवाले समाजवादी डॉ. अम्बेडकर ने लिखा था कि ''भारतीय समाजवादी यूरोप के समाजवादियों के कदमों पर कदम रखकर भारतीय परिस्थिति पर भी आर्थिक सिद्धान्त लागू करने की चेष्टा करते हैं। धर्म भी एक बहुत बड़ी प्रेरक शक्ति है, इसके प्रति समाजवादियों की उपेक्षा दृष्टि रही है।

डॉ. अम्बेडकर को प्रजातन्त्र में दो बातें अभिप्रेत थी। पहली बात मानवीय वृत्ती की है। यह वृत्ती समाज के अन्य सदस्यों के प्रति समानता और आदर से देखने की होनी चाहिये। दूसरी बात यह है कि समाज की सरंचना में सख्त बंधन नहीं होने चाहियें। अन्यथा प्रजातन्त्र अधूरा रहेगा। अलगाववाद और एकाकीपन प्रजातन्त्र व्यवस्था के विसंगत गुण हैं। क्योंकि उनकी परिणति विशेषाधिकार संपन्न अल्प और अधिकार विपन्न बहुसंख्य वर्गों में होती है। यही उनके राजनीतिक समाजशास्त्र का प्रमाण है।

## आरक्षण

सदियों से समाज का एक वर्ग सामाजिक प्रतिष्ठा, दण्ड़विहीन अपराध, शासन में एक वर्ग केद्रिंत सत्ता, शिक्षा में एकाधिकार आदि का भोक्ता रहा है। परंतु उसे बर्दाश्त करते हुये जिन जातियों ने अपना खून पसीना बहा दिया उनके प्रति शासक और शोषक वर्ग की हृदय–शून्यता अबतक अवाक रही है। जब से भारतीय संविधान ने जीवन में सबसे अधिक दलित और पीड़ितजनों के लिये आरक्षण की व्यवस्था बहाल की तब से ही आरक्षण के विरुद्ध आंदोलन ने विकराल रुप धारण कर लिया है। आरक्षण विरोधियों की दृष्टि आरक्षितों के प्रति समाज के एक ऋग्ण वर्ग को स्वस्थ बनाने की नहीं बल्कि उन्हें अधिक से अधिक वंचित रख कर बेमौत मारने की है ऐसा प्रतीत होता है।

जब बिहार के श्री कर्पुरी ठाकुर के नेतृत्व में जनता दल की सरकार ने मुंगेरीलाल आयोग की सिफारिशों के अनुसार शासकीय नौकरियों में अन्य पिछड़ा वर्ग 8 प्रतिशत, अति पिछड़ा वर्ग 12 प्रति शत, अनुसूचित जाति 14 प्रतिशत, अनुसूचित जमाति 10 प्रतिशत, महिला 3 प्रतिशत, आर्थिक रुप से पिछड़ों के लिये 3 प्रतिशत आरक्षण की घोषणा की थी। उसके 3 वर्ष के बाद गुजरात में वैद्यकीय छात्रों ने अनुसूचित जाति–जमातियों के छात्रों को पदव्युत्तर वैद्यकीय अभ्यासक्रम में प्रवेशार्थ प्राप्त आरक्षित सीटों के विरुद्ध हिंसक आंदोलन शुरु किया। 1989 में केंद्र में भूतपूर्व प्रधान मंत्री श्री विश्वनाथ प्रताप सिंह के नेतृत्व में राष्ट्रीय फ्रंट की सरकार ने मंडल आयोग के प्रतिवेदन की कुछ सिाफारिशों को कार्यान्वित करने के लिये अधिसूचना निकाली थी कि सामाजिक और आर्थिक रुप से पिछड़े हुये वर्गों {एस. ई. बी. सी.} के लिये सरकारी नौकरी में 27 प्रतिशत आरक्षित सीटें हैं। इस दौर में नौकरियों में आरक्षित सीटों के विरुद्ध तर्क दिया जाता था कि इस आरक्षण के कारण सभी दलितों को फटाफट नौकरियाँ मिल जाती हैं और उससे अन्य जातियों में बेरोजगारी पैदा होती है। शैक्षणिक आरक्षण पर यह एतराज था कि वैद्यकीय और अभियांत्रिकी शाखाओं में दलितों को कम गुणों पर ही प्रवेश मिलता है और उन्हें कम गुणों से ही पास किया

जाता है। उससे अधिक गुणवाले और मैरिट के छात्रों की उपेक्षा होती है। और उससे समाज में और व्यावसायिक गुणवत्ता में कोताई आ जाती है। उसी प्रकार राजनीतिक आरक्षण के कारण आरक्षित निर्वाचन क्षेत्र के सवर्ण मतदाताओं को अपने समाज का प्रतिनिधि लड़ाने का अवसर नहीं मिलता। आरक्षित उम्मीदवार लाद दिया जाता है और निर्वाचन क्षेत्र का विकास रुक जाता है।

1990 के पूर्व और बाद का आरक्षण विरोधी आंदोलन दलितों के विरुद्ध हिंदी भाषाई राज्यों में हुआ था। परंतु इतिहास में आरक्षण के निर्माता सामाजिक असमानता के पुजारी रहे और आज भी हैं।

ऐसे ही एक असमानता के राज, पेशवाई का अन्त 1818 में भले ही हुआ परंतु उसके अवशेष ब्रिटिश–राज में भी विद्यमान थे। 1774 में जिस प्रकार ईस्ट इंड़िया कंपनी का प्रशासन ब्रिटिश संसद ने अपने हाथ में कर लिया था परंतु उसी संसद ने अगले सौ वर्षों से भी अधिक समय तक कंपनी को नये–नये कानून के अंतर्गत नई नई सनद देते रहना जारी रखा था। उसी प्रकार भारत में ब्रिटिश शासन ने ब्राह्मणों का एकाधिकार खत्म तो किया था परंतु अपने प्रशासन में सुशिक्षित व्यक्तिओं को उच्च पदों पर बिठाने हेतु उन्होंने जो उपक्रम चलाया उससे परिणामतः ब्राह्मणवाद के अवशेष ही नये शासन में ज्यों के त्यों कायम रहे। भारत की दलित और शोषित जनता अपने शासकों से यह उम्मीद बांधे हुई थी कि विद्यमान सामाजिक ढांचे में बदलाव के लिये हस्तक्षेप किया जायेगा। हस्तक्षेप तो हुआ परंतु स्थिति को जैसी है वैसी ही रखने में। अतः उस बाबत डॉ. अम्बेडकर ने एक चीनी दर्जी की मिसाल देते हुये अपनी टिप्पणी में कहा था कि ''एक चीनी दर्जी ने अपने एक ग्राहक का नया कोट सिलते वक्त उसके एक पुराने कोट का उपयोग कोट को सुंदर तरीके से सिलने के लिये ही नहीं बल्कि उस कोट के पुराने पैबंद भी नये कोट पर ज्यो के त्यों उतार देने में किया था''। उसी प्रकार भारत के नये नये शासकों ने अपने–अपने शासन में सदियों से विद्यमान जाति–पांति के पुराने पैबंद को नये सामाजिक ढांचे में ज्यों के त्यों बरकरार रखने में किया हैं।

श्री तिलक राजनीति में क्रांतिकारी और समाज सुधार में सनातनी थे। 1895 में अंग्रेजों ने एक अस्पृश्य श्री नारायणराव लोखण्डे और एक चितपावन ब्राह्मण श्री विश्वनाथ केशव जोगलेकर को ''रावबहादूर'' की उपाधियाँ बहाल की थीं। इस बाबत् केसरी में छापा गया था कि ''श्री जोगलेकर ऑनरेरी मेजिस्ट्रेट थे। उनको बहाल किया गया सम्मान उचित है परंतु श्री लोखंडे को रावबहादूर की उपाधि बहाल करने में उनकी योग्यता की अपेक्षा उनकी जाति ही विशेष कारक प्रतीत होता है''[16]।

अतः 1882 से 1904 के दरम्यान भारतीय सिविल सेवा में यशस्वी हुये 16 भारतीयों में 15 ब्राह्मणों का होना कोई आश्चर्यजनक नहीं था। हालांकि ज्योतिराव फुले ने इस समय के दौरान ब्राह्मणवाद पर तीखा प्रहार करने वाली ग्रंथ संपदा प्रकाशित की थी और 19 अक्तूबर, 1882 को हंटर शिक्षा आयोग के समक्ष सादर प्रस्तुत निवेदन में बयान किया था कि ''उच्च शिक्षा पद्धति में स्पष्ट झलकने वाली प्रवृत्ति यह है कि उसमें वरिष्ठ अधिकारी के पद केवल ब्राह्मणों की बपौति हो चुके हैं। यदि शासन को रयत के कल्याण की वास्तविक चिंता है तो उसका प्रथम कर्तव्य है कि वह इस पद्धति के कई प्रकार के दुरुपयोग को प्रतिबंधित कर, शासकीय नौकरियों में धीरे–धीरे अन्य जातियों के लोगों को प्रवेश के अवसर दिलाकर उसी अनुपात में ब्राह्मणशाही का नियमन करें''। उन्होंने शासन से यह भी सिफारिस की कि वे कनिष्ठ जातियों के बच्चों की शिक्षा हेतु स्वतन्त्र विद्यालय की व्यवस्था करें।

फुले के समाज सुधार आंदोलन के कार्यकर्ता श्री भालेकर ने पूना अधिवेशन में सवर्ण बहुल कांग्रेस के रुख के विरुद्ध निदर्शन किया था। श्री वलंगकर ने भी श्री रानडे की मदद से सेना में महारों की भर्ती को प्रतिबंधित करने के आदेश के विरुद्ध ब्रिटिश सरकार से अपील की थी। श्री कांबले ने भी सेना और पुलिस में अस्पृश्यों को भर्ती हेतु मांग रखी थी। वर्तमान के मध्य प्रदेश और तत्कालीन मध्य प्रांत और बेरार के समाज कार्यकर्तागण श्री बन्सोडे, श्री गवई और श्री नंदागवली ने दलित जागरण का अभियान चलाया था। उसी प्रकार श्री शिंदे की भारतीय

निराश्रित सहायक मंडल {डिप्रेस्ड क्लासेस मिशन सोसायटी ऑफ इण्डिया} के तत्वावधान में अस्पृश्यों के हितों के प्रति संवेदनशीलता को बढाया गया।

उक्त समयावधि के दौरान कोल्हापूर के साहू महाराज ने भी जब देखा कि शासकीय नौकरियों में उच्च पदों पर ब्राह्मणों का प्रतिनिधित्व अतिरेकी है तो उन्होंने अपने रियासत में 26 जुलाई, 1902 को घोषणा की थी कि उनकी संस्थान के प्रशासनिक सेवाओं में पिछड़ी जातियों को 50 प्रतिशत आरक्षण बहाल किया जायेगा। इससे लगभग 17 वर्ष पूर्व राष्ट्रीय कांग्रेस की स्थापना हो चुकी थी। लेकिन वह फुले व रानडे के संगठन की तरह सामाजिक आंदोलन न होकर एक शुद्ध राजनीतिक संगठन था। इसके साथ बाद में हिंदू महासभा {1915} और राष्ट्रीय स्वयंसेवक संघ {1925} नामक ब्राह्मणवादी संगठनों की स्थापना हुई और इसी समय विदेशों के प्रख्यात विश्वविद्यालयों से शिक्षा की उच्चतम डाक्टरेट उपाधि से विभूषित होकर प्रतिक्रांतिकारी ताकतों के विरुद्ध अकेले ही लड़ने के लिये डॉ. अम्बेडकर स्वदेश लौटे थे।

## राजनीति

प्रथम महायुद्ध के बाद ब्रिटेन की संसद ने हिन्दुस्तान को जिम्मेदार शासन प्रदान करने हेतु मॉंटेग्यू नीति को लागू कराने की घोषणा की थी। और कांग्रेस ने अपने कलकत्ता के अधिवेशन में अस्पृश्यता को मिटाने की घोषणा की थी।

मॉंटेग्यू योजना का मकसद भारत में प्रजातन्त्र राज पद्धति को बहाल कर ब्रिटिश सत्ता को शिक्षित उच्च जातियों के हाथों में हस्तांतरित करना था। इस योजना का विरोध कोल्हापूर के शाहू महाराज (1910), पूना के सत्यशोधक समाज, मद्रास के साउथ इंडियन लिबरल फेडरेशन और जस्टीस पार्टी तथा महाराष्ट्र के डेक्कन रयत समाज ने दर्शाया था।

श्री तिलक के बाद कांग्रेस का नेतृत्व गांधी जी ने सम्भाला। फरवरी 1922 में बारडोली में कांग्रेस वर्किंग कमेटी ने दलित वर्ग की शैक्षणिक

दशा को सुधारने का नया कार्यक्रम अमल में लाने का निर्णय लिया। उधर डॉ. अम्बेडकर ने बम्बई में मूकनायक नामक पाक्षिक पत्रिका चलाई और नागपुर में अखिल भारतीय बहिष्कृत समाज की स्थापना की। बम्बई में सिडेनहेम शासकीय महाविद्यालय में प्रोफेसर होते हुये भी डॉ. अम्बेडकर ने दिनांक 27 जनवरी 1919 के दिन साउथबरो कमेटी के समक्ष दलितों के लिये पृथक निर्वाचन अधिकार की मांग के पक्ष में अपनी साक्ष्य दी थी। सन् 1928 में उन्होंने उक्त मांग को संयुक्त निर्वाचन और आरक्षण अधिकार के रुप में सायमन कमिशन के सम्मुख प्रस्तुत किया था।

1928 से 1930 तक उन्होंने महाड़ और नासिक के सार्वजनिक तालाब और मंदिर पर पानी और पूजा के संबंध में समानता का अधिकार स्थापित करने हेतु अपने नेतृत्व में सफल आंदोलन चलाया था।

परंतु 1930–32 के दौरान चले बर्तानिया के गोलमेज परिषद ने भारतीय राजनीति की दिशा ही मोड़ दी। इस गोलमेज परिषद के अधिवेशन में जब गांधी जी मुसलमान, क्रिश्चन, सिख, ईसाई, पारसी, अँग्लो–इंडियन आदि के स्वतंत्र राजनीतिक अस्तित्व को मान्य कर रहे थे तब वे अस्पृश्य के ऐसे स्वतंत्र राजनीतिक अस्तित्व को मानने से इंकार क्यों कर रहे थे यह समझ में नहीं आ रहा था। आखिर गांधी जी भी श्री तिलक के नक्शे–कदम पर ही चल रहे थे।

ब्रिटेन के प्रधान मंत्री श्री मेक्डोनल्ड द्वारा दलितों को बहाल किया गया स्वतन्त्र निर्वाचन अधिकार निरस्त करने हेतु सन् 1932 में गांधी जी ने पूना के येरवडा कारागृह में आमरण अनशन आरंभ किया था।

सन् 1935 में नासिक के येवला में डॉ. अम्बेडकर ने घोषणा की थी कि वे हिंदू धर्म में पैदा हुये लेकिन वे हिंदू के रुप में नहीं मरेंगे।

सन् 1936 में डॉ. अम्बेडकर का ''जातिभेद निर्मुलन'' नामक भाषण उसके आयोजकों को इतना क्रांतिकारी लगा कि लाहौर के ''जात–

पांत–तोडक–मंडल ने डॉ. अम्बेडकर की अध्यक्षता में होने वाली उस सभा को ही भंग कर दिया। आखिर उस भाषण को समाज हित में एक लघु ग्रंथ की शक्ल में प्रकाशित करने के पश्चात् ही लोगों तक पहुँचाया गया। उस पर गांधी जी की टिप्पणी यह थी कि ''हिंदू धर्म के प्रति अपनी नफरत दर्शानेवालों में अकेले अम्बेडकर ही नहीं है, बल्कि उन लोगों में वह सबसे अधिक दृढ और योग्यतम व्यक्ति है''।

द्वितीय महायुद्ध की पृष्ठभूमि में भारतीय राजनीति के घटनाक्रमों में प्रचंड उलट–पुलट हो रही थी। उनमें भारत छोड़ो आंदोलन, क्रिप्स–व्हेवल योजना, केबिनेट मिशन इत्यादि के साथ–साथ धर्म और जातियों का उभार अधिक स्फोटक रहा कहना अतिशयोक्ति नहीं होगा। इसी बदलाव के कारण डॉ. अम्बेडकर ने 1936 में एक व्यापक नींव पर स्थापित स्वतन्त्र मजदूर दल नामक राजनीतिक पक्ष के स्थान पर चार वर्ष के बाद मात्र अनुसूचित जातियों पर केंद्रित शिड्युल्ड कास्ट फेडरेशन नामक पार्टी की स्थापना की। उन्होंने मनमाड की दलित वर्गीय रेल्वे मजदूर परिषद को उदबोधन दिया था कि वे मनुष्यत्व को गिरानेवाले पूंजीवाद से सावधान रहें।

1942 में नागपुर के दलित जाति परिषद के सम्मेलन में दलितों के अधिकारों को भारत के भावी संविधान में अंतर्भूत करने का निर्णय सर्व–सम्मति से पारित किया गया।

1945 में पीपल्स एज्युकेशन सोसायटी के तत्वावधान में बम्बई और औरंगाबाद में उच्च शिक्षा के प्रचार और प्रसार हेतु बुद्ध और मिलिंद नामक दो बौद्ध ऐतिहासिक महापुरुषों के नाम पर दो महाविद्यालय शुरु किये गये। डॉ. अम्बेडकर ने भिन्न–भिन्न जाति और धर्मों को अविभाजित, भारत की राजनीति में युक्त प्रतिनिधित्व प्रदान करने हेतु ''जातीय गुत्थी और उसे सुलझाने का उपाय'' नामक योजना एक लिखित पुस्तक की शक्ल में प्रस्तुत की थी। परंतु विभाजित भारत की बदलती परिस्थिति को देखते हुये उन्होंने ''राज्य और अल्पसंख्यक'' नामक योजना को भी एक पुस्तिका के रुप में ही देशवासियों के विचारार्थ रखा।

श्रम मंत्री के पद पर 5 वर्ष तक उन्होंने महा–राज्यपाल की कार्यकारिणी में श्रमिक कल्याण और प्लानिंग का कार्यभार संभाला था। 1947 से उन्होंने श्री नेहरु की केबिनेट में कानून मंत्री का भार वहन कर संविधान का मसौदा तैयार करने और राष्ट्रीय जीवन में स्वाधीनता के संविधान को मूर्त बनाने के लिये स्वयं को खपाया। 26 जनवरी, 1950 के अपने संबोधन में उन्होंने भारतीय राजनीतिक जीवन और सामाजिक–आर्थिक लोक चर्या में विद्यमान विसंगति की तरफ इशारा करते हुये उसे मिटाने का देशवासियों को आवाहन किया।

इस विसंगति को मिटाने का एक उपाय आरक्षण पद्धति भी है। परंतु जब तक भारत में मनुष्य और मनुष्य के बीच के संबंध जाति व्यवस्था से निश्चित करने वाली ब्राह्मणी परंपरा चालू रहेगी तब तक सामाजिक, सांस्कृतिक और आर्थिक जीवन में पिछड़े हुये वर्गों के लिये ''समान अवसर के लिये विशेष अवसर'' के सिद्धान्त पर निर्भर आरक्षण की सीटें रखना ही पड़ेगी क्योंकि समान मनुष्यों में ही समानता हो सकती है। और असमान लोगों को समान मानना यानी असमानता को कायम रखना है।

पूंजीवाद और ब्राह्मणवाद की ताकतों और उभरती साम्यवादी शक्तियों के बीच का निरंतर सत्ता संघर्ष विश्व के देशों को दो प्रतिस्पर्धी वर्गों में विभक्त कर रहा है।

जो राष्ट्र अभी तक प्रजातन्त्र शासन के अधीन स्थापित नहीं हुए वे उक्त दोनों शक्तियों में से किसी भी एक में शामिल हो सकते हैं। नेपाल में अब तक लोकतन्त्र शासन की स्थापना नहीं हो सकी है तो उस दशा का उपयोग ब्रिटेन व अमेरिका, भारत तथा कम्युनिस्ट चीन सुगमता के साथ कर सकते है[17]।

हालांकि नेपाल, तिब्बत, चीन और भारत के सांस्कृतिक संबंध बौद्ध धर्मीय थे क्योंकि नेपाल नरेश अंशुवर्मा की बेटी भृकुटी ने तिब्बत के तत्कालीन शक्तिशाली राजा स्रोंड–त्सान–गैम्पो से विवाह किया था। अंशुवर्मा के समकालीन भारतीय राजा हर्षवर्धन और चीनी सम्राट

ताओ–त्सुंग थे। उस सम्राट की राजकुमारी ने भी स्रोंङ–त्सान–गैम्पो से विवाह किया था[18]।

## समाज परिवर्तन

समाज परिवर्तन के दो मुख्य साधन हैं – कानून और शिक्षा।

भारतीय संविधान ने शासन को 14 वर्ष तक की उम्र के बालक–बालिका को मुफ्त और सख्ति से शिक्षा प्रदान करने का आदेश दिया है। और अस्पृश्यता जैसे सामाजिक कुरीतियों के व्यवहार को दण्डनीय अपराध करार दिया है।

कानून की दृष्टि से भारतीय प्रजातन्त्र में दो त्रृटियाँ हैं। एक, उस में ब्रिटिश संसदीय प्रणाली की प्रभावशीलता नहीं है और उसमें अमेरिका की न्यायपालिका की निर्णायकता का अभाव है। उदाहरणार्थ 1896 में प्लेसी बनाम फर्ग्युसन् नामक मशहूर मामले में अमेरिका के सर्वोच्च न्यायालय ने काले वर्ग के लोगों के लिये पृथक सुविधाओं की व्यवस्था पर अपना फैसला सुनाते समय कहा था कि ऐसे विशेष वर्ग की विशेष सुविधा की व्यवस्था से समानता के तत्व का उल्लंघन नहीं होता है। परंतु 67 वर्ष के बाद भारत में बालाजी बनाम मैसूर के मामले में सर्वोच्च न्यायालय ने व्यवस्था दी थी कि आरक्षण व्यवस्था के रहते समानता के तत्व का अमल तभी होगा जब दो शर्तों अर्थात् 1. आरक्षण का मापदण्ड जात न हो तथा 2. आधे से अधिक पदों का आरक्षण न हो का पालन किया जायेगा।

कानून समाज परिवर्तन के साधनों में से एक साधन है। परंतु हिंदू कानून इसका अपवाद है। 1772 ई. से पूर्व और 1772 के बाद के हिंदू कानून को मिताक्षर तथा दायभाग इन दो परंपराओं में वर्गीकृत किया जा सकता है।

ईस्ट इंडिया कंपनी ने अपने प्रशासन में रेग्युलेशन अधिनियम के ठीक एक सदी बाद तलाक की व्यवस्था देने वाला पंजीयन विवाह अथवा विशेष विवाह अधिनियम और 1856 में हिन्दू विधवा पुनर्विवाह

अधिनियम सम्मत कर लिया था। 1929 में बाल विवाह निरोध अथवा शारदा अधिनियम के अंतर्गत वधू और वर की विवाह योग्य आयु क्रमशः 14 और 18 वर्ष निश्चित की गई थी। परंतु इस अधिनियम का बड़े बड़े नेताओं ने विरोध किया।

1935 में आर्य विवाह विधिग्राह्ता अधिनियम से अंतर्जातीय और अंतर्धर्मीय विवाहों का प्रचलन आसान हो गया था। सन् 1942 में तत्कालीन कानून मन्त्री सर सुल्तान अहमद ने विवेदन किया था कि बिना मृत्यु पत्र उत्तराधिकार और विवाह के संबंध के दो विधेयकों को एक मसौदा समिति ने तैयार किया और उन्हें लोकमत का समर्थन प्राप्त करने हेतु राजपत्र में प्रकाशित किया गया है।1946 में एक ही गोत्र के व्यक्तियों के विवाह को वैध बनाने वाला कानून और 1949 में हिंदू विवाह निःसमर्थता निर्मूलन अधिनियम के सम्मत हो जाने से हिंदू धर्म की भिन्न भिन्न जाति–उपजातियों को ऐसे विवाह करने का परवाना मिल गया। 9 अप्रैल, 1948 में हिंदू संहिता विधेयक को संविधान समिति के सम्मुख डॉ. अम्बेडकर ने प्रस्तुत किया था। परिणामस्वरुप 1955 में हिंदू विवाह अधिनियम, हिंदू उत्तराधिकार अधिनियम, भरणपोषण और दत्तक ग्रहण अधिनियम सम्मत किये गये।

सामाजिक परिवर्तन का दूसरा साधन शिक्षा में डॉ. अम्बेडकर का काफी योगदान रहा है। उन्होंने दलितों के प्राथमिक व माध्यमिक शिक्षा के प्रचालनार्थ बहिष्कृत हितकारणी सभा और दलित वर्ग शिक्षा समाज को क्रमशः 1924 और 1928 में स्थापित कर दलित छात्रों के लिये छात्रावास, खेल क्लब, ग्रंथालय, बोर्डिंग आदि की व्यवस्था की थी। और दलितों की उच्च शिक्षा हेतु उन्होंने पिपुल्स एज्युकेशन सोसायटी (8 जुलाई, 1945), को संस्थापित कर उसकी छत्रछाया में सन् 1946 में मुंबई में सिद्धार्थ कला, विज्ञान, व विधि महाविद्यालय और 1953 में सिद्धार्थ वाणिज्य और अर्थशास्त्र महाविद्यालय तथा 1950 में औरंगाबाद में मिलिंद कला व विज्ञान महाविद्याालय की शैक्षणिक सेवायें उपलब्ध कराईं।

डॉ. अम्बेडकर का राजनैतिक विचार दर्शन उनके समकालीन चिंतक आचार्य नरेन्द्र देव और एम. एन. राय के वैज्ञानिक तथा नैतिक समाजवाद से काफी नजदीक रहा है, अपितु उनका मानना था कि मार्क्स और बकल ने इतिहास के निर्माण में मनुष्य की भूमिका शून्य बताकर भारी भूल की है। उन्होंने कहा कि बुद्ध द्वारा लाये गये धार्मिक और सामाजिक सुधार के बाद चंद्रगुप्त ने राजकीय क्रांति की। महाराष्ट्र में संतों द्वारा किये गये धार्मिक और सामाजिक सुधारणा के पश्चात् ही शिवाजी ने राज्य क्रांति की थी। सिक्खों के राजनीतिक परिवर्तन के पूर्व गुरु नानक द्वारा धार्मिक–सामाजिक क्रांति की गई थी।

श्री रसेल ने कहा है कि शिक्षा का झुकाव समाज की स्थितिशीलता कायम रखने के लिये होता है, तथापि स्वभाव और मत निर्माण करने की उसकी क्षमता बहुत अधिक होती है। डॉ. अम्बेडकर के अनुसार क्रांति के तीन घटकः (1) समाज के दोष का संज्ञान, (2) उस दोष से पीड़ित वर्ग की उपस्थिति का एहसास, और (3) शस्त्रार्थ हैं। उनमें से पहले दो घटक शिक्षा पर निर्भर हैं। इस प्रकार शिक्षित वर्ग ही संगठित होकर संघर्ष की बुनियाद बनाता हैं। डॉ. अम्बेडकर के अनुसार बुद्ध द्वारा बताई गई सबसे बड़ी बात यह थी कि मनुष्य और जगत में सुधार किये बगैर संसार में सुधार नहीं किया जा सकता। परंतु इसका भावार्थ यह नहीं है कि मनुष्य के मन में बदलाव होने के साथ ही समाज में अपने आप परिवर्तन हो जाता है। उदाहरणार्थ पूंजीपति और गरीब वर्ग, पहले वर्ग के लोभ–लालच के कारण नहीं पैदा होते। अतः उनका खात्मा पहले वर्ग के संपत्ति त्याग से नहीं होगा। बल्कि उनका नियमन किसी की व्यक्तिगत इच्छा के बाहर की बात है।

डॉ. अम्बेडकर ने कहा है कि किस समाज में किसने जन्म लेना चाहिये और उसको किस ढंग से रखना चाहिये यह मनुष्य के काबू में नहीं है। परंतु एक बार किसी मनुष्य का अस्पृश्य के रुप में किसी हिंदू समाज में जन्म हुआ तो उसके भीतर विद्यमान जातियों के संबंध और सामाजिक नियम उसके ऊपर नियत हो जाते हैं। उसके अनुसार आचरण करना उसकी मजबूरी हो जाती है। इस परिस्थिति में यदि

ब्राह्मणों ने अस्पृश्यों को समानता के नाते से सलूक करने के मत को परिवर्तित किया तो उससे अधिक से अधिक व्यक्तिगत रुप में अस्पृश्य की अन्याय से मुक्ति हो सकती है, परंतु सामाजिक रुप में कदापि नहीं हो सकती। उसके लिये उन वर्गों में विद्यमान सामाजिक संबंध को बदलना जरुरी होता है।

यह संबंध यदि धर्म संस्था नियंत्रित करती है तो धर्म संस्था में परिवर्तन करना पड़ेगा, यदि वह धार्मिक, सामाजिक, आर्थिक और राजनीतिक संरचना से जुडी समस्या है तो उस प्रकार से परिवर्तन करना लाजमी हो जायेगा। आज विश्व में भारत के सपूत डॉ. भीमराव अम्बेडकर के विचार–दर्शन ने समानता–स्वतंत्रता–बंधुत्व पर आधारित अवाम की जीवन पद्धति के प्रजातंत्र की ऐसी पहचान बनाई कि कई विभूतियों की वैचारिकियाँ विस्मृत हो चुकी हैं। डॉ. अम्बेडकर द्वारा रोपित यह पहचान आज उनके आलोचकों के सिर पर चढकर बोल रही है। श्री अरुण शौरी ने कहा ही है: ''गत पचास वर्षों का शुद्ध परिणाम यह है कि फिर एक बार भारत में आज वही क्रम शुरु हुआ है। लोकमान्य विस्मृत से हो गये। नारायण गुरु को केरला के बाहर कोई नहीं जानता है। स्वामी दयानंद, रामकृष्ण परमहंस, श्री औरोबिंदो, रमन महर्षि, कांची के परमाचार्य इत्यादिओं ने हमें अपने पैरों पर खड़ा करने के लिये क्या किया इसे भक्तों के एक संकुचित दायरे के सिवाय और कोई नहीं जानता। स्वामी विवेकानंद को धूल झाड़कर कुछ अवसर पर बाहर निकाला जाता है और उनको ठीक ऐसे संप्रदाय–निरपेक्ष के पहनावे में दर्शाया जाता है, जिसे वे स्वयं तीव्र रुप से फटकार देते। गांधी जी की तो प्रतिदिन छंटनी हो ही रही है– एक दिन पहले से चली आ रही विकास की प्रतिक्रिया के कारण तो दूसरे दिन मुसलमान नेताओं को पाकिस्तान का आग्रह धरने में प्रवृत्त कराने के कारण यह छंटनी की जा रही है। और अम्बेडकर जैसे व्यक्तिओं की देवता की भांति पूजा हो रही है[19]।

क्या डॉ. अम्बेडकर देवता थे? नहीं। वे एक साधारण आम आदमी की तरह थे। तथापि उन्होंने अपने व्यक्तित्व को इतना ऊपर उठाया,

उसे इतना निखरा और जनता की सेवा में उसे इतना समर्पित किया कि लोग उन्हें कृतज्ञतावश सचमुच अपने भगवान मानने लगे। सैम्युअल जानसन् ने भी कहा है कि ''कृतज्ञता महान उद्यम का फल है, जाहिल लोगों में आप इसे नहीं पाते''।

## संविधान

अम्बेडकर ने क्या किया ग्रंथ के लेखक और मध्य प्रदेश शासन द्वारा वर्ष 2002–3 में डॉ. बाबासाहेब अम्बेडकर स्मृति पुरस्कार के विजेता श्री बाली ने बताया है, ''1927 में लार्ड बर्कन हैड ने भारतीयों को चुनौती दी थी कि वे अपना संविधान बनाकर दिखायें। एक संविधान बनाया गया जिसे 'नेहरु–संविधान' कहा गया, चुंकि संविधान निर्माण समिति के अध्यक्ष पंडित मोतीलाल नेहरु थे इसलिये उसे यह नाम दिया गया किन्तु उस को भारतीयों ने नकारा समझ रद्दी की टोकरी में डाल दिया। 1930 में गोलमेज सम्मेलन द्वारा संविधान बनाने का यत्न किया गया किन्तु भारतीय लोग इस में विफल रहे। सप्रू कमेटी द्वारा संविधान बनाने का तीसरी बार यत्न किया गया मगर कोई सफलता न मिली। दिसंबर 1946 में गठित संविधान सभा में सर तेज बहादूर सप्रू, के. एम. मुंशी, ठाकुरदास भार्गव, सरदार पटेल आदि कितने ही वकील थे। उनमें से किसी को संविधान के निर्माण का काम नहीं सौंपा गया। यह काम डॉ. अम्बेडकर ही के जिम्मे सौंपा गया। यह इसलिये कि वह संविधानिक–कानून में कुशल व निपुण थे और एक सच्चे देश प्रेमी थे।''[21]

डॉ. अम्बेडकर कैसे देशप्रेमी थे? बम्बई से सन् 1943 में प्रकाशित ग्रंथ, रानडे, गांधी और जिन्नाह की भूमिका में उसके लेखक स्वयं डॉ. अम्बेडकर ने कहा हैः

''यदि मैं श्री गांधी तथा श्री जिन्नाह से घृणा करता हूँ, मैं उन से घृणा नहीं करता। मैं उन्हें नापसंद करता हूँ, तो उसका कारण यह है कि मैं भारत से अधिक प्रेम करता हूँ। यह एक राष्ट्रवादी की सच्ची निष्ठा है। मुझे आशा है कि मेरे देशवासी किसी न किसी दिन यह सीख

लेंगे कि देश व्यक्ति से कही महान होता है। श्री गांधी या श्री जिन्नाह की पूजा और भारत की सेवा में आकाश–पाताल का अन्तर है और वह परस्पर विरोधी भी हो सकती है।''

डॉ. अम्बेडकर अवाम का एक ऐसा राष्ट्र, एक ऐसा आदर्श समाज और एक ऐसा कारगर प्रजातंत्र बनाना चाहते थे कि जिसमें ऐसे जीवन भवन के चारों स्तंभ – विधिपालिका, कार्यपालिक, न्यायपालिका और मीडिया अपनी योग्यता की वे यावृत्ति न करें। डॉ. अम्बेडकर ''कमीनगी को अत्याचार से बदतर'' मानते थे। सन् 1942 मे उन्होंने कहा थाः

''विश्व युद्ध संसार के क्षेत्रों यानी प्रदेशों के बटवारे के लिए नहीं है बल्कि वे एक ऐसी क्रान्ति है जो इन्सान व इन्सान और राष्ट्र व राष्ट्र के मध्य मेल मिलाप में मूल–परिवर्तनों का तकाजा करता है। ये क्रांति सहचारी जीवन को रद्द कर के, समाज के पुनः गठन के लिये है। मजदूरों को इसलिए नाज़ीवाद पर विजय पाने हेतु लड़ना चाहिए क्योंकि ये जीत गया तो ऐसी नाज़ी व्यवस्था स्थापित हो जाएगी जिस से स्वतन्त्रता का दमन हो जाएगा, समता से इन्कार होगा और भातृत्वभाव को घातक सिद्धान्त कह कर मिटा दिया जायेगा। नाजीवाद पर विजय के फल होंगेः आजादी और नई सामाजिक व्यवस्था। केवल स्वतंत्रता काफी नहीं, स्वतंत्रता की उपयुक्तता तो इस बात में है कि उससे किस प्रकार की सरकार गठित होती है और कैसे समाज का निर्माण होता है। इसलिए कामकरों को 'क्विट इण्डिया' के बजाय 'न्यू इण्डिया' पर ज्यादा बल देना चाहिए। हिंसा की शक्तियों के सामने घुटने टेक कर प्राप्त की गई शान्ति, अमन नहीं हुआ करती। ये तो एक घातक कृति होगी और अच्छे मानवीय जीवन को बनाए रखने के लिए जो कुछ भी उत्तम व अनिवार्य है, उसे बहशी व बर्बर शक्तियों के सामने कुर्बान कर देने जैसा होगा। जब हमला किया गया हो तो युद्ध करने से इन्कार कर युद्ध को समाप्त नहीं किया जा सकता। युद्ध की समाप्ति के लिए आपको जंग जीतना होगा और न्यायी अमन स्थापित करना होगा[22]।''

डॉ. अम्बेडकर ऐसा न्यायी अमन चाहते थे कि शांति के समय अवाम में ऐसी बातें या घटनायें अपनी पुनरावृत्ति न कर पायें। संविधान

सभा द्वारा गठित 'अल्पसंख्यक कमेटी' को अपने स्मरण पत्र में डॉ. भीमराव अम्बेडकर ने बताया था।

"भारत में प्रशासन पूर्णतः हिंदुओं के हाथों में है। प्रशासन पर उनकी इजारादारी है। ऊपर से नीचे तक उनका नियंत्रण है। कोई विभाग ऐसा नहीं जिस पर उनका प्रभुत्व न हो! पुलिस पर उनका प्रभुत्व है। मैजिस्ट्रेसी व राजस्व सेवाओं पर उनका प्रभुत्व है। वास्तव में प्रशासन की हरेक शाखा पर उन्हीं का प्रभुत्व है। अगली बात याद रखने की यह है कि प्रशासन में हिंदुओं का अछूत के प्रति समाज–विरोधी व शत्रुआना रुख उसी प्रकार का स्पष्ट व्यवहार है जैसा कि प्रशासन से बाहर के हिंदूओं का बर्ताव है। उनका एक ही मकसद है और वह है अछूतों के विरुद्ध पक्षपात व भेदभाव करना। नतीजा यह होता है: अछूत हिन्दू आबादी और हिन्दू प्रभुत्व वाले प्रशासन के बीच स्थान पाते है। हिन्दू अछूतों पर जुल्म जबर ढाता है और प्रशासन उत्पीड़ितों की सहायता करने के बजाए अत्याचारी ही की सुरक्षा करता है[23]।"

## राष्ट्रीयता और राष्ट्रवाद

राष्ट्रीयता के बारे में अलबर्ट आइन्स्टाइन और डॉ. अम्बेडकर के विचार एक समान ही नहीं अपितु वैज्ञानिक दूरदृष्टि से भी ओतप्रोत हैं। आन्स्टाइन ने कहा था, "राष्ट्रीयता एक भयानक रुप से संक्रामक बीमारी के समान है"[25]।

## चेकोस्लोवाकिया

डॉ. अम्बेडकर ने भारत में सन् 1940 में जिस राष्ट्रीयता के दावानल में हिंदू और मुसलमान जल रहे थे उस संक्रामक बिमारी के प्रति देश को सजग करने हेतु उन्होंने अपना राजनीतिक विज्ञान का ग्रंथ "पाकिस्तान अथवा भारत का विभाजन" लिखा था। उसमें उन्होंने दो विदेशी शासनों का उदाहरण देकर उनसे सीख लेने की भारतीयों को विनम्र अपील की थी। उन्होंने कहा था कि 1230–1240 इ.स. के बीच मंगोलों ने तुर्कों को अपने निवास स्थान मध्य एशिया से बाहर खदेड़ दिया था। परिणामतः

वे उत्तर–पश्चिम के अनातोलिया में जाकर बस गये। तुर्की साम्राज्य बनाने का उनका कार्य सन् 1326 में ब्रूसा की विजय के साथ ही आरंभ हुआ। एजियन से काला समुद्र तक फैले थ्रेस के साथ–साथ बिजन्टाइन शासक, बल्गेरिया, मेसेडोनिया, कान्स्टनटिनोपल, सर्विया, सलोनिया, ट्रेबिझोण्ड, कुरामान, काफा और टाना, मोसुल, सिरिया, इजिप्त, हियाज और यमन, बेलग्रेड, हंगेरी, और बगदाद ने इ.स. 1360 से इ. स. 1639 तक उस्मान तुर्कों का आधिपत्य स्वीकार कर लिया। यदि वियना को भी परास्त करने में तुर्क सफल हो जाते तो उनका साम्राज्य विस्तार युरोप की सीमाओं को भी लांघ जाता। तथापि सन् 1789 के फ्रेंच क्रांति के समय तक तुर्की साम्राज्य की सीमा के भीतर बाल्कन, दक्षिण का दानुब, एशिया मायनर, लेवन्त और सायप्रस आदि उनके पड़ोसी द्वीप समूह, सिरिया, पॅलेस्टाइन, इजिप्त और मोरोक्को तक के उत्तर अफ्रिकन देश आते थे। परंतु इतना विशाल तुर्की साम्राज्य धीरे–धीरे खण्ड–खण्ड हो गया। क्योंकि वहाँ के नागरिक जनों में राष्ट्रीयता की भावना इतनी घर कर गई थी कि एक तरफ ख्रिश्चन यवन, सर्व, बल्गेरियन तथा बाल्कन टर्की से अलग हुये तो दूसरी तरफ स्वयं अरब मुसलमान भी टर्की के अपने सहधर्मीओं के साथ न रह कर अपना पृथक अरब राष्ट्र बनाने पर अडिग रहें। क्योंकि उन्हें तुर्की प्रजा बने रहने की अपेक्षा अरब राष्ट्र बनना अधिक पसंद था। अरब राष्ट्रीयता ने इस्लाम के बंधन को तोड़ा और अपने साथी मुस्लिम तुर्क के विरुद्ध अपनी स्वाधीनता के लिये लड़ाई लड़ी। उसकी विजय हुई परंतु टर्की का पूर्णतः विभाजन हुआ।

## चेक

चकोस्लोवाकिया ने भी चेकों और स्लोवाक दोनों एक ही जन हैं की स्वीकृति से शुरुआत की थी। कुछ वर्षों के भीतर ही स्लोवाकों ने पृथक राष्ट्र का दावा किया। वे यहाँ तक स्वीकार करते थे कि वे चेकों के एक वंश की शाखा है। उनकी राष्ट्रीयता ने चेकों को यह तथ्य स्वीकार करने पर मजबूर किया कि वे एक अलग प्रकार के जन थे। चेकों ने स्लोवाकों की राष्ट्रीयता को शांत करने के लिये एक हायफन (–) चिन्ह

को दो नामों के बीच रखकर उनकी भिन्नता को मान्यता दे दी। और एक संयुक्त संज्ञा चेकोस्लोवाकिया की जगह चेको– स्लोवाकिया नामाभिधान को स्वीकृति दे दी। परंतु इस पृथकता की परिचायक हायफन के बावजूद स्लोवाकी राष्ट्रीयता असंतुष्ट रही। क्योंकि हायफन के चिन्ह् की स्वायतता की कृति दो बातों की सूचक थी – चेकों से अलगाँव तथा चेकों से मिलाप। अलगाँव सूचक हायफन का स्लोवाकियों ने स्वागत किया परंतु मिलाप सूचक हायफन से वे बेचैन थे। उन्हें उसके स्थान पर बार (/) चिन्ह् चाहिये था। अतः जैसे ही हायफन को प्रस्तुत किया गया तो चेक और स्लोवाकों के बीच बार स्थापित करने की लड़ाई आरंभ हुई। इस हेतु किस प्रकार के साधनों का प्रयोग हो इसके प्रति वे चिंतित नहीं थे। उनकी राष्ट्रीयता इतनी बेकाबू और तीव्र हो गई थी कि जब उनका विभाजन का प्रयत्न असफल हुआ तो उन्होंने अपने ध्येय की पूर्ति हेतु जर्मनी की मदद मांगने से भी परहेज नहीं किया।

### स्लोवाक

स्लोवाकियों को संवैधानिक सुरक्षा, आनुपातिक प्रतिनिधित्व, संसद में विटो पावर और प्रशासन और सेवाओं में पृथक प्रतिनिधित्व की बहाली इतनी दी गई थी कि कोई भी यह कल्पना आसानी से कर सकता था कि भविष्य में चेक और स्लाव दोनों एक दूसरे में इतने घुल–मिल जायेंगे कि उनको एक ही जाति–प्रजाति के लोग हैं ऐसा माना जा सकेगा। परंतु नहीं इतिहास को ऐसा विलयन मंजूर न था और स्लावों को अपनी राष्ट्रीयता में झुलसकर अपना पृथक देश बनाना अधिक पसंद था। अतः उसका भी हश्र वही होना था जो 1947 में हिंदू–मुसलमान कौमों का भारतवर्ष में हुआ।

इस प्रकार टर्की और चेकोस्लोवाकिया के गहन अध्ययन से ज्ञात होता है कि एक बार राष्ट्रीयता की शक्ति गतिशील हो जाये तो न स्थानीय स्वायत्तता और न ही धार्मिक बाध्यता उसका सामना करने में सक्षम होती है।

अखण्ड भारत के हिंदू और मुसलनानों में कई सदियों की सामाजिक व सास्कृंतिक एकता होने के बावज़ूद भी सन् 1947 में भारत के विभाजन को कोई ताकत रोक न सकी। आज भी नूतन वर्ष की पावन बेला दिनांक 4 जनवरी, 2004 पर इस्लामाबाद में दक्षिण एशिया के देशों की शिखर बैठक संपन्न होने के बावजूद भारत देश के उत्तर में पाकिस्तान, उत्तर–पश्चिम में खालिस्तान, भूटान में उल्फादि संगठन और श्रीलंका में दक्षिण के लिट्टे (एल.टी.टी.ए.) आतंकवाद से विभाजन का इतिहास दोहराना चाहते हैं।

## अरब

उक्त तथ्यों के प्रकाश में भारतीय हिंदुओं ने अपने आपसे यह प्रश्न पूछना चाहिये कि यदि ग्रीक, बाल्कन तथा अरब राष्ट्रीयवाद ने तुर्की राज्य को ध्वस्त कर दिया और यदि स्लोवाक के राष्ट्रीयवाद ने चेकोस्लोवाकिया को विभक्त कर दिया है परंतु बाद का टर्की और चेकोसलोवाकिया आंतरिक रुप से एक हो गया और इतना ही नहीं बल्कि चेकोस्लावाकिया के राज्य प्रमुख श्री हॉवेल को भारत सरकार ने गांधी शांति पुरस्कार से भी इसी माह में नवाजा है, तो फिर मुस्लिम राष्ट्रीयवाद से विभक्त भारत को आंतरिक रुप से एक होने में अब क्या अड़चन है? क्या भारत अपरिवर्तनशील जाति के समान शरीर और कुटस्थ आत्मा की भांति चेतना तो नहीं बन गया? क्योंकि ये दोनों असाध्य रोग के लक्षण है।

डॉ. अम्बेडकर जानते थे कि देश में संगठन की चेतना सभी जाति–वर्गों में एक जैसी नहीं रहती। और भारतीय समाज में संकुचित मानसिकता उनका एक राष्ट्र बनने में बाधक थी। जिस प्रकार विकास के दौर में प्राचीन समाज उपयोगितावाद से उभरकर आधुनिक समय के दौरान वह न्याय तत्व के आधार पर संगठित हुआ। फलस्वरुप विकसन् शील देश अपने हितों के प्रति इतने सजग हो गये कि वे अब पहले की तरह विकसीत देशों की हाँ– में– हाँ मिलाकर चलने वाले नहीं हैं, जिस की प्रतीति कानकुन के विश्व शिखर सम्मेलन में चीन और भारत आदि

देशों द्वारा सम्मेलन के विकसीत राष्ट्र के प्रस्ताव के विरुद्ध अपना पृथक अभिमत रखने से सिद्ध हुआ है।

दूसरी बात यह है कि यूरोपीय संघ अपना आर्थिक संगठन और युरो मुद्रा को कायम करने में फिलहाल जितना सक्षम है उतना आगे भी होगा या नहीं यह समय ही बता पायेगा। पश्चिम एशिया में संबंधित देशों का आर्थिक संगठन खड़ा कर उसे टिकाना उस प्रदेश के युद्ध और अशांति की परिस्थितियों पर निर्भर है, जो उसका इतिहास रहा है। परंतु जी–21 नाम से परिभाषित देश अपना ''आसियन'' नामक संगठन खड़ा कर आर्थिक विकास में पश्चिमी संगठन की बराबरी और प्रतियोगिता करेगा इस उम्मीद में जान लग रही है क्योंकि उनका अतीत और वर्तमान ऐतिहासिक रक्तपात और वैरत्व का न होकर अमन, चैन और बौद्ध संस्कृति की मैत्री से अभिभूत रहा है।

आज विश्व का धर्म राज्य किसी एक जाति, भाषा, रंग, पेशा, लिंग, वंश, और नस्ल के ऊपर निर्भर नहीं है। तथापि भौतिक शक्ति और हथियार लैस भयभीत मनोवृत्ति से कुछ ऐसी ही चेष्टा विश्व मंच से की जा रही हैं। अमेरिका प्रधान ख्रिश्चन संस्कृति के वैश्विक धर्मराज्य का टर्की प्रमुख अरब शक्तियाँ इस्लाम के धर्मराज्य का झंड़ा हाथ में थामे किसी भी तरीके से प्रतिकार कर रहा है। जी–21 की ताकतें जपान, चीन और भारत के नेतृत्व में बौद्ध संस्कृति के ध्वज में एकत्रित होकर शायद जो भी रुप और आकार वे विश्व को देंगे वह डॉ. अम्बेडकर के स्वप्न का प्रारुप होगा ऐसा लग रहा है।

वैसे कहा जाता है कि विश्व में ब्रिटेन का शासन वहाँ तक फैला था जहाँ कभी सूर्य नहीं डूबता। परंतु ऐसा होने पर भी जो ब्रिटेन का सामाज्य फैला उसका उद्देश्य राजनीतिक और आर्थिक तो रहा पर सामाजिक न्याय और विश्व कल्याण कदापि नहीं था। अम्बेडकर पूर्व काल के राजनीतिक साम्राज्य और अम्बेडकरोत्तर आर्थिक साम्राज्य में यही फर्क है कि पहले यूरोपियन व्यापार कंपनियाँ अपने राजनीतिक शासकों से मिलकर अलग–अलग होकर व्यवसाय करते थे और आज

बहुराष्ट्रीय कंपनिया एकजूट होकर अपने अधिशासक के राजनीतिक बलबूते पर सहकारी और सामुहिक पद्धति से विकसनशील देशों में अपनी वस्तुओं के लिये बाजार खोल रहे हैं। और जिधर वरिष्ठ शाक्तिमान राष्ट्र उधर अधिकतर आर्थिक लाभ का सिद्धान्त साकार हो रहा हैं। वाणिज्य, राजनीति, बाजार और वस्तुयें धर्म और संस्कृति पर भी अपना असर डालती हैं। इस मायने में डॉ. अम्बेडकर का यह कथन कि संस्कृति व्यापार की पिछलग्गू होती है बड़ा मार्मिक है। इससे निष्कर्ष में यही कहा जा सकता है कि बलिष्ठ राष्ट्र अपने बाजार में वस्तुओं के साथ अपने धर्म और संस्कारों का भी जाने–अनजाने आदान प्रदान करते हैं।

क्या आजाद भारत में क्रूरता, दासता, गरीबी और असभ्य जीवन आज भी विद्यमान है? क्या यहाँ आज भी स्कूलों में दलित बालक–बालिकाओं को घड़े में से पानी पाने के लिए अपनी आंख फूटवानी पड़ती है और दलित स्त्री–पुरुषों को अपने सिर पर मैला ढोना, बंधक मजदूरी करना, घरेलू नौकरी व सफाई करना, पत्थर तोड़ना, खेतों व खनों में सेवारत रहना इत्यादि की मजबूरी विद्यमान है? अर्थात् क्या फैज अहमद फैज के निम्नांकित पंक्तिओं द्वारा वर्णित किया जा सकने वाला संवर्ग हमारे बीच मौजूद है;

अर्थात् ''जा–ब–जा इधर–उधर) बिकते हुए कूच–ओ–बाजार (गली, बाजार) में जिस्म खाक में लिथड़े हुए खून में नहलाये हुए, जिस्म निकले हुए अमराज के तन्नूरों (पकाने का ओवन) से पीब बहती हुई गलते हुए नासूरों से।'' यदि हाँ तो ऐसी परिस्थितियों में अवाम को क्या करना चाहिये? क्या उन्हें चुप रहना चाहिये?

नैतिकता खतरे में पड़ने पर भी यदि कोई व्यक्ति मौन धारण करता है तो उसे मानवी जीवन पद्धति के अधःपतन की निशानी माना जाना चाहिये। मजलुमों के दुःखों पर अवाम की एक बड़ी जमात चुप्पी साधे तो यह शर्म की बात है और स्वयं मजलूम भी कुछ न करे तो यह कौम के मौत की निशानी है। डॉ. अम्बेडकर ने ऐसी घड़ी में आम लोगों और

विशेषतः शोषित व पददलित वर्गों का जो नेतृत्व किया उसका बखान साहिर लुधियानवी के शब्दों में निम्न प्रकार बताया जा सकता हैः

सितम के दौर में हम अहल–ए–दिल (प्रेमी) ही काम आए जबां पे नाज था जिनको वो बेजबां निकले।

प्रजातन्त्र का चौथा स्तंभ मिडिया है, उस बाबत् डॉ. अम्बेडकर का कथन हैः "पत्रकारिता भारत में एक समय व्यवसाय था। अब यह व्यापार बन गया है। इसमें साबून तैयार करने से अधिक नैतिक कार्य नहीं है। यह अपने आपको जनता का एक जिम्मेवार सलाहकार नहीं समझती। भारत में पत्रकारिता इसे अपनी सर्वप्रथम और महत्वपूर्ण दायित्व नहीं समझती कि जो समाचार वह दे उन में सच्चाई की रंगत हो। सरकारी नीति के किसी दृष्टिकोण को इस ढंग से प्रस्तुत करे जिसे वह जन कल्याण के हित में बगैर किसी भय के अच्छा समझती है। वह सबको दुरुस्त और ठीक करे, जो गलत और निसफल रास्ते पर पड़े हो चाहे ऐसे आदमी बड़े हो या छोटे। किसी को अपना नायक मान लेना और उसकी पूजा करना इसका प्रमुख कर्तव्य बन गया है। इस व्यवस्था के अधीन समाचारों का स्थान सनसनीदार बातों ने, विवेकात्मिक विचारों का बेतुकी उत्कंठा ने, जिम्मेवार लोगों के अन्तकरणः छुने का गैर–जिम्मेवार लोगों की भावनाओं को भड़काने ने लिया है[27]"।

## अवाम

अवाम के डॉ. अम्बेडकर ने अवाम की आदर्श जीवन पद्धति को प्रजातन्त्र का नामाभिधान देकर उसके खतरों से भी सावधान कराया। उन्होंने कहा, "प्रजातन्त्र के मुख्य दो शत्रु हैः पहला – हुकुमशाही या तानाशाही और दूसरा मानवभेद नीति अर्थात् मानव–मानव में भेदभाव रखने वाली नीति। हुकुमशाही से उत्पन्न सामाजिक संगठन हमेशा कायम नहीं रह सकते। क्योंकि उसका आधार मजबूत नहीं होता। हुक्मशाही की प्रेरणा स्थिर नहीं है और यह प्रेरणा निकल जाने के पश्चात् उससे प्राप्त संगठन शिथिल हो जाता है। यही कारण है कि कम्युनिस्ट शासन की नींव कमजोर है। उसी तरह मनुष्य–मनुष्य में

भेदभाव रखने वाली नीति, सामाजिक, आर्थिक भेद–बुद्धि को प्रेरणा देने वाली संस्कृति इन दोनों से प्रजातन्त्र को बहुत जबरदस्त खतरा है।

ऐसे खतरों से निजात पाने के लिए ही उन्होंने अवाम को अपनी स्वतन्त्रता के प्रति समर्पित कर्तव्य का एहसास दिलाने हेतु कहा था, "यदि लोग अपने–अपने पथ और पक्ष को अपने देश की अपेक्षा अधिक महत्व देने लगे तो उससे अपने भारत की स्वतन्त्रता समूल नष्ट हो जायेगी। इस प्रकार का समय न आवे इसके लिए हम सब अत्यधिक सजग रहें। अपनी स्वतन्त्रता की रक्षा हेतु अपने शरीर के अंतिम रक्त–बूंद के बहने तक तैयार रहना चाहिये। इतना ही नहीं बल्कि समाज का ऐसा संगठन हो कि यदि इसके चालक नेता चले भी गये तो भी समाज कार्य निरन्तर चालू रहते हुए चिरकाल तक टिका रहे। इस प्रकार की कार्य योजना होने पर ही समाज विश्व में वैभवशाली हो सकता है।

प्रजातन्त्र और धर्म का संबंध बताते हुये डॉ. अम्बेडकर ने कहा था– "मानव समाज को धर्म की दो प्रकार की देन प्राप्त है। प्रथम मानव जीवन में एकता प्राप्त करा देने वाली मानसिक प्रेरणा का निर्माण करना। धर्म के ही कारण एक विशिष्ट प्रकार का मानसिक वातावरण निर्माण होता है, जो मनुष्य की एकता का पोषक है। दूसरा, मानव समाज में समानता का निर्माण करना। धर्म से ही मानव समाज में समानता का संचार होता है। इन्हीं दो महत्वपूर्ण बातों के कारण आज की स्थिति में प्रजातन्त्र को बनाये रखा जा सकता है और प्रजातन्त्र को बनायें रखना है तो धर्म निहायत जरुरी है।

धर्म की ऐसी आवश्यकता होने पर भी लक्ष्य धर्म नहीं है बल्कि मनुष्य है और धर्म एक साधन है। साधन एक समान नहीं होते, न ही वे समान रुप से अच्छे होते है। अतः जरुरी है कि धर्मरुपी साधन को मनुष्यत्व पाने के उद्देश्य से अपनाते समय ऐसी सावधानी बरतें कि जो धर्म अपनाया जाय वह समाजद्रोही न हो, पाखण्डी न हो, विडम्बन या सजा न हो, रोग या पागलपन न हो बल्कि वह मानवता, संगठन,

सामर्थ्य, समता, स्वतन्त्रता और संसार को इसी जीवन में सुखी बनाने वाला धर्म होना चाहिये।

जिस प्रकार रत्नों में अच्छे रत्न की परख के लिये पारखी की जरुरत होती है उसी प्रकार प्रजातन्त्र, धर्म और देश के परस्पर सम्बन्धों को समझने के लिये भी प्रज्ञादृष्टि की आवश्यकता होती है। इस बात को डॉ. अम्बेडकर ने मणी भवन मुंबई में दिनांक 14 अगस्त 1931 के दिन महात्मा गांधी जी के साथ वार्तालाप में स्पष्ट रुप से बताया था। जब गांधी जी ने तारीफ करते हुये डॉ. अम्बेडकर से कहा कि ''विदेश में तुम्हारे कार्यों की जो मुझे जानकारी प्राप्त हुई उससे मालूम होता है कि तुम एक महान देशभक्त भी हो'' तो बाबासाहेब ने बताया, ''गांधी जी! मेरी कोई मातृभूमि नहीं है। जिस धर्म और देश में हमें कुत्ते और बिल्ली से भी नीच माना जाता है, जहाँ हमें सार्वजनिक स्थानों में पानी भी पीने नहीं दिया जाता, उस देश को मैं अपना देश, उस धर्म को मैं अपना धर्म कैसे कहूँ?''

''आपके कथनानुसार यदि मेरे द्वारा कोई देश सेवा हुई है तो वह देश सेवा की जानकारी होने के कारण नहीं, बल्कि मेरी सद्विवेक बुद्धि के कारण हुई है। इस देश को घातक ऐसा कोई भी कृत्य मेरे हाथ से नहीं हुआ यह मेरी सद्विवेक बुद्धि का फल है''।

डॉ. अम्बेडकर कहते थे, ''जिस प्रकार पुरुषों को शिक्षा की आवश्यकता होती है वैसे ही स्त्रियों को भी होती है। यदि तुम्हें लिखना–पढ़ना आ गया तो तुम्हारी बहुत उन्नती होगी। जैसे तुम वैसी तुम्हारी संतान भी होगी''।

## स्त्री–पुरुष समानता

मनुस्मृति के श्लोक ''स्त्री हमेशा पराधीन रहे और बचपन में अपनी सुरक्षा पिता के अधीन, जवानी में पति, और बुढापे में पुत्र के अधीन रहकर करें'' और राम चरित मानस की चौपाई'' ढोर, गंवार, शूद्र, पशु, नारी ये सब ताड़न के अधिकारी'' को जब हम पढते हैं तो लगता है कि

भारत में नारी शर्म की बात बन गई है। परंतु डॉ. अम्बेडकर द्वारा प्रस्तुत स्त्री स्वतन्त्रता का बौद्ध स्त्री का आदर्श चरित्र, और पुरुष के बराबर समान अधिकार के लिये उन्हें विवाह, तलाक, गोद लेना, संपत्ति अधिकार आदि में सशक्त बनाने की हिंदू कोड़ बिल की योजना को देखते हैं तो लगता है कि भले ही उसे कार्यान्वित करने की दृढ शक्ति तत्कालीन राजनीतिक संगठन में नहीं थी और न समाज उतना वैचारिक रुप से प्रगल्भ था, परंतु डॉ. अम्बेडकर ने स्त्री स्वतंत्रता, सम्मान और मुक्ति के प्रश्न पर प्रतिकारी ताकतों से समझौता न कर प्रधान मंत्री श्री जवाहरलाल नेहरु जी को अपने कानून मंत्री के पद से इस्तीफे का पत्र प्रस्तुत किया और तब से लेकर अपने आयुष्य के अन्तिम क्षण तक विपक्ष में रह कर समानता की लड़ाई के लिये संघर्ष करते रहे। फलतः उनके इस संघर्ष के पचास वर्ष बाद ऐसा लग रहा है कि जो स्त्री पहले भारत की शर्म थी वह आज उस की शान बन गई है।

प्रथम महिला प्रधान मंत्री श्रीमती इंदिरा गांधी, प्रथम महिला आई. पी. एस. ऑफिसर किरण बेदी, प्रथम मिस यूनीवर्स सुष्मिता सेन, प्रथम अंतरिक्ष यात्री कल्पना चावला इत्यादि के उदाहरण हम विश्व के सामने बड़े गर्व से प्रकट कर सकते हैं जो स्वर्णिम बौद्ध अतीत और वर्तमान एशियन युग के उज्वल भविष्य की याद दिलाता है।

भारतीय इतिहास में तथागत गौतम बुद्ध ही ऐसे पहले व्यक्ति थे, जिन्होंने शूद्र–अतिशूद्रों और दलित महिलाओं को अपनी धर्मशक्ति का हिस्सेदार ही नहीं, बल्कि अधिकारी भी बनाया था। विद्यमान विश्व व्यवस्था को बदलने के लिये अम्बेडकर ने एक हाथ में शिक्षा, संघर्ष और संगठन सूत्र तो दूसरे हाथ में न्याय–स्वतंत्रता, समानता और बंधुत्व के त्रयी सिद्धातं का हथियार अवाम के लिये बहाल किया।

## संतति नियमन

सन् 1936 में भारत में जन्म दर प्रति हजार 35 थी, जो विदेशी राष्ट्र इटली, जर्मनी और इंग्लैंड के जन्म दर से अधिक थी। सन् 1938 में डॉ. अम्बेडकर ने बम्बई विधान सभा में संततिनियमन विधेयक प्रस्तुत

किया था। परंतु उसका अवलंब सन् 1951 में प्रथम पंचवार्षिक योजना में 70 लाख रुपयों की शासकीय सहायता प्रदान कर किया गया। सातवीं पंचवार्षिक योजना में कुटुंब कल्याण की योजना को अमल में लाने हेतु राशि रु. 3,256 करोड़ का इंतजाम था।

इससे पूर्व जब स्वतन्त्र मज़दूर दल के विधान सभा के सदस्यों की ओर से श्री पी. जे. रोहम ने दिनांक 10 नवंबर, 1932 को संतति नियमन और जनसंख्या नियंत्रण से संबंधित प्रस्ताव को बम्बई प्रांत विधान परिषद में रखा था, जिसे किसी अन्य सदस्यों का समर्थन नहीं मिलने से निरस्त किया गया था। उन्नीसवी सदी के आरंभ में ब्रिटिश अर्थ शास्त्रज्ञ माल्थस का जनसंख्या वृद्धि का सिद्धान्त यह था कि कृषि उत्पादन मंद गति से बढता है परंतु जनसंख्या द्रुत गति से बढती है। इसका प्रमाण अन्य देशो की अपेक्षा भारत में अधिक प्रतीत हो रहा था। सन् 1871 से जनगणना के आंकड़ों का अवलोकन भी इस कथन की पुष्टि कर रहा था। 1921 से भारत की जनसंख्या अति शीघ्र गति से बढ रही थी। प्रा. र. धे. कर्वे, अमेरिकन बर्थ कंट्रोल लीग, मार्गारिट सँगर और महात्मा गांधी के संतति नियमन और जनसंख्या वृद्धि के नियंत्रण पर प्रचार कार्य चलाये जाने के बावजूद भी परिवार नियोजन भारत में असफल रहा था। और इसके दो मुख्य कारण थेः (1) लोगों में धार्मिक भावना का दृढ होना; और (2) आधुनिक उपायों के प्रति आम असहमति।

## प्रजातन्त्र

प्रजातन्त्र में जनता की संप्रभुता के बारे में डॉ. आंबेडकेर की यह सोच रही कि ''प्रजातन्त्र के मूल को सामाजिक संबंधों में खोजना पड़ता है। प्रजातन्त्र सहजीवन की एक पद्धति है। जो लोग उस समाज का गठन करते हैं, उनके सहजीवन के संदर्भ में उस पद्धति के मूल को खोजना पड़ता है।

ऊपर वर्णित व्यक्ति प्राधान्यता को संवैधानिक कर्तव्य परायणता से निम्न चार प्रकारों से जोडा गयाः (1) व्यक्ति की स्वतन्त्रता कानून व सुव्यवस्था, नैतिकता और स्वास्थ्य के संदर्भ में निष्पन्न कल्पनाओं से

सुसंगत होगी, (2) यह स्वतन्त्रता इस ढंग से अमल में लाई जाये कि उससे अन्य मूलभूत अधिकारों का संकुचन न हो, (3) लौकिक बातों से संलग्न धार्मिक आचरण को नियंत्रित करने का अधिकार शासन के अधीन होगा; और (4) धर्म विषयक स्वतन्त्रता कानून अथवा जाति के कारण हिंदू मंदिर में प्रवेश निरोध न होने हेतु किये गये विधान से सुसंगत होनी चाहिये।

बिरले ही पुरुष युग प्रवर्तक होते हैं। जो लोग गरीबी और गुलामी में पैदा होकर गरीबी और गुलामी की जंजीर तोड़ देते हैं वे धन्य हो जाते हैं। बीसवीं सदी के आरम्भ और मध्य में जो राजनैतिक पराधीनता थी उससे मुक्त होने मात्र से सामाजिक स्वाधीनता के ख्वाब पूर्ण नहीं हुये हैं।

विश्व मे आज आर्थिक विषमता के साथ–साथ मुक्त बाजार व्यवस्था के जरिये विकसित देशों के द्वारा अविकसित देशों के हित–साधन को बढाने की अपेक्षा उनके शोषण और दमन को और अधिक उग्र किया जा रहा है। नब्बे के दशक में नई आर्थिक नीतियाँ भारतीय समाज में कार्यान्वित की गई और उसीके अनुसार बहुराष्ट्रीय निजी कंपनियों ने यहाँ के उपभोक्ताओं को प्रभावित, यहाँ के उत्पादकों को प्रताड़ित और यहाँ के शासनकर्ताओं को दिग्भ्रमित करना आरंभ किया।

परंतु अगतिक हुई विश्व व्यवस्था को सार्वभौमिक हिताय और सार्वभौमिक सुखाय के उद्देश्य से नई जीवन व्यवस्था में प्रवर्तित करने के लिये जिस नैतिक, मानव केंद्रित वैचारिकी और य्रुग प्रवर्तक की जरुरत है, और जिसकी कमी सबको खल रही है, उस पूर्ति हेतु डॉ. अम्बेडकर जैसे कर्मठ रहबर और सम्यक युगद्रष्टा के दर्शन–ज्ञान को आत्मसात करना होगा। क्योंकि विश्व के हर देश की भांति भारत में भी इस दृष्टा के युग प्रवर्तक वैचारिकी से सबसे खतरनाक मानवता मारक मानसिक कोढ अस्पृश्यता की बिमारी खत्म होने जा रही है।

अतः एक आवाज से ऐसी प्रार्थना करना चाहिये जिससे लोगों के उद्धार की भावना जागृत हो और ऐसा दृढ निश्चय करना चाहिये कि

''जिन लोगों में अपना जन्म हुआ है उनका उद्धार करना अपना कर्तव्य है, यह जिन्हें मालूम हैं वे धन्य हैं। परतन्त्रता पर आक्रमण करने के लिये जो अपना तन, मन, धन और यौवन कुर्बान कर देते हैं वे धन्य हैं। मनुष्य को अपनी मानवता पूर्ण रुप से मिलने तक जो अच्छाई–बुराई, सुख–दुःख,संकट–संघर्ष, मान–अपमान, इत्यादि की परवाह न कर सतत संघर्ष करते रहे हैं वे धन्य हैं''।

## अमर संदेश

अपने पचासवें जन्मदिवस समारोह पर अवाम को संदेश देते हुये डॉ. अम्बेडकर ने कहा था, ''मैं प्रजातन्त्र का कट्टर अनुयायी हूँ। व्यक्तिगत पूजा प्रजातन्त्र की विरोधी है। अपने इस भारत में राष्ट्रीय नेता को अवतारी पुरुषों के जैसा आदर का स्थान दिया जाता है। भारत के बाहर अन्य देशों में केवल महापुरुषों की ही जयंतियाँ मनाई जाती हैं। अगर नेता योग्य हुआ तो उस की प्रशंसा, प्रेम और आदर करना कोई हरकत नहीं और उतने में ही उस नेता एवं उस के अनुयायियों का समाधान होना चाहिए, परंतु नेता की देव स्वरुप पूजा करना मुझें कतई पसन्द नहीं। इससे नेता के साथ साथ उसके अनुयायियों का भी अधःपात होता है। मेरा व्यक्गित जन्मदिन मनाया जाना मुझे बिलकुल पसंद नहीं''।

''परन्तु यहाँ यह सब बताने से कोई लाभ नहीं। संदेश की बजाय मेरे भाईयों को ग्रीक पुराण में लिखित स्रोत की एक कहानी बताऊंगा, जो ग्रीक देवता पर है, जिसे होमर ने लिखा है। प्रसंग इस प्रकार है–

''ग्रीस में एक डिमेटर नाम की देवी थी। वह अपनी पुत्री के खोज में घूमते–घूमते केलिओस के राज्य में पहुँची। उसने दाई का वेष धारण किया था। इसलिए उसे कोई पहचान न सका। रानी मेटोनेरा ने अपने छोटे बच्चे डेमोफून की देखभाल के लिए उसको अपने घर रख लिया। डिमेटर देवी प्रतिदिन रात के समय राज महल में सबके सो जाने पर द्वार बन्द करके उस बच्चे को झूले से धीरे–धीरे बाहर निकालती और उसे वस्त्र विहीन कर जलते अंगारों पर रखती थी। शायद श्रोताओं को

यह कृत्य कृर सा लगेगा। परन्तु यह वास्तव में वैसा नहीं था। बड़े प्रेम से वह देवी उसे देवता बनाने में लगी थी। क्रमशः उस बालक में जलते अंगारों की ज्वाला सहन करने की शक्ति एवं सामर्थ्य उत्पन्न हो गई। उसका बल बढने लगा। उसमें कुछ तेज, दिव्यत्व एवं असाधारणता के अंश विकसित होने लगे। परन्तु एक रात उस बालक की माँ अचानक उस कमरे में पहुँच गईं और अपने पुत्र को देवता बनाने का वह प्रयोग देखते ही डिमेटर देवी को धकेल अंगारों में से बालक को शीघ्र उठा लिया। उसका पुत्र उसे मिल तो गया परन्तु सधारण मनुष्य–बालक को असाधारण रुप में न पा सकी''।

''यह कहानी बताती है कि अपना भविष्य उज्जवल करने हेतु मनुष्य को वर्तमान सुख एवं आवश्यकताओं का भी त्याग करना चाहिये। ऐसा क्यों होता है कि जीवन की दौड़ में भाग लेने का आमंत्रण सबको आता हैं परन्तु बहुत थोड़े लोग सफल होते है? इसका कारण यह है कि भविष्य की आवश्यकता की पूर्ति हेतु वर्तमान की विलासिताओं का त्याग करने में लगने वाला धैर्य या निर्धार, मनुष्य के पास नहीं रहता। इसलिये जीवन की दौड़ में इन्हें बड़प्पन नहीं मिलता[28]।''

यही दर्शन अवाम को जीने की दृष्टि दे सकता है।

इसके अलावा डॉ. अम्बेडकर के कुछ अनमोल वचन यहाँ उद्धृत किये गये हैं, जो अवाम के जीवन नें हर मोड़ पर पथ प्रदर्शक बने रह सकेंगे:

1. दुःखियों के आंसू पोंछने के लिये तुम्हारे नयन तरसने चाहिये। दीन–दुःखियों की सेवा के लिये तुम्हारा ह्रदय पसीजना चाहिये। संकटग्रस्त लोगों की रक्षा के लिये तुम्हारी भुजायें फड़कनी चाहिये।
2. नीचे सिर झुकाकर चलने वाले हजारों भेड़ों के विशाल समूह की अपेक्षा वीरता की वृत्ति रखने वाला सिंह का समूह बेहतर होता है।

3. निष्प्रभ सुशिक्षितों के झुण्डों की अपेक्षा सुसंस्कृत मन से व्यवहार करने वालों का मेला ही निःसंशय उपकारक होता है।
4. सदाचार का सत्व साथ में रख जीवन में मंगलत्व निर्माण करो।
5. पुस्तकों के सहवास में शांत जीवन बिताने जैसा दूसरा आनंद कहीं नहीं हैं।
6. मानव जीवन का तत्वज्ञान हमें आज अधिक प्रभावी ढंग से समझ में आ रहा है।
7. जिस गाँव में अभिमान शून्य जीवन व्यतीत करना पड़ता है, वह गाँव किस काम का।
8. यद्यपि मैं हिन्दू धर्म में जन्मा हूँ फिर भी हिन्दू धर्म में रहकर मरूंगा नहीं।
9. देश का संविधान कितना भी अच्छा क्यों न हो लेकिन उसको उपयोग में लाने वाले मनुष्य यदि अच्छे नहीं हों तो संविधान निश्चित ही बुरा सिद्ध होगा।
10. केवल मेरा नाम लेकर जय जयकार करने की अपेक्षा, जो चीज मेरी दृष्टि में अनमोल है उसे करने के लिये प्राणपण से जूझो।
11. देश के राजनैतिक दलों ने यदि देश हित की अपेक्षा अपने दल हित को प्राधान्य दिया तो देश फिर एक बार संकट में गये बिना नहीं रहेगा और तब फिर अपना सर्वस्व हमेशा के लिये नष्ट हो जायेगा।

## संदर्भ सूची

1. श्री अयंगर, ''मन्त्र युग के प्राचीन भारत में जीवन'' पृ. 13 और ऋ. वे. 1.53.8; 103.3, ऋ. वे. 4. 30. 20, ऋ. वे. 7. 5. 3, ऋ. वे. 4. 67. 3, ऋ. वे. 8. 24. 27; 30.5; 5.11.4; आंः 110; डॉ. बी. आर. अम्बेडकर, हू वेअर द शूद्राज, ठक्कर, बम्बई 1946, पुमु 1947, 1970, पृ. 110
2. ऋ. वे. 1. 51.8,9; 1.1.32 4; 4.41.2; 5.14.3
3. मुंशी एन. एल. खोब्रागडे, मध्य प्रांत मे दलित आंदोलन का इतिहास, मध्य प्रदेश दलित साहित्य अकादमी, बालाघाट, 1999 पृ. 40–41।

4. एम. डी. कांबले, डिप्राइव्ड कास्टस् एण्ड देअर स्ट्रगल फॉर इक्वालिटी, आशिश पब्लिशिंग हाउस, नई दिल्ली, 1983, मुख्य पृष्ठ
5. डॉ. बाबासाहेब अम्बेडकर राइटिंग्ज एण्ड स्पीचेज, वाल्युम 1, पृ. 44 और एस. एस. गायकवाड, डॉ. अम्बेडकर यांची समाजरचनेची सैद्धांतिक मांडणी, डॉ. बाबासाहेब अम्बेडकर गौरव ग्रंथ, महाराष्ट्र राज्य साहित्य आणि संस्कृति मंडळ, बम्बई, 1993, पृ. 27।
6. डॉ. अम्बेडकर, डॉ बाआरास्पी, खंड 12, वीसा की प्रतिक्षा में, 1942–46, पृ. 661, इस शीर्षक से अपने श्रम मंत्रीत्व के कार्यकाल के दौरान विदेशी पाठकों के सूचनार्थ आत्म–चरित्र की विधा में डॉ. अम्बेडकर का लेखन।
7. रोड़रिग्ज, एसेन्शियल रायटिंग्ज ऑफ डॉ. बी. आर. अम्बेडकर, नई दिल्ली, 2002।
8. डॉ. बी. आर. अम्बेडकर, रायटिंग्स एण्ड स्पीचेस, खण्ड 1 बम्बई 1979 पृ. 227।
9. प्रो. बी. एच. कल्याणकर, डॉ. अम्बेडकरांचा शैक्षणिक दृष्टिकोण, डॉ. बाबासाहेब अम्बेडकर गौरव ग्रंथ, महाराष्ट्र राज्य साहेत्य आणि संस्कृति मंडल, बम्बई, 1993, पृ. 419–425।
10. डॉ. भालचंद्र लक्ष्मण मुणगेकर, डॉ. अम्बेडकर यांचे भारतीय शेतीविषयक विचार, डॉ. बाबासाहेब अम्बेडकर गौरव ग्रंथ, बम्बई 1993, पुनर्मुद्रण 1999, पृ. 393–394।
11. डॉ. भदन्त आनन्द कौसल्यायन, यदि बाबा न होते, नागपुर।
12. डॉ. भदन्त आनन्द कौसल्यायन, वही, 1981, पृ.
13. डॉ. नरेन्द्र जाधव, डॉ. अम्बेडकरांचे अर्थशास्त्रीय लेखन, डॉ. बाबासाहेब अम्बेडकर गौरव ग्रंथ, महाराष्ट्र राज्य साहित्य आणि संस्कृति मंडल, बम्बई 1993, पृ. 362–372।
14. डॉ. नरेन्द्र जाधव, वही, पृ. 362–391।
15. श्री गोविंद तलवलकर, डॉ. अम्बेडकर यांचे आर्थिक विचार, डॉ. बाबासाहेब अम्बेडकर गौरव ग्रंथ, बम्बई 1993, पुनर्मुद्रण 1999, पृ. 399–400।
16. डॉ. एस. डी. तुपे, डॉ. बाबासाहेब अम्बेडकर आणि जमीनधारणा, वही, पृ. 400–404।
17. विसाव्या शतकातील महाराष्ट्र 1910–1914 खंड 1, पृ. 214 और शांताराम पंदेरे, डॉ. अम्बेडकर आणि राखीव जागांचा प्रश्न, डॉ. बाबासाहेब अम्बेडकर गौरव ग्रंथ, बम्बई 1993 पुनर्मुद्रण 1999, पृ. 307।
18. लेखक के विचार।
19. सत्यकेतु विद्यालंकार, एशिया का आधुनिक इतिहास, सरस्वति सदन, मसूरी, उ. प्र., 1964 तृतीय संस्करण, पृ. 896।
20. डॉ. बी. आर. अम्बेडकर, रानडे, गांधी और जिन्नाह, बम्बई, 1943 भूमिका से

21. श्री अरुण शौरी, वर्शिपिंग फाल्स गॉड़, एएसए प्रकाशन, नई दिल्ली, 1997, पृ. X
22. एल. आर. बाली, शौरी का शोर, सम्यक साहित्य, नई दिल्ली, 1997, पृ. 15।
23. एल. आर. बाली, वही।
24. डॉ. बी. आर. अम्बेडकर, आकाशवाणी बम्बई का भाषण दिनांक 13.11.1942।
25. डॉ. बी. आर. अम्बेडकर, स्मरण पत्र, साप्ताहिक मेनस्ट्रीम, नई दिल्ली, वार्षिक नवंबर 1993, पृ. 45।
26. दैनिक भास्कर, दिनांक 2 दिसंबर 2003, सुविचार में, संपादकीय पृष्ठ।
27. लेखक की कल्पना।
28. एल. आर. बाली, शौरी का शोर, सम्यक साहित्य, नई दिल्ली, 1997, पृ. 15।
29. प्रो. एन. जी. मेश्राम, डॉ. अम्बेडकर का दिव्य संदेश, बम्बई, (प्रथम आवृत्ति 1968), (दूसरी आवृत्ति 1995) पृ. 1–70।
30. सी. डी. नाईक, थॉटस् एण्ड फिलासफी ऑफ डॉ. बी. आर. अम्बेडकर, सरुप एण्ड सन्स, नई दिल्ली 2003, बुद्धिस्ट ड़ेवलपमेन्ट इन इस्ट एण्ड वेस्ट नामक अध्याय, पृ.
31. डॉ. धनंजय कीर, डॉ. अम्बेडकरः जीवन तथा कार्य, प्रकाशन पुणे, 1976, पृ.
32. डॉ. बी. आर. अम्बेडकर, रायटिंग्स एण्ड स्पीचेस, खण्ड 1 बम्बई 1979 पृ. 54।
33. डॉ. बी. आर. अम्बेडकर, थॉटस् ऑन पाकिस्तान, ठक्कर एण्ड कंपनी लि., बम्बई, 1941, विदेशों से सबक नामक अध्याय, पृ. 200–217।

# अध्याय – 16

# क्रान्ति–वैज्ञानिक

साहित्य में समतामूलक समाज दर्शन के विचार प्रवर्तक भी विज्ञान और नई तकनीकी के साप्रंत युग में अधिक प्रखर हुये प्रतीत होते हैं। परंतु यह अवलोकन अद्यतन के ग्रामीण परिवेश के उपेक्षित महिला–पुरुष में जहाँ एक ओर उग्रता से दिखाई दे रहा है, वहाँ दूसरी ओर तथाकथित विशेषाधिकार सम्पन्न मानस में ग्लानिर्भवति भारत जैसा प्रकट हो रहा है। लगता है समसामयिक युग के वैश्विक धम्म प्रवर्तन में परम ब्रह्म को भी सर्व शिक्षा अभियान के चलते स्वयं को साक्षर और शिक्षित बनाकर अपने सनातन गप्पालॉजी से मुंह मोड़कर डॉ. अम्बेडकर के शिक्षित बनो, संघर्ष करो और संगठित रहो के बैनर तले सामाजिक पुनर्रचना की मानव सेवा करना अपरिहार्य हो गया–सा लगता है।

जॉन एडम ने क्रांति की व्याख्या सही फरमाई है। उनका कहना है कि युद्ध और रक्तपात को जो क्रांति समझते हैं वे गलत समझते हैं। असल में वे तो परिणाम हैं उस विचार के जो शांत अवस्था में मानस में जन्म लेता है। अर्थात् मानस के क्रांति विचार से धरातल पर उसका गुणात्मक प्रकटीकरण करना ही क्रांति–विज्ञान है।

क्रांति वैज्ञानिक की श्रेणी में वे सब लोग समा जाते हैं, जो रूके को चालित करते हैं, यथा स्थिति को परिवर्तित करते हैं और मृतप्रायः कौम को सजीव करने की चेष्टा में युग प्रवर्तक बन जाते हैं। जब अल्लामा इकबाल ने बतलाया था कि भारत ने अपने मूल्यवान मोति (बुद्ध) का

मूल्य नहीं पहचाना, जिसने विश्व के अन्य देशों को रोशन किया और अपने ही व्यर्थ खयालों में तब तक सुस्त रहा जब तक उसे एक मर्दे–कामिल ने निद्रा से नहीं जगाया, तो वे ऐसे ही एक विश्व के प्रथम ऐतिहासिक क्रांति वैज्ञानिक गौतम बुद्ध को ही इंगित कर रहे थे।

मिल्टन ने अपने महाकाव्य में जब यह व्यक्त किया है कि गंवाये हुये सुख राज्य को फिर एक इंसान ने बहाल करा दिया तो उनका अभिप्राय मनुष्य से था, न कि किसी मनुष्यतर से। कार्लाइल ने तो ब्रह्मा–ब्राह्मणों, पंडो, पुरोहितों, मुल्ला–मौलवियों और फकिरों के स्थान पर आज का नायक 'मैन ऑफ द लेटर' है की यथार्थ घोषणा ही कर दी थी। थामस पैन (पायनद्ध ने मनुष्य में निहित शक्ति का पैमाना पहचान कर ऐलान कर दिया था कि वह इस संसार का पुनर्निर्माता है। प्रसिद्ध जैन मुनि का कथन है कि "मुझे 24वें तीर्थंकर महावीर से न कोई अधिक लगाव है और न सांख्य दर्शन के संस्थापक कपिल से कोई विशेष दुराव है। अपितु जो प्राकृतिक यथार्थ है वह मुझे स्वीकार है"। इसी तर्ज पर दलाई लामा भी कहते हैं कि मैं बौद्ध इसलिए हूँ कि बौद्ध रहते हुए भी मैं बुद्ध से पक्षपात न कर सकूं।

बर्ट्रांड रसेल ने मैं क्रिश्चन क्यों नहीं हूँ; नामक अपने पुस्तक में हवाला दिया है कि तार्किक युग ओल्ड टेस्टामेन्ट की बौद्धिक विवेचना से आरंभ हुआ। परंतु उसी युगानुरुप चिंतन करने वाले थॉमस पायन ने जब बायबल पर अपनी बौद्धिक टिप्पणी दी कि क्रूरता, हिंसा और बेईमानी विहीन विचारधारा से समाज जोड़ने वाला नैतिक संदेश धर्म का अभिन्न अंग होना चाहिए तो उसे अपना सिर छुपाने के लिए अमेरिका, इंग्लैंड और फ्रांस जैसे राष्ट्रों में कहीं पर भी जगह नहीं मिली थी। तथापि वे अपने देश अमेरिका की वैचारिक स्वाधीनता के लिए अकेले लड़ते रहे।

क्रांति वैज्ञानिक डॉ. अम्बेडकर की बात करें तो उनके व्यक्तित्व के अनुरुप उपमा केवल अश्वघोष के बुद्ध चरित के प्रथम श्लोक के शब्दों से ही व्यक्त की जा सकती है। अश्वघोष का शब्दांकन ऐसा है मानो

आदिकवि वाल्मिकी का रामायण और व्यास का महाभारत और वेद, उपनिषद, तथा शास्त्रीय संस्कृत की समस्त प्रसिद्ध रचनायें शोकमग्न हो गईं हों। अश्वघोष कहते हैः

*श्रीयं पराध्यर्याम् विद्ध्वि धातृजित्*
*तमोनिरसन्नभिभूत भानूभृत्*
*नुदन्निदाघं जित चारुचन्द्रमा*
*स वंद्यते अर्हनिहयस्स नोपमा।।*

अर्थात् जिसने अपने सुख के वरदान से विधाता को भी मात दी, जिसने अपने सूर्य से भी प्रखर तेज से घूप अंधेरे को दूर किया और जिसने अपनी चन्द्रमा से भी शीतल छाया से दग्धता को ठंडा कर दिया, उस अनुपम अजेय अर्हत तथागत को मेरा वंदन है।

इसी तर्ज पर हम अम्बेडकरी क्रांतिकारी लोग रविन्द्रनाथ टैगोर रचित राष्ट्रगीत के मुखड़े अर्थात् जन–गण–मन–अधिनायक जय हे भारत भाग्य विधाता में भाग्य को भी मात देकर आधुनिक भारत की नींव डालने वाले बाबासाहेब अम्बेडकर के तेजपुंज को नमन करते हैं।

क्योंकि जनाधार के प्रजातन्त्र को उन्होंने ही राजनीतिक, आर्थिक और सामाजिक सीमाओं को लांघकर प्रथम बार जीवन पद्धति के रुप में विश्व में प्रतिष्ठीत किया है। क्योंकि उन्होंने ही विदेश में प्रचलित समस्त गणतांत्रिक प्रणलियों में बुद्धकालीन भारत में प्रचलित गणतन्त्र को पुरोगामी बतलाया है। क्योंकि उन्होंने ही बाह्य आडंबरों से सने समाज को बुद्ध का अत्त दीपो भव के दर्शन का केन्द्र बिंदू मन प्रदान किया है। और उन्होंने ही वैश्विक जीवन के त्रिसूत्री तत्वों अर्थात् समता, स्वातंत्र्य और बंधुत्व के लिए खतरनाक अधिनायकवाद (Dictatorship) की भर्त्सना की है।

मानवी मानस को अधिक विकसित करने हेतु बुद्ध के धम्म में जो चेतना प्रेरक है उसे चिन्हांकित कर आईन्स्टाइन ने बुद्ध धम्म के बारे में कहाः– If there is any religion that would cope with modern scientific needs it would be Buddhism.

राहुल सांस्कृत्यायन समय रहते जिन–जिन का क्षय हुआ देखना चाहते थे उनमें निम्नांकित हैं: मानसिक गुलामी, सामाजिक दासता, बौद्धिक बेईमानी, आर्थिक विषमता, कूपमंडूकता, पोथी प्रेम, कर्मकांड, यज्ञ–हवन, साहित्यिक चोरी, ......इत्यादि।

इस पंक्ति को लिखते–लिखते मेरे धम्मबंधू शांति स्वरुप बौद्ध ने दूरभाष पर बताया कि बाबासाहेब के मिशन के कलम के धनी आदरणीय. डी. सी. अहिर नहीं रहे। 15 जुलाई को वे कालगत हुये। मिशन के इस कलम–सिपाही के प्रति आदरांजलि व्यक्त कर उनके हिस्से की क्रांति को हम सब अपने–अपने कंधों पर वहन करने का संकल्प करें तो क्रांति वैज्ञानिक की विरासत और अधिक पुष्ट हो जायेगी।

आज कल दलित ब्राह्मण वगैरा की चर्चा हो रही है। समरसता और हमरसता का वैचारिक और कुपित अभियान सामाजिक और राजनीतिक मंच पर देखने सुनने को मिलता ही है। टी. वी. पर तो आमिर खान फेम सत्यमेव जयते भी कभी–कभी सुप्त सामाजिक इंधन को ज्वलंत करने की चेष्टा में क्रांति वैज्ञानिक के नाम का जिक्र दबाकर ही सही, दर्शकों के जनमानस में क्रांति के अंकुरों को उर्वरक प्रदान कर रहा था।

वर्तमान में सायबर टेक से आतंकित होकर देश्स के चारों दिशाओं में बसे आसामी बंधू–भगिनियाँ जहाँ मिले वहाँ अपना सर छुपाने के लिए आश्रय ढूंढ रहे हैं। बांगला देश के घुसपैठियों को असम में प्रवेश करने से प्रतिबंधित करने हेतु सीमा पर दीवारें खड़ी करवा देने जैसे सुझाव पढने को मिल रहे हैं। पोथियों में लिखा वसुधैव कुटुम्बकम् और अनेकता में एकता जैसा सुभाषित भले ही शब्द लालित्य में सौंदर्य बढाने वाले हों लेकिन जमीनी हकीकत पर ये बेजान जुमले बेअसर ही सिद्ध होते हैं। क्योंकि मूल समस्या आज के वैश्वीकरण के दौर में अंतरप्रातीय और अंतर्राष्ट्रीय पूंजी, श्रम, तकनीकी और वस्तुओं या सेवाओं के सतत प्रवाह के साथ साथ सांस्कृतिक प्रवाह को भी विश्व–मंडियों में बेचने और विश्व बंधुओं को ग्राहक मानकर मुनाफा कमाने वाली प्रक्रिया में अमानवीयता पर अंकुश लगाने की समस्या है। इस सत्य के प्रकाश से

उस समस्या का समाधान करना अत्यंत आवश्यक है। अंत में किसी भी आपत्ति या विपत्ति के लिए मानवीय यत्न करना और समय पर विजय पाना जापानियों से बेहतर और कौन जान सकता है।

डॉ. अम्बेडकर ने इतिहास में मनुष्य की भूमिका को सर्वोपरी आंका है। अपने ''रानडे, गांधी और जिन्नाह'' नामक पुस्तक में 'क्रांति वैज्ञानिक' डॉ. अम्बेडकर ने बडे स्पष्ट शब्दों में अंकित किया हैः

क्या इतिहास महापुरुषों का जीवन चरित्र ही है? मनुष्य कितना भी बड़ा क्यों न हो वह समय का गुलाम है। समय उसे आने पर मजबूर करता है। समय ने हर शय पर फतह पाई है। मनुष्य उसके सामने सिफर है। ऐतिहासिक परिवर्तन के कारणों से सम्बद्ध तीन दृष्टिकोण हैं। अगस्तिन के ऐतिहासिक सिद्धान्त के अनुसार इतिहास दिव्य योजना का अनावरण है, जिसमें मानवजाति को युद्ध और दुःख से गुजरना तब तक जारी रखना पड़ता है, जब तक वह दिव्य योजना निर्णायक दिवस पर समाप्त नहीं होती। बकल का दृष्टिकोण है कि इतिहास को भूगोल और भौतिकी से घड़ा जाता है। और कार्ल मार्क्स की दृष्टि में इतिहास मात्र आर्थिक शक्तियों का परिणाम है। ये तीनों दृष्टिकोण इतिहास को महामानव के चरित्र नहीं मानते। अर्थात् वे मनुष्य को इतिहास के निर्माण में कोई स्थान नहीं देते। ईश्वरवादी के शिवाय कोई भी व्यक्ति अगस्तिन के सिद्धान्त को नहीं मानता। जहां तक बकल और मार्क्स के कथन हैं, उनमें सत्य है, परंतु उनके दृष्टिकोण संपूर्ण सत्य का प्रतिनिधित्व नहीं करते। वे इस धारणा में बिल्कुल गलत हैं कि अव्यक्तिगत शक्तियाँ ही सब कुछ हैं और मनुष्य का इतिहास में कोई निजी योगदान नहीं हैं। यह कि अव्यक्तिगत शक्तियाँ इतिहास निर्माण के निर्धारक कारक होते हैं इससे इंकार नहीं किया जा सकता। परंतु अव्यक्तिगत शक्तियों के परिणाम मनुष्य पर निर्भर है, यह बात भी ग्राह्य होनी चाहिये। चकमक सर्वत्र विद्यमान न हो, परंतु वह जहाँ भी विद्यमान है, वहाँ एक चकमक को दूसरी चकमक के साथ रगड़ कर आग पैदा करने के लिए उसे मनुष्य की जरुरत होती है। अनाज के गेंहू आदि बीज सर्वत्र विद्यमान न हो, परंतु जहाँ वे विद्यमान हैं, वहाँ उन्हें

पीसने और उसके गूंथे आटे से स्वादिष्ट और पोशक रोटी बनाने तथा खेती में वे बीज डालकर कृषि की नींव रखने के लिए मनुष्य की जरुरत है। कई स्थान ऐसे हैं जहाँ धातुयें नहीं हैं, परंतु जहाँ भी वे विद्यमान हैं, वहाँ उनसे औजार और यंत्र बनाने हेतु, जो सभ्यता और संस्कृति के आधार हैं, मनुष्य होना चाहिए।''

''सामाजिक शक्तियों का उदाहरण लें तो, कई प्रकार की खतरनाक परिस्थितियाँ पैदा होती हैं, उनमें से एक परिस्थिति इस प्रकार है कि थेयर ने उसे अपने थियोडोर रुजवेल्ट के चरित्र में बयान किया है और उसमें वह कहता है कि प्रत्येक संप्रदाय, दल अथवा संस्थान में एक समय ऐसा भी आता है कि तब उसकी गति रुक जाती है, उसकी धमनियों से खून का प्रवाह अवरुद्ध हो जाता हैं, उसके युवा लोग किसी भविष्य की उम्मीद को नहीं देख सकते, उसके वयोवृद्ध जन किसी बीते हुए कल के सुनहरे सपने को याद नहीं कर सकते, वह कालगत होकर जीवन को धकेलता है और बीते दिनों को ही पकड़कर रखने के लिए जी जान से तड़पता रहता है। राजनीति में जब यह जीर्णावस्था की प्रक्रिया आरंभ होती है तो उसे हम बुर्बोनवाद या जीर्णवाद कहते हैं। और जीर्णावस्था का निश्चित लक्षण यह है कि वह उसमें होश खोता है; उसकी मांसपेशियों के सूख जाने से वह लाचार होता है, परंतु उसे तब भी नहीं लगता कि उसका इलाज करना चाहिए। इस प्रकार बदली हुई परिस्थिति से समायोजन करने में असमर्थ वह पीछे छुट गये काल में ही ऐसा लौट जाता है जैसा कोई बूढ़ा अपनी जर्जर आराम कुर्सी में दुबक जाता है।''

''दूसरे प्रकार का दृश्य जीर्णता का नहीं बल्कि विध्वंश का है। जब जब आपत्तिकाल आता है तब–तब उसके आने की सम्भावना हमेशा विद्यमान होती है। पुराने तरीके, पुरानी आदतें और पुराने विचार समाज का उत्थान और नेतृत्व करने में बेकार होते हैं। जब तक नये पर्याय विद्यमान नहीं हैं तब तक जीवित रहने की सम्भावना विद्यमान नहीं होती। किसी भी समाज की जीवनचर्या सुलभ नहीं होती। जीर्णता के अवसर और विध्वंस की संभावनायें आती हैं, जिन से हर समाज को

गुजरना पड़ता है। कुछ बचे रहते हैं, कुछ मर जाते हैं और कुछ जर्जरता से ग्रस्त हो जाते हैं। ऐसा क्यूं होता है? क्या कारण है कि कुछ जीवित बच निकलते हैं? कार्लाइल ने इसका यह उत्तर दिया कि ''कोई भी काल जाया नहीं होगा यदि उसे ऐसा महामानव, ऐसा विवेकवान पुरुष मिल जाये जो वास्तव में स्पष्टता से देख सके कि काल की क्या मांग है, उसे ऐसा साहसी वीर पुरुष मिल जाये जो उसे वहाँ से आगे सही राह पर ले जा सके। यही किसी युग के संकट का समाधान है।''

यही निर्णायक उत्तर है उनके लिए जो मनुष्य को इतिहास के निर्माण में किसी स्थान के योग्य नहीं समझते हैं।

विपत्ति को नये मार्ग के आविष्कारों से निपटा जा सकता है। जहाँ नया मार्ग उपलब्ध नहीं है, वहाँ समाज पतनोन्मुख होता है। काल केवल संभाव्य नये रास्तों का संकेत दे सकता है। परंतु सही रास्ते पर कदम रखना काल का कर्तव्य नहीं है। वह मनुष्य का काम है। मनुष्य इतिहास निर्माण का इसीलिए कारक है और यह कि पर्यावरणीय ताकतें चाहे वे अव्यक्तिगत हों या सामाजिक हों, प्राथमिक तो होती ही है परंतु वे अन्तिम कतई नहीं होती।

बीसवी सदी के प्रजातान्त्रिक क्रांति ने मनुष्य को अलौकिक सुख का विजन दिया– ऐसा सुख कि जिससे कोई भी व्यक्ति ज्ञान के फल को चखने के अपराध के कारण बेदखल नहीं किया जायेगा। समाज का विज्ञान, जिसने बीसवी सदी में जमीनी कृतियों की मार्गदर्शिका के रुप में अपनी फलश्रृति प्रदान की, मानव को अपना संज्ञानपूर्वक इतिहास बनाने में सहायक है। इसीके साथ ही मानवजाति का यथार्थ इतिहास घड़ना आरंभ होता है।

संसारिक जाल में मनुष्य अपने जोखिम पर जीता है और उसे इस गूंथे हुए जाल में अपना रास्ता पाने के लिए अपनी आजादी का गला घोंटने की नौबत नहीं आनी चाहिए। ज्ञान से वंचित करना अपने उत्तम ध्येयों के प्रति आजादी का इस्तेमाल करने के सामर्थ्य को नकार देना है। अनपढ़ आदमी आजाद हो सकता है परंतु वह अपनी आजादी का

इस्तेमाल सुख की प्राप्ति निश्चित करने में नहीं कर सकता। अतः नागरिकों के सामाजिक अधिकार जितने अधिक समान होंगे, वे अपनी आजादी का उपयोग करने में उतने ही सक्षम होंगे। यह भी हो सकता है कि व्यक्ति भली प्रकार से आजाद भी हों और वह आजादी के मक्सद को साकार करने की चेतना से भी बेखबर हों।

केशवसुत जैसे शब्द साहित्यिक समय के साथ समायोजन कर सही समाधान कैसे प्रदान कर सकते थे जब वह मूर्ति विक्रेता को ही हरामखोर कहते थे? यथा मूर्ति फोडूनिया देऊ जोडूनिया, परी विकूनिया टाकूं न त्या।। विकूनी टाकिती तोची हरामखोर, तोचि खरे चारे आम्ही नव्हे।। अर्थात् मूर्ति तोड़ उसे जोड़ देंगे, परंतु उसे बेचेंगे नहीं। उसे जो बेचेगा वही हरामखोर, वही सही चोर है, हम नहीं।

इसके विपरीत जोतिराव फुले समय की मांग पहचान कर उचित कदम उठाने हेतु अपनी प्रेरक कलम से ऐसा यथार्थ अंकित करते थे, जैसा कि यह हैः *"पशु शिरी सोंड पोर मानवाचे।। सोंग गणोबाचे।। नोंद ग्रंथी।।धृ।। बैसे उंदरावरी ठेवूनिया बूड।। फुंकितो शेंबुड।। सोंडेतून।।1।। अंत्यजासी दूर, भटा लाडू देतो।। नाकाने सोलीतो।। कांदे गणू।।2।। चिखला तुडवूनी बनविला मोऱ्या।। केला ढंबुढेऱ्या।। भाद्रपदी।।3।।* अर्थात् आदमी के बच्चे को पशु का सिर और सूंड है। गणपति की ऐसी नौटंकी का धर्मग्रंथ में उल्लेख है। चूहे पर अपनी सीट रखकर बैठता है, और सूंड से ही नाक का मल फूंकता है।। अंत्यज से दूर रहकर वह ब्राह्मण को लाडू देता है, ऐसा यह गणू हाथ से नहीं बल्कि नाक से ही प्याज छीलता है।। किचड़ को रौंद कर मोरिया बना, और उसे भाद्रपद के माह में उसे पेटू बनाया गया।।

य. दि. फडके संपादित महात्मा फुलेः समग्र वाड्.मय, में फुले की क्रांतिकारी कलम की जमीनी सार्थकता निम्नांकित उद्धरण से पेश की गई हैः परशुराम देव साचा।। वध करी अर्भकांचा।।1।। ब्रह्माजी तो साचा अवयवी झाला।। भटासी ओकला।। तोंडातून।।2।। अर्थात् पवित्र देव परशुराम गोद में पल रहे अर्भकों का वध करता है। सत्य ब्रह्म गर्भवती हुआ और उसने अपने मुख से ब्राह्मणों की उल्टी कर डाली।

अतः युगप्रवर्तक फुले के इहवाद, बुद्धिप्रामाण्यवाद और व्यक्तिस्वातंत्र्य के जीवनमूल्य से निकले पर्यायी सार्थक हतौड़े ही विष्णु शास्त्री चिपलूणकर, केशवसुत, हरिभाऊ आपटे, किर्लोस्कर के जड़ताग्रसित विश्व को ढहाकर नये साहित्य विश्व का सृजन कर सकते थे।

प्रसिद्ध बौद्ध दार्शनिक धर्मकीर्ति ने जड़ता के पांच लक्षण बताये। वे सारे लक्षण जड़ता ग्रसित मस्तिष्क पर हुबहू लागू होते हैं। वे पांच लक्षण हैं: वेद प्रामाण्यं कस्यचित् कतृवाद स्नाने धर्मेच्छा जातिवादावलेपः सन्ता पारम्भा पापहानाय चेति ध्वस्त प्रज्ञानाम् पञ्च लिंगानि जाड़्ये।। अर्थात् वेद पोथियों को प्रमाण मानना, किसी ईश्वर के निर्माता होने पर विश्वास करना, नदी में डूबकी लगाने से धार्मिक शुद्धि का संतोश मान लेना, जन्म पर जाति का घमंड करना और शरीर–दंड से पाप नष्ट होते है मानना। ये पांच लक्षण उनके हैं जिनकी बुद्धि ध्वस्त और जड़ता से ग्रस्त है।

अतः काल और समायोजन की दृष्टि से जोती राव धर्मकीर्ति की परंपरा से जुड़ते हैं और वे ही आधुनिक मराठी साहित्य और आदिवासी, ग्रामीण दलित और जन साहित्य के जनक कहलाने के अधिकारी है।

इसीलिए नाग, अनार्य, द्रविड, दासादि वर्ग का समतामूलक मुल्य से बंधुत्व के ध्वज तले स्थापित एक न्यायिक समाज था, जिसके नायक बलि और तत्सम शूद्र–अतिशूद्र स्त्री–पुरुष रहे। मातृसत्ताक व्यवस्था से उत्पन्न सारिपुत्रादि बुद्धिप्रामाण्यवादी धम्म सेनापतियों से कौन परिचित नहीं है? मनुष्यत्व को नजर अंदाज करने के कारण ही आदिकवि वाल्मिकी दूध का दूध और पानी का पानी अपने महाकाव्य में नहीं कर सके और परिणामतः उनके काल्पनिक चरित्र राम, लक्ष्मण समवेत सारी आर्य अनार्य प्रजा को अपने समय के मूनी भक्तों की भांति सरयू नदी में जलमग्न होकर सामूहिक आत्महत्या का शिकार होना पड़ा। महाकाव्य का ऐसा ट्रेजिक दुःखान्त इसीलिए हुआ क्योंकि काल की मांग को भली भांति नहीं समझने के कारण और विनाशकाले विपरीत बुद्धि के प्रभाव से सम्यक मास्टर बुद्ध को ही ''यथा ही बौद्ध सः तथा हि चोरः स्तथागतं

नास्तिकमत्र विद्धि'' कहने में जरा भी शर्म नहीं आने और अत्त दीपो भव बनकर काव्य निर्माण नहीं करने से हुआ। क्योंकि उनके पूर्व में भी प्राचीन विश्व में कई क्रांति वैज्ञानिक हुए थे। उनमें सबसे श्रेष्ठ शास्ता तथागत बुद्ध ही थे। उनके नक्शे–कदम पर चलने पर भी रामायण और महाभारत जैसी शेकान्तिका को टाला जा सकता था।

बौद्ध धर्मनिरपेक्ष त्रिपिटक में स्त्री के वचनों को भी बुद्ध वचनों के अंतर्गत रखा गया क्योंकि स्त्री–पुरुष की गरिमा इस संगठन में समतुल्य है। उसको ही याद करके आदिकवि वाल्मिकी अपने लेखन कार्य का आरंभ करते तो सीता भी राम है लिख कर महिला की गरिमा को अग्नि परीक्षा में भेंट न चढाते और उनका अनुकरण मछली बाई सत्यवति के बेटे व्यास भी करते और द्रौपदी का तमाशा करने के बजाय वे भी उसका सम्मान कायम रखते।

इस प्रसंग से आधुनिक काल के आरंभ में हुई इन्दौर की शूर नारी अहिल्या का जिक्र करना सामयिक होगा। अन्य पिछड़ा वर्ग के शिंदे के घर जन्मी बालिका बड़ी होकर मल्हार राव की बहू बनी और उसने होलकर घराने का नाम रोशन किया। उसीका नाम अहिल्या था। उसने नारी सेना की भी टुकड़िया तैनात कर रखी थीं। अपने व्यावहारिक विवके के कारण वह अपने और पराये दोनों दुश्मनों पर भारी पड़ी। जब चारों तरफ आतंक, भ्रष्टाचार और हिंसा का बोलबाला था और सभी राजाओं और पेशवाओं के खजाने लुटपाट और नाचगाणे से खाली हो रहे थे, तब अहिल्या का ही एकमेव ऐसा राज्य था कि जिसमें प्रजा सुखी, स्वस्थ और सुरक्षित थे और राज्य का खजाना द्रुत गति से बढता ही जा रहा था। एक बार बाजीराव पेशवा ने अहिल्या से लाखों रुपया भेंट के रुप में वसूलना चाहा और उस में वह यहाँ तक गया कि यह धमकी भी दे डाली कि इतनी भेंट नहीं मिलने पर हमारे युद्ध में आपको अपना सर्वस्व गंवाना पड़ेगा। लेकिन अहिल्या देवी कोई डरपोक नारी नहीं थी। उसने भी अपनी नारी फौज के साथ लड़ने की तैयारी की और बाजीराव को संदेश भेजा दिया कि ''महोदय! मेरे खजाने में जो धनराशि संचित है, वह लूटमार या नाच–गाणे, खेल–तमाशे से अर्जित

की हुई नहीं है। वह हम लोगों के अविरत पसीने से कमाई हुई दौलत है। अतः मैं मानती हूँ कि इस धनराशि से फुटी कौड़ी भी गुलछर्रे उड़ाने के लिए आपको भेंट देना एक अधार्मिक कार्य होगा। जहाँ तक युद्ध में अपना सर्वस्व गवांने की बात है, मैं महोदय को स्पष्ट कह देना चाहती हूँ कि मैं एक नारी व्यक्ति हूँ और युद्ध में हारने पर भी लोग आपको ही कहेंगे कि मर्द होकर भी एक महिला से लड़ाई लड़ी और मुझे कहेंगे कि एक नारी होकर भी एक मर्दों की सेना से टक्कर दी। उसमें भी आप को ही शर्मिंदगी को झेलना पड़ेगा। और ईश्वर न करें कहीं आप ही युद्ध में परास्त हुये तो आप का स्वत्व तो सर्वथा ही स्वाहा हो जायेगा। आप तब कौनसा मुंह लेकर लौट जायेंगे?" इस बात से बाजीराव चमक गये और बिना युद्ध किए और वह भेंट राशि को तिलांजलि देकर अपनी इज्जत मुठ्ठी में लेकर लौट गया। इस प्रकार एक अबौद्ध महिला भी क्रांति वैज्ञानिक होती है।

महिला ही नहीं बल्कि सवर्ण शंकराचार्य के दादागुरु गौडपादाचार्य जैसे पुरुष भी क्रांति वैज्ञानिक बन सकते है क्योंकि वे सत्य को सत्य और झूठ को झूठ समझने और उसे वैसा ही अन्यों को बतलाने में समर्थ होते है। अपने प्रत्येक कार्य के आरंभ में गौडपादाचार्य "श्री गणेशय नमः" नहीं कहते थे, बल्कि वह कहते थे, "नमो तस्स भगवतो अरहतो सम्मा सम्बुद्धस्स"। भले ही शंकराचार्य स्वयं बौद्ध दर्शन की चोरी कर सीनाजोरी करते थे, यहाँ तक कि ऋणानुनिर्देश भी नहीं करते थे परंतु यह नस्ल किसी विकृत मानसिकता से ग्रस्त होने के कारण वैसा करती थी। हालांकि उनके पूर्व में हुए विचारवानों में यह विकृति दृष्टिगोचर नहीं हुई है।

अहिल्या के पश्चात् पेशवाई के स्त्री संहारक कायर मुकुट पर जोतीराव फुले के मुखारविंद से जो शब्द के इंसान प्रहार करते थे तो लगता था मानो सामाजिक क्रांति और अर्थ के ईमान समय की परछाई को मोड़ देने बौछार कर रही थी। इसकी बानगी के लिए निम्नांकित पंक्तियों पर गौर फरमाइएः

भट पेशवा जो नाना। छेड़ी स्त्रिया लेकरांना।। जो नाना पेशवा था वह ब्राह्मण था और महिला तथा बालिकाओं की छेड़खानी करता था।

बहुस्त्रियांचा हा पति। स्त्रीस का उलटी रिती।। वह कई पत्नियाँ रखता था परंतु स्त्री को अनेक पति नहीं रखने की विपरीत रुढी को मानता था।

एक मरता दुजी जाया। हा मारतो सती न्याया।।
एक पत्नी मरती है तो दूसरी अपनाई जाती है।
सति के नाम पर जीवित महिला को भी मरवाया जाता था।
पक्षपाती सर्व मनु। नेत्री सलतात कानू।।
मनु जैसे सब विधिकार पक्षपाती थे, उनके कानून आंखों में चूभते हैं।
खेडेगावी कुलकर्णी। आहे लेखणीचा धनी।।
गाँव में कुलकर्णी कलम का मालिक है।
महालामध्ये महालकरी। जसा अष्ट अधिकारी।।
महल में एक महलकरी आठ–आठ अधिकारियों की शक्ति से लैस था।
यमवत मामलेदार। शूद्रा शिक्षा अनिवार।।
मामलेदार स्वयं यमराज से कम नहीं था।
शिक्षा के बगैर शूद्र लाचार था।
धूर्त चिटणीसाच्या पुढे। काय कलेक्टर बापुडे।।
चिटनीस ठग के सामने कलेक्टर भी लाचार था।
रेवेन्युची दफ्तरदारी। ब्राह्मण किती अधिकारी।।
राजस्व कार्यालय में अधिकारी ब्राह्मणों की ही फौज थी।

आज का क्रांति वैज्ञानिक एक हाथ में क्रांतिवीर जोती की मशाल लेकर और दूसरे हाथ में समता, स्वात्ंत्रय और बंधुत्व के जीवन दर्शन का त्रिशरण ग्रहण कर वह अपना रास्ता इस इहलोक में तय करनेवाला है। अपनी शिक्षा, संघर्ष और संगठन से उसे असंख्य बुद्ध, अम्बेडकर, कबीर, शाहू, फुले, सावित्री, टामस पायन, बोनापार्ट, वाल्टेयर, आइन्स्टाईन,

और अहिल्या आदि असंख्य तेजस्वी तारों से उसे वैज्ञानिक अनात्मिक ब्रम्हांड की पुनर्रचना करनी है। उसका नारा है: क्रांतिवैज्ञानिक बोधिसत्व बाबासाहेब भारतरत्न परमवीर डॉ. भिमराव अम्बेडकर जिंदाबाद!

## संदर्भ सूची

1. रसेल बर्ट्राड, मैं क्रिश्चन क्यों नहीं, लंदन
2. अश्वघोष, बुद्ध चरित
3. आईन्स्टाइन उद्धरण
4. शांति स्वरुप बौद्ध, महाराजा जयचन्द बौद्ध थे, दिल्ली, 2019

अध्याय – 17

# बौद्ध तत्वज्ञान और भारतीय संविधान

## प्रस्तावना

अगर सिद्धार्थ गौतम राजा ही बनकर रह जाते, घर छोड़ के उनको ज्ञान प्राप्त न होता, ज्ञान प्राप्त कर उसका प्रचार नहीं करते उनको कोई महत्व नहीं था।

हिन्दुस्तान में हजारों राजे हुए, उनके नाम हम अभी जानते भी नहीं, वैसे ही एक महाराजा होकर सिद्धार्थ गौतम के नाम से मर जाते। हिन्दुस्तान के बहुत से लोग कहते हैं कि भगवान बुद्ध की भक्ति पूरी हुई। भगवान बुद्ध ने किसी की भक्ति नहीं की। तो बुद्ध को क्या प्राप्त हुआ ? संक्षिप्त में उनको चार आर्य सत्य का ज्ञान हुआ। आमतौर से दूसरे धर्म इस बात से शुरू होते है कि दुनिया किसने बनाई है। यह दुनिया कैसे शुरू हुई, यह नदी, पहाड़ किसने बनाये। भगवान बुद्ध ने कहा है कि हमारा मसला यह नहीं है कि पहाड़ किसने बनाये। यह जो हमारे अन्दर जो दुख है, हमें अपने मन के बारे में कुछ पता नहीं कि मैं कौन हूँ। मुझे दुःख क्यों होता है, समाज के अन्दर यह लड़ाईया क्यों, अपने मन के अंदर ये लड़ाईयाँ क्यों है, अपने मन के अन्दर क्या बात हो रही है, उनका खुद को पता नहीं तो पहाड़, आसमान के बारे में क्या बात करते हो पी.एच.डी. करके उनको दुःख का ज्ञान नहीं हुआ। सारा का सारा बुद्ध धर्म आदमी के अंदर है। सवाल है इस शरीर को कैसे पढ़े? कैसे समझे? उसके लिए भगवान बुद्ध ने

"वेदियमानस्स अहं भिक्खवे दुक्खडच पञ्ञापेमि
दुक्ख समुदयत्र्च, दुक्ख निरोधत्र्च पटिपदा।"

अर्थातः– जो आदमी अपने वेदना के प्रति जागरूक है उसके लिए भिक्षुओं, मै कहता हूँ, यह दुःख है, यह दुःख समुदय है, यह निरोध है, यह दुःख निरोध गामिनी परिपदा है। आप लोग भगवान बुद्ध की आमिष यानि वस्तुऔ से पूजा करते हैं, लेकिन उन्होंने प्रतिपत्ति की पढाई की और कहीं।

यदि आप भगवान बुद्ध के प्रति श्रद्धा रखते हैं तो कम से कम आज एक दिन शराब मत पियो।

## बुद्ध

आज हम उस महान पुरुष को याद कर रहे हैं, जिन्होंने इस संसार को शंति के प्रकाश से प्रकाशित किया, प्रज्ञा की आभा से प्रज्वलित किया, भयानकता को मत्री से शांत करने का उपदेश दिया। अनाथों के नाथ, दलितों के दुःखहर्ता, महान करूणा से स्त्रोत, जिन्होंने प्राणियों के हित के लिए, कल्याण के लिए, विभिन्न प्रकार से अनेक दुःख, अनेक पीड़ा सहकर के भी पारमिता गुण धर्मों को पूर्ण करके सम्बोधि लाभ किया। आज हम उन को उमझने का प्रयास कर रहे हैं। भगवान बुद्ध दो हजार और दो सौ सैंतीस वर्ष भारत के सीमान्त प्रदेश नेपाल की अपत्यका लुम्बिनी में जन्में। उनका यौवन बहुत ही सुखमय बीता था। एक दिन बहुत से विचारों ने उनके हृदय को छुआ। आतंकित जनता को देखकर वह रोने लगे और सत्य के खोजने के लिए उन्होंने अपना राज सुख पाठ त्याग दिया। इस प्रकार उन्होंने 29 वर्ष की आयु में गृहत्याग किया, महाभिनिक्रमण किया। छः साल की कठिन चर्या के बाद बुद्धत्व लाभ किया। उस सुख को बोधि वृक्ष के नीचे रहकर सात हफ्ते तक अनुभव किया। और उसके बाद प्राणियों के दुःख दर्द और पिड़ाओं को मिटाने के लिए सर्वप्रथम सारनाथ में पांच ब्राह्मण ऋषियों को उपदेश दिया, अपने ज्ञान को फैलाया उनके संघ में सबसे नामी

प्रकांड भिक्षु के रूप में निकलने वाले सभी भिक्षु ब्राह्मण ही थे ऐसा भी कहते हैं। किन्हीं व्यक्तियों का विचार है, भगवान बुद्ध का धर्म हिंदू धर्म का एक अंश है। यदि ऐसा है तो हिन्दू धर्म के प्रतिष्ठाता ब्राह्मण लोग बौद्ध धर्म में क्यों प्रतिष्ठित हुए? अगर वह ही धर्म महान थे तो ब्राह्मण के पुत्रों को बौद्ध भिक्षु बनने की कोई जरूरत नहीं थी। लेकिन ब्राह्मण लोग बुद्ध धर्म में आकर आत्मशांति का अनुभव करते थे। उसका थेरगाथा व थेरीगाथा में विवरण है। उसीसे हमें मालूम होता है कि बौद्धों की अपनी ही एक मौलिकता है और अगर हिन्दू धर्म से बौद्ध धर्म का प्रादुर्भाव हुआ तो भारत के बौद्ध धर्म का अन्त करने के लिए हिन्दू धर्म ने क्यों प्रयास किया, आदि प्रश्न हमारे सामने आते हैं। आज यह सब प्रश्न हल करने के लिए हम तर्क वितर्क नहीं कर रहें हैं। लेकिन जिस बुद्ध ने आज तक भारत को, एशिया को या विश्व को जो दिया है, उस संदेश के मुताबिक हम कह सकते है कि वह व्यक्ति जिसने बुद्ध धर्म का आविष्कार किया, प्रचार किया, वह अवश्य महान होंगे, थे और महान रहे हैं। पैंतालिस वर्ष तक बुद्ध ने अपने प्रयास से बौद्ध धर्म को भारत भूमि में स्थापित किया। उनके दौ सौ वर्ष बाद अशोक ने उसे एशिया, अफ्रिका और कहीं यूरोप में भी फैलाया। यह सम्राट अशोक का बहुत बड़ा योगदान है।

आज तक विभिन्न घात और आघातों के होने के बावजूद बुद्ध धर्म जी रहा है। उसका मुख्य कारण है उनके उपदेशों की सच्चाई जो शांति की आभा से प्राणियों के मर्म समझाने की शक्ति धारण किये हुये है। उसी तत्व के कारण आज यूरोप के लोग भी बुद्ध धर्म में आकर्षित होने लगे हैं।

हमारे भारत में बाबासाहेब डाक्टर भीमराव अम्बेडकर ने भी इसे अपनाकर कुण्ठित अवस्था, दबाव खत्म किया और कष्ट व वेदना सहकर जातियों का उत्थान किया। उन्होंने कहा था, मैं भारत को बौद्धमय बनाऊंगा काश! ऐसा होता।

सिंह के जैसे साहस वाले अम्बेडकर को भी मृत्यराज ने अपने में समेट कर इस जीवन से अलग कर दिया। उस महान पुरुष के संदेश

को जो उन्होंने बुद्ध से प्राप्त किया था आप लोग इंग्लैण्ड में रहकर भी नहीं भूले हैं और उनके स्मरण में आज यहाँ बुद्ध जयंती मना रहे है। ऐसे आप लोग सौभाग्यशाली हैं।

## बौद्ध तत्वज्ञान

भारतीय संविधान के निर्माण के पहले भारत में हिंदुत्ववाद, बुद्धवाद, गांधीवाद, एवं मार्क्सवाद जैसे तत्वज्ञान मौजूद थे। लेकिन भारतीय संविधान पर गहरा प्रभाव बुद्ध तत्वज्ञान का ही दिखाई देता है। भारतीय संविधान की उद्देशिका संविधान का हृदय है। यह एक उद्देशिका अत्यंत महत्वपूर्ण है। इस उद्देशिका में 'सम्पूर्ण प्रभुत्व संपन्न समाजवादी पंथ निरपेक्ष लोकतंत्रात्मक गणराज्य' स्थापना करने का जिक्र किया है और सभी नागरिकों को सामाजिक, आर्थिक और राजनैतिक न्याय, विचार, अभिव्यक्ति, विश्वास, धर्म और उपासना की 'स्वतंत्रता' प्रतिष्ठा और अवसर की समता प्राप्त करने के लिए अभिवचन दिया गया है। और व्यक्ति की गरिमा और राष्ट्र की एकता और अखण्डता सुनिश्चित करने वाली बंधुता बढाने के लिए दृढ संकल्प करते हुए यह संविधान भारत के लोगों ने स्वयं को अर्पित किया है।

संविधान की इस उद्देशिका की गहराई में अगर हम जायें तो हमें यहा भगवान बुद्ध के प्रतीत्य समुत्पाद सिद्धांत का (परस्परावलम्बी सहवर्धन) एहसास होता है। किसी भी घटना के पिछे कार्यकारण भाव (cause & effect) होता है। इस उद्देशिका में स्वतंत्रता समता, बंधुता एवं न्याय प्राप्त करने का उद्देश्य रखा गया था, जिसका परिणाम उद्देशिका इस तरह की हुई।

समाज में सामाजिक आर्थिक और राजनैतिक न्याय नहीं के बराबर था। सामाजिक, आर्थिक, राजनैतिक समता भी नहीं के बराबर थी। स्वतंत्रता नहीं थी। उच्च–नीच भाव विद्यमान था। विषमता फैली थी। यह सब क्यों था ? इसकी जड़ तक जाना जरूरी है।

ऋग्वेद के पुरूषसुक्त के निर्माता और मनुस्मृति के निर्माता दोनो प्राचीन काल के बहुत बड़े सोशल इंजिनियर थे। बुद्ध कहते हैं मन ही

सब मानसिक क्रियाओं में प्रधान है। धम्मपद की पहली गाथा में बुद्ध ने मन पर प्रकाश डाला है और कहा है, भलाईयों और बुराईयों का स्त्रोत मन ही है। मन अच्छा सोचे तो अच्छा होता है। बुरा सोचने के कारण परिणाम बुरा होता है। वेद निर्माता और मनु इस सोशल इंजिनियरों ने प्राचीन समाज की वास्तु की संकल्पना को जन्म दिय और वह हकिकत में लायी। इन्होंने कहा बृह्मदेव के मुख से हमारे ब्राह्मण बंधु का जन्म हुआ। बाहु से क्षत्रिय बंधुओं का जन्म हुआ। जांघों से वैश्व बंधुओं को जन्म हुआ और पैरों से शुद्र बंधुओं ने जन्म लिया।

ये सामाजिक अभियंता बड़े चालाक थे। उन्होंने यह वर्णव्यवस्था निर्माण करके उसको धर्म का रूप दिया। ऐसा उन्होंने क्यों किया? स्वार्थ के कारण और हमारे ब्राह्मण बंधुओं के विशेशाधिकार रखने के लिए ऐसा किया गया। इस वर्ण व्यवस्था ने सत्ता का विषय विभाजन किया है। ब्राह्मण बंधुओं के पास ज्ञान सत्ता, क्षत्रिय बंधुओं के पास राजसत्ता, वैश्य बंधुओं के पास धनसत्ता और शूद्र बंधुओं के पास केवल सेवाभाव था।

इसका मतलब है कि शुद्रों को जानबुझकर ज्ञानसत्ता, राजसत्ता, अर्थसत्ता एवं सम्मान से दूर रखा गया। मुख से लेकर पैर तक ब्राह्मण, क्षत्रिय, वैश्य शुद्र यह समाज पुरुष की अवधारणा दोनों अभियंताओं ने की लेकिन समाज की इस अवधारणा में अस्पृश्य कहां है ? आदिवासी कहां हैं? घुमन्तू कहां हैं? इन अभियंताओं ने समाज रूपी इस वास्तु से अस्पृश्यों को गाँव के बाहर निकाल दिया। आदिवासी बंधुओं को जंगल में हकाल दिया और घुमन्तुओं का न जंगल, न जमीन, न जल, न मकान दिया। इन्हें घुमते रहो का आदेश दिया। तीनों को गाँव से बहिष्कृत किया गया।

संविधान निर्माण के पहले जो सामाजिक, आर्थिक, राजनैतिक, व्यावसायिक विषमता थी। यह उन्हीं सोशल इंजिनियरों की देन है। स्त्री पुरुष विषमता को भी उन्होंने जन्म दिया। ज्ञान के प्रकाश से शुद्र, अतिशुद्र एवं नारी को दूर रखा। इस पुरानी सामाजिक वास्तू के बोझ

के नीचे उन्होंने न्याय, समता, स्वतंत्रता, बंधुता इन मूल्यों को कुचल दिया था।

संविधान निर्माता के सामने सबसे बड़ा आवाहन यही था कि, इस विषमता रूपी सामाजिक वास्तू को कैसे ध्वस्त किया जाय ? क्योंकि यह वास्तु सामाजिक भेदभाव की जड़ थी, जो देश की एकता और अखण्डता को खतरा बनी थी। इसके बारे में प्रज्ञा सम्राट बाबासाहेब अम्बेडकर ने उसे अंग्रेजी में Water Tight Compartment कहा है। बाबासाहेब कहते थे, यह समाज रचना एक मीनार की तरह है। इस एक दूसरे के उपर खड़ी हुई मीनार में क्रमशः ऊपर से प्रथम में ब्राह्मण है। इसके नीचे क्षत्रिय है। उसके भी नीचे तृतीय कमरे में वैश्य है और अंतिम जमीन के कमरे में शुद्र है। इस मीनार की एक विशिष्टता है कि इस पर पहूँचने के लिए कोई सीढ़ी नहीं है। प्रत्येक वर्ण स्वतंत्र है। उनके कार्यो का विभाजन है लेकिन आपस में कोई समन्वय नहीं। परन्तु यदि इस महल की नींव शूद्र बगावत कर दे और खिसक जाये तो यह मीनार अपने आप लड़खड़ा कर गिर पड़ेगी।

समय का करिश्मा तो देखो, इस मीनार में भी जिसका स्थान नहीं था। ज्ञान की प्यास पुरी करने के लिए जिसे विद्यार्थी दशा में तड़पना पड़ा उसी अछूत के हाथ में संविधान निर्माण का कार्य सौंपा गया। विद्यार्थी अवस्था में जिनके हाथों में केकुस्कर गुरूजी ने बुद्धचरित दिया था, उसी 'प्रबुद्ध' हाथों को संविधान निर्माण का कार्य सौंपा गया। डॉ. बाबासाहेब अम्बेडकर केवल राजनीतिज्ञ नहीं थे, वे विधिज्ञ थे, समाजशास्त्रज्ञ थे। जो भी कलाकृति कोई साकार करता है तो उसके व्यक्तित्व का प्रभाव उस कृति पर पड़ता है। बाबासाहेब अम्बेडकर बोधिसत्व थे। उनकी बोधिप्रथ भारतीय संविधान में यमकती हमें दिखाई देती है। संविधान की मसौदा समिति का अध्यक्ष डॉ बाबासाहेब अम्बेडकर को चुना गया। धनंयज कौर ने लिखा है–

वह अछूत, जिसे छकड़ों से धकेला गया, जिसे लड़कपन में स्कूल में एक और अलग कर बिठाया गया, जिसे प्राध्यापक के रूप में

अपमानित किया गया, जिस युवावस्था में घीन महार कहकर होटलों, होस्टलों, सभा मंडपो और मंदिर से निकाला गया''। कीर आगे लिखते है कि वही अब स्वतंत्र भारत का प्रथम विधि मंत्री बना और वही भारत के लोगों की इच्छा, लक्ष्य और सपनों को परिभाषित करने वाले संविधान का मुख्य रूप से निर्माता बना। भारत के इतिहास की यह एक बहुत बड़ी उपलब्धि भी है और हैरानी भी। भारत ने अपने युगयुगान्तरों से चले आ रहे अछूत–पन के पाप को दूर करने के लिए अपना नया शासनकार, नया मनु, अपना नया स्मृतिकार उस जाति से चुना जिसे युगों से पशु के समान आहत कर दिया गया था। जिसका मनोबल क्षीण कर दिया गया था और जिसकी शक्ति नष्ट कर दी गयी थी। नवभारत ने अपना संविधान बनाने का कार्य उस व्यक्ति को सौंपा जिसने कुछ वर्ष पहले हिन्दुओं के संविधान मनुस्मृति को अग्नि में भस्मसात कर दिया था।

## आधुनिक भारत के निर्माता – डॉ. अम्बेडकर

डॉ. बाबासाहेब अम्बेडकर आधुनिक काल के बहुत बड़े 'सोशल इंजिनियर' थे। अकुशल मन से बनाए हुए उस सामाजिक वास्तु को उन्होंने देखा। उसका गहरा अध्ययन किया। उसमें परिवर्तन की जरूरत महसूस की।

मा. भगवान सिंह रावत लिखते हैं, चूंकि बाबासाहेब अतिशूद्र और भुक्तभोगी होने के कारण छुआछुत एवं ब्राह्मणवाद के थपेड़ों के कटु अनुभवी थे, इसलिए उन्होंने सर्वप्रथम मनु के काले कानूनों को दफनाया और ब्राह्मणों के विशेषधिकारों को समाप्त किया। उन्होंने संविधान की धारा 13(3) में कहा कि इस संविधान के प्रारंभ होने से ठीक पहले राज्य क्षेत्र में प्रवृत विधियाँ उस मात्रा तक शून्य होंगी, जिस तक कि वे इस भाग के उपबंधो से असंगत हैं। ''धारा 13 (3) में कहा है, ''विधि के समान प्रभावी अध्यादेश, आदेश, उपविधी, नियम. विनियम, अधिसूचना, रूढ़ी अथवा प्रथा विधि के अन्तर्गत होगी।

भारतीय संविधान में अनुच्छेद 13(1) बहुत बड़ा क्रांतिकारी है। उसमें बारूद की शक्ति है। इस अनुच्छेद का बारूद पुरानी वर्णप्रधान सामाजिक वास्तु को लगाकर उसे ध्वस्त किया गया।

## डॉ. बाबासाहेब अम्बेडकर की प्रागतिक सामाजिक अभियांत्रिकी

प्रतीत्य समुत्पाद सिद्धांत के अनुसार कारण से परिणाम या कार्य घटित होता है। और यह परिणाम या कार्य पूर्णतः नया होता है। मनुष्य को कुरूप बनाने वाली वर्णव्यवस्था को नकार देने के साथ इस संविधान के माध्यम से डॉ. बाबासाहेब अम्बेडकर जैसे सर्वश्रेष्ठ सामाजिक अभियंता ने आधुनिक भारत के नवनिर्माण की नींव रखी। जिसका अपना एक मानवतावादी रूप सौंदर्य है। मानवीय मुल्यों को रौंदनेवाली जो वास्तू वर्ण एवं जाति की दिवारों पर और उच्च नींच भाव के छोटे–बड़े स्तंभो पर खड़ी थी उसको उन्होंने ध्वस्त करते हुए स्वतंत्रता, समता, बंधुता, न्याय एवं धर्म निरपेक्षता के पंचस्तभों पर एक नयी वास्तू खड़ी कर दी। संविधान की उद्देशिका के पीछे वर्ण एवं वर्गव्यवस्था की कुरूपता 'कारण' रही और उद्देशिका में अभिव्यक्त सम्यक संकल्प उसका नया, सुरूप एवं सुन्दर परिणाम रहा।

## बौद्ध काल में संसदीय शासन प्रणाली

डॉ. बाबासाहेब अम्बेडकर ने 28 अक्टूबर, 1951 में दयानंद ऐंग्लों वैदिक कॉलेज जालंधर में गंभीर एवं विचारपूर्ण भाषण दिया। बाबासाहेब अम्बेडकर ने कहाः ''आज हम पार्लमेंटरी शासन पद्धति से अपरिचित हैं। लेकिन एक समय था, जब भारत में पार्लमेंटरी ढंग की संस्थाऐं थीं। प्राचीन समय में भारत दुनिया के दूसरे देशों से बहुत आगे बढ़ा हुआ था। यदि आप पालि 'दीघ निकाय' के महापरिनिर्वाण सुत्र को पढ़े, तो वहाँ आपको मेरे कथन के पक्ष में काफी सामग्री मिलेगी। उस सुत्र में लिखा है कि, जिस समय कुशीनगर में भगवान बुद्ध का परिनिर्वाण होने जा रहा था, तो मल्ल जनपद के लोगों को, जो उस समय अपनी बैठक कर रहे थे, उसकी सूचना भिजवाई गई। मल्ल लोग पार्लमेंटरी पद्धति

के भक्त थे। जब उन्हें भगवान बुद्ध के बारे में समाचार मिला, तो उन्होंने तय किया कि वे अपना अधिवेशन बंद नहीं करेंगे, कार्यवाही जारी रखेंगे और अपनी पार्लमेंट का कार्य समाप्त करके ही कुशीनगर जायेंगे। हमारे साहित्य में ऐसे अगणित उल्लेख हैं, जिनसे सिद्ध किया जा सकता है कि हम पार्लमेंटरी शासन – पद्धति से अपरिचित नहीं रहे है।

मल्ल लोगों का बर्ताव किसी को अजीब लग सकता है, मुझे नहीं। क्योंकि भगवान बुद्ध ने सभी को 'अनित्यबोध' की शिक्षा दी थी। उसी का एहसास मुझे उनके निर्णय में होता है। अनित्य बोध जीवन का एक सत्य है। इसी कारण 'शोक' करना, देशहित का कामकाज रूकवाना व्यर्थ है। इसी कारण तो चक्रवर्ति सम्राट, बौद्ध सम्राट का नाम था अशोक।

भारतीय संविधान के अन्तर्गत आज लोकसभा में कोई प्रस्ताव रखता हो तो चौदह दिन पहले सूचना देनी पड़ती है। तभी वह प्रस्ताव स्वीकृत होता है। लेकिन यह प्रथा बुद्धकाल की संसदीय शासन प्रणाली में हमें दिखायी देती है। बाबासाहेब डॉ. अम्बेडकर ने इस बारे में कहा था, "पार्लमेंटरी शासन पद्धति के बहुत नियम हैं, एक नियम जिसका अनिवार्य रूप से सभी जगह पालन किया जाता है, यह हैं कि बिना प्रस्ताव उपस्थित किये, किसी भी विषय पर चर्चा नहीं हो सकती । प्राचीन समय में हमारे देश में यह पद्धति प्रचलित थी। इस समय जो 'गुप्त मत' देने की प्रथा प्रचलित है, यह भी हनारे लिए नई नहीं है। बौद्ध ग्रंथों से यह पता चलता है कि ऐसे मत पत्रों को शलाका कहते थे। दुर्भाग्य से हमने अपनी यह सारी वंश परंपरा से प्राप्त मूल्यवान सम्पत्ति गवाँ दी। भारत के इतिहास वीरों को इस प्रश्न का उत्तर देने का प्रयास करना चाहिए कि हमारे देश से ये पार्लमेंटरी संस्थाएँ क्यों लुप्त हो गयी। लेकिन मुझे लगता है कि हमारे देश के इतिहास–लेखक या तो इस प्रश्न का उत्तर खोज नहीं सकते या जान–बूझकर खोजना नहीं चाहते। प्राचीन भारत संसार का गुरू था। प्राचीन भारत में ऐसी मानसिक स्वतंत्रता थी, जैसी अन्यत्र कहीं नहीं थी। फिर यह प्राचीन

सभ्यता इस प्रकार छिन्न–भिन्न होकर नष्ट क्यों हो गई? भारत को निरंकुश शासकों की अधीनता क्यों स्वीकार करनी पड़ी? हम पार्लमेंट की शासन पद्धति से परिचित थें। हम छन्द (वोट), छन्द प्रदान तथा तत् सम्बंधी कमेटियों से परिचित थे।

## भारतीय लोकतंत्र का पंचशील

शाक्यमुनी, शांतिसागर भगवान बुद्ध ने व्यक्ति और समाज को पंचशील का ऐसा प्रकाश दिया जो हमें सदाचार के बलबुते पर खड़ा करके प्रगति की ओर ले जाता है। डॉ. बाबासाहेब अम्बेडकर ने भारतीय संविधान में हमें लोकतांत्रिक पंचशील प्रदान किये: 1. न्याय, 2. समता, 3. स्वतंत्रता, 4. बंधुता और 5. धर्मनिरपेक्षता। यही है वह पंचशील। यह पंचशील समाज के हर तबके के लोगों का जीवन प्रकाशमान करने वाला है। यह पंचशील का पालन अगर प्रत्येक नागरिक प्रमणिकता से करे तो समाज सामाजिक, आर्थिक एवं राजनैतिक नीतीमत्ता के बलबुते पर खड़ा होने के कारण विश्व में कल्याणकारी महासत्ता बन सकता है। बाबासाहेब ने दिया हुआ यह पंचशील हमारे भारतीय राष्ट्र–पुरुष को, जो जातिवाद, धर्मांधता, भ्रष्टाचार, दहशतवाद के जो रोग हुए हैं, उसकी गुणकारी दवा है।

भारतीय संविधान ने स्वतंत्रता, समता एवं बंधुता इन लोकतांत्रिक मूल्यों को अपनाया है। इस संदर्भ में संविधान के प्रमुख निर्माता डॉ. बाबासाहेब अम्बेडकर ने 3 अक्टूबर, 1954 में दिल्ली आकाशवाणी पर दिये हुए भाषण में कहा था, "स्वतंत्रता, समता एवं सहभाव यही मेरा जीवन विषयक तत्वज्ञान है। फ्रेंच राज्यक्रांती से मैने मेरा यह तत्वज्ञान लिया है ऐसा किसी ने समझना नहीं चाहिए। मैं पुरे विश्वास के साथ कहता हूँ कि मैंने ऐसा नहीं किया। मेरे तत्वज्ञान का मूलाधार राजनीति में नहीं, धर्म में है। मरे बुद्ध की शिक्षा से यह तत्वज्ञान मैने हासिल किया है।"

## संघ में 'न्याय–व्यवस्था' के सिद्धान्त

भारतीय संविधान की उद्देशिका में सबसे बड़ा महत्व 'न्याय' तत्व को

दिया गया है। यह लोकतंत्र का ऐसा मूल्य है, जिससे शोषित एवं पीड़ित का दुःख और दर्द दूर हो जाता है। अन्याय के दर्द भरे शिकंजे से उससे छुटकारा मिलता है। लोकतंत्र के पंचशील का यह एक महत्वपूर्ण शील है। और जो कोई इसे पैरों तले रौंदना चाहे भारतीय कानून उसे माफ नहीं करता।

''भगवान बुद्ध सामाजिक, आर्थिक एवं राजनीतिक न्याय के प्रबल पक्षधर थे। अन्याय के खिलाफ आवाज उठाने, वे बोलते हैं, ''एक आदमी यदि जोर–जबरदस्ती किसी से कोई काम करा लेता है तो उससे वह 'न्यायी' नहीं माना जाता। ऐसा नहीं, जो 'धर्म' और 'अधर्म' की पहचान रखता है, जो बुद्धिमान है और जो जोर–जबरदस्ती नहीं बल्कि धर्मानुसार दूसरों का मार्गदर्शन करता है ऐसे विज्ञ धर्मरक्षक को ही 'न्यायी' कह सकते हैं।'' दुबारा संघर्ष होने से कैसे रोका जा सके इसी हेतु बुद्ध के वरिष्ठ शिष्यों और कौशाम्बी में हुए संघर्ष के प्रमुख नेताओं की बैठक मान्य मोद्गल्यायन के सुझाव के अनुसार, मान्य महाकाव्य की अध्यक्षता में हुई। इस समय बुद्ध ने जो सौहार्द्धपूर्वक रहने के जो छः नियम वेणुवन में प्रवास के दौरान बताए थे, उस पर चर्चा हुई। और काफी विचार विमर्श के बाद वे सात सिद्धान्त निर्धारित किए गए कि यदि कहीं झगड़े के कारण किसी प्रकार के विवाद उठे तो इन सिद्धान्तो के अनुसार उनका निवारण किया जाए। उन्होंने इसका नाम 'सप्ताधिकरण शमथ' रखा। उसे ही हम न्याय व्यवस्था के 'सप्त सिद्धान्त' कह सकते है।''

प्रथम सिद्धान्त था– ''समुख विनय'' अर्थात उपस्थिति/इसके अनुसार आरोपितों को संघ के सानने उपस्थित किया जाता था। आरोपन करने वाले भी वहॉ उपस्थित रहते थे। उसके बारे में अनुपस्थित गवाहों का बयान भी प्रस्तुत किया जाता था। क्योंकि इससे उपस्थित गवाहों को इस बाबत् कोई आक्रोश नहीं होता। अतः उसे 'सम्मुख विनय' कहते थे।

दूसरा सिद्धान्त 'उदवाहिका' था। इससे विवाद का निपटारा करने हेतु एक कमेटी गठित की जाती थी। उसमें दस गुगों से युक्त व्यक्तियों

का सदस्य के रूप में चयन किया जाता था। सदस्य में (1) सदाचार, (2) विद्वान, (3) स्त्री या पुरूष, (4) वादी या प्रतिवादी को मनवाने में समर्थ, (5) दृढ़ निश्चयी, (6) झगड़े के कारण को शांत करने में सक्षम, (7) विवाद को शांत करने में समर्थ, (8) विवाद का जानकार, (9) विवाद का शमन करने में सक्षम; और (10) विवाद को शमन की ओर ले जाने वाले तरीके का ज्ञाता ये गुण होने चाहिए।

हम देखते हैं कि वर्तमान न्याय प्रणाली, प्रमाणों एवं गवाहों के आधार पर ही खडी़ है और यह व्यवस्था बुद्धकाल में भी विद्यमान थी।

तीसरा सिद्धान्त ''अमूढ विनय'' था। यह शास्ति का एक प्रकार है। इसके अन्तर्गत बेहोशी या मूढ़ता में किए गए दोषों की आरोपित से स्वीकृति मिलने के बाद उन्हें दोषमुक्त करने हेतु यह अनुशासन दिया जाता था।

चौथा सिद्धान्त 'प्रतिज्ञात–करण' अर्थात् स्वीकृति कहलाता था। यह भी दोषमुक्त व्यक्ति को दिया जाने वाला एक दण्ड का प्रकार था। इसे प्रतिदेशना या कबूल करना भी कहते थे। उसमें दोषी व्यक्ति को भविष्य में पहले की हुई गलती न दोहराने की हिदायत दी जाती थी।

पांचवाँ सिद्धान्त 'यद भूयसिक' अर्थात निर्णय की स्वीकृति था। इसमें तीन तरह के मत दिए जाते थे। गुप्त मत, मुक्त मत और न–गुप्त व न–मुक्त मत। तीसरे प्रकार का मत कानों में कहीं जाने वाली बातों जैसा होता था। यदि कोई विवाद 'उद्वाहिका' से शातं नहीं होता था तो उसे 'यदभूयसिका' से शातं करने के लिए संघ के सम्मुख प्रस्तुत किया जाता था। इस प्रकार इसमें धर्मवादी सदस्यों के बहुमतों से झगड़े का निपटारा किया जाता था।

छठवाँ सिद्धान्त ''तत्पापीयसिक'' अर्थात् शास्ती की प्रक्रिया कहलाता था। इसके अनुसार जानबूझकर झूठ बोलने वाले दोषी को अपना दोष कबूल करने का अवसर दिया जाता था। दोषी अपनी बड़ी गलती स्वीकार करने के लिए पर्याप्त अवसर प्रदान कर वह अपना बयान दे सकता था और तदानुसार ही उसे दण्डित किया जाने का प्रावधान था।

सातवाँ सिद्धान्त ''तिण्णावछादक'' अर्थात् तृण से आच्छादित करने जैसा अनुशासन का एक प्रकार था। इसमें में दोषी से अपनी गलती का एहसास करवा कर उसे तिण्णावछादक प्रक्रिया के अनुसार शास्ति दी जाती थी।

इन सात प्रकार के अधिकरण शमथों के बारे में राहुल सांस्कृत्यायन ने अपनी 'बुद्धचर्या' (लखनऊ 1995 : 4492–452) में लिखा है कि बुद्ध ने अपने शिष्यों को इस प्रकार संबोधित किया था।

''विवाद निपटाने के ये सात सिद्धान्त सही अर्थ में किसी को अन्याय से बचाते हुए न्यायदान करने के ही सप्त सिद्धान्त थे। भारतीय संविधान की न्याय प्रणाली पर इसी का प्रभाव दिखाई देता है। यह सप्त सिद्धान्त और हमारी न्याय प्रणाली का सूक्ष्म एवं तुलनात्मक अध्ययन अगर हम करेंगे तो कुछ समान बिन्दू हमें मिलते हैं। इससे हमें एहसास होता है कि बुद्ध तत्वज्ञान आज भी कितना प्रासंगिक एवं कालसंगत है।

''हमारे संविधान का उद्देश्य व्यक्तिगत न्याय के साथ–साथ जन सामान्य हेतु भी न्याय प्रदान कराना है और इसी परिप्रेक्ष्य में नीति निर्देशक सिद्धान्तों को संविधान में सम्मिलित किया गया है। संविधान के अनुच्छेद 38, 39, 44 एवं 46 में व्यक्तिगत न्याय एवं जनसामान्य को न्याय प्रदान करने के प्रावधान है।''

भगवान बुद्ध ने लोगों से कहा कि, ''यदि तुम अपने दुःख का अन्त करना चाहते हो, तो हर किसी को दूसरे के साथ न्याय संगत, धर्म संगत व्यवहार करना होगा। तभी यह पृथ्वी 'धर्म का राज्य' बन सकेगी।'' बुद्ध का न्याय संदेश विश्वमानव के कल्याण के लिए हैं।

## बुद्ध तत्वज्ञान में स्वतंत्रता

भगवान बुद्ध विश्व के पहले ऐसे विचारक है जिन्होंने विचारों की स्वतंत्रता दे दी है। 'लोकतंत्र' का जो 'स्वतंत्रता' तत्व है जो संविधान की उद्देशिका में सम्मिलित है, उसकी आधारशिला 'कालामसुत्त' है। इस

सुत्र में बताया गया हैं किसी बात को केवल इसलिए मत मानों कि वह परम्परा से प्राप्त हुई है, किसी बात को केवल इसलिए मत मानो कि बहुत से लोग उसके समर्थक है, किसी बात को इसलिए मत मानो की वह धर्मग्रंथो में लिखी है, किसी बात को इसलिए मत मानो की वह तर्क (शास्त्र) के अनुसार है, किसी बात को इसलिए मत मानो कि वह न्याय (शास्त्र) के अनुसार है, किसी बात को इसलिए मत मानो कि वह ऊपरी तौर पर मान्य प्रतीत होती है, किसी बात को इसलिए मत मानो कि वह अनुकूल विश्वास, अनुकूल दृष्टि की है, किसी बात को इसलिए मत मानो कि वह ऊपरी तौर पर सच्ची प्रतीत होती है, किसी बात को केवल इसलिए मत मानो कि वह किसी आदरणीय आचार्य की कही हुई है। ''केवल जब तुम आत्मानुभव से ही यह जानो कि ये बातें अहितकर हैं, ये बातें निन्दनीय हैं, ये बातें विज्ञ पुरुष द्वारा निषिद्ध है, ये बातें करने से कष्ट होता है, दुःख होता है–हे कालामों तब तुम्हें उनका त्याग कर देना चाहिए।''

## बुद्ध तत्वज्ञान में समता

भारतीय संविधान में सम्मिलित 'समता' के तत्व का मूलाधार बुद्ध तत्वज्ञान ही है। एक दिन गंगा तट पर भिक्षा मांगते समय बुद्ध ने एक व्यक्ति को मल–मूत्र ले जाते देखा। उसका नाम सुनीत था। समाज की निगाहों में वह अस्पृश्य था। बुद्ध और भिक्खू अपवित्र न हो जाए इसलिए वह डर रहा था। लेकिन करूणासागर बुद्ध उसके पास जाते हैं और कहते है, ''हमारे सद्धर्म में जाति–पाति का कोई भेदभाव नहीं है। तुम भी हमारे भांति मानव हो। हमें अपवित्र होने का भय नहीं है।'' आगे वे कहते हैं, ''जिस प्रकार गंगा, यमुना, अचिरावती, माही और रोहिणी नदियाँ समुद्र में मिल जाने पर अपना पृथक अस्तित्व छोड़ देती हैं, ऐसे ही जो व्यक्ति गृह त्यागकर संद्धर्म का मार्ग अपना लेता है उसकी जन्म–जाति छूट जाती है, भले ही वह ब्राह्मण, क्षत्रिय, वैश्य, शूद्र अथवा अस्पृश्य जाति में क्यों न जन्मा हो।''

भगवान बुद्ध ने शुद्र, अतिशूद्र एवं नारी वर्ग को अपने धम्म में समान स्थान दिया। यह वर्णव्यवस्था की असमानता के सिद्धान्तों पर बड़ी और कड़ी चोट थी। संविधान के अनुच्छेद 17 में अस्पृश्यता को हटाया गया है। ''संविधान के अनुच्छेद 14, 15, 16, 17 तथा 51(क) (झ) में भारत के हर नागरिक को समानता के अधिकार दिये गये हैं; जिनके अनुसार किसी भी रूप में किसी भी प्रकार की असमानता संविधान विरोधी घोषित की गयी है।''

## बुद्ध तत्वज्ञान में बंधुता

संविधान की उद्देशिका में बंधुता को सम्मिलित किया गया है, जो लोकतंत्र का बहुत ही महत्वपूर्ण शील है। भगवान बुद्ध ने सारनाथ में अपने प्रवचन में शील मार्ग की शिक्षा दी। शक्ति के पथ का पथिक होने के लिए उन्होंने दस सद्‌गुण बताये हैं, उसमें से एक है मैत्री । ''मैत्री'' का मतलब होता है कि सभी प्राणियों के प्रति भ्रातृभावना हो, ''मित्रों के प्रति ही नहीं, शत्रुओं तक के प्रति, आदमियों के प्रति ही नहीं, सभी विश्वशेष प्राणियों के प्रति''।

बौद्ध तत्वज्ञान में भ्रातृभाव यानी 'लोकतंत्र' का बंधुता भाव लबालब भरा हुआ है। अगर यह बुद्ध का मेत्ता भाव यानी मैत्रीभाव का हम अनुसरण करे तो जातिभेद, धर्मभेद, भाषाभेद, पथ भेद, की दिवारे गिरने में देर नहीं लगेगी। बुद्ध ने दिया हुआ यह मेत्ता भाव हमें संविधान की उद्देशिका में दिखायी देता है। वर्ण व्यवस्था के कारण समाज में जो एक दूसरे के प्रति तिरस्कार का माहोल है वह भ्रातृभाव से ही दूर हो सकता है। ''संविधान के अनुच्छेद–51(क) (50) के अनुसार प्रत्येक नागरिक में भ्रातृत्व की भावना की अवधारणा होनी चाहिए जो एकता, भाई–चारे, अपनापन एवं गाढ़े प्रेम का प्रतिक है और विभिन्न भाषा, धर्म, सम्प्रदाय, विश्वासों, परम्पराओं आदि के होने पर भी विभिन्नता में एकत्व का आदर्श सिद्धान्त प्रस्तुत करती है। संविधान में भ्रातृत्व का यह सिद्धान्त मानवतावादी है।''

भारतीय संविधान ने भारतीय नागरिकों को पेशे की स्वतंत्रता बहाल की है। लेकिन वर्णव्यवस्था के तहत दूसरों का पेशा करने की बंदी थी। बुद्ध ने इस पेशाबंदी पर कड़ा प्रहार किया। मज्झिम निकाय के एसुकारी सुत्र में बुद्ध ने कहा, ''यदि किसी सेवा(पेशे) के करने से आदमी की स्थिति अच्छी न होती हो, खराब होती हो तो वह सेवा (पेशा) नहीं करना चाहिए, यदि किसी सेवा (पेशा) के करने से आदमी की स्थिति खराब होने की बजाए बेहतर होती हो वह सेवा (पेशा) की जानी चाहिए। इसी एक कसौटी पर क्षत्रियों, ब्राह्मणों, वैश्यों, शूद्रों – सभी की सेवा करनी चाहिए, हर व्यक्ति को ऐसी सेवा (पेशा) करने से इंकार करना चाहिए, जो उसकी स्थिति को अच्छा न बनाती हो।''

## संविधानः प्रवर्तनीय और अप्रवर्तनीय

भारतीय संविधान की विशेषता यह है कि वह लिखित परिसंघ संविधान को लचीलापन प्रदान करता है। भावी शासन पर अंकुश लगाने हेतु कुछ महत्वपूर्ण मुलभूत अधिकार एवं संविधान का प्रमाण जिसमें है ऐसा भाग अपरिवर्तनीय रखा गया है।

ठीक यही भूमिका भगवान बुद्ध ने भिक्खू संघ के संविधान में इससे पहले ही ली है। बाबासाहेब कहते हैं, ''महापरिनिर्वाण सुत्र में आनंद को संबोधित कर उन्होंने बताया है कि उनका धम्म तर्कसंगत और अनुभव पर आधारित है। और उनके अनुयायियों को चाहिए कि वे इस शिक्षा को केवल इस कारण सही और स्वीकरणीय माने कि वह उन (बुद्ध) से प्राप्त हुई है। यह शिक्षा तर्कसंगत और अनुभव पर आधारित होने से यदि किसी समय और किसी विशेष स्थिति में वह लागू नहीं होती हो, तो वे (अनुयायी) चाहें तो उसमें सुधार कर सकते हैं, या तो गैर–लागू शिक्षा को त्याग भी सकते हैं।'' वे चाहते थे कि उनके धम्म पर भूतकाल के मुर्दा बोझ डाले न जाए। वे चाहते थे की उनका धम्म सदाबहार रहे। और सभी समय काम आएं। यही कारण था कि जरूरत पड़ने पर अपने अनुयायियों को उन्होंने अपनी शिक्षा में समयानुकूल काट–छाँट करने की स्वतंत्रता दे रखी है। ऐसा करने का साहस अन्य किसी धर्म

संस्थापक ने नहीं दिखाया हैं। वे ऐसी स्वतंत्रता देने से डरते थे। कारण उन्हें इस बात का डर था कि अनुयायियों को अपनी शिक्षा में सुधार करने की स्वतंत्रता देने से कहीं वे उसका इस्तेमाल अपने बने–बनाये ढाँचे को गिराने में न करें । बुद्ध को ऐसा डर नहीं था। उनको अपनी शिक्षा की नींव पर पूरा भरोसा था। वे भली भाँती जानते थे कि सबसे भयंकर मूर्तिभंजक भी उनके धम्म के आंतरिक हिस्से को नष्ट नहीं कर पाएगा।''

संविधान के प्रधान निर्माता डॉ. बाबासाहेब अम्बेडकर का यह विश्लेषण, चिंतन बहुत ही महत्वपूर्ण है। बुद्ध के इस विचार का प्रभाव बाबासाहेब अम्बेडकर के व्यक्तित्व पर पड़ा होगा।'' इसी कारण उन्होंने भारतीय संविधान को लचीला बना दिया।

## संदर्भ सूची

1. डॉ. अम्बेडकर और पिछड़ा वर्ग – स्वरूप चन्द्र 'धम्मदर्पण' शताब्दी विशेषांक पृ–41 दिल्ली।
2. डॉ. अम्बेडकर और भारतीय संविधान पृ–109, 'धममदर्पण' वही पृ. 19।
3. शुद्रों की अस्मिता एवं बाबासाहेब अम्बेडकर भगवान सिंह रावत – 'धममदर्पण' वही पृ. 19।
4. बाबासाहेब की भविष्य वाणी – संकलनकर्ता पंडित चन्द्रिका प्रसाद जिज्ञासु – बहुजन कल्याण प्रकाशन लखनऊ – पृ. 21।
5. बाबासाहेब की भविष्य वाणी, वही – पृ. 22।
6. राहुल सांकृत्यायन (अनु.) चुल्लवग्ग, विनय पिटक, महाबोधि सभा, सारनाथ 1935 पृ. 411।
7. भगवान बुद्ध और उनका धर्म डॉ. बाबासाहेब अम्बेडकर – अनुवाद डॉ. भदन्त आनंद कौसल्यायन पृ. 289।
8. जहं जहं चरन परे गौतम के – तिक न्यात द्वन्द गव जू ग्गू म्त्दले का हिन्दी रुपांतर डॉ. रामचंद्र तिवारी पृ. 314।
9. जहं जहं चरन परे गौतम के, वही – पृ. 315।
10. जहं जहं चरन परे गौतम के, वही – पृ. 315।
11. जहं जहं चरन परे गौतम के, वही –पृ. 315, 316।

12. भारतीय संविधान बनाम रामचरित मानस के एम.संत, दालित हुडे प्रकाशन लखनऊ पृ. 249।
13. भगवान बुद्ध और उनका धर्म वही – 223।
14. कॉटः बी. आर. सांपलाः बौद्ध धम्म की लाईन पर बदलों पृ. 65।
15. जहं जहं चरन परे गौतम के वही– पृ. 284।
16. भारतीय सविधान बनाम रामचरित मानव वही – पृ. 248।
17. भगवान बुद्ध और उनका धम्म – वही प्राण।
18. भारतीय संविधान बनाम वही – पृ. 249।
19. कॉंटः बौद्ध धम्म की लाईन पर बदलों वही – पृ. 43।

* 'प्रीति नाईक लेखिका, वाक्पटु वक्ता, संशोधक, ट्यूटर एवं समाज कार्यकर्ता है।

# अध्याय – 18

# प्रस्ताविक

## सामाजिक न्याय

26 नवंबर, 2017 भारत के एकमेव गरीमामय गणवेश ''संविधान'' की यादगाार तिथि है। इस अवसर पर डॉ. बी. आर. अम्बेडकर ने स्वरचित राष्ट्रीय डॉक्यूमेंन्ट को तत्कालीन राष्ट्रपति डॉ. राजेन्द्र प्रसाद को संविधान सभा में सौंप दिया था, जिसे राष्ट्र ने स्वयं अंगीकार कर दो माह पश्चात् आत्मार्पित किया था।

भारत के आजादी के सात दशकों बाद भी इस घटना को याद करने में नागरिकों की चेतना तरोताजा होनी चाहिए। आज देश अंतराट्रीय राजनीतिक दूरदृष्टि, सामाजिक भाईचारा, और आर्थिक स्वनिर्धारण के चुनौतियों से गुजर रहा है। इतने अंतराल के बाद पहले से प्राप्त सांस्कृतिक और वैचारिक विरासत को छोड़ने, बिछुड़ने और परिमार्जित करते–करते कुछ कष्ट तो होगा ही परंतु वह न्याय हित में जरुरी है।

## समाजिक न्याय के प्रर्वतक डॉ. अम्बेडकर

सितंबर 1920 में डॉ. अम्बेडकर ने अपने लंदन विश्वविद्यालय की पढ़ाई फिर से आरंभ की। इसी वर्ष गाांधीजी ने लोकमान्य तिलक की राजनीतिक धरोहर का चोला पहन लिया। डॉ. अम्बेडकर ने अगले ही वर्ष एम.एस.सी. की उपाधि प्राप्त की, जो डॉक्टरल शोध के लिये अनिवार्य शर्त थी। सन् 1922 में उन्होंने बर्लिन में तीन माह उच्चतर

शोधाध्ययन किया। उसी वर्ष ग्रेज इन के बार–एट–लॉ की उपाधि का ऐलान हुआ। उसके बाद उन्होंने उस समय के सर्वश्रेष्ठ अर्थशास्त्र के विद्वान सर एडविन केनन के मार्गदर्शन में रुपये की समस्या पर एक बृहद् शोध प्रबंध लिखा, जिसे बाद में रुपये की समस्या, उसकी उत्पत्ति और उसका उपचार शीर्षक दिया गया, जिसे लंदन में पी. एस. किंग एण्ड सन्स द्वारा सन् 1923 में और पहले से तैयार उनकी पी.एच.डी. उपाधि का शोध प्रबंध ब्रिटिश भारत में प्रांतीय वित सन् 1925 में प्रकाशित किया गया।

वर्ष 1924 में डॉ अम्बेडकर भारत लौट आये और वहाँ बम्बई उच्च न्यायालय में वकालत की। उन्होंने इंदौर के तत्कालीन महाराज मल्हार राव होलकर और अमेरिकन देवी के विवाह से उपजे विवाद में महाराजा के पक्ष में वकालत की और वहीं एक शिव मंदिर के पास की जमीन के मुकदमें में पैरवी की। इन दोनो मामले में उन्होंने संबंधित पक्षों को जीताकर राहत दिलाई थी। जून 1928 से मार्च 1929 तक वे बम्बई के शासकीय विधि महाविद्यालय के प्राध्यापक और बाद में प्राचार्य भी रहे।

## न्यायाधिष्ठित संविधान

''1927 में लार्ड बर्कन हैड ने भारतीयों को चुनौती दी थी कि वे अपना संविधान बनाकर दिखायें। एक संविधान बनाया गया जिसे 'नेहरु–संविधान' कहा गया, चुंकि संविधान निर्माण समिति के अध्यक्ष, पंडित मोतीलाल नेहरु थे इसलिये उसे यह नाम दिया गया किन्तु उस को भारतीयों ने नकारा समझ रद्दी की टोकरी में डाल दिया। 1930 में गोलमेज सम्मेलन द्वारा संविधान बनाने का यत्न किया गया किन्तु भारतीय लोग इसमें विफल रहे। सप्रू कमेटी द्वारा संविधान बनाने का तीसरी बार यत्न किया गया मगर कोई सफलता न मिली। दिसंबर 1946 में गठित संविधान सभा में सर तेज बहादूर सप्रू, के. एम. मुंशी, ठाकुरदास भार्गव, सरदार पटेल आदि कितने ही वकील थे। उनमें से किसी को संविधान के निर्माण का काम नहीं सौंपा गया। यह काम

डॉ. अम्बेडकर ही के जिम्मे सौंपा गया। यह इसलिये कि वह संविधानिक–कानून में कुशल व निपुण थे और एक सच्चे देश प्रेमी थे।"[1]

## न्यायप्रिय देशभक्ति

देशप्रेमी अम्बेडकर कहते थे, "यदि मैं श्री गांधी तथा श्री जिन्नाह से घृणा करता हूँ, मैं उनसे घृणा नहीं करता। मैं उन्हें नापसंद करता हूँ, तो उसका कारण यह है कि मैं भारत से अधिक प्रेम करता हूँ। मुझे आशा है कि मेरे देशवासी किसी न किसी दिन यह सीख लेंगे कि देश व्यक्ति से कही महान होता है। श्री गांधी या श्री जिन्नाह की पूजा और भारत की सेवा में आकाश–पाताल का अन्तर है और वह परस्पर विरोधी भी हो सकती है।"

डॉ. अम्बेडकर "कमीनगी को अत्याचार से बदतर" मानते थे[2]। "विश्व युद्ध संसार के क्षेत्रों यानी प्रदेशों के बटवारे के लिए नहीं है बल्कि वे एक ऐसी क्रान्ति है जो इन्सान व इन्सान और राष्ट्र व राष्ट्र के मध्य मेल मिलाप का तकाज़ा करता है। ये क्रांति सहचारी जीवन को ध्वस्त कर सामाजिक पुनर्गठन के लिये है। मजदूरों को नाज़ीवाद पर विजय पाने हेतु लड़ना चाहिए क्योंकि ये जीत गया तो ऐसी नाज़ी व्यवस्था स्थापित हो जाएगी जिससे स्वतन्त्रता का दमन हो जाएगा, समता से इन्कार होगा और भातृत्वभाव को मिटा दिया जायेगा। नाजीवाद पर विजय के फल होंगेः आजादी और नई सामाजिक व्यवस्था। केवल स्वतंत्रता काफी नहीं है, स्वतंत्रता का उपयोग कल्याणकारी सरकार का गठन और न्यायप्रिय समाज के निर्माण में होना चाहिए। इसलिए कामकरों को 'क्विट इण्डिया के बजाय 'न्यू इण्डिया' पर ज्यादा बल देना चाहिए। हिंसा की शक्तियों के सामने घुटने टेक कर प्राप्त की गई शान्ति, अमन नहीं हुआ करता। ये तो एक घातक कृति होगी और अच्छे मानवीय जीवन को बनाए रखने के लिए जो कुछ भी उत्तम व अनिवार्य है, उसे बहशी व बर्बर शक्तियों के सामने कुर्बान कर देने जैसा होगा। जब हमला किया गया हो तो युद्ध करने से इन्कार कर युद्ध को समाप्त

नहीं किया जा सकता। युद्ध की समाप्ति के लिए आपको जंग जीतना होगा और न्यायी अमन स्थापित करना होगा।"[3]

संविधान सभा द्वारा गठित 'अल्पसंख्यक कमेटी' को डॉ. भीमराव अम्बेडकर ने बताया थाः कि " प्रशासन किसी एक धर्मीयों के हाथों में नहीं होना चाहिए, न उस पर उनकी इजारादारी हो या ऊपर से नीचे तक उनका नियंत्रण हो या हर विभाग पर उनका प्रभुत्व हो! चाहे पुलिस हो, मैजिस्ट्रेसी हो या राजस्व सेवा विभाग हो। यदि प्रशासन में विशिष्ट धर्मियों का अन्य धर्मियों के प्रति समाज–विरोधी व शत्रुआना रुख होगा तो वह प्रशासन से बाहर के बर्ताव से कतई अलग न होगा। उससे एक ही मकसद सिद्ध होगा और वह होगा गैरधर्मीय के विरुद्ध पक्षपात व भेदभाव करना। नतीजा यह होता है कि एक बहुसंख्यक आबादी और उसकी प्रभुत्व वाला प्रशासन के बीच यदि कोई गैर स्थान पाता है तो एक तरफ उस पर वह आबादी जुल्म जबर ढाती है और प्रशासन उत्पीडितों की सहायता करने के बजाए अत्याचारी ही की सुरक्षा करता है।"[4]

## संविधानिक न्याय

भारत के संविधान के प्राक्कथन में ही हम भारतीय लोग संकल्प करते हैं कि अपने देश को एक संप्रभुता सम्पन्न समाजवादी धर्मनिरपेक्ष प्रजातांत्रिक गणतंत्र बनाकर लोगों के लिए सामाजिक, आर्थिक और राजनीतिक न्याय सुनिश्चित करेंगे। प्राप्त भौतिक और आर्थिक विरासत को लोगों में न्यायिक ढंग से वितरित करेंगे। नागरिकों के निजी प्रयास को प्रोत्साहित कर स्वतंत्रता को व्यावहारिक बनायेंगे। सामाजिक सरंचना को सुदृढ और लचीली परंतु जबाबदेही बनाने में बंधुत्व का अगींकार करेगें और आवश्यक सुधारों से विद्यमान असमानता, हिंसक तथा बुरे प्रभावों और रुकावटों को जड़ से उखाड़ फेकेंगे। ये हम लोगों के कुछ संकल्प हैं, जिसे सदा स्मृति में रखने और आगे बढने के लिए प्रत्येक नागरीक कटिबद्ध है।

## न्याय के लिए आरक्षण

सदियों से समाज का एक वर्ग सामाजिक प्रतिष्ठा, दण्ड़विहीन अपराध, शासन में एक वर्ग केंद्रित सत्ता, शिक्षा में एकाधिकार आदि का भोक्ता रहा है। परंतु उसे बर्दाश्त करते हुये जिन जातियों ने अपना खून पसीना बहा दिया उनके प्रति शासक और शोषक वर्ग की हृदय–शून्यता अब तक अवाक रही है। जब से भारतीय संविधान ने जीवन में सबसे अधिक दलित और पीड़ितजनों के लिये आरक्षण की व्यवस्था बहाल की तब से ही आरक्षण के विरुद्ध आंदोलन ने विकराल रुप धारण कर लिया है। आरक्षण विरोधियों की दृष्टि आरक्षितों के प्रति समाज के एक ऋग्ण वर्ग को स्वस्थ बनाने की नहीं बल्कि उन्हें अधिक से अधिक वंचित रख कर बेमौत मारने की है ऐसा प्रतीत होता है।

जब बिहार के श्री कर्पुरी ठाकरु के नेतृत्व में जनता दल की सरकार ने मुंगेरीलाल आयोग की सिफारिसों के अनुसार शासकीय नौकरियों में अन्य पिछड़ा वर्ग 8 प्रति शत, अति पिछड़ा वर्ग 12 प्रतिशत, अनुसूचित जाति 14 प्रतिशत, अनुसूचित जमाति 10 प्रतिशत, महिला 3 प्रतिशत, आर्थिक रुप से पिछड़ों के लिये 3 प्रतिशत आरक्षण की घोषणा की थी, तो उसके 3 वर्ष के बाद गुजरात में वैद्यकीय छात्रों द्वारा अनुसूचित जाति–जमाति के छात्रों के पदव्युत्तर वैद्यकीय अभ्यासक्रम में प्रवेशार्थ प्राप्त आरक्षित सीटों के विरुद्ध हिंसक आंदोलन शुरु किया गया। जब 1989 में केंद्र में भूतपूर्व प्रधान मंत्री श्री विश्वनाथ प्रताप सिंह के नेतृत्व में राष्ट्रीय फ्रंट की सरकार ने मंडल आयोग के प्रतिवेदन की कुछ सिफारिसों को कार्यान्वित करने के लिये अधिसूचना निकाली और सामाजिक और आर्थिक रुप से पिछड़े हुये वर्गों {एस. ई. बी. सी} के लिये सरकारी नौकरी में 27 प्रतिशत आरक्षित सीटों का ऐलान किया तो देश के अन्य भागों में नौकरियों में आरक्षित सीटों के विरुद्ध तर्क दिया गया कि इस आरक्षण के कारण सभी दलितों को फटाफट नौकरियाँ मिल जाती है और उससे अन्य जातियों में बेरोजगारी पैदा होती है। वैद्यकीय और अभियांत्रिकी शाखाओं में शैक्षणिक आरक्षण के तहत दलितों को कम गुणों पर ही प्रवेश मिलता है और उन्हें कम गुणों से

ही पास किया जाता है और उससे अधिक गुणवाले और मैरिट के छात्रों की उपेक्षा होती है और उससे समाज में और व्यावसायिक गुणवत्ता में कोताई आ जाती है। उसी प्रकार राजनीतिक आरक्षण के कारण आरक्षित निर्वाचन क्षेत्र के सवर्ण मतदाताओं को अपने समाज का प्रतिनिधि लड़ाने का अवसर नहीं मिलता, आरक्षित उम्मीदवार लाद दिया जाता है और निर्वाचन क्षेत्र का विकास रुक जाता है। ऐसा आरक्षण विरोधी आंदोलन हिंदी भाषाई राज्यों में हुआ।

''एक चीनी दर्जी के माफिक, जिसने अपने एक ग्राहक का नया कोट सिलाते वक्त उसके एक पुराने कोट का उपयोग पुराने पैबंद नये कोट पर ज्यों के त्यों उतार देने में किया था'', भारत के नये–नये शासकों ने अपने–अपने शासन का उपयोग सदियों से विद्यमान जाति–पाति के पुराने पैबंद नये सामाजिक ढांचे में ज्यों के त्यों बरकरार रखने में किया हैं। श्री तिलक ने कहा ही था कि 1895 में अंग्रेजों द्वारा एक अस्पृश्य श्री नारायणराव लोखण्डे को बहाल की गई ''रावबहादूर'' की उपाधि दया थी और एक चितपावन ब्राह्मण श्री विश्वनाथ केशव जोगळेकर को बहाल की गई ''रावबहादूर'' की उपाधि उचित थी।''[5] अतः 1882 से 1904 के दरम्यान भारतीय सिविल सेवा में यशस्वी हुये 16 भारतीयों में 15 ब्राह्मणों का होना कोई आश्चर्यजनक नहीं था। ज्योतिराव फुले ने 19 अक्तूबर 1882 को हंटर शिक्षा आयोग के समक्ष सादर प्रस्तुत किया था कि ''उच्च शिक्षा पद्धति में स्पष्ट झलकने वाली प्रवृत्ति यह है कि उसमे वरिष्ठ अधिकारी के पद केवल ब्राह्मणों की बपौति हो चुके हैं। यदि शासन को रयत के कल्याण की वास्तविक चिंता है तो उसका प्रथम कर्तव्य है कि वह इस पद्धति के कई प्रकार के दुरुपयोग को प्रतिबंधित कर, शासकीय नौकरियों में धीरे–धीरे अन्य जातियों के लोगों को प्रवेश के अवसर दिला कर उसी अनुपात में ब्राह्मणशाही का नियमन करें''। वे कनिष्ठ जातियों के बच्चों की शिक्षा हेतु स्वतन्त्र विद्यालय की व्यवस्था करें।

इसीलिए श्री भालेकर ने पूना अधिवेशन में स्वर्ण बहुल कांग्रेस के रुख के विरुद्ध निदर्शन किया, श्री वलंगकर ने श्री रानडे की मदद से

सेना में महारों की भर्ती को प्रतिबंधित करने के आदेश के विरुद्ध ब्रिटिश सरकार से अपील की, श्री कांबले ने सेना और पुलिस में अस्पृश्यों की भर्ती हेतु मांग रखी, श्री बन्सोडे, श्री गवई और श्री नंदागवली ने दलित जागरण का अभियान चलाया, उसो प्रकार श्री शिंदे की भारतीय निराश्रित सहायक मंडल {डिप्रेस्ड क्लासेस मिशन सोसायटी ऑफ इण्डिया} के तत्वावधान में अस्पृश्यों के हितों के प्रति संवेदनशीलता को बढाया गया।

कोल्हापूर के साहू महाराज ने भी जब देखा कि शासकीय नौकरियों में उच्च पदों पर ब्राह्मणों का प्रतिनिधित्व अतिरेकी है तो उन्होंने अपने रियासत में 26 जुलाई, 1902 से अपने संस्थान के प्रशासनिक सेवाओं में पिछड़ी जातियों को 50 प्रतिशत आरक्षण बहाल किया। इससे लगभग 17 वर्ष पूर्व राट्रीय कांग्रेस की स्थापना हो चुकी थी और उसके 13 वर्ष और 23 वर्ष बाद फुले व रानडे के सामाजिक आंदोलन के विरुद्ध हिंदू महासभा {1915} और राष्ट्रीय स्वयंसेवक संघ {1925} नामक ब्राह्मणवादी संगठनों की स्थापना हुई।

## न्याय और अर्थव्यवस्था

ईस्ट इड़िया कंपनी का प्रशासन और वित्त (1913) ग्रंथ में आर्थिक इतिहास बताया गया कि ईस्ट इंडिया कंपनी ने अपने 66 वर्षों के शासन में प्रशासन और वित्त व्यवस्थापन किस प्रकार किया। उसे सन् 1814 में ब्रिटिश सरकार ने प्रशासन और वित्त व्यवस्थापन में पृथकता बरतने का आदेश दिया था और 24 वर्ष बाद शासन ने उसका व्यापार में विद्यमान एकाधिकार भी बंद करवाया। 1858 में कंपनी को बर्खास्त कर ब्रिटिश सरकार ने स्वयं शासन और व्यापार का संचालन भारत में करना आरंभ कर दिया। ब्रिटिश सरकार के कार्यों का मुल्यांकन करते हुये डॉ. अम्बेडकर ने लिखा था कि ''भारत ने इंग्लैंड़ के लिये आर्थिक रुप से जो प्रचंड योगदान किया वह जितना आश्चर्यचकित करने वाला है, उतना इंग्लैंड ने भारत के लिये जो नगण्य आर्थिक योगदान किया वह विस्मय कारक है'' ब्रिटिश सरकार के कानून और शिक्षा द्वारा

प्रस्थापित पाशविक शांति का आर्थिक रुप से यतीम किये गये भारतीयों के लिये कोई उपयोग नहीं था। यह मरघट और पाशविक शांति आर्थिक गुलामी थी। डॉ. अम्बेडकर को सामाजिक शांति की तलब थी।

ब्रिटिश भारत में प्रांतीय वित्त का विकास (1915) तथा ब्रिटिश भारत में साम्राज्यीय वित्त का प्रांतीय विकेंद्रीकरण (1917) ग्रंथों में उन्होंने कहा था कि केंद्रीय, प्रांतीय और स्थानीय शासकों में 1833 से 1921 की कालावधि में आर्थिक संबंध का विकास क्रम–क्रम से होता गया। 1871 तक वित्त व्यवस्था केंद्रीभूत रही। उसके बाद केंद्र और राज्य का स्वतंत्र बजट बनाने की पद्धति आरंभ हुई। 1872 से 1877 में कुछ विशिष्ट केंद्रीय सरकार के विभागों के प्रशासन का भार राज्य सरकार को सौंपा गया। 1878 से 1882 के दरम्यान राजस्व पर आधारित बजट प्रस्तुत करने की पद्धति अपनाई गई। राजस्व के हिस्से के वितरण पर आधारित संतुलनात्मक पद्धति सबसे बेहतर सिद्ध हुई। अतः वह 1883 से 1921 तक प्रचलित रही। हालांकि इसी बीच 1919 के कानून सुधार द्वारा जवाबदार सरकार निर्माण करने के ध्येय से स्वयंशासित संस्थाओं को सुरक्षित रखने का सिद्धान्त मान्य हुआ था। इस ग्रंथ का मुल्यांकन करते हुये डॉ. अम्बेडकर के मार्गदर्शक प्रो. सेलिग्मन ने कहा था, ''मेरी जानकारी में अब तक कहीं भी भारतीय केंद्र सरकार और घटक राज्य के बीच आर्थिक संबंध की इतनी विस्तृत और गहरी मीमांसा नहीं की गई''।

रुपये की समस्या, उत्पत्ति तथा विकास (1923) में भारतीय रुपया चलन में 1800 से 1893 तक किस प्रकार परिमाण और मूल्य का कार्य संपादन करता रहा इसका इतिहास है। पहले भारत में स्वर्ण तथा चांदी का परिमाण के रुप में प्रचलन रहा। 1833 में ब्रिटिश सरकार ने संपूर्ण भारत में अपना आधिपत्य जमाया। 1842 तक भारत के निर्यात पर 50 से 500 प्रतिशत कर लादा जाता था। जब इस कर को घटाया गया तब भारत का निर्यात फिर से बढ गया। लेकिन 1853 के कानून द्वारा स्वर्ण का प्रचलन बंद कर दिया गया। और एकमात्र चांदी का रुपया प्रचलन में चलने दिया गया। 1864 में भारतीय निर्यात में वृद्धि होने के कारण

चांदी के रुपये चलन में अपर्याप्त होने लगे। तब चांदी के रुपयों के पूरक के रुप में कागज के रुपयों को प्रचलित किया गया। 1873 तक भारतीय रुपया और ब्रिटिश पौंड के बीच विनिमय का दर 1 रुपया बराबर 1 शिलिंग, 10 / .5 पेन्स के स्तर पर स्थिर था। यानी चांदी का 15 / .5 औंस का रुपया सोने के 1 औंस सिक्के के बराबर था। परंतु बाद के समय में सोना और चांदी के दरम्यान यह दर स्थिर रखना कठिन हो गया। 70 वर्ष के पश्चात् आज भी इस ग्रंथ की प्रासंगिकता हैं। 1926 में रिजर्व बैंक के स्थापनार्थ जो हिल्टन यंग कमिशन नियुक्त हुआ था उसके सामने अपनी साक्ष्य देते हुये डॉ. अम्बेडकर ने कहा था, ''चलन निर्माण करने वाली संस्था की चलन निर्माण क्षमता पर परिणाम–कारक प्रतिबंध होना आवश्यक है। अनिर्बंध चलन पूर्ति और बेहिसाब मूल्य वृद्धि के कारण आर्थिक स्थिरता खतरे में आ सकती है''[6]।

बौद्ध धर्म तथा मार्क्सवाद नामक शोध आलेख में डॉ. अम्बेडकर ने सामाजिक और धार्मिक शोषण भी आर्थिक शोषण के समान ही घातक होता हैं के अभिमत को प्रतिपादित किया है। गांधी और कांग्रेस ने अछूतों के लिये क्या किया इस ग्रंथ में डॉ. अम्बेडकर ने कहा कि ''अस्पृश्यता केवल धार्मिक रचना न होकर वह गुलामगिरी से भी भयानक आर्थिक रचना है। उसी प्रकार जाति भेद निर्मूलन में उन्होंने बताया कि जाति भेद में बताई गई व्यवस्था श्रन विभाजन की नहीं बल्कि श्रमिकों के विभाजन की व्यवस्था है[7]।

छोटी जोतों की चकबंदी करने हेतु डॉ. अम्बेडकर ने फ्रांस और इटली में विद्यमान सामूहिक खेती पद्धति और राष्ट्रीयकरण की प्रक्रिया को अनुकरणीय बताया था। उत्पादन साधनों को सामूहिक स्वामित्व में करने के बाद भी जब तक समाज में जातिभेद को निम्न श्रेणियाँ और अस्पृश्यता हैं तब तक सामूहिक स्वामित्व अर्थशून्य रहेगा। छोटे किसानों को छोटी जोतों से वंचित कर भूमिहीन मजदूर बनने से मुक्ति दिलाने हेतु उन्होंने सामूहिक कृषि यानी एक से अधिक छोटे किसान मिल कर निश्चित आकार का खेत बनाये रखने और इस प्रकार सामूहिक कृषि कायम करने की अनुसंशा की।

अर्थशास्त्र के सुप्रसिद्ध विद्वान रॅगनर नर्क्स के प्रछन्न बेरोजगारी और डॉ. अम्बेडकर की अतिरिक्त श्रमिक की संकल्पना में अत्यधिक समानता है।

आर्थिक जोत से उनका अभिप्राय ऐसे उत्पादक खेत से था जिसकी निवेशित व्यय की पूर्ति हो जाने के बाद शेष उत्पादन की राशि पर एक परिवार अपना खर्च चला सके[14]।

परंतु भारत में औसतन बोने योग्य जोत का आकार 1.67 हेक्टेयर, सीमांत जोत का प्रतिशत 56.00, जोत के औसतन टुकड़े 4.04 हेक्टेयर और प्रत्येक टुकड़े का औसत आकार 0.41 हेक्टेयर होने पर भी प्रत्येक राज्य में हर दशक में जोत का औसतन आकार घटता रहा, जो वर्ष 1961 में 2.6 हेक्टेयर, 1971 में 2.20 हेक्टेयर और 1981 में 1.67 हेक्टेयर तक कम होता गया। तथापि सन् 1950 से भूसुधार कानून को भारत के हर राज्य मे लागू करना आर्थिक क्षेत्र में एक बहुत बड़ा परिवर्तन था।

उनका शासकीय समाजवाद सहकारी कृषि, औद्योगिकरण तथा सामुदायिक कृषि से संलग्न रहा। आर्थिक समानता के बिना राजनीतिक स्वाधीनता सा अर्थ नहीं था। इसलिये डॉ. अम्बेडकर ने संवैधानिक स्टेट सोशलिज्म के एक अंग के रुप में सामुदायिक कृषि की अनुसंशा की, उन्होंने विखंडित और छोटी जोतों के लिये उपाय के रुप में सहकारी कृषि की सिफारिस की, और उन्होंने भारतीय कृषि सुधार के लिये अर्थात कृषि पर पड़े अतिरिक्त मनुष्य बल के भार को गैर–कृषि क्षेत्र में स्थानांतरित करने हेतु औद्योगिकरण का उपाय बताया।

सन् 1946 में राज्य और अल्पसंख्यंक नामक ग्रंथ में उन्होंने कृषि जमीन को बीमा और मूलभूत उद्योगों की तरह शासन के स्वामित्व में रखने की बात कही। उन्होंने निजी मालिकों की हुकुमशाही से समाज और शासन पर पड़ने वाले कुप्रभाव का भी जिक्र किया। उन्होंने शासन के हस्तक्षेप से मुक्ति को स्वतन्त्रता नहीं माना। बल्कि वे शासन द्वारा सामाजिक और आर्थिक मामलों में न्याय के हित में हस्तक्षेप चाहते थे। उनका मानना था कि यदि शासन ने सामाजिक व आर्थिक क्रियाकलापों

का नियमन नहीं किया तो वह निजी मालिकों को करना पड़ेगा और ऐसा करते समय वे अपनी आजादी का उपयोग दूसरों पर अधिसत्ता स्थापित करने के लिये भी करेंगे। उस परिस्थिति में जमींनदार भी कुलों पर जबरदस्त जमीन भाड़ा थोपेंगे और पूंजीपति भी कामगारों के काम करने के घंटे बढायेंगे और उनके वेतन कम करेंगे। अर्थात् इससे राजनीतिक प्रजातन्त्र के मुलभूत सिद्धान्त यानी स्वयंभू व्यक्ति, अविछिन्न मुलभूत अधिकार, संवैधानिक अधिकार का बिन शर्त लाभ, और शासन संस्था द्वारा दूसरों पर लादने योग्य सत्ता का निजी व्यक्ति के हाथों में अहस्तांतरण को ही क्षति पहुँचेगी। अतः खोतों का अन्त करना उस समय के भूमि सुधार की मांग थी, जिसे बाबासाहेब ने पूरी करने की चेष्टा की थी[8]।

डॉ. अम्बेडकर का समाजवाद व्यक्ति के निम्न भौतिक अधिकारों पर आधारित हैः

1. व्यक्ति उद्देश्य है।
2. व्यक्ति के कुछ अधिकार अहस्तांतरणीय है। इसकी गारंटी संविधान को देनी चाहिये।
3. किसी भी व्यक्ति को अपनी सुख सुविधा का उपयोग करते हुये अपने संवैधानिक अधिकार की तिलांजली देने का अवसर नहीं आना चाहिये। और
4. शासन ने किसी भी निजी व्यक्ति को अन्य व्यक्तिओं पर आधिपत्य करने का अधिकार नहीं देना चाहिये।

इस समाजवाद में सामाजिक संघर्ष के कारकों में धन की तरह धर्म पर भी बल दिया गया है। इस बात में डॉ. अम्बेडकर का समाजवादी सिद्धान्त औरों से विशेष और अनोखा है।

1917 में रशिया में राज्यक्रांति हुई और उसके 8 वर्ष के बाद भारत में भारतीय कम्युनिस्ट पार्टी की स्थापना की गई। 1926 में स्थापित ''लाहौर नौजवान सभा'' और 1928 में प्रस्थापित ''नौजवान भारत सभा'' जैसे स्वतन्त्र संगठनों के माध्यम से कम्युनिस्ट विचारों का अमल

भी किया जा रहा था। तत्कालीन कम्युनिस्ट विचारों के नेता कॉमरेड एम. एन. राय थे। 1934 में आचार्य नरेन्द्र देव और जयप्रकाश नारायण प्रभृति मार्क्सवादी; श्री अशोक मेहता जैसे फेबियन समाजवादी; डॉ. राममनोहर लोहिया जैसे गांधीवादी; युसुफ मेहेर अली और संपूर्णानन्द जैसे राष्ट्रवादी और मिनू मसानी जैसे ट्राट्स्कीवादीयों ने अपनी वैचारिक भिन्नता को कायम रखकर समाजवादी आंदोलन को वैश्विक, आर्थिक और राजनीतिक संदर्भ में चलाया था।

कॉ. श्रीपाद अमृत डांगे, बी. टी. रणदिवे, नंबुद्रिपाद, कॉ. श्रीनिवास, कॉ. सरदेसाई प्रभृति विद्वानों के नेतृत्व में अंतर्राष्ट्रीय कम्युनिस्ट आंदोलन ने 1943 तक भारतीय कम्युनिस्ट पार्टी का पथ प्रदर्शन किया।

जनता नामक पाक्षिक में दिनांक 7 नवंबर 1938 को प्रकाशित अपने एक साक्षात्कार में डॉ. अम्बेडकर ने कहा था कि ''भारतीय समाजवादी यूरोप के समाजवादियों के कदमों पर कदम रखकर भारतीय परिस्थिति पर भी आर्थिक सिद्धान्त लागू करने की चेष्टा करते हैं। धर्म भी एक बहुत बड़ी प्रेरक शक्ति है, इसके प्रति समाजवादियों की उपेक्षा दृष्टि रही है।

डॉ. अम्बेडकर को प्रजातन्त्र में दो बातें अभिप्रेत थी। पहली बात मानवीय वृत्ती की है। यह वृत्ती समाज के अन्य सदस्यों के प्रति समानता और आदर से देखने की होनी चाहिये। दूसरी बात यह है कि समाज की सरंचना में सख्त बंधन नहीं होने चाहिये। अन्यथा प्रजातन्त्र अधूरा रहेगा। अलगाववाद और एकाकीपन प्रजातन्त्र व्यवस्था के विसंगत गुण हैं। क्योंकि उनकी परिणति विशेषाधिकार संपन्न अल्प और अधिकार विपन्न बहुसंख्य वर्गों में होती है। यही उनके राजनीतिक समाजशास्त्र का प्रमाण है।

## न्याय के लिए राजनीति

प्रथम महायुद्ध के बाद ब्रिटेन की संसद ने हिन्दुस्तान को जिम्मेदार शासन प्रदान करने हेतु मॉंटेग्यू नीति को लागू कराने की घोषणा की

थी। और कांग्रेस ने अपने कलकत्ता के अधिवेशन में अस्पृश्यता को मिटाने की घोषणा की थी।

माँटेग्यू योजना का मकसद भारत में प्रजातन्त्र राज पद्धति को बहाल कर ब्रिटिश सत्ता को शिक्षित उच्च जातियों के हाथों में हस्तांतरित करना था। इस योजना का विरोध कोल्हापूर के शाहू महाराज (1910), पूना के सत्यशोधक समाज, मद्रास के साउथ इंडियन लिबरल फेडरेशन और जस्टीस पार्टी तथा महाराष्ट्र के डेक्कन रयत समाज ने दर्शाया था।

श्री तिलक के बाद कांग्रेस का नेतृत्व गांधी जी ने सम्भाला। फरवरी 1922 में बारडोली में कांग्रेस वर्किंग कमेटी ने दलित वर्ग की शैक्षणिक दशा को सुधारने का नया कार्यक्रम अमल में लाने का निर्णय लिया। उधर डॉ. अम्बेडकर ने बम्बई में मूकनायक नामक पाक्षिक पत्रिका चलाई और नागपुर में अखिल भारतीय बहिष्कृत समाज की स्थापना की। बम्बई में सिडेनहेम शासकीय महाविद्यालय में प्रोफेसर होते हुये भी डॉ. अम्बेडकर ने दिनांक 27 जनवरी, 1919 के दिन साउथबरो कमेटी के समक्ष दलितों के लिये पृथक निर्वाचन अधिकार की मांग के पक्ष में अपनी साक्ष्य दी थी। सन् 1928 में उन्होंने उक्त मांग को संयुक्त निर्वाचन और आरक्षण अधिकार के रूप में सायमन कमिशन के सम्मुख प्रस्तुत किया था।

1928 से 1930 तक उन्होंने महाड़ और नासिक के सार्वजनिक तालाब और मंदिर पर पानी और पूजा के संबंध में समानता का अधिकार स्थापित करने हेतु अपने नेतृत्व में सफल आंदोलन चलाया था।

परंतु 1930–32 के दौरान चले बर्तानिया के गोलमेज परिषद ने भारतीय राजनीति की दिशा ही मोड़ दी। इस गोलमेज परिषद के अधिवेशन में जब गांधी जी मुसलमान, क्रिश्चन, सिख, ईसाई, पारसी, अँग्लो–इंडियन आदि के स्वतंत्र राजनीतिक अस्तित्व को मान्य कर रहे थे तब वे अस्पृश्य के ऐसे स्वतंत्र राजनीतिक अस्तित्व को मानने से

इंकार क्यों कर रहे थे यह समझ में नहीं आ रहा था। आखिर गांधी जी भी श्री तिलक के नक्शे–कदम पर ही चल रहे थे।

ब्रिटेन के प्रधान मंत्री श्री मेक्डोनल्ड द्वारा दलितों को बहाल किया गया स्वतन्त्र निर्वाचन अधिकार निरस्त करने हेतु सन 1932 में गांधी जी ने पूना के येरवडा कारागृह में आमरण अनशन आरंभ किया था। सन् 1935 में नासिक के येवला में डॉ. अम्बेडकर ने घोषणा की थी कि वे हिंदू धर्म में पैदा हुये लेकिन वे हिंदू के रुप में नहीं मरेंगे।

सन् 1936 में डॉ. अम्बेडकर का ''जातिभेद निर्मुलन'' नामक भाषण उसके आयोजकों को इतना क्रांतिकारी लगा कि लाहौर के ''जात–पांत–तोडक–मंडल'' ने डॉ. अम्बेडकर की अध्यक्षता में होने वाली उस सभा को ही भंग कर दिया। आखिर उस भाषण को समाज हित में एक लघु ग्रंथ की शक्ल में प्रकाशित करने के पश्चात् ही लोगों तक पहुँचाया गया। उस पर गांधी जी की टिप्पणी यह थी कि ''हिंदू धर्म के प्रति अपनी नफरत दर्शानेवालों में अकेले अम्बेडकर ही नहीं है, बल्कि उन लोगों में वह सबसे अधिक दृढ और योग्यतम व्यक्ति हैं''।

द्वितीय महायुद्ध की पृष्ठभूमि में भारतीय राजनीति के घटनाक्रमों में प्रचंड उलट–पुलट हो रही थी। उनमें भारत छोड़ो आंदोलन, क्रिप्स–व्हेवल योजना, केबिनेट मिशन इत्यादि के साथ–साथ धर्म और जातियों का उभार अधिक विस्फोटक रहा कहना अतिशयोक्ति नहीं होगा। इसी बदलाव के कारण डॉ. अम्बेडकर ने 1936 में एक व्यापक नींव पर स्थापित स्वतन्त्र मजदूर दल नामक राजनीतिक पक्ष के स्थान पर चार वर्ष के बाद मात्र अनुसूचित जातियों पर केंद्रित शिड्युल्ड कास्ट फेडरेशन नामक पार्टी की स्थापना की। उन्होंने मनमाड की दलित वर्गीय रेल्वे मजदूर परिषद को उदबोधन दिया था कि वे मनुष्यत्व को गिरानेवाले पूंजीवाद से सावधान रहें।

1942 में नागपुर के दलित जाति परिषद के सम्मेलन में दलितों के अधिकारों को भारत के भावी संविधान में अंतर्भूत करने का निर्णय सर्व सम्मति से पारित किया गया।

1945 में पीपल्स एज्युकेशन सोसायटी के तत्वावधान में बम्बई और औरंगाबाद में उच्च शिक्षा के प्रचार और प्रसार हेतु बुद्ध और मिलिंद नामक दो बौद्ध ऐतिहासिक महापुरुषों के नाम पर दो महाविद्यालय शुरु किये गये। डॉ. अम्बेडकर ने भिन्न–भिन्न जाति और धर्मों को अविभाजित भारत की राजनीति में युक्त प्रतिनिधित्व प्रदान करने हेतु ''जातीय गुत्थी और उसे सुलझाने का उपाय'' नामक योजना एक लिखित पुस्तक की शक्ल में प्रस्तुत की थी। परंतु विभाजित भारत की बदलती परिस्थिति को देखते हुये उन्होंने ''राज्य और अल्पसंख्यक'' नामक योजना को भी एक पुस्तिका के रुप में ही देशवासियों के विचारार्थ रखा।

श्रम मंत्री के पद पर 5 वर्ष तक उन्होंने महा–राज्यपाल की कार्यकारिणी में श्रमिक कल्याण और प्लानिंग का कार्यभार संभाला था। 1947 से उन्होंने श्री नेहरु की केबिनेट में कानून मंत्री का भार वहन कर संविधान का मसौदा तैयार करने और राष्ट्रीय जीवन में स्वाधीनता के संविधान को मूर्त बनाने के लिये स्वयं को खपाया। 26 जनवरी, 1950 के अपने संबोधन में उन्होंने भारतीय राजनीतिक जीवन और सामाजिक–आर्थिक लोक चर्या में विद्यमान विसंगति की तरफ इशारा करते हुये उसे मिटाने का देशवासियों को आवाहन किया।

इस विसंगति को मिटाने का एक उपाय आरक्षण पद्धति भी है। परंतु जब तक भारत में मनुष्य और मनुष्य के बीच के संबंध जाति व्यवस्था से निश्चित करने वाली ब्राह्मणी परंपरा चालू रहेगी तब तक सामाजिक, सांस्कृतिक और आर्थिक जीवन में पिछड़े हुये वर्गों के लिये ''समान अवसर के लिये विशेष अवसर' के सिद्धान्त पर निर्भर आरक्षण की सीटें रखना ही पड़ेगी क्योंकि समान मनुष्यों में ही समानता हो सकती है। और असमान लोगों को समान मानना यानी असमानता को कायम रखना है।

पूंजीवाद और ब्राह्मणवाद की ताकतों और उभरती साम्यवादी शक्तियों के बीच का निरंतर सत्ता संघर्ष विश्व के देशों को दो प्रतिस्पर्धी वर्गों में विभक्त कर रहा है।

जो राष्ट्र अभी तक प्रजातन्त्र शासन के अधीन स्थापित नहीं हुए वे उक्त दोनों शक्तियों में से किसी भी एक में शामिल हो सकते है। नेपाल में अब तक लोकतन्त्र शासन की स्थापना नहीं हो सकी है तो उस दशा में ब्रिटेन व अमेरिका उसका उपयोग पूंजीवादी बनाने, भारत उसका उपयोग ब्राह्मणवादी बनाने तथा कम्युनिस्ट चीन उसका उपयोग साम्यवादी बनाने में सुगमता के साथ कर सकते है। क्योंकि इतिहास गवाह है कि जब राजा स्रोंङ–त्सान–गैम्पो के नेतृत्व में तिब्बत शक्तिशाली था तो उसके साथ सांस्कृतिक संबंध नेपाल, चीन और भारत ने अपने सम्राट अंशुवर्मा, हर्षवर्धन और ताओ–त्सुंग के जरिए मधुर बनाये रखे थे[9]।

## सेवायें और संघर्ष

सन् 1924 में स्थापित बहिष्कृत हितकारणी सभा द्वारा उन्होंने सोलापूर में दलित वर्ग छात्रावास खोला। आम लोंगों की तरह अछूतों के अधिकार को भी कुओं, तालाबों आदि पर प्रस्थापित करने के लिए उन्होंने सन् 1927 में महाड़ सत्याग्रह चलाया और 25 दिसंबर, 1927 के दिन मनुस्मृति का सामुहिक दहन किया। सन् 3 अप्रैल, 1927 से उन्होंने बहिष्कृत भारत नामक मराठी पाक्षिक चलाया। उन्होंने बम्बई विधान मंडल में सन् 1927 से सन् 1937 तक कुल 10 वर्ष के कार्यकाल में एक सक्रिय सदस्य की भूमिका में उन्होंने गरीबों पर लादे जाने वाले बजट के संबंध में प्रशासन की लापरवाही पर कठोर प्रहार किया। वहां उन्होंने बम्बई पैतृक व्यवसाय अधिनियम, 1874 के संशोधन का विधेयक प्रस्तुत किया। उन्होंने एक सदस्य की हैसियत से 29 मई और अक्टूबर 1928 को सायमन कमीशन के समक्ष अपना एक अलग वक्तव्य दिया था कि भारत के संवैधानिक प्रजातंत्र में दलित वर्गों का दृष्टिकोन ध्यान में रखा जाना चाहिये। उन्होंने सन् 1927 के सितंबर में समाज समता संघ और दिसंबर को समता सैनिक दल स्थापित किया। उसी वर्ष उन्होंने दलित वर्ग शिक्षा समाज की स्थापना की और उसके माध्यम से उच्च विद्यालय के दलित छात्रों के लिये पनवेल, ठाने, नासिक, पुणे और धारवाड़ में छात्रावास खोले।

उन्होंने वक्तव्य दिया था कि प्रशासन का आधार सार्वत्रिक वयस्मताधिकार होना चाहिये। सन् 1930 में उन्होंने नासिक में कालाराम मंदिर प्रवेश सत्याग्रह किया। उसी वर्ष नागपुर में आयोजित अखिल भारतीय दलित वर्ग कांग्रेस की अध्यक्षता की। उन्होंने 17 नवंबर, 1932 से 24 दिसंबर, 1932 तक के दौरान आयोजित गोलमेज परिषद में हिस्सा लिया था। उन्होंने ब्रिटिश प्रशासन के प्रतिकूल रवैय के साथ साथ, भारतीय उच्च जातियों का रुढिवाद तथा गांधी और कांग्रेस की सनातनी नीतियों पर भी आलोचना की। दूसरी गोलमेज परिषद में उन्होंने दलित हितों के रक्षणार्थ गांधीजी से लोहा लिया। उनके विचारों का प्रभाव न केवल मायनारिटी पैक्ट, बल्कि 1932 के जातीय समझौता तथा 1935 के भारत अधिनियम पर भी है। उनके निर्णयात्मक दृढता में दबकर ही गांधी जी को दलित पृथक प्रतिनिधित्व के खिलाफ आमरण अनशन करना पडा। उनके विचारों की अभिव्यक्ति पाक्षिक/साप्ताहिक मूकनायक, बहिष्कृत भारत, जनता (24 नवंबर), समता, प्रबुद्ध भारत (4 फरवरी, 1956) में अनवरत होती रही।

भारतीय मताधिकार कमेटी अथवा लोथीयन कमेटी के एक सदस्य की हैसियत से डॉ. अम्बेडकर ने दलितों की प्रातिनिधिक और मताधिकार की स्थिति का पूरे भारत का दौरा कर जायजा लिया। उन्होंने एंटी–अन्टचेबिलिटी लीग अर्थात् हरिजन सेवक संघ से सन् 1933 में अपना इस्तीफा दे दिया क्योंकि डॉ. अम्बेडकर ने पाया कि हिंदू दमन बरकरार रखने वाली बलात अवस्था में अछूतों का आत्म–सम्मान दांव पर लगा था।

डॉ. अम्बेडकर के विदेश अध्ययन के दौरान 3 पुत्र और 1 पुत्री के निधन का दुख सह कर और अपना जीवन एकांत और दरिद्रता में बिताकर उनकी धर्मपरायण पत्नी रमाबाई 27 मई, 1935 में चल बसी। 13 अक्तूबर, 1935 को डॉ. अम्बेडकर ने नासिक में येवला दलित वर्ग सभा और मई 1936 में एक महार परिषद बुलाकर जिस धर्म में हम पैदा हुये उसमें नहीं मरेंगे की घोषणा की और अगले 21 वर्ष तक वे धर्मों का तुलनात्मक अध्ययन किया।

सन् 1936 का उनका अत्यंत प्रखर भाषण पढ़ कर लाहोर की जात–पात तोडक मंडल ने अपनी अखिल भारतीय सभा ही रद्द कर दी थी। वही भाषण जाति भेद निर्मूलन शीर्षक से प्रकाशित है। डॉ. अम्बेडकर का यह जाति भेदक विचार भारत के मज़लुमों के लिये वही कार्य कर रहा है, जो कार्ल मार्क्स और एंगल्स का कम्युनिश्ट घोषणा पत्र विश्व के सर्वहारा वर्ग के लिये कर रहा था। इस आधार पर गांधी और गांधीवादी भी अपने नकाब के खरोंचे जाने पर वर्ण व्यवस्था प्रेमी ही सिद्ध हुए।

उसी वर्ष खोति पद्धति को मिटाने का विधेयक बम्बई विधान परिषद में प्रस्तावित कर उन्होंने 15 अगस्त, 1936 को स्वतंत्र मजदूर दल की स्थापना की और 1937 के निर्वाचन में 17 सीटों में से 15 सीटों पर जीत हासिल की और 1938 में श्रमिक आंदोलन को नियंत्रित करने वाले औद्योगिक श्रम विवाद विधेयक का विरोध भी किया। शासन की युद्ध नीति पर भी उनका एक विशेष दृष्टिकोण रहा।

## न्याय के लिए शिक्षा

सामाजिक, आर्थिक और राजनीतिक क्रांति का मूलाधार शिक्षा है। सभी शैक्षणिक विचारों का सार ''सीखो, संगठित हो और संघर्ष करो'' के तत्व में निहित है। ''हर मनुष्य के आयुष्य में जब अवसर की लहर आती है तो उसका युक्त प्रकार से उपयोग करने के बाद उसे वैभव प्राप्त होता है'' के वचनानुसार डॉ. अम्बेडकर कहते थे, ''माता–पिता संतान को जन्म ही नहीं बल्कि कर्म भी देते हैं। वे अपनी संतान के जीवन में दिशा दे सकते हैं''। इस बात को ध्यान में रख कर हम सभी को बालकों–बालिकाओं की शिक्षा के लिये प्रयास करना चाहिये ताकि समाज की प्रगति द्रुत गति से हो सके।

सन् 1986 में भारत सरकार ने नई शिक्षा नीति की घोषणा की थी। उसके अनुसार भारतीय लोगों में साक्षरता का अंतर लिंग भेद और जाति भेद के उच्च और निम्न वर्ग के क्रम में असमान प्रतीत होता था। स्वर्ण पुरुष सबसे ज्यादा साक्षर (36 प्रतिशत), स्वर्ण महिला स्वर्ण पुरुष

से कम साक्षर (24 प्रतिशत), अनुसूचित जाति सामान्य महिलाओं से कम साक्षर (22 प्रतिशत) और अनुसूचित जमात सबसे कम साक्षर (16.1 प्रतिशत) थे। सामुदायिक शिक्षा के प्रणेता डॉ. अम्बेडकर चाहते थे कि लोगों की प्रभुसत्ता पर संचालित प्रजातन्त्र में अमीर वर्ग के बच्चों के लिये शाही विद्यालय और गरीब बच्चों के लिये कोई स्कूल ही न होना असह्‌ाय दुर्व्यवस्था है।

इसी अव्यवस्था का दूसरा नामाभिधान हैः ''विद्या बिना मति नहीं, मति बिना नीति नहीं, नीति बिना गति नहीं, गति बिना वित्त नहीं, वित्त बिना शूद्र गिरा, इतना अनर्थ एक अविद्या ने करा''! लोक शिक्षक गाडगे महाराज कहते थे कि शिक्षाविहीन मानव पत्थर है और लोक शिक्षिका सावित्रीबाई फुले का वचन थाः शुद्रों को बताने योग्य एक ही मार्ग यही कि शिक्षा से है मनुष्यत्व, पशुत्व नहीं।

शिक्षा यानी परिवर्तन यह उनके शैक्षणिक विचारों का मुख्य सूत्र रहा है। 13 जून 1953 को रावली कॅम्प, बम्बई की सभा में संबोधित करते हुये डॉ. अम्बेडकर ने कहा था, ''हम लोग शिक्षित हुये यानी सब कुछ हो गया ऐसी बात नहीं है। शिक्षा के साथ–साथ मनुष्य का शील भी सुधरना चाहिये। उसके बिना शिक्षा का मूल्य शून्य है। ज्ञान तलवार की भांति है। यदि किसी आदमी के पास तलवार है तो उसका सदुपयोग अथवा दुरुपयोग करना उसके सदाचार पर निर्भर करेगा। वह उससे किसी की जान भी लेगा या किसी की जान बचा भी लेगा। ज्ञान भी ऐसा ही हैं। इसके अतिरिक्त उन्होंने कहा कि इससे काम नहीं चलेगा कि शिक्षित मनुष्य केवल अपने उदर भरण में ही लगा रहे। जिन्हें स्वार्थ के अलावा कुछ दूसरा दिखता ही नहीं है वे किंचित भी परार्थ कर नहीं सकते। ऐसे व्यक्ति मात्र शिक्षित होने से क्या लाभ? समाज का वर्णों में विभाजन व्यवसाय के उद्देश्य से हुआ है। परंतु ज्ञान रोजगार का प्रश्न हो ही नहीं सकता। ज्ञान जीवन के लिये अत्यंत आवश्यक है। उसके बिना हमारा नुकसान होता है[8]।

डॉ. अम्बेडकर के अनुसार शिक्षा के परिणामस्वरुप स्वाभिमान, स्वावलंबन और आत्मोद्धार प्राप्त होते हैं और उससे क्रमशः बंधुत्व,

समानता और स्वतत्रंता के मूल्य प्राप्त होना चाहिये। इस मापदण्ड से वर्तमान भारतीय शिक्षा पद्धति का पीठ किस प्रकार मानवीय चूंजे निर्माण करने का केन्द्र बन गया इसकी हम कल्पना कर सकते हैं।

## न्याय के लिए समाज परिवर्तन

समाज परिवर्तन के दो मुख्य साधन हैं – कानून और शिक्षा।

भारतीय संविधान ने शासन को 14 वर्ष तक की उम्र के बालक–बालिका को मुफ्त और सख्ती से शिक्षा प्रदान करने का आदेश दिया है और अस्पृश्यता जैसे सामाजिक कुरीतियों के व्यवहार को दण्डनीय अपराध करार दिया है।

कानून की दृष्टि से भारतीय प्रजातन्त्र में दो त्रुटियाँ हैं। एक, उस में ब्रिटिश संसदीय प्रणाली की प्रभावशीलता नहीं है और उसमें अमेरिका की न्यायपालिका की निर्णायक्ता का अभाव है। उदाहरणार्थ 1896 में प्लेसी बनाम फर्ग्युसन् नामक मशहूर मामले में अमेरिका के सर्वोच्च न्यायालय ने काले वर्ग के लोगों के लिये पृथक सुविधाओं की व्यवस्था पर अपना फैसला सुनाते समय कहा था कि ऐसे विशेष वर्ग की विशेष सुविधा की व्यवस्था से समानता के तत्व का उल्लंघन नहीं होता है। परंतु 67 वर्ष के बाद भारत में बालाजी बनाम मैसूर के मामले में सर्वोच्च न्यायालय ने व्यवस्था दी थी कि आरक्षण व्यवस्था के रहते समानता के तत्व का अमल तभी होगा जब दो शर्तों अर्थात् 1. आरक्षण का मापदण्ड जात न हो तथा 2. आधे से अधिक पदों का आरक्षण न हो का पालन किया जायेगा।

कानून समाज परिवर्तन के साधनों में से एक साधन है। परंतु हिंदू कानून इसका अपवाद है। 1772 ई. स. से पूर्व और 1772 के बाद के हिंदू कानून को मिताक्षर तथा दायभाग इन दो परंपराओं में वर्गीकृत किया जा सकता है।

ईस्ट इंडिया कंपनी ने अपने प्रशासन में रेग्युलेशन अधिनियम, के ठीक एक सदी बाद तलाक की व्यवस्था देने वाला पंजीयन विवाह

अथवा विशेष विवाह अधिनियम, और 1856 में हिन्दू विधवा पुनर्विवाह अधिनियम सम्मत कर लिया था। 1929 में बाल विवाह निरोध अथवा शारदा अधिनियम के अंतर्गत वधू और वर की विवाह योग्य आयु क्रमशः 14 और 18 वर्ष निश्चित की गई थी। परंतु इस अधिनियम का बड़े बड़े नेताओं ने विरोध किया।

1935 में आर्य विवाह विधिग्राह्ता अधिनियम से अंतर्जातीय और अंतर्धर्मीय विवाहों का प्रचलन आसान हो गया था। सन् 1942 में तत्कालीन कानून मन्त्री सर सुल्तान अहमद ने विवेदन किया था कि बिना मृत्यु पत्र उत्तराधिकार और विवाह के संबंध के दो विधेयकों को एक मसौदा समिति ने तैयार किया और उन्हें लोकमत का समर्थन प्राप्त करने हेतु राजपत्र में प्रकाशित किया गया है। 1946 में एक ही गोत्र के व्यक्तियों के विवाह को वैध बनाने वाला कानून और 1949 में हिंदू विवाह निःसमर्थता निर्मूलन अधिनियम के सम्मत हो जाने से हिंदू धर्म की भिन्न भिन्न जाति–उपजातियों को ऐसे विवाह करने का परवाना मिल गया। 9 अप्रैल, 1948 में हिंदू संहिता विधेयक को संविधान समिति के सम्मुख डॉ. अम्बेडकर ने प्रस्तुत किया था। परिणामस्वरुप 1955 में हिंदू विवाह अधिनियम, हिंदू उत्तराधिकार अधिनियम, भरणपोषण और दत्तक ग्रहण अधिनियम सम्मत किये गये।

सामाजिक परिवर्तन का दूसरा साधन शिक्षा में डॉ. अम्बेडकर का काफी योगदान रहा है। उन्होंने दलितों के प्राथमिक व माध्यमिक शिक्षा के प्रचालनार्थ बहिष्कृत हितकारणी सभा और दलित वर्ग शिक्षा समाज को क्रमशः 1924 और 1928 में स्थापित कर दलित छात्रों के लिये छात्रावास, खेल क्लब, ग्रंथालय, बोर्डिंग आदि की व्यवस्था की थी। और दलितों की उच्च शिक्षा हेतु उन्होंने पिपुल्स एज्युकेशन सोसायटी (8 जुलाई, 1945), को संस्थापित कर उसकी छत्रछाया में सन् 1946 में मुंबई में सिद्धार्थ कला, विज्ञान, व विधि महाविद्यालय और 1953 में सिद्धार्थ वाणिज्य और अर्थशास्त्र महाविद्यालय तथा 1950 में औरंगाबाद में मिलिंद कला व विज्ञान महाविद्यालय की शैक्षणिक सेवायें उपलब्ध कराईं।

डॉ. अम्बेडकर का राजनैतिक विचार दर्शन उनके समकालीन चिंतक आचार्य नरेन्द्र देव और एम. एन. राय के वैज्ञानिक तथा नैतिक समाजवाद से काफी नजदीक रहा है, अपितु उनका मानना था कि मार्क्स और बकल ने इतिहास के निर्माण में मनुष्य की भूमिका शून्य बताकर भारी भूल की है। उन्होंने कहा कि बुद्ध द्वारा लाये गये धार्मिक और सामाजिक सुधार के बाद चंद्रगुप्त ने राजकीय क्रांति की। महाराष्ट्र में संतों द्वारा किये गये धार्मिक और सामाजिक सुधारणा के पश्चात् ही शिवाजी ने राज्य क्रांति की थी। सिक्खों के राजनीतिक परिवर्तन के पूर्व गुरु नानक द्वारा धार्मिक–सामाजिक क्रांति की गई थी।

श्री रसेल ने कहा है कि शिक्षा का झुकाव समाज की स्थितिशीलता कायम रखने के लिये होता है, तथापि स्वभाव और मत निर्माण करने की उसकी क्षमता बहुत अधिक होती है। डॉ. अम्बेडकर के अनुसार क्रांति के तीन घटकः (1) समाज के दोष का संज्ञान, (2) उस दोष से पीड़ित वर्ग की उपस्थिति का एहसास, और (3) शस्त्रार्थ हैं। उनमें से पहले दो घटक शिक्षा पर निर्भर है। इस प्रकार शिक्षित वर्ग ही संगठित होकर संघर्ष की बुनियाद बनाता हैं। डॉ. अम्बेडकर के अनुसार बुद्ध द्वारा बताई गई सबसे बड़ी बात यह थी कि मनुष्य और जगत में सुधार किये बगैर संसार में सुधार नहीं किया जा सकता। परंतु इसका भावार्थ यह नहीं है कि मनुष्य के मन में बदलाव होने के साथ ही समाज में अपने आप परिवर्तन हो जाता है। उदाहरणार्थ पूंजीपति और गरीब वर्ग पहले वर्ग के लोभ–लालच के कारण नहीं पैदा होते। अतः उनका खात्मा पहले वर्ग के संपत्ति त्याग से नहीं होगा। बल्कि उनका नियमन किसी की व्यक्तिगत इच्छा के बाहर की बात है।

## व्यक्तिगत न्याय

डॉ. अम्बेडकर ने कहा है कि किस समाज में किसने जन्म लेना चाहिये और उसको किस ढंग से रखना चाहिये यह मनुष्य के काबू में नहीं है। परंतु एक बार किसी मनुष्य का अस्पृश्य के रुप में किसी हिंदू समाज में जन्म हुआ तो उसके भीतर विद्यमान जातियों के संबंध और

सामाजिक नियम उसके ऊपर नियत हो जाते हैं। उसके अनुसार आचरण करना उसकी मजबूरी हो जाती है। इस परिस्थिति में यदि ब्राह्मणों ने अस्पृश्यों को समानता के नाते से सलूक करने के मत को अंगीकार किया तो उससे अधिक से अधिक व्यक्तिगत रुप में अस्पृश्य की अन्याय से मुक्ति हो सकती है, परंतु सामाजिक रुप में कदापि नहीं हो सकती। उसके लिये उन वर्गों में विद्यमान सामाजिक संबंध को बदलना जरुरी होता है। यह संबंध यदि धर्म संस्था नियंत्रित करती है तो धर्म संस्था में परिवर्तन करना पड़ेगा, यदि वह धार्मिक, सामाजिक, आर्थिक और राजनीतिक संरचना से जुडी समस्या है तो उस प्रकार से परिवर्तन करना लाजमी हो जायेगा।

## भगवान अम्बेडकर

आज विश्व में भारत के सपूत डॉ. भीमराव अम्बेडकर के विचार–दर्शन ने समानता–स्वतंत्रता–बंधुत्व पर आधारित अवाम की जीवन पद्धति के प्रजातंत्र की ऐसी पहचान बनाई कि कई विभूतियों की वैचारिकियाँ विस्मृत हो चुकी है। डॉ. अम्बेडकर द्वारा रोपित यह पहचान आज उनके आलोचकों के सिर पर चढकर बोल रही है। श्री अरुण शौरी ने कहा ही है: "गत पचास वर्षों का शुद्ध परिणाम यह है कि फिर एक बार भारत में आज वही क्रम शुरु हुआ है। लोकमान्य विस्मृत से हो गये। नारायन गुरु को केरला के बाहर कोई नहीं जानता है। स्वामी दयानंद, रामकृष्ण परमहंस, श्री औरोबिंदो, रमन महर्षि, कांची के परमाचार्य इत्यादिओं ने हमें अपने पैरों पर खड़ा करने के लिये क्या किया इसे भक्तों के एक संकुचित दायरे के सिवाय और कोई नहीं जानता। स्वामी विवेकानंद को धूल झाड़कर कुछ अवसर पर बाहर निकाला जाता है और उनको ठीक ऐसे संप्रदाय–निरपेक्ष के पहनावे में दर्शाया जाता है, जिसे वे स्वयं तीव्र रुप से फटकार देते। गांधी जी की तो प्रतिदिन छंटनी हो ही रही है– एक दिन पहले से चली आ रही विकास की प्रतिक्रिया के कारण तो दूसरे दिन मुसलमान नेताओं को पाकिस्तान का आग्रह धरने में प्रवृत्त कराने के कारण यह छंटनी की जा रही है और अम्बेडकर जैसे

व्यक्तिओं की देवता की भांति पूजा हो रही है[10]। सैम्युअल जानसन् ने भी कहा है कि ''कृतज्ञता महान उद्यम का फल है, जाहिल लोगों में आप इसे नहीं पाते''।

## शिक्षा, दीक्षा और प्रेरणा

8 जुलाई 1945 में स्थापित पिपुल्स एज्युकेशन सोसायटी, सिद्धार्थ कॉलेज आफ आर्टस् एण्ड सायंस, 1946; सिद्धार्थ नाईट स्कूल 1947; मिलिंद महाविद्यालय, 1950; सिद्धार्थ कॉलेज आफ कामर्स एण्ड एकॉनामिक्स, 1953; मिलिंद मल्टिपरपज हाईस्कूल, 1955; और सिद्धार्थ कॉलेज ऑफ लॉ, 1956 उसकी गवाह है। 21 वर्ष अध्ययन और परिक्षण के बाद उन्होंने भारत के लिये विश्व का बेहतर मानवतावादी धर्म अनुसंशित किया। 14 अक्टूबर, 1956 में उन्होंने नागपुर में लाखों जनता के साथ बौद्ध जीवन पद्धति को अपनाया। उनकी अंतिम रचना बुद्ध और उनका धम्म ही थी।

डॉ. अम्बेडकर ने 6 दिसंबर, 1956 को महाप्रयाण किया और विश्व के भावी जीवन की ख़ुशहाली के लिये वे हमारे पास अपने द्वारा प्रदत्त शिक्षा, संस्कार और प्रेरणा ही छोड़ गये, जो हमें कदम–कदम पर मार्गदर्शन करते रहेंगे।

## संदर्भ ग्रंथ

1. श्री एल. आर. बाली, अम्बेडकर ने क्या किया, जलंधर, 2002
2. श्री अरुण शौरी, वर्शिपिंग फाल्स गॉड़, एएसए प्रकाशन, नई दिल्ली, 1997, पृ.ग
3. श्री अरुण शौरी, वही
4. श्री अरुण शौरी, वही
5. डॉ. नरेन्द्र जाधव, डॉ. अम्बेडकरांचे अर्थशास्त्रीय लेखन, डॉ. बाबासाहेब अम्बेडकर गौरव ग्रंथ, महाराष्ट्र राज्य साहित्य आणि संस्कृति मंडल, बम्बई 1993, पृ. 362–372
6. डॉ. बाबासाहेब अम्बेडकर राइटिंग्ज एण्ड स्पीचेज, वाल्युन 1, पृ. 44 और एस. एस. गायकवाड, डॉ. अम्बेडकर यांची समाज रचनेची सैद्धांतिक मांडणी,

डॉ. बाबासाहेब अम्बेडकर गौरव ग्रंथ, महाराष्ट्र राज्य साहित्य आणि संस्कृति मंडल, बम्बई 1993, पृ. 27

7. डॉ. बाबासाहेब अम्बेडकर राइटिंग्ज एण्ड स्पीचेज, वही
8. डॉ. बी. आर. अम्बेडकर, राइटिंग्स एण्ड स्पीचेस, खण्ड 1 बम्बई 1979 पृ. 227 9. डॉ. बी. आर. अम्बेडकर, वही
10. डॉ. भालचंद्र लक्ष्मण मुणगेकर, डॉ. अम्बेडकर यांचे भारतीय शेती विषयक विचार, डॉ. बाबासाहेब अम्बेडकर गौरव ग्रंथ, बम्बई 1993, पुनर्मुद्रण 1999, पृ. 393–394
11. डॉ. भालचंद्र लक्ष्मण मुणगेकर, वही
12. डॉ. धनंजय कीर, डॉ. अम्बेडकरः जीवन तथा कार्य, प्रकाशन पुणे, 1976
13. डॉ. बी. आर. अम्बेडकर, राइटिंग्स एण्ड स्पीचेस, खण्ड 1 बम्बई 1979 पृ. 54
14. डॉ. बी. आर. अम्बेडकर, थॉटस् ऑन पाकिस्तान, ठक्कर एण्ड कंपनी, बम्बई, 1945, विदेशों से सबक नामक अध्याय
15. सी. डी. नाईक, थॉटस् एण्ड फिलासफी ऑफ डॉ. बी. आर. अम्बेडकर, सरुप एण्ड सन्स, नई दिल्ली 2003, बुद्धिस्ट ड़ेवलपमेन्ट इन इस्ट एण्ड वेस्ट नामक अध्याय

# अध्याय – 19

# महू: डॉ. अम्बेडकर के संदर्भ में

## मध्य प्रदेश

जिस प्रकार सिद्धार्थ गौतम का जन्म ईसा पूर्व 600 में लुबिनी वन में उस समय के जम्बुद्वीप यानी भारत में हुआ किन्तु नेपाल राष्ट्र बनने के बाद सिद्धार्थ की जन्म स्थलि, वन के दो साल वृक्ष, उनकी माता महारानी महामाया की कुटी महामाया और राजा शुद्धोदन की राजधानी कपिलवस्तु (पिपरहवा), सम्राट अशोक का वहाँ पर स्थित विशाल स्तंभ जिसके ऊपर खरोष्ठी लिपि में ''इधो तथागतो जातो'' उत्कीर्ण किया हुआ है और संबंधित सारे पुरातात्विक सबूत अब नेपाल की धरोहर बन गये है; उसी प्रकार डॉ. अम्बेडकर ने 14 अक्तूबर, 1956 को जिस दीक्षा भूमि, नागपुर में लाखों की तादाद में अपने अनुयायिओं को उनकी प्राचीन धरोहर बौद्ध धर्म में शरण देकर उसे फिर से भारत में जिलाया वह स्थलि महाराष्ट्र राज्य की आज भले ही उपराजधानी है परंतु मध्य प्रदेश के जन्म (1.11.1956) के पहले वही स्थान मध्य प्रांत व बेरार (सी. पी. एण्ड बेरार) की राजधानी थी। और ब्रिटिश कंपनी शासन द्वारा निर्मित पूर्व का लंबा चौकोन सदृश मध्य प्रदेश में विदर्भ के 10 जिले (भंडारा, चंद्रपूर, नागपुर, वर्धा, गोंदिया, यवतमाळ, बुलढाणा, अकोला, अमरावती, गडचिरोली) और छत्तिसगढ के आठ जिले (रायपूर, दुर्ग, राजनादं गांव, बस्तर–जगदलपूर, बिलासपूर, रायगढ, सरगुजा, अंबिकापूर) और वर्तमान दस जिले (सागर, दमोह, जबलपूर, नरसिंहपूर, होशंगाबाद,

बैतुल, छिंदवाडा, सिवनी, मंडला, बालाघाट,) समाविष्ट थे और उसकी राजधानी नागपुर थी परंतु भौगोलिक दृष्टि से ये विदर्भ के सब स्थान वर्तमान में महाराष्ट्र का हिस्सा बन गये और भूख मरी और प्लेग से बचने के लिये जो महार स्थलांतरित हुये वे इन्दोर, खंडवा, उज्जैन आदि में बस गये और प्रदेश पर अपनी छाप अमर कर गये।

महू तो डॉ. अम्बेडकर की जन्म स्थलि होने से जो ख्याति ब्रिटिश सेना मुख्यालय नहीं अर्जित कर सका वह ख्याति आज विश्व भर फेल गई है। इस प्रकार डॉ. अम्बेडकर की जन्म भूमि मध्य प्रदेश तो उनकी कर्मभूमि महाराष्ट्र बन गये।

डॉ. अम्बेडकर ने वकीली पेशे का उपयोग इंदौर के तत्कालीन महाराज मल्हार राव होलकर का एक राज घराने के बाहर की महिला के साथ वैवाहिक संबंध के बारे में उपजे विवाद में महाराजा की वकालत करने, और एक अन्य इंदौर निवासी के मंदीर के पास की जमीन के संबंध में न्यायालय में पैरवी करने के सिलसिले में किया था। अपने इंदौर भेंट के दौरान वे अपनी जन्म स्थलि महू भी आये थे और आकर अपने कार्यकर्ताओं के साथ यादगार के रुप में सामूहिक फोटो भी खिंचवाई थी। इंदौर के दोनों मामलों में उनकी वकालत ने संबंधित पक्षों को जीताकर राहत दिलवाई थी।

क्या कोई कल्पना कर सकता था कि जिसके बारे में विश्व में आज चलचित्र बने, इंटरनेट साइट खुले, जिनके अनुरागी देश–विदेश में फैले, जिनके विचार और दर्शन से एक पुरानी व्यवस्था का खात्मा होते चला जा रहा है, उसका जन्म मध्य प्रदेश की हृदय स्थलि महू में हुआ था।

अब महू को ही डॉ. अम्बेडकर नगर से जाना जा रहा है। यही सन् 1891 में दिनांक 14 अप्रैल को भीमाबाई और सुबेदार मेजर रामजी सकपाल के चौदहवीं संतान हुई। उनकी चौदह संतानों में से केवल पांच ही संताने जीवित रही और उनमें सबसे छोटे का नामाभिधान भीम रखा गया। जिस घर में भीम पैदा हुये वह महू छावनी के आम बेरेक का

एक हिस्सा था, जहाँ आज एक भव्य स्तूप अपनी आदरणीय शक्ल अख्तियार कर रहा है और जिस अस्पताल में इस नव शिशु का आगमन हुआ उसका रिकार्ड यहाँ के कॉलेज ऑफ कॉम्बेट (अब कॉलेज ऑफ वार) में उपलब्ध होना उसके जन्म की ऐतिहासिक साक्ष्य है। महू तो डॉ. अम्बेडकर की जन्म स्थलि होने से जो ख्याति ब्रिटिश सेना मुख्यालय नहीं अर्जित कर सका वह ख्याति आज विश्व भर फैल गई है। इस प्रकार डॉ. अम्बेडकर की जन्म भूमि मध्य प्रदेश तो उनकी कर्मभूमि महाराष्ट्र बन गये। यह बात ऊपर कही जा चुकी है।

तथापि, रामजी का पैतृक गाँव भूतपूर्व बम्बई प्रांत के अधीनस्थ रत्नागिरी जिले के मंडनगढ (खेडू) तहसील में अंबावडे नामक ग्राम था। परंतु सैनिकी पेशे के कारण उनको अपना पैतृक गाँव छोड़कर मिलिटरी हेडक्वाटर ऑफ वार अर्थात् महू में आना पड़ा था। भीम के जन्म के समय वह स्थानीय सैनिकी नार्मल स्कूल में अध्यापक थे। जब वह सेना से निवृत्त हो गये तब बालक भीम लगभग दो वर्ष का था। सेवानिवृत्त सूबेदार मेजर रामजी, महू को छोड़ दापोली में सपरिवार गये। परंतु वहाँ का वातावरण भीमाबाई को अनुकुल न होने से वे सतारा में गये और वहाँ पी. डब्ल्यू. डी. के दफ्तर में स्टोर कीपर का काम करने लगे। वहाँ उन्होंने भीम को शासकीय प्राथमिक स्कूल में भर्ती कराया था। अब बालक भीम, सातारा स्कूल में पढते थे। भीम ने अपनी प्राथमिक ओर माध्यमिक शिक्षा को सतारा से ही ग्रहण किया था। एक दिन वहाँ के एक अध्यापक ने उनके कुल नाम ''अंबावडेकर'' को अपने कुलनाम ''अम्बेडकर'' में बदल दिया था। इसका फिल्मी दृश्य आज दिनांक सितम्बर, 2020 को भी टी. वी. चैनल पर देख सकते है।

भीम की मातोश्री भिमाबाई भी फौजी खानदान और धार्मिक परिवेश से आई थी। सन् 1896 में जब भीम मात्र 5 वर्ष का था तो उनकी माता का देहांत हुआ। माता भीमाबाई की स्मृति स्थलि भी सतारा में है। भीम को एक जीजाबाई नामक सौतेली माँ भी थी। जब वह उसके दिवंगत माँ के वस्त्र और गहने पहनती तो भीम मन ही मन बड़ा दुखी होता और उसे कूढने लगता था।

अब रामजी गोरेगाँव में एक निजी कंपनी में केशियर के पद पर काम कर रहे थे। गोरेगाँव में घटित उनके बालपण की मुख्य घटना को डॉ. अम्बेडकर ने स्वयं की लेखनी से इस प्रकार बयान किया है। उन्होंने लिखा हैः

''हमारा परिवार मूलतः बम्बई प्रेजीडेंसी के रत्नागिरी जिले के दापोली तहसील (अंबावडे ग्राम) से आया था। ईस्ट इण्डिया कंपनी के बिलकुल आरंभ से मेरे पूर्वजों ने अपना पैतृक व्यवसाय त्याग दिया था और कंपनी की सैनिकी सेवा में भर्ती हो गये थे। मेरे पिताजी ने भी परिवार की इस परंपरा का अनुकरण किया और सैनिकी सेवा में भर्ती हुये। अपने केरियर में वे अधिकारी की श्रेणी तक पहुँचे और मेजर सूबेदार के पद पर (महू से) सेवानिवृत्त हुये। अपने सेवानिवृत्त होने के पश्चात् स्थायी रुप से बसने के इरादे से मेरे पिता अपने कुटुंब को लेकर दापोली आये। लेकिन कुछ कारणों से मेरे पिताजी ने अपना मन बदला। अतः वे दापोली छोड़कर सतारा आये और वहाँ हम सन् 1904 तक रहे।

पहला प्रसंग, जो मैं लिपिबद्ध कर रहा हूँ और जिसे मैं याद कर सकता हूँ वह सतारा में ही लगभग सन् 1901 में घटित हुआ था। मेरी माँ (जिसे मैं बय कहता था) शांत हो गई थी। मेरे पिताजी गोरेगाँव में केशियर का काम करते थे। यह गाँव सतारा जिले के खाटव तहसील में था। यहीं पर बम्बई सरकार ने हजारों की तादाद में भूख से मर रहे लोगों को आजिविका देने के उद्देश्य से तालाब की खुदाई का उपक्रम शुरु किया था। जब मेरे पिताजी कोरेगाँव गये तो उन्होंने हम दो भाईयों और हमारे दो भानजों को मेरी बुआ और कुछ दयालु पड़ोसिओं की निगरानी में छोड़ दिया था।

केशियर होने के कारण मेरे पिता अवकाश लेकर हमें देखने के लिये सतारा नहीं आ सकते थे। अतः उन्होंने लिख भेजा था कि हम आगामी ग्रीष्म की छुट्टियाँ उनके पास गोरेगाँव में ही बिताये। हम बच्चे इस सुअवसर को पाकर फूले न समायें, विशेषतः इसलिये क्योंकि हम में से किसी ने भी हाल तक रेलगाड़ी नहीं देखी थी।

बड़ी तैयारियाँ की गई। अंग्रेजी बनावट के नये शर्ट, चमकीली रत्नजड़ित टोपियाँ, नये जूते, रेशम की जरी की किनारेवाली नई धोतियाँ यात्रा के लिये मंगाई गईं।

रेलवे स्टेशन हमारे घर से 10 मील की दूरी पर था। रेलगाड़ी से गोरेगाँव जाने के लिये सबसे नजदीक मसूर स्टेशन पड़ता है। वहाँ पर हम शाम को 5 बजे पहुँचे। सभी यात्री जा चुके थे। हम चार बच्चे प्लेटफार्म पर पिता जी अथवा उनके नोकर, जिसे वे भेजने वाले थे, का इंतजार कर रहे थे। काफी समय बित गया पर कोई नहीं आया। हमारे सुंदर परिधान देखकर स्टेशन मास्टर को लगा कि हम ब्राह्मण लड़के होंगें। अतः उन्होंने पूछा कि हम कौन हैं। मैने महार कह दिया। बंबई प्रेजीडेंसी में महार एक अस्पृश्य जाती होती है। यह बात तांगेवालों तक फैल गई। हमें ले जाने के लिये एक तांगेवाला बड़ी मुश्किल से तैयार हुआ। वह भी इस शर्त पर कि हम उसे दुगुना भाड़ा देंगे और तांगा हम खुद चलायेंगे और स्वयं तांगेवाला गाड़ी के पीछे–पीछे पैदल चलेगा।

श्याम के लगभग साडे छः बज चुके थे जब हम लोगों ने स्टेशन छोड़ा। तांगेवाला कह रहा था कि गोरेगाँव पहुँचने के लिये तीन घंटे से अधिक समय नहीं लगेगा। आगे एक नदी लगी। तांगेवाले ने सुझाया कि हम वहीं पर अपना भोजन कर लें क्योकि आगे पानी नहीं मिल पायेगा। वह स्वयं खाने के लिये पास के किसी गाँव में गया जिसके लिये हम ने किराये का कुछ भाड़ा केश में अदा कर दिया था। हम ने भी अपने खाने के डिब्बों की टोकरी खोली और उसमें से खाना निकाल कर खाने लगे। हम में से एक पानी लेने नदी में उतर गया परंतु खाली हाथ लौट आया क्योंकि वहाँ का पानी कीचड़ और गंदगी से बदबूदार हो चुका था। हम ने अपना खाना लपेट कर टिफीन में बंद कर दिया और गाड़ी वाले का इंतजार करते रहे। वह काफी विलंब से आया। जब आया तो यात्रा फिर जारी की गई लेकिन रात के दस भी बज चुके थे पर गोरेगाँव नहीं आया।

मध्य रात्री भी बीत गई जब मात्र चुंगी नाके तक पहुचे थे। नाके वाला हिंदू था, उसे पानी मांगा तो उसने साफ इंकार कर दिया। हम

वहाँ भूखे–प्यासे ही सोये। दूसरे दिन सुबह 8 बजे फिर बैलगाड़ी में यात्रा जारी रखी तो गोरेगाँव सुबह 11 बजे पहुँचे। हमें देखकर पिताजी को आश्चर्य हुआ। हम ने कहा सूचना भेजने पर भी हमें लेने स्टेशन पर क्यों नहीं आये तो उन्होंने पता लगाया कि उन्हें इसकी सूचना मिली ही नहीं थी, जो उनके नोकर की भूल थी।

खैर, इस घटना का मेरे जीवन में खास महत्व है। जब वह घटना हुई तो में 9 साल का बालक था। लेकिन उसने मेरे मन पर अमिट छाप छोड़ी है। इस प्रसंग के पूर्व, मैं जानता था कि मैं एक अछूत बालक हूँ और सभी अस्पृश्य कुछ अप्रतिष्ठा और भेद–भाव के शिकार हैं। मिसाल के तौर पर मैं जानता था कि स्कूल में मैं अपने क्रम के अनुसार अपने वर्ग–सहपाठियों के बीच में नहीं बैठ सकता था और मुझे एक कोने में अकेले ही बैठना पड़ता था। मैं जानता था कि स्कूल में मुझे एक बोरी की चटाई पर अपनी कक्षा से अलग हट कर बैठना पडता था और जो फर्राश स्कूल की सफाई करता था वह भी मेरे द्वारा इस्तेमाल की गई बोरी की चटाई को नहीं छूता था। बोरी की चटाई भी मैं प्रति दिन घर से अपने साथ लेकर स्कूल में जाया करता था। स्कूल में अन्य बच्चे प्यास लगने पर अध्यापक की अनुमति से पानी के नल के पास जाते, उसे खोलते और अपनी प्यास बुझाते थे। पर मैं पानी का नल छू नहीं सकता था और जब तक कोई दूसरा स्पृश्य प्राणी मेरे लिये उसे खोल नहीं देता तब तक मैं प्यासा का प्यासा ही रह जाता। अध्यापक ऐसे काम के लिये स्कूल के चपराशी को भेजते पर जब वह उपलब्ध नहीं होता तो मैं बिना पानी के ही रह जाता था। क्योंकि चपराशि नहीं तो पानी नहीं ऐसा नियम बन गया था। मैं जानता था कि घर में कपड़े धोने का कार्य मेरी बहनें करती थीं, इसलिये नहीं कि सतारा में धोबी नहीं थे, अथवा हम धुलाई का खर्चा देने योग्य नहीं थे, बल्कि इसलिये कि हम अछूत थे और कोई भी धोबी अछूत के कपड़े नहीं धोता था। दाढ़ी बनाने और बाल कटवाने का काम मेरी बड़ी बहन करती थी क्योंकि सतारा का कोई नाई अछूत की दाढ़ी और बाल नहीं बनाता था। ये सब मैं जानता था। परंतु इस घटना ने तो मेरे दिल को ऐसी चोट पहुँचाई

जिसे मैंने पहले कभी अनुभव नहीं किया था। और उस घटना ने मुझे उस अछूतपन के बारे में सोचने के लिये मजबूर कर दिया जो इस प्रसंग के पूर्व मेरे और अन्य कई स्पृश्य और अस्पृश्यों के लिये एक आम बात थी और आज भी है[1]''।

सन् 1904 में रामजी बम्बई में आये। वहाँ वे परेल की एक श्रमिक कॉलोनी में रहते थे। भीम ने बम्बई में एलफिन्स्टोन हाईस्कूल में दाखिला लिया था और वहीं से उसने सन् 1907 में मैट्रिक की परिक्षा उत्तीर्ण की। सन् 1908 में भीम 17 वर्ष के हुये तो उन्होंने 9 वर्षीय रमा के साथ विवाह किया। सन् 1912 में एलफिन्स्टोन कॉलेज से अंग्रेजी और पर्शियन आदि विषयों को लेकर और बड़ौदा महाराज सयाजी राव की वित्तीय सहायता से पढ़ाई कर वे ग्रेज्युएट परिक्षा में उत्तीर्ण हुये। उसके पश्चात् भीम राव की बड़ौदा सैनिक दल में लेफ्टिनेंट के पद पर नियुक्ति हुई। कुछ दिनों के पश्चात् उनके पिताजी का देहांत हुआ।

तथापि सन् 1913 में बड़ौदा नरेश सयाजीराव गायकवाड़ द्वारा पिछड़े वर्ग के लिये संस्थापित छात्रवृत्ति के हासिल होने पर भीम राव कोलंबिया विश्वविद्यालय, अमेरिका गये और वहाँ से ईस्ट इंडिया कंपनी का प्रशासन और वित्त विषय पर शोधग्रंथ प्रस्तुत कर एम. ए. हो गये। उन्होंने फिर नेशनल डिविडंड ए हिस्टारिकल एण्ड अनालिटिकल स्टडी अर्थात् राष्ट्रीय लाभः एक ऐतिहासिक तथा विश्लेषणात्मक अध्ययन पर पी.एच.डी. की उपाधि हासिल की। वहीं उनका संपर्क जॉन डिवि, एडविन सेलिग्मन और ए.ए. गोल्डनवेजर जैसे सुविख्यात दार्शनिक और प्रोफेसरों के साथ आया। उन्होंने वहीं पर भारत में जातियां, उनकी सरंचना, व्युत्पत्ति, और विकास नामक एक शोध पत्र भी लिखा था।

सन् 1916 में डॉ. अम्बेडकर ने लंदन स्कूल ऑफ एकानामिक्स एण्ड पोलिटिकल साइंस में प्रवेश प्राप्त किया। वहाँ पर उनका संपर्क श्री सिडनी वेब, बेट्रिस वेब, एडविन केनन, जे. ए. हाबसन, एल. टी. हाबहाउस प्रभृति विद्वान दार्शनिकों से आया। डॉ अम्बेडकर बार–एट–लॉ की उपाधि हेतु ग्रेज इन नामक विधि संस्थान में भी प्रविष्ट हुये थे।

परंतु शिष्यवृत्ति की शर्तों के अनुसार छात्रवृत्ति का नियुक्त समय बीत जाने के पश्चात उन्हें अब अपनी सेवा बड़ौदा राज्य को अर्पित करना लाजमी हो गया था। अतः डॉ. अम्बेडकर अपनी पढ़ाई बीच में ही छोड़कर सन् 1917 में भारत वापिस आ गये। और बडौदा में अकाउंटन्ट जनरल के आफीस में प्रोबेशनर की हैसियत से काम करने लगे। परंतु दफ्तर के अन्दर और बाहर भी तत्कालीन दकियानूसी समाज ने डॉ. अम्बेडकर को इतना पढा–लिखा होने पर भी एक अछूत ही मान कर वैसा ही उनके साथ सलूक भी किया, फलतः उन्हें वह स्थान जल्दी ही छोड़ कर वापिस बंबई जाना पड़ा।

बंबई लौट कर कुछ दिन डॉ. अम्बेडकर को बेरोजगारी में ही काटने पड़े। बाद में वे सिडेनहैम कॉलेज में राजनीति–अर्थशास्त्र के प्रोफेसर पद पर नियुक्त हुये।

सन् 1919 में जब मान्टेग्यू–चेम्सफोर्ड सुधार चल रहा था तो मताधिकार के विशय पर डॉ. अम्बेडकर ने अपना अभिमत साउथबरो कमेटी के समक्ष रखा था। उनका मत था कि जब 1916 से ही मुसलमानों को पृथक मताधिकार सरकार द्वारा मान्य हो गया था तो सबसे अधिक पिछड़े दलित वर्ग के लिये पृथक मताधिकार क्यों न बहाल किया जाये।

31 जनवरी, 1920 को उन्होंने मूकनायक नामक एक मराठी पाक्षिक आरंभ किया। प्रथम अंक में उन्होंने ऐसे मुखपत्र की आवश्यकता को बयान करते हुये कहा था कि वह अन्याय के खिलाफ मंथन और समीक्षण वाला मुखपत्र है। सन् 1920 में उन्होंने कोल्हापूर के छत्रपति शाहू महाराज की छत्रछाया में प्रथम अखिल भारतीय दलित वर्ग संस्था का नागपुर में सम्मेलन कराया और वहाँ यह ऐलान किया कि दलित वर्गों की मुक्ति उनके अपने प्रयासों से ही संभव है।

सितंबर 1920 में उन्होंने अपने लंदन विश्वविद्यालय की पढ़ाई फिर से आरंभ की। अगले ही वर्ष उन्होंने एम.एस.सी. की उपाधि प्राप्त की, जो डॉक्टरल शोध के लिये अनिवार्य शर्त थी। उसके बाद उन्होंने उस

समय के सर्वश्रेष्ठ अर्थशास्त्र के विद्‌वान सर एडविन केनन के मार्गदर्शन में रुपये की समस्या पर एक बृहद् शोध प्रबंध लिखा, जिसे बाद में लंदन के ही पब्लिशर, पी. एस. किंग एण्ड सन्स ने सन् 1923 में रुपये की समस्या, उसकी उत्पत्ति और उसका उपचार प्रकाशित किया। और उसी प्रकाशक ने अमेरीका के कोलंबिया विश्वविद्यालय से स्वीकृत उनका पहले से ही तैयार ब्रिटिश भारत में प्रांतीय वित्त नामक पी. एच. डी. की उपाधि का शोध प्रबंध सन् 1925 में प्रकाशित किया। सन् 1922 में डॉ. अम्बेडकर ने बर्लिन में उच्चतर शोधाध्ययन के लिये तीन माह खर्च किये। उसी वर्ष ग्रेज इन के बार का बुलावा आया।

अगले वर्ष वे भारत लौट आये और वहाँ बम्बई उच्च न्यायालय में वकालत की। इंदौर के तत्कालीन महाराज मल्हार राव होलकर के एक राज घराने के बाहर की महिला के साथ वैवाहिक संबंध के बारे में उपजे विवाद में महाराजा की वकालत करने, और एक अन्य इंदौर निवासी के एक मंदीर के पास की जमीन के मुकद्दमें में पैरवी करने के सिलसिले में डॉ. अम्बेडकर इंदौर आये थे। इंदौर के इन दोनो मामले में उनकी वकालत ने संबंधित पक्षों को जीताकर राहत दिलाई थी, जिसका उल्लेख ऊपर कर चुके है।

जून 1925 से मार्च 1928 तक उन्होंने वहाँ के एकाउन्टंसी की बाटलीबोई प्रशिक्षण संस्थान में अंशकालीन प्राध्यापक की सेवायें प्रदान की। जून 1928 से मार्च 1929 तक वे बम्बई के शासकीय विधि महाविद्यालय के प्राध्यापक रहे।

सन् 1924 में उन्होंने बहिष्कृत हितकारणी सभा की स्थापना की। उसके तहत उन्होंने शोलापूर में दलित वर्ग छात्रावास खोला। सन् 1927 में उन्होंने महाड़ सत्याग्रह चलाया और अहिंसा के मार्ग से आम लोंगों की तरह अछूतों के अधिकार को भी कुओं, तालाबों आदि पर प्रस्थापित किया। उससे दलितों का हिंदूओं के साथ सीधा संघर्ष छिड़ गया। इतना ही नहीं, बल्कि 25 दिसंबर, 1927 के दिन मनुस्मृति का सामुहिक रुप से दहन कर उन्होंने सिद्ध कर दिया कि अब वे हिंदूओं की गुलामी में नहीं रहेंगे।

3 अप्रैल, 1927 से डॉ. अम्बेडकर ने बहिष्कृत भारत नामक पाक्षिक चलाया। उनके संघर्ष का यह एक पायदान था। इसी दौरान डॉ. अम्बेडकर ने समाज सुधार और राष्ट्र निर्माण की कटिबद्धता स्वीकार की थी। अतः उन्होंने बम्बई विधान मंडल में सन् 1927 से सन् 1937 तक कुल 10 वर्ष के कार्यकाल में एक सक्रिय सदस्य की भूमिका निभाई। बम्बई विधान मंडल में उन्होंने गरीबों पर लादे जाने वाले बजट के संबंध में प्रशासन की लापरवाही पर कठोर प्रहार किया।

उनका वक्तव्य अनोखा रहता था। उन्होंन 29 मई और अक्टूबर 1928 में साइमन कमिशन में बम्बई विधान मंडल कमेटी से हटकर उसके एक सदस्य की हैसियत से अपना अलग वक्तव्य दिया कि भारत के संवैधानिक प्रजातंत्र में दलित वर्गों का दृष्टिकोण ध्यान में रखा जाना चाहिये। वहाँ उन्होंने बम्बई पैतृक व्यवसाय अधिनियम, 1874 के संशोधन का विधेयक प्रस्तुत किया।

समाज में एकता स्थापित करने के लिये उन्होंने क्रमशः समाज समता संघ और समता सैनिक दल की स्थापना सितंबर और दिसंबर को सन् 1927 में की थी।

उन्होंने बहिष्कृत हितकारणी सभा की ओर से शिक्षा में दलित वर्गों की स्थिति पर प्रकाश डालते हुये वक्तव्य दिया था कि प्रशासन का आधार सार्वत्रिक वयस्क मताधिकार होना चाहिये। उसी वर्ष उन्होंने दलित वर्ग शिक्षा समाज की स्थापना की और उसके माध्यम से उच्च विद्यालय के दलित छात्रों के लिये पनवेल, ठाने, नासिक, पुणे और धारवाड़ में छात्रावास खोले।

सन् 1930 में नासिक में ही कालाराम मंदिर प्रवेश सत्याग्रह में उन्होंने दलित वर्ग के धार्मिक हितों की रक्षा के लिये अहम भूमिका निभाई। और उसी वर्ष नागपुर में आयोजित अखिल भारतीय दलित वर्ग कांग्रेस की अध्यक्षता की। उन्होंने ब्रिटिश प्रशासन के प्रतिकूल रवैये, भारतीय उच्च जातियों का रुढीवाद तथा गांधी और कांग्रेस की सनातनी नीतियों पर अपनी आलोचना से प्रहार किया और दूसरी गोलमेज

परिषद में उन्होंने गांधी से दलित हितों के रक्षणार्थ लड़ाई मोल ली। उनके विचारों का मायनारिटी पैक्ट पर इतना प्रभाव था कि उनके सुझावों का समावेश 1932 के जातीय समझौता तथा 1935 के भारतीय अधिनियम में भी है, हालांकि गांधी के आमरण अनशन से दलितों को पृथक प्रतिनिधित्व के स्थान पर संयुक्त प्रतिनिधित्व और आरक्षण से संतोष करना पड़ा।

उन्होंने 24 नवंबर, 1930 को जो जनता नामक पाक्षिक चलाया था वह एक वर्ष बाद साप्ताहिक के रुप में चलता रहा, और 4 फरवरी, 1956 से प्रबुद्ध भारत के नाम से प्रकाशित होता रहा।

भारतीय मताधिकार कमेटी अथवा लोथीयन कमेटी के एक सदस्य की हैसियत से डॉ. अम्बेडकर ने दलितों की प्रातिनिधिक और मताधिकार की स्थिति का जायजा लेने हेतु भारत भर दौरा कर उसका परीक्षण किया।

पूना पैक्ट के बाद एंटी–अन्टचेबिलिटी लीग की स्थापना भी हुई। परंतु डॉ. अम्बेडकर ने पाया कि अछूतों पर हिंदू दमन बरकरार रखने वाली बलात् अवस्था में हुये पुना पैक्ट और हरिजन सेवक संघ यानी एन्टी अन्टचेबिलिटी लीग के द्वारा अछूतों का आत्म सम्मान दाव पर लगा देख कर डॉ. अम्बेडकर ने सन् 1933 में संघ से अपना इस्तीफा दे दिया।

उन्होंने 17 नवंबर, 1932 से 24 दिसंबर, 1932 तक के दौरान आयोजित गोलमेज परिषद में हिस्सा लिया था।

बम्बई के शासकीय महाविद्यालय में जून 1934 में प्रथम अंशकालीन प्रोफेसर के पद पर कार्य किया और 1 वर्ष पश्चात् वहाँ के प्राचार्य पद को संभाला।

27 मई, 1935 में उनकी धर्मपरायण पत्नी रमाबाई का देहांत हुआ। उन्होंने स्वयं 3 पुत्र और 1 पुत्री के निधन का दुख सह कर और डॉ. अम्बेडकर के विदेश में अध्ययन करने के दौरान अपना जीवन एकांत और दरिद्रता में बिताकर अब संसार से विदा ली थी।

13 अक्तूबर, 1935 को डॉ. अम्बेडकर ने नासिक में येवला की दलित वर्ग की सभा में हिंदू धर्म छोड़ने की बात कही थी। मई 1936 में उन्होंने इस प्रश्न को सुलझाने के लिये एक महार परिषद भी बुलाई। अगले 21 वर्ष तक उन्होंने धर्मों का तुलनात्मक अध्ययन किया।

1936 का उनका अत्यंत प्रखर भाषण जात–पात–तोडक–मंडल, लाहौर की सभा के लिये तैयार किया गया था। उसमें व्यक्त विचारों में धर्म पर की गई समीक्षा पर मंडल के संगठक श्री संत राम व अन्य प्रमुख नेताओं को एतराज होने से वह सभा ही रद्द कर दी गई। अतः उस भाषण को बाद में ***जातिभेद निर्मूलन*** शीर्षक से एक पुस्तिका की शक्ल में छाप दिया गया। डॉ. अम्बेडकर की यह पुस्तिका भारत के मजलुमों के लिये वही कार्य कर रही है, जो काम कार्ल मार्क्स और एंगल्स के कम्युनिस्ट घोषणा पत्र (1848) ने विश्व के सर्वहाराओं के लिये किया था। डॉ. अम्बेडकर की हिंदू धर्म की समीक्षा पर गांधी जी भी खफा हो गये थे, क्योंकि उनके लिये वर्ण व्यवस्था में कोई बुराई नहीं थी।

उसी वर्ष डॉ. अम्बेडकर ने खेतीहर श्रमिकों की अल्प जोतों से संबंधित खोति पद्धति को मिटाने का विधेयक बम्बई विधान परिषद में प्रस्तावित किया।

इतना ही नहीं बल्कि 15 अगस्त, 1936 में ही उन्होंने स्वतंत्र मजदूर दल की स्थापना कर 1937 के निर्वाचन में 17 सीटों में से 15 सीटों पर निर्वाचन में जीत हासिल की और 1938 में श्रमिकों के हितैषी के नाते श्रमिक आंदोलन को नियंत्रित करने वाले औद्योगिक श्रम विवाद विधेयक का विरोध भी किया। शासन की युद्ध नीति पर भी उनका एक विशेष दृष्टिकोण रहा, जिसके आधार पर उन्होंने शासकीय प्रयासों को सराहा था।

गांधी और कांग्रेस के सामाजिक सुधार के प्रति उदासीन रहने के फलस्वरुप मुस्लिम लिग ने लाहौर में अपने अलग राष्ट्र पाकिस्तान की मांग की। सन् 1940 में डॉ. अम्बेडकर ने पाकिस्तान अथवा भारत का

विभाजन और सन् 1943 में अपने दुसरे भाषण–ग्रंथ रानडे, गांधी और जिन्ना के माध्यम से इस खतरे की ओर इशारा किया था। बार–बार चेतावनी देने पर भी सनातनी समाज के कान में जूं तक नहीं रेंगी। डॉ. अम्बेडकर ने भांप लिया कि यहाँ का समाज राजनीतिक कम और जातिगत अधिक है। अतः जुलाई, 1942 में, जब क्रिप्स मिशन की चर्चा चल रही थी, उन्होंने शिड्युल्ड कास्ट फेडरेशन की स्थापना की। भारत के संवैधानिक निर्माण में हिंदू और मुस्लिम राजनैतिक दलों के बीच उस फेडरेशन की भूमिका ऐसी ही अपेक्षित थी जैसी दो बड़े धड़ों के बीच एक संतुलन शक्ति की होती है।

27 जुलाई, 1942 में महाराज्यपाल की कार्यकारिणी में पांच साल के लिये श्रम मंत्री के पद पर नियुक्त हो जाने के पश्चात् दिसंबर 1942 में ही डॉ. अम्बेडकर ने पेसिफिक रिलेशन्स कमेटी द्वारा क्युबेक में आयोजित सम्मेलन के लिये गांधी और अछूतों की मुक्ति नामक एक शोध पत्र लिखा। इसी समय के दौरान डॉ. अम्बेडकर ने दलितों का नोकरी में आरक्षण, श्रम विधियाँ व श्रम कल्याण तथा श्रमिक–उद्योगपति– सरकार की परस्परावलंबी त्रिसूत्रीय योजना, बहुउद्देशीय विकास योजना अर्थात् दामोदर घाटी तथा महानदी परियोजना की व्यापक नीतियाँ बना ली थी। संक्षेप में उन्होंने एक कल्याणकारी शासन की नींव रखी हालांकि सन् 1951 में पंचवार्षिक योजना विभाग मन्त्रालय श्री नेहरु ने उन्हें सौंपने से इंकार किया था।

अवाम के अम्बेडकर ने सार्वजनिक जीवन में अपना सर्वस्व समर्पित कर दिया था। 24 अप्रैल, 1942 में बम्बई प्रांत के राज्यपाल श्री लुमली ने वायसराय श्री लिनलिथगो को लिखा था कि डॉ. अम्बेडकर सार्वजनिक कार्य में अरुची रखते हैं, यह वक्तव्य डॉ. अम्बेडकर की चर्या से असिद्ध हुआ है। भले ही अनुसूचित जाति परिषद दल सन् 1945 के अंत में हुये चुनाव में अयशस्वी रहा, संवैधानिक सभा के लिये भले ही उन्हें बंगाल से निर्वाचित होना पड़ा, और जब केबिनेट मिशन मार्च 1946 में भारत आया और उसके सदस्य प्रतिनिधियों अर्थात लार्ड पेथिक लॉरेन्स और ए.वी. अलेक्जैंडर और उस समय के ब्रिटेन के प्रधान मंत्री श्री ॲटली ने

एस. सी. एफ की पराजय को इंगित कर अनुकुल सलूक नहीं किया, तथापि डॉ. अम्बेडकर ने जून 1946 में दलितों की भावी समय में भूमिका के लिये चलाये गये संघर्ष का नेतृत्व किया, सन् 1945 में गांधी और कांग्रेस ने दलितों के लिये क्या किया नामक एक बड़ा ग्रंथ रचा, सन् 1946 में हिंदू धर्म के विभाजन और ब्राह्मणवाद के परिणाम को दर्शानेवाला ग्रंथ शूद्र पहले कौन थे लिखा, और 1948 में अस्पृश्यों का मूल बौद्ध बताने वाला ग्रंथ अछूत का निर्माण किया।

बंगाल का विभाजन होने के पश्चात् वहाँ से संविधान सभा के लिये डॉ. अम्बेडकर द्वारा जीती गई सीट भी निरस्त हुई, अतः कांग्रेस ने बम्बई से उन्हें जिताया। उसके कारण क्रांगेस को उनकी सेवाओं को भुनने का एक अच्छा अवसर मिला और उसका उसने भरपूर फायदा भी उठाया। 3 अगस्त, 1947 में डॉ. अम्बेडकर से श्री नेहरु की केबिनेट में कानून मंत्री के पद की सेवायें ली गई। 19 अगस्त 1947 में उन्हें मसौदा समिति का सभापति बनाकर उनसे संविधान रचा गया, हालांकि उनकी सेहत सन् 1940 से ही खराब चल रही थी और उस वजह से उन्होंने डॉ. शारदा कबीर से अंतर्जातीय विवाह भी कर लिया था। परंतु जब डॉ. अम्बेडकर ने हिंदू परिवार तथा समाज की सीढी–दर–सीढी विभाजक स्तरों को मिटाने के लिये हिंदू कोड बिल की संहिता संविधान सभा में पारित करने की अपेक्षा शासन से की तो कांग्रेस का सनातनी हिंदुत्व आड़े आया। सन 1951 के सितंबर माह में डॉ. अम्बेडकर ने अपने पद से प्रधान मंत्री को इस्तीफा सौंप दिया।

भले ही 1952 के आम चुनाव में अस्पृश्य जाति परिषद लोक सभा के निर्वाचन और सन् 1954 में भंडारा निर्वाचन क्षेत्र से लोक सभा के उपचुनाव में वह हार गई थी और भारत के राजनीतिक जीवन में नया प्राण फूंकने वाली रिपब्लिकन पार्टी ऑफ इंडिया की उनकी योजना अधूरी रह गई थी तथापि शिक्षा और बौद्ध वैचारिकी के क्षेत्र में उनके द्वारा विश्व नव निर्माण का बुना हुआ सपना वास्तव में अब साक्षीभूत हो गया और उसकी पूर्णता का अभियान चल रहा हैं।

उन्होंने 8 जुलाई, 1945 में पिपुल्स एज्युकेशन सोसायटी की स्थापना कर उसके माध्यम से सिद्धार्थ कॉलेज आफ आर्टस् एण्ड साइंस, 1946; सिद्धार्थ नाइट स्कूल 1947; मिलिंद महाविद्यालय, 1950; सिद्धार्थ कॉलेज आफ कामर्स एण्ड एकॉनामिक्स, 1953; मिलिंद मल्टिपरपज हाईस्कूल, 1955; और सिद्धार्थ कॉलेज ऑफ लॉ, 1956 इन शैक्षणिक संस्थाओं को खड़ा कर अपने अभियान को फलिभूत किया है। उन्होंने हिंदू धर्म का पर्याय ही नहीं बल्कि विश्व का बेहतर मानवतावादी धर्म को 21 वर्ष अध्ययन के परिक्षण के बाद परख कर उसे भारत के लिये अनुसंशित किया। सन् 1949 में उन्होंने काठमांडू में विश्व बौद्ध परिषद में मार्क्सवाद और बौद्धधर्म पर संबोधन दिया, बुद्ध और उनके धर्म का भविष्य नामक आलेख महाबोधि जर्नल में छपवाया, उन्होंने सन् 1950, 1954 और 1956 में श्रीलंका, रंगून और नेपाल में जाकर वहां आयोजित विश्व बौद्ध सम्मेलन में उद्‌बोधन ही नहीं दिया बल्कि व्यवहार में जीवित बौद्ध संस्कारों का अवलोकन भी किया। 14 अक्तूबर, 1956 में उन्होंने नागपुर में लाखों जनता के साथ बौद्ध जीवन पद्धति को अपनाया। उनकी अंतिम रचना बुद्ध और उनका धम्म थी।

5 जुलाई, 1952 में कोलंबिया विश्वविद्यालय ने उन्हें एल.एल.डी. की मानद उपाधि प्रदान की और एक वर्ष पश्चात् उस्मानिया विश्वविद्याालस ने उन्हें डी. लिट की उपाधि से विभूषित किया। परंतु डॉ. अम्बेडकर ने 6 दिसंबर, 1956 को महाप्रयाण किया और विश्व के भावी जीवन की खुशहाली के लिये वे हमारे पास अपने द्वारा प्रदत्त शिक्षा, संस्कार और प्रेरणा ही छोड़ गये, जो हमें कदम–कदम पर मार्ग दर्शन करते रहेंगे।

महू नगर महामानव अम्बेडकर की जन्मस्थली के रुप में अमर रहेगा। भीमराव अम्बेडकर के पिता सूबेदार रामजी छावनी काली पलटन में फौजी विद्यालय के मुख्याध्यापक रहे। भीमाबाई अम्बेडकर ने काली पलटन के अपने निवास, जो रामजी को आर्मी अफसर के नाते मिला था, 14 अप्रैल 1891 में एक पुत्ररत्न को जन्म दिया। उसका नाम भीम रखा गया। संयोग से वह अपने माता–पिता की चौदहवीं संतान थे

और इसी से उन्हें कभी–कभी चौदहवां रत्न कह कर भी संबोधित किया जाता रहा।

आज उस पुराने निवास स्थान पर नया भिक्खू निवास स्थित है और शेष भूमि पर स्तूप का निर्माण कार्य दिख रहा है। बम्बई–आगरा राष्ट्रीय महामार्ग क्र. 3 से लगकर इन्दौर के निकट महू छावनी स्थित इस भूखण्ड में डॉ. अम्बेडकर की मूर्ति प्रतिष्ठित है, जहाँ प्रति वर्ष जयंती मेला लगता है। यही वह पवित्र जन्म स्थली है, जिसने अम्बेडकर के प्रताप से महू नगर को विश्व विख्यात बनाया है।

डॉ. अम्बेडकर ने महू के माध्यम से मध्य प्रदेश और महाराष्ट्र की सांस्कृतिक बौद्धिक धरोहर को वर्तमान पीढी के लिए छोड़ दिया। वैसे उनका बालपन महाराष्ट्र के रत्नागिरी जिले में बिता और उनकी स्नातक उपाधि तक की शिक्षा बंबई महानगरी में हुई। तथापि उनके कार्यक्षेत्र में इन्दौर जिला भी रहा है। 1920–1956 के दौरान उनके द्वारा चलाए गए मराठी साप्ताहिक मूक नायक, बहिष्कृत भारत, समता, जनता और प्रबुद्ध भारत के पाठक इन्दौर–महू में भी विद्यमान रहे। डॉ. अम्बेडकर अपने समय के सबसे महान शिक्षित दलित थे। उनके पास कोलंबिया विश्वविद्यालय, अमेरिका; लंदन स्कूल ऑफ इकानामिक्स एण्ड पोलिटिकल साईंस और ग्रेज इन, लंदन; बॉन विश्वविद्यालय, जर्मनी और उस्मानिया विश्वविद्यालय आन्ध्र प्रदेश द्वारा प्रदत्त पीएच.डी. /एम.एससी. /डी. एससी. /डी.लिट. /बार–एट–लॉ और एल.एल.डी. की उपाधियाँ और प्रशासनिक तथा वित्तीय क्षेत्र के अनेक शोध प्रबंधों का खजाना था। वर्ग, जाति, कुटुम्ब संस्थाओं की कुरीतियाँ के विनाश के लिए उनके क्रांतिकारी शोध–आलेख और भारत को राजनीतिक, आर्थिक व सामाजिक स्वतंत्रता बहाल करने वाला उनका संविधानिक मसौदा तथा विश्व को समानता का संदेश देने उनके अथक प्रयासों से उपेक्षित दलितों के मानवीय अधिकारों को साउथ्बरो समिति, साईमन आयोग, गोलमेज परिषद आदि से मान्यता मिली। उन्होंने शैक्षणिक संस्थाओं को स्थापित कर पददलितों को अन्याय के विरुद्ध लड़ने का आयुध प्रदान किया। महिला वर्ग के हित में हिन्दू कोड़ बिल संसद में

पारित करने की अदम्य कोशिश की और स्वर्ण लोगों के अनुदार रवैये के कारण उसे पारित होता न देख सन् 1951 में स्वतंत्र भारत के प्रधान मंत्री श्री नेहरू के केबिनेट में अपने कानून मंत्री पद से पद त्याग किया।

वह वाइसराय की कार्यकारिणी परिषद में सन् 1942–46 में श्रम मंत्री मेंबर भी रहे। सन् 1927–1939 में वह बंबई विधिपालिका में सदस्य थे। उस दौरान उन्होंने बंबई हाई कोर्ट में वकालत करना भी शुरु किया था। अपने अष्टपैलू सामर्थ्य से उन्होंने सामाजिक उत्थान के लिए महाड़ तालाब सत्याग्रह और नासिक कालाराम मंदिर प्रवेश आंदोलन चलाए। 6 दिसंबर, 1956 को उनका परिनिर्वाण हुआ। उसके तीन सप्ताह पूर्व उन्होने बौद्ध जीवन पद्धति को लाखों लोगों के साथ अंगिकार किया था।

पडित जमीन और कटे जंगलों को दलितों में बांटे जाने की योजना डॉ. अम्बेडकर ने इन्दौर के महाराजा होलकर को बताई थी। बारामति में डॉ. अम्बेडकर ने तुकोजीराव महाराज और मिस मिल रनामक अमेरिकन लेडी के विवाह के बारे में उस समय चल रहे विवादास्पद पहलू पर सकारात्मक राय दी थी। स्वयं होलकर महाराज धनगर जाति के थे और दलितों के उत्थान में रुचि रखते थे। होलकर महाराज के साथ डॉ. अम्बेडकर के सौहार्दपूर्ण संबंध रहे। उन्होंने महाराजा तुकोजीराव होलकर, इन्दौर, साहू छत्रपति कोल्हापूर; मैसूर के निजाम तथा बड़ौदा नरेश सयाजी राव गायकवाड की सहायता से दलित और आदिवासी जनता के कल्याणार्थ भूमि, श्रम, शिक्षा और सांस्कृतिक योजनाओं को क्रियान्वित कराया था।

आज उनकी यादगार और धरोहर स्वरुप भारत का एकमेव डॉ. बाबासाहेब अम्बेडकर राष्ट्रीय सामाजिक विज्ञान संस्थान, वर्तमान में डॉ. बी. आर. अम्बेडकर सामाजिक विज्ञान विश्वविद्यालय, पिछले दो दशक से महू में ही कार्यरत है। भविष्य में दिल्ली के शासकीय निवास स्थान, 22, पृथ्वीराज रोड पर डॉ. अम्बेडकर की स्मृति में भव्य स्मारक बनाने की योजना साकार होते ही समस्त राष्ट्र गर्व से अपना माथा ऊंचा उठाएगा।

वर्तमान में डॉ. अम्बेडकर का संग्रहालय नागपुर से नातिदूर फेटरी की भूमि में बना है, जिसके पास समता सैनिक दल का कार्यालय भी वर्षों से सेवारत है और जिसके कर्णधार डॉ. विमलसूर्य चिमनकर का 30 अगस्त, 2020 को निर्माण हुआ था। संग्रहालय में आम लोग और विदेश से पधारे आ. गौतम चक्रवर्ती, इंग्लैंड, डॉ. योगेश वराडे, अमेरिका, श्री राजू कांबले कोलंबिया जैसे खास लोग बाबासाहेब की अस्थियाँ के दर्शन करने समय–समय पर आते रहते हैं। बाबासाहेब अम्बेडकर का अंतिम संस्कार चैत्य भूमि, दादर में संपन्न हुआ था। उनके पार्थिव शरीर को साक्षी मानकर लाखों लोगों ने बौद्ध धर्म स्वीकार किया था। दीक्षा भूमि नागपुर में इसकी यादगाार में दुनिया में दूसरे नम्बर और विश्वनाथ कराड के विश्व शांति विश्वविद्यालय से भी अव्वल एक विशाल स्तूप बना है जो 14 अक्टूबर, 1956 के दिन डॉ. अम्बेडकर और उनके लाखों अनुयायी समवेत ग्रहण की गई बौद्ध धर्म चक्र प्रवर्तन की घटना को उजागर करता है। प्रति वर्ष 14 अप्रैल को जन्म स्थली डॉ. अम्बेडकर नगर महू में विराट जन समुदाय अपने मुक्तिदाता बाबासाहेब अम्बेडकर की पावन जयंती पर्व पर गौरव से अपनी श्रद्धांजली भेंट करता है। यह परिपाठी 2019 में डॉ. बी. आर. अम्बेडकर विश्वविद्यालय में गैर–अम्बेडकरी अधिकारियों की वजह से खंडित हो गई थी, जिसमें कोरोना काल में भी आघात हुआ हालांकि उस अवसर पर उसमें राष्ट्रीय अथवा अंतर्राष्ट्रीय संगोष्ठी आयोजन निरंतर होता रहा।

## संदर्भ सूची

1. डॉ. बी. आर. अम्बेडकर, राईटिंग्ज एण्ड स्पीचेज, वाल्युम 12, बम्बई, 2013।

# हे! नवभारत निर्माता
# डॉ. अम्बेडकर

किया। थोड़ी ही देर में भन्ते जी तिल मिला कर उठ बैठे और मुझे मीठे वचन में बोले, "देखो, यह बदन किसी किसान का नहीं है, यह कलम के कलाकार कौसल्यायन का शरीर है, इसे जरा कलात्मक अदा से हॅन्डल करना।"

## वज्र

नागपरू में एक बार जब सिक्खों और बौद्धों में सशस्त्र संघर्ष छिड़ने की नौबत आई थी तो भन्ते जी स्वयं सिक्खों के बीच जाकर उन्हें चुनौती देने लगे कि "आपको बौद्धों तक पहुँचने के लिये सबसे पहले मेरी लाश से गुजरना पड़ेगा। मैं भी पंजाबन माँ का बेटा हूँ। आप में से भी कोई लाल है तो वह पहले मुझ से निपट ले।" भन्ते जी ने उक्त वचन को पंजाबी भाषा में दोहरा कर सिक्खों को ऐसे मूक करा दिया जैसे कोई सर्कस का हन्टर चाबुक से शेर को अपने वश में कर लेता है। राहुल जी जैसे प्रकांड पंडित ने बाबासाहेब की प्रतिभा का लोहा मानकर संस्कृत पद्य में सचमुच ही कहा थाः वज्रादपि कठोराणि मृदूनि कुसुमादपि अर्थात् वज्र से भी सख्त और पुष्प से भी कोमल बाबासाहेब को प्रणाम!

## पवनी

उन दिनों श्री मंसाराम जी राऊत पवनी के उत्खनन में मिले प्राचीन खंडहर के बगल में भव्य समारोह आयोजित किया करते थे, तब अक्सर भन्ते जी की अध्यक्षता में वहाँ के कार्यक्रम संपन्न होते थे। एक समारोह के दिन मैंने भी भन्ते जी का अध्यक्षीय भाषण सुना। उस समय वे पवनी नाम की उत्पत्ति के बारे में बताते हुये कह रहे थे, "यह स्थान बुद्ध के पावन अवशेषों से पुनीत होने के कारण ही इसका नाम पवनी या पौनी पड़ा होगा।"

उसके बाद इन्ड़ो–जापान एसोशिएशन तथा पञ्ञा–मेत्ता संघ के प्रमुख श्री संघरत्न जी ने अपना नेटवर्क स्थापित कर वहाँ चार चांद

लगा दिये। मैं उनके लक्ष्य, कष्ट और जनकल्याण के योजनाओं की दाद देता हूँ।

## केकड़ा

राजनीतिक विखण्डन और नागपुर के बौद्धों में परस्पर दुराव को देखकर भन्ते जी उन्हें संगठित करने हेतु तरह तरह की मिसाले देते थे। एक बार उन्होंने केकड़ों की मिसाल देकर कहा, ''एक बार केकडों की प्रदर्शनी में सभी देशों के केकड़ों को मर्तबान में रखकर दिखाया गया। उस प्रदर्शनी की एक विचित्र बात किसी दर्शक के ध्यान में आई। उसने देखा कि सभी मर्तबानों को ढक्कन से ढक कर केकड़ों को सुरक्षित किया गया था परंतु जिस मर्तबान में भारत के केकड़े रखे थे उसपर ढक्कन ही नहीं था और कोई वालुंटिअर भी उसके पास देखरेख नहीं कर रहा था। दर्शक ने विस्मयता से प्रदर्शनी के संयोजक को पूछा कि ''आपने भारत के केकड़ों के बर्तन को ढक्कन से बंद नहीं किया तो क्या वे भारतीय केकड़े बाहर निकल कर भाग नहीं जायेंगे?'' संयोजक ने कहा, ''नहीं।'' दर्शक ने कुतुहलता से पूछा, ''कैसे?'' संयोजक ने कहा, ''क्योंकि उन केकड़ों की आदत रही है कि उनमें से जब कोई केकड़ा ऊपर आने की कोशिश करता है तो बाकी केकड़े उस की टांग खींच कर उसे नीचे पटक देते है।''

काश! इस सबक से हम संगठित होकर एक स्वर में कहते, *सुखो बुद्धान उप्पादो, सुखो सधम्म देशना, सुखो संघस्स सामग्गी, समग्गानं तपो सुखो* अर्थात् बुद्ध का उत्पन्न होना, सत्धर्म की देशना करना, संगठनों का एकत्रित रहना और समग्रता से परिश्रम करना सुखकर है।

**बुद्धं सरणं गच्छामि, धम्मं सरणं गच्छामि, संघं सरणं गच्छामि!**

# अध्याय – 3

# वंदना

## पालि

अरहं सम्मासम्बुद्धो भगवा, बुद्धं भगवंतं अभिवादेमि। स्वाक्खातो भगवता धम्मो धम्मं नमस्सामि। सुपटिपन्नो भगवतो सावकसंघो संघं नमामि। नमोतस्स भगवतो अरहतो सम्मासम्बुद्धस्स। नमोतस्स भगवतो अरहतो सम्मासम्बुद्धस्स। नमोतस्स भगवतो अरहतो सम्मासम्बुद्धस्स।

## हिन्दी

अर्हत् सम्यक सम्बुद्ध भगवान बुद्ध तथागत को मेरा अभिवादन! सुआख्यात भगवन के धम्म को मेरा नमस्कार! सन्मार्ग पर आरुढ भगवन के श्रावक संघ को मेरा नमन! उन भगवन अरहत सम्यक सम्बुद्ध को नमस्कार! उन भगवन अरहत सम्यक सम्बुद्ध को नमस्कार! उन भगवन अरहत सम्यक सम्बुद्ध को नमस्कार!

## खमा याचना

ओकास वंदामि भन्ते व्दारत्तयेन कतं सब्बं अपराधं खमतु मे भन्ते! दुतियम्पि ओकास वंदामि भन्ते व्दारत्तयेन कतं सब्बं अपराधं खमतु मे भन्ते! ततियम्पि ओकास वंदामि भन्ते व्दारत्तयेन कतं सब्बं अपराधं खमतु मे भन्ते!

## क्षमा याचना

वंदन स्वीकार कीजिए, भन्ते जी! काय, वाक् और मन से अपराध हुआ हो तो मुझे आप क्षमा करें, भन्ते जी! दूसरो बार भी वंदन स्वीकार कीजिए, भन्ते जी! काय, वाक् और मन से अपराध हुआ हो तो मुझे आप क्षमा करें, भन्ते जी! तीसरी बार भी वंदन स्वीकार कीजिए, भन्ते जी! काय, वाक् और मन से अपराध हुआ हो तो मुझे आप क्षमा करें, भन्ते जी!

## सील याचना

ओकास अहं भन्ते तिसरणेन सद्धिं पंचसीलं/अट्ठसीलं/दससीलं धम्मं याचामि अनुग्गहं कत्वा सीलं देथ में भन्ते। दुतियम्पि ओकास अहं भन्ते तिसरणेन सद्धिं पंचसीलं/अट्ठसीलं/दससोलं धम्मं याचामि अनुग्गहं कत्वा सीलं देथ में भन्ते। ततियम्पि ओकास अहं भन्ते तिसरणेनसह पंचसीलं/अट्ठसीलं/दससीलं धम्मं याचामि अनुग्गहं कत्वा सीलं देथ में भन्ते। यमहं वदामि तं वदेथ। आम भन्ते!

## शील याचना

आज्ञा हो तो भंते जी मैं त्रीशरण पंचशील/अष्टशील/दस शील धम्म की याचना करता हूँ। अनुग्रह कर आप भन्ते मुझे शील प्रदान करें! दूसरी बार भी आज्ञा हो तो भंते जी मैं त्रीशरण पंचशील/अष्टशील धम्म की याचना करता हूँ। अनुग्रह कर आप भन्ते मुझे शील प्रदान करें! तीसरी बार भी आज्ञा हो तो भंते जी मैं त्रीशरण पंचशील/अष्टशील धम्म की याचना करता हूँ। अनुग्रह कर आप भन्ते मुझे शील प्रदान करें! जैसे मैं कहूंगा वैसे कहिए। अच्छा भन्ते जी!

नमो तस्स भगवतो अरहतो सममा सम्बुद्धस्स। नमो तस्स भगवतो अरहतो सममा सम्बुद्धस्स। नमो तस्स भगवतो अरहतो सममा सम्बुद्धस्स। नमो तस्स भगवतो अरहतो सममा सम्बुद्धस्स।

बुद्धं सरणं गच्छामि, धम्मं सरणं गच्छामि, संघं सरणं गच्छामि।

दुतियम्पि, बुद्धं सरणं गच्छामि, दुतियम्पि, धम्मं सरणं गच्छामि, दुतियम्पि, संघं सरणं गच्छामि।

ततियम्पि, बुद्धं सरणं गच्छामि, ततियम्पि, धम्मं सरणं गच्छामि, ततियम्पि, संघं सरणं गच्छामि।

तिसरणगमणं सम्पुण्णं। आम भन्ते!

नमस्कार भगवन, नमस्कार अरहन, नमस्कार सम्यक सम्बुद्ध को! नमस्कार भगवन, नमस्कार अरहन, नमस्कार सम्यक सम्बुद्ध को! नमस्कार भगवन, नमस्कार अरहन, नमस्कार सम्यक सम्बुद्ध को!

मैं बुद्ध शास्ता की शरण जाता हूँ। मैं धम्म तथता की शरण जाता हूँ। मैं संघ शुद्धता की शरण जाता हूँ।

दूसरी बार मैं बुद्ध शास्ता की शरण जाता हूँ। दूसरी बार मैं धम्म तथता की शरण जाता हूँ। दूसरी बार मैं संघ शुद्धता की शरण जाता हूँ।

तीसरी बार मैं बुद्ध शास्ता की शरण जाता हूँ। तीसरी बार मैं धम्म तथता की शरण जाता हूँ। तीसरी बार मैं संघ शुद्धता की शरण जाता हूँ।

त्रीशरणागमण हो गया। अच्छा भन्ते जी।

## पंचसीलानी / दससीलानी

1. पाणातिपाता वेरमणी सिक्खापदं समादियामि।
2. अदिन्नादाना वेरमणी सिक्खापदं समादियामि।
3. कामेसुमिच्छाचारा वेरमणी सिक्खापदं समादियामि। अब्रह्मचर्या वेरमणी सिक्खापदं समादियामि।
4. मुसावादा वेरमणी सिक्खापदं समादियामि।
5. सुरामेरयमज्जपमादठाणा वेरमणी सिक्खापदं समादियामि।
6. विकाल भोजना वेरमणी सिक्खापदं समादियामि।

7. नच्च गीत वादित विसूक दस्सना वेरमणी सिक्खापदं समादियामि।
8. माला गंध विलेपन धारण मंड़ण विभूसनट्ठाणा वेरमणी सिक्खापदं समादियामि।
9. उच्चासयन महासयना वेरनणी सिक्खापदं समादियामि।
10. जात रुप रजत पटिग्गहना वेरमणी सिक्खापदं समादियामि।

तिसरणेन सद्धिं पंचसीलं –अटठाङ /दसांग उपोसथ सीलं –धम्मं साधुकं सुरक्खितं कत्वा अप्पमादेन सम्पादेथ। दुतियम्पि तिसरणेन सद्धिं पंचसीलं –अटठाङ /दसांग उपोसथ सीलं –धम्मं साधुकं सुरक्खितं कत्वा अप्पमादेन सम्पादेथ। ततियम्पि तिसरणेन सद्धिं पंचसीलं –अटठाङ /दसांग उपोसथ सीलं –धम्मं साधुकं सुरक्खितं कत्वा अप्पमादेन सम्पादेथ।

आम भन्ते। साधू ! साधू ! साधू!

## पंचशील / दसशील

1. किसी जीव की हत्या मैं न करुँगा।
2. नहीं दी वह वस्तु ग्रहण न करुँगा।
3. अनैतिक कामच्छंद मैं न करुँगा।
4. निंदा, फरुष, अपलाप, मृषावाद मैं न करुँगा।
5. लोभ दोस मोह हो, दवा, दारु, भोग हो मैं न करुँगा।
6. विकाल भोजन मैं न करुँगा।
7. नृत्य–गान–संगीतकला, अभिनय, खेल, चौसठ कला मैं विकृत न करुँगा।
8. माला, सुगंध, लेप हो सौंदर्य प्रसाधन भेष हो मैं असलियत का भान रखूंगा।
9. मोटे, मुलायम शायिका भोग, मैं न करुँगा।
10. चांदी, सोने आभूषण से मैं, न तोलूंगा।

त्रीशरण पंचशील–अष्टशील/दसशील धम्म को अच्छी तरह से धारण कर अनालस्य से पूरा करो। हाँ भन्ते जी। वैसा ही हो! वैसा ही हो! वैसा ही हो!

## चेतिय वंदना

वंदामि चेतियं सब्बं सब्बठानेसु पतिट्ठितं सारिरिक धातु महाबोधि बुद्ध रुपं सकलं सदा।

## चैत्य वंदना

सभी स्थलों में प्रतिष्ठित शारीरिक अवशेषों पर विद्यमान सभी चैत्यों तथा महाबोधि आदि बुद्ध–प्रयुक्त सभी रुपों को हमेशा की तरह वंदन करता हूँ।

## महाबोधि पूजा

इमेहेते महाबोधि लोकनाथेन पूजिता अहंपि ते नमस्सामि बोधिराजा नमत्थुते।

## महाबोधि पूजा

इस लोकनाथ द्वारा पूजित महाबोधि वृक्ष को मैं भी नमन करता हूँ क्योंकि वह बुद्ध से आदृत है।

## दीप पूजा

घनसारप्पदित्तेन दीपेन तमधंसिना तिलोकदीपं सम्बुद्धं पुजयामि तमोनुदं।

## दीप पूजा

इस घने अंधेरे को भस्म कर दीप की भांति प्रज्वलित त्रैलोक्य दीप सम्बुद्ध का मैं पूजन करता हूँ।

## सुगंध पूजा

सुगन्धि काय वदनं अनन्त गुणगन्धिना सुगन्धिनाहं गन्धेन पुजयामि तथागतं।

## सुगंध पूजा

खुशबूदार काया और मुख तथा अनन्त गुण सुगन्ध से संपन्न तथागत की मैं अपने सदाचार के सुगन्ध से पूजा करता हूँ।

## पुप्फ पूजा

वण्णगन्ध गुणोपेतं एतं कुसुमसन्तति पुजयामि मुनिन्दस्स सिरिपाद सरोरुहे।

पूजेमि बुद्धं कुसुमेन येन पुञ्ञेन मेतेन लभानि मोक्खं पुप्फं मिलायाति यथा इदम्मे कायो तथा याति विनासभावं।

## पुष्प पूजा

सुन्दर व सुगन्धित पुष्प संचय से मैं मुनिन्द्र के पद्म श्री चरणों की पूजा करता हूँ।

मैं इन पुष्पों से बुद्ध की पूजा करता हूँ। मेरे द्वारा अर्जित पुण्य से मुझे निर्वाण की प्राप्ति होवे! जिस प्रकार फूल मुरझा कर मलीन होते हैं उसी तरह यह शरीर भी नाश को प्राप्त होता है।

## धूप पूजा

गन्ध सम्भार युत्तेन धूपेनाहं सुगन्धिना पूजये पूजनीयन्तं पूजाभाजन मुत्तमं।

## धूप पूजा

सुगन्ध युक्त इस धूप से मैं पूज्य आदरणीय योग्यतम बुद्ध की पूजा करता हूँ।

## पटिपत्ति पूजा

इमाय धम्मानु धम्मपटिपत्तिया बुद्धं पूजेमि। इमाय धम्मानु धम्मपटिपत्तिया धम्मं पूजेमि। इमाय धम्मानु धम्मपटिपत्तिया संघं पूजेमि।

## प्रतिपत्ति पूजा

मैं धम्म के अभ्यास से बुद्ध की पूजा करता हूँ। मैं धम्म के अभ्यास से धम्म की पूजा करता हूँ। मैं धम्म के अभ्यास से संघ की पूजा करता हूँ।

## खमा याचना

कायेन वाचा चित्तेन पमादेन मया कतं अच्छयं खम मे भन्ते भूरिपञ्ञ तथागत।

## क्षमा याचना

यदि असावधानी से मेरी कृति, वचन और विचार से कोई गलती हुई हो तो मेरे शास्ता! थ्जन, महान प्रज्ञ मुझे क्षमा करें।

## अधिट्ठान

इदं मे पुञ्ञकम्मं आसवक्खया वहं होतु सबब दुक्खा पमच्चन्तु! साधु साधु साधु।

## अधिष्ठान

मेरे इन पुण्य कर्मों के प्रताप से सभी विकार नष्ट हो! सभी कष्टों का अन्त हो। उत्तम उत्तम उत्तम।

## बुद्ध पूजा

इतिपि सो भगवा अरहं सम्मासम्बुद्धो विज्जाचरण सम्पन्नो सुगतो लोकविदू अनुत्तरो पुरिसदम्म सारथी सत्थादेवमनुस्सानं बुद्धो भगवाति।

## बुद्ध पूजा

सचमुच ऐसे ही हैं भगवान बुद्ध। अर्हत हैं, सम्यक सम्बुद्ध है, विद्या और आचरण से सम्पन्न है, सुगत हैं, लोक के जानकार हैं, पुरुषों के अनुपम प्रशिक्षक हैं, देव तथा मनुष्यों के शास्ता हैं, बुद्ध और भगवान हैं।

## धम्म पूजा

स्वाक्खातो भगवता धम्मो सन्दिट्ठिको अकालिको एहिपस्सिको ओपनेयि्यको पचचतं वेदितब्बो विञ्ञूहिति।

## धम्म पूजा

सुआख्यात है भगवान बुद्ध का धर्म, सांदृष्टिक है, अकालिक है, आओ और देखो वाला धर्म है, मुक्ति की ओर ले जानेवाला है, तथा प्रत्येक विद्वान द्वारा जानने योग्य धर्म है।

## संघ पूजा

सुपटिपन्नो भगवतो सावकसंघो, उजुपटिपन्नो भगवतो सावकसंघो, ञाञपटिपन्नो भगवतो सावकसंघो, सामीचि पटिपन्नो भगवतो सावकसंघो, यदिदं चत्तारी पुरिस युगानि अट्ठपुरिसपुग्गला एस भगवतो सावकसंघो, आहुणेय्यो, पाहुणेय्यो, दक्खिणेय्यो, अञ्जलिकरणीयो अनुत्तरं पुञञेक्खेत्तं लोक्स्साति। साधु साधु साधु।

## संघ पूजा

भगवान बुद्ध का श्रावक संघ सुप्रतिपन्न है। वह सीधे मार्ग पर चलने वाला है, वह ज्ञान मार्ग पर आरुढ है, समीचीन पथगामि है, ये जो चार पुरुषों की जोड़ियाँ हैं अर्थात् आठ पुद्गल है वही भगवान बुद्ध का श्रावक संघ है। वह संघ आतिथ्य योग्य है, निमन्त्रण के योग्य है, दाक्षिण्य योग्य तथा करबद्ध नमस्कार करने योग्य है। वह लोक में अनुपम पुण्य क्षेत्र है। उत्तम उत्तम उत्तम।

## भावना

अहं अवेरो होमि! अब्यापज्जो होमि! अनिघो होमि! सुखी अत्तानं परिहरामि! टहं विय मय्हं आचरि उपज्झाया माता पितरो हित सत्ता मज्झत्तिक सत्ता वेरी सत्ता अवेरा होन्तु! अब्यापज्जा होन्तु! अनिघा होन्तु! सुखी अत्तानं परिहरन्तु! दुक्खा मुन्चन्तु! यथा लद्ध सम्पत्तितो मा विगच्छन्तु! कम्मस्सका!

## भावना

मैं बैरत्व से मुक्त होऊं! मैं रोग–ईर्षा से मुक्त होऊं! मैं दुःख से मुक्त होऊं! और मैं अपने आपको चैन से सुरक्षित रखूं! मेरी तरह मेरे आचार्य, मेरे उपाध्याय, मेरे माता–पिता, मेरे हितैषी, मेरे उपेक्षक, और मेरे वैरी लोग भी वैरत्व से मुक्त होवें। वे दुःखों से मुक्त होवें। वे अपने आपको चैन से सुरक्षित रखें। वे दुःखों से मुक्त होवें! वे अपनी विधि पूर्वक अर्जित धन राशि से वंचित न हों! कर्म ही सबका अपना है।

## ज्ञान

आनापाना च विपस्सना च ज्ञानं कत्वा चित्तं सांतं सुखुमं कातब्ब। पुन च परं अनिच्चं, दुक्खं च अनत्तं च अज्झतं वा बाहिरं वा संवेदनं एकान्तिकं निब्बाणं पापुनेय्य।

वंदनोपरांतेन निसिन्नमाना पंच वा दस मिनटस्स अरिय तुण्ही भावेतुं सांत निसिन्नमानो एकाग्ग चित्तेन आनापान भावेय्य च अनुक्कमेन कायानुपस्सना, वेदनानुपस्सना, चित्तानुपस्सना च धममानुपस्सना भावेय्य। अन्तो'व ज्ञान निट्ठितं पदं पठमानो अभ्यासं निट्ठीतं करेय्य।

## ध्यान

आनापान या विपश्यना का ध्यान कर चित्त को शांत और सूक्ष्म करें तथा अपने अंदर और बाहर अनित्य, दुःख और अनात्म का स्वसंवेदन कर एकान्तिक दुःख निरोध निर्वाण प्राप्त करें।

वंदना समाप्त होने के उपरान्त 5 या 10 मिन्ट मौन व शांत बैठकर आश्वास–प्रश्वास पर चित्त एकाग्र करें। क्रमशः कायानुपश्यना, वेदनानुपश्यना, चित्तानुपश्यना तथा धम्मानुपश्यना का अभ्यास करें। अन्त में ध्यान समाप्ति पद का पठन कर अभ्यास को विराम देवें।

## निट्ठितं पदं

सब्ब पापस्स अकरणं कुसलस्स उपसम्पदा सचित्त परियोदपनं एतं बुद्धानुसासनं।

## समाप्ति पद

विकार सारे दूर करें, सुविचारों को दृढ करें, परिशीलन चित्त का करें और अनुशासन बुद्ध का स्मरें। बुद्ध को नमन, धम्म को नमस्कार, संघ को अभिवादन!

## निवुत्ति गीत

गोतम अभिनिक्खमि गेहे गोतमी–राहुलो जहि छन्न–कन्थको अनोमस्स तटे

विप्पयोगान गच्छमान सो न पस्ससि पिट्ठी।।धृ।।

जीवो सुद्धोदनो भावा पजापति सब्बासं हदयमज्झे राजकुमारं हदयन्ति।

अकम्पि अंतराल पठवि'च अकम्पि यथा लुम्बिनि, कपिला, वेसाली सावत्थि ।।

महाराज अपेक्खा होन्तु सब्बे सत्ता सुखी ।।1।।

सीत–उण्ह–वस्सानी उतुविलासानी–महलानी सुंदरं संगीतं नच्चगीतावादितागरं।

जहि ते मारबंधना मुत्ता विस्सविसयानी करेन भारद्वाजस्स गण्हि एको चीवरं ।।

कतं करणीयं सब्बे तम्हि कता आसवानं मुत्ति ।।2।।

तस्स अभिनिक्खमने राजसिंहासना कंपकंपमाना सकिया नारी–नरा पथे तिट्ठमाना।

देवा अतिव हस्सन्ति तं अभिनिक्खमनं तम्हि शोकाग्गि मज्झे पजा पज्जलितमाना।।

पितिभक्खा वत जिवितुं येसं नो किन्चनं नत्थि ।।3।।

## निवृत्ति गीत

त्याग राहुल गौतमी पहुँचे अनोमा तीर

कन्थक छन्न बिछड़े देखा ना मुड़ कर ।।धृ।।

जीव शुद्धोदन कर स्वस्ति सब जन की भावना राजन की थी वह प्रजापति

अंतराल फटा धरती भी फट गई लुम्बिनी, कपिला, श्रावस्ती, वैशाली

गौतम आगे बढे गृह त्याग कर।।1।। त्याग राहुल गौतमी.......

शीत, उष्ण, वर्षा त्रैऋतुविलासी महल

सुन्दरी, नर्तकी, संगीत सम्मोहन कर

मारबंधन तोड़ भारद्वाज से चीवर धारण कर

रवि चन्द्र बना तू दिल बांध कर।।2।।

तेरे संकल्प से कांपे ये सिंहासन् तेरे दिल से जुडे शाक्य नारी नर

तेरे गृहत्याग पर देव हर्षित हुए आम जनता को था यह सद्मा अनावर

भावना की अगन में जन हुए न्योछावर ।।3।।

इस प्रकार प्रातः और संध्या को वंदना संपन्न कर अन्त में धम्म ग्रंथ का पारायण करना चाहिये। सुविचार का श्रवण करना चाहिये। और उस पर मनन करना चाहिये। जैसे कि निम्न गाथा का श्रवण और चिंतन हैः यो हवे दहरो भिक्खू युञ्जति बुद्ध सासने सोमं लोकं पभासेति अब्भामुत्तोव चन्दिमा।

## धम्मपोत्थकस्स पारायणं कातब्बं यथा

यो हवे दहरो भिक्खू युञ्जति बुद्ध सासने सोमं लोकं पभासेति अब्भामुत्तोव चन्दिमा। अर्थात् जो तरुण धम्म सेवक बुद्ध अनुशासन में प्रशिक्षित होता है वह अपनी सेवा से संसार को बादलों से मुक्त चन्द्रमा की भांति प्रकाशित करता है। साधु! साधु! साधु!

वंदना के लिये उपयुक्त सामग्री निम्नानुसार हैः

1. बुद्ध प्रतिमा, 2. मोमबत्ती, 3. अगरबत्ती, 4. पुष्प, 5. जल, 6. पूजा स्थल अथवा विहार, 7. मार्गदर्शक, 8. सूत्र, 9. दान, 10. प्रसाद, इत्यादी

## पूजा के विशेश अवसर

प्रत्येक महीने में कृष्ण पक्ष की अष्टमी और अमावस्या तथा शुक्ल पक्ष की अष्टमी तथा पूर्णिमा दैनंदिन अभ्यास के अलावा पूजा के विशेष अवसर है।

## उपोसथ व्रत

पंचशील के अतिरिक्त ब्रह्मचर्य व्रत, एकाहार व्रत, सादगी से जीना व अष्टशील धारण करने से उपोसथ व्रत का पालन होता है।

## परित्राण का अर्थ

परित्राण इस शब्द का विग्रह कर उसका 'परि' यानी 'सभी ओर से' और 'त्राण' यानी 'रक्षण' इस प्रकार 'सभी ओर से रक्षण' किया जाता है। अर्थात् परित्राण यह एक व्यक्ति के लिये दूसरे व्यक्ति द्वारा की हुई संपूर्ण सुरक्षा की कामना है।

## परित्राण स्वदेश–विदेश में

परित्राण की रुढी देश–विदेश में प्रचलित है। भारत में जो परंपरा लुप्त हुई वह बाहरी बौद्ध थेरवादी समाज में बरकरार है। श्रीलंका, थाईलैंड़ इत्यादी बौद्ध देशों के भिक्षु और बौद्धानुयायिओं के संपर्क से

आज वह परंपरा भारत के बौद्ध समूहों में भी प्रविष्ट हुई और उसका प्रचार भी दिन–ब'–दिन बढ़ता जा रहा है।

## पूजा और परित्राण

परित्राण यह धम्मोपदेश का एक माध्यम है। उसमें धम्म देशना बोल कर नहीं बल्कि सस्वर उच्चारण कर दी जाती है। इसलिये परित्राण प्रायः दीर्घ समय तक भी लंबायमान किया जाता है। परंतु पूजा केवल आदर्श व्यक्ति के प्रति चिन्हों के सामने उनके गुणानुस्मरण के लिये की जाने वाली पवित्र और व्यक्तिगत धार्मिक अनुष्ठान या विधि का नाम है। वह बहुधा संक्षिप्त होती है।

## परित्राण की भाषा

जो पुरानी और पवित्र मानी गई भाषायें हैं, उनको शास्त्रीय और श्रेष्ठता का दर्जा कालांतर से प्राप्त हो जाता है। वह भाषा जो अलौकिक बन जाती है उसे पंडित लोग साहित्य के लिये भी प्रयुक्त करते हैं। भारत में ऐसी भाषायें पहले लोक भाषायें रही और उसी का परिवर्तित रुप यहाँ प्राप्त अनेक भाषाओं में विद्यमान है। भारत की ऐसी ही कभी लोकभाषा रह चुकी और आज जिसे सभी भुला बैठे हैं, का नाम पालि भाषा है।

पालि भाषा में कहे गये सूत्र सरल हैं। किन्तु सामान्य लोग उसे न समझने के कारण उसे एक कठिन और दुलक्षित भाषा बताते हैं। भिक्षु लोग पालिभाषा में ही परित्राण देशना करते हैं। त्रिपिटक के ग्रंथों पर जो टिकाएं और अनुटिकाएं हैं उनमें संदर्भ है कि इदं पालियं वुत्तं अर्थात् ऐसा मूल पालि त्रिपिटक में कहा गया है।

## परित्राण के अवसर

मानव समाज के आरंभ से ही जीवन की कुछ घटनाओं को अन्य घटनाओं की अपेक्षा अधिक महत्व और पवित्र सीान प्राप्त हैं। उन में जन्म, जवानी, विवाह, नोकरी, घर, संपत्ति, सत्ता, संतति, गृहत्याग,

पर्यअन, बुढापा और मृत्यु तथा समस्त सुख–दुख का बड़ी घटनाओं का उल्लेख किया जाना चाहिये। गृहस्थ बौद्ध उपासक जीवन ऐसे ही किसी बड़ी घटना के अवसर पर अपने घर भिक्षु या भिक्षु संघ को आमन्त्रित कर परित्राण देखना का आयोजन करते हैं।

## उपासना

हिन्दू रुढी और बौद्ध रिवाज में उपासना के अर्थ अलग अलग है। हिन्दू उपासना में ईश्वर के नाम दिनभर उपवास किया जाता है और शाम को उसे भंग किया जाता है। बौद्ध परंपरा में ईश्वर तो नहीं पर नागरिक कर्तव्य से प्रेरित होकर जो बौद्ध गृहस्थ उपवास व्रत रखता है वह रात भर उपवास में रहता है और दिन में व्रत समाप्त करता है। अनुभव की बात यह है कि जो अनुभूति एक मुसलमान को रोजा रखते वक्त मिलती है, जो प्रेरणा एक इसाई भाई को गुड़ फ्रायड़े के दिन प्राप्त होती है, या जो अनुभव जैन मुनि अपने भोजन त्याग में करता है और जो भावना यहूदि अपने धार्मिक संस्कार में मनाते हैं, वही अनुभूति, प्रेरणा और भावना हिन्दू, जैन, मुसलमान और बौद्धों की अपने आत्मवादी और अनात्मवादी संयम व्रत में प्राप्त करते हैं।

## उपास्य

उपास्य का संबंध उपासना के लक्ष्य से है। जो उपासक ईश्वरवादी है वह अपने अपने मूसा, ईसा, मोहम्मद, नानक, कृष्ण–राम इत्यादी उपास्य को निमित्त बना कर अपनी प्रार्थना अर्पित करते हैं। जो लोग निरिश्वरवादी है वे अपना आराध्य दैवत किसी व्यक्ति, महात्मा और शक्ति को नहीं बल्कि शिक्षा को मानते हैं। उदाहरण के लिये बाबासाहेब डॉ. अम्बेडकर को ही लिजिये। उन्होंने अपने आराध्य दैवत तीन माने थेः विद्या, स्वाभिमान और शील[1]। जो अनीश्वरवादी बुद्ध और जैन को अपना गुरु–आदर भेंट करते हैं वे उन्हीं की प्रतिमा, मूर्ति और फोटों को सामने रख कर उनके गुणों का स्मरण कर अपना माथा उनके सामने नवांते हैं और ऐसा ही धार्मिक व्रत निभाते हैं।

## उपासक

जो पुरुष अपने उपास्य दैवत की अपनी विधि से उपासना करता है, उसे उपासक कहते हैं ओर जो स्त्री ऐसी उपासना करती है, उसे उपासिका कहा जाता है।

## पुरोहित

जो ब्राह्मण वेद मंत्रों पर, जो इमाम अजान पर, जो ज्ञानी ग्रंथ पर और जो भिक्षु बुद्ध वचन पर धार्मिक अनुष्ठान का नेतृत्व करता है, उसे पुरोहित कहते हैं। परंतु पुरोहित शब्द हिन्दू रिवाज में प्रचलित होने से भिक्षु, मुनि, इमाम या ग्रंथी को यह शब्द अरोचक लगेगा।

## परित्राण समय

बौद्ध रीति–रिवाज में जन्म कुंडली या ज्योतिष के अनुसार कोई भी कार्य नहीं किया जाता। हां, जो पहले से कुसंस्कारित बौद्ध हैं वे समय समय पर अपने घर का गृह प्रवेश, पूतों का ब्याह और पोतों का नामकरण ऐसी ही अंधी भक्ति में बह कर कराते हुये देखे जाते हैं। बुद्ध ने कहा हैः 'नक्खत्तं पतिमानेन्तं बाला दुम्मेधिनो जना' अर्थात् मूर्ख लोग नक्षत्र के पचड़े में पड़ते रहते हैं।

परंतु सच यह है कि वुत्तं च कम्मं करिसेय्य किं करिस्सन्ति तारका! अर्थात् जो काम करने का संकल्प किया गया है वह काम करते रहना चाहिये। तारों को उससे क्या लेना देना है[2]?

अतः सुबह, दोपहर, शाम आदि किसी भी समय अथवा अपनी सुविधा और कार्य की आवश्यकता के अनुसार जो भी समय, तिथि और महिना निश्चित किया जाये वह सभी समय उचित है। इस बाबत एक जातक कहानी भी है, जो निम्न प्रकार हैः

इसे भगवान ने जेतवन में निवास करते समय एक नग्न साधू के सम्बन्ध में बताया था। श्रावस्ती के समीप वाले गाँव के एक सज्जन ने अपने पुत्र का समकक्ष श्रेणी की श्रावस्ती की तरुण कन्या से विवाह

करा दिया था। सज्जन ने वधू को घर ले जाने का दिन भी निश्चित किया। बाद में उसने अपने सुपरिचित पारिवारिक नग्न साधू से उस दिन के नक्षत्र अनुकुल होने या नही होने के बाबत् परामर्श लिया।

साधू ने सोचा, ''वधू को घर लाने की तिथि तो इसने पहले ही तय कर ली। उस वक्त तो मुझसे परामर्श भी नहीं लिया। अब खाली औपचारिकता के लिये पूछ रहा है। अच्छा है; मैं इसे सबक सिखाऊंगा'' सोचकर आहत साधू ने उत्तर दिया कि नक्षत्र उस दिन अनुकुल नहीं। ऐसे दिन वैवाहिक रस्मों को मनाने नहीं जाना चाहिये। यदि वे मनाई गईं तो बहुत अहितकर होगा। और गाँव के उस परिवार की अपने साधू में निष्ठा होने के कारण वह परिवार उस दिन वधू को घर ले आने के लिये नहीं गया। अब वधूवालों ने नगर में वैवाहिक रस्म को उल्हास से मनाने हेतु सभी तैयारियाँ कर रखो थी। और जब उन्होंने देखा कि वर पक्ष के लोग उस दिन वधू के यहाँ नहीं गये तो उनको लगा, ''उन्होंने ही तिथि निश्चित की थी और वे ही नहीं आये; और इस कारण हमें काफी खर्चा उठाना पड़ा। सचमुच कौन होते है ये लोग? कन्या को किसी और के साथ ब्याह देना चाहिये''। अतः उन्होंने दूसरा वर ढूंढा और कन्या का विवाह उसी वर के साथ पहले से ही मौजूद भोज की तैयारी से बड़ी धूम–धाम के साथ किया।

दूसरे दिन गाँव वाली पार्टी वधू को ले जाने आई। परंतु श्रावस्ती के लोगों ने उनको जवाब दिया, ''आप ग्रामीण लोग बड़े बुरे हो; आप लोगों ने स्वयं तिथि निश्चित की, और उस दिन न आकर हमारा अपमान किया। हमने कन्या का विवाह किसी और वर के साथ करा दिया है''। गाँववाले झगड़े पर उतर आये, परंतु अन्त में वे जिस रास्ते आये थे उसी रास्ते निकल गये।

फिर भिक्षुओं को ज्ञात हुआ कि एक नग्न साधू ने शुभ मुहुर्त को बर्बाद किया, और वे उस मामले के बारे में धम्म सभागृह में चर्चा कर रहे थे। सभागृह में प्रवेश कर, और वार्तालाप का विषय ज्ञात कर भगवान बुद्ध ने कहा, ''भिक्षुओं, यह पहला अवसर नहीं है कि उस साधू

ने उस परिवार की शुभ वैवाहिक घड़ी को नष्ट किया; उनके साथ अपनी नाराज़गी के कारण उस नग्न साधू ने पहले भी ऐसा ही किया था''। पहले की घटना के बारे में उन्होंने निम्न कहानी बताई।

एक बार जब ब्रह्मदत्त नामक महाराजा बनारस में राज्य कर रहे थे किन्हीं नगरवालों ने अपने एक लड़के की शादी गाँव की एक लड़की से संपन्न की और वधू को घर ले जाने का दिन भी घोषित किया। इस बार नगरवालों ने अपने साधू के मना करने पर वधू के ले अपने निश्चित दिन पर न जाकर दूसरे दिन गये तो गाँव वालों ने उनको ऐसा जवाब दिया, ''आप नगर के लोग आम शिष्टाचार भी नहीं रखते हो। खुद तिथि तय कर उस दिन नहीं आये हो। उस कारण हम ने वधू की शादी किसी और से करा दी है''। नगरवालों ने कहा, ''परंतु हम ने अपने साधू से परामर्श लिया और उनके कहने के अनुसार उस दिन नक्षत्र प्रतिकूल था। इसलिये हम कल नहीं आये थे। कृपया वधू को हमारे साथ विदा कर दो। गाँव वालों ने उत्तर दिया,'' आप लोग समय पर नहीं आये और अब वह दूसरे की हो गई। उसे हम दो–तीन बार कैसे विवाहित कर सकते है? जब उनमें आपस में तू–तू मैं–मैं हो रही थी तो उस समय नगर का बुद्धिमान व्यापारी भी व्यवसाय हेतु उस गाँव आया हुआ था। जब उसने सुना कि नगरवालों ने अपने साधू की सलाह पर नक्षत्र के प्रतिकूल होने के कारण निश्चित दिन पर वधू को घर ले जाने उस गाँव नहीं जा पाये तो व्यापारी ने अपने उद्‌गार निकाले, ''सचमुच उन नक्षत्रों को क्या लेना देना है? क्या वधू को पाना ही शुभ योग नहीं है''? ऐसा कह कर व्यापारी ने इस गाथा को बोलाः

नक्खत्तं पतिमानेन्तं, अत्थो बालं उपच्चगा। अत्थो अत्थस्स नक्खत्तं, किं करिस्सन्ति तारका''ति।। अर्थात् मुर्ख मनुष्य भाग्य दिवस का इंतजार कर सकता है, तथापि सौभाग्य को नहीं प्राप्त करेगा। कार्य करते रहना ही कार्य का अपना नक्षत्र होता है। केवल तारे क्या कर सकते हैं?

## स्थल

स्थान विदेश की अपनी अपनी खासीयत है। जैसे जंगल में शांति ज्यादा होती है, परंतु वहाँ समाज नहीं होता। विहार ज्यादा पवित्र माना जाता है पर वहाँ सुविधा कम होती है। घर में भी परित्राण किया जाता है लेकिन वहाँ जगह कम पड़ने का ड़र हमेशा लगा रहता है। अतः परित्राण स्थल का चुनाव परित्राण कार्य में शामिल होने वाले लोगों की संख्या, श्रेणी और यजमान की यथाशक्ति से निर्धारित कर लेना चाहिये।

## विधियां

परित्राण के क्षेत्र में भिक्षु ही एक अधिकारिता धारक मूर्ति माना जाता है। अनके वृत्ति के भिक्षु अनेक विधियों को प्रयोग में लाते हुये देखे जाते हैं।

गृहस्थ को भी अपनी अपनी रुचि का ध्यान रखना पड़ता है। ग्रामीण यजमान लंबा परित्राण पसंद करता है तो नगरी सभ्यता में छोटे और संक्षिप्त परित्राण विधि को अधिक ग्राह्य माना जाता है।

इस पंक्ति के लेखक का तो ऐसा अनुभव है कि कहीं कहीं परित्राण की विधि का मापदण्ड सूत्र और समय न होकर श्रोताओं के पैर सुन्न होने तक किये हुये पठन को सही परित्राण हुआ ऐसा समझने की प्रवृत्ति है।

कुछ भी हो सभी परित्राण विधियों में त्रीशरण पंचशील से आरंभ करना आम बात है।

## परित्राण सूत्र

यूं तो परित्राण विधि का एक अलग ग्रंथ ही होता है, जिस में परित्राण देशना के कई सूत्र संकलित किये हुये होते है। श्रोताओं को सभी सूत्र सुनने की फुर्सत नहीं होती और भिक्षुओं को सभी सूत्र रटने का न अभ्यास होता है।

सूत्रों की संख्या अनेक होने पर भी सामान्य परित्राण में निम्नों का प्रयोग किया जाता है। यथा त्रीरत्न वन्दना, बुद्ध द्वारा प्रयुक्त वस्तुओं की वन्दना, संकल्प, रतन सुत्त, मंगल सुत्त, करणीय मेत्त सुत्त, जयमंगल अट्ठगाथा, महामंगल गाथा इत्यादि।

## भिक्षु

पालि अठ्ठकथाकार बुद्धघोष ने भिक्षु शब्द का अर्थ निम्न प्रकार बतायाः 'भयं इक्खतिती भिक्खू' अर्थात् 'जो भय खाता है वह भिक्षु है'। एक भिक्षु बुराईयों, पापों, बुरे कर्मों और अकुशल विचारों से भय खाता है।

## भिक्षु का आदर्श

बुद्ध ने भिक्षु अपने सम्मुख क्या आदर्श रखे इस बाबत् बताया है कि भिक्षु को हमेशा इस बात का ध्यान रखना चाहिये कि क्या उसका कोई धर्मबंधू उसमें कोई दोष देख कर उस की निन्दा तो नहीं कर रहा है? बुद्ध के ऐसे उपदेश अंगुत्तर निकाय का पांचवा भाग का अंश अर्थात् दसधम्मसूत्त में समाविष्ट है। उक्त कथन क्रमांक पांच है[3]।

बाबासाहेब डॉ. अम्बेडकर के अनुसार भिक्षु को एक समाज सेवक का आदर्श अपने सामने रखना चाहिये[4]।

## भिक्षु–भिक्षुणी के नियम

बुद्ध के समय से चले आ रहे भिक्षु–भिक्षुणी संघ के नियम आज भी विनय पिटक में लिपिबद्ध है। उसमें भिक्षु के लिये 227 (262 मूलसर्वास्तिवाद के अनुसार) और भिक्षुणी के लिये 311 (371 मूलसर्वास्तिवाद के अनुसार) नियमों का संकलन है। भिक्खु के नियमों में 2 अनिश्चित कर्म (अनियत), जो भिक्षुणी नियम में नहीं है; 4 महापातक यानी पाराजिका, (भिक्षुणी नियम 8); 4 परिशुद्धि या पाटिदेसनीय (भिक्षुणी नियम 8); 7 कलह शमन करने वाले (अधिकरण समथ); 13 बहिष्कार अर्थात् संघादिसेस

(भिक्षुणी नियम 17); 30 निष्कासन् अथवा (निस्सग्गीय); 75 शिक्षापद वा (सेखीय); और 92 पश्चाताप या पाचित्तिय (भिक्षुणी नियम 166) का अंतर्भाव है यानी कुल 227 नियम है। इसमें अतिरिक्त आठ नियमों को जोड़ कर भिक्षुणियों के कुल 235 नियम हो जाते हैं।

## भिक्षु और समाज

समाज हमेशा एक जैसा नहीं रहता। वह काल परिस्थितिनुरुप बदलता रहता है। उसी प्रकार समाज का घटक व्यक्ति भी बदलता रहता है। उसकी धारणा एक जैसी नहीं रहती। प्राचीन भारतीय समाज में भिक्षा वृत्ति को जो दर्जा प्राप्त था वह आज प्राप्य नहीं है। पहले भिक्षु अपनी उपजीविका हेतु समाज पर निर्भर था और आज भी है। परंतु समाज अपनी धार्मिक शिक्षा के लिये भिक्षु पर निर्भर नहीं है। अतः ऐसे समाज में भिक्षु को आर्थिक कठिनाई का सामना करना पड़ता है। विकसित समाज ने पुरोहित या पादरी के पेशे को भी वेतन या मानधन के आर्थिक आधार पर नियमित किया है। परंतु बौद्ध समाज में कहीं भी वेतन भोगी भिक्षु नहीं है। उसे धर्मनिरपेक्ष क्षेत्र में अपने अनुरुप अध्यापन आदि का व्यवसाय करके ही अपनी आर्थिक अड़चन को दूर करना पड़ता है। ग्रामीण और शहरी श्रद्धोन्नत क्षेत्र में पारंपरिक ढंग से भिक्षु–गृहस्थ संबंध आज भी पूर्णतः नष्ट नहीं हुये हैं। परंतु आधुनिक समय की हवा भिक्षु संस्था के प्रतिकूल ही बह रही सी नजर आती है।

## भिक्षु के अधिकार

विनय पिटक की समन्तपासादिका नामक अट्ठकथा {1, पृ. 220–221, 337} में भिक्षु का दर्जा मुख्य न्यायाधिश के दर्जे से कम नहीं था इस की साक्षी है। महावंश {XXXIV, 66} ग्रंथ–धूर भिक्षु का आदर करने वाले श्रीलंका के भारतीय–नरेश {38–67 ई.स.} का जिक्र करता है। राज सिंह बाहू द्वितीय {1635–1687} जब लड़ाई पर जाते थे तो अपने साथ भिक्षुओं को ले जाते थे। आर्किटेक्ट भिक्षुओं का भी उल्लेख है।

## ध्यानी भिक्षु और ज्ञानी भिक्षु

जब से त्रीपिटक श्रीलंका के मातले के अलुविहार में प्रथम शताब्दी ई. पू. में सिंहली में लिपिबद्ध हुआ तब से भिक्षुओं में यह विवाद भी प्रचलित रहा कि पतिपत्ति बड़ी या परियत्ति? पंसुकुलिक भिक्षु पतिपत्ति पर जोर देते थे और धम्मकथिक भिक्षु परियत्ति पर। अन्तिम जीत तो ध्यान पर सूझ की ही होती है। अपितु भिखुओं में अरण्यवासी और ग्रामवासी ये दोनों प्रकार अभी तक मौजूद हैं।

## भिक्षु के गृहस्थ के प्रति कर्तव्य

भिक्षु के कर्तव्य अपने धर्मबंधू, भिक्षु संघ और गुरुजनों के प्रति तो होते ही है। इसके अलावा भिक्षु के समाज के सर्वसामान्य और सर्वहारा नागरिकों के प्रति भी जो कर्तव्य हैं, वे उतने ही महत्वपूर्ण और परिणामकारी होते हैं जितने अन्य।

बाबासाहेब कहते हैः A Bhikkhu leaves his home. But he does not retire from the world. He leaves home so that he may have the freedom and opportunity to serve those, who are attached to their homes but whose life is full of sorrow, misery and unhappiness and who cannot help themselves.[5]

## भिक्षु के व्यवसाय

भिक्षुओं के निवास चाहे अरण्य हो या समाज, सामान्य जीवन गतिप्रवाहों का परिणाम समाज के बाहर जल, थल और वायु में और समस्त अंतराल में ही होता है। अरण्यवासी भी लिखने लगे। लेखक का व्यवसाय सामान्य नागरीक की भांति भिक्षु को भी प्राप्य है। लेखक भिक्षुओं में भी दो प्रकार हुये, एक जो विपश्यनाधूर कहलाये और दूसरे जो ग्रंथधूर कहलाते हैं।

## भिक्षु और ब्राह्मण

ब्राह्मण केवल भारत में ही होते हैं। क्योंकि वे हिंदू सनातनी

वर्णव्यवस्था के लाल चीनी या रेड़ चायनीज हैं। भिक्षु सार्वत्रिक उपज है। वह पैदा नहीं होता, बनता है।

भिक्षु और ब्राह्मण में भेद दर्शाते हुए बाबासाहेब लिखते हैं: 'ब्राह्मण एक पुरोहित है जो पिछले कर्मों के पापों में विश्वास के कारण जन्म, मृत्यु और विवाह के अवसर पर ही नहीं बल्कि सभी मौकों पर रस्मों–रिवाज अदा कर शुद्धिकरण करता है। भिक्षु किसी कर्मकांड़ के पछड़े में न पड़ ऐसी रस्में अदा करने में समय नष्ट नहीं करता। क्योंकि वह पुरोहित नहीं होता।

ब्राह्मण को जात होती है, भिक्षु को नहीं। एक बार ब्राह्मण होने पर उसे कितना भी पापकर्म ब्राह्मण्य से वंचित नहीं कर सकता और वह ब्राह्मण ही रहता है। परंतु विनय भंग करने पर भिक्षु भिक्षुत्व से वंचित हो जाता है। ब्राह्मण को सिर्फ धार्मिक विधान का ज्ञाता होने से मतलब है, भिक्षु को नैतिक प्रशिक्षण की नितांत आवश्यकता होती है।

ब्राह्मण का अपना स्वार्थ और हित होता है। वह स्वयं कानून है और सबमें अग्रणी रहता है। भिक्षु का अपना धर्मिक संगठन होता है। उसका वह सभासद रहता है। उसे कानून का पालन करना होता है। अपने हाथ में कानून वह कभी नहीं ले सकता।

## भिक्षु और राष्ट्रपति

राष्ट्रपति देश का सर्वोच्च मुखिया होता है, जिसके नाम से देश का संविधान, देश की संसद अपना आंतरिक और अंतर्राष्ट्रीय राजनीतिक कार्यभार चलाते हैं।

भिक्षु बौद्ध देश में बौद्ध समाज का सर्वोच्च धार्मिक मुखिया होता है, जिसके गुणगौरव से देश की जनता आंतरिक और अंतर्राष्ट्रीय सभा सम्मेलनों में अपना सिर ऊंचा कर धन्य हो जाती हैं।

## भिक्षु और प्रधानमंत्री

किसी भी राष्ट्र की सरकार मंत्रीओं के मंड़ल के मुखिया प्रधानमंत्री

के नेतृत्व में कार्यान्वित होती है। उसी प्रकार बौद्ध देश में देश का सही नेतृत्व और हित रक्षण करने वाला और विश्व कुटुंब राष्ट्रों में देश का गौरव बढ़ाने वाला योग्य नेता जब चुनना होता है, नागरिक अपने धर्मनेता से सलाह ले सकते हैं। और भिक्षु अपने मुक्त मन से योग्य सलाह दे सकते हैं।

वर्षाकार नामक अजातशत्रु राजा के प्रधानमंत्री को वज्जिगण के आदर्श शासनप्रणाली की प्रशंसा करते हुए तथागत बुद्ध ने आनंद के माध्यम से संबोधन दिया थाः 'हे ब्राह्मण, मैं जब वैशाली के सरन्दद विहार में रहता था तब मैंने वज्जी लोगों को कल्याण की सात बातें बताई थी और वज्जिओं में जबतक ये सात बातें रहेगी तबतक उनके पतन की नहीं बल्कि उनके उत्थान की उम्मीद करना युक्त होगा।[6]

सन् 1946 में श्रीलंका के ऐसे ही लोकमत का नेतृत्व करने के लिए एकसत भिक्षु मंड़लय की स्थापना हुई थी।[7]

## भिक्षु और न्यायाधीश

भिक्षु के लिये न्यायाधीश होना कोई नई बात नहीं है। विनयधर अभिधम्मिक गोदत्त स्थविर ने अनुराधपुर में अपनी विनयाधिकारिता और व्यवहार कुशलता का जो परिचय दिया था, उससे प्रभावित होकर राजा भातिय ने उन्हें भिक्षु–भिक्षुणियों का ही नहीं अपितु सभी नागरिकों का एकमेव न्यायाधीश घोषित करते हुए उनके निर्णय को स्वीकार्य, अंतिम और निर्धारक रुप में राजघोषित किया और उल्लंघन करने पर शाही दण्ड का प्रावधान लागू किया। पालि भाषा में उनका फर्मान थाः **मयि सन्ते भिक्खूनम्पि भिक्खूनीनम्पि गिहिनम्पि अधिकरणं अभिधम्मिक गोदत्तत्थेरेन विनिच्छितं सुविनिच्छितं. तस्स विनिच्छये अतिट्ठमानं राजानाय ठपेमि।**

## भिक्षु और स्त्री

थाईलैंड़ में महिलायें भिक्षु से नहीं छूती हैं। श्रीलंका और भारत जैसे कई बौद्ध देशों में ऐसी प्रथा नहीं है। देशानुरुप किसी विशेष आचार

संहिता का प्रचलन हुआ हो, परंतु बौद्ध परंपरा में स्त्री–पुरुष और भिक्षु–स्त्री का व्यावहारिक कारणों से अति समीप आना व्यक्ति मुक्ति में बाधक भले ही माना गया अपितु इसका छुआछात और लैंगिक भेदभाव से कोई सरोकार नहीं ही रहा है।

बुद्ध ने भिक्षुओं को भिक्षुणियों के प्रति या गृहस्थियों को स्त्रियों के प्रति सावधानी बरतने की बात कही है तो उन्होंने भिक्षुणियों को भिक्षु के प्रति और स्त्रियों को गृहस्थों के प्रति भी वैसी सावधानी बरतने को कहा है।[8]

तो भिक्षु ने स्त्री के प्रति कैसी धारणा रखनी चाहिए?

उत्तर है जब कभी कोई भिक्षु किसी स्त्री से मिले तो उसे याद करना चाहिए कि वह वृद्ध महिला को मातृचित्त से, अपने बराबरी के स्त्री को भात्रि चित्त से और अपने से कनिष्ठ कन्या को पुत्री चित्त से धारण करें।[9]

## भिक्षु और भ्रमण

भिक्षु का जीवन गतिमान और सोद्देश्य होता है। उसे एक जगह पर स्थित रहना बंधन कारक हो जाता है। गृहस्थियों को अपने–अपने घर होते हैं। भिक्षु के लिए सभी घर अपने हैं। धम्म की सही दृष्टि मिलने पर भिक्षु उसके प्रचारार्थ यत्र, तत्र सर्वत्र भ्रमण करता रहता है। साल में तीन मास एक ही विहार या प्रदेश में रह कर वर्षावास का संकल्प करना उसका सांघिक कर्तव्य है।

आज के यातायात और आधुनिकता के समय में मनुष्य ने ऋतुओं पर अपना नियंत्रण पा लिया है। इसी के साथ भिक्षु के भ्रमण के मार्ग विश्व में कहीं भी जाने के लिए खुले हैं। भिक्षु का भ्रमण बुद्ध के इस ध्येय से प्रेरित होता है, जिसे उन्होंने पूर्व के भिक्षुओं के सामने आदर्शस्वरुप रखा था। उन्होंने कहाः ''भिखुओं, लौकिक और अलौकिक बंधनों से मुक्त होकर, हर दिशा में, आदि, मध्य और अंत में कल्याणकारी धर्म की देशना सभी लोगों की भलाई के लिये प्रचारित करने भ्रमण करो।''[10]

## संदर्भ ग्रंथ


1. दलितांचे शिक्षण, डॉ. बाबासाहेब अम्बेडकरांच्या शिक्षण विषयक लेखनाचे समग्र संकलन, समता प्रकाशन, नागपुर, (ठाणे) 1994, पृ. 142–143।
2. जातक क्रमांक 49, नक्खत्त जातक है।
3. पियदस्सी थेरा, पिरित पोत, कोलम्बो स्ट्रीट, कैंडी, श्रीलंका 1975 पृ. 27।
4. बी. आर. अम्बेडकर, द बुद्धा एण्ड हिज धम्मा, सिद्धार्थ पब्लिकेशन, बम्बई तृतीय संस्करण, पृ. 319।
5. डॉ. बी. आर. अम्बेडकर, द बुद्ध एण्ड हिज़ धम्म, पृ. 319।
6. राहुल सांकृत्यायन, बुद्धाचा गतिवाद, लोकवाङमय, बम्बई, तृतीयावृत्ती 1986, पृ. 96
7. वालपोल राहुल, भिक्षुवागे उरुमय, अंग्रेजी में, न्यूयार्क 1974, पृ. XXI.
8. डॉ. बी. आर. अम्बेडकर, द राईज एण्ड़ फाल ऑफ द हिन्दू विमेन, हैदराबाद 1965 9. संयुक्त निकाय IV. पृ. 68।
10. भदन्त आनन्द कौसल्यायन, एन इंटेलिजन्ट मैन्स गाईड़ टू बुद्धिज्म, नई दिल्ली 1980।

## अध्याय – 4

# प्रजातंत्र के महान हस्ताक्षर डॉ. अम्बेडकर

### प्रस्तावना

डॉ. अम्बेडकर का सम्पूर्ण जीवन प्रजातंत्र के लिये समर्पित रहा। उनके लिये प्रजातंत्र सामाजिक, आर्थिक, राजनीतिक और व्यक्ति के जीवन की कला तथा एक नैतिक–न्याय व्यवस्था, सदाचार का वैश्विक साम्राज्य, और संविधानिक विधि का स्थायी अनुशासन की पद्धति रही है। प्रस्तुत आलेख में संबंधित विषय के कुछ पहलुओं पर उनके स्पष्ट विचार प्रस्तुत हैं।

### अवाम, प्रजातंत्र का आधार

अवाम से अभिप्राय ऐसे बहुसंख्यक श्रमिक, शिल्पकार, बुद्धिजीवी, कृषक और उत्पादक सामाजिक वर्ग से है, जो अपने श्रमाधिक्य से संपूर्ण सामाजिक विलासिता के भार को सहन करते हुये विनष्ट हो रहा है, किन्तु अपने परिश्रम का न्यायोचित लाभ उठाने की प्रतीक्षा में निरंतर संघर्षरत है।

अवाम को उनकी इस भयानक लड़ाई में आगे की विकास सीढ़ी पर पहुचाने के लिये रहबर की भूमिका में योगदान देने वाली विभूति के रुप में डॉ. अम्बेडकर धन्य हैं। और महान है उनका जीवन और कृतित्व जिसने उनके संपर्क में आने वाले हर व्यक्तित्व को उज्वल भविष्य की धरोहर का स्वामित्व प्रदान किया और कर रहा है।

अवाम का भावी विकास डॉ. अम्बेडकर के विचार और दर्शन को सही भावार्थ में लेने पर निर्भर है। उनके अभियान को निम्न पंक्तियों में अभिव्यक्त किया जा सकता हैः

शब्द के इंसान लेकर आ गया मैं, अर्थ का
ईमान लेकर आ गया मैं
वक्त की परछाईयों को मोड़ देने क्रांति का
अभियान लेकर आ गया मैं।

अवाम की उपलब्धि इसी बात में है कि वे लंबे अर्से के बाद अपने में से किसी एक को रहबर के गुणों से अभिभूत कर अगली सामाजिक विकास सीढी लांघे और जब वे ऐसी शख्शियत पैदा करें तो वह भी लंबे अर्से तक अपनी ऊर्जा का लाभ उन्हें भेंट करता रहे।

अवाम के अम्बेडकर जीवन के प्रति उत्साहित करने वाले दर्शन के समर्थक रहे। उन्होंने अपने शैक्षणिक विचारों से अवाम के सुप्त क्रियाशील भीतरी श्रोतों को अभिव्यक्त कर उन्हें उपयुक्त ऊर्जा में प्रवर्तित किया था।

उन्होंने बताया कि सामाजिक, आर्थिक और राजनीतिक क्रांति का मूलाधार शिक्षा है। डॉ. अम्बेडकर के सभी शैक्षणिक विचारों का सार ''सीखो, संगठित हो और संघर्ष करो'' के तत्व में निहित है।

शेक्सपिअर को उद्धृत करते हुये डॉ. अम्बेडकर कहते थे, ''हर मनुष्य के आयुष्य में जब अवसर की लहर आती है तो उसका सम्यक प्रकार से उपयोग करने के बाद उसे वैभव प्राप्त होता है''। वे कहते थे, ''माता–पिता संतान को जन्म ही नहीं बल्कि कर्म भी देते हैं। वे अपनी संतान के जीवन में दिशा दे सकते हैं''। इस बात को ध्यान में रख कर हम सभी को बालकों की शिक्षा के साथ–साथ बालिकाओं की शिक्षा के लिये भी प्रयास करना चाहिये ताकि समाज की प्रगति द्रुत गति से हो सके।

सन् 1986 में भारत सरकार ने नई शिक्षा नीति की घाषणा की थी। उसके अनुसार भारतीय लोगों में साक्षरता का अंतर लिंग भेद और

जाति भेद के उच्च और निम्न वर्ग के क्रम में असमान प्रतीत होता था। स्वर्ण पुरुष सबसे ज्यादा साक्षर, महिला पुरुष से कम साक्षर, अनुसूचित जाति महिलाओं से कम साक्षर और अनुसूचित जमात सबसे कम साक्षर अर्थात् उनकी साक्षरता का प्रतिशत क्रमशः 36, 24, 22 और 16.1 था। डॉ. अम्बेडकर सामुदायिक शिक्षा के प्रणेता थे। वे चाहते थे कि लोगों की प्रभुसत्ता पर संचालित प्रजातन्त्र में अमीर वर्ग के बच्चों के लिये शाही विद्यालय की व्यवस्था होना और गरीब बच्चों के लिये कोई स्कूल ही न होना असह्य दुर्व्यवस्था है।

बुद्ध ने अविद्या में ही सभी मानवीय प्रश्नों के मूल को तलाशा था। फुले ने तो कह दिया था कि ''विद्या बिना मति नहीं, मतिविना नीति नहीं, नीति बिना गति नहीं, गति बिना वित्त नहीं, वित्त बिना शूद्र गिरा, इतना अनर्थ एक अविद्या ने करा''! लोक शिक्षक गाडगे महाराज और लोक शिक्षिका सावित्रीबाई फुले के शैक्षणिक विचार उक्त कथन से एकदम मिलते–जुलते हैं। गाडगे जी कहते थे कि शिक्षाविहीन मानव पत्थर है। और सावित्रीबाई का वचन थाः *शूद्रों को बताने योग्य एक ही मार्ग यही कि शिक्षा से है मनुष्यत्व, पशुत्व नहीं।*

डॉ. अम्बेडकर के अनुसार शिक्षा के परिणामस्वरुप स्वाभिमान, स्वावलंबन और आत्मोद्धार से क्रमशः बंधुत्व, समानता और स्वतंत्रता के मूल्य प्राप्त होने चाहिये। शिक्षा यानी परिवर्तन यह उनके शैक्षणिक विचारों का मुख्य सूत्र रहा है। 13 जून, 1953 को रावली कैंम्प, बम्बई की सभा में संबोधित करते हुये डॉ. अम्बेडकर ने कहा था, ''हम लोग शिक्षित हुये यानी सब कुछ हो गया ऐसी बात नहीं है। शिक्षा के साथ–साथ मनुष्य का शील भी सुधरना चाहिये। उसके बिना शिक्षा का मूल्य शून्य है। ज्ञान तलवार की भांति है। यदि किसी आदमी के पास तलवार है तो उसका सदुपयोग अथवा दुरुपयोग करना उसके सदाचार पर निर्भर करेगा। वह उससे किसी की जान भी लेगा या किसी की जान बचा भी लेगा। ज्ञान भी ऐसा ही हैं। इसके अतिरिक्त उन्होंने कहा कि इस से काम नहीं चलेगाा कि शिक्षित मनुष्य केवल अपने उदर भरण में ही लगा रहे। जिन्हें स्वार्थ के अलावा कुछ दूसरा दिखता ही नहीं है

वे किंचित भी परार्थ कर नहीं सकते। ऐसे व्यक्ति मात्र शिक्षित होने से क्या लाभ? समाज का वर्णों में विभाजन व्यवसाय के उद्देश्य से हुआ है। परतुं ज्ञान रोजगार का प्रश्न हो ही नहीं सकता। ज्ञान जीवन के लिये अत्यंत आवश्यक है। उसके बिना हमारा नुकसान होता है[8]। इस मापदण्ड से वर्तमान भारतीय शिक्षा पद्धति का पीठ किस प्रकार मानवीय चूंचे निर्माण करने का केन्द्र बन गया इसकी हम कल्पना कर सकते हैं।

## आर्थिक प्रजातंत्र

*नीचे सिर झुकाकर चलने वाले हजारों भेड़ों के विशाल समूह की अपेक्षा वीरता की वृत्ति रखने वाला सिंह का समूह बेहतर होता है।*

**डॉ. अम्बेडकर**

डॉ. अम्बेडकर ने बताया कि ''भारत ने इंग्लैंड़ के लिये आर्थिक रुप से जो प्रचंड योगदान किया वह जितना आश्चर्यचकित करनेवाला है, उतना इंग्लैंड ने भारत के लिये जो नगण्य आर्थिक योगदान किया वह विस्मयकारक है। ब्रिटिश सरकार द्वारा कानून और शिक्षा द्वारा प्रस्थापित पाशविक शांति का आर्थिक रुप से यतीम किये गये भारतीयों के लिये कोई उपयोग नहीं था।'' डॉ. अम्बेडकर के मार्गदर्शक प्रो. सेलिग्मन ने इसे ''विस्तृत और गहरी मीमांसा'' कहा था। उनका रुपये की समस्या नामक ग्रंथ आज भी प्रासंगिक हैं। 1926 में रिजर्व बैंक के स्थापनार्थ जो हिल्टन यंग कमिशन नियुक्त हुआ था उसके सामने अपनी साक्ष्य देते हुये डॉ. अम्बेडकर ने कहा था, ''चलन निर्माण करने वाली संस्था की चलन निर्माण क्षमता पर परिणामकारक प्रतिबंध होना आवश्यक है। अनिर्बंध चलन पूर्ति और बेहिसाब मूल्य वृद्धि के कारण आर्थिक स्थिरता खतरे में आ सकती है''[9]। ब्रिटिश भारत में प्रांतीय वित्त का विकास बयान करते समय डॉ. अम्बेडकर ने शासन की नीतियों में सप्ताह–सप्ताह के सुधार पर टिप्पणी करते हुये उन्होंने कहा था कि, ''संयुक्त कुटुंब पद्धति में कुटुम्ब प्रमुख जिस प्रकार प्रत्येक सदस्य के नाम से बैंक में खाता खोलता है, उसी प्रकार सरकार की व्यवस्था थी।''[10]

*बौद्ध धर्म तथा मार्क्सवाद, गांधी और कांग्रेस ने अछूतों के लिये क्या किया, और जातिभेद निर्मुलन* में उन्होंने बताया कि सामाजिक और धार्मिक शोषण भी आर्थिक शाषण के समान ही घातक होता है, ''अस्पृश्यता केवल धार्मिक रचना न होकर वह गुलामगिरी से भी भयानक आर्थिक रचना है तथा वर्ण व्यवस्था श्रम विभाजन की नहीं बल्कि श्रमिकों के विभाजन की व्यवस्था थी[10]।

छोटी जोतों की चकबंदी करने हेतु डॉ. अम्बेडकर ने फ्रांस और इटली में विद्यमान सामूहिक खेती पद्धति और राष्ट्रीयकरण की प्रक्रिया को अनुकरणीय बताया था। उत्पादन साधनों को सामूहिक स्वामित्व में करने के बाद उन्होंने खोति पद्धति (उत्तर भारत की जमींदारी प्रथा की भांति)[10] और वतन पद्धति (बेगार प्रथा की भांति)[11] को समाप्त करने वाले दो विधेयक बम्बई विधान सभा में प्रस्तुत किये थे। खोतों की समाप्ति हेतु एक विधेयक दिनांक 15 सितम्बर 1937 को बम्बई विधान सभा में प्रस्तावित किया था। हालांकि इससे पहले सन् 1927 में श्री एफ. जी. एच. ॲन्डरसन् ने बम्बई विधान सभा में अल्पभूधारक मदद विधेयक प्रस्तुत किया था। इस विधेयक में एक निश्चित आकार से कम जमीन धारणा पर प्रतिबंध और दण्ड़ की व्यवस्था थी। छोटे किसानों को छोटी जोतों से वंचित कर भूमिहीन मजदूर बनने से मुक्ति दिलाने हेतु उन्होंने सामूहिक कृषि की अनुसंशा की।

अर्थशास्त्र के सुप्रसिद्ध विद्वान रॅगनर नर्क्स के प्रछन्न बेरोजगारी और डॉ. अम्बेडकर की अतिरिक्त श्रमिक की संकल्पना में अत्यधिक समानता है। आर्थिक जोत से उनका अभिप्राय ऐसे उत्पादक खेत से था जिसकी निवेशित व्यय की पूर्ति हो जाने के बाद शेष उत्पादन की राशि पर एक परिवार अपना खर्च चला सकें[14]।

भारत में छोटी जोतें और उनके उपाय में उन्होंने (1918) भारतीय कृषि को बुनियादी उद्योग बनाने और औद्योगिकरण से बेरोजगारों का कृषि भूमि पर पड़ा अतिरिक्त भार अन्य उद्योगों में समायोजित कर उनको रोजगार उन्मुख और उत्पादक बनाने पर अधिक जोर दिया।

सन् 1950 से भूसुधार कानून को भारत के हर राज्य मे लागू करना आर्थिक क्षेत्र में एक बहुत बड़ा परिवर्तन था।

उनका राज्य समाजवाद प्रजातंत्र का आर्थिक, सामाजिक व राजनीतिक दर्शन है। वह सहकारी कृषि, औद्योगिकरण तथा सामुदायिक कृषि से संलग्न है। आर्थिक समानता के विना राजनीतिक स्वाधीनता को अर्थ नहीं है। इसलिये डॉ. अम्बेडकर ने संवैधानिक स्टेट सोशलिज्म के एक अंग के रुप में सामुदायिक कृषि की अनुसंशा की थी। उन्होंने विखंडित और छोटी जोतों के लिये उपाय के रुप में सहकारी कृषि की सिफारिश की थी। उन्होंने भारतीय कृषि सुधार के लिये कृषि पर पड़े अतिरिक्त मनुष्य बल के भार को गैर कृषि क्षेत्र में स्थानांतरित करने हेतु औद्योगिकरण का जो उपाय बताया था वह सामाजिक न्याय की दृष्टि से उचित है, क्योंकि ग्रामीण क्षेत्र में जाति व्यवस्था और अस्पृश्यता है भले ही वह शहरों में उतनी तीव्र नहीं है।

सन् 1946 में डॉ. अम्बेडकर ने अखिल भारतीय अनुसूचित जाति परिषद की ओर से संविधान समिति को राज्य और अल्पसंख्यंक नामक एक मसौदा प्रस्तुत किया, जिसमें उन्होंने कृषि जमीन को बीमा और मूलभूत उद्योगों की तरह शासन के स्वामित्व में रखने की बात कही थी। वह शासन द्वारा सामाजिक और आर्थिक मामलों में न्याय के हित में हस्तक्षेप चाहते थे। उनका मानना था कि यदि शासन ने सामाजिक आर्थिक क्रियाकलापों का नियमन नहीं किया तो वह निजी मालिकों को करना पड़ेगा और ऐसा करते समय वे अपनी आजादी का उपयोग दूसरों पर अधिसत्ता स्थापित करने के लिये भी करेंगे। उस परिस्थिति में जमीनदार भी कुलों पर जबरदस्त जमीन भाड़ा थोपेंगे और पूंजीपति भी कामगारों के काम करने के घंटे बढायेंगे और उनके वेतन कम करेंगे। अर्थात् इससे राजनीतिक प्रजातन्त्र के मूलभूत सिद्धान्त यानी स्वयंभू व्यक्ति, अविछिन्न मुलभूत अधिकार, संवैधानिक अधिकार का बिन शर्त लाभ, और शासन संस्था द्वारा दूसरों पर लादने योग्य सत्ता का निजी व्यक्ति के हाथों में अहस्तांतरण को ही क्षति पहुँचेगी।

खोतों ने अपनी स्वाधीनता का उपयोग छोटे भूधारकों का शाषण करने में किया था और उससे बम्बई प्रांत में अशांति फैल चुकी थी। अतः खोतों का अन्त करना उस समय के भूमि सुधार की मांग थी, जिसे बाबासाहेब ने पूरी करने की चेष्टा की थी[15]।

डॉ. अम्बेडकर के राज्य समाजवाद में व्यक्ति उद्देश्य है। व्यक्ति के कुछ अधिकार अहस्तांतरणीय है। इसकी गारंटी संविधान को देनी चाहिये। किसी भी व्यक्ति को अपनी सुख सुविधा का उपयोग करते हुये अपने संवैधानिक अधिकार की तिलांजली देने का अवसर नहीं आना चाहिये। और शासन ने किसी भी निजी व्यक्ति को अन्य व्यक्तिओं पर आधिपत्य करने का अधिकार नही देना चाहिये।

जनता नामक पाक्षिक में दिनांक 7 नवंबर, 1938 को प्रकाशित अपने एक साक्षात्कार में डॉ. अम्बेडकर ने कहा था कि वे एक मुक्त समाजवादी है। जातिभेद निर्मूलन को चाहने वाले समाजवादी डॉ. अम्बेडकर ने लिखा था कि ''भारतीय समाजवादी यूरोप के समाजवादियों के कदमों पर कदम रखकर भारतीय परिस्थिति पर भी आर्थिक सिद्धान्त लागू करने की चेष्टा करते हैं। धर्म भी एक बहुत बड़ी प्रेरक शक्ति है, इसके प्रति समाजवादियों की उपेक्षा दृष्टि रही है।

डॉ. अम्बेडकर को प्रजातन्त्र में दो बातें अभिप्रेत थी। पहली बात मानवीयवृत्ति की है। यह वृत्ती समाज के अन्य सदस्यों के प्रति समानता और आदर से देखने की होनी चाहिये। दूसरी बात यह है कि समाज की सरंचना में सख्त बंधन नहीं होने चाहिये। अन्यथा प्रजातन्त्र अधूरा रहेगा। अलगाववाद और एकाकीपन प्रजातन्त्र व्यवस्था के विसंगत गुण है। क्योंकि उनकी परिणति विशेषाधिकार संपन्न अल्प और अधिकार विपन्न बहुसंख्य वर्गों में होती है। यही उनके राजनीतिक समाजशास्त्र का प्रमाण है।

इस समाजवाद में सामाजिक संघर्ष के कारकों में धन की तरह धर्म पर भी बल दिया गया है। इस बात में डॉ. अम्बेडकर का समाजवादी सिद्धान्त 1917 कीं रशिया कीं राज्यक्रांति, उसके 8 वर्ष के बाद भारत

में स्थापित भारतीय कम्युनिस्ट पार्टी, 1926 में स्थापित ''लाहौर नौजवान सभा'', 1928 में प्रस्थापित ''नौजवान भारत सभा'', कॉमरेड एम. एन. राय, 1934 में आचार्य नरेन्द्र देव और जयप्रकाश नारायण प्रभृति मार्क्सवादी; श्री अशोक मेहता जैसे फेबियन समाजवादी; डॉ. राममनोहर लोहिया जैसे गांधीवादी; युसुफ मेहेर अली और संपूर्णानन्द जैसे राष्ट्रवादी और मिनू मसानी जैसे ट्राट्स्कीवादीओं, कॉ. श्रीपाद अमृत डांगे, बी. टी. रणदिवे, नंबुद्रिपाद, कॉ. श्रीनिवास, कॉ. सरदेसाई प्रभृति विद्वानों से विशेष और अनोखा है।

## प्रजातंत्र और नेतृत्व

*दुःखियों के आंसू पोंछने के लिये तुम्हारे नयन तरसने चाहिये। दीन–दुःखियों की सेवा के लिये तुम्हारा हृदय पसीजना चाहिये। संकट ग्रस्त लोगों की रक्षा के लिये तुम्हारी भुजायें फड़कनी चाहिये।*

**– डॉ. अम्बेडकर**

सन् 1904 में रामजी बम्बई आकर परेल की एक श्रमिक कालोनी में रहने लगे। भीम ने बम्बई में एलफिन्स्टोन हाईस्कूल में दाखिला लिया और वहीं से उसने सन् 1907 में मैट्रिक की परीक्षा उत्तीर्ण की। भीम 17 वर्ष के हुये तो उन्होंने 9 वर्षीय रमा के साथ विवाह किया। सन् 1912 में एलफिन्स्टोन कॉलेज से अंग्रेजी और पर्शियन आदि विषयों को लेकर और बड़ौदा महाराज सयाजी राव की वित्तीय सहायता से पढ़ाई कर वे ग्रेज्युएट परीक्षा में उत्तीर्ण हुये। उसके पश्चात् भीम राव की बड़ौदा सैनिक दल में लेफ्टीनेंट के पद पर नियुक्ति हुई। सन् 1913 में बडौदा नरेश सयाजीराव गायकवाड़ द्वारा पिछड़े वर्ग के लिये संस्थापित छात्रवृत्ति के हासिल होने पर भीम राव कोलंबिया विश्वविद्यालय, अमेरिका गये और वहीं उनका संपर्क जॉन डिवि, एडविन सेलिग्मन और ए. ए. गोल्डनवेजर जैसे सुविख्यात दार्शनिक और प्रोफेसरों के साथ आया और उन्होंने भारत में जातियांः उनकी सरंचना, व्युत्पत्ति, और विकास नामक एक शोध पत्र प्रस्तुत किया।

सन् 1916 में डॉ. अम्बेडकर ने लंदन स्कूल ऑफ एकानामिक्स एण्ड पोलिटिकल साइंस में प्रवेश प्राप्त किया और उनका संपर्क श्री सिडनी वेब, बेट्रिस वेब, एडविन केनन, जे. ए. हाबसन, एल. टी. हाबहाउस प्रभृति विद्वान दार्शनिकों से आया। डॉ. अम्बेडकर बार–एट–लॉ की उपाधि हेतु ग्रेज इन नामक विधि संस्थान में भी प्रविष्ट हुये परंतु शिष्यवृत्ति की शर्तों के अनुसार छात्रवृत्ति का नियुक्त समय बीत जाने के पश्चात् उन्हें अब अपनी सेवा बड़ौदा राज्य को अर्पित करना लाजमी हो गया। अतः डॉ. अम्बेडकर अपनी पढ़ाई बीच में ही छोड़कर सन् 1917 में भारत वापस आ गये। वह बड़ौदा में एकाउंटेन्ट जनरल के आफिस में प्रोबेश्नर की हैसियत से काम करने लगे। परंतु दफ्तर के अन्दर और बाहर भी तत्कालीन दकियानूसी समाज ने डॉ. अम्बेडकर के साथ एक अछूत का सलूक किया। फलतः उन्हें वह स्थान जल्दी ही छोड़ कर वापस बंबई जाना पड़ा। बंबई लौट कर कुछ दिन डॉ. अम्बेडकर को बेरोजगारी में ही काटने पड़े। बाद में वे सिडेनहेम कॉलेज में राजनीति–अर्थशास्त्र के प्रोफेसर पद पर नियुक्त हुये।

सन् 1919 में जब मान्टेग्यू–चेम्सफोर्ड सुधार चल रहा था तो मताधिकार के विषय पर डॉ. अम्बेडकर ने अपना अभिमत साउथबरो कमेटी के समक्ष रखा था। उनका मत था कि जब 1916 से ही मुसलमानों को पृथक मताधिकार सरकार द्वारा मान्य हो गया था तो सबसे अधिक पिछड़े दलित वर्ग के लिये पृथक मताधिकार क्यों न बहाल किया जाये।

31 जनवरी, 1920 को उन्होंने मूकनायक नामक एक मराठी पाक्षिक पत्रिका प्रारंभ की। वह अन्याय के खिलाफ मंथन और समीक्षण करने वाला मुखपत्र था। सन् 1920 में उन्होंने कोल्हापूर के छत्रपति शाहू महाराज की छत्रछाया में प्रथम अखिल भारतीय दलित वर्ग संस्था का नागपुर में सम्मेलन कराया और वहाँ यह ऐलान किया कि दलित वर्गों की मुक्ति उनके अपने प्रयासों से ही संभव है।

सितंबर 1920 में उन्होंने अपने लंदन विश्वविद्यालय की पढ़ाई फिर से आरंभ की। अगले ही वर्ष उन्होंने एम. एस.सी. की उपाधि प्राप्त की,

जो डॉक्टरल शोध के लिये अनिवार्य शर्त थी। उसके बाद उन्होंने उस समय के सर्वश्रेष्ठ अर्थशास्त्र के विद्वान सर एडविन केनन के मार्गदर्शन में रुपये की समस्या पर एक बृहद् शोध प्रबंध लिखा, जिसे बाद में लंदन के ही पब्लिशर, पी. एस. किंग एण्ड सन्स ने सन् 1923 में रुपये की समस्या, उसकी उत्पत्ति और उसका उपचार शीर्षक से प्रकाशित किया। और उसी प्रकाशक ने अमरीका के कोलंबिया विश्वविद्यालय से स्वीकृत उनका पहले से ही तैयार ब्रिटिश भारत में प्रांतीय वित्त नामक पी. एच. डी. की उपाधि का शोध प्रबंध सन् 1925 में प्रकाशित किया। सन् 1922 में डॉ. अम्बेडकर ने बर्लिन में उच्चतर शोधाध्ययन के लिये तीन माह खर्च किये। उसी वर्ष ग्रेज इन के बार का बुलावा आया।

अगले वर्ष वह भारत लौट आये और वहाँ उन्होंने बम्बई उच्च न्यायालय में वकालत की।

इंदौर के तत्कालीन महाराज मल्हार राव होलकर के एक राज घराने के बाहर की महिला के साथ वैवाहिक संबंध के बारे में उपजे विवाद में महाराजा की वकालत करने, और एक अन्य इंदौर निवासी के एक मंदिर के पास की जमीन के मुकदमें में पैरवी करने के सिलसिले में डॉ. अम्बेडकर इंदौर आये थे। इंदौर के इन दोनो मामलों में उनकी वकालत ने संबंधित पक्षों को जीताकर राहत दिलाई थी।

जून 1925 से मार्च 1928 तक उन्होंने वहाँ के एकाउन्टंसी की बाटलीबोई प्रशिक्षण संस्थान में अंशकालीन प्राध्यापक की सेवायें प्रदान की। जून 1928 से मार्च 1929 तक वे बम्बई के शासकीय विधि महाविद्यालय के प्राध्यापक रहे।

सन् 1924 में उन्होंने बहिष्कृत हितकारणी सभा की स्थापना की। उसके तहत उन्होंने सोलापूर में दलित वर्ग छात्रावास खोला। सन् 1927 में उन्होंने महाड़ सत्याग्रह चलाया और अहिंसा के मार्ग से आम लोंगों की तरह अछूतों के अधिकार को भी कुओं, तालाबों आदि पर प्रस्थापित किया। उससे दलितों का हिंदुओं के साथ सीधा संघर्ष छिड़

गया। इतना ही नहीं, बल्कि 25 दिसंबर 1927 के दिन मनुस्मृति का सामुहिक रुप से दहन कर उन्होंने सिद्ध कर दिया कि अब वे हिंदुओं की गुलामी में नहीं रहेंगे।

सन् 3 अप्रैल 1927 से डॉ. अम्बेडकर ने बहिष्कृत भारत नामक पाक्षिक चलाया। उनके संघर्ष का यह एक पायदान था। इसी दौरान डॉ. अम्बेडकर ने समाज सुधार और राष्ट्र निर्माण की कटिबद्धता स्वीकार की। अतः उन्होंने बम्बई विधान मंडल में सन् 1927 से सन् 1937 तक कुल 10 वर्ष के कार्यकाल में एक सक्रिय सदस्य की भूमिका निभाई। बम्बई विधान मंडल में उन्होंने गरीबों पर लादे जाने वाले बजट के संबंध में प्रशासन की लापरवाही पर कठोर प्रहार किया।

उनका वक्तव्य अनोखा रहता था। उन्होंने 29 मई और अक्टूबर 1928 में सायमन कमिशन में बम्बई विधान मंडल कमेटी से हटकर उसके एक सदस्य की हैसियत से अपना अलग वक्तव्य दिया कि भारत के संवैधानिक प्रजातंत्र में दलित वर्गों का दृष्टिकाण ध्यान में रखा जाना चाहिये। वहाँ उन्होंने बम्बई पैतृक व्यवसाय अधिनियम, 1874 के संशोधन का विधेयक प्रस्तुत किया।

समाज में एकता स्थापित करने के लिये उन्होंने क्रमशः समाज समता संघ और समता सैनिक दल की स्थापना सितंबर और दिसंबर को सन् 1927 में की।

उन्होंने बहिष्कृत हितकारणी सभा की ओर से शिक्षा में दलित वर्गों की स्थिति पर प्रकाश डालते हुये वक्तव्य दिया था कि प्रशासन का आधार सार्वत्रिक वयस्क मताधिकार होना चाहिये। उसी वर्ष उन्होंने दलित वर्ग शिक्षा समाज की स्थापना की और उसके माध्यम से उच्च विद्यालय के दलित छात्रों के लिये पनवेल, ठाने, नासिक, पुणे और धारवाड़ में छात्रावास खोले।

सन् 1930 में नासिक में ही कालाराम मंदिर प्रवेश सत्याग्रह में उन्होंने दलित वर्ग के धार्मिक हितों की रक्षा के लिये अहम भूमिका निभाई। और उसी वर्ष नागपुर में आयोजित अखिल भारतीय दलित वर्ग

कांग्रेस की अध्यक्षता की। उन्होंने ब्रिटिश प्रशासन के प्रतिकूल रवैये, भारतीय उच्च जातियों का रुढ़िवाद तथा गांधी और कांग्रेस की सनातनी नीतियों पर अपनी आलोचना से प्रहार किया और दूसरी गोलमेज परिषद में उन्होंने गांधी से दलित हितों के रक्षणार्थ लड़ाई मोल ली। उनके विचारों का मायनारिटी पैक्ट पर इतना प्रभाव था कि उनके सुझावों का समावेश 1932 के जातीय समझौता तथा 1935 के भारत अधिनियम में भी है, हालांकि गांधी के आमरण अनशन से दलितों को पृथक प्रतिनिधित्व के स्थान पर संयुक्त प्रतिनिधित्व और आरक्षण से संतोष करना पड़ा।

उन्होंने 24 नवंबर, 1930 को जो जनता नामक पाक्षिक चलाया था, वह एक वर्ष बाद साप्ताहिक के रुप में चलता रहा, और 4 फरवरी, 1956 से प्रबुद्ध भारत के नाम से प्रकाशित होता रहा।

भारतीय मताधिकार कमेटी अथवा लोथीयन कमेटी के एक सदस्य की हैसियत से डॉ. अम्बेडकर ने दलितों की प्रातिनिधिक और मताधिकार की स्थिति का जायजा लेने हेतु पूरे भारत का दौरा कर उसका परीक्षण किया।

पूना पैक्ट के बाद एंटी–अन्टचेबिलिटी लीग की स्थापना भी हुई। परंतु डॉ. अम्बेडकर ने पाया कि अछूतों पर हिंदू दमन बरकरार रखने वाली बलात् अवस्था में हुये पूना पैक्ट और हरिजन सेवक संघ यानी एन्टी अन्टचेबिलिटी लीग के द्वारा अछूतों का आत्म सम्मान दांव पर लगा देख कर डॉ. अम्बेडकर ने सन् 1933 में संघ से अपना इस्तीफा दे दिया।

उन्होंने 17 नवंबर, 1932 से 24 दिसंबर, 1932 तक के दौरान आयोजित गोलमेज परिषद में हिस्सा लिया, बम्बई के शासकीय महाविद्यालय में जून 1934 में प्रथम अंशकालीन प्रोफेसर के पद पर कार्य किया और 1 वर्ष पश्चात् वहाँ के प्राचार्य पद को संभाला। 27 मई, 1935 में उनकी धर्मपरायण पत्नी रमाबाई का देहांत हुआ। उन्होंने स्वयं 3 पुत्र और 1 पुत्री के निधन का दुख सहा था। रमाबाई ने

डॉ. अम्बेडकर के विदेश में अध्ययन करने के दौरान अपना जीवन एकांत और दरिद्रता में बिताकर अब संसार से विदा ली थी।

13 अक्तूबर, 1935 को डॉ. अम्बेडकर ने नासिक में येवला की दलित वर्ग की सभा में हिंदू धर्म छोड़ने की बात कही थी। मई 1936 में उन्होंने इस प्रश्न को सुलझाने के लिये एक महार परिषद भी बुलाई। अगले 21 वर्ष तक उन्होंने धर्मों का तुलनात्मक अध्ययन किया।

1936 का उनका अत्यंत प्रखर भाषण जात–पात तोडक–मंडल, लाहौर की सभा के लिये तैयार किया गया था। उसमें व्यक्त विचारों में धर्म पर की गई समीक्षा पर मंडल के संगठक श्री संत राम व अन्य प्रमुख नेताओं को एतराज होने से वह सभा ही रद्द कर दी गई। अतः उस भाषण को बाद में जातिभेद निर्मूलन शीर्षक से एक पुस्तिका की शक्ल में छाप दिया गया। डॉ. अम्बेडकर की यह पुस्तिका भारत के मज़लुमों के लिये वही कार्य कर रही है, जो काम कार्ल मार्क्स और एंगल्स के कम्युनिष्ट घाषणा पत्र ने विश्व के सर्वहाराओं के लिये किया था। डॉ. अम्बेडकर की हिंदू धर्म की समीक्षा पर गांधी जी भी खफा हो गये थे, क्योंकि उनके लिये वर्ण व्यवस्था में कोई बुराई नहीं थी। उसी वर्ष डॉ. अम्बेडकर ने खेतीहर श्रमिकों की अल्प जोतों से संबंधित खेती पद्धति को मिटाने का विधेयक, बम्बई विधान परिषद में प्रस्तावित किया।

इतना ही नहीं बल्कि 15 अगस्त, 1936 में ही उन्होंने स्वतंत्र मजदूर दल की स्थापना कर 1937 के निर्वाचन में 17 सीटों में से 15 सीटों पर निर्वाचन में जीत हासिल की और 1938 में श्रमिकों के हितैषी के नाते श्रमिक आंदोलन को नियंत्रित करने वाले औद्योगिक श्रम विवाद विधेयक का विरोध भी किया। शासन की युद्ध नीति पर भी उनका एक विशेष दृष्टिकोण रहा, जिसके आधार पर उन्होंने शासकीय प्रयासों को सराहा था।

गांधी और कांग्रेस के सामाजिक सुधार के प्रति उदासीन रहने के फलस्वरुप मुस्लिम लिग ने लाहौर में अपने अलग राष्ट्र पाकिस्तान की मांग की। सन् 1940 में डॉ. अम्बेडकर ने पाकिस्तान अथवा भारत का

विभाजन और सन् 1943 में अपने दूसरे भाषण–ग्रंथ रानडे, गांधी और जिन्ना के माध्यम से इस खतरे की ओर इशारा किया था। बार–बार चेतावनी देने पर भी सनातनी समाज के कान में जूं तक नहीं रेंगी। डॉ. अम्बेडकर ने भांप लिया कि यहाँ का समाज राजनीतिक कम और जातिगत अधिक है। अतः जुलाई, 1942 में, जब क्रिप्स मिशन की चर्चा चल रही थी, उन्होंने शिड्युल्ड कास्ट फेडरेशन की स्थापना की। भारत के संवैधानिक निर्माण में हिंदू और मुस्लिम राजनैतिक दलों के बीच उस फेडरेशन की भूमिका ऐसी ही अपेक्षित थी जैसी दो बड़े धड़ों के बीच एक संतुलन शक्ति की होती है।

27 जुलाई, 1942 में महाराज्यपाल की कार्यकारिणी में पांच साल के लिये श्रम मंत्री के पद पर नियुक्त हो जाने के पश्चात् दिसंबर 1942 में ही डॉ. अम्बेडकर ने पेसिफिक रिलेशन्स कमेटी द्वारा क्युबेक में आयोजित सम्मेलन के लिये गांधी और अछूतों की मुक्ति नामक एक शोध पत्र लिखा। इसी समय के दौरान डॉ. अम्बेडकर ने दलितों का नौकरी में आरक्षण, श्रम विधियाँ व श्रम कल्याण तथा श्रमिक–उद्योगपति– सरकार की परस्परावलंबी त्रिसूत्रीय योजना, बहुउद्देशीय विकास योजना अर्थात् दामोदर घाटी तथा महानदी परियोजना की व्यापक नीतियाँ बना ली थी। संक्षेप में उन्होंने एक कल्याणकारी शासन की नींव रखी हालांकि सन् 1951 में श्री नेहरु ने उन्हें पंचवर्षीय योजना विभाग मंत्रालय सौंपने से इंकार किया था।

अपने पचासवें जन्मदिवस समारोह पर अवाम को संदेश देते हुये डॉ. अम्बेडकर ने कहा था, "मैं प्रजातन्त्र का कट्टर अनुयायी हूँ। व्यक्तिगत पूजा प्रजातन्त्र की विरोधी है। अपने इस भारत में राष्ट्रीय नेता को अवतारी पुरुषों के जैसा आदर का स्थान दिया जाता है। भारत के बाहर अन्य देशों में केवल महापुरुषों की ही जयंतियाँ मनाई जाती है। अगर नेता योग्य हुआ तो उस की प्रशंसा, प्रेम और आदर करना कोई हरकत नहीं और उतने में ही उस नेता एवं उसके अनुयायियों का समाधान होना चाहिए, परंतु नेता की देव स्वरुप पूजा करना मुझे कतई पसन्द नहीं। इससे नेता के साथ साथ उस के अनुयायिओं का भी

अधःपात होता है। मेरा व्यक्गित जन्मदिन मनाया जाना मुझे बिलकुल पसंद नहीं''।

''परन्तु यहाँ यह सब बताने से कोई लाभ नहीं। संदेश की बजाय मेरे भाईयों को ग्रीक पुराण में लिखित स्रोत की एक कहानी बताऊंगा, जो ग्रीक देवता पर है, जिसे होमर ने लिखा है। प्रसंग इस प्रकार है –

''ग्रीस में एक डिमेटर नाम की देवी थी। वह अपनी पुत्री की खोज में घूमते–घूमते केलिओस के राज्य में पहुँची। उसने दाई का वेश धारण किया था। इसलिए उसे कोई पहचान न सका। रानी मेटोनेरा ने अपने छोटे बच्चे डेमोफून की देखभाल के लिए उसको अपने घर रख लिया। डिमेटर देवी प्रति दिन रात के समय राज महल में सब के सो जाने पर द्वार बन्द करके उस बच्चे को झूले से धीरे–धीरे बाहर निकालती और उसे वस्त्र विहीन कर जलते अंगारों पर रखती थी। शायद श्रोताओं को यह कृत्य कृर–सा लगेगा। परन्तु यह वास्तव में वैसा नहीं था। बड़े प्रेम से वह देवी उसे देवता बनाने में लगी थी। क्रमशः उस बालक में जलते अंगारों की ज्वाला सहन करने की शक्ति एवं सामर्थ्य उत्पन्न हो गई। उसका बल बढने लगा। उसमें कुछ तेज, दिव्यत्व एवं असाधारणता के अंश विकसित होने लगे। परन्तु एक रात उस बालक की माँ अचानक उस कमरे में पहुँच गई और अपने पुत्र को देवता बनाने का वह प्रयोग देखते ही डिमेटर देवी को धकेल अंगारों में से बालक को शीघ्र उठा लिया। उसका पुत्र उसे मिल तो गया परन्तु साधारण मनुष्य–बालक को असाधारण रुप में न पा सकी''।

''यह कहानी बताती है कि अपना भविष्य उज्वल करने हेतु मनुष्य को वर्तमान सुख एवं आवश्यकताओं का भी त्याग करना चाहिये। ऐसा क्यों होता है कि जीवन की दौड़ में भाग लेने का आमंत्रण सबको आता है परन्तु बहुत थोड़े लोग सफल होते हैं? इसका कारण यह है कि भविष्य की आवश्यकता की पूर्ति हेतु वर्तमान को विलासिताओं का त्याग करने में लगने वाला धैर्य या निर्धार मनुष्य के पास नहीं रहता। इसलिये जीवन की दौड़ में इन्हें बड़प्पन नहीं मिलता[28]।''

बिरले ही पुरुष युग प्रवर्तक होते हैं। जो लोग गरीबी और गुलामी में पैदा होकर गरीबी और गुलामी की जंजीर तोड़ देते हैं वे धन्य हो जाते हैं। बीसवीं सदी के आरम्भ और मध्य में जो राजनितिक पराधीनता थी उससे मुक्त होने मात्र से सामाजिक स्वाधीनता के ख्वाब पूर्ण नहीं हुये हैं।

विश्व मे आज आर्थिक विषमता के साथ–साथ मुक्त बाजार व्यवस्था के ज़रिये विकसित देशों के द्वारा अविकसित देशों के हित–साधन को बढाने की अपेक्षा उनके शोषण और दमन को और अधिक उग्र किया जा रहा है। नब्बे के दशक में नई आर्थिक नीतियाँ भारतीय समाज में कार्यान्वित की गई और उसीके अनुसार बहुराष्ट्रीय निजी कंपनियों ने यहाँ के उपभोक्ताओं को प्रभावित, यहाँ के उत्पादकों को प्रताड़ित और यहाँ के शासन कर्ताओं को दिग्भ्रमित करना आरंभ किया।

परंतु अगतिक हुई विश्व व्यवस्था को सार्वभौमिक हिताय और सार्वभौमिक सुखाय के उद्देश्य से नई जीवन व्यवस्था में प्रवर्तित करने के लिये जिस नैतिक, मानव केंद्रित वैचारिकी और युग प्रवर्तक की जरुरत है, और जिसकी कमी सबको खल रही है, उस पूर्ति हेतु डॉ. अम्बेडकर जैसे कर्मठ रहबर और सम्यक युगद्रष्टा के दर्शन–ज्ञान को आत्मसात करना होगा। क्योंकि विश्व के हर देश की भांति भारत में भी इस दृष्टा के युग प्रवर्तक वैचारिकी से सबसे खतरनाक मानवता मारक मानसिक कोढ़ अस्पृश्यता की बीमारी खत्म होने जा रही है।

अतः एक आवाज से ऐसी प्रार्थना करना चाहिये जिससे लोगों के उद्धार की भावना जागृत हो और ऐसा दृढ निश्चय करना चाहिये कि ''जिन लोगों में अपना जन्म हुआ है उनका उद्धार करना अपना कर्तव्य है, यह जिन्हें मालूम हैं वे धन्य हैं। परतन्त्रता पर आक्रमण करने के लिये जो अपना तन, मन, धन और यौवन कुर्बान कर देते हैं वे धन्य हैं। मनुष्य को अपनी मानवता पूर्ण रुप से मिलने तक जो अच्छाई–बुराई, सुख–दुःख, लाभ–हानि, यश–अपयश, शांति–शमशान, संकट–संघर्ष, मान–अपमान, इत्यादि की परवाह न कर सतत संघर्ष करते रहे हैं वे धन्य हैं''।

## प्रजातंत्र की मारक अस्पृश्यता

डॉ. अम्बेडकर ने स्वयं की लेखनी से इस प्रकार बयान किया है। उन्होंने लिखा है:

''हमारा परिवार मूलतः बम्बई प्रेजीडेंसी के रत्नागिरी जिले के दापोली तहसील (अंबावडे ग्राम) से आया था। ईस्ट इण्डिया कंपनी के बिलकुल आरंभ से मेरे पूर्वजों ने अपना पैतृक व्यवसाय त्याग दिया था और कंपनी की सैनिकी सेवा में भर्ती हो गये थे। मेरे पिताजी ने भी परिवार की इस परंपरा का अनुकरण किया और सैनिकी सेवा में भर्ती हुये। अपने केरियर में वे अधिकारी की श्रेणी तक पहुँचे और मेजर सूबेदार के पद पर (महू से) सेवानिवृत्त हुये। अपने सेवानिवृत्त होने के पश्चात् स्थायी रुप से बसने के इरादे से मेरे पिता अपने कुटुंब को लेकर दापोली आये। लेकिन कुछ कारणों से मेरे पिताजी ने अपना मन बदला। अतः वे दापोली छोड़कर सतारा आये और वहाँ हम सन् 1904 तक रहे।

सतारा में ही मेरी माँ (जिसे मैं बय कहता था) शांत हो गई थी। मेरे पिताजी गोरेगाँव में केशियर का काम करते थे। यह गाँव खाटव तहसील में था। यहीं पर बम्बई सरकार ने हजारों की तादाद में भूख से मर रहे लोगों को आजीविका देने के उद्देश्य से तालाब की खुदाई का उपक्रम शुरु किया था। मेरे पिता ने लिख भेजा था कि हम आगामी ग्रीष्म की छुट्टियाँ उनके पास गोरेगाँव में ही बितायें।

रेलगाड़ी से गोरेगाँव जाने के लिये सबसे नजदीक मसूर स्टेशन पड़ता है। वहाँ पर हम शाम को 5 बजे पहुँचे सभी यात्री जा चुके थे। हम चार बच्चे, प्लेटफार्म पर पिताजी अथवा उनके नोकर, जिसे वे भेजने वाले थे, का इंतजार कर रहे थे। काफी समय बित गया पर कोई नहीं आया। हमारे सुंदर परिधान देखकर स्टेशन मास्टर को लगा कि हम ब्राह्मण लड़के होंगे। अतः उन्होंने पूछा कि हम कोन है। मैने महार कह दिया। बंबई प्रेजीडेंसी में महार एक अस्पृश्य जाती होती है। यह बात तांगेवालों तक फैल गई। हमें ले जाने के लिये एक तांगेवाला बड़ी

मुश्किल से तैयार हुआ। वह भी इस शर्त पर कि हम उसे दुगुना भाड़ा देंगे और तांगा हम खुद चलायेंगे और स्वयं तांगे वाला गाड़ी के पीछे–पीछे पैदल चलेगा।

शाम के लगभग साढ़े छह बज चुके थे जब हम लोगों ने स्टेशन छोड़ा। मध्य रात्रि भी बीत गई जब मात्र चुंगी नाके तक पहुँचे थे। नाके वाला हिंदू था, उससे पानी मांगा तो उसने साफ इंकार कर दिया। हम वहाँ भूखे–प्यासे ही सोये। दुसरे दिन सुबह 8 बजे फिर बैलगाड़ी में यात्रा जारी रखी तो गोरेगाँव सुबह 11 बजे पहुँचे। हमें देखकर पिताजी को आश्चर्य हुआ। हमने कहा सूचना भेजने पर भी हमें लेने स्टेशन पर क्यों नहीं आये तो उन्होंने पता लगाया कि उन्हें इसकी सूचना मिली ही नहीं थी, जो उनके नोकर की भूल थी।

जब वह घटना हुई तो मैं 9 साल का बालक था। लेकिन उसने मेरे मन पर अमिट छाप छोड़ी है। इस प्रसंग के पूर्व में जानता था कि मैं एक अछूत बालक हूँ और सभी अस्पृश्य कुछ अप्रतिष्ठा और भेद–भाव के शिकार हैं। मिसाल के तौर पर मैं जानता था कि स्कूल में मैं अपने क्रम के अनुसार अपने वर्ग–सहपाठियों के बीच में नहीं बैठ सकता था और मुझे एक कोने में अकेले ही बैठना पड़ता था। मैं जानता था कि स्कूल में मुझे एक बोरी की चटाई पर अपनी कक्षा से अलग हट कर बैठना पड़ता था और जो फर्राश, स्कूल की सफाई करता था वह भी मेरे द्वारा इस्तेमाल की गई बोरी की चटाई को नहीं छूता था। बोरी की चटाई भी मैं प्रतिदिन घर से अपने साथ लेकर स्कूल में जाया करता था। स्कूल में अन्य बच्चे प्यास लगने पर अध्यापक की अनुमति से पानी के नल के पास जाते, उसे खोलते और अपनी प्यास बुझाते थे। पर मैं पानी का नल छू नहीं सकता था और जब तक कोई दूसरा स्पृश्य प्राणी मेरे लिये उसे खोल नहीं देता तब तक मैं प्यासा का प्यासा ही रह जाता। अध्यापक ऐसे काम के लिये स्कूल के चपरासी को भेजते पर जब वह उपलब्ध नहीं होता तो मैं बिना पानी के ही रह जाता था। क्योंकि चपरासी नहीं तो पानी नहीं ऐसा नियम बन गया था। मैं जानता था कि घर में कपड़े धोने का कार्य मेरी बहनें करती थीं, इसलिये नहीं

कि सतारा में धोबी नहीं थे, अथवा हम धुलाई का खर्चा देने योग्य नहीं थे, बल्कि इसलिये कि हम अछूत थे और कोई भी धोबी अछूत के कपड़े नहीं धोता था। दाढी बनाने और बाल कटवाने का काम मेरी बड़ी बहन करती थी क्योंकि सतारा का कोई नाई अछूत की दाढी और बाल नहीं बनाता था। ये सब मैं जानता था। परंतु इस घटना ने तो मेरे दिल को ऐसी चोट पहुँचाई जिसे मैंने पहले कभी अनुभव नहीं किया था। और उस घटना ने मुझे उस अछूतपन के बारे में सोचने के लिये मजबूर कर दिया जो इस प्रसंग के पूर्व मेरे और अन्य कई स्पृश्य और अस्पृश्यों के लिये एक आम बात थी और आज भी है[6]''।

उनके लेखन में अस्पृश्यता का उल्लेख कई बार हुआ है। अस्पृश्यता का अर्थ है ऐसे सामाजिक संबंध जो एक मनुष्य को दूसरे मनुष्य से तोड़ने वाले हों। जैसे मनुष्यों में स्वाभाविक रुप से एक साथ बैठने, एक साथ विचार करने, एक साथ निर्णय लेने, एक साथ खान–पान करने, एक दूसरे के गोत्र में शादी–ब्याह करने जैसी बातों में कृत्रिम दूरियाँ पैदा करना अस्पृश्यता है। अथवा सार्वजनिक तालाबों, कुओं, नदीयाँ, पनघटों, स्कूलों, संस्थाओं, धर्मशालाओं अथवा अन्य किसी भी सामूहिक उपभोग की जगहों को किसी वर्ग के लिये प्रतिबंधित कर देना, अथवा जाति–जाति में अंतर्विवाह करने न देना, समाज के समस्त स्त्री–पुरुष सदस्यों में बराबरी की भावना न रखना और समानता, स्वतंत्रता और भाईचारा के सिद्धान्त से सार्वजनिक सार्वभौमिक प्रजातंत्रीय जीवन व्यवस्था को व्यवहार में न अपनाना इत्यादि अस्पृश्यता है।

जिस समाज की दैनंदिन की चर्या अस्पृश्यता के संबंध से निश्चित होती है वह समाज अन्गिनत वर्गों और संवर्गों में लिंग, रुप, रंग, वर्ण, भाषा, प्रांत, परंपरा, धर्म आदि के आधार पर विभक्त होता चला जाता है। ऐसे समाज की सरंचना पिरामिड की भांति होती है। सबसे ऊपर मुट्ठी भर लोग, और सबसे नीचे आम परिश्रमी लोग। सीढी–दर–सीढी के क्रम से कई श्रेणियों में विभक्त क्षत्रिय, वैश्य और शूद्र जातियों की साहसिक, सांपत्तिक और शारीरिक कमाई पर ऐशा करने वाले सर्वोपरी अधिकारी ब्राह्मण होते है यद्यपि वे भी कई श्रेणियों में विभक्त होते हैं।

इतना ही नहीं बल्कि हिंदू धर्म शास्त्रोक्त कानून के तहत एक ब्राह्मण मनुष्य कम से कम ब्राह्मणी, क्षत्राणी, वैश्याणी तथा शूद्राणी इन चार–चार महिलाओं के साथ वैधता से यौन संबध रख सकता है। और राजनीतिक, धार्मिक और आचार के नियमों का नियन्ता और न्यायकर्ता भी वही होता है। इस आधार पर हम कह सकते हैं कि भले ही कोई अस्पृश्य व्यक्ति हो लेकिन वह भी ब्राह्मण का उपभोग्य पदार्थ होता है।

नीचे के सभी वर्ण, वर्ग या जातियाँ ऊपर की तथाकथित सर्वश्रेष्ठ जाति की तरह आपस में विभक्त तो हैं परंतु उन्हीं की तरह एक होकर कभी अपना संगठित 'समाज' नहीं बना पाने के कारण पराधीन हैं।

वर्ण–जाति और लिंग के आधार पर बटे समाज की चौखट से परे एक धर्म या नैतिकता की वरिष्ठता पर आधारित लड़ाई की भी परंपरा है, जिससे आहत वर्ग एक साथ विद्यमान राजनैतिक सत्ता; आर्थिक संपन्नता, शैक्षणिक विकास, सामाजिक प्रतिष्ठा और सांस्कृतिक गुणात्मकता के बराबरी के हिस्सेदार नहीं है और न उनके धर्म एक हैं।

प्रजातंत्र में वर्तमान कमजोर वर्ग शासक वर्ग रहा।

*देश के राजनैतिक दलों ने यदि देश हित की अपेक्षा अपने दल हित को प्राधान्य दिया तो देश फिर एक बार संकट में गये बिना नहीं रहेगा और तब फिर अपना सर्वस्व हमेशा के लिये नष्ट हो जायेगा।*

**– डॉ. अम्बेडकर**

भारत का इतिहास गैर भारतीय आर्य, ग्रीक, ईरानी, कुशान, शक, हूण, मुस्लिम और अंग्रेज आदि के आक्रमणों और भारतीय जाति, उपजाति और जमातिओं में सामाजिक दुराव, आपसी वैरत्व और द्वेश का रहा है। गाने के लिये हम गाते हैं कि धर्म नहीं सिखाता आपस में बैर रखना। परंतु प्राचीन भारतीय पराधीनता का बीज धार्मिक दुराव में ही छिपा था इससे इन्कार नहीं किया जा सकता। डॉ. अम्बेडकर ने सन् 1946 में स्वरचित शोध ग्रंथ ''शूद्र पहले कौन थे'' में इस प्रकार वर्णित किया है:–

''आर्यों से भी ज्यादा पराक्रमी दास या दस्यु लोग थे। वे जंगली आदि–मानव नहीं थे। वे आर्यों की भांति सभ्य और उनसे भी अधिक बहादूर थे। श्री अयंगर ने लिखा है कि ऋग्वेद संहिता के अनुसार दस्यु लोग नगरों में रहते थे और कइ लोगों के नाम राजाओं की सूची में आते थे। इन्द्र ने अपने भक्त दिवोदास के लिये दस्युओं के शत–शत शीलाओं से बने महलों पर अतिक्रमण किया था। अग्नि देवता ने आर्यों के खातिर अग्नि पूजा के वैरी दस्युओं के नगर तोड़कर उन्हें अग्नि में स्वाहा कर दिया था। जिन शीला–कारागृहों में आर्यों से छिनी हुई गौवें सुरक्षित रखी जाती थी, उन्हें ही बृहस्पति ने नष्ट कर दिया था। दस्यु लोगों के अपने रथ, और आयुध थे, जिनका प्रयोग वे आर्यों की तरह, युद्ध में करते थे।''[1]

आर्यों के साथ दस्युओं का विवाद नस्ल का नहीं बल्कि धर्म पर आधारित विवाद था। ऊपरोल्लेखित वही लेखक बताते हैं कि दस्यु अव्रत थे यानी वे आर्य के संस्कार से नहीं चलते थे। वे अपवगत और विभिन्न प्रकार के अन्य व्रत के संस्कार वाले थे। वे अनगनित्र, अग्निविहीन, अयज्यु, अयज्वन या बलिकर्म के विरोधी थे। वे अब्रह्म, वैदिक अर्चना और अर्चक को न मानने वाले, अनरिछः या रिक्विहीन, ब्रह्मद्वेश या ब्रह्मण अर्चना के द्वेष्टा, अनिन्द्र या इन्द्र के शत्रु थे। वे न क्षीर का तर्पण करते थे न किसी ब्राह्मण को चढ़ावा चढ़ाते थे।[2]

स्वाधीनता से वंचित जाति, महार और उनके राष्ट्र, महाराष्ट्र का इतिहास डॉ. अम्बेडकर के जीवन–चरित्र को समझने के लिये आवश्यक है। महाराष्ट्र की उत्पत्ति का एक विचारणीय तर्क यह है कि पूर्व समय में वर्तमान महाराष्ट्र में एक महारट्ठ नामक बौद्ध भिक्षु को प्रचारार्थ भेजा गया था। उसने वहाँ के लोगों को बौद्ध धर्म में धर्मांतरित किया था। इस प्रकार बौद्ध धर्म अपनाने वालों को उनके गुरु महारट्ठ के नाम से पहचाना जाने लगा। सबसे अधिक महारट्ठ जिस प्रदेश में निवास कर रहे थे, उस प्रदेश का नाम कालांतर में महाराष्ट्र पड़ा। महारट्ठ स्थविर द्वारा नाग लोगों को बौद्ध धर्म की दीक्षा देने का जिक्र श्रीलंका के प्राचीन इतिहास का ग्रंथ ''महावंस'' में भी मिलता है।[3]

एक दूसरा सिद्धान्त है जिसकी मान्यता है कि नाग शब्द नाईक की पर्यायवाची संज्ञा है[4]। इस जाति के लोगों ने समानता की लड़ाई लड़ने के लिये काफी कुर्बानियाँ दी थीं।

महार यानी भूमिपुत्र, नाग या नाईक। वह एक लड़ाऊ जाति थी। और उनका राज्य महाराष्ट्र था जिसकी राजधानी नागपुर थी। उनका धर्म बौद्ध था। वे आज भी महाराष्ट्र और उसके इर्द–गिर्द के प्रदेशों में विद्यमान हैं। ऐतिहासिक काल से उन्हें अपना अस्तित्व कायम रखने के लिये कई दुर्दम्य युद्धों का सामना करना पड़ा था। जब उनका सर्वस्व नष्ट हुआ तो उनका सामाजिक–आर्थिक दर्जा भी घटा और उन पर कई सख्त और हानिकारक पाबंदियाँ लाद दी गई। हालांकि उनके पास उपजाऊ जोतें, सैनिकी और नागरी प्रशासनिक पद और बस्तीवालों से सभी प्रकार की फसलों का सोलहवां हिस्सा वसूल करने के आय के साधन आदि बावन अधिकार थे। कालान्तर में वे ही अधिकार अहितकर हो गये और वे उनके पैर की बेडियाँ बन गये, जिसे तुड़वाने के लिये वे लड़ते रहे और अन्त में सन् 1956 में बौद्ध धर्म अपना कर सफल हुये।

प्राचीन समय में महार लोग बुद्ध के अनुयायी थे। अस्सी प्रतिशत भारतीय बौद्धों की उत्खनन की सामग्री महाराष्ट्र में और विशेशतः महार बस्तियों के क्षेत्र में पाई गई है। बौद्ध गुफाओं में भी महार नाम उत्कीर्ण किया हुआ प्राप्त हुआ है। परंतु गुप्त काल के दौरान, विशेषतः मुगल काल में महारों ने बौद्ध धर्म के संस्कारों का पालन करना छोड़ दिया प्रतीत होता है।

यद्यपि महारों ने मुस्लिम, मराठा, पेशवा, ब्रिटिश और भारतीय सेना में अपनीं सेवायें प्रदान की थी और उन्होंने वारकरी, महानुभाव, कबीर और लिंगायत जैसे हिन्दू संप्रदायों, मुस्लिम और क्रिश्चन मजहबों को अपनाया था तथापि उनकी सामाजिक प्रगति और प्रतिष्ठा, आर्थिक बढोतरी तथा सांस्कृतिक हिस्सेदारी बौद्ध धर्म अपनाने के बाद भी और आज भी निरन्तर प्रश्न चिन्ह बनी हुई है।

ईस्ट इंडिया कंपनी के प्रत्येक टुकड़ी के लिये स्वतंत्र स्कूल और योग्य शिक्षक की व्यवस्था थी। पूणे में नार्मल स्कूल अध्यापक प्रशिक्षण केन्द्र था। रामजी सकपाल ने इसी नार्मल स्कूल में मास्टर का डिप्लोमा प्राप्त किया था। वे 14 वर्षों तक सैनिक स्कूल में हेडमास्टर रहे और बाद में तरक्की करते हुये सूबेदार मेजर बने थे। सेना में 25 वर्षों की सेवा पूर्ण होने के उपरान्त वे सेवानिवृत्त हुये थे।

उसके एक वर्ष बाद श्री गोपाल विठ्ठल वलंगकर (मृत्यु इ. स. 1940 में) को कंपनी शासन ने महाड के लोकल बोर्ड में नियुक्त किया था। उनका जन्म महाड जिले के रावदक गाँव में हुआ था। वे श्री रामजी मालोजी सकपाल के समकालीन और ब्रिटिश सेना में नौकरी और समाज सेवा करने वाले पहले महार थे। वे महात्मा ज्योतिबा फुले के सानिध्य में लेखन कार्य करते थे। उन्होंने सन् 1886 में सैनिकी सेवा से सेवामुक्त होकर ''विटाल विध्वंसक'' नामक ग्रंथ लिखा था। उसके चार वर्ष पश्चात् उन्होंने ''अनार्य दोष परिहार मंडल'' की स्थापना की। जब अंग्रेजो ने सन् 1892 में महारों को सेना में भर्ती करना बंद कर दिया तो उन्होंने इसके विरुद्ध प्रतिकार किया था। श्री वलंगकर की तरह श्री रामजी भी वारकरी पंथ, कबीर पंथ और ज्योतिराव फुले के भक्त रहे।

दूसरे महार समाज सुधारक श्री शिवराम जानबा कांबळे थे। उनका जन्म पूना में सन् 1875 में हुआ था। सन् 1904 में उन्होंने ''सोमवंशीय हितचिंतक मित्र समाज'' नामक संस्था की स्थापना की थी। उन्हीं का समाचार पत्र ''सोमवंशीय मित्र'' के प्रेरणास्पद वचनों से प्रभावित होकर श्री गणपतराव हनुमंत गायकवाड ने उस समय में प्रचलित धार्मिक वेश्या रिवाज में पली जागतीनी, मुरली आदि देवदासियों में से एक शिबूबाई के साथ विवाह कर लिया था।

सन् 1901 में ''सन्मार्ग निराश्रित समाज'' नामक एक सामाजिक संस्था की भी स्थापना और 1910 से 1918 के दरम्यान ''निराश्रित हिन्द नागरिक'', ''विटाल विध्वंसक'', और ''मजदूर पत्रिका'' नामक समाचार

पत्र चलाने वाले श्री किसन् फागू बन्सोडे पाटील की धर्मपत्नी श्रीमती तुलसाबाई बन्सोडे पाटील पहली महार समाज कार्यकर्ता महिला थी। सन् 1906 में तीसरे महार श्री विठोबा राव मून उर्फ संत पंडे ने ''अंत्यज समाज कमेटी'' की स्थापना की थी। इस प्रकार उपरोक्त संस्था और उनके नेताओं ने डॉ. अम्बेडकर के सामाजिक सुधार कार्य हेतु एक खास पृष्ठभूमि तैयार कर रखी थी।

उसके अनंतर डॉ. अम्बेडकर भारत के सामाजिक क्षितिज पर उतरे तो उन्होंने दलितों के राजनीतिक पृथक अधिकार हेतु साउथबरो मताधिकार कमेटी के सम्मुख 1919 में अपनी लिखित साक्ष्य दी थी। और बाद में ''बहिष्कृत हितकारिणी सभा (20.7.1924)'' ''समता सैनिक दल मार्च (1927)'', ''स्वतंत्र मजदूर दल (15.8.1936)'' ''अखिल भारतीय शिड्युल्ड कास्ट फेडरेशन (19.7.1942)'' और ''रिपब्लिकन पार्टी ऑफ इंडिया (3.10.1957)'' जैसी देश सुधारक संस्थाओं की स्थापना की थी।

अपने इंदौर आगमन के दौरान वे अपनी जन्म स्थली महू भी आये थे और यहाँ आपने अपने कार्यकर्ताओं के साथ यादगार के रुप में एक सामूहिक फोटो भी खिंचवाई थी, जो डॉ. बाबासाहेब अम्बेडकर राष्ट्रीय सामाजिक विज्ञान शोध संस्थान के कलेक्शन में भी सुरक्षित है।

आर्य, मुगल और ब्रिटिश आक्रमकों से पराजित और अपनी स्वाधीनता के लिये आक्रामकों के साथ अधिक से अधिक समझौता और आत्मीय लोगों से ज्यादा से ज्यादा नफरत करते हुए अपना वैशिष्ट्य कायम रखने वाले भारतीय समाज की अपनी एक अलग चर्या रही है।

डॉ. अम्बेडकर के अनुसार ''भारतीय इतिहास यानी ब्राह्मणवाद और बौद्धवाद के बीच विद्यमान संहारक संघर्ष है। भारतीय इतिहास के तीन काल खंड अर्थात् ब्राह्मणी भारत, बौद्ध भारत व हिंदू भारत है। ब्राह्मणी भारत की जो समाज रचना थी वह बौद्ध धर्म ने बदल डाली। वह एक विशाल क्रांति थी। क्योंकि उस क्रांति से धार्मिक, सामाजिक और राजनीतिक सरंचना में परिवर्तन हुआ है। परंतु हिंदू भारत ने समानताधिष्ठित समाज रचना को क्रमिक असमान जातियों में बदल डाला।''

डॉ. अम्बेडकर के अनुसार क्रांति के लिये वर्गों में सत्ता संघर्ष होता है जैसा कि वह भारतीय इतिहास में ब्राह्मण और क्षत्रिय वर्गों में रहा है और पराजित क्षत्रिय जाति ही शूदों में परिणत हुई है। इसके लिये मूल्य संघर्ष भी आवश्यक है। बदलते समाज में मूल्य में भी निरंतर बदल होते रहना जरुरी है। यदि मनुष्य की कृति का मुल्यांकन करने वाले मापदण्ड हैं तो उसमें भी पुनः सुधारना करने की तैयारी उसे रखना चाहिये। चिरस्थायी मूल्यों के निर्देशन में उसे कालस्थायी मूल्यों में परिवर्तन करना चाहिये। क्रांति के लिये महापुरुष और बुद्धिजीवी वर्ग की भी जरुरत होती है। डॉ. अम्बेडकर के अनुसार जब समाज संकटावस्था में होता है तो उसे उससे बाहर निकलने के लिये पथ प्रदर्शन का कार्य मानवी बुद्धि करती है। महापुरुष इतिहास का निर्माता है इस बात को मानने या न मानने के बावजूद भी यह बात अमान्य नहीं की जा सकती है कि प्रत्येक समाज में बुद्धिजीवी वर्ग होता है और वह सत्ताधारी न होने पर भी अधिक प्रभावशाली होता है[5]।

## आरक्षण

सदियों से समाज का एक वर्ग सामाजिक प्रतिष्ठा, दण्ड़विहीन अपराध, शासन में एक वर्ग केंद्रित सत्ता, शिक्षा में एकाधिकार आदि का भोक्ता रहा है। परंतु उसे बर्दाशत करते हुये जिन जातियों ने अपना खून पसीना बहा दिया उनके प्रति शासक और शाषक वर्ग की हृदय–शून्यता अब तक अवाक रही है। जब से भारतीय संविधान ने जीवन में सबसे अधिक दलित और पीड़ितजनों के लिये आरक्षण की व्यवस्था बहाल की तब से ही आरक्षण के विरुद्ध आंदोलन ने विकराल रुप धारण कर लिया है। आरक्षण विरोधियों की दृष्टि आरक्षितों के प्रति समाज के एक ऋग्ण वर्ग को स्वस्थ बनाने की नहीं बल्कि उन्हें अधिक से अधिक वंचित रख कर बेमौत मारने की है ऐसा प्रतीत होता है।

जब बिहार के श्री कर्पुरी ठाकुर के नेतृत्व नें जनता दल की सरकार ने मुंगेरीलाल आयोग की सिफारिशों के अनुसार शासकीय नौकरियों में अन्य पिछड़ा वर्ग 8 प्रतिशत, अति पिछड़ा वर्ग 12 प्रतिशत, अनुसूचित

जाति 14 प्रतिशत, अनुसूचित जनजाति 10 प्रति शत, महिला 3 प्रति शत, आर्थिक रुप से पिछड़ों के लिये 3 प्रतिशत आरक्षण की घोषणा की थी। उसके 3 वर्ष के बाद गुजरात में वैद्यकीय छात्रों ने अनुसूचित जाति–जमातियों के छात्रों को पदव्युत्तर वैद्यकीय अभ्यासक्रम में प्रवेशार्थ प्राप्त आरक्षित सीटों के विरुद्ध हिंसक आंदोलन शुरु किया। 1989 में केंद्र में भूतपूर्व प्रधान मंत्री श्री विश्वनाथ प्रताप सिंह के नेतृत्व में राष्ट्रीय फ्रंट की सरकार ने मंडल आयोग के प्रतिवेदन की कुछ सिफारिशों को कार्यान्वित करने के लिये अधिसूचना निकाली थी कि सामाजिक और आर्थिक रुप से पिछड़े हुये वर्गों {एस. ई. बी. सी.} के लिये सरकारी नौकरी में 27 प्रतिशत आरक्षित सीटें हैं। इस दौर में नौकरियों में आरक्षित सीटों के विरुद्ध तर्क दिया जाता था कि इस आरक्षण के कारण सभी दलितों को फटाफट नौकरियाँ मिल जाती हैं और उससे अन्य जातियों में बेरोजगारी पैदा होती है। शैक्षणिक आरक्षण पर यह एतराज था कि वैद्यकीय और अभियांत्रिकी शाखाओं में दलितों को कम गुणों पर ही प्रवेश मिलता है और उन्हें कम गुणों से ही पास किया जाता है। उससे अधिक गुण वाले और मैरिट के छात्रों की उपेक्षा होती है। और उससे समाज में और व्यावसायिक गुणवत्ता में कोताई आ जाती है। उसी प्रकार राजनीतिक आरक्षण के कारण आरक्षित निर्वाचन क्षेत्र के स्वर्ण मतदाताओं को अपने समाज का प्रतिनिधि लड़ाने का अवसर नहीं मिलता। आरक्षित उम्मीदवार लाद दिया जाता है और निर्वाचन क्षेत्र का विकास रुक जाता है।

1990 के पूर्व और बाद का आरक्षण विरोधी आंदोलन दलितों के विरुद्ध हिंदी भाषाई राज्यों में हुआ था। परंतु इतिहास में आरक्षण के निर्माता सामाजिक असमानता के पुजारी रहे और आज भी हैं।

ऐसे ही एक असमानता के राज, पेशवाई का अन्त 1818 में भले ही हुआ परंतु उसके अवशेष ब्रिटिश–राज्य में भी विद्यमान थे। 1774 में जिस प्रकार ईस्ट इंड़िया कंपनी का प्रशासन ब्रिटिश संसद ने अपने हाथ में कर लिया था परंतु उसी संसद ने अगले सौ वर्षों से भी अधिक समय तक कंपनी को नये–नये कानून के अंतर्गत नई–नई सनद देते

रहना जारी रखा था। उसी प्रकार भारत में ब्रिटिश शासन ने ब्राह्मणों का एकाधिकार खत्म तो किया था परंतु अपने प्रशासन में सुशिक्षित व्यक्तियों को उच्च पदों पर बिठाने हेतु उन्होने जो उपक्रम चलाया उससे परिणामतः ब्राह्मणवाद के अवशेष ही नये शासन में ज्यों के त्यों कायम रहे। भारत की दलित और शोषित जनता अपने शासकों से यह उम्मीद बांधे हुई थी कि विद्यमान सामाजिक ढांचे में बदलाव के लिये हस्तक्षेप किया जायेगा। हस्तक्षेप तो हुआ परंतु स्थिति को जैसी है वैसी ही रखने में। अतः उस बाबत डॉ. अम्बेडकर ने एक चीनी दर्जी की मिसाल देते हुये अपनी टिप्पणी में कहा था कि ''एक चीनी दर्जी ने अपने एक ग्राहक का नया कोट सिलाते वक्त उसके एक पुराने कोट का उपयोग कोट को सुंदर तरीके से सिलाने के लिये ही नहीं बल्कि उस कोट के पुराने पैबंद भी नये कोट पर ज्यो के त्यों उतार देने में किया था''। उसी प्रकार भारत के नये–नये शासकों ने अपने अपने शासन में सदियों से विद्यमान जाति–पांति के पुराने पैबंद को नये सामाजिक ढांचे में ज्यों के त्यों बरकरार रखने में किया हैं।

श्री तिलक राजनीति में क्रांतिकारी और समाज सुधार में सनातनी थे। 1895 में अंग्रेजों ने एक अस्पृश्य श्री नारायणराव लोखण्डे और एक चित्पावन ब्राह्मण श्री विश्वनाथ केशव जोगलेकर को ''रावबहादूर'' की उपाधियाँ बहाल की थी। इस बाबत् केसरी में छापा गया था कि ''श्री जोगलेकर ऑनरेरी मेजिस्ट्रेट थे। उनको बहाल किया गया सम्मान उचित है परंतु श्री लोखंडे को रावबहादुर की उपाधि बहाल करने में उनकी योग्यता की अपेक्षा उनकी जाति ही विशेषकारक प्रतीत होता है''[16]।

अतः 1882 से 1904 के दरम्यान भारतीय सिविल सेवा में यशस्वी हुये 16 भारतीयों में 15 ब्राह्मणों का होना कोई आश्चर्यजनक नहीं था। हालांकि ज्योतिराव फुले ने इस समय के दौरान ब्राह्मणवाद पर तीखा प्रहार करने वाली ग्रंथ संपदा प्रकाशित की थी और 19 अक्तूबर 1882 को हंटर शिक्षा आयोग के समक्ष सादर प्रस्तुत निवेदन में बयान किया था कि ''उच्च शिक्षा पद्धति में स्पष्ट झलकने वाली प्रवृत्ति यह है कि

उस मे वरिष्ठ अधिकारी के पद केवल ब्राह्मणों की बपौति हो चुके हैं। यदि शासन को रयत के कल्याण की वास्तविक चिंता है तो उसका प्रथम कर्तव्य है कि वह इस पद्धति के कई प्रकार के दुरुपयोग को प्रतिबंधित कर, शासकीय नौकरियों में धीरे–धीरे अन्य जातियों के लोगों को प्रवेश के अवसर दिलाकर उसी अनुपात में ब्राह्मणशाही का नियमन करें''। उन्होंने शासन से यह भी सिफारिश की कि वे कनिष्ठ जातियों के बच्चों की शिक्षा हेतु स्वतन्त्र विद्यालय की व्यवस्था करें।

फुले के समाज सुधार आंदोलन के कार्यकर्ता श्री भालेकर ने पूना अधिवेशन में स्वर्ण बहुल कांग्रेस के रुख के विरुद्ध निदर्शन किया था। श्री वलंगकर ने भी श्री रानडे की मदद से सेना में महारों की भर्ती को प्रतिबंधित करने के आदेश के विरुद्ध ब्रिटिश सरकार से अपील की थी। श्री कांबले ने भी सेना और पुलिस में अस्पृश्यों की भर्ती हेतु मांग रखी थी। वर्तमान के मध्य प्रदेश और तत्कालीन मध्य प्रांत और बेरार के समाज कार्यकर्ता गण श्री बन्सोडे, श्री गवई और श्री नंदागवली ने दलित जागरण का अभियान चलाया था। उसी प्रकार श्री शिंदे की भारतीय निराश्रित सहायक मंडल {डिप्रेस्ड क्लासेस मिशन सोसायटी ऑफ इण्डिया} के तत्वावधान में अस्पृश्यों के हितों के प्रति संवेदनशीलता को बढाया गया।

उक्त समयावधि के दौरान कोल्हापूर के साहू महाराज ने भी जब देखा कि शासकीय नौकरियों में उच्च पदों पर ब्राह्मणों का प्रतिनिधित्व अतिरेकी है तो उन्होंने अपने रियासत में 26 जुलाई, 1902 को घोषणा की थी कि उनकी संस्थान के प्रशासनिक सेवाओं में पिछड़ी जातियों को 50 प्रतिशत आरक्षण बहाल किया जायेगा। इस से लगभग 17 वर्ष पूर्व राष्ट्रीय कांग्रेस की स्थापना हो चुकी थी। लेकिन वह फुले व रानडे के संगठन की तरह सामाजिक आंदोलन न होकर एक शुद्ध राजनीतिक संगठन था। इसके साथ बाद में हिंदू महासभा {1915} और राष्ट्रीय स्वयंसेवक संघ {1925} नामक ब्राह्मणवादी संगठनों की स्थापना हुई और इसी समय विदेशों के प्रख्यात विश्वविद्यालयों से शिक्षा की उच्चतम

डाक्टरेट उपाधि से विभूषित होकर प्रतिक्रांतिकारी ताकतों के विरुद्ध अकेले ही लड़ने के लिये डॉ. अम्बेडकर स्वदेश लौटे थे।

## राजनीतिक स्थिति

जैसे ही प्रथम महायुद्ध के बाद ब्रिटेन की संसद ने हिन्दुस्तान को जिम्मेदार शासन प्रदान करने हेतु माँटेग्यू नीति को लागू कराने की घोषणा की, कांग्रेस ने अपने कलकत्ता के अधिवेशन में अस्पृश्यता को मिटाने की घोषणा की। माँटेग्यू योजना का मकसद भारत में प्रजातन्त्र राज पद्धति को बहाल कर ब्रिटिश सत्ता को शिक्षित उच्च जातियों के हाथों में हस्तांतरित करना था। इस योजना का विरोध कोल्हापूर के शाहू महाराज (1910), पूना के सत्यशोधक समाज, मद्रास के साउथ इंडियन लिबरल फेडरेशन और जस्टीस पार्टी तथा महाराष्ट्र के डेक्कन रयत समाज ने दर्शाया था। श्री तिलक के बाद कांग्रेस का नेतृत्व गांधी जी ने सम्भाला। फरवरी 1922 में बारडोली में कांग्रेस वर्किंग कमेटी ने दलित वर्ग की शैक्षणिक दशा को सुधारने का नया कार्यक्रम अमल में लाने का निर्णय लिया।

उधर डॉ. अम्बेडकर ने बम्बई में मूकनायक नामक पाक्षिक पत्रिका चलाई और नागपुर में अखिल भारतीय बहिष्कृत समाज की स्थापना की। बम्बई में सिडेनहेम शासकीय महाविद्यालय में प्रोफेसर होते हुये भी डॉ. अम्बेडकर ने दिनांक 27 जनवरी, 1919 के दिन साउथबरो कमेटी के समक्ष दलितों के लिये पृथक निर्वाचन अधिकार की मांग के पक्ष में अपनी साक्ष्य दी। सन् 1928 में उन्होंने उक्त मांग को संयुक्त निर्वाचन और आरक्षण अधिकार के रुप में सायमन कमिशन के सम्मुख प्रस्तुत किया। 1928 से 1930 तक उन्होंने महाड और नासिक के सार्वजनिक तालाब और मंदिर पर पानी और पूजा के संबंध में समानता का अधिकार स्थापित करने हेतु अपने नेतृत्व में सफल आंदोलन चलाया।

परंतु 1930–32 के दौरान चले बर्तानिया के गोलमेज परिषद ने भारतीय राजनीति की दिशा ही मोड़ दी। इस गोलमेज परिषद के अधिवशन में जब गांधी जी मुसलमान, क्रिश्चन, सिख, ईसाई, पारसी,

एंग्लो–इंडियन आदि के स्वतंत्र राजनीतिक अस्तित्व को मान्य कर रहे थे तब वे अस्पृश्य के ऐसे स्वतंत्र राजनीतिक अस्तित्व को मानने से इंकार क्यों कर रहे थे यह समझ में नहीं आ रहा था। आखिर गांधी जी भी श्री तिलक के नक्शे–कदम पर ही चल रहे थे। ब्रिटेन के प्रधान मंत्री श्री मेक्डोनल्ड द्वारा दलितों को बहाल किया गया स्वतन्त्र निर्वाचन अधिकार निरस्त करने हेतु सन् 1932 में गांधी जी ने पूना के येरवडा कारागृह में आमरण अनशन आरंभ किया था।

सन् 1935 में नासिक के येवला में डॉ. अम्बेडकर ने घोषणा की थी कि वे हिंदू धर्म में पैदा हुये लेकिन वे हिंदू के रुप में नहीं मरेंगे। सन् 1936 में डॉ. अम्बेडकर का ''जातिभेद निर्मूलन'' नामक भाषण उस के आयोजकों को इतना क्रांतिकारी लगा कि लाहौर के ''जात–पांत–तोडक– मंडल ने डॉ. अम्बेडकर की अध्यक्षता में होने वाली उस सभा को ही भंग कर दिया। आखिर उस भाषण को समाज हित में एक लघु ग्रंथ की शक्ल में प्रकाशित करने के पश्चात् ही लोगों तक पहुँचाया गया। उस पर गांधी जी की टिप्पणी यह थी कि ''हिंदू धर्म के प्रति अपनी नफरत दर्शाने वालों में अकेले अम्बेडकर ही नहीं है, बल्कि उन लोगों में वह सबसे अधिक दृढ और योग्यतम व्यक्ति है''।

द्वितीय महायुद्ध की पृष्ठभूमि में भारतीय राजनीति के घटनाक्रमों में प्रचंड उलट–पुलट हो रही थी। उनमें भारत छोड़ो आंदोलन, क्रिप्स–व्हेवल योजना, केबिनेट मिशन इत्यादि के साथ साथ धर्म और जातियों का उभार अधिक स्फोटक रहा कहना अतिशयोक्ति नहीं होगा। इसी बदलाव के कारण डॉ. अम्बेडकर ने 1936 में एक व्यापक नींव पर स्थापित स्वतन्त्र मजदूर दल नामक राजनीतिक पक्ष के स्थान पर चार वर्ष के बाद मात्र अनुसूचित जातियों पर केंद्रित शिड्युल्ड कास्ट फेडरेशन नामक पार्टी की स्थापना की। उन्होंने मनमाड की दलित वर्गीय रेल्वे मजदूर परिषद को उदबोधन दिया था कि वे मनुष्यत्व को गिरानेवाले पूंजीवाद से सावधान रहें।

1942 में नागपुर के दलित जाति परिषद के सम्मेलन में दलितों के अधिकारों को भारत के भावी संविधान में अंतर्भूत करने का निर्णय सर्व सम्मति से पारित किया गया।

1945 में पीपल्स एज्युकेशन सोसायटी के तत्वावधान में बम्बई और औरंगाबाद में उच्च शिक्षा के प्रचार और प्रसार हेतु बुद्ध और मिलिंद नामक दो बौद्ध ऐतिहासिक महापुरुषों के नाम पर दो महाविद्यालय शुरु किये गये। डॉ. अम्बेडकर ने भिन्न–भिन्न जाति और धर्मों को अविभाजित भारत की राजनीति में युक्त प्रतिनिधित्व प्रदान करने हेतु ''जातीय गुत्थी और उसे सुलझाने का उपाय'' नामक योजना एक लिखित पुस्तक की शक्ल में प्रस्तुत की थी। परंतु विभाजित भारत की बदलती परिस्थिति को देखते हुये उन्होंने ''राज्य और अल्पसंख्यक'' नामक योजना को भी एक पुस्तिका के रुप में ही देशवासियों के विचारार्थ रखा।

श्रम मंत्री के पद पर 5 वर्ष तक उन्होंने महा–राज्यपाल की कार्यकारिणी में श्रमिक कल्याण और प्लानिंग का कार्यभार संभाला था। 1947 से उन्होंने श्री नेहरु की केबिनेट में कानून मंत्री का भार वहन कर संविधान का मसौदा तैयार करने और और राष्ट्रीय जीवन में स्वाधीनता के संविधान को मूर्त बनाने के लिये स्वयं को खपाया। 26 जनवरी 1950 के अपने संबोधन में उन्होंने भारतीय राजनीतिक जीवन और सामाजिक–आर्थिक लोक चर्या में विद्यमान विसंगति की तरफ इशारा करते हुये उसे मिटाने का देशवासियों को आवाहन किया।

इस विसंगति को मिटाने का एक उपाय आरक्षण पद्धति भी है। परंतु जब तक भारत में मनुष्य और मनुष्य के बीच के संबंध जाति व्यवस्था से निश्चित करने वाली ब्राह्मणी परंपरा चालू रहेगी तब तक सामाजिक, सांस्कृतिक और आर्थिक जीवन में पिछड़े हुये वर्गों के लिये ''समान अवसर के लिये विशेष अवसर' के सिद्धान्त पर निर्भर आरक्षण की सीटें रखना ही पड़ेगी क्योंकि समान मनुष्यों में ही समानता हो सकती है। और असमान लोगों को समान मानना यानी असमानता को कायम रखना है।

पूंजीवाद और ब्राह्मणवाद की ताकतों और उभरती साम्यवादी शक्तियों के बीच का निरंतर सत्ता संघर्ष विश्व के देशों को दो प्रतिस्पर्धी वर्गों में विभक्त कर रहा है।

जो राष्ट्र अभी तक प्रजातन्त्र शासन के अधीन स्थापित नहीं हुए वे उक्त दोनों शक्तियों में से किसी भी एक में शामिल हो सकते हैं। नेपाल में अब तक लोकतन्त्र शासन की स्थापना नहीं हो सकी है तो उस दशा का उपयोग ब्रिटेन व अमेरिका, भारत तथा कम्युनिस्ट चीन सुगमता के साथ कर सकते है[17]।

हालांकि नेपाल, तिब्बत, चीन और भारत के सांस्कृतिक संबंध बौद्ध धर्मीय थे क्योंकि नेपाल नरेश अंशुवर्मा की बेटी भृकुटी ने तिब्बत के तत्कालीन शक्तिशाली राजा स्रोंङ–त्सान–गैम्पो से विवाह किया था। अंशुवर्मा के समकालीन भारतीय राजा हर्षवर्धन और चीनी सम्राट ताओ–त्सुंग थे। उस सम्राट की राजकुमारी ने भी स्रोंङ–त्सान–गैम्पो से विवाह किया था[18]।

## प्रजातंत्र, संविधान और राष्ट्रभक्ति

*'देश का संविधान कितना भी अच्छा क्यों न हो लेकिन उसको उपयोग में लाने वाले मनुष्य यदि अच्छे नहीं हों तो संविधान निश्चित ही बुरा सिद्ध होगा।'*

**– डॉ. अम्बेडकर**

अम्बेडकर ने 'क्या किया ग्रंथ' के लेखक और मध्य प्रदेश शासन द्वारा वर्ष 2002–03 में डॉ. बाबासाहेब अम्बेडकर स्मृति पुरस्कार के विजेता श्री बाली ने बताया है, ''1927 में लार्ड बर्कन हैड ने भारतीयों को चुनौती दी थी कि वे अपना संविधान बनाकर दिखायें। एक संविधान बनाया गया, जिसे 'नेहरु–संविधान' कहा गया, चूंकि संविधान निर्माण समिति के अध्यक्ष पंडित मोतीलाल नेहरु थे, इसलिये उसे यह नाम दिया गया किन्तु उसको भारतीयों ने नकारा समझ, रद्दी की टोकरी में डाल दिया। 1930 में गोलमेज सम्मेलन द्वारा संविधान बनाने का यत्न

किया गया किन्तु भारतीय लोग इस में विफल रहे। सप्रू कमेटी द्वारा संविधान बनाने का तीसरी बार यत्न किया गया मगर कोई सफलता न मिली। दिसंबर 1946 में गठित संविधान सभा में सर तेज बहादूर सप्रू, के. एम. मुंशी, ठाकुरदास भार्गव, सरदार पटेल आदि कितने ही वकील थे। उनमें से किसी को संविधान के निर्माण का काम नहीं सौंपा गया। यह काम डॉ. अम्बेडकर ही के जिम्मे सौंपा गया। यह इसलिये कि वह संविधानिक– कानून में कुशल व निपुण थे और एक सच्चे देश प्रेमी थे।''[21]

डॉ. अम्बेडकर कैसे देश प्रेमी थे? बम्बई से सन् 1943 में प्रकाशित ग्रंथ, *रानडे, गांधी और जिन्नाह* के भूमिका में उसके लेखक स्वयं डॉ. अम्बेडकर ने कहा हैः

''यदि मैं श्री गांधी तथा श्री जिन्नाह से घृणा करता हूँ, मैं उनसे घृणा नहीं करता। मैं उन्हें नापसंद करता हूँ, तो उसका कारण यह है कि मैं भारत से अधिक प्रेम करता हूँ। यह एक राष्ट्रवादी की सच्ची निष्ठा है। मुझे आशा है कि मेरे देशवासी किसी न किसी दिन यह सीख लेंगे कि देश व्यक्ति से कही महान होता है। श्री गांधी या श्री जिन्नाह की पूजा और भारत की सेवा में आकाश–पाताल का अन्तर है और वह परस्पर विरोधी भी हो सकती है।''

डॉ. अम्बेडकर अवाम का एक ऐसा राष्ट्र, एक ऐसा आदर्श समाज और एक ऐसा कारगर प्रजातंत्र बनाना चाहते थे कि जिसमें ऐसे जीवन भवन के चारों स्तंभ– विधिपालिका, कार्यपालिका, न्यायपालिका और मीडिया अपनी योग्यता की वेश्यावृत्ति न करें। डॉ. अम्बेडकर ''कमीनगी को अत्याचार से बदतर'' मानते थे[21]। सन् 1942 में उन्होंने कहा थाः

''विश्व युद्ध संसार के क्षेत्रों यानी प्रदेशों के बटवारे के लिए नहीं है बल्कि वे एक ऐसी क्रान्ति है जो इन्सान व इन्सान और राष्ट्र व राष्ट्र के मध्य मेल मिलाप में मूल–परिवर्तनों का तकाज़ा करता है। ये क्रांति सहचारी जीवन को रद्द करके, समाज के पुनः गठन के लिये है। मजदूरों को इसलिए नाज़ीवाद पर विजय पाने हेतु लड़ना चाहिए

क्योंकि ये जीत गया तो ऐसी नाज़ी व्यवस्था स्थापित हो जाएगी जिस से स्वतन्त्रता का दमन हो जाएगा, समता से इन्कार होगा और भातृत्वभाव को घातक सिद्धान्त कह कर मिटा दिया जायेगा। नाजीवाद पर विजय के फल होंगे: आजादी और नई सामाजिक व्यवस्था। केवल स्वतंत्रता काफी नहीं, स्वतंत्रता की उपयुक्तता तो इस बात में है कि उससे किस प्रकार की सरकार गठित होती है और कैसे समाज का निर्माण होता है। इसलिए कामकरों को 'क्विट इण्डिया के बजाय 'न्यू इण्डिया' पर ज्यादा बल देना चाहिए। हिंसा की शक्तियों के सामने घुटने टेक कर प्राप्त की गई शान्ति, अमन नहीं हुआ करता। ये तो एक घातक कृति होगी और अच्छे मानवीय जीवन को बनाए रखने के लिए जो कुछ भी उत्तम व अनिवार्य है, उसे बहशी व बर्बर शक्तियों के सामने कुर्बान कर देने जैसा होगा। जब हमला किया गया हो तो युद्ध करने से इन्कार कर युद्ध को समाप्त नहीं किया जा सकता। युद्ध की समाप्ति के लिए आपको जंग जीतना होगा और न्यायी अमन स्थापित करना होगा[22]।''

डॉ. अम्बेडकर ऐसा न्यायी अमन चाहते थे कि शांति के समय अवाम में ऐसी बातें या घटनायें अपनी पुनरावृत्ति न कर पायें। संविधान सभा द्वारा गठित 'अल्पसंख्यक कमेटी' को अपने स्मरण पत्र में डॉ. भीमराव अम्बेडकर ने बताया था:

''भारत में प्रशासन पूर्णतः हिंदुओं के हाथों में है। प्रशासन पर उनकी इजारादारी है। ऊपर से नीचे तक उनका नियंत्रण है। कोई विभाग ऐसा नहीं जिस पर उनका प्रभुत्व न हो! पुलिस पर उनका प्रभुत्व है। मैजिस्ट्रेसी व राजस्व सेवाओं पर उनका प्रभुत्व है। वास्तव में प्रशासन की हरेक शाखा पर उन्हीं का प्रभुत्व है। अगली बात याद रखने की यह है कि प्रशासन में हिंदूओं का अछूत के प्रति समाज–विरोधी व शत्रुआना रुख उसी प्रकार का स्पष्ट व्यवहार है जैसा कि प्रशासन से बाहर के हिंदुओं का बर्ताव है। उनका एक ही मकसद है और वह है अछूतों के विरुद्ध पक्षपात व भेदभाव करना। नतीजा यह होता है: अछूत हिन्दू आबादी और हिन्दू प्रभुत्व वाले प्रशासन के बीच स्थान पाते

है। हिन्दू अछूतों पर जुल्म जबर ढाता है और प्रशासन उत्पीड़ितों की सहायता करने के बजाए अत्याचारी ही की सुरक्षा करता है[23]।''

## प्रजातंत्र को राष्ट्रीयता और राष्ट्रवाद का खतरा

राष्ट्रीयता के बारे में अलबर्ट आईन्स्टाइन और डॉ. अम्बेडकर के विचार समान और वैज्ञानिक दूरदृष्टि से भी ओतप्रोत है, ''राष्ट्रीयता एक भयानक रुप से संक्रामक बीमारी के समान है''[25]।

डॉ. अम्बेडकर ने सन् 1940 में राजनीतिक विज्ञान का ग्रथ ''पाकिस्तान अथवा भारत का विभाजन'' लिखा था। उसमें उन्होंने मंगोल, तुर्क, स्लोवाकों और ब्रिटन के विदेशी शासनों का उदाहरण देकर उनसे सीख लेने की भारतीयों को विनम्र अपील की।

इ.स. 1230–1240 के बीच मंगोलों ने तुर्कों को अपने निवास स्थान मध्य एशिया से बाहर खदेड़ दिया था। परिणामतः वे उत्तर–पश्चिम के अनातोलिया में जाकर बस गये।

विशाल तुर्की साम्राज्य धीरे–धीरे खण्ड–खण्ड हो गया। क्योंकि वहाँ के नागरिकजनों में राष्ट्रीयता की भावना इतनी घर कर गई थी कि एक तरफ ख्रिश्चन यवन, सर्व, बल्गेरियन तथा बाल्कन टर्की से अलग हुये तो दूसरी तरफ स्वयं अरब मुसलमान भी टर्की के अपने सहधर्मीओं के साथ न रह कर अपना पृथक अरब राष्ट्र बनाने पर अडिग रहें। क्योंकि उन्हें तुर्की प्रजा बने रहने की अपेक्षा अरब राष्ट्र बनना अधिक पसंद था। अरब राष्ट्रीयता ने इस्लाम के बंधन को तोड़ा और अपने साथी मुस्लीम तुर्क के विरुद्ध अपनी स्वाधीनता के लिये लड़ाई लड़ी। उसकी विजय हुई परंतु टर्की का पूर्णतः विभाजन हुआ।

चेकोस्लोवाकिया में यह हुआ कि कुछ वर्षों के भीतर ही स्लोवाकों ने पृथक राष्ट्र का दावा किया। वे यहाँ तक स्वीकार करते थे कि वे चेकों के एक वंश की शाखा है। उनकी राष्ट्रीयता ने चेकों को यह तथ्य स्वीकार करने पर मजबूर किया कि वे एक अलग प्रकार के जन थे। चेकों ने स्लोवाकों की राष्ट्रीयता को शांत करने के लिये एक हायफन

(–) चिन्ह् को दो नामों के बीच रख कर उनकी भिन्नता को मान्यता दे दी। और एक संयुक्त संज्ञा चेकोस्लोवाकिया की जगह चेको– स्लोवाकिया नामाभिधान को स्वीकृति दे दी। परंतु इस पृथकता की परिचायक हायफन के बावजूद स्लोवाकी राष्ट्रीयता असंतुष्ट रही। क्योंकि हायफन के चिन्ह् की स्वायत्तता की कृति दो बातों की सूचक थी– चेकों से अलगाँव तथा चेकों से मिलाप। अलगाँव सूचक हायफन का स्लोवाकियों ने स्वागत किया परंतु मिलाप सूचक हायफन से वे बेचैन थे। उन्हें उसके स्थान पर बार (/) चिन्ह् चाहिये था। अतः जैसे ही हायफन को प्रस्तुत किया गया तो चेक और स्लोवाकों के बीच बार स्थापित करने की लड़ाई आरंभ हुई। इस हेतु किस प्रकार के साधनों का प्रयोग हो इसके प्रति वे चिंतित नहीं थे। उनकी राष्ट्रीयता इतनी बेकाबू और तीव्र हो गई थी कि जब उनका विभाजन का प्रयत्न असफल हुआ तो उन्होंने अपने ध्येय की पूर्ति हेतु जर्मनी की मदद मांगने से भी परहेज नहीं किया।

स्लोवाकियों को संवैधानिक सुरक्षा, आनुपातिक प्रतिनिधित्व, संसद में विटो पावर और प्रशासन और सेवाओं में पृथक प्रतिनिधित्व की बहाली इतनी दी गई थी कि कोई भी यह कल्पना आसानी से कर सकता था कि भविष्य में चेक और स्लाव दोनों एक दूसरे में इतने घुल–मिल जायेंगे कि उनको एक ही जाति–प्रजाति के लोग है ऐसा माना जा सकेगा। परंतु नहीं इतिहास को ऐसा विलयन मंजूर न था और स्लावों को अपनी राष्ट्रीयता में झुलसकर अपना पृथक देश बनाना अधिक पसंद था। अतः उसका भी हश्र वही होना था जो 1947 में हिंदू–मुसलमान कौमों का भारतवर्ष में हुआ।

इस प्रकार टर्की और चेकोस्लोवाकिया के गहन अध्ययन से ज्ञात होता है कि एक बार राष्ट्रीयता की शक्ति गतिशील हो जाये तो न स्थानीय स्वायत्तता और न ही धार्मिक बाध्यता उसका सामना करने में सक्षम होती है।

अखण्ड भारत के हिंदू और मुसलमानों में कई सदियों की सामाजिक व सास्कृंतिक एकता होने के बावजूद भी सन् 1947 में भारत के

विभाजन को कोई ताकत रोक न सकी। आज भी नूतन वर्ष की पावन बेला दिनांक 4 जनवरी, 2004 पर इस्लामाबाद में दक्षिण एशिया के देशों की शिखर बैठक संपन्न होने के बावजूद भारत देश के उत्तर में पाकिस्तान, उत्तर–पश्चिम में खालिस्तान, भूटान में उल्फादि संगठन और श्रीलंका में दक्षिण के लिट्टे (एल.टी.टी.ए.) आतंकवाद से विभाजन का इतिहास दोहराना चाहते हैं।

वैसे कहा जाता है कि विश्व में ब्रिटेन का शासन वहाँ तक फैला था जहाँ कभी सूर्य नहीं डूबता। परंतु ऐसा होने पर भी जो ब्रिटेन का सामाज्य फैला वह सिमटकर युनाइटेड किंगडम तक रह गया है। उक्त तथ्यों के प्रकाश में भारतीय हिंदुओं ने अपने आपसे यह प्रश्न पूछना चाहिये कि यदि ग्रीक, बाल्कन तथा अरब राष्ट्रीयवाद ने तुर्की राज्य को ध्वस्त कर दिया और यदि स्लोवाक के राष्ट्रीयवाद ने चेकोस्लोवाकिया को विभक्त कर दिया है परंतु बाद का टर्की और चेकोसलोवाकिया आंतरिक रुप से एक हो गया और इतना ही नहीं बल्कि चेकोस्लावाकिया के राज्य प्रमुख श्री हॉवेल को भारत सरकार ने गांधी शांति पुरस्कार से भी नवाजा है, तो फिर मुस्लिम राष्ट्रीयवाद से विभक्त भारत को आंतरिक रुप से एक होने में अब क्या अड़चन है?

## प्रजातंत्र और संगठन चेतना

डॉ. अम्बेडकर जानते थे कि देश में संगठन की चेतना सभी जाति–वर्गों में एक जैसी नहीं रहती। और भारतीय समाज में संकुचित मानसिकता उनका एक राष्ट्र बनने में बाधक थी। जिस प्रकार विकास के दौर में प्राचीन समाज उपयोगितावाद से उभरकर आधुनिक समय के दौरान वह न्याय तत्व के आधार पर संगठित हुआ। फलस्वरुप विकसनशील देश अपने हितों के प्रति इतने सजग हो गये कि वे अब पहले की तरह विकसीत देशों की हाँ–में–हाँ मिलाकर चलने वाले नहीं हैं, जिसकी प्रतीति कानकुन के विश्व शिखर सम्मेलन में चीन और भारत आदि देशों द्वारा सम्मेलन के विकसीत राष्ट्र के प्रस्ताव के विरुद्ध अपना पृथक अभिमत रखने से सिद्ध हुआ है।

दूसरी बात यह है कि यूरोपीय संघ अपना आर्थिक संगठन और युरो मुद्रा को कायम करने में फिलहाल जितना सक्षम है उतना आगे भी होगा या नहीं यह समय ही बता पायेगा। पश्चिम एशिया में संबंधित देशों का आर्थिक संगठन खड़ा कर उसे टिकाना उस प्रदेश के युद्ध और अशांति की परिस्थितियों पर निर्भर है, जो उसका इतिहास रहा है। परंतु जी–21 नाम से परिभाषित देश अपना ''आसियन'' नामक संगठन खड़ा कर आर्थिक विकास में पश्चिमी संगठन की बराबरी और प्रतियोगिता करेगा इस उम्मीद में जान लग रही है क्योंकि उनका अतीत और वर्तमान ऐतिहासिक रक्तपात और वैरत्व का न होकर अमन, चैन और बौद्ध संस्कृति की मैत्री से अभिभूत रहा है।

## प्रजातंत्र, धर्म और अर्थ

आज विश्व का धर्म राज्य किसी एक जाति, भाषा, रंग, पेशा, लिंग, वंश, और नस्ल के ऊपर निर्भर नहीं है। तथापि भौतिक शक्ति और हथियार लैस भयभीत मनोवृत्ति से कुछ ऐसी ही चेष्टा विश्व मंच से की जा रही हैं। अमेरिका प्रधान ख्रिश्चन संस्कृति के वैश्विक धर्मराज्य का टर्की प्रमुख अरब शक्तियाँ इस्लाम के धर्मराज्य का झंड़ा हाथ में थामे किसी भी तरीके से प्रतिकार कर रहा है। जी–21 की ताकतें जपान, चीन और भारत के नेतृत्व में बौद्ध संस्कृति के ध्वज में एकत्रित होकर शायद जो भी रुप और आकार वे विश्व को देंगे वह डॉ. अम्बेडकर के स्वप्न का प्रारुप होगा ऐसा लग रहा है[26]।

अम्बेडकर पूर्व काल के राजनीतिक साम्राज्य और अम्बेडकरोत्तर आर्थिक साम्राज्य में यही फर्क है कि पहले यूरोपियन व्यापार कंपनियाँ अपने राजनीतिक शासकों से मिलकर अलग–अलग होकर व्यवसाय करते थे और आज बहुराष्ट्रीय कंपनिया एकजूट होकर अपने अधिशासक के राजनीतिक बलबूते पर सहकारी और सामूहिक पद्धति से विकसनशील देशों में अपनी वस्तुओं के लिये बाजार खोल रहे हैं। और **'जिधर वरिष्ठ शक्तिमान राष्ट्र उधर अधिकतर आर्थिक' लाभ** का सिद्धान्त साकार हो रहा है। वाणिज्य, राजनीति, बाजार और वस्तुयें धर्म और संस्कृति पर

भी अपना असर डालती हैं। इस मायने में डॉ. अम्बेडकर का यह कथन कि **'संस्कृति व्यापार की पिछलग्गू होती है'** बड़ा मार्मिक है। इससे निष्कर्ष में यही कहा जा सकता है कि बलिष्ठ राष्ट्र अपने बाजार में वस्तुओं के साथ अपने धर्म और संस्कारों का भी जाने–अनजाने आदान प्रदान करते हैं।

प्रजातन्त्र और धर्म का संबंध बताते हुये डॉ. अम्बेडकर ने कहा था– "मानव समाज को धर्म की दो प्रकार की देन प्राप्त है। प्रथम मानव जीवन में एकता प्राप्त करा देने वाली मानसिक प्रेरणा का निर्माण करना। धर्म के ही कारण एक विशिष्ट प्रकार का मानसिक वातावरण निर्माण होता है, जो मनुष्य की एकता का पोषक है। दूसरा, मानव समाज में समानता का निर्माण करना। धर्म से ही मानव समाज में समानता का संचार होता है। इन्हों दो महत्वपूर्ण बातों के कारण आज की स्थिति में प्रजातन्त्र को बनाये रखा जा सकता है और प्रजातन्त्र को बनायें रखना है तो धर्म निहायत जरुरी है।

धर्म की ऐसी आवश्यकता होने पर भी लक्ष्य धर्म नहीं है बल्कि मनुष्य है और धर्म एक साधन है। साधन एक समान नहीं होते, न ही वे समान रुप से अच्छे होते है। अतः जरुरी है कि धर्मरुपी साधन को मनुष्यत्व पाने के उद्देश्य से अपनाते समय ऐसी सावधानी बरतें कि जो धर्म अपनाया जाये, वह समाजद्रोही न हो, पाखण्डी न हो, विडम्बन या सजा न हो, रोग या पागलपन न हो बल्कि वह मानवता, संगठन, सामर्थ्य, समता, स्वतन्त्रता और संसार को इसी जीवन में सुखी बनाने वाला धर्म होना चाहिये।

जिस प्रकार रत्नों में अच्छे रत्न की परख के लिये पारखी की जरुरत होती है उसी प्रकार प्रजातन्त्र, धर्म और देश के परस्पर सम्बन्धों को समझने के लिये भी प्रज्ञादृष्टि की आवश्यकता होती है। इस बात को डॉ. अम्बेडकर ने मणी भवन, बम्बई में दिनांक 14 अगस्त, 1931 के दिन महात्मा गांधी जी के साथ वार्तालाप में स्पष्ट रुप से बताया था। जब गांधी जी ने तारीफ करते हुये डॉ. अम्बेडकर से कहा कि "विदेश

में तुम्हारे कार्यों की जो मुझे जानकारी प्राप्त हुई उससे मालूम होता है कि तुम एक महान देशभक्त भी हो'' तो बाबासाहब ने बताया, ''गांधी जी! मेरी कोई मातृभूमि नहीं है। जिस धर्म और देश में हमें कुत्ते और बिल्ली से भी नीच माना जाता है, जहाँ हमें सार्वजनिक स्थानों में पानी भी पीने नहीं दिया जाता, उस देश को मैं अपना देश, उस धर्म को मैं अपना धर्म कैसे कहूँ?''

''आपके कथनानुसार यदि मेरे द्वारा कोई देश सेवा हुई है तो वह देश सेवा की जानकारी होने के कारण नहीं, बल्कि मेरी सद्विवेक बुद्धि के कारण हुई है। इस देश को घातक ऐसा कोई भी कृत्य मेरे हाथ से नहीं हुआ यह मेरी सद्विवेक बुद्धि का फल है''।

## प्रजातंत्र में अवाम की भूमिका

अवाम के डॉ. अम्बेडकर ने अवाम की आदर्श जीवन पद्धति को प्रजातन्त्र का नामाभिधान देकर उसके खतरों से भी सावधान कराया। उन्होंने कहा, ''प्रजातन्त्र के मुख्य दो शत्रु हैं। पहला – हुकुमशाही या तानाशाही और दूसरा–मानवभेद नीति अर्थात् मानव–मानव में भेदभाव रखने वाली नीति''। हुकुमशाही से उत्पन्न सामाजिक संगठन हमेशा कायम नहीं रह सकते। क्योंकि उसका आधार मजबूत नहीं होता। हकुमशाही की प्रेरणा स्थिर नहीं है और यह प्रेरणा निकल जाने के पश्चात् उससे प्राप्त संगठन शिथिल हो जाता है। यही कारण है कि कम्युनिस्ट शासन की नींव कमजोर है। उसी तरह मनुष्य–मनुष्य में भेदभाव रखने वाली नीति, सामाजिक, आर्थिक भेद–बुद्धि को प्रेरणा देने वाली संस्कृति इन दोनों से प्रजातन्त्र को बहुत जबरदस्त खतरा है।

ऐसे खतरों से निजात पाने के लिए ही उन्होंने अवाम को अपनी स्वतन्त्रता के प्रति समर्पित कर्तव्य का एहसास दिलाने हेतु कहा था, ''यदि लोग अपने अपने पथ और पक्ष को अपने देश की अपेक्षा अधिक महत्व देने लगे तो उससे अपने भारत की स्वतन्त्रता समूल नष्ट हो जायेगी। इस प्रकार का समय न आये इसके लिए हम सब अत्यधिक सजग रहें। अपनी स्वतन्त्रता की रक्षा हेतु अपने शरीर के अंतिम

रक्त–बूंद के बहने तक तैयार रहना चाहिये। इतना ही नहीं बल्कि समाज का ऐसा संगठन हो कि यदि इसके चालक नेता चले भी गये, तो भी समाज कार्य निरन्तर चालू रहते हुए चिरकाल तक टिका रहे। इस प्रकार की कार्य योजना होने पर ही समाज विश्व में वैभवशाली हो सकता है।

अवाम के अम्बेडकर ने सार्वजनिक जीवन में अपना सर्वस्व समर्पित कर दिया था। 24 अप्रैल 1942 में बम्बई प्रांत के राज्यपाल श्री लुमली ने वायसराय श्री लिनलिथगो को लिखा था कि डॉ. अम्बेडकर सार्वजनिक कार्य में अरुचि रखते है। यह वक्तव्य डॉ. अम्बेडकर की चर्या से असिद्ध हुआ है। भले ही अनुसूचित जाति परिषद दल सन् 1945 के अंत में हुये चुनाव में अयशस्वी रहा, संवैधानिक सभा के लिये भले ही उन्हें बंगाल से निर्वाचित होना पड़ा, और जब केबिनेट मिशन मार्च 1946 में भारत आया और उसके सदस्य प्रतिनिधियों अर्थात लार्ड पेथिक लॉरेन्स और ए. वी. अलेक्जांडर और उस समय के ब्रिटेन के प्रधान मंत्री श्री ॲटली ने एस. सी. एफ की पराजय को इगित कर अनुकुल सलूक नहीं किया, तथापि डॉ. अम्बेडकर ने जून 1946 में दलितों की भावी समय में भूमिका के लिये चलाये गये संघर्ष का नेतृत्व किया, सन् 1945 में गांधी और कांग्रेस ने दलितों के लिये 'क्या किया नामक' एक बड़ा ग्रंथ रचा, सन् 1946 में हिंदू धर्म के विभाजन और ब्राह्मणवाद के परिणाम को दर्शाने वाला ग्रंथ शूद्र पहले कौन थे लिखा, और 1948 में अस्पश्यों का मूल बौद्ध बताने वाला ग्रंथ अछूत का निर्माण किया।

बंगाल का विभाजन होने के पश्चात् वहाँ से संविधान सभा के लिये डॉ. अम्बेडकर द्वारा जीती गई सीट भी निरस्त हुई, अतः कांग्रेस ने बम्बई से उन्हें जिताया। उसके कारण क्रांगेस को उनकी सेवाओं को ग्रहण करने का एक अच्छा अवसर मिला और उसका उसने भरपूर फायदा भी उठाया। 3 अगस्त, 1947 में डॉ. अम्बेडकर से श्री नेहरु की केबिनेट में कानून मंत्री के पद की सेवायें ली गई। 19 अगस्त, 1947 में उन्हें मसौदा समिति का सभापति बनाकर उनसे संविधान रचा गया, हालांकि उनकी सेहत सन् 1940 से ही खराब चल रही थी और उस

वजह से उन्होंने डॉ. शारदा कबीर से अंतर्जातीय विवाह भी कर लिया था। परंतु जब डॉ. अम्बेडकर ने हिंदू परिवार तथा समाज की सीढी–दर–सीढी विभाजक स्तरों को मिटाने के लिये हिंदू कोड बिल की संहिता संविधान सभा में पारित करने की अपेक्षा शासन से की तो कांग्रेस का सनातनी हिंदूत्व आड़े आया। सन् 1951 में सितंबर माह में डॉ. अम्बेडकर ने अपने पद से इस्तीफा सौंप दिया।

भले ही 1952 के आम चुनाव, सन् 1954 भंडारा निर्वाचन क्षेत्र से लोक सभा के उपचुनाव में अस्पृश्य जाति परिषद लोक सभा के निर्वाचन में हार गई थी और भारत के राजनीतिक जीवन में नया प्राण फूंकने वाली रिपब्लिकन पार्टी ऑफ इंडिया की उनकी योजना अधूरी रह गई थी तथापि शिक्षा और बौद्ध वैचारिकी के क्षेत्र में उनके द्वारा विश्व नव निर्माण का बुना हुआ सपना वास्तव में अब साक्षीभूत हो गया और उसकी पूर्णता का अभियान चल रहा हैं।

उन्होंने 8 जुलाई, 1945 में पिपुल्स एज्युकेशन सोसायटी की स्थापना कर उसके माध्यम से सिद्धार्थ कॉलेज आफ आर्ट्स एण्ड साइंस, 1946; सिद्धार्थ नाइट स्कूल 1947; मिलिंद महाविद्यालय, 1950; सिद्धार्थ कॉलेज आफ कामर्स एण्ड एकॉनामिक्स, 1953; मिलिंद मल्टिपरपज हाइस्कूल, 1955; और सिद्धार्थ कॉलेज ऑफ लॉ, 1956 इन शैक्षणिक संस्थाओं को खड़ा कर अपने अभियान को फलिभूत किया है। उन्होंने हिंदू धर्म का पर्याय ही नहीं बल्कि विश्व का बेहतर मानवतावादी धर्म को 21 वर्ष अध्ययन के परिक्षण के बाद परख कर उसे भारत के लिये अनुशंसित किया। सन् 1949 में उन्होंने काठमांडू में विश्व बौद्ध परिषद में मार्क्सवाद और बौद्धधर्म पर संबोधन दिया, बुद्ध और उनके धर्म का भविष्य नामक आलेख महाबोधि जर्नल में छपवाया, उन्होंने सन् 1950, 1954 और 1956 में श्रीलंका, रंगून और नेपाल में जाकर वहां आयोजित विश्व बौद्ध सम्मेलन में उदबोधन ही नहीं दिया बल्कि व्यवहार में जीवित बौद्ध संस्कारों का अवलोकन भी किया। 14 अक्तूबर, 1956 में उन्होंने नागपुर में लाखों जनता के साथ बौद्ध जीवन पद्धति को अपनाया। उनकी अंतिम रचना बुद्ध और उनका धम्म थी।

5 जुलाई, 1952 में कोलंबिया विश्वविद्यालय ने उन्हें एल.एल.डी. की मानद उपाधि प्रदान की और एक वर्ष पश्चात् उस्मानिया विश्वविद्यालय ने उन्हें डी.लिट. की उपाधि से विभूषित किया। परंतु डॉ. अम्बेडकर ने 6 दिसंबर, 1956 को महाप्रयाण किया और विश्व के भावी जीवन की खुशहाली के लिये वे हमारे पास अपने द्वारा प्रदत्त शिक्षा, संस्कार और प्रेरणा ही छोड़ गये, जो हमें कदम–कदम पर नार्ग दर्शन करते रहेंगे।

क्या आजाद भारत में क्रूरता, दासता, गरीबी और असभ्य जीवन आज भी विद्यमान है? क्या यहाँ आज भी स्कूलों में दलित बालक–बालिकाओं को घड़े में से पानी पाने के लिए अपनी आंख फूटवानी पड़ती है और दलित स्त्री–पुरुषों को अपने सिर पर मैला ढोना, बंधक मजदूरी करना, घरेलू नौकरी व सफाई करना, पत्थर तोड़ना, खेतों व खानों में सेवारत रहना इत्यादि की मजबूरी विद्यमान है? अर्थात् क्या फैज अहमद फैज के निम्नांकित पंक्तिओं द्वारा वर्णित किया जा सकने वाला संवर्ग हमारे बीच मौजूद है?

अर्थात् ''जा–ब–जा बिकते हुए कूच–ओ–बाजार में जिस्म
खाक में लिथड़े हुए खून में नहलाये हुए,
जिस्म निकले हुए अमराज के तन्नूरों से
पीब बहती हुई गलते हुए नासूरों से ।''

यदि हाँ तो ऐसी परिस्थितियों में अवाम को क्या करना चाहिये? क्या उन्हें चुप रहना चाहिये?

नैतिकता खतरे में पड़ने पर भी यदि कोई व्यक्ति मौन धारण करता है तो उसे मानवी जीवन पद्धति के अधःपतन की निशानी माना जाना चाहिये। मज़लुमों के दुःखों पर अवाम की एक बड़ी जमात चुप्पी साधे तो यह शर्म की बात है और स्वयं मज़लूम भी कुछ न करे तो यह कौम के मौत की निशानी है। डॉ. अम्बेडकर ने ऐसी घड़ी में आम लोगों और विशेषतः शोषित व पददलित वर्गों का जो नेतृत्व किया उसका बखान साहिर लुधियानवी के शब्दों में निम्न प्रकार बताया जा सकता है:

सितम के दौर में हम अहल–ए–दिल ही काम आए
जबां पे नाज था जिन को वो बेजबां निकले।

## लैंगिक समानता अतीत व वर्तमान

मनुस्मृति के श्लोक ''स्त्री हमेशा पराधीन रहे और बचपन में अपनी सुरक्षा पिता के अधीन, जवानी में पति, और बुढापे में पुत्र के अधीन रहकर करे'' और राम चरित मानस की चौपाई '' ढोर, गंवार, शूद्र, पशु, नारी ये सब ताड़न के अधिकारी'' को जब हम पढते हैं तो लगता है कि भारत में नारी–शर्म की बात बन गई है। परंतु डॉ. अम्बेडकर द्वारा प्रस्तुत स्त्री स्वतन्त्रता का बौद्ध स्त्री का आदर्श चरित्र, और पुरुष के बराबर समान अधिकार के लिये उन्हें विवाह, तलाक, गोद लेना, संपत्ति अधिकार आदि में सशक्त बनाने की हिंदू कोड़ बिल की योजना को देखते है तो लगता है कि भले ही उसे कार्यान्वित करने की दृढ शक्ति तत्कालीन राजनीतिक संगठन में नहीं थी और न समाज उतना वैचारिक रुप से प्रगल्भ था, परंतु डॉ. अम्बेडकर ने स्त्री स्वतंत्रता, सम्मान और मुक्ति के प्रश्न पर प्रतिकारी ताकतों से समझौता न कर प्रधान मंत्री श्री जवाहरलाल नेहरु जी को अपने कानून मंत्री के पद से इस्तीफे का पत्र प्रस्तुत किया और तब से लेकर अपने आयुष्य के अन्तिम क्षण तक विपक्ष में रह कर समानता की लड़ाई के लिये संघर्ष करते रहे। फलतः उनके इस संघर्ष के पचास वर्ष बाद ऐसा लग रहा है कि जो स्त्री पहले भारत की शर्म थी वह आज उसकी शान बन गई है।

प्रथम महिला प्रधान मंत्री, श्रीमती इंदिरा गांधी, प्रथम महिला आई. पी. एस. ऑफिसर, किरण बेदी, प्रथम मिस यूनीवर्स, सुष्मिता सेन, प्रथम अंतरिक्ष यात्री, कल्पना चावला इत्यादि के उदाहरण हम विश्व के सामने बड़े गर्व से प्रकट कर सकते हैं जो स्वर्णिम बौद्ध अतीत और वर्तमान एशियन युग के उज्वल भविष्य की याद दिलाता है।

भारतीय इतिहास में तथागत गौतम बुद्ध ही ऐसे पहले व्यक्ति थे, जिन्होंने शूद्र–अतिशूद्रों और दलित महिलाओं को अपनी धर्मशक्ति का हिस्सेदार ही नहीं, बल्कि अधिकारी भी बनाया था। विद्यमान विश्व

व्यवस्था को बदलने के लिये अम्बेडकर ने एक हाथ में शिक्षा, संघर्ष और संगठन सूत्र तो दूसरे हाथ में स्वतंत्रता, समानता और बंधुत्व के त्रयी सिद्धांत का हथियार अवाम के लिये बहाल किया।

एल. आर. बाली संपा. भीम पत्रिका, जलंधर जुलाई, 2014 पृ. 7 के अनुसार विश्व में भारत औरतों को पुरुषतुल्य समानता देने में 146 देशों में 132वें नंबर पर है। 2011 की जनगणना के अनुसार औरतों में शिक्षा का दर 65.46 प्रतिशत है और पुरुषों में 82.14। घरेलु हिंसा की शिकार विवाहिता 37 और विधवाएं 38 प्रतिशत हैं। कड़ी मेहनत करके अपने परिवार का पालन पोषण करने वाली भारतीय औरतें लगभग 30 प्रतिशत हैं। हरेक घंटे में एक औरत दहेज के कारण मार डाली जाती है। 2012 में 8233 औरतों की हत्या इसी के कारण हुई। ऐसी घटनायें प्रजातंत्र के लिये खतरे की घंटी है।

डॉ. अम्बेडकर कहते थे, ''जिस प्रकार पुरुषों को शिक्षा की आवश्यकता होती है वैसे ही स्त्रियों को भी होती है। यदि तुम्हें लिखना–पढना आ गया तो तुम्हारी बहुत उन्नती होगी। जैसे तुम वैसी तुम्हारी संतान भी होगी''।

## समाजिक प्रजातन्त्र और पत्रकारिता

प्रजातन्त्र में जनता की संप्रभुता के बारे में डॉ. आंबेडकेर की यह सोच रही कि ''प्रजातन्त्र के मूल को सामाजिक संबंधों में खोजना पड़ता है। प्रजातन्त्र सहजीवन की एक पद्धति है। जो लोग उस समाज का गठन करते हैं, उनके सहजीवन के संदर्भ में उस पद्धति के मूल को खोजना पड़ता है।

तथापि (1) व्यक्ति की स्वतन्त्रता कानून व सुव्यवस्था, नैतिकता और स्वास्थ्य के संदर्भ में निष्पन्न कल्पनाओं से सुसंगत होगी। (2) यह स्वतन्त्रता इस ढंग से अमल में लाई जानी चहिये कि उससे अन्य मूलभूत अधिकारों का संकुचन न हो। (3) लौकिक बातों से संलग्न धार्मिक आचरण को नियंत्रित करने का अधिकार शासन के अधीन होना

चाहिये और (4) धर्म विषयक स्वतन्त्रता कानून अथवा जाति के कारण हिंदू मंदिर में प्रवेश निषेध न होने हेतु किये गये विधान से सुसंगत होनी चाहिये।

प्रजातन्त्र का चौथा स्तंभ मिडिया है, उस बाबत् डॉ. अम्बेडकर का कथन हैः ''पत्रकारिता भारत में एक समय व्यवसाय था। अब यह व्यापार बन गया है। इस में साबून तैयार करने से अधिक नैतिक कार्य नहीं है। यह अपने आपको जनता का एक जिम्मेवार सलाहकार नहीं समझती। भारत में पत्रकारिता इसे अपनी सर्वप्रथम और महत्वपूर्ण दायित्व नहीं समझती कि जो समाचार वह दे उनमें सच्चाई की रंगत हो। सरकारी नीति के किसी दृष्टिकोण को इस ढंग से प्रस्तुत करे जिसे वह जन कल्याण के हित में बगैर किसी भय के अच्छा समझती है। वह सबको दुरुस्त और ठीक करे, जो गलत और निष्फल रास्ते पर पड़े हो चाहे ऐसे आदमी बड़े हो या छोटे। किसी को अपना नायक मान लेना और उसकी पूजा करना इसका प्रमुख कर्तव्य बन गया है। इस व्यवस्था के अधीन समाचारों का स्थान सनसनीदार बातों ने, विवेकात्मिक विचारों का बेतुकी उत्कंठा ने, जिम्मेवार लोगों के अन्तकरणः छुने का गैर–जिम्मेवार लोगों की भावनाओं को भड़काने ने लिया है[33]''।

## संदर्भ ग्रंथ

1. श्री अयंगर, ''मन्त्र युग के प्राचीन भारत में जीवन'' पृ. 13 और ऋ. वे. 1.53.8; 103.3, ऋ. वे. 4. 30. 20, ऋ. वे. 7. 5. 3, ऋ. वे. 4. 67. 3, ऋ. वे. 8. 24. 27; 30.5; 5.11.4; आंः 110; डॉ. बी. आर. अम्बेडकर, हू वेअर द शूद्राज, ठक्कर, बम्बई 1946, पुमु 1947, 1970, पृ. 110।
2. ऋ. वे. 1. 51.8,9; 1.1.32 4; 4.41.2; 5.14.3
3. मुंशी एन. एल. खोब्रागडे, मध्य प्रांत मे दलित आंदोलन का इतिहास, मध्य प्रदेश दलित साहित्य अकादमी, बालाघाट, 1999 पृ. 40–41।
4. एम. डी. कांबले, डिप्राइव्ड कास्टस् एण्ड देअर स्ट्रगल फॉर इक्वालिटी, आशिश पब्लिशिंग हाउस, नई दिल्ली, 1983, मुख पृष्ठ
5. डॉ. बाबासाहेब अम्बेडकर राइटिंग्ज एण्ड स्पीचेज, वाल्युम 1, पृ. 44 और एस. एस. गायकवाड, डॉ. अम्बेडकर यांची समाजरचनेची सैद्धांतिक मांडणी,

डॉ. बाबासाहेब अम्बेडकर गौरव ग्रंथ, महाराष्ट्र राज्य साहित्य आणि संस्कृति मंडल, बम्बई 1993, पृ. 27।

6. डॉ. अम्बेडकर, वीसा की प्रतिक्षा में, 1942–46, पृ. इस शीर्षक से अपने श्रम मत्रींत्व के कार्यकाल के दौरान विदेशी पाठकों के सूचनार्थ आत्म–चरित्र की विधा में डॉ. अम्बेडकर का लेखन।
7. रोड़रिग्ज, एसेनशियल राइटिंग्ज ऑफ डॉ. बी. आर. अम्बेडकर, नई दिल्ली, 2002।
8. डॉ. बी. आर. अम्बेडकर, राइटिंग्स एण्ड स्पीचेस, खण्ड 1 बम्बई, 1979 पृ. 227।
9. प्रो. बी. एच. कल्याणकर, डॉ. अम्बेडकरांचा शैक्षणिक दृष्टिकोण, डॉ. बाबासाहेब अम्बेडकर गौरव ग्रंथ,महाराष्ट्र राज्य साहित्य आणि संस्कृति मंडल, बम्बई, 1993, पृ.419–425।
10. डॉ. भालचंद्र लक्ष्मण मुणगेकर, डॉ. अन्बेडकर यांचे भारतीय शेतीविषयक विचार, डॉ. बाबासाहेब अम्बेडकर गौरव ग्रंथ, बम्बई 1993, पुनर्मुद्रण 1999, पृ. 393–394।
11. डॉ. भदन्त आनन्द कौसल्यायन, यदि बाबा न होते, नागपुर
12. डॉ. भदन्त आनन्द कौसल्यायन, वही, 1981, पृ.
13. डॉ. नरेन्द्र जाधव, डॉ. अम्बेडकरांचे अर्थशास्त्रीय लेखन, डॉ. बाबासाहेब अम्बेडकर गौरव ग्रंथ,महाराष्ट्र राज्य साहित्य आणि संस्कृति मंडल, बम्बई 1993, पृ. 362–372
14. डॉ. नरेन्द्र जाधव, वही, पृ. 362–391।
15. श्री गोविंद तलवलकर, डॉ. अम्बेडकर यांचे आर्थिक विचार, डॉ. बाबासाहेब अम्बेडकर गौरव ग्रंथ, बम्बई, 1993, पुनर्मुद्रण 1999, पृ. 399–400।
16. डॉ. एस. डी. तुपे, डॉ. बाबासाहेब अम्बेडकर आणि जमीनधारणा, वही, पृ. 400–404।
17. विसाव्या शतकातील महाराष्ट्र 1910–1914 खंड 1, पृ 214 और शांताराम पंदेरे, डॉ. अम्बेडकर आणि राखीव जागांचा प्रश्न, डॉ. बाबासाहेब अम्बेडकर गौरव ग्रंथ, बम्बई, 1993, पुनर्मुद्रण 1999, पृ. 307।
18. लेखक के विचार
19. सत्यकेतु विद्यालंकार, एशिया का आधुनिक इतिहास, सरस्वति सदन, मसूरी, उ. प्र., 1964 तृतीय संस्करण, पृ. 896।
20. डॉ. बी. आर. अम्बेडकर, रानडे, गांधी और जिन्नाह, बम्बई, 1943 भूमिका से
21. श्री अरुण शौरी, वरशिपिंग फाल्स गॉड़, एएसए प्रकाशन, नई दिल्ली, 1997, पृ.ग
22. एल. आर. बाली, शौरी का शोर, सम्यक साहित्य, नई दिल्ली 1997, पृ. 15
23. एल. आर. बाली, वही।
24. डॉ. बी. आर. अम्बेडकर, आकाशवाणी बम्बई का भाषण दिनांक 13.11.1942

25. डॉ. बी. आर. अम्बेडकर, स्मरण पत्र, साप्ताहिक मेनस्ट्रीम, नई दिल्ली, वार्षिक नवंबर 1993, पृ. 45।

26. दैनिक भास्कर, दिनांक 2 दिसंबर 2003, सुविचार में, संपादकीय पृष्ठ।

27. लेखक की कल्पना

28. एल. आर. बाली, शौरी का शोर, सम्यक साहित्य, नई दिल्ली 1997, पृ. 15।

29. प्रो. एन. जी. मेश्राम, डॉ. अम्बेडकर का दिव्य संदेश, बम्बई (प्रथम आवृत्ति1968), (दूसरी आवृत्ति 1995) पृ. 1–70।

30. सी. डी. नाईक, थॉटस् एण्ड फिलासफी ऑफ डॉ. बी. आर. अम्बेडकर, सरुप एण्ड सन्स, नई दिल्ली 2003, बुद्धिस्ट ड़ेवलपमेन्ट इन इस्ट एण्ड वेस्ट नामक अध्याय, पृ.

31. डॉ. धनंजय कीर, डॉ. अम्बेडकरः जीवन तथा कार्य, प्रकाशन पुणे, 1976, पृ. 32. डॉ. बी. आर. अम्बेडकर, राइटिंग्स एण्ड स्पीचेस, खण्ड 1 बम्बई 1979 पृ. 54।

33. डॉ. बी. आर. अम्बेडकर, थॉटस् ऑन पाकिस्तान, ठक्कर एण्ड कंपनी, बम्बई, 1945, विदेशियों से सबक नामक अध्याय, पृ. 200–217।

## अध्याय – 5

# घड़ी

**– चन्द्रबोधि धम्म नायक**

105वें वार्षिकोत्सव पर कारुणिक कौसल्यायन जी की याद फिर अतितीव्रता से आ रही है। किसी ने सही कहा, ''जिंदगी की टूटे ना कड़ी याद करले घड़ी दो घड़ी''।

उन दिनों भारतीय व्यक्ति की औसत प्रत्याशा आयु 24 वर्ष हुआ करती थी। अतः भदन्त जी ने अपनी आयु के 24वें वर्ष पूर्ण करने पर यह प्रण किया था कि ''अब तक मैंने अपने हिस्से की जिंदगी जी ली। शेष आयु मै दूसरों के लिए जिऊंगा''। तब से अतं तक भन्ते कौसल्यायन जी अनात्मिक परार्थ हेतु जीये।

उनके हर सार्वजनिक सभा के व्याख्यान का आरंभ बुद्धानुस्मृति से होता था। वह घड़ी भर आंखे बंद कर और हाथ जोड़कर कहते, ''करुणा सीतल हदयं पञापज्जोत विहत मोहतमं, सणरा मरलोक गरुण वन्दे तं सुगतं गति विमुत्तं''। अर्थात् जिनका हृदय करुणा से शीतल है, जिन्होंने अन्धकार का अपने प्रज्ञादीप से नाश किया, और जो सम्पूर्ण भुवन के शास्ता है, ऐसे गतिविमुक्त सुगत त्रिलोकगुरु को प्रणाम है!

उनके इस पावन जयंति वार्षिकोत्सव की घड़ी पर मुझे याद आ रहा है कि भंतेजी समाज से तिरोहित व्यक्तिओं को संवारने की चुनौति अपने कंधे पर वहन कर अपना दायित्व बखुबी पूर्ण कर उसी समाज को अपने द्वारा तैयार किये गये प्रद्रर्श के सामने झुकने के लिए कायल

करते थे। श्री गुणाकर मुले विज्ञान विश्लेषक के नाम से संपूर्ण हिन्दी जगत में प्रख्यात रहे। वह उन्हीं की देन थी। आज वह भी नहीं रहे। श्रीलंका के तेलवत्ते राहुल केनेडा और आस्ट्रेलिया में संस्कृत विभाग के विश्वविद्यालयीन प्रमुख थे। वे भी बहुत पहले ही चल बसे। कौन नहीं जानता कि भन्ते मेधंकर जी ने अपने आत्मचरित्र में स्वयं अपने को उन्हीं बिरले सौभाग्यशाली सपूतों में माना है जिन्हें कारुणिक कौसल्यायन जी का अपार आशिष प्राप्त था।

इस घड़ी में मुझे उनके धर्मबंधू महापंडित राहुल सांकृत्यायन को संदर्भित न करना नामुमकीन है। भन्ते मेधंकर जी ने बुद्ध भूमि द्वारा बाद में प्रकाशित धम्मपद की भूमिका में लिखा ही है कि "आनन्द और राहुल सारिपुत्र और मौदगाल्यायन जैसे आधुनिक काल के धर्म सेनापति रहे"। उन्होंने आगे कहा कि जब राहुल जी का सन् 1963 में विस्मृति लोप में देहांत हुआ तो आनन्द जी उससे विचलित हुए और कुछ देर मौन के बाद उनके मुंह से यह उद्गार फुट पड़ा कि "अब मुझे राहुल जी के हिस्से का भी लेखन करना पड़ेगा"।

राहुल जी को हर घड़ी याद करने के लिए उन्हीं से विरासत में प्राप्त घड़ी भन्ते कौसल्यायन जी की कलाई पर हमेश दिखाई पड़ती थी।

गृहस्थ जीवन में भी राहुल जी आजीवन भिक्षु रहे कौसल्यायन महास्थविर के लिए उतने ही आदरणीय रहे जितने वह स्वयं हमारे लिए है। अब तक दार्जिलिंग में कमला साकृत्यायन ने राहुल जी की धरोहर जारी रखी, अब वह भी चल बसी। सन् 1998 में जब वह हमारे राष्ट्रीय संस्थान में अतिथि के रुप में आई थी तो लेखक की स्मृतियाँ भन्ते आनन्द जी और राहुल जी के बारे में तरोताजा हुई। वर्तमान पीढी के पास अब जया और जेता ही उनकी यादगार हैं।

इस घड़ी में बाबासाहेब अम्बेडकर के भिक्खू सेनानी के रुप में डॉ. भदन्त आनन्द कौसल्यायन जी की याद आ रही है। यूं तो राहुल जी के डेढ सौ ग्रंथों के साथ स्वयं भन्ते जी के लगभग पचहत्तर ग्रंथों की संपदा बौद्ध धर्म की पैनी दृष्टि दिलाने हेतु पर्याप्त है।

परंतु कौसल्यायन जी डॉ. अम्बेडकर के बुद्ध, मुर्तिकला, वास्तुशिल्प और उनके सामाजिक बौद्ध धर्म से संबंधित वक्तव्य का अध्ययन करते हैं तो उनकी वाणी से अनायास यह उदान निकलता है कि ''जिंदगी भर बौद्ध दर्शन के अभ्यासी रहे आनन्द कौसल्यायन को बुद्ध, धम्म और संघ के बारे में ऐसी नई, ताजा, विशाल और अनोखी दृष्टि अन्यत्र नहीं मिली।'' आश्चर्य नहीं कि अपने जीवन के पड़ाव पर उनके उदगार थे, ''यदि मैं मर जाऊँ तो आप लोग मेरी कब्र पर यह लिख देना कि डॉ. अम्बेडकर की मानवता की लड़ाई में कुल पुत्र कौसल्यायन भी वीर गति को प्राप्त हुआ।'' मानो एक मानव–सूरज सारे भुवन लोक को प्रकाशित करते रहने पर भी कह रहा है कि ''मैं डूब भी गया तो शफक छोड़ जाऊँगा''।

एक छोटा–सा प्रसंग याद आ रहा है। नागपुर के रेलवे स्टेशन पर लेखक भन्ते जी के साथ थे। दिल्ली जाने वाली ट्रेन का इंतजार था। प्लेटफार्म पर अमेरिकन विदूषी एलिनार झेलियट भी उसी ट्रेन से जाने के लिए आई। हम तीन हो गये। इस पर भन्ते जी ने अपनी शैली में विदूषी को बोला कि अब हम त्रिरत्न सफर करेंगे। विदूषी ने प्रतिसाद में पूछा कि हम त्रिरत्नों में कौन बुद्ध रत्न है, कौन धम्म रत्न है और कौन संघ रत्न है? इसके उत्तर की घड़ी में ही गाड़ी आई और स्टेशन की भीड़ के साथ हम त्रिरत्नों को भी प्रस्थान का धक्का दे गई।

कारुणिक कौसल्यायन सन् 1933 के बाद सन् 1979 तथा 1981 में इंग्लैंड में पधारे तो वह लेखक के साथ रहे। उस समय लेखक ही उनके प्रतिनिधि के रुप में वुल्वरहैम्प्टन बुद्ध विहार का अधिपति था। वहाँ से हम दोनों कनाडा और अमेरिका भी साथ ही गये थे। हवाई जहाज के लंबे सफर में हम लोगों ने 'यदि बाबा न होते' की अंग्रेजी पांडुलिपि को जांचने में व्यतीत किया। वहाँ के विश्वविद्यालयों में दिये गये भन्ते कौसल्यायन जी के प्रसिद्ध अभिभाषण और दुर्मिल चित्रों का संग्रह कम से कम एक और ग्रंथ की सामग्री है।

हम सभी लोग मिल कर डॉ. भदन्त आनन्द कौसल्यायन जी के व्यक्तित्व को सामूहिक रुप से प्रज्वलित रखने में यशस्वी हुये तो इस

से बढ कर उनके इस एक सौ पांचवें जयंति समारोह का उपहार दूसरा कोई नहीं हो सकता। अन्त में मैं यह कहना भूल ही गया कि भन्ते कौसल्यायन ने अपने कलाई पर बंधी हुई राहुल जी की वह घड़ी इंग्लैंड से भारत के लिए प्रस्थान करते वक्त लेखक को ही भेट की थी। अस्तु।

कुछ संस्मरण नीचे दिये फोटोग्राफ से निम्नानुसार अंकित है यथाः

1. दिनांक 19 अगस्त 1972 का यह चित्र है, जिसमें दीक्षा भूमि नागपुर के भिक्खू निवास के पूजा गृह में बीच के प्लेटफार्म पर बैठे हुए हैंः भदन्त आनन्द कौसल्यायन जिनके दाये में हैं सत्यशील, ज्ञानविमल, सुमतिपाल, उर्फ चन्द्रबोधि उर्फ चन्द्रशेखर नाईक, शीलधन, काशिनाथ. कमलशील गजभिये, बायी ओर हैं ज्ञानरत्न, नंदवर्धन, विमलकीर्ति, राहुलबोधि, एच. देशभ्रतार उर्फ उत्तमबोधि, बड़े भंतेजी के सामने एक बालक बीच में स्थित है, उसके सामने हैं उपासिकायें श्रीमती गणवीर, श्रीमती दवने, श्रीमती चव्हान, श्रीमती मेश्राम, श्रीमती कर्वे, जो बाबासाहेब अम्बेडकर की धम्म दीक्षा के समय उपस्थित भिक्खू सुमेध उर्फ नारायणे की बहन है, श्रीमती नन्देवर, पीछे की पंक्ति में दायें से बायें हैंः श्री चव्हान, श्री कमलेश मेश्राम, श्री खोब्रागडे,

श्री झोडापे, श्री ताकसांडे, श्री नरेन्द्र वाल्दे, श्री चेतराम, श्री सोनकांबले, श्री गोंडाने, श्री पाटिल, श्री फुलझेले, श्री सुभाश गेडाम, श्री खोब्रागडे, श्री अचकारपोहरे, और श्री दवने, जो सबके पीछे खड़े है।

2. भदन्त आनन्द कौसल्यायन भिक्खू निवास, दीक्षा भूमि, नागपुर के प्रांगण में टहलते हुए। Bhadant Anand Kausalyayan is strolling in the premises of Bhikkhu Niwas, Deeksha Bhoomi, Nagpur

3. भदन्त आनन्द कौसल्यायन भिक्खू निवास, दीक्षा भूमि, नागपुर के प्रांगण में पलंग पर बैठ कर समाचार पत्र देखते हुए।

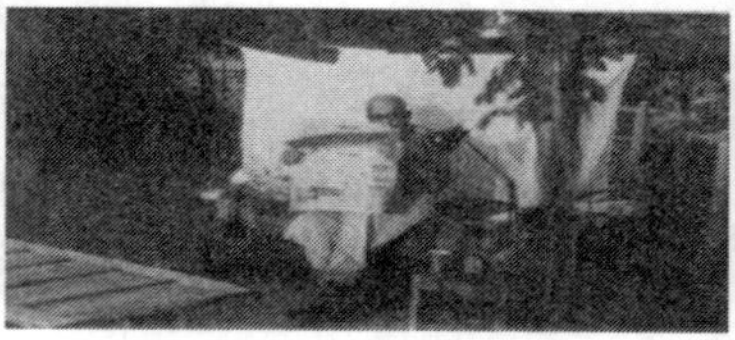

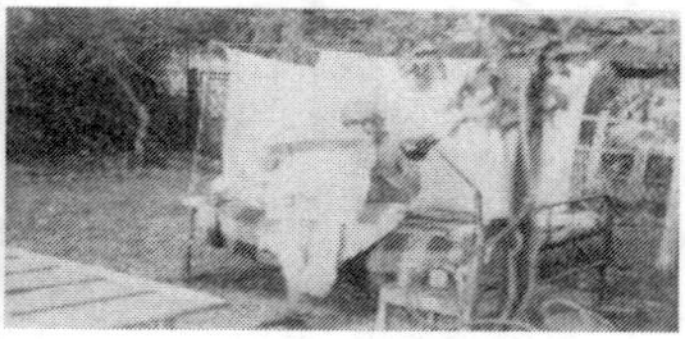

4. Anand Kausalyayan seated on a settee flanked by Chandrabodhi, Rahulbodhi, and Satyasheel while Upasaka Narnavre is seated on your left end and Upasaka Lokhande is standing on the right end at the residence in Mumbai. भदन्त आनन्द कौसल्यायन बम्बई में एक निवास में भिक्खू चन्द्र बोधि, राहुलबोधि

और सत्यशील और उपासक नारनवरे और श्री लोखंडे के साथ बैठे हुए।

5. भन्ते चन्द्रबोधि तक्षशिला विद्यालय, सुभाष टेकड़ी, उल्हासनगर के प्रांगण में आम सभा को संबोधित करते हुए।

6. भदन्त आनन्द कौसल्यायन बुद्ध भूमि, कामठी रोड़, नागपुर के अपने कक्ष में पलंग पर शयनासन् में। Bhadant Anand Kausalyayan taking nap in his chamber at Buddha Bhoomi, Kamptee Road, Nagpur

7. भदन्त आनन्द कौसल्यायन तक्षशिला विद्यालय उल्हासनगर के प्रांगण में भन्ते चन्द्रबोधि के साथ जनसभा की ओर से श्री तायडे जी के हस्ते स्वागत पुष्पहार स्वीकार करते हुए और भन्ते आनन्द थेरो अतिथियों का परिचय देते हुए। Venerable

Dr. Kausalyayan is being garlanded by Shri Tayade with Ven. Chandra Bodhi and Venerable K. Anand present on the podium of the function in Ulhasnagar.

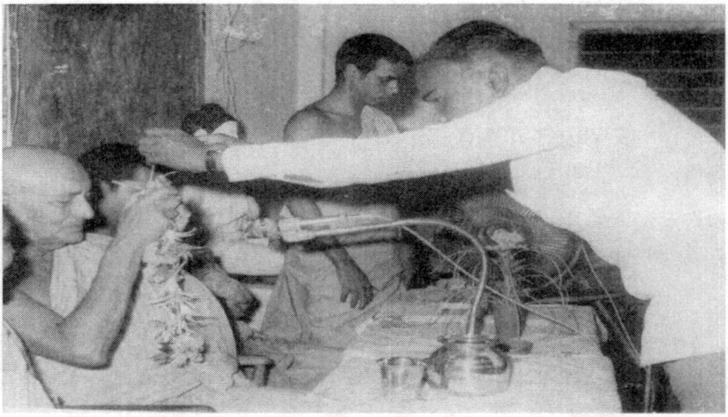

8. Venerable Chandra Bodhi receiving Gold Medal in Pali (M.A.) at the hands of the Vice Chancellor during the Convocation of Nagpur University in 1994. भदन्त चन्द्रबोधि उर्फ सी. डी. नाईक नागपुर विश्वविद्यालय के कुलगुरु के हस्ते दीक्षान्त समारोह वर्ष 1994 में एम. ए. पालि में स्वर्ण पदक स्वीकार करते हुए। चन्द्रबोधि धम्मनायक अपने उम्र की 17वें वर्ष में सुमतिपाल नाम से जगविख्यात भदन्त आनन्द कौसल्यायन के मार्गदर्शन और सानिध्य में श्रामणेर बने थे। फिर उन्हें बुद्ध गया के थाई महाविहार में लार्ड एबॉट फ्रा खू धम्मविरानुवत्र और दो थाई कम्मट्ठानाचार्य के हाथों अपने चालिस चीवरधारी श्रामणेर शिष्यों में गृहस्थ वेश में हाजिर सुमतिपाल की उपसम्पदा उनके बीसवे वर्ष 1974 में चन्द्र बोधि के नाम से कराई गई। फिर उसे कर्नाटक, भुसावल, उल्हासनगर और इंग्लैंड धर्म प्रचारार्थ भेजा गया, जहाँ भन्तेजी कौसल्यायन उनके रहते दो–दो बार आए और हवाई यात्रा में अपनी लोकप्रिय पुस्तक ''यदि बाबा न होते'' का चन्द्र बोधि द्वारा हैड देअर बिन नो अम्बेडकर शीर्षक से अनुवाद छपवाया। चन्द्र बोधि ने अपने लेखन कला का प्रथम

पाठ उनके द्वारा संचालित दीक्षा–भूमि पाक्षिक में ''मैं मन हूँ'' नामक आलेख को वर्ष 1972 में प्रकाशित शुरु किया था। उन्होंने वुल्वरहैम्पटन विहार में बाबासाहेब अम्बेडकर की आदम कद प्रतिमा की स्थापना भी की थी। उन्हीं अपने गुरु के परिनिर्वाण पर चन्द्र बोधि ने मुखाग्नि देकर बाकीबो नामक संस्था स्थापित की थी।

9. भदन्त आनन्द कौसल्यायन जपानी शिष्ट मंडल के संधरत्न और होलिसावा के साथ भन्ते चन्द्र बोधि और भन्ते मेधंकर की उपस्थिति में चर्चा करते हुए। Bhadant Anand Kausalyayan talking to the Japanese delegates, Sangharatna, Holisawa with Chandra Bodhi and Medhankar in Nagpur.

10. भन्ते चन्द्र बोधि भंडारा के अतिथि गृह में परम पावन दलाई लामा के साथ स्थित है। Bhante Chandra Bodhi with Dalai Lama in Bhandara, Maharashtra in 1990.

11. तिब्बती परंपरा की भिक्षुणी और हॉलिवुड अभिनेता कबीर बेदी की माताजी दिवगतं फरिदा बेदी की शोक सभा, नई दिल्ली में भदन्त आनन्द कौसल्यायन भन्तेजी श्री बेदी जी के साथ बात करते हुए।

# अध्याय – 6

# विहार निर्माण क्यों?

## प्रस्तावना

बौद्ध परंपरा में ''विहार'' का मतितार्थ 'मंदिर' अथवा 'देवालय' बिल्कुल नहीं है। 23 मई, 1932 में बेलगाँव जिले के एक निपाणी गाँव में[1] आठ हजार जनसंख्या वाले समुदाय को संबोधित करते हुये बाबासाहेब डॉ. अम्बेडकर ने कहा था, ''आज तक हमें हिंदू देवताओं के दर्शन नहीं हुए इसलिये हम मरे नहीं अथवा आज तक हिंदूओं के देवालयों में रहने वाले गधे, कुत्ते, बिल्लियाँ इत्यादी जानवर व्दिपाद नहीं बने।''

उक्त उद्‌बोधन के बाद उसी वर्ष के 28 सितंबर[2] को श्री देवराव नाईक की अध्यक्षता में बी. डी. डी. चाल, वरली, बम्बई में आयोजित सभा के सम्मुख डॉ. अम्बेडकर ने कहा था, ''आज जिधर उधर आपके लिए देवालयों के द्वार खुलवाने का यत्न किया जा रहा है परंतु देवालयों में प्रवेश मिलने से आपका उद्धार नहीं होता, यह बात आपको नहीं भूलना चाहिए। देवालय की मूर्ति के चारों तरफ खिलने वाली आध्यात्मिक भावना की अपेक्षा पेट की रिक्ति किस प्रकार भरेगी इसकी सावधानी आपको पहले लेनी चाहिए। खाने को पर्याप्त अन्न नहीं, बदन पर वस्त्र नहीं, शिक्षा की व्यवस्था नहीं, द्रव्य के अभाव में औषधोपचार कर नहीं सकते, ऐसी दैनावस्था से ग्रस्त अपना समाज है। ..... देवालय में प्रवेश के मार्ग खुल गये, अस्पृश्यता मात्र दूर हुई, इसलिए प्राप्त अधिकारों को गंवाना उचित नहीं होगा।''

## समाजोपयोगी विहार

विहार के बारे में देवता और मंदिर से हटकर एक शुद्ध समाजोपयोगी निर्माण की कल्पना डॉ. अम्बेडकर के हृदय में बसे बुद्ध और उनके दिमाग में विकसित 'बहुजन हिताय बहुजन सुखाय' का ध्येय तक्षशिला, विक्रमशिला, नालंदा, आंदंतपुरी, वल्लभी और जगद्दल इत्यादी बौद्ध वैश्विक शिक्षा केन्द्रों के साथ जुड़ी भावना को उजागर करते हैं।

जहाँ जहाँ विहारों का निर्माण हुआ वहाँ–वहाँ विशिष्ट बौद्ध मत उस केन्द्र के मध्य में रहा है। ई. पू. 200 वर्ष से ई. स. 200 तक मथुरा से नगरहार और तक्षशिला से काश्मीर तक सर्वास्तिवाद बौद्ध संप्रदाय का बोलबाला रहा है। तक्षशिला विहार में रहे चीनी यात्री फाहियान ने लिखा था, "धर्मयात्रिओं द्वारा दर्शनीय जितने पगोड़ा और मंदिर है उनमें से एक भी तक्षशिला की भव्यता और प्रतिष्ठा का सानी नहीं है। इसके इर्दगिर्द कई विहार थे, जिनका हूणों ने नाश किया था। विद्याकेन्द्र की हैसियत से तक्षशिला का नाम इतना विख्यात रहा कि तत्कालीन गांधार कला के चित्रकार अपनी कूची से वहाँ पर राजकुमार सिद्धार्थ को हाथ में स्लेट लिए वर्णमाला पढने में मग्न दिखाना नहीं भूले। वहाँ मिले कुछ बौद्ध अवशेष महाबोधि सभा द्वारा निर्मित सारनाथ के मूलगंधकूटी विहार में सुरक्षित रखे गये हैं। प्राचीन तक्षशिला का आधुनिक नाम तक्षिला है और वह आज के पश्चिम पाकिस्तान में स्थित है।

## विहार और दार्शनिक

विहारों के बारे में यह भी सामान्य कथन है कि हर विख्यात विहार के साथ कई–कई महान बौद्ध दार्शनिक अथवा मनीषी जुड़े रहे हैं। उदाहरणार्थ वसुबंधु के शिष्य दिन्नाग नालंदा विहार में थे और उन्होंने सुदुर्जय नामक ब्राह्मण पंडित को शास्त्राथ्र में हराया था। अपनी महाराष्ट्र और ओडिसा की यात्रा में भी वे विद्वानों से शास्त्रार्थ करते रहे। ईत्सिंग के अनुसार दिन्नाग के प्रमाण–समुच्चय आदि ग्रंथों का तर्कशास्त्र के पाठयपुस्तकों के रुप में पढाया जाता था। उन्होंने वात्सायन

के न्याय–भाष्य में स्थापित सिद्धान्तों का खण्डन किया ओर बाद में उद्योतकर को अपने न्यायवार्तिक में वात्यायन के मतों के समर्थन में लिखना पड़ा। दिन्नाग के उत्तराधिकारी धर्मकीर्ति भारत के कांट कहलाते थे। उन्होंने सातवीं शताब्दी में ईश्वरसेन के अधीन तर्कशास्त्र का अध्ययन किया। बाद में वे नालंदा गये आर वहाँ महाविहार के संघ स्थविर तथा विज्ञानवाद के आचार्य धर्मपाल के शिष्य बने। उनके सबसे बडे तार्कीक ग्रंथ प्रमाण–वार्तिक की खोज राहुल सांकृत्यायन ने तिब्बत में की थी और सन् 1953 में पटना के जायसवाल शोध संस्थान ने प्रमाण–वार्तिक भाष्य अथवा वार्तिक–अलंकार नामक भाष्य को प्रकाशित किया। धर्मकीर्ति के प्रभाव से ही नौवीं शताब्दी में वाचस्पति मिश्र ने अपने सिद्धान्त के बचाव में न्यायवार्तिक–तात्पर्य–टीका लिखी थी।

नालंदा महाविहार राजगीर के समीप बरगाँव में स्थापित था और ई.स. 500 से ई.स. 1200 तक वह फलता–फूलता रहा। इसी में चीनी यात्री व्हेनसांग कुछ समय तक ठहरे थे। यहाँ 10,000 शोधार्थी थे और उसके संरक्षकों में हर्ष और उसके पूर्व के शासक रहे है। लगभग 200 गांवों के राजस्व से नालंदा का व्यवस्थापण किया जाता रहा। उसके तत्कालीन आचार्यों में शीलभद्र, शांतरक्षित, और अतिश अथवा दीपंकर के नाम अधिक विख्यात रहे हैं।

उक्त दो महाविहारों के वर्णन से पाठक कल्पना कर सकता है कि विहार निर्माण का महत्व बौद्ध परंपरा में कितना गहरा और उच्च है। विहार से यहाँ अभिप्राय निम्नांकित दो बातों से है:

1. भिक्षु प्रशिक्षण केन्द्र, तथा
2. विहार विश्वविद्यालय।

आरंभिक और आधुनिक बौद्ध शिक्षा के केन्द्रों में उपरोक्त दोनों का उल्लेख (ई. पू. 400–1200 ई. स.) अभिप्रेत है। भिक्षु को प्रशिक्षण देने की व्यवस्था से आरंभ होकर इस व्यवस्था ने अपने विस्तार और उद्देश्य की ऊंचाई से नई बौद्धिक रुचि व मानसिक क्षितिज हस्तगत किया और बंद ध्यान समुदाय से संस्कुति और शिक्षा के ज्ञानपीठ में कायाकल्प

होने तक इस व्यवस्था का विकास जारी रहा और आगे भी इसका लाभ विश्व और विशेषतः भारत को और मिलता तो बारहवीं शताब्दी में बख्तियार खिलजी के बिहार और बंगाल की विजय ने इन प्राचीन विहार विश्वविद्यालयों की प्रगति में अकस्मात् खण्ड पैदा किया, जो डॉ. अम्बेडकर के सिद्धार्थ कॉलेज, बम्बई और मिलिंद महाविद्यालय, औरंगाबाद के निर्माण के साथ ही 800 वर्षों का मौन इतिहास वर्तमान से जुड़ गया।

डॉ. अम्बेडकर विहार को देवालय का पर्याय बनाना नहीं चाहते थे। अतः उन्होंने 18 जून, 1939 को परल, बम्बई आर. एम. भट हाइस्कूल हॉल में महार जाति की जनसभा को संबोधित करते हुए सार्वजनिक कार्य हेतु एक प्रशस्त भवन निर्माण के लिए निम्नांकित निर्देश दिये थे।

## भवन

बम्बई जैसे स्थान में अपने सार्वजनिक कार्य के लिये पर्याप्त होने वाला एक भवन का निर्माण कम से कम एक लाख रुपये लागत से हो सकेगा। निर्माण कार्य का आरंभ एक दो माह के भीतर ही होना चाहिए। अतः आप अब निश्चिंत न बैठकर आज से इस कार्य का आरंभ कीजिए। हर मोहल्लें के अपने लोगों में से चार पांच अथवा मोहल्ला बड़ा होने पर पांच–दस योग्य सदस्यों की कमेटी नियुक्त की जानी चाहिए और उनके जरिये अपने–अपने मोहल्ले के आदमियों की मर्दुमशुमारी की जानी चाहिए। कमेटी के सभासदों के नाम एक–दो दिन के भीतर सूचित किये जाएं। कार्यालय में उक्त जानकारी मिलने के बाद दान की राशि किस प्रकार एकत्रित करना है, इस का निर्देश भी आपको दिया जाना चाहिये। इस सत्कार्य के उद्देश्य से 30 रुपये प्रति माह के वेतन वालों ने कम से कम 2 रुपये और जिनका वेतन 50 रुपये तक है उन्हें 5 रुपये तथा उससे अधिक वेतन वालों को अपने एक महीने का वेतन देना चाहिए। उसी प्रकार शिक्षक, शिक्षिका व क्लर्क की नौकरी करने वालों को एक महीने की तन्ख्वाह अदा करना चाहिए[3]।

## आदर्श हॉल का निर्माण

उसी प्रकार दिनांक 14 मई, 1945 को दामोदर हॉल के पीछे एक उद्यान में शेड्युल्ड कास्ट फेडरेशन, बम्बई शहर शाखा की ओर से आयोजित चाय पार्टी में अपना वक्तव्य देते हुए बाबासाहेब अम्बेडकर ने एक भव्य हॉल निर्माण के बाबत् निम्न वचन बोलेः

''आप सब को मालूम है कि हमें एक बड़ा हॉल बनाना है। उसके लिए 37 हजार रुपये का मूल्य अदा कर एक जगह खरीदी है। युद्ध के कारण उसका निर्माण स्थगित था परंतु युद्ध समाप्त होने के बाद उस कार्य को आरंभ किया जायेगा। युद्ध लगभग समाप्त होने को है तो छह महीनों के बाद कार्य शुरु हो जायेगा कहने में कोई हर्जा नहीं। इस हॉल के लिये दो लाख रुपयों की लागत लगेगी यह कल्पना मैंने आपको पहले ही दी है। हम जो हॉल बनायेंगे वह इतना सुंदर होना चाहिए कि उसका सानी बम्बई में खोज कर भी नहीं मिलना चाहिए। कोई प्रतिष्ठित मेहमान यदि यहाँ आयें और वह सभी हॉलों को देखने का निर्णय लें व उस बाबत् वह अपनी राय व्यक्त करना चाहें तो सबसे उत्तम और श्रेष्ठ प्रकार का हॉल यदि किसी का है तो वह हम लोगों का ही है के उद्गार उसके मुंह से निकलने चाहिए। और इस हॉल के लिए अपना ही पैसा व्यय होना चाहिए यह बात आपको ध्यान में रखनी है। क्योंकि अपना हॉल हम स्वयं ही निर्मित करेंगे तो अपनी इज्जत बढेगी''।

इस हेतु पहले ही विज्ञापित सूचना के अनुसार 18 वर्ष के ऊपर वाले प्रत्येक स्त्री–पुरुष ने एक रुपया अदा करना चाहिए। इस हेतु आज तक एकत्रित हुई राशि बैंक में रखकर उसका हिसाब श्री शा. अ. उपशाम के पास है। पैसा एकत्रित करने का काम वार्ड कमेटीओं के संगठन के माध्यम से करना अधिक सुलभ होगा।

यदि हम अपने में जो गरीब हैं उन पर निर्भर होंगे तो पर्याप्त राशि एकत्रित होगी इस बाबत मुझे गारंटी नहीं है। इसलिये मुझे लगता है कि जिन्हें यह संभव है उन्हें कम से कम पच्चीस रुपये अदा करना

चाहिए। ''अपनी इमारत पूर्ण रुप से तैयार होने के बाद मैं इतिहास लिखनेवाला हूँ, जिस में पच्चीस रुपये देने वालों की फोटो का अंतर्भाव किया जायेगा। उन लोगों के लिये यह अमूल्य अवसर है ऐसा मुझे लगता है''।

पैसे एकत्रित करने का कार्य अधिवेशन द्वारा स्वीकृत पद्धति के अनुसार ही होगा[4]।

## अभिप्राय

विहार निर्माण से डॉ. अम्बेडकर का अभिप्राय शैक्षिक हेतु सिद्धि की सीमटें, ईंट, पत्थर की चार–दीवारी ही था, जिसमें बुद्ध की मूर्ति की प्रतिष्ठापना, धम्म का प्रचार और जनता का सुशिक्षित व सुसंस्कृत होना निहित है, के बारे में दो राय नहीं हो सकती और इसे हम उनके व्याख्यानों के आधार पर स्पष्ट रेखांकित कर सकते है।

दिनांक 8 मई, 1954 को जनता के अंक में यह समाचार छपा था:

''पुणे जिले के ग्राम देहू रोड़ पर संत चोखोबाराय व बुद्ध ग्रंथालय मंदिर का निर्माण हुआ है। इस मंदिर हेतु आज तक कुल 1200 रुपये जमा हुए। इस राशि में मंदिर के ऊर्ध्वभाग का कार्य संपन्न हुआ और आधे से ज्यादा काम शेष है। इस मंदिर में मूर्ति की प्रतिष्ठापना हेतु डॉ. बाबासाहेब अंम्बेडकर, लोणावला में आए। उस समय मंदिर समिति के कुछ सदस्यों ने भी उनसे भेटं की।''

भगवान बुद्ध ने बताया कि आओ और देखो। मैं बताता इसलिए आप इस धर्म को स्वीकार करो यह बात नहीं है। तेरी अविद्या नष्ट हुई तो ही तू इस धर्म का अंगीकार कर।

## तरीका

हमें एक बात बतानी बाकी है। यह जो देवालय निर्मित किया हुआ है वह अत्यंत छोटा है। यदि वह जिस स्थिति में है उसी में छोड़ देंगे तो हमें धिक्कार है। इस देवालय को एक सभागृह चाहिए।

चंक्रमण के हेतु रिक्त जगह चाहिए। आप सबने दान इकट्ठा कर इस मंदिर को भव्य स्वरुप प्रदान करने का प्रयास करना चाहिए। परंतु भगवान के नाम पर एकत्रित किया हुआ निधि नहीं खाना चाहिए।

1200 वर्षों बाद भगवान बुद्ध के मूर्ति की स्थापना करने का प्रथम मान हमें मिला है। इसका श्रेय आपको ही जाता है। इसलिए आपको धन्यता का एहसास करना चाहिए।[6]

दिनांक 24 मई, 1956 को बम्बई के बुद्ध जयंती समारोह में बोलते हुए बाबासाहेब ने कहा था, ''भगवान बुद्ध का जगत में सबसे भव्य और ऊँचा पुतला अफगानिस्तान में है। परंतु धर्मांध मुसलमानों ने सात हजार बौद्ध भिक्षुओं के सिर काटकर रास्ते पर उनके शवों का ढेर लगाया और इसलिए वहाँ से बाकी बचे बौद्ध भिक्षुओं ने पलायन किया''।

अब बुद्ध धर्म की लहर आई तो वह कभी भी लौट कर नहीं जायेगी।

धर्म की स्थापना के लिए विहारों की अत्यंत आवश्यकता है। परंतु स्वकष्ट से मुझे एक ऐसा विहार निर्माण करना है कि जिसे आपने कभी देखा न होगा। परंतु उसके लिए मैं किसी धनी व्यक्ति के आगे लाचार होकर हाथ नहीं फैलाऊंगा। आप पैसा जमा कर देते होंगे तो निर्माण करुँगा। अपने स्वयं के मेहनत से निर्माण करुँगा। दूसरों की अंजलि से नहीं बनाऊंगा[7]।

## सीख

इस प्रकार विहार का निर्माण कर उसमें जीवन का ज्वलंत रुप बनाए रखना एक चुनौतीपूर्ण समस्या है। इस हेतु बौद्धों का आद्य कर्तव्य क्या है, इसे बताते हुए डॉ. अम्बेडकर ने कहा[8], ''मैं दिनांक 24 नवंबर, 1956 को अपरान्ह् 1 बजे काशी से सारनाथ पहुँचा। वहाँ भिक्षुओं से मिला। उनसे चर्चा करते हुए मैंने कहा, प्रत्येक बौद्ध व्यक्ति ने प्रत्येक रविवार को नियमित रुप से बुद्ध मंदिर में जाकर उपदेश कार्य करना चाहिए। उसी प्रकार उन्होंने प्रत्येक भाग में बुद्ध मंदिर का निर्माण

कर उसमें सभा बुलाने हेतु पर्याप्त आसनों वाला सभागृह भी होना चाहिए। इस दृष्टि से श्रीलंका, ब्रह्मदेश, तिब्बत, चीन आदि देशों के भिक्षुओं ने आगे आकर और पैसा संचित करने में मदद करनी चाहिए।''

## नये बौद्ध

नये बौद्धों का आद्य कर्तव्य है कि उन्होंने प्रति रविवार को बौद्ध मंदिर जाना चाहिए। यदि ऐसा नहीं हुआ तो नये बौद्धों को धर्म का परिचय नहीं होगा। इस हेतु जगह–जगह बुद्ध मंदिरों का निर्माण होना आवश्यक है।

## हिन्दू मंदिर में नहीं जाना चाहिए

अपनी नेपाल यात्रा का वृतान्त देते हुए डॉ. अम्बेडकर ने आगे कहा कि ''मुझे काठांडू के पशुपतिनाथ मंदिर में नहीं जाने दिया गया का असत्य समाचार उस समय के दैनिक अखबारों से प्रसिद्ध होने बाबत मैंने सुना। मैं किसी भी हिन्दू मंदिर में नहीं जाता। मेरे निजी सचिव को नेपाल के महाराजा ने इसके पूर्व के दिन बुलाकर डॉ. साहेब को मंदिर में जाने न देने के बाबत् सूचना दी थी व कहा था कि बौद्धों को हिंदू मंदिर में जाने देने तक की आज की स्थिति नहीं। नेपाल, लंका व भारतीय भिक्षु मंदिर में जाते थे। उन्हें भी मनाई की गई। जो व्यक्ति वता पर विश्वास नहीं रता उसने वैसा करना यानी स्वयं के मन को गफलत में डालना है और हिंदू के देवता का अपमान करना है। बौद्धों को कभी भी हिंदू के मंदिर में नहीं जाना चाहिए। बौद्ध मंदिर में सभी समान है। किसी को वहाँ मनाही नहीं करनी चाहिए।

## अस्पृश्य

जो अस्पृश्य हिन्दू धर्म में रह कर मंदिर में प्रवेश करना चाहते हैं यह उनका मात्र दुराग्रह है। उन्हें अन्याय, अपमान और विडंबना करा लेनी है तो इस बाबत मुझे कुछ बोलना नहीं है। परंतु बौद्धों ने पचड़े में नहीं पड़ना चाहिए। अपनी रोज की वंदना में हम कहते हैं – नत्थि मे सरणं

अञ्ञं बुद्धो में सरणं वरं अर्थात् मैं बुद्ध के शिवाय अन्य किसी को भी शरण नहीं जाऊँगा। ऐसा कहने वालों ने हिंदू मंदिर में जाने का आग्रह क्यों करना चाहिए?''

## काशी

''काशी में मंदिर प्रवेश एक राजनीतिक पैंतरा है। उससे दलितों को कुछ लाभ नहीं है। इसलिए बौद्ध धर्म का स्वीकार करके ही बंधुत्व और समता का दर्जा प्राप्त करना मात्र ही अपना मुख्य कर्तव्य है।''

## तिब्बती विधि

उक्त भाषण के बाद भिन्न–भिन्न राष्ट्रों से आए लगभग 150 भिक्षुओं ने बाबासाहेब के वक्तव्य का अनुमोदन कर सभी प्रकार की मदद देने का आश्वासन् दिया। सायं 4 बजे डॉ. अम्बेडकर ने सारनाथ की भग्न अवशेषों का अवलोकन किया। धम्मेक स्तूप के पास लगभग एक घंटा रूक कर तिब्बती लामाओं की पूजा का अवलोकन किया और कुछ सुझाव दिए, जिसका सबने दत्त चित्त से स्वागत किया। श्याम को बजे बाबासाहेब ने मूलगंधकूटी में विधिवत् ढंग से बहुत देर तक बुद्ध पूजा की। उसके बाद उन्होंने भिक्षुओं के परित्राण का श्रवण किया और आधा घंटा तिब्बती उपदेश विधि का अवलोकन किया।

## उपसंहार

अतः उपसंहार में कहा जा सकता है कि उपरोक्त विवेचन से यह निष्कर्ष निकलता है कि विहार निर्माण से मुख्यतः चार ध्येयों का प्राप्ति होती हैः

1. विहार बौद्ध धर्म के प्रचार–प्रसार, नैतिक नेतृत्व और ऐतिहासिक धरोहर का आगर है।
2. विहार सार्वजनिक शिक्षा–दीक्षा का केन्द्र होता है।
3. विहार सामाजिक संगठन और संघर्ष का स्रोत है, और

4. विहार समानता, स्वतंत्रता व बंधुत्व, रोजगाार तथा प्रजातांत्रिक गणराज्य की सबसे प्राचीन और सबसे विशाल वह भारतीय यंत्रणा है, जिसे विश्व ने आधुनिक युग में सर्वत्र अपनाया है।

## संदर्भ स्रोत


1. जनता, 25 जून 1932, डॉ. बाबासाहेब अम्बेडकर राइटिंग्ज एण्ड स्पीचेज, वाल्युम 18, भाग 1, पृ. 302।
2. जनता, 8 अक्टूबर 1932, डॉ. बाबासाहेब अम्बेडकर राइटिंग्ज एण्ड स्पीचेज, वाल्युम 18, भाग 1, पृ. 372–73।
3. वही, पृ. 270।
4. वही, पृ. 536।
5. वही, वाल्युम 18, भाग 3, पृ. 391।
6. वही, पृ. 424।
7. प्रबुद्ध भारत, 2 जून 1956, वाल्युम 18 भाग, पृ. 472।
8. वाल्युम 18, भाग 3, पृ. 559–562 दिनांक 24 नवम्बर 1956; धम्मदूत 1956 पृ. 244।

# अध्याय – 7

# उपसम्पदा और दीक्षांत समारोह

## प्रस्तावना

किसी भी व्यक्ति की उपसम्पदा यानी बौद्ध भिक्षु की दीक्षा के लिए आयु 20 वर्ष के ऊपर की होनी चाहिए। भिक्षुणी संघ भारत से लुप्त होने के कारण महिला को उपसम्पदा का लाभ प्राप्त होना यहाँ और अन्य बौद्ध देशों में भी कठिन–सा हो गया।

ऊपर चित्र में दायें से बायें मंचासीन प्रथम स्थान पर विश्वविद्यालय की कुलाधिपति, श्रीमती आनंदी बेन पटेल, राज्यपाल, म.प्र. शासन;

कुलपति प्रो. सी.डी. नाईक, बी.बी.ए.यू. केन्द्रिय विश्वविद्यालय, लखनऊ के कुलाधिपति; ब्राउस विश्वविद्यालय के कुलसचिव डॉ. त्रिपाठी और पीछे की पंक्ति में ब्राउस के संकाय और शोधार्थी तथा कर्मचारी हैं।

In the picture above Hon'ble Cabinet Minister of M.P. Govt. Shri Lal Singh Arya and newly elected MLA, M. P. Govt. Mrs. Usha Thakur are flanked on the right while the Souvenir of the Second Convocation of BRAUSS was being unveiled at the hands of the Chancellor.

डॉ. बी. आर. अम्बेडकर राष्ट्रीय सामाजिक विज्ञान विश्वविद्यालय में 2015 से 2018 तक की अवधि में दो ही दीक्षांत समारोह हुए हैं। पहला दीक्षांत समारोह प्रथम और संस्थापक कुलपति डॉ. आर. एस. कुरील और दूसरा दीक्षांत समारोह प्रो. सी.डी. नाईक, कुलपति के कार्यकाल में सितंबर 2018 को सम्पन्न हुआ था।

## द्वितीय दीक्षांत समारोह

इसके विपरित शिक्षा जगत में ग्रेज्युएट, पोस्ट–ग्रज्युएट से डाक्टरेट तथा पोस्ट–डाक्टरेट की विश्वविद्यालयीन उपाधियाँ कमाधिक आयुनूसार अध्यवसायी तथा अकादमिक शोधार्थी तथा आचार्य को विश्व के किसी भी विश्वविद्याालय में रूचिनुसार उपलब्ध है।

In the picture above Her Excellency the Chancellor of the University BRAUSS is awarding the Degree to the scholar while Vice Chancellor is standing with her.

निम्न में प्रस्तुत पंक्ति के लेखक की उपसम्पदा और उसके कुलपति होने के दौरान सम्पन्न द्वितीय दीक्षांत समारोह का विवरण है।

## दीक्षांत समारोह

पहले दीक्षांत समारोह स्मारिका 18 नवंबर, 2016 में कवर पृष्ठ पर प्रशासनिक भवन को हाइलाईट किया गया था परंतु द्वितीय दीक्षांत समारोह 17 सितम्बर, 2018 में विश्वविद्यालय तथा डॉ अम्बेडकर प्रतिमा को मुख पृष्ठ पर अंकित किया गया था। सूवनिर में पृष्ठों का भी अन्तर था। स्मारिकाओं के इनर पृष्ठ में मुख्य संपादक कुलपति दर्ज है। उनमें कुलपतियों के उद्‌बोधन का, महान विभूतियों के संदेशों के बाद, समावेश है।

प्रथम दीक्षांत समारोह में 46 तथा द्वितीय दीक्षांत समारोह में 50 एम. फिल. शोधार्थियों को उपाधियाँ प्रदान दी गई। दूसरे दीक्षांत समारोह में

8 छात्रों को एम.एससी.एग्रीकल्चर, 4 को एमएसडब्ल्यू, 2 को एम. लिब.,1 को एम.ए., 13 को बी. ए., और 1 को पी.एच.डी. की उपाधियाँ, प्रदान की गईं।

## द्वितीय दीक्षांत समारोह

द्वितीय दीक्षांत समारोह में 50 एम. फिल., 8 एम.एस.सी.एग्रीकल्चर, 4 एम.एस.डब्ल्यू., 2 एम. लिब., 1 एम.ए., 13 बी.ए., और 1 पी.एच.डी. शोधार्थियों को कुलाधिपति के हस्ते उपाधियाँ प्रदान की गई। In the

second convocation of the Brauss University 50 M. Phil., 8 M.Sc. Agr., 4 M.S.W., 2 M.Lib., 1 M.A., 13 B.A. and 1 Ph.D. scholars were awarded the respective Degrees at the hands of the Chancellor.

## दीक्षांत समारोह विधि

दीक्षांत समारोह विधि के 1 से 19 बिंदू निम्न प्रकार सम्पन्न किए गयेः यथा

1. शैक्षणिक शोभायात्रा का शुभारम्भ
2. दीक्षान्त समारोह मण्डप में शैक्षणिक शोभायात्रा का प्रवेश तथा आसन् ग्रहण
3. दीप प्रज्जवलन

4. कुलगीत
5. कुलपति द्वारा दीक्षान्त समारोह प्रारंभ करने का महामहिम कुलाधिपति से अनुरोध
6. कुलपति द्वारा महामहिम कुलाधिपति तथा मुख्य अतिथि को पुष्पगुच्छ भेंट
7. कुलाधिपति द्वारा कुलपति के निवेदन पर दीक्षान्त समारोह के शुभारम्भ की घोषणा
8. कुलपति द्वारा कुलसचिव के अनुरोध पर स्वागत सम्बोधन एवं प्रतिवेदन एवं दीक्षा उपदेश, छात्रों को अभिवचन एवं प्रतिज्ञा।
9. कुलाधिपति द्वारा कुलपति के अनुरोध पर मानद उपाधि और छात्रों को सत्रवार भिन्न–भिन्न उपाधियों का तथा स्वर्ण पदक आदि का वितरण

10. अनुपस्थित अभ्यर्थियों को उपाधि प्रदान करना, अभिलेख हस्ताक्षर हेतु प्रस्तुत करना।
11. मुख्य अतिथि का दीक्षान्त अभिभाषण
12. महामहिम कुलाधिपति का अध्यक्षीय सम्बोधन
13. कुलसचिव द्वारा धन्यवाद ज्ञापन
14. कुलसचिव द्वारा दीक्षान्त समारोह समापन करने हेतु महामहिम से अनुरोध

15. कुलाधिपति द्वारा दीक्षान्त समारोह समापन करने हेतु कुलसचिव का अनुरोध
16. दीक्षान्त समारोह समापन की घोषणा
17. राष्ट्रगान
18. प्रस्थान

| **19. आगमन क्रम** | **प्रस्थान क्रम** |
|---|---|
| 1. कुलसचिव | महामहिम कुलाधिपति |

In the picture above the degrees are being conferred on the worthy scholars according to their eligibility.

| | |
|---|---|
| 2. सभी विभागाध्यक्ष दो–दो की पंक्ति में | कुलाधिपति के सचिव एवं एडीसी |
| 3. आचार्य | मुख्य अतिथि |
| 4. निदेशक / अधिष्ठाता | कुलपति |
| 5. विद्या परिषद के सदस्य | कार्यपरिषद के सदस्य |
| 6. कार्यपरिषद के सदस्य | विद्या परिषद के सदस्य |
| 7. कुलपति | निदेशक / अधिष्ठाता |
| 8. विशिष्ट अतिथि | आचार्य |

| | |
|---|---|
| 9. मुख्य अतिथि | सभी विभागाध्यक्ष |
| 10. महामहिम कुलाधिपति | कुलसचिव |

## उपसम्पदा विधि

उपसम्पदा और प्रव्रज्या के भी 19 बिंदू हैं। उनमें दस अंग निम्नानुसार हैं: 1. उपसम्पदा देने और न देने योग्य गुरु, 2. अन्य सम्प्रदायी व्यक्तियों के साथः (क) लौटे व्यक्ति की उपसम्पदा, (ख) ठीक न होने लायक व्यक्तियों की उपसम्पदा, (ग) ठीक होने लायक व्यक्तियों की उपसम्पदा, 3. वाणप्रस्थियों के लिए विशेष ख्याल, 4. प्रव्रज्या के अयोग्य व्यक्ति, 5. मुंडन के लिए संघ की सम्मति, 6. बीस वर्ष से कम की उपसम्पदा नहीं, 7. पन्द्रह वर्ष से कम को श्रामणेर दीक्षा नहीं, 8. श्रामणेर शिष्यों की संख्या, 9. निश्रय की अवधि और 10. किसके लिए निश्रय आवश्यक है, (This picture belongs to the Thai Monastery in Bodhgaya, Bihara) और किसके लिए नहीं।

## उपसम्पदा के लिए तैयार हुए अभ्यर्थि

उपसम्पदा विधि के नौ अंग हैं: यथा 11. निश्रय के नियम, 12. बड़ों को गोत्र के नाम से पुकारना, 13. अनुश्रावण के नियम, 14. गर्भ से बीस वर्ष की उपसम्पदा, 15. उपसम्पदा के बाधक शारीरिक दोष, 16. उपसम्पदा कर्मः (क) अनुशासन, (ख) अनुशासक का चुनाव और (ग) उपसम्पदा ज्ञप्ति, अनुश्रावण और धारणा, पन्द्रह वर्ष से कम का श्रामणेर, 17. भिक्षुपन के चार निश्रय, श्रामणेर शिष्यों की संख्या, 18. भिक्षुओं के चार अकरणीय, निश्रय की अवधि, और 19. दुबारा उपसम्पदा लेने पर पहले के दंडो को पूरा करना।

In this picture the aspirants of higher ordination have shaved their heads including eye-brow, changed their dress and are seated with joint palms for awaiting further order of the Achariya and Kammatthanacharyas.

## शैक्षणिक–सामाजिक भेदभाव नहीं

डॉ. बी. आर. अम्बेडकर सामाजिक विज्ञान विश्वविद्यालय के कुलपति ने अपने जीवन के दोनों पहलुओं पर प्रकाश डाला क्योंकि वे दोनों चर्या के अनुभवी आचार्य भी रहे है।

बौद्ध जीवन चर्या में स्त्री–पुरुष, उपासक–उपासिका, अनागारिक–अनागारिका, श्रामणेर–श्रामणेरी, भिक्खू–भिक्खुनी, थेर–थेरी, महाथेर–महाथेरी आदि व्यक्तियों के वर्गीकरण तो हैं पर उसका सामाजिक मूल्य नहीं है। सभी को एक मान उनमें विभेदीकरण का एक ही मापदंड बौद्धिक–आध्यात्मिक है। यदि कोई व्यक्ति अपने मन में: 1. लोभ, 2. दोष, 3. मोह को स्थान देता है और वचन में 4. मिथ्यात्व, 5. मिथ्या निंदा, 6. दूसरों का कठोर बोल कर अपमान करना और 7. बकवाद आदि करता है, तथा 8. हिंसा, 9. चोरी और 10. वैवाहिक जीवन की पवित्रता को भंग करता है तो वह व्यक्ति बौद्ध हो या अबौद्ध हो, वैश्विक रुप से लौकिक स्तर का ही है और जब तक वह,

यथाभूत ज्ञान–दर्शन विशुद्ध प्रकार से नहीं पाता और उसे पाने के लिए प्रयत्नशील रहता है, तब तक वह वैश्विक सदाचार स्तर में योगदान देने वाला लोकोत्तर मार्ग का राही है और उसका दुःख मिट जाना सुनिश्चित है।

तथापि व्यावहारिक रुप से मौलिक मापदण्ड पर लौकिक–अलौकिकों में शोभा यात्रा के उद्देश्य से आगमन–प्रस्थान का क्रम दर्शाना हो तो उसे इस प्रकार प्रस्तुत किया जा सकता है:

The picture above shows Vice Chancellor addressing the gathering of the convocation.

बौद्ध धर्म में अष्टांगिक मार्ग से अलौकिक निर्वाण तक पहुँचा जा सकता है। उसे निम्न सारणी से समझाया गया है:

| क्र. सं. | लौकिक आगमण | अलौकिक प्रस्थान |
|---|---|---|
| 1. | परिपक्व आयुवाला व्यक्ति अपने शरीर में आत्मा का वास होने की मिथ्या दृष्टि दूर करता है। | प्रथम संत स्रोतापन्न अभ्यास |
| 2. | अपने मन के संदेह अर्थात् विचिकित्सा को दूर करता है। | प्रथम संत अभ्यास |
| 3. | धार्मिकता पाने के लिए व्रत–वैकल्य, कर्मकांड आदि का आश्रय लेना छोड़ने के बाद अभ्यासू को विकास की सीढी में प्रथम संत के मार्गारुढ स्रोतापन्न चित्त की प्राप्ति होती है और | प्रथम संत अभ्यास स्रोतापन्न मार्गारुढ चित्त |
| अभ्यास | उपरोक्त तीनों बंधनो का खात्मा करने पर उसे स्रोतापन्न फल प्राप्त चित्त का बोध होता है। | स्रोतापन्न फलप्राप्त चित्त |
| 4. | कामराग के बंधन को ढिला करना; द्वितीय संत | सकृदागामी मार्गारुढ चित्त |
| 5. | व्यापाद के बंधन को ढिला करना; द्वितीय संत | सकृदागामी फलप्राप्त चित्त |
| 6. | रुपराग के साथ उपरोक्त का समूल नाश करना; तृतीय संत | अनागामी मार्गारुढ चित्त |
| 7. | अरुपराग के साथ उपरोक्त का समूल नाश करना; तृतीय संत | अनागामी फल प्राप्त चित्त |
| 8. | अहंकार का समूल नाश करना; चतुर्थ संत | अर्हत मार्गारुढ चित्त |
| 9. | औद्धत्य अर्थात् बेचैनीका समूल नाश करना; चतुर्थ संत और | अर्हत मार्गारुढ चित्त |
| 10. | अविद्या का समूल नाश करना | अर्हत फल प्राप्त चित्त |

## जीवन यात्रा

शोभा यात्रा तो बताने का एक मंच है। असली यात्रा जीवन यात्रा है। उसमें भी सदाचार दो प्रकार का ही है और विशुद्धि मार्ग में (देखें सातवां द्विकद्ध कहा ही गया है कि सभी आश्रव' सहित शील लौकिक है और आश्रव–रहित शील लाकोत्तर है। वह लौकिक भव सम्पत्ति

**परम पावन दलाई लामा के साथ उपसम्पदा प्राप्त महास्थविर**
**चन्द्र बोधि अतिथि गृह, भंडारा दिनांक 13 जनवरी 1990**

लानेवाला और भव–निस्तार (मुक्ति) का साधन होता है। जैसे कहा है– ''विनय संवर के लिए है। संवर पछतावा न करने के लिए है। पछतावा न करना प्रमोद के लिए है। प्रमोद प्रीति के लिए है। प्रीति प्रश्रब्धि (शान्तभाव) के लिए है। प्रश्रब्धि सुख के लिए है। सुख समाधि (चित्त की एकाग्रता) के लिए है। समाधि यथार्थ–ज्ञान (प्रत्यय के साथ नामरुप को देखने का ज्ञान) को देखने के लिए है। यथार्थ–ज्ञान देखना निर्वेद के लिए है।

निर्वेद विराग (अर्हत मार्गद्ध के लिए है। विराग विमुक्ति (अर्हत फल) के लिए है। विमुक्ति ज्ञान को देखना, (उपादान रुप, वेदना, संज्ञा, संस्कार, विज्ञान रहित) परिनिर्वाण के लिए है। जो कि कुछ न ग्रहण करते हुए चित्त का मुक्त हो जाना है। इसी के लिए बातचीत (विनय सम्बन्धी) करना है। विचार करना है। सहारा लेना है। सुनने के लिए कान देना है। लोकोत्तर शील भव–निस्तार को लाने वाला और प्रत्यवेक्षण–ज्ञान (प्राप्त किए हुए मार्ग–फल को देखने का ज्ञान) की भूमि होता है। इस प्रकार लौकिक और लोकोत्तर के अनुसार शील दो प्रकार का होता है।

## प्रव्रज्या

दिनांक 19 अगस्त, 1972 का यह चित्र है, जिसमें दीक्षा भूमि नागपुर के भिक्खू निवास के पूजा गृह में बीच के प्लेटफार्म पर बैठे हुए हैं: भदन्त आनन्द कौसल्यायन जिनके दाये में हैं सत्यशील, ज्ञानविमल, सुमतिपाल, उर्फ चन्द्रबोधि उर्फ चन्द्रशेखर नाईक, शीलधन, काशिनाथ, कमलशील गजभिये, बायी ओर हैं ज्ञानरत्न, नंदवर्धन, विमलकीर्ति, राहुलबोधि, एच. देशभ्रतार उर्फ उत्तमबोधि, बड़े भंतेजी के सामने एक बालक बीच में स्थित है, उसके सामने हैं उपासिकायें श्रीमती गणवीर,

श्रीमती दवने, श्रीमती चव्हान, श्रीमती मेश्राम, श्रीमती कर्वे, जो बाबासाहेब अम्बेडकर की धम्म दीक्षा के समय उपस्थित भिक्खू सुमेध उर्फ नारायणे उर्फ रत्नाकर आगलावे की बहन है, श्रीमती नन्द्वर, पीछे की पंक्ति में दाये से बाये हैं: श्री चव्हान, श्री कमलेश मेश्राम, श्री खोब्रागडे, श्री झोडापे, श्री ताकसांडे, श्री नरेन्द्र वाल्दे, श्री चेतराम, श्री सोनकांबले, श्री गोंडाने, श्री पाटिल, श्री फुलझेले, श्री सुभाश गेडाम, श्री खोब्रागडे, श्री अचकारपोहरे, और श्री दवने, जो सबके पीछे खड़े है।

उस समय वर्ष 1974 में थाई उपाध्याय फ्रा खू विरानुवत और दो कमट्ठानाचार्य द्वारा थाई बुद्ध विहार, बोधगया में उपसम्पन्न हुए भिक्षु चन्द्र बोधि की उनकी आयु के 16वें वर्ष में प्रव्रज्या हुई थी और तब आचार्य भदन्त आनन्द कौसल्यायन ने उसका नाम सुमतिपाल रखा था।

## उपसम्पदा और प्रव्रज्या देने वाले की पात्रता और अपात्रता

जिस भिक्षु में अर्हत स्तर का शील, समाधि और प्रज्ञा, विमुक्ति और विमुक्ति–ज्ञान–दर्शन सम्पन्न होने की पात्रता है, उसे ही दूसरों को उपसम्पदा देनी चाहिए। अन्यथा नहीं। ऐसे ही सुपात्र आचार्य को श्रामणेर प्रव्रज्या देकर उन्हें रखना चाहिए। अन्यथा नहीं।

## उपसम्पदा के लिए अपात्र व्यक्ति

सामन्त, सेठ और सरकार द्वारा आपत्ति लेने पर निम्न व्यक्तिओं को उपसम्पदा के लिए अपात्र घोषित किया गया। यथा – ऋणग्रस्त, दास–दासी और सैनिक आदि।

## अर्हत्व पद

आवास–मात्सर्य, कुल–मात्सर्य, लाभ–मात्सर्य, वर्ण–मात्सर्य, धर्म–मात्सर्य अथवा अकृतज्ञता का त्याग किए बिना प्रथम ध्यान, द्वितीय ध्यान, तृतीय ध्यान, चतुर्थ ध्यान, स्रोतापत्ति फल, सकृदागामी फल, अनागामी फल, अरहत्व फल की प्राप्ति असम्भव है।

## ब्रह्मचर्य–वास

उपरोक्त पांच मात्सर्यों (अभिमान) का प्रहाण करने के लिए ही ब्रह्मचर्य–वास किया जाता है। धर्म–मात्सर्य पंच–मात्सर्यों में निकृष्टतम मात्सर्य है।

## शिक्षा नीति मसौदा 2019

इस मसौदे में कहा भी गया हैं कि लबरल एज्युकेशन और शोध एक दूसरे को पोषित और सामर्थ्यवान बनायेंगे।

**इस चित्र में उपसम्पन्न भिक्षु चन्द्रबोधि वर्ष 1994 में नागपुर विश्वविद्यालय के तत्कालीन कुलपति के हस्ते एम. ए. का गोल्ड मेडल ग्रहण करते हुए।**

## कुलपति महोदय का दीक्षांत उद्‌बोधन

बड़े हर्ष एवं गौरव का विषय है कि भारत रत्न डॉ. बी. आर. अम्बेडकर की पुण्य जन्म भूमि में मध्यप्रदेश शासन द्वारा स्थापित तथा उनके दर्शन एवं विचार मूल्यों को समर्पित डॉ. बी. आर. अम्बेडकर सामाजिक विज्ञान विश्वविद्यालय के द्वितीय दीक्षांत समारोह में आप सभी का विशेषकर महामहिम राज्यपाल महोदया एवं प्रदेश के माननीय मंत्री, धार–महू लोकसभा क्षेत्र की माननीय सांसद, कुलाधिपति डॉ. बरतूनिया एवं प्रो. बी. बी. कुमार का मैं हृदय से स्वागत तथा अभिनन्दन करता हूँ। आप सभी की उपस्थिति इस कार्यक्रम को गरिमा प्रदान कर रही है। समारोह में उपस्थित सभी प्रबुद्ध एवं गणमान्य नागरिकों, आमंत्रित अतिथियों एवं विराजमान सभी माता, बहनों और भाईयों का मैं हार्दिक स्वागत करता हूँ। आप सभी को मैं बहुत ही आदर, सम्मान एवं प्रसन्नता के साथ यह अवगत कराना चाहता हूँ कि भारत रत्न डॉ. बी. आर. अम्बेडकर के जीवन दर्शन पर केन्द्रित तथा भारतीय संविधान की मूल प्रेरणा एवं मूल्यों पर आधारित यह विश्वविद्यालय अनुसूचित जाति, अनुसूचित जनजाति एवं अन्य विद्यार्थियों के लिए

सामाजिक न्याय एवं उत्थान, आर्थिक विकास और सशक्तिकरण, शैक्षणिक उत्कृष्टता एवं राष्ट्र निर्माण में भागीदारी सुनिश्चित करने जैसे महत्वपूर्ण उद्देश्यों के लिए इस विश्वविद्यालय का शुभारम्भ 14 अप्रैल, 2015 को प्रदेश के यशस्वी मुख्यमंत्री जी द्वारा किया गया।

मध्य प्रदेश शासन द्वारा बनाया गया यह विश्वविद्यालय सामाजिक विज्ञान के क्षेत्र में देश का एकमात्र प्रथम विश्वविद्यालय है जहाँ अनुसूचित जातियों, अनुसूचित जनजातियों एवं अन्य पिछड़े वर्गों के हित में समसत बुराईयों, भेदभाव, असमानता, कुप्रथाओं, अंधविश्वास, छूआछूत व जातिभेद निर्मूलन पर कार्य किया जा रहा है तथा इसके साथ ही इन वर्गों के लिए कौशल विकास एवं उद्यमिता के अवसर प्रदान कर गुणवत्तापूर्ण उच्च शिक्षा उपलब्ध कराने के अपने मूल उद्देश्यों एवं विशिष्ट अधिनियम से यह विश्वविद्यालय स्थापित किया गया है। इस विश्वविद्यालय का केन्द्र बिन्दु भारत रत्न डॉ. बी. आर. अम्बेडकर है, जिन्होंने अपने जीवन पर्यन्त सामाजिक न्याय और समानता के लिए संघर्ष किया। सामाजिक न्याय के पुरोधा के विचारों एवं उनके दर्शन को केन्द्र में रखकर ही यह विश्वविद्यालय विश्व स्तरीय शोध, उच्च शिक्षा, प्रशिक्षण एवं प्रसार के नये आयामों की ओर अग्रसर है। इस विश्वविद्यालय का लक्षित समूह अनुसूचित जाति, अनुसूचित जनजाति तथा अन्य पिछड़ा वर्ग हैं। ये वे वंचित वर्ग हैं जो सदियों से जाति व्यवस्था की कुप्रथाओं एवं अन्य सामाजिक विभेदों का शिकार रहे हैं तथा सामाजिक और शैक्षणिक दृष्टि से समाज में उचित स्थान प्राप्त करने में असमर्थ रहे हैं। इन वंचित वर्गों के सर्वांगीन विकास के लिए ही इस विश्वविद्यालय को बनाने में हमारे अपने माननीय मुख्यमंत्री जी का सर्वाधिक योगदान रहा हैं जिन्होंने जनसंकल्प 2013 में संस्थान को विश्वविद्यालय में परिवतिर्त करने का निर्णय लिया तथा शासन के 100 दिवसीय कार्ययोजना में शामिल किया जिसके परिणामसवरुप यह विश्वविद्यालय अपना मूर्त रुप ले सका तथा आज हम अपना द्वितीय दीक्षांत समारोह मना रहे है।

आज भी हमारा समाज कुप्रथाओं, अंधविश्वासों तथा कुरीतियों के मकड़जाल में फँसा है। जात–पांत, भाषा, सम्प्रदाय आदि के आधार पर भेदभाव, घरेलु हिंसा, महिलाओं के विरुद्ध अत्याचार तथा उनका शोषण, बाल मजदूरी, बंधुआ मजदूरी, छूआछूत तथा अनुसूचित वर्गों के विरुद्ध अत्याचार के मामले आये दिन सुर्खियों में पढ़ने को मिलते हैं। इसी को ध्यान में रखते हुए विश्वविद्यालय द्वारा मध्य प्रदेश शासन के सहयोग से पुलिस प्रशासन में दो वर्षीय एम. ए. पाठयक्रम भी प्रारम्भ किया गया है जिसके अंतर्गत मध्य प्रदेश राज्य लोक सेवा आयोग द्वारा चयनित उप–पुलिस अधीक्षक स्तर के अधिकारियों के चयन उपरान्त दो वर्ष का गहन अध्ययन कराया जायेगा जिसके अंतर्गत विशेष रुप से समाज के अनुसूचित जाति, अनुसूचित जनजाति एवं महिलाओं तथा बच्चों की मूलभतू समस्याओं के प्रति उन्हें और अधिक सवेंदनशील बनाने के प्रयास किए जाएंगे क्योंकि समाज का कमजोर वर्ग अपनी समस्याओं को लेकर सर्वप्रथम पुलिस के पास आता है तथा वहाँ से वह अपने साथ हुए अन्याय एवं उत्पीडन के लिए न्याय चाहता है। ऐसी स्थिति में पुलिस अधिकारियों को इन वर्गों की समस्याओं के प्रति और अधिक संवेदनशील होकर उनके हितों के प्रति और अधिक निडर, निष्पक्ष न्याय प्रदान करने में अपनी सक्रिय भूमिका निभाकर वे भी समाज में शाश्वत विकास की दिशा में एक सकारात्मक स्थायी पहल कर सकें।

मध्य प्रदेश शासन द्वारा यह विश्वविद्यालय बनाया गया है जिसके द्वारा गहराई से अनुसंधान, अध्यापन, संवेदनशीलता का प्रशिक्षण, विस्तार और प्रचार–प्रसार के माध्यमों से विभिन्न प्रकार की सामाजिक, आर्थिक एवं शैक्षणिक समस्याओं पर आधारित शोध कार्य किए जा रहे हैं जिससे इन समस्याओं पर अंकुश लगाने का प्रयास हो सकेगा। मध्य प्रदेश शासन के उच्च शिक्षा विभाग के सहयोग से विश्वविद्यालय द्वारा प्रदेश के प्रत्येक जिले में उत्कृष्ट महाविद्यालयों के सहयोग से सामुदायिक नेतृत्वशीलता एवं शाश्वत विकास में स्नातकोत्तर पाठ्यक्रम एम. एस. डब्ल्यू. का संचालन शीघ्र ही प्रारम्भ किया जा रहा है। इस विश्वविद्यालय द्वारा देश–विदेश की क्षातनाम विश्वविद्यालयों एवं अंतर्राष्ट्रीय संस्थाना

के साथ नेटवर्किंग किया जा रहा है जिसके माध्यम से अन्य देशों में सामाजिक समानता एवं समरसता के लिए किये गए प्रयासों को समझने में मदद मिलेगी। विश्वविद्यालय अपने द्वितीय दीक्षांत समारोह में वर्ष 2014–15 एवं वर्ष 2015–16 के स्नातक, स्नातकोत्तर, एम. फिल. तथा पी.एच. डी. के शोधार्थियों को डिग्रियाँ प्रदान की जा रही हैं।

## कुलपति द्वारा दीक्षा उपदेश

दीक्षांत उद्बोधन देते हुए कुलपति प्रो. सी.डी. नाईक

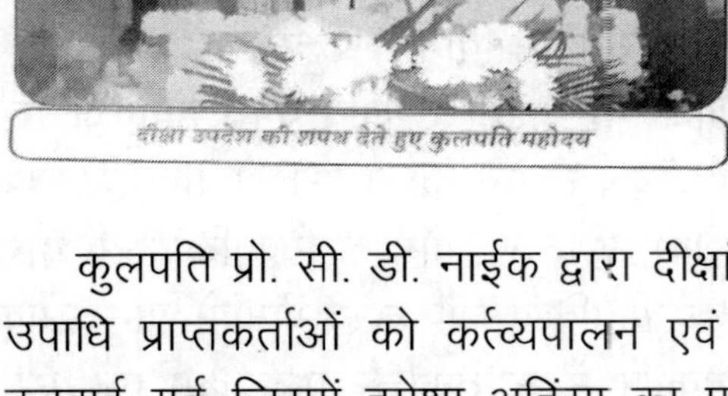

दीक्षा उपदेश की शपथ देते हुए कुलपति महोदय

दीक्षा लेते हुए शोधार्थी

कुलपति प्रो. सी. डी. नाईक द्वारा दीक्षांत समारोह में उपस्थित सभी उपाधि प्राप्तकर्ताओं को कर्त्व्यपालन एवं नैष्ठिक जीवन हेतु प्रतिज्ञा करवाई गई जिसमें हमेशा अहिंसा का पालन करो, भ्रष्टाचार से दूर रहो, सदा सत्य बोलो, व्यभिवार से दूर रहो, मादक पदार्थों का सेवन

नहीं करो। इस अवसर पर डॉ. बाबासाहेब अम्बेडकर द्वारा रचित संविधान की उद्देशिका की प्रतिज्ञा भी कराई गई।

जब कोई व्यक्ति प्रव्रज्या या उपसम्पदा ग्रहण करता या करती है तो उसे निम्न प्रकार वचनबद्ध होना पड़ता हैः यथा

सब्ब दुक्खनिस्सरणं निब्बाण सच्चिकरणत्थाय इमं कासावं गहेत्वा पब्बाजेथ मं भन्ते अनुकम्पं उपादाय।

अर्थात् प्रव्रज्ज्या का आकांक्षी अपने उपाध्याय से निवेदन करता है कि कहता है कि सभी दुःखों का नाश करने हेतु और सर्व श्रेष्ठ ध्येय निर्वाण का साक्षात्कार करने के लिए इस काषाय वस्त्र से मुझे प्रव्रज्ज्या प्रदान करने की अनुकम्पा कर अनुग्रहित करें।

## उपसंहार

इस प्रकार निष्कर्षतः कहा जा सकता है कि आधुनिक विश्वविद्यालयीन दीक्षांत समारोह के मूल में प्राचीन तक्षक्षिला और नालंदा जैसे विश्वविख्यात बौद्ध केन्द्रों में प्रचलित दीक्षा विधि है, जो सामाजिक–धार्मिक चर्या का भी अंग रहा और बौद्ध संन्यासीयों के संगठन का महत्वपूर्ण हिस्सा भी था।

## ग्रंथस्रोत

1. प्रथम दीक्षान्त स्मारिका, ब्राउस 2016।
2. द्वितीय दीक्षान्त स्मारिका, ब्राउस 2018।
3. राहुल सांकृत्यायन, विनय–पिटक, ल्हासा 1934, पृ. 130.136।
4. विशुद्धि मार्ग, भिक्षु धर्मरक्षित, सारनाथ 1956, पृ. 15।
5. सी. डी. नाईक, हे नवभारत के निर्माता, नई दिल्ली, 2020।
6. भदन्त आनन्द कौसल्यायन, अंगुत्तर निकाय, सम्यक प्रकाशन नई दिल्ली, 2015, पृ. 457, 784।

# अध्याय – 8

# विश्वविद्यालय कुलगान

शिक्षा शोध संविधान समानता जीवन के आधार।
हे नवभारत के निर्माता नमन तव त्रिवार।।धृ।।

विश्वविद्यालय का बोधिद्रुम तू सामाजिकी मानविकी
कृषि कौशल व्यक्तित्व विकास अभियांत्रिकी भौतिकी
सीमांतक जो गाँव थे आज हैं प्रजातन्त्रीय सरकार
हे नवभारत के निर्माता नमन तव त्रिवार।।1।।

बुद्ध कबीर फुले सेलिग्मन केनन डयुई नैतिकी
शिक्षा संघर्ष संगठन वज्रछेदिका सुई
न्याय, स्वतंत्रता, बंधुता, भरहुत महू सांची सतधार
हे नवभारत के निर्माता नमन तव त्रिवार।।2।।

सायबर अपराध, निजीकरण और आभासी अस्तित्व
जल राशि से अधिक दुःखाश्रू जड़ राशि से कर्तृत्व
परमात्मा कोरोना जो भी जाने शून्यता भी अपार
हे नवभारत के निर्माता नमन तव त्रिवार।।3।।

# अध्याय – 9

## मानव

बुद्ध एक मानव ही था जैसे मानव हैं हम सब लोग।
सिद्धार्थ जैसा बुद्ध बना बन सकते हैं हम सब लोग।।धृ।।

अनन्त हो कितने ही प्राणी पवन अगन जल थल में कहीं भी
एक–एक करके पार करेंगे लौकिक मंदी कारोना–दुःख सभी
चीर के अंध अविद्या चिन्ह को बोधिधर्म हैं हम सब लोग।।1।।

असंख्य हो कितनी ही कमियाँ मन वचन काया जगत में
दूर करेंगे कर्मठता से निगरानी रख हर शह–शह में
कतरे–कतरे में भर देंगे सूरज–मण्डल हम सब लोग ।।2।।

एक नहीं अनगिनत विकार हैं अनन्त अवसर विधा विविध है
अखंड जीवन के झरने से एक बिछुड़ा पल ही बहुत है
विराट हो कितनी ही मुश्किलें सुलझायेंगे हम सब लोग।।3।।

भयभीत मानव की उपासना बहिरंग मरीचिका है अस्तित्व
अनुत्तर अभिसम्बोधि पाने पथ है मध्यमिका शून्यत्व
तोड़ेंगे जो असीम जाल है वज्र छेदक बन हम सब लोग।।4।।

# अध्याय – 10

# समर वीर स्मरण

निर्वाण का मतलब दुःख मुक्ति परवाने वीर को स्मरते हैं
दिल कोई हो, स्थल कोई हो, खुदगर्ज हवस से लड़ते हैं। ।धृ। ।

जब साईं–इसाई चल चुके तब वीर्य पहल हम करते हैं।
तुम घर की बातें करते तब हम गहरे डूब मूल ढूंढते हैं। ।1। ।

हम वक्त के पाबंद नहीं बेशक तकदीर खुद ही बुनते हैं।
न्यूटन के सच के हम कतरे अल्बर्ट ऊर्जा के पुर्जे हैं। ।2। ।

हम तिनके आग की लपटें हैं अन्न खून पसीना विद्युत हैं।
पेन्डेमिक वायरस दौर भी हम विनियोग में ही लगाते हैं। । 3। ।

वे बैठे सोये जाया करें हम फलते फुलते विकास वीर हैं।
वे पतझड़ मुरझे अनुवात गंध हम शील प्रतिवात सौरभ हैं। ।4। ।

झूठ में कायर के साथ हो तुम सही में हम दो या तीन ही हैं।
तुम डरते हो कोई बात नहीं हम निर्भय लावेल ही हैं । ।5। ।

तुम सूर्य–नमन में रमते हो हम स्वयं सूरज बनाते हैं।
तुम ग्रह ब्रम्हांड़ अनित्य रहे हम परे उससे नहीं मरते हैं। ।6। ।

## अध्याय – 11

# भारत, श्रीलंका, बुद्ध और अम्बेडकर

प्रिय धम्मबंधु तथा भगिनी जन,

मैं सबसे पहले समस्त श्रीलंका द्वीप और विद्यमान शासन को अपनी हार्दिक कृतज्ञता प्रकट करना चाहता हूँ कि उन्होंने बौद्ध धर्म अपना कर और बुद्ध भक्ति से भारत के महान सुपुत्र सिद्धार्थ तथागत गौतम बुद्ध के वचन या सर एडविन एरनाल्ड के शब्दों में एशिया के दीप के नाम और काम को पूर्व की तरह आज भी चार चांद लगाये हैं।

वास्तव में प्राचीन भारत का नाम जम्बुद्वीप था। उसी में बुद्ध का जन्म हुआ। वर्तमान में उनकी जन्म स्थलि लुम्बिनी वन नेपाल और भारत की सीमा पर स्थित है। ईसा मसीह के जन्म के 600 वर्ष पहले भारत ने मानवता के इस प्रकाश–बुद्ध की भेंट विश्व को दी थी। हमारे यहाँ और आपके यहाँ भी एक प्रचलित और प्रसिद्ध सुभाषित यह है कि:

*वरमेको गुणी पुत्रो नच मुर्ख शतान्यपि एकच्चन्द्र*
*तमो हन्ति नच तारागणैर्रपि ।*

अर्थात् जिस प्रकार एक चन्द्रमा समस्त अंधेरे को दूर करता है लेकिन समस्त तारागण जिसे दूर नहीं कर सकते उसी प्रकार एक सुयोग्य पुत्र सैकडों मूर्खों से बेहतर होता है।

ऐसे ऐतिहासिक श्रीलंका द्वीप को यह मेरी पहली भेंट है। कन्या कुमारी की पवित्रता और हिन्द महासागर के शीतल जल से आप्लावित

यहाँ के नैसर्गिक सौंदर्य और बौद्ध धर्मावलंबीओं को देख कर मैं अभिभूत हुआ। मुझे यह बताते हुए गर्व का अनुभव हो रहा है कि मैं मुख्य मंत्री की हैसियत से भारत में उस प्रदेश का रखवाला हूँ कि ई. स. पूर्व 300 में प्राचीन भारत में जहाँ सांची, सतधारा, विदिशा, अवन्तिका या उज्जेनी, बुंदेलखंड, मालवा और सम्पूर्ण मध्य–भारत में सम्राट अशोक ने अपना शासन चलाया, तिष्य रक्षिता से विवाह किया और अपने स्वयं के पुत्र महेन्द्र और पुत्री संघमित्रा को भिक्षु और भिक्षुनी बनाकर धम्म प्रचारार्थ श्रीलंका भेजा था। श्रीलंका की प्राचीन राजधानी अनुराधपुर में जो विश्व का सबसे जेष्ठ बोधिवृक्ष आज भी जीवित है उसकी शाखा बोधगया से अपने साथ लेकर यहाँ संघमित्रा ने ही रोपा था और उसी ने रानी अनुला देवी के साथ कई राज परिवार की महिलाओं को बौद्धधर्म में दीक्षित भी किया था। भिक्षु महेन्द्र ने भारत से बुद्ध वचन अथवा त्रिपिटक अपने साथ ले जाकर उसका सिंहल भाषा में रुपांतरण किया और राजघराने के सभी पुरुषों को बौद्ध धर्म की दीक्षा दी। महाराजा देवानांमप्रिय तिष्य ने जब उनसे पूछा कि क्या हम लोगों के बौद्ध धर्म ग्रहण करने से हमारे द्वीप में बौद्ध धर्म प्रतिष्ठित हुआ है? तो स्थविर महेन्द्र ने उत्तर दिया, ''नहीं, राजन''। क्यों? क्योंकि जब तक यहाँ भूमि पुत्रों द्वारा समस्त रुप से धम्म का अंगीकार नहीं किया जाता तब तक धम्म यहाँ प्रतिष्ठित नहीं होगा। उसके बाद पूरे द्वीप में बौद्ध धम्म प्रतिष्ठित हुआ।

आपकी जो सिंहल भाषा है वह उत्तर भारत की भाषाओं की भगिनी है। और जिस लिपि में आप लिखते हैं वह दक्षिण भारत की लिपिओं के समान है। आपके द्वीप ने बुद्ध के धम्म और वचनों को निरंतर संघर्ष करके उसे सुरक्षित रखने का काम किया वह बेमिसाल है। अतः यहाँ बौद्ध धर्म प्रतिष्ठित ही नहीं बल्कि भारत में हम बौद्ध ग्रंथों में पढते हैं, वह यहाँ अखंड रुप से आपके रहन–सहन से व्यवहार में परिलक्षित होता है।

मैं यथार्थ की अतिशयोक्ति नहीं करता क्योंकि सत्य स्वयं प्रमाण होता है। हमारी सांस्कृतिक एकता, भौगोलिक नजदीकी और शैक्षणिक

आदान–प्रदान अपने दो राष्ट्रों को पहले से और समीप लाने में मददगार होंगे। मैं आपको इस बारे में आश्वस्त् करना चाहता हूँ कि जहाँ तक मध्य प्रदेश शासन की बात है, इस दिशा में काम करने के लिए हम कोई कसर बाकी नहीं छोड़ेंगे। विश्व प्रसिद्ध प्राचीन तक्षशिला और नालंदा विश्वविद्यालय के तर्ज पर पवित्र सांची के पास हम बुद्ध विश्वविद्यालय बनाने के लिए कटिबद्ध है।

मैं चाहता हूँ कि हमारे राष्ट्रों के बीच जो भातृत्व की कड़ी है, जिसे अनागारीक धर्मपाल और डॉ. अम्बेडकर ने स्थापित की थी, उसे मैं और अधिक सवंर्धित करुँ। अनागारीक धर्मपाल ने महा–बोधि सोसायटी की स्थापना की और उसके माध्यम से भारत में बोधगया मंदिर और बौद्ध धर्म को पुनर्जीवित करने में अथक परिश्रम किया। उन्होंने कई विहार, दवाखाने, शिक्षा संस्थान के निर्माण और सार्वजनिक सेवाओं का महान कार्य किया। उन्होंने बौद्ध आंदोलन को यहाँ के भूमि पुत्रों का मिशन बना दिया।

उसी प्रकार भारत में डॉ. अम्बेडकर ने सबके हितार्थ, सिद्धार्थ महाविद्यालय, बम्बई, नागसेन महावन में मिलिंद महाविद्यालय, औरंगाबाद जैसे कई शैक्षणिक संस्थानों की स्थापना की। भारतीय बौद्ध महासभा के जरिये बौद्ध धर्म का महत्वपूर्ण कार्य किया। उनकी बुद्ध एण्ड हिज धम्म नाम की अंतिम पुस्तक आपके यहां सिंहली में भी उपलब्ध होगी। अमेरिका के कोलंबिया विश्वविद्यालय ने उन्हें एल.एल.डी. की मानद उपाधि दी। हम उन्हें भारतीय संविधान के पिता मानते हैं। उनके जन्म स्थली महू, अब का नाम डॉ. अम्बेडकर नगर है, में हमने भव्य स्तूप का निर्माण किया जहाँ हर वर्ष श्रद्धालुओं का महाकुंभ मेला लगता है और उन्हीं के नाम पर एक राष्ट्रीय शोध संस्थान भी सामाजिक विज्ञान के कार्य में पिछले पन्द्रह वर्षों से चला रहे हैं। यह स्थान हमारे मध्य प्रदेश की हृदय स्थली है।

आपको यह जानकर आश्चर्य और गर्व भी होगा कि हमारी राष्ट्रीय पहचान बौद्ध धर्म ही है। हमारे राष्ट्रीय ध्वज के मध्य में धम्मचक्र अंकित

हैं। हमारे राष्ट्रीय मुद्रा पर चतुर्मुखी सिंह अंकित है, जो हमें अशोक स्तंभ और बौद्ध परंपरा से प्राप्त हुआ है। हमारे राष्ट्रीय भवनों पर बौद्ध वास्तुशिल्प की छाप है। हमारे मध्य प्रदेश के विधान सभा का सदन इसी वास्तुशिल्प का एक नमूना है। हमारे संसद में स्पीकर के सीट के पीछे धम्म चक्र प्रवर्तनाय का ब्रीदवाक्य लिखा हुआ है। इन सब बातों के पीछे डॉ. अम्बेडकर का अनुपम योगदान रहा है।

इस प्रकार आप समझ सकते है कि डॉ. अम्बेडकर ने बौद्ध धर्म के राष्ट्रीय महत्व के लिए कितना योगदान दिया और हम उनके इस एहसान को याद करते हैं और अपने दैनंदिन जीवन चर्या में उसे अमल में लाने का प्रयास करते रहते है।

मैं कोई अनागारीक धर्मपाल और डॉ. अम्बेडकर का तुलनात्मक ब्योरा नहीं बता रहा हूँ। मैं केवल इतना ही कहना चाहता हूँ कि बीसवी शताब्दी में डॉ. अम्बेडकर हमारे अनागरिक धर्मपाल थे और अनागरिक धर्मपाल आपके डॉ अम्बेडकर।

क्योंकि हम दोनो पड़ोसी राष्ट्र प्रजातन्त्र के हामी हैं। अतः स्वभावतः हम बुद्ध के 'बहुजन हिताय, बहुजन' सुखाय संदेश के सृजनार्थ कटिबद्ध हैं। चाहे वैश्विक चुनौतियाँ कितनी भी आयें हमें तो अहिंसा और शांति के मध्यम मार्ग का ही अवलंब करना है ताकि विश्व में मैत्री की भावना बढ़े। मैंने धम्मपद में बौद्ध धर्म का सार इस एक गाथा में पढा थाः

*नहि वेरेन वेरानि सम्मन्तीध कुदाचनं अवेरेनच*
*सम्मन्ति एस धम्मो सनन्तनो*

अर्थात वैर से वैर शांत नहीं होता, मैत्री से ही बैर शांत होता है। यही अनन्त समय से प्रतिष्ठित हुआ धम्म है।

अब समय आ गया है कि हम दोनों पड़ोसी भ्राता देश अपने अंतर्कृतियों, शैक्षिक गतिविधियों, सांस्कृतिक एकता, धम्म राज्य और राजनीतिक शुभेच्छाओं के साथ अपने समाज के बुद्ध–यशोदरा, रमा–अम्बेडकर, भिक्षु–भिक्षुनी और धर्मपाल जैसे महान नर–नारी विभूतियों

के नक्शे कदम पर चलकर नये और बेहतर विश्व की नींव रचें, जहाँ जीवन के मूलतत्व स्वतन्त्रता, समानता और बंधुत्व के मूल्य ऐसे रचबस जाये कि आने वाली पीढ़ियाँ और अधिक सुख और समृद्धि का जीवन स्तर हासिल कर सकें।

नमो–नमो श्रीलंका माताः जय भारत माता

## References

1. Vasant Moon ed. Writings and Speeches of Dr. Ambedkar, Vols. 1 – 21, Education Department, Govt. of Maharashtra, 1979-2006
2. Rahul Sankrityayan, Darshan-Digdarshan, Kitab Mahal, Allahabad, 1971
3. Dr. B.A. Kausalyayan, Yadi Baba Na Hote, Bhikkhu Nivas Prakashan, Nagpur, 1975
4. C.D. Naik, Buddhism and Dalits: Social Philosophy and Traditions, Samyek Prakashan, New Delhi, 2009
5. C.D. Naik, Sri Lanka, Wolverhampton, 1981
6. C.D. Naik, Dr. Ambedkar's Perspective on Buddhism and other Religions, Kalpaz Publication, New Delhi, 2004

# अध्याय – 12

# कबीर

## प्रस्तावना

अम्बेडकर विचार मंच, ए.वी.एम., से आज दिनांक 12 जून, 2020 को ज्ञात हुआ कि 1986 में भदन्त आनन्द कौसल्यायन क्रांतिकारी संत के शीर्षक से संत कबीर पर एक आलेख लिखा था। उसी पर आधारित कबीर जी का दर्शन यहाँ प्रस्तुत है।

## तीन गुरु

डॉ. बाबासाहेब अम्बेडकर ने बुद्ध, कबीर और फुले को अपने तीन गुरु घोषित कर उन्हें अभिवादन किया है। कबीर–पंथियों के मतानुसार कबीर का जन्म 1398 और उनका निधन 1519 में अर्थात् उनकी आयु के 121 वर्ष में हुआ। 'डूबा वंस कबीर का उपजा पूत कमाल' की पंक्ति से बताया जाता है कि उनका पुत्र कमाल था। परंतु लोई, धनिया, रमजनिया नामक उनकी पत्नी या पत्नियों और पुत्र का कबीर साहब के बीजक में कहीं भी उल्लेख नहीं हैं। इस बात की भी कोई साक्षी नहीं है कि वे गृहस्थ थे। बीजक के आधार पर यही सिद्ध होता है कि कबीर साहब एक विरक्त संत थे।

## झीनी चदरिया

झीनी, झीनी, झीनी, झीनी चदरिया, जात कबीरा जतन सो ओढी जस की तस, 'धर दीनी चदरिया' को लोग अपने मान्यता कि वे एक जुलाहे थे, आदि के समर्थन में उद्धृत करते हैं। इस पंक्ति में चादर शब्द

का प्रयोग शरीर के लिए प्रतीकात्मक रुप से किया गया है। इसमें यह कहां कहा गया है कि चादर उन्हीं की बुनी हुई होती थी।

## बीजक

कबीर साहब के बीजक में अनेक ऐसे कथन हैं कि जिनका शब्दशः अर्थ ग्रहण ही नहीं किया जा सकता। जैसे एक जगह आया है 'हरि मोर पिड, मैं राम की बहुरिया'। तो क्या कबीर साहब स्त्री थे? एक जगह यहाँ तक लिखा है, 'मेरी माता मर गई, और मैं बहुत सुखी हो गया'। 'अब मैं न अंगरखा पहनूंगा और न मुझे ठण्डी लगेगी'। यहाँ कितना विरोधाभास है। माता के मरने पर सुखी होने की बात! अंगरखा न पहनने पर ठण्डी न लगने की बात!

ऐसे सभी कथन अध्यात्म–परक हैं। इसका स्पष्ट अर्थ है कि मेरी जननी तृष्णा मर गई। मैं सुखी हुआ। अब मैं साधक नहीं रहा, सिद्ध हो गया। सर्दी से बचाव के लिए जो अंगरखा पहना जाता है, इस अंगरखे के न पहनने पर भी मुझे सर्दी नहीं लगेगी।

## सर्वजित

दक्षिण भारत के कबीर साहब के समसामयिक प्रसिद्ध विद्‌वान सर्वजित ने कबीर साहब की शिष्यता स्वीकार की थी। उनका नाम पड़ा श्री. श्रुती गोपाल साहेब। वे काशी के कबीर चौरा के प्रथम महंत हुए। उनके समय से आज तक वह परंपरा चली आ रही है। वहाँ भी सद्‌गुरु कबीर को विरक्त साधु ही माना जा रहा है।

## विराम चिन्ह

यूँ तो बीजक ही कबीरपन्थियों का 'वेद' है। उसमें आधुनिक ढंग के विराम चिन्ह् नहीं है। अनेक स्थलों पर पूर्व–पक्ष के रुप में कबीर साहब ने जिन मतों को उद्‌धृत किया है, वे कबीर साहब के ही मन्तव्य मान लिये गये हैं। वहीं आसपास ही उत्तर–पक्ष होता है। जिसमें कबीर साहब ने पूर्व–पक्ष का खण्डन किया है।

## आग जले चुल्हा भुनियावे

कबीर की वाणी की एक और विषेशता उनकी उल्ट वाणियाँ हैं। उल्टवा और सी की सन्धि है। मतलब जो बात करारी चोट करने वाली हो, लेकिन उपरी दृष्टि से विचार करने से उल्टी–सी लगे। नमूना देखिएः

आग जले चुल्हा भुनियावे खाने वाले को रोटी खावे।
कहत कबीर सुनो भाई साधौ बरसेगा कम्बल भीजेगा पानी।।

यह आज की सामाजिक और आर्थिक परिस्थिति पर गहरी मार है। क्या आज सचमुच 'रोटी' ही खाने वालों को नहीं खा रही है? खाने वालों को 'रोटी' कहाँ खाने को मिल रही है।

## बहु–श्रुत

यह भारतीय अनुश्रुति ही है कि यहाँ साराध प्राचीन ज्ञान श्रुत ही रहा है। पण्डित का पर्याय यहाँ बहु–पठित नहीं रहा, बल्कि बहु–श्रुत रहा है। लगता है कबीर साहब ने भी पूर्व–पक्ष के रुप में जो ज्ञान प्राप्त किया होगा वह सुनसुना कर ही और शेश सब कुछ तो उनका निजीत् अनुभव मात्र है, निजी साक्षात्कार उनका 'बीजक' साखी है–

मसि कागद छुवो नहीं, कलम गहो नहीं हाथ। इसका अर्थ है कि मैंने न कभी स्याही का स्पर्श किया न कागज को छुआ और न कलम को हाथ लगाया।

## भौतिकवादी

दार्शनिक परंपराओं में कोई अद्धैतवादी एक मात्र 'ब्रह्म' की सत्ता को ही स्वीकार करता है, कोई द्वैतवादी है, कोई विशिष्ट द्वैतवादी और कोई थे त्रैतवादी। कबीर साहब थे पक्के भौतिकवादी।

अध्यात्म के नाम पर वे 'जीव' या आत्मा की सत्ता को स्वीकार करते थे। किसी एक सार्वभौम 'आत्मा' को नहीं, बल्कि जितने जीव 'उतनी आत्माएँ।

## वर्ण व्यवस्था

भारतीय समाज व्यवस्था में वर्ण व्यवस्था बहुत पुराना सिरदर्द है। किसी ने उसे जन्म–जात माना है, किसी ने कर्मानुसार। सन्त कबीर ने उसे स्वीकार ही नहीं किया। जो ब्राह्मण, ब्राह्मणी का जाया और बाट काहे नहीं आया। कि हे ब्राह्मण यदि ब्राह्मणी की कोख से जन्म ग्रहण करने में कोई विशेषता है, तो किसी दुसरे मार्ग से तेरा जन्म क्यों नहीं हुआ? वे वर्ण व्यवस्था को नहीं मानते थे और समाज में व्याप्त छूत–छात की प्रथा को एक सामाजिक पागलपन मानते थे।

## जीवन दर्शन

डॉ. हजारी प्रसाद द्विवेदी का कहना है कि कबीर के साहित्य में जीवन दर्शन का मूल्य समाया हुआ है। कबीरा खड़ा बाजार में लिये लुकाठी हाथ, जो घर जालै अपना चलै हमारे साथ।। अर्थात् पुराने संस्कार तोड़ो, फिर मेरे साथ चलो।

सन्मार्ग कुछ ऐसी ही तलवार की धार है। उपनिषदों ने भी कहा 'हिरण्यमयेन पत्रिण सत्यस्यापहितं मुखं' कि सत्य का मुँह सोने के बरतन रुपी ढक्कन से ढका हुआ हैं। हिन्दून की हिन्दवाई देखी, तुरकन की तुरकाई। कहत कबीर सुनो भाई साधो, दोउ राह न पाई।।

## सिद्ध पुरुष

सन्त कबीर जैसा सिद्ध पुरुष ही कह सकता हैः कबीरा खड़ा बाजार में सब की मांगे खैर। न काहू से दोस्ती, न काहू से बैर। और ना कुछ देखा भाव–भजन में ना कुछ देखा पोथी में। कहै कबीर सुनो भाई सन्तो, जो देखा सो रोटी में।। अथवा भूखे भजन न होय गोपाला। लेले अपनी कंठी माला।।

## उपसंहार

इस प्रकार उपरोक्त दोहों के अध्ययन से सिद्ध होता है कि कबीर जी यथार्थवादी थे, न वैदिक, न कुराणिक।

# अध्याय – 13

# 129वीं डॉ. अम्बेडकर जयंती वर्ष संदेश (डीजिटल)

## Dr. Ambedkar's 129th Birth Anniversary Message (Digital)

**Introduction**

I am known as C. D. Naik. I have been serving Dr. B. R. Ambedkar University of Social Sciences at birth place of Dr. Babasaheb Ambedkar at Dr. Ambedkar Nagar, earlier called Mhow in Madhya Pradesh, India as its Professor, Dean and former Vice Chancellor.

**My Dear Babasaheb Ambedkar Lovers of the Universe,**

My Jaibhim salute to you for 129th times from the birth place of Dr. Babasaheb Ambedkar. This time we are going to celebrate Dr. Babasaheb Ambedkar Jayanti in a scientific way, in an Ambedkarite way by rousing an awareness towards educate, agitate and organize (p. 357, CDWSI, DBAWS-1, 1979), by rousing an awareness towards right understanding, morality and unification of mind and towards liberty, equality and fraternity, which others may like or not.

**World Order**

Since the 195 countries of the world are all affected by corona epidemic there is a need of universal awareness of individual safety and of eradication of virus so that it will never arise again. As the saying goes that there is light at the end of the tunnel, Covid-19 can be brought under control. Infection may or may not be triggered and virus may or may not be virulent in poor countries but India cannot afford to

be in complacency unlike other countries, who will be judged by how they prepare for a democratic system. Let the US re-elect Trump, let the Hungary have Orban as its President, let Af- Pak, Putin and Xi do otherwise, let the middle East remain in mess, let the Islamic State lift its travel advisory and let the wars, conflicts, terrorism predict doomsday we shall only practice brotherhood and Buddha amidst the suffering scene of the existence. Transcending the local celebration of Babasaheb Ambedkar's 129th birth anniversary of 14th April, we can recover from complacency so that we can buy time for everyone to know and act rightly. Even then we need not become Hobbesian entities but must become truth-finders and upholder of the world of righteousness. Let us provide the global public good by benevolence, fairness, and thought of Dr. Ambedkar.

**Wish**

I wish may wisdom dawn upon you and may you be Atta Dipo Bhav (self-enlightened)!

## वैश्विक व्यवस्था

विश्व की व्यवस्था को बदलने के लिए अम्बेडकर ने शिक्षा, संघर्ष और संगठन सूत्र के साथ–साथ स्वतंत्रता, समानता और बंधुता का सूत्रपात किया।

डॉ. अम्बेडकर ने अस्पृश्यता पर अपनी शोध परक रचना को संतों को भेंट की। उन संतों में शिरोमणि रविदास की वाणी है कि चाहूं ऐसा राज मैं जहाँ मिले सबन को अन्न, छोटे बड़े सब सम बसै रविदास रहे प्रसन्न।

## संविधान

बाबासाहेब अम्बेडकर ने प्रजातत्रं को सुव्यवस्थित और संदृढ बनाने हेतु सन् 1919 में साउथबरो कमेटी के सम्मुख भारत में विद्यमान अस्पृश्यता की साक्ष दी, 1939 में उसके अस्तित्व के रहते संघ बनाम आजादी का तथ्य प्रकाशित किया. 1945 में जातीय समस्या निराकरण का पथ खोल दिया और 1947 में वर्तमान वैश्विक छोटे संघ के तर्ज पर अल्पसंख्यकों के सत्ता में प्रतिनिधित्व पर जोर दिया।

संविधान की उद्देशिका में उन्होंने कहा है कि– “भारत के लोग अहम नहीं बल्कि हम हैं,'' जो भारत को एक सम्पूर्ण प्रभुत्व सम्पन्न, समाजवादी, पंथनिरपेक्ष, लोकतंत्रात्मक गणराज्य बनाने तथा उसके समस्त नागरिकों को सामाजिक, आर्थिक आरै राजनीतिक न्याय दिलाने; विचार, अभिव्यक्ति, विश्वास, धर्म और उपासना की स्वतंत्रता प्रदान करने, प्रतिष्ठा और अवसर की समता प्राप्त करने तथा उन सब में बंधुता बढ़ाकर व्यक्ति की गरिमा और राष्ट्र की एकता और अखण्डता सुनिश्चित करने के लिए दृंढ संकल्प होकर इस संविधान सभा में 26 नवंबर, 1949 को इस संविधान को अंगीकृत, अधिनियमित और आत्मार्पित करते है।

ऐसे संविधान रचयिता डॉ. अम्बेडकर का समाज निर्माण एक ऐसा सशक्त एवं मजबूत अभियान है कि जो किसी दूसरे देश में देखने को नहीं मिलता और जो प्रत्येक मानव को जीवन जीने हेतु प्रतिबद्ध करता है।

## व्यक्ति

व्यक्ति यानी मूलभूत अधिकारों का ऐसा स्कंध है कि जिसकी स्वतंत्रता कानून व सुव्यवस्था, नैतिकता और स्वास्थ्य के बारे में निष्पन्न कल्पनाओं, और लौकिक शासन और विधान से सुसंगत होनी चाहिए।

डॉ अम्बेडकर के लिए व्यक्ति एक साथ चार बातें हैं यथा– 1. उद्देश्य, 2. कुछ अहस्तांतरणीय अधिकारों से युक्त, 3. जिसे अपनी सुख–सुविधा का उपयोग करने हेतु अपने संवैधानिक अधिकार से वंचित न होना पड़े और 4. जिसे शासन प्रदत्त निजी व्यक्ति के आधिपत्य का मोहताज न होना पड़े।

## शिक्षा

शिक्षा सामाजिक परिवर्तन का दूसरा और महत्वपूर्ण साधन है। शिक्षा के परिणामस्वरूप स्वाभिमान, स्वावलंबन और आत्मोद्धार से क्रमशः बंधुत्व, समानता और स्वतंत्रता के मूल्य प्राप्त होते हैं। उससे

विचारों की अभिव्यक्ति सशक्त सुदृढ होती है। लोग शिक्षित होने के साथ–साथ शीलवान भी बनते है।

## प्रजातंत्र

प्रजातंत्र में जनता की संप्रभुता के बारे में डॉ. अम्बेडकर ने कहा था कि प्रजातंत्र के मूल को सामाजिक संबंधों में खोजना पड़ता है। प्रजातंत्र सहजीवन की एक पद्धति है। जो लोग समाज का गठन करते हैं, उनके सहजीवन के संदर्भ में उनकी पद्धति के मूल को खोजना पड़ता है। डॉ. अम्बेडकर को प्रजतत्रं प्रतिस्थापित करने हेतु बुद्ध के द्वारा बताई गई बातें अभिप्रेरित करती हैं। वे हुकुमशाही या तानाशाही और मानव में भेदभाव रखने वाली नीति के एकदम विरोधी हैं।

## राजनीतिक समाजशास्त्र का प्राण

समाज के बिना प्रजातंत्र अधूरा है। अलगाववाद और एकाकीपन प्रजातंत्र व्यवस्था के विसंगत गुण हैं, क्योंकि उनकी परिणति विशेषाधिकार सम्पन्न अल्प और अधिकार विपन्न बहुसंख्य वर्गों में होती है। मानवीय वृत्ति समाज के अन्य सदस्यों के प्रति समानता और आदर से देखने की होनी चाहिए। इसी का संतुलन उनके राजनीतिक समाजशास्त्र का प्रमाण है।

## धर्म

धर्म मानव जीवन में एकता प्राप्त कर देने वाली मानसिक प्रेरणा और वातावरण का निर्माण करना है।

## समाज संगठन

डॉ. अम्बेडकर ने समाज को संविधानिक सुधार के रुप में एक सुसंगठित एवं व्यवस्थित करने हेतु 1919 में समानता आधारित साक्ष्य, 1939 में सामाजिक आजादी, 1945 में जातीय गुत्थी का निराकरण तथा 1947 में सत्ता में अल्पसंख्यकों की भागीदारी को समाज रचना बनाई।

यहाँ हम सामाजिक सत्याग्रह 1927–30, सामाजिक पत्रकारिता, असामाजिक विचारों का निषेध, सामाजिक पैक्ट और अस्पृश्यता निषेध लीग 1932, राजनीतिक–समाजशास्त्रीय दल 1937–1942–1956, समाजशास्त्रीय शोध 1946–48 और अनु. जाति, जनजाति और अन्य पिछड़ा वर्ग को उनकी उन्नति एवं विकास के लिए विशेषाधिकार के रूप में संविधानिक–सामाजिक प्रावधान रचना की।

## स्त्री

हालांकि स्त्री भी व्यक्ति है और जिस प्रकार पुरूषों को शिक्षा की आवश्यकता होती है, उसी प्रकार स्त्रियों को भी होती है और डॉ. अम्बेडकर ने स्त्री–विकास हेतु संविधान के अनुच्छेद 15–16 में संदर्भित हिंदू कोड बिल बनाकर पुरुष के समान ही स्त्रियों को विवाह, विवाह–विच्छेद, गोद लेना, संपत्ति में उत्तराधिकार आदि में सशक्त बनाने की योजना बनाई।

## राज्य–समाजवाद

डॉ. अम्बेडकर द्वारा लिखित "भारत में छोटी जोते; और उनके उपाय" नामक ग्रंथ भारतीय आर्थिक सोसायटी पत्रिका खंड–1 में 1918 में छपा था। उसमें कृषि–उद्योग पर आधारित औद्योगीकरण पर सारगर्भित विचार है। उसी वर्ष सामाजिक पुनर्रचना नामक बर्ट्रांड रसेल की पुस्तक की समीक्षा में उन्होंने युद्ध का विरोध करना और शांति का पक्षधर होना ये दोनों अलग अलग बातें हैं कहा। सन् 1947 में उन्होंने राज्य और अल्पसंख्यक नामक ग्रंथ में राज्य समाजवाद की कल्पना कर भू–सुधार कानून को भारत के हर राज्य के आर्थिक क्षेत्र में लागू कर भूमि और कृषि सुधार किया।

## शोध

डॉ. अम्बेडकर ने एम.ए. की शैक्षणिक शोध उपाधि हेतु सन् 1913 में "ईस्ट इंडिया कंपनी का प्रशासन और वित्त" तथा प्राचीन भारतीय

व्यापार पर शोध प्रकाशित किया। उन्होंने पी.एच.डी. शोध उपाधि हेतु सन् 1915 में "ब्रिटिश भारत में प्रांतीय वित्त का विकास" पर शोध प्रकाशित किया। एम.एस.सी. शोध उपाधि हेतु सन् 1917 में "ब्रिटिश भारत में साम्राज्यीय वित्त का प्रांतीय विक्रेन्द्रीकरण" पर शोध प्रकाशित किया और डी.एस.सी. शोध उपाधि हेतु सन् 1923 में "रूपये की समस्या" पर शोध ग्रंथ लिखा और प्रकाशित किया।

## स्रोत

1. डॉ. अम्बेडकर समग्र वाङमय, डॉ. अम्बेडकर प्रतिष्ठान, नई दिल्ली, 2016।
2. डॉ. अम्बेडकर लेखन तथा भाषण, बम्बई, 1989–2015।

# अध्याय – 14

# 2564वीं बुद्ध जयंती संदेश (डीजिटल)

## 2564th Buddha Jayanti Message (Digital)

**Introduction**

*Sriyam parardhyam vidadhvi dhatri jit tamo*
*nirasannabhibhutabhanu bhrit.*
*Nudannidagham jit charu candrama*
*sa vandyate arhaniiyassa nopaman.*

**Ashwaghosha (50 A. D.)**

I pay my obeisance to such unique triple sacred master of the world, who has surpassed the gifts of the so called creator, who has dispelled the darkness of existence more brilliantly than the sun, who has soothed the heated state better than the cooling beautiful moon.

Babasaheb Ambedkar expressed that the principles of life called liberty, equality and fraternity I have borrowed from my Master Gautama Buddha. Thus, Buddha was democratic great man, his teaching was social truth and his society was and is and remain a biography of great men as an ever inspiring force of universal life.

**Householder Vimalakirti**

In Mahayana sutra the householder vimalakirti used to reside in Vaisali and would remove anger by the practice of patience, remove all sloth by the practice of diligence, remove all distraction of mind intent on meditation, remove all ignorance by fulness of wisdom.

Thougha living at home, yet never desirous of anything; thougha possessing a wife and children, always exercising pure virtues. Thougha

frequenting the gambling house, yet leading the gamblers into the right path:

Benefitting all beings, going wheresoever he pleases, protecting all beings as a judge with righteousness.

Manifesting to all the error of passion when in the house of debauchery; persuading all to seek the higher things when at the shop of the wine dealer. (p. 238-9, E. A. Burtt ed. The teachings of the Compassionate Buddha New York 1955).

**Place of man in life**

Babasaheb Ambedkar clarified in his book, Ranade, Gandhi and Jinnah (WSAV1:212) that Augustine believed in divinity as impersonal force that would compel the mankind to continue to suffer until the divine plan is completed at the day of judgement. Buckle believed in geographical and physical impersonal forces that govern the destiny of man and world. Karl Marx believed in economic impersonal force to determine the lord of the material and economic world. None of these three admitted that man has any place in the world. While there is theological and material truth to some degree in what they said but the whole truth is this that impersonal forces are not everything and that man is a factor in determining this life and world.

That impersonal forces are a determining factor cannot be denied. But that the effect of impersonal forces depends on man. Where flint exists, it needs man to strike flint against flint to make fire. Where the seeds exist, it needs man to grind it to powder, make it paste and as chappatis and consume them to survive with this new covid-19 corona virus or without. Where soils and metals exist, it needs a man to cultivate agricultural produce and make instruments and machines which are the basis of civilization and culture.

So seek cure during this emergency by being an offspring of the Triple Gem and do not just drop into your worn-out arm-chair.

## अश्वघोष

शक सम्राट कनिष्क के धर्मगुरु भदन्त अश्वघोष के सौंदरानन्द काव्य के सोलहवे सर्ग के अंतिम दो गाथाओं में कहा गया है कि उत्साह खाये बिना पृथ्वी को खोदने वाला मनुष्य जल प्राप्त करता है। लकड़ियों को लगातार रगड़ने वाला आदमी अग्नि उत्पन्न करता है।

द्रतु गति से बहनेवाली नदियाँ पर्वत को भी फोड़ देती हैं और योगाभ्यासी पुरुष अवश्य अपने परिश्रम से अदृश्य निर्वाण का फल प्राप्त करते हैं।।97।।

भूमि को जोतकर और अत्यन्त परिश्रमपूर्वक खेत की रखवाली कर मनुष्य सस्य या फसल प्राप्त करता है। प्रयत्नपूर्वक समुद्र के जल से उत्तम रत्न–राशि हासिल की जा सकती है। तीर चलाने की निपुणता से शत्रुओं को मात देकर विजय प्राप्त कर सकते हैं। इस प्रकार उद्योग में ही सब समृद्धियों का निवास है।।98।।

अश्वघोष ने कहा है कि जब दीप बुझता है तो वह न पृथ्वी में जाता है, न अंतरिक्ष में, न इस दिशा में या उस दिशा में बल्कि वह तेल के खत्म होने से बुझता है। उसी प्रकार जब निर्वाण होता है तो मनुष्य न पृथ्वी में जाता है, न अंतरिक्ष में न इस दिशा में या उस दिशा में बल्कि आश्रवों के खत्म होने से वह निर्वाण को प्राप्त होता है।

दीपो यथा निवृत्तिमभ्युपेतो नैवावनिं गच्छति नान्तरिक्षम।

दिशं न कांचित् विदिशं न कांचित् स्नेहक्षयात् कवे लमेति शान्तिम्।

तथाकृति निवृत्तिमभ्युपेतो नैवावनिं गच्छति नान्तरिक्षम।

दिशं न कांचित् विदिशं न कांचित् क्लेशहक्षयात् कवे लमेति शान्तिम्।

## भन्ते नागसेन

भंते नागसेन ने मिलिंद राजा को लगभग 69 पशुओं, वनस्पति और अन्य वस्तुओं के गुणों से बौद्ध निर्वाण की शिक्षा दी थी। उनमें से कुछ पन्द्रह पशु–वनस्पति–वस्तुओं के गुणों की तुलना साधक व्यक्ति के लिए इस प्रकार हैः

1. गधे जैसा खबरदार होकर सोयें।
2. मुर्गे जैसा योगी भी ठीक समय पर सोये, ठीक समय पर उठे, जैसे मुर्गा जमीन को खुरेद खुरेद कर दाना खाता है वैसे योगी को पेट की आग मिटाने और जिंदगी बसर करने का ख्याल रख

कर खाना चाहिए और जैसा मुर्गा आंख रह कर भी रात मे अंधा बन जाता है वैसे ही योगी को रुप, शब्द, गंध, रस, स्पर्श, विपल्लास के प्रति अंधा, बहरा, नकटा, गूंगा, लकवाग्रस्त, और मरे जैसा होना चाहिए। और मुर्गा खदेड़ दिए जाने पर अपने घर में नहीं घुसता वैसे ही साधक को अपनी मानसिक तत्परता नहीं छोड़ते हुए अपनी बपौती जमीन, चार स्मृतिप्रस्थान को करते रहना चाहिए। मुर्गे के ये चार गुण योगी मे होने चाहिए।

3. गिलहरी शत्रु के आने पर अपनी पूछ पटक–पटक कर फुला लेता है और उसी से उसे डरा कर भगाता है वैसे ही योगी स्मुति उपस्थान से कामच्छन्द, व्यापाद, उद्धत्त–कुकुच्च, थीन–मिद्ध, और विचिकित्सा को भगाना चाहिए।
4. मादा चीता एक ही बार गर्भ धारण करती है। दूसरी बार नर के पास नहीं जाती। उसी प्रकार नर को दुबारा गर्भ में नहीं आना चाहिए।
5. नर चीता छिप कर शिकार करता है और बायी में गिरी शिकार को नहीं खाता। उसी प्रकार योग साधना करने वाले को एकान्त में बैठकर अभिज्ञा प्राप्त करना चाहिए और मिथ्या उपजीविका से कुछ भी नहीं खाना चाहिए।
6. कछुवा पानी में रहता है, वैसे ही योग साधक को मैत्री–भाव में रहना चाहिए। कछुवा शत्रुओं के डर से गहरे पानी में जाता है, वैसे ही योग साधक अपने मानसिक शत्रुओं से दरू गहरे ध्यान में जाना चाहिए। कछुवा कभी कभी पानी के बाहर आकर अपना अंग सुखाता है वैसे योग साधक को अपने को बैठे, खड़े, सोते, टहलते मन के क्लेशों को दबाने के उत्साह में अपने आपको सुखाना चाहिए। कछुवा जमीन खोदकर अलग–थलग अपना घर बनाता है, वैसे ही योग साधक को एकान्त में रह कर समाधि में लीन होना चाहिए। कछुवा खतरे के समय अपने शरीर को सिकुड़ता है वैसे योग साधक को अपने छह ज्ञानेन्द्रियों को सिकुडाकर वितर्क को दबाना चाहिए।

7. बाँस जिस तरफ हवा बहती है उसी तरफ झुकता है वैसे ही बौद्ध साधक को बुद्ध के नवाङग धर्मों के तरफ ही झुकना चाहिए।
8. धनुष अच्छा हो तो वह खींचने पर दोनों ओर से नवता है वैसे ही योग साधक को सभी के प्रति नम कर रहना चाहिए।
9. कौआ सदा शंकित और सावधान रहता है और भोजन मिलने पर अपनी बिरादरी को बुलाकर खाता है वैसे ही योग साधक को अपनी इंद्रियों के पति सदा साशंकित और सावधान रहना चाहिए और तपस्वी को जो भी भोजन मिले उसे बांट कर खाना चाहिए।
10. वानर शाखाओं के भारी गाछ पर ही अपना निवास बनाता है और उठना, बैठना, टहलना और सोना भी वह पेड़ पर ही करता है वैसे ही योग साधक को अच्छे गुरु को खोज कर एकान्त में ही सोना चाहिए।
11. लौके की लता अपनी फुनगियों को फैलाती जाती है वैसे ही बुद्ध–पुत्र को ध्यान का आलंबन कर अशैक्ष्य फल तक फैल जाना चाहिए।
12. कमल पानी में रह कर भी आकाश में उठता है और जरासी हवा से उसकी नाल हिलती है वैसे योगी को जिस कुल या गण या संसार से आया उससे उठकर लोकोत्तर श्रेणी की कामना करनी चाहिए और अणुमात्र क्लेश से भी हट जाना चाहिए।
13. बीज थोड़े होने पर भी अधिक फल देते हैं और अच्छे खेत में बोने पर वे जल्दी जम जाते हैं, उसी प्रकार भली प्रकार से पालन किये गए शील श्रमण जीवन के सम्पूर्ण फल देते हैं और शुद्ध किया हुआ चित्त स्मृति प्रस्थान मे शीघ्र ही जम जाता है।
14. शालवृक्ष जैसे पृथ्वी के अंदर सौ फुट से भी अधिक बढता है वैसे योगी को एकान्त में ही चारों श्रामण्यफल, चार प्रतिसंविदायें, छह अभिज्ञायें आदि सभी श्रमण धर्म प्राप्त कर लेना चाहिए।

15. नाव बहुत सी चीजों को मिलाकर बनती है वैसे ही योग आचार, व्रत, नियम आदि कई कर्तव्यों से बनता है। जिस प्रकार नाव तरंगों को भली प्रकार सहती है उसी प्रकार मानापमान के तरंगो को योगी ने सहना चाहिए। जिस प्रकार नांव बड़ी–बड़ी मछलियाँ और तिमिंगिल और घड़ियाल से भरे गरजते गहन समुद्र को संभालती है वैसे ही योगी को चार आर्य सत्य को तिहरा कर बारह आकार से जानना चहिए।
16. दुख होने पर वह दुख है जानना, दुख का कारण होने पर दुख का कारण है जानना और उसे दूर करना, दुख का निरोध होने पर दुख का निरोध है जानना और उसका साक्षात्कार करना और दुख का मार्ग होने पर दुख का मार्ग है जानना और उसे कार्यान्वित करना ये चार आर्य सत्य के तीन वर्तुल और बारह आकार हैं। बुद्ध ने चार आर्य सत्यों के सम्यक सम्बोधि का धम्मचक्र प्रवर्तित किया है उसे ब्रह्म भी नहीं रोक सकता। फिर सरकार और विपक्ष के बारे में क्या कहे। जब तक दुनिया का अस्तित्व है और मानव है तब तक दोनों के सन्निकर्ष से हम अच्छे–अच्छे रुप, अच्छी अच्छी वेदनायें और संज्ञायें, अच्छे–अच्छे संस्कार और विचार से विश्व निर्माण करेंगे तो श्रमण–ब्राह्मण, देव, ब्रह्म, मार सहित प्रजा में अभूतपूर्व परम सुख का द्वीप पैदा कर सकेंगे। इसी मंगल कामना के साथ। सबको संवदेनशील और संबोधिशील नमोबुद्धाय।

## संदर्भ ग्रंथ

1. डॉ. भाऊ लोखंडे, अश्वघोष विरचित वज्रसूची, नागपुर 2013
2. जगदीश काश्यप, मिलिन्द प्रश्न, हिन्दी अनुवाद, आनलाईन जून, 2020

## अध्याय – 15

# जार्ज फ्लायड

पुलिस भेष में करोना ने फ्लायड का गला दबा दिया
क्या लॉ–आर्डर क्या तगमा था हत्या कर्तव्य तमाम किया।।धृ।।

क्या कम पड़ा चीन का घुटना जो नस्लभेद को जोड़ दिया
लाखों के मारे जाने पर अपना मुख लाश से मोड़ दिया।।1।।

भारत से मांगी साकेत तूने औषध के नाम अयोध्या लिया
चीन को कोविद से मढ दिया निहत्थों का खुद घात किया।।2।।

क्यों चीन–चीन चिल्लाने लगे चीन–पाक में मध्यस्थ बन–बन के
भारत के आतंक चुनौती पर खुद जल–जल डंका बजा दिया।।3।।

तुम परम शक्ति को क्या जानो परमाणु जमीनी रखते हो
पूरब अरब से निकलो जरा घर में ही घुटना दबा दिया।।5।।

# अध्याय – 16

# सापेक्षता

विनय में खुद को ढाल लिया तो संवर साध लिया,
उससे अविप्पटिसार निकला पछतावा गया ।। 1 ।।

पछतावा के अभाव में हुआ उत्पन्न प्रमोद,
प्रमोद जहाँ वहाँ होता है प्रीति का आमोद।।2।।

परिणामतः प्रश्रब्धि का हुआ यहाँ प्रवेश,
प्रश्रब्धि के पीछे आया सुखारामो–ऐश।।3।।

तब शान्त शान्त–सा निज मन हुआ प्रतीत
एकाग्रता की महफिल सज गई हुआ शोर अतीत।।4।।

यथाभूत ज्ञान–दर्शन वर्तमान हुआ
निर्वेद से निर्मल होकर संस्कार मुक्त हुआ।।5।।

विराग आया लेकर मार्गारुढ पद अर्हत्व,
विमोक्ष में चित्त ने किया साक्षात बुद्धत्व।।6।।

विमुक्ति–ज्ञान–दर्शन परखता था जब विद्यमान
अनुपाद चित्त विमोक्ष हुआ अनुपाद परिनिर्वाण।।7।।

क्षय होना था हो गया तृष्णा उपादानों का,
भवनिस्सारणावहं वह पल था लोकुत्तर का।।8।।

स्थित है तट पे पररक्षण में प्रत्यवेक्षण ज्ञान भूमि,
विनय मंत्रणा कथा ध्येय है त्रिशरणं गच्छामि।।9।।

# अध्याय – 17

## मैं

मैं नाचीज सूक्ष्म धूलकण ही सही,
कई अंतराल हैं मुझ में भी
मैं विराट दावा नहीं करता
नहीं है कोई मेरा सानी ।।धृ।।

मैं तुझ से क्यों छिप छिप के लड़ूं
तू कायरता से आती है
मुझे श्वसन् यंत्र तू ना समझ
मैं स्वतंत्र तेरे वश में नहीं।।1।।

यह जन्म–मरण परिपाठी है
तू ख्वाहिश विषय बेहोशी है
मैं सचेत सावध प्रजानन हूँ
मैं साक्षी जब तू आई–गई।।2।।

तू कैसे महामारी बनी
छुप–छुप के कर दुनिया सुनी
कर रोना अब मैं जान गया
मैं मुक्त हूँ तू है पाक–चीनी ।।3।।

## अध्याय – 18

# हे बुद्धत्व के मुसाफिर!

**सम्यक सति**

हे बुद्धत्व के मुसाफिर पल–पल सजग रहना,
हर मोड़ दुक्ख–कंटक चुन–चुन के दूर करना।।धृ।।

**सम्यक व्यायाम**

उभरी बुरी चीजों को तत्काल ही दबाना
दबे बुरे बीजों को ऊपर न उठने देना
उठते कुशल कणों को उठने और बढने देना
उभरे कुशल चैत्य असीम तक फैलाना।।1।। हे बुद्धत्व के मुसाफिर

**सम्यक वाणी**

बोलो ना शब्द बेकार सख्त या निरर्थक
बोलो सदा ही सत्य शांत वा अहिंसक
बहने दो चराचर में वाणी निसर्ग निर्मल
निः शब्द गर हो जाओ आर्य मौन ही रखना।।2।।
हे बुद्धत्व के मुसाफिर

**सम्यक कर्मान्त**

वाचिक कायिक की अपेक्षा
मन–कर्म सूक्ष्मतर है
अहिंसा सत्य अस्तेय ब्रह्मचर्य धारेथ
सब्ब पापस्स अकरणं सदाचार याद रखना।।3।।
हे बुद्धत्व के मुसाफिर

**सम्यक आजीवो**

सम्यक आजीविका है जीविका कमाना
परहित का ध्यान रखके स्वरोजगार करना
राष्ट्र–एकता गरिमा व्यक्ति की ही बढ़ाना
गंदे धंदों से खुद को अलिप्त भी रखना ।।4।।
हे बुद्धत्व के मुसाफिर

**सम्यक समाधि**

सब चैत्य–धम्म मन में बनते बिगड़ते जाते
सुंदर हो या कुरुप ये आते हैं बिछुड़ते
वितर्क विचार प्रीति सुख एकाग्रता को पाकर
साकार अनात्म करना।।5।। हे बुद्धत्व के मुसाफिर

**सम्यक संकल्प**

अस्तित्व सारे दुक्ख कर उसका मूल प्रहाण
दुःख निरोध गामी मार्ग सका ही धर तू ध्यान
जब तक मिटे न सब दुःख
निर्वाण कामी रहना।।6।। हे बुद्धत्व के मुसाफिर

**सम्यक दृष्टि**

मिथ्या–आवृत्त दुक्ख – कारण अनेक
प्रज्ञा काटेगी धुंद एक–एक
प्रखर तेज से हटाके मानस अंधत्व यहाँ का
सबसे पहले कृति में सम्यक दृष्टि रखना ।।7।।
हे बुद्धत्व के मुसाफिर

# अध्याय – 19

# दर्शन

## प्रस्तावना

प्रति वर्ष नवंबर माह के तृतीय गुरुवार को वैश्विक दार्शनिक दिवस मनाये जाने बाबत यूनेस्को का ऐलान है। हम सब उसका स्वागत करने आगामी नवंबर 16 को बाहें फैलाकर आलिंगन करने के लिए तैयार हैं।

## प्राचीन दर्शन कौनसा?

प्रश्न पूछा जाता है कि भारत के दर्शनों में सबसे प्राचीन दर्शन कौनसा है? उत्तर है कि प्राचीन से आपको क्या अभिप्रेत है और दर्शन को आप क्या समझते है? ग्रंथ प्रमाण मानने वाले ग्रंथ में जो तिथि अंकित है उसे ही सही मानकर प्राचीन तथा अर्वाचीन का ढोल बजायेंगे तो दर्शन के क्षेत्र में भी मेरा देश गलत या सही के तर्ज पर मेरा ग्रंथ गलत या सही की राजनीति करनी पड़ेगी। यू ंतो प्राचीनता ग्रंथ प्रमाण के साथ ऐतिहासिक, पुरातात्विक और भोगोलिक साक्षी से संलग्न हैं तो दर्शन की प्राचीनता का वैज्ञानिक आधार उपलब्ध होता है। इस दृष्टि से बौद्ध दर्शन ही ऐतिहासिक प्रमाणों के आधार पर सर्वाधिक प्राचीन माना जायेगा।

उसी प्रकार दर्शन से दुरूख दूर करने का उपाय यह अभिप्राय ग्रहण करेंगे तो परिवर्तनवादी दर्शन से बढ़कर कोई और दर्शन हो ही नहीं सकता।

## दार्शनिक रूपरेखा

मानव का अस्तित्व पृथ्वी पर यद्यपि लाखों वर्षों से है। खेती, नहर, सौर–पंचाग और समाज की कायापलट करने वाले आविष्कार के बाद उसके दिमागी चिंतन का सबसे भव्य युग 5000–3000 ई. पू. था। तथापि 3000–2600 ई. पू. का समय मानव–जाति के बौद्धिक जीवन के अपकर्ष का रहा। उसमें मानव ने बहुत कम आविष्कार किए। दो सहस्राब्दियों के कड़े मानसिक श्रम के बाद 1000–700 ई. पू. में विश्राम के दौरान मानव ने दर्शन की उपज की। दर्शन का सुवर्णयुग 700 ई. पू. से बाद की तीन और चार शताब्दियाँ हैं। इसी वक्त भारत में उपनिषद से लेकर बुद्ध तक के, और यूरोप में थेल्स से लेकर अरस्तू तक के दर्शनों का निर्माण हुआ। इस तरह की मानव–मस्तिष्क की तीव्रता हम फिर 1760 ई. के बाद से आधुनिक आविष्कारों के सिलसिले से शुरू होती देखते है।

भारत और यूरोप की ये दोनों दर्शन–धाराएँ सिकन्दर के बाद आपस में मिलकर नव–अफलातूनी दर्शन के नेतृत्व में विश्व की सारी दर्शन–धाराओं का उद्‌गम बनी। इस समय का शक्तिशाली दर्शन अलग–थलग नहीं बल्कि एक बहुमुखीन प्रगति की उपज था। हालांकि सभी देशों में इस प्रगति के एक साथ होने का कोई नियम नहीं रहा।

सर राधाकृष्णन् ने अपनी हिस्ट्री ऑफ इंडियन फिलासफी, वाल्युम 1, पृ. 22 पर यह अंकित करने के बावजूद कि (In ancient India philosophy was not an auxiliary to any other science or art, but always held a prominent position of independence) प्राचीन भारत में दर्शन किसी भी दूसरी साइंस या कला का लग्गू–भग्गू नहीं रहा, तथापि राहुल सांकृत्यायन कहते है कि भारतीय दर्शन साइंस या कला का लग्गू–भग्गू न रहा हो, किन्तु धर्म का लग्गू–भग्गू वह सदा से चला आता है, और धर्म की गुलामी से बदतर गुलामी और कोई नहीं है।

भारत, यूरोप, और अरब के दार्शनिकों का कालक्रम निम्नानुसार रहा है। चीन–जापान' की दार्शनिक धारा को नहीं जोड़ने पर भी यह

निष्कर्ष नहीं बदलेगा कि विश्वव्यापी दर्शन राष्ट्रीय की अपेक्षा अन्तर्राष्ट्रीय ज्यादा है और इसीलिए हम जितना गंगा, आमू–दजला और नालंदा–बुखारा–बगदाद–कार्दोवा अर्थात् भारत, चीन, इरान, इराक और स्पेन का स्वतंत्र स्नेहपूर्ण समागम दर्शनों में पाते है, उतना साइंस के क्षेत्र से अलग कहीं नहीं पाते।

## दार्शनिक और दर्शन का कालानुक्रम

### भारद्वाज

1500 ई. पू. में उत्तर–पंचाल (रुहेलखंड) भारद्वाज, अंगिरा के पौत्र तथा बृहस्पति के पुत्र, राजा दिवोदास् के पुरोहित थे।

### विश्वामित्र

1500–1000 ई. पू. में दक्षिण–पंचाल (आगरा कमिश्नरी का भाग) में विश्वामित्र (आगरा कमिश्नरी का भाग) से संबंधित थे। ऋग्वेद उत्तर–दक्षिण–पंचाल देशों, पश्चिमी युक्त–प्रांत में बना। यह आर्यों के भारत आगमन के बाद तीसरा बसेरा है। यही यमुना–गंगा–रामगंगा की मैदानी उर्वर उपत्यका है। उनका दूसरा बसेरा सप्त–सिन्धु (पंजाब) में था। पहिला बसेरा काबुल और स्वात नदियों की उपत्यका, (अफ़गानिस्तान) में था। पीछे प्रयाग और सरस्वती घाघर के बीच के प्रदेश को वेद और आर्यों का पुनीत, तीर्थक्षेत्र तथा आर्यावर्त कहा गया। देशी आर्यों को विदेशी आर्यों की पुरोहित–शाही के कारण, जो रक्त में आर्यावर्त के ब्राह्मण–क्षत्रियों, आर्यों से कहीं अधिक शुद्ध थे – व्रात्य, पतित कहा जाता था।

### आर्यावर्त्तीय आर्यों के देवता

700–600 ई. पू. में सिन्धु–उपत्यका और दूसरे भू–भागों में भी जिस जाति (असुर) से आर्यों का संघर्ष हुआ था, वह सामन्तवादी थे, राजतांत्रिक थे, सभ्य थे, नागरिक थे। कुरु–पंचाल मल्ल–वज्जी तब भी अनार्य संस्कृति से आर्य–संस्कृति को अलग रखने ही की कोशिश की जाती

रही। अथर्ववेद के सिवा किसी भी वेद–संहिताओं, ब्राह्मणों में कहीं अनार्य–धार्मिक रीति–रिवाजों को लेने या समन्वय का प्रयास नहीं मिलता।

इन्द्र, वरुण, सोम, पर्जन्य आदि प्राकृतिक शक्तियाँ थे।

भारतीय आर्यों का प्रारंभिक समाज जब अपनी पितृसत्ताक व्यवस्था से आगे सामन्तवाद की ओर बढा तो उसकी दो शाखाएं हुईं, एक तो वह जिसने कुरु–पंचाल (मेरठ–रुहेलखंड) और आसपास के प्रदेशों में जा राजसत्ता कायम की, दूसरी वह जिसने कि पंजाब तथा मल्ल–वज्जी (युक्तप्रान्त–बिहार की सीमाओं पर) में अपने सामन्तवादी प्रजातंत्र कायम किये।

दास–स्वामी दो वर्गों में विभक्त समाज में मानसिक तौर पर वैदिक (उपनिषद्) दर्शन का प्रयत्प जितना हुआ, उससे कहीं अधिक प्रयत्नशील अ–वैदिक दर्शन हुए। बुद्ध ने जातिभेद या रंग (आर्य–अनार्य– भेद) के प्रश्नों को उठाया। यही बात जैन, आजीवक आदि धर्मों के बारे में है।

आथर्वण या अथवाङ्गिरस नहीं, बल्कि अथर्ववेद निम्न मंत्र–तंत्रों, टोने–टोटकों के तल पर आर्य–अनार्य धर्मों के मिश्रण का प्रथम प्रयत्न है।

भारत की तीन दर्शन प्रणालियाँ थी–वैदिक (ब्राह्मणनुयायी) आर्य, अ–वैदिक (ब्राह्मणों से स्वतंत्र, या व्रात्य) आर्य, और न–आर्य। वैदिक औ अवैदिक आर्यों के राजनीतिक आर्थिक क्षेत्र जनपद सीमा लांघ चुके थे। लेकिन न–आर्य दोनों में थे। गणों (प्रजातंत्रों) में खून की प्रधानता मानी जाने से राजनीति में वे सीधे दखल नहीं दे सकते थे, किन्तु राजतंत्रों में वे राजपद पर भी पहुँच सकते थे।

## देव

600–500 ई. पू. में जब प्रजा के अधिकार बहुत कम रह गए, और राजा सर्वेसर्वा बन गया, उसी समय देव राजा का पर्यायवाची शब्द बना।

## एकदेववाद

ऋगवेद के सबसे पीछे के मंत्र, पुरुषसुक्त से एकदेववाद प्रकट होता है।

## ऋग्वेद 1/164/46

एक ही देवता है। अंत में ब्रह्म, (नपुंसक) और प्रजापति, (सर्वेश्वर) बनता है। अग्नि, यम, सूर्य एकं सद्विप्रा बहुधा वदन्ति अग्निं यमं मातरिश्वामाहुः।

## कुरु

मेरठ और अम्बाला कमिश्नरियों के भाग रहा।

## वशिष्ठ

वह कुरु–राज के पुरोहित थे।

## वामदेव

1000 ई. पू. में कुरु–पांचाल में ऋग्वेद के ऋषियों में वामदेव का उल्लेख तेविज्ज–सुत्त (दी. नि. 1.13) में अन्य नौ ऋषियों के साथ हुआ है। उन्होंने भी कभी ब्रह्मा या ईश्वर को नहीं देखा था। वामदेव के पुत्र वृहदुक्थ, मूर्धन्वा, अहोमुच थे। उनके नाम ऋग्वेद का एक सूक्त उल्लेखित है। वामदेव बौद्ध साहित्य में उल्लेखित ब्राह्मण ऋषि थे।

## वेदान्त

700–100 ई. पू. में वेद के बाद ब्राह्मण, उसके बाद आरण्यक और अन्त में उपनिषद होने से उसे वेदान्त कहा गया। उपनिषद में यह शिक्षा नहीं थी कि जगती में जो कुछ है, वह ईश की देन, सब के लिए समान है, इसलिए मिलकर भोग करो, ईश के उस धन में लोभ मत

करो। छान्दोग्य और बृहदारण्यक बड़े और पहले उपनिषद हैं जो कर्मकांड को ज्ञान से पक्का करते हैं। ईशदत्तं इदं सर्वं यत् किंच जगत्याँ जगत्। तेन समाना भुंजीथा मा गृधः तस्य तद्धनम्।।

## प्रवाहण् जैवलि

कुरु–पंचाल में 700–650 ई. पू. में छान्दोग्य ऋशि राजा जैवलि और ब्राह्मण आरुणि ने कर्मकांड पर उठता विश्वास थमाने के लिए पुनर्जन्मवाद गढ लिया। जैवलि, आरुणि और याज्ञवल्क्य को सर्वज्ञ कहा जाता है। उनके राहु, चन्द्र और सूर्य के बारे में मत से उनकी सर्वज्ञता की पोल खुलती है।

आरुणि के पुत्र श्वेतकेतु जैवलि को राजन्य बंधू कहता है। पुनर्जन्म के सिद्धान्त प्रवाहन जैवलि जैसे क्षत्रियों ने गढा। प्रवाहन जैवली आरुणिका गुरु था। जैवलि, आरुणि और उसके शिष्य याज्ञवल्क्य पंचाल के राजा थे। और सामवेद के उद्गीथ (गान) में गवैयों शिलक शालावत्य, चैकितायन दाल्भ्य, के साथ प्रवाहन जैवलि भी एक थे। प्रवाहन क्षत्रिय थे।

## उपनिषद–दार्शनिक

छान्दोग्य के अनुसार ज्ञानी को पापकर्म नहीं लगता परंतु इसका अर्थ 'वह पापकर्म नहीं कर सकता' नहीं है। छान्दोग्य ने सबसे पहले पुनर्जन्म की बात की। ब्राह्मण, क्षत्रिय, वैश्य की योनी मानव नहीं दूसरी ही है। यह पुरुष्श सूक्त से भी आगे निकल गए।

## उद्दालक आरूणि गौतम

700 ई. पू. में कुरु–पंचाल में उसने कहा था कि मन अन्नमय है। यह सद्ब्रह्म (शारीरक ब्रह्मवादी) थे। और भौतिक तत्वों में अग्नि को प्रथम मानते थे। यह ब्राह्मण थे। यह प्रथम ब्राह्मण दार्शनिक था। इस से पहले दर्शन–चिन्तन शासक (क्षत्रिय) वर्ग करता था।

पंचालराज प्रवाहन जैवलि के पास देर तक शिष्य रहे। राजा अश्वपति कैकय तथा चित्र गार्ग्यायणि से भी दर्शन की शिक्षा ग्रहण की थी। छान्दोग्य उपनिषद के प्रधान दार्शनिक (सुक्रात), अद्वैत विज्ञानवादी कर्मकांड के लिए थे। सत्कार्यवादी थे। उनके समय में यह मत था कि हृदय से रीढ़ की हड्डी की ओर 72000 नाड़ियाँ जाती हैं।

## याज्ञवल्क्य वाजसेनय

650 ई. पू. में कुरु–पंचाल में याज्ञवल्क्य के गुरु आरुणि के गुरु प्रवाहन जैवलि के बारे में छठे अध्याय में कहा गया है। यही भरद्वाज के यजमान राजा दिवोदास का समृद्धशाली शासन था। यही उनके पुत्र सुदास् ने पहिले वशिष्ठ और पीछे विश्वामित्र को पुरोहित बना अनेक योग कराये, और पश्चिम के देश राज्यों को पराजित कर पंजाब में भी सतलुज–व्यास तक अपना राज्य फैलाया।

तीसरे अध्याय में याज्ञवल्क्य के दर्शन है। वह जनक को उपदेश करते है। यूनानी दार्शनिक थेल की भांति यहाँ भी प्रथम भौतिक तत्व जल को माना गया। याज्ञवल्क्य जनक वैदेह का गुरु था। कैकय (पंजाब), काशी और विदेह में भी बाद अनूचानतमों (शिक्षितों) में ज्ञान–चर्चा होने लगी थी। याज्ञवल्क्य को अपनी भार्या मैत्रेयी और कात्यायनी से कोई सन्तान न थी। इसलिए उसने अपनी भार्यायों में सम्पत्ति का बंटवारा किया था।

इसी में कहा है कि इस महान भूत, ब्रह्म का श्वास है वेद, उपनिषद आदि। सर्वश्रेष्ठ ब्रह्मज्ञानी याज्ञवल्क्य यज्ञ के वेद (यजुर्वेद) के मुख्य आधार तथा यजुर्वेद के कर्मकाण्डीय ब्राह्मण–शतपथ ब्राह्मण के महान कर्ता हैं। उपनिषद के आचार्यों में सत्यकाम जाबाल, सयुग्वा (गाड़ीवाला) रैक्व का शुमार है। उसका दर्शन था वायु ही मूलतत्व है।

उद्दालक आरुणि के शिष्य, छान्दोग्य उपनिषद का (अफलातूँ) दार्शनिक, अद्वैत विज्ञानवादी कर्मकांड के लिए। हालांकि उसे विचार बृहदारण्यक में मिलते है, जो शुक्ल यजुर्वेद के शतपथ ब्राह्मण का

आरण्यक है। उसमें भी छः में से आधे अध्याय में कर्मकांडी धारा बह रही है। काशिराज अजातशत्रु और ब्राह्मण गार्ग्य का संवाद और दध्यच् आथर्वण के विचार दूसरे अध्याय में हैं।

बृहदारण्यक में ही कहा गया है कि जगत ब्रह्म का रुप है। यह पिथागोर जैसे ब्रह्म का शरीर मानने वाले दार्शनिकों का मत है। बाद में बृहदारण्यक ने ब्रह्म को अभावात्मक बनाया। नेते नेति।

उपनिषद काल में यहीं उद्दालक आरुणि था। जनक की परिषद में याज्ञवल्क्य ने विजय प्राप्त की थी और उस में यहीं के विद्वान मौजूद थे। तत्रह कुरुपञ्चालानां ब्राह्मणा अभिसमेता बभूवः।

याज्ञवल्क्य के समय से दो शताब्दी बाद बुद्ध ने इसी भूमि में महासतिपट्ठानसुत्त और महानिदानसुत्त जैसे दार्शनिक उपदेश दिये थे। क्योंकि कुरु देश–वासी देश के अनुकुल ऋतुआदि–युक्त होने से हमेशा स्वस्थ–शरीर स्वस्थ–चित्त होते हैं। उससे प्रज्ञाबलयुक्त हो गंभीर कथा के ग्रहण करने में समर्थ होते हैं। इस देश में दास और कर्मकर, नौकर–चाकर भी स्मृति–प्रस्थान (ध्यानयोग)–संबंधी कथा ही को कहते हैं। पनघट और सूत कातने के स्थान आदि में भी व्यर्थ की बात नहीं होती। यदि कोई स्त्री – 'अम्म! तू किस स्मृति–प्रस्थान की भावना करती है पूछने पर 'कोई नहीं', बोलती है; तो उसको धिक्कारती है–'धिक्कार है तेरी ज़िन्दगी को, तू जीती भी मुर्दे के समान है। उद्दालक आरुणि के शिष्य, छान्दोग्य उपनिषद का (अफलातूँ) दार्शनिक, अद्वैत विज्ञानवादी कर्मकांड के लिए। हालांकि उसे विचार बृहदारण्यक में मिलते है, जो शुक्ल यजुर्वेद के शतपथ ब्राह्मण का आरण्यक है। उसमें भी छः में से आधे अध्याय में कर्मकांडी धारा बह रही है। काशिराज अजातशत्रु और ब्राह्मण गार्ग्य का संवाद और दध्यच् आथर्वण के विचार दूसरे अध्याय में हैं।

बृहदारण्यक में ही कहा गया है कि जगत ब्रह् का रुप है। यह पिथागोर जैसे ब्रह्म का शरीर मानने वाले दार्शनिकों का मत है। बाद में बृहदारण्यक ने ब्रह्म को अभावात्मक बनाया। नेति नेति।

उपनिषद काल में यहीं उद्दालक आरुणि था। जनक की परिषद में याज्ञवल्क्य ने विजय प्राप्त की थी और उसमें यहीं के विद्वान मौजूद थे। तत्रह कुरुपञ्चालानां ब्राह्मणा अभिसमेता बभूवः।

याज्ञवल्क्य के समय से दो शताब्दी बाद बुद्ध ने इसी भूमि में महासतिपट्ठानसुत्त और महानिदानसुत्त जैसे दार्शनिक उपदेश दिये थे। क्योंकि कुरु देश–वासी देश के अनुकुल ऋतु आदि–युक्त होने से हमेशा स्वस्थ–शरीर स्वस्थ–चित्त होते हैं। उससे प्रज्ञाबलयुक्त हो गंभीर कथा के ग्रहण करने में समर्थ होते हैं। इस देश में दास और कर्मकर, नौकर–चाकर भी स्मृति–प्रस्थान (ध्यानयोग)–संबंधी कथा ही को कहते हैं। पनघट और सूत कातने के स्थान आदि में भी व्यर्थ की बात नहीं होती। यदि कोई स्त्री– 'अम्म! तू किस स्मृति–प्रस्थान की भावना करती है पूछने पर 'कोई नहीं', बोलती है; तो उसको धिक्कारती है–'धिक्कार है तेरी ज़िन्दगी को, तू जीती भी मुर्दे के समान है'।

## महिदास ऐतरेय

कुरु–पंचाल में 600–500 ई. पू. में वह द्वितीय कालीन ऐतरेय–उपनिषद के रचयिता थे। प्रज्ञान में ज्ञान के 16 नाम बताये गए। उसी को ब्रह्म कहा गया। यूनानी दार्शनिकों की भांति विश्व को उसके भीतर की हरकतों को देखकर सजीव समझा गया है।

## चार्वाक

जीवन के भोग ग्राह्य हैं। सत्य के अन्वेषण के लिए तजर्बे (अनुभव) और बुद्धि का उपयोग करना चाहिए। कुरु–पंचाल में ई. पू. 600–500 में चार्वाक दर्शन जीव या चेतना को भौतिक उपज मानता है। यह अनात्म भौतिकवाद है।

जीवन के भोग ग्राह्य हैं। सत्य के अन्वेषण के लिए तजर्बे (अनुभव) और बुद्धि का उपयोग करना चाहिए। उस के अनुसार सृष्टि के निर्माता की आवश्यकता नहीं है। वह बुद्ध के समकालीन थे। चार्वाक का

मतलब है चबाने के लिए मुस्तैद। भौतिकवादी दर्शन। यह नाम नहीं है बल्कि परलोक, पुनर्जन्म, देववाद से इन्कार करने वाले के लिए दी गई गाली है।

जडवादी दर्शन के आचार्यों में बृहस्पति का भी नाम है। उसने सूत्र रुप में अपने दर्शन को लिखा। परन्तु सूत्र–रुेन दर्शनों का निर्माण ईसवी सन् के बाद से शुरु हुआ। अग्निहोत्र, वेद बुद्धि और पौरुश–हीन लोगों की जीविका है। सुख दुःख से संयुक्त होने के कारण त्याज्य नहीं है जैसे चावल वाले धान तुश या भूसी में लिपटे होने के कारण त्याज्य नहीं है।

यावत् जीवेत् सुखं जीवेत् ऋणं कृत्वा घृतं पीबेत्, भस्मीभूतस्य देहस्य पुनरागमनं कुतः के तर्ज पर जड़ को कूटस्थ मानने वाले दार्शनिको में एक चार्वाक थे। इसे लोकायत दर्शन से भी अधोरेखांकित करते हैं।

## मिलेटस का थेल्स

640–550 ई. पू. में आयोनिया, एशिया मायनर में मिलेटस के संसार के प्रथम दार्शनिक थेल्स यवन दार्शनिक, गणितज्ञ तथा ग्रहवैज्ञानिक थे। वह कहते थे कि पानी ही प्रथम तत्व है।

## अनक्सिमन्दर

यूनान में 610–545 ई. पू. में अनक्सिमन्दर दार्शनिक हुआ, जो कहता था कि मूलतत्व को अत्यन्त सूक्ष्म होना चाहिए।

## अनक्सिमन (Anaximane, 588-524 B. C.)

यूनान में 590–550 में हुआ दार्शनिक पानी को ही मूलतत्व मानता था।

## पिथागोर

यूनान में 570–500 ई. पू. में हुए पिथागारे मानते थे कि बिंदू या संख्या ही सब की जड़ है।

## क्सेनोफोन (Xenophone)

एलिया में 5 स्वहवे 70–480 ई. पू. में हुए क्सेनोफोन दार्शनिक ईश्वर और जगत को अभिन्न मानते थे। जगत भगवान का शरीर है। और वह सजीव शरीर है ऐसा मानता था। और मानता था कि भगवान विश्व का आत्मा या लोगो (Logos) है।

## परमेनिद

एलिया में 540–483 ई. पू. में हुआ यह दार्शनिक सोचता था कि न सत से असत हो सकता है और न असत से सत की उत्पत्ति कभी हो सकती है। नासदः सदुत्पत्तिः। वैशेषिक और गीता 3/16 नासतो विद्यते भावः वही है। पर्मेनिद की शिक्षा थी कि हर एक चीज अचल, अनादि, अनन्त, एकरस, अपरिवर्तनशील, अविभाज्य, अविनाशी है।

## हेराक्लितु

535–475 ई. पू. में एलिया, एफेसु मे जन्मे हेराक्लितु दर्शन में (अनित्यतावाद) की व्याख्या करते वह द्वन्द्ववाद पर पहुँचे। विरोधिता या द्वन्द्व सभी सुखों की माँ है। उसके साथी क्रातिलो ने कहा, उसी नदी में दो बार उतरना असंभव है, क्योंकि नदी लगातार बदल रही है। स्थिरता का भ्रम परिवर्तन की शीघ्रता तथा सदृश–उत्पत्ति, उत्पन्न होने वाली चीज अपने से पहिले के समान होना, के कारण होता है। द्वन्द्वात्मक–क्षणिक–भौतिकवाद का विधाता।

जेनो के स्थिरता के सिद्धान्त के विरुद्ध हेराक्लितु कहते थे, कि संसार में कोई ऐसा पदार्थ नहीं जो गतिशील न हो। कोई चीज खड़ी नहीं है (पान्त रेह)। उसी नदी में हम दो बार नहीं उतर सकते, क्योंकि दूसरी बार उतरते वक्त वह दूसरी ही नदी होगी।

## वर्धमान महावीर

500 ई. पू. में उत्तर भारत में वर्धमान महावीर हुए। वह आयु में बुद्ध से जेष्ठ थे। ज्ञातपुत्र देखें।

## मक्खलि गोशाल

मक्खलि गोशाल नित्यपदार्थवादी होने से हर वस्तु को अचल, नित्य मानता था, इसलिए कोई कर्म वस्तुस्थिति में किसी तरह का परिवर्तन ला नहीं सकता है। मक्खलि गोशाल ई. पू. 523 में उत्तर भारत में जन्मा। वह भाग्यवादी था। वह कहता था कि जीवन का रास्ता नपा–तुला है, पाप–पुण्य उसमें कोई अन्तर नहीं डालते। वह एक अकर्मण्यवादी दार्शनिक था और गोशाला में उत्पन्न हुआ था।

पाणिनि 400 ई. पू. ने मस्करी शब्द को गृहत्यागियों के लिए माना है। मक्खलि गोशाल यानी साधु गोशाल। बुद्ध के समकालीन भौतिकवादी दार्शनिक थे। वह अकर्मण्यवादी थे। पहले वह जैन मत का साधु था। उसने जैन–तीर्थंकर, निगंठ नातपुत्त को जान से मारने की कोशिश की; ब्राह्मण–देवता की मूर्ति पर पेशाब–पाखाना किया। वह आजीवक सम्प्रदाय के तीन आचार्यों, निर्याताओं–नन्द वात्स्य, कृश सांकृत्य के साथ मक्खलि गोशाल भी है। यह नंगे रहते हुए कुछ संयम–नियम की पाबन्दी भी करते थे। गोशाल सम्प्रदाय नन्द और सांकृत्य सम्प्रदायों के बाद हुआ।

## कृश सांकृत्य

600 ई. पू. में कुरु पांचाल में बुद्ध के समकालीन दार्शनिक थे। जो आजीवक सम्प्रदाय के तीन आचार्यों थे, उनमें नन्द वात्स्य, मक्खलि गोशाल के साथ कृश सांकृत्य भी थे। यह नंगे रहते हुए कुछ संयम–नियम की पाबन्दी भी करते थे। गोशाल सम्प्रदाय नन्द और सांकृत्य सम्प्रदायों के बाद हुआ।

## पूर्ण काश्यप

पूर्ण काश्यप अक्रियवादी था। वह तीर्थंकर था।

## प्रक्रुधकात्यायन

523 ई. पू. में उत्तर भारत में प्रक्रुध कात्यायन हुए। प्रक्रुध कात्यायन

नित्यपदार्थवादी था। वह भी तीर्थंकर था। वह भी भाग्यवादी मक्खलि गोशाल और अक्रियवादी पूर्ण काश्यप की तरह शुभ कर्मों को निष्फल बताता था। वह बुद्ध के समकालीन नित्यतावादी दार्शनिक थे। उसका यह उपदेश कि दान–दम–संयम से सत्य बोलने से न पुण्य है न पुण्य का आगम है, परलोक में भोगे जाने वाले पाप–पुण्य के संबंध में था। इस लोक में चोरी, हत्या, व्यभिचार का फल राजदंड के रुप में अनिवार्य है, इसे वह जानता ही था।

## अजित केशकम्बल

523 ई. पू. में उत्तर भारत में हुए अजित केशकम्बल ने आदमी के केश को सयुग्वा रैक्व की बैलगाड़ी की भाँति उसने अपना बाना बना रखा था।

यह बुद्ध के समकालीन और जड़वादी/भौतिकवादी दार्शनिक थे। परंतु धार्मिकता को पसंद करते थे। यह बुद्ध से उम्र में ज्यादा थे। एक बार बुद्ध और इन छओं तीर्थंकरों का वर्षावास राजगृह में (523 ई. पू.) हुआ था।

## संजय बेलट्ठिपुत्त

वह बुद्ध के समकालीन अनिश्चिततावादी दार्शनिक थे। यह भी तीर्थंकर था। उसके और महावीर दोनों के दर्शन अनेकान्तवादी हैं। पहले का जोर 'नहीं' पर ज्यादा था और दूसरे का जोर 'हाँ' पर था। धर्म की कल्पनाओं पर संदेह किया जाने लगा था।

## निगंठ नातपुत्त या महावीर

निगंठ नातपुत्त 523 ई. पू. में प्राचीन वज्जी (जिला मुजफ्फरपुर, बिहार) में प्रजातंत्र की राजधानी वैशाली (बसाढ, पटना से उत्तर में 27 मील) में जन्मे और उनका देहान्त कुसीनारा (कसया) से पपउर (जिला गोरखपुर) में 84 वर्ष की उम्र में हुआ।

वर्धमान महावीर 569–485 सर्वज्ञतावादी थे। लिच्छवियों की एक शाखा ज्ञातृवंश में बुद्ध के जन्म से छह वर्ष पहले उनका जन्म होने से उन्हें ज्ञातृपुत्र (नातपुत्त) भी कहते हैं।

उनके पिता सिद्धार्थ गण–संस्था (सीनेट) के सदस्यों (राजाओं) में से एक थे। उनकी शादी, यशोदा से हुई थी जिससे एक लड़की हुई। 30 वर्ष की उम्र में उन्होंने गृहत्याग किया। 12 वर्ष शरीर को सुखाने वाली तपस्याओं के बाद उन्होंने केवल या सर्वज्ञ–पद पाया। 42 वर्ष तक उन्होंने अपने धर्म का उपदेश मध्य देश (युक्तप्रान्त और बिहार) में किया।

संजय की चार भंगी या अनेकान्तवाद परलोक, देवता, कर्मफल, मुक्त पुरुष जैसे परोक्ष विषयों पर लागू था परतु जैनों का स्यादवाद प्रत्यक्ष वस्तु पर भी लागू है।

जैन उन्हें वीर या महावीर कहते हैं। बौद्ध उन्हें निगंठ नातपुत्त (निर्ग्रंथ ज्ञातृपुत्र) कहते है।

महावीर की शिक्षा के बारे में बौद्ध त्रिपिटक में लिखा है कि निर्ग्रंथ या जैन साधु संवरों से संवृत्त रहने के कारण गतात्मा (अनिच्छुक), यतात्मा (संयमी) और स्थितात्मा कहलाता है।

मज्झिम निकाय में महावीर के शिष्य दीर्घ तपस्वी ने बुद्ध के साथ वार्तालाप में कहा था कि काय–दंड (कायिक कर्म) सबसे महादोष–युक्त है। जोतने, काटने, निराने जैसे कामों में प्रत्यक्ष अगनित जीवों को मारे जाते देख, जैन लोग खेती छोड़ बैठे। यूरोप में यहूदियों ने राज द्वारा खेत के अधिकार से वंचित होने के कारण मजबूरन् बनिया–व्यवसाय स्वीकार किया। आधुनिक जैन–दर्शन का आधार स्याद्‌वाद संजय बेलट्ठिपुत्त के चार अंगवाले अनेकान्तवाद को लेकर उसे सात अंगवाला किया गया है। संजय ने तत्वों (परलोक, देवता) के बारे में अनिचयात्मक रुप से कहा था, 1. है?–नहीं कह सकता। 2. नहीं है? – नहीं कह सकता। 3. है भी और नहीं भी?–नहीं कह सकता। 4. न है और न नहीं

है?—नहीं कह सकता। स्यादवाद हैः 1. है?—हो सकता है स्याद् अस्ति, 2. नहीं है?— हो सकता है स्याद् नास्ति, 3. है भी और नहीं भी? हो सकता है स्यादस्ति च नास्ति च, 4. स्याद हो सकता है यह वक्तव्य कहा जा सकती है?—नहीं। 5. स्याद् अस्ति क्या यह वक्तव्य है?—नहीं। 6. स्याद नास्ति क्या यह वक्तव्य है?—नहीं, 7. स्याद् अस्ति च नास्ति च क्या यह वक्तव्य है?—नहीं । संजय के भंग 'न है और न नहीं है' को छोड़कर, स्याद् भी अवक्तव्य है यह सातवां भंग तैयार कर अपनी सप्तभंगी पूरी की।

## बुद्ध

563–483 ई. पू. में नेपाल–भारत में हुए स्वयं बुद्ध और उनके शिष्य मुंडक थे।

शाक्य प्रजातंत्र की गण–संस्था (सीनेट या पार्लामेंट) के शुद्धोदन, भद्दिय और दण्डपाणि जैसे सदस्यों को लिच्छविगण की भांति राजा कहा जाता था। मगध के सारिपुत्र, मौद्गल्यायन, महाकाश्यप, उज्जैन के राजपुरोहित महाकात्यायन जैसे विद्वान ब्राह्मण उनके शिष्य बने।

सति केवट्टपुत्त को तब भी ऐसी धारणा हुई कि दूसरा नहीं बल्कि वही एक विज्ञान (जीव) संसरण–संधावन (आवागमन) करता है।

उपनिषद में आत्मा नित्य–ध्रुव–वस्तसुत है। बौद्ध दर्शन में अनात्मा भावात्मक है और वह अनित्य, अ–ध्रुव–वस्तुसत् है। चूलसच्चक–सुत्त (म. नि., 1.4.5) में कहा है कि रुप, वेदना, संज्ञा, संस्कार, विज्ञान सारे धर्म अनात्मा हैं। धर्म शब्द, घटना शब्द का पर्यायवाची है। उनके समकालीन लौहित्य, पायासी और चार्वाक भौतिकवादी थे। यह वाद भी ब्रह्मचर्य और समाधि के वैसे ही विरोधी थे, जैसे आत्मवादी।

वह अभौतिक क्षणिक अनात्मवादी दार्शनिक थे।

लुम्बिनी शालवन, (कपिलवस्तु से कुछ मील पर रुम्मिनदेई, नेपाल–तराई, नौतनवा–स्टेशन से 8 मील पश्चिम) में पैदा हुए। मगधराज

बिंबिसार, कोशल–नरेश प्रसेनजित्, शाक्य, मल्ल, लिच्छविओं में उनके अनुयायी थे। पांच उपादान स्कन्ध विच्छिन्न प्रवाह के तौर पर उत्पन्न हैं। जिस जिस प्रत्यय से विज्ञान (जीव) चेतना उत्पन्न होती है, वही उसकी संज्ञा होती है।

बुद्ध आत्मवादी नहीं थे, न भौतिकवादी। प्रतीत्य–समुत्पाद के आविष्कर्ता के लिए विचार–स्वातंत्र्य स्वाभाविक चीज थी। प्रतीत्यसमुत्पन्न नामरुप तृष्णा के गारे से मिलकर जो एक जीवन–प्रवाह का रुप धारण कर प्रवाहित हो रहे हैं, इस प्रवाह का अत्यन्त विच्छेद ही निर्वाण है।

नागार्जुन, असंग, वसुबंधु, दिङनाग, धर्मकीर्त्ति जैसे अप्रतिम दार्शनिक क्षणिक अनात्मवाद धारा में ही हुए। उनका उपदेश था कि अटूट चित्त की मुक्ति के लिए ही ब्रह्मचर्य (भिक्षु का जीवन) है। इसी विच्छिन्न प्रवाह पर नागार्जुन ने अपने शून्यवाद को विकसित किया। अ–जात, अ–भूत, अ–कृत, असंस्कृत जैसे निषेधात्मक विशेषण से किसी भावात्मक निर्वाण को सिद्ध तभी कर सकते है, जब उसके आनन्द का भोगने वाला कोई नित्य ध्रुव आत्मा हो।

दर्शन (क्षणिकवाद) की व्याख्या करते वह द्वन्द्ववाद पर पहुँचे। उनके वक्त वेदती न ही माने जाते थे। तिन्नं वेदानं पारगू कहा जाता था। बुद्ध के समय परिव्राजकों के नाम से प्रसिद्ध धार्मिक सम्प्रदाय इन्हीं मुंडकों का था। पोट्ठपाद–सुत्त, दीघनिकाय, 1/9, पालि सूत्रों के अनुसार इनका मत था कि मरने के बाद आत्मा, अरोग एकान्त सुखी होता है। परिव्राजक कर्मकांड–विरोधी भी थे।

इसी स्थान पर उनके जन्म के 318 वर्ष बाद तथा अपने राज्याभिषेक के बीसवें साल अशोक ने इसी स्थान पर एक पाशाण स्तम्भ गाड़ा था, जो अब भी वहाँ मौजूद है। सिद्धार्थ की माँ मायादेवी, बालक के जन्म के सप्ताह बाद ही चल बसी। सिद्धार्थ का पालन–पोषण उनकी मौसी तथा सौतेली माँ प्रजापती गौतमी ने किया। पड़ोसी कोलियगण (प्रजातंत्र) की सुन्दरी कन्या भद्रा कापिलायनी (या यशोधरा) से सिद्धार्थ का विवाह हुआ।

बुद्ध कार्य–कारण की निरन्तर या अविच्छिन्न सन्तति को नहीं मानते। एक के विनाश के बाद दूसरे की उत्पत्ति इसी नियम को बुद्ध ने प्रतीत्य–समुत्पाद नाम दिया है। प्रत्यय से उत्पाद का अर्थ है, बीतने से उत्पाद। एक के बीत जाने पर दूसरे की उत्पत्ति। प्रत्यय ऐसा हेतु है, जो किसी वस्तु या घटना के उत्पन्न होने से पहिले क्षण सदा लुप्त होते देखा जाता है। चक्षु और रुप के बीतने पर चक्षुर्विज्ञान होता है। बुद्ध का धर्म पार होने के लिए है, पकड़ रखने के लिए नहीं।

उपनिषद के इतने परिश्रम से स्थापित किए आत्मा के महान सिद्धान्त को प्रतीत्यसमुत्पाद सिद्धान्त तुच्छ समझता था। आत्मवाद नैसर्गिक नहीं है। जर्मन दार्शनिक शोपेन्हार ने सर्व शक्तिमती तृष्णा का बहुत व्यापक प्रयोग किया। बुद्ध की शिष्या पंडिता धम्मदिन्ना पांच उपादान–स्कन्धों को सत्काय दृष्टि और आवागमन की तृष्णा को सत्काय दृष्टि का कारण बताती थी। सत्काय (आत्मा) की धारणा दर्शन संबंधी एक भारी दृष्टि–संयोजन है। सच्चे ज्ञान की प्राप्ति के लिए इसे नष्ट होना चाहिए। आत्मवाद के लिए सत्काय–दृष्टि शब्द का प्रयोग होता है।

अपने पूर्व के नित्यतावादियों के आत्मा–संबंधी विचारों को बुद्ध ने दो भागों में बाँटा। रुपी आत्मवादी और अरुपी आत्मवादी। फिर इन दोनों में कुछ अनन्त आत्मवादी थे और कुछ शान्त आत्मवादी। फिर ये दोनों नित्यवादी और अनित्यवादी दो भागों में बटे हैं।

भगवान ने कहा ही है कि जब तक उन्हें चार आर्य सत्यों का ज्ञान–दर्शन तिहरा कर बारह प्रकार से विशुद्ध रुप से नहीं हुआ तब तक उन्होंने अनुत्तर अभिसम्बोधि पाने का दावा नहीं किया। और ऐसा ज्ञान–दर्शन विशुद्ध रुप से पा लेने पर ही उन्होंने अपना दावा कर लोक और प्रजा में ऐसे अनुत्तर ज्ञान–दर्शन का प्रवर्तन किया जो दुनिया में किसी ने भी नहीं किया। वह ज्ञान–दर्शन क्या है की स्वाभाविक जिज्ञासा है।

## पिप्पलाद

500–400 ई. पू. में कुरु–पांचाल में नचिकेता और यम की प्रसिद्ध

कथा कठोपनिषद की ही है। मांडूक्य में जागृत, स्वप्न, सुषुप्ति और तुरीय का विवेचन है। आत्मा रथी, शरीर रथ, इन्द्रिय घोड़ा, मन रस्सी और बुद्धि सारथी जानो। मुंडक के अनुसार मुक्त जीव ब्रह्म के समान है, द्वैत है।

तृतीय काल के उपनिषद प्रश्न, केन, कठ, मुंडक, मांडूक्य आदि हैं, उसमें पिप्पलाद ने प्राण (जीवन या विज्ञान), को सर्वश्रेष्ठ माना, और रयि (या भौतिक तत्व) को द्वितीय या गौण स्थान दिया। कठोपनिषद गौ से कृष्ण ने अर्जुन के लिए गीतामृत दूध का दोहन किया यह कहावत इसी से निकली है। मुंडक में पहिली बार उपनिषद या ज्ञानकांड के लिए वेदान्त शब्द का प्रयोग किया गया। ब्रह्म (अ–क्षर) जगत का निमित्त और उपादान कारण दोनों है। मुंडक उपनिषद में चार पादवाले आत्मा का प्रथम पाद या जागृतावस्था को वैश्वानर कहा गया। स्वप्न अवस्था वाला दूसरा पाद तैजस है, तीसरी अवस्थावाला सुषुप्त प्रज्ञान–घन आनन्द–मय चेतोमुखवाला है और तुरीय अवस्था वाला जीव अ–व्यपदेश्य (बेनाम) एक आत्मा रुपी ज्ञान (प्रत्यय) के सारवाला, प्रपंचों का उपशमन करनेवाला, शान्त, शिव, अद्वैत, ओंकार अक्षर है।

## एम्पेदोकल

490–430 ई. पू. में युनिक मे एम्पेदोकल हुए। उनका दर्शन था कि जैसे मिलने और हटने के कारण शरीर में राग, द्वेष होते हैं, उसी तरह अग्नि, वायु, जल, पृथ्वी इन चार बीजों में राग और द्वेष मौजूद हैं।

## सूक्रात

469–399 ई. पू. में अथेन्स में सूक्रात हुए। उनका विचार था कि ठीक करने के लिए ठीक सोचना जरुरी है।

## देमाक्रितु

ई. पू. 460–370 में यूनान में देमाक्रितु हुए। यह एपीकुरु और स्तोइक से बढकर भूतात्मवादी थे। वस्तुतः यहाँ है (अतोमोन् –एटम या

परमाणु) और शून्य। जिस पर मार्क्स ने पी.एच.डी. की थी। यह भूतात्मवादी (Hylozoist, हायलोजोएस्ट यानी हुलो, हेवला, भूत और जोए या जीवन, आत्मा) थे। सभी वस्तुओं, खासकर परमाणुओं की गति का आधार गति है।

## अफलातूं

427–347 ई. पू. में अथेन्स में अफलातूं हुए। वह ज्ञान (idea) के लिए इन्द्रिय–प्रत्यक्ष पर नहीं, बुद्धि पर जोर देता है। प्रत्यक्ष जगत से अलग, बुद्धिगम्य विज्ञान–जगत् (मूल–स्वरुप) ही उसका वास्तविक जगत है। बाहरी दुनिया को वह विज्ञानजगत का बाहरी प्रकाश (बाह्यार्थवादी) कहता है। सारी दुनिया को मिलाने वाले महाविज्ञान (ईश्वर, ब्रह्मवाद, demiurge) स्वीकार करता है। भौतिक तत्व और उससे बनी दुनिया को वह प्रधान नहीं गौण मानने से भौतिकवादी नहीं है।

## दियोजेन

412–322 ई. पू. में यूनान में दियोजन हुए। वह याज्ञवल्क्य के समकालीन थे। दियोजेनस (Diogenes) चन्द्रगुप्त मौर्य के राज्यारोहण के साल चल बसे। वह सयुग्वा रैक्व की तरह संसार का मूल उपादान वायु को मानता था।

## सयुग्वा रैक्व

सयुग्वा रैक्व वह एक फक्कड़ दार्शनिक था। वह अपने स्नान–भाजन में बैठे उपदेश देता था। याज्ञवल्क्य ने जो ब्रह्मज्ञानी को बालक की भांति रहने की बात कही थी, वह सयुग्वा रैक्व जैसों ही के आचरण से आकृष्ट होकर कही थी। कुरु–पंचाल का सयुग्वा रैक्व अध्यात्मवादी नहीं ठेठ भौतिकवादी दार्शनिक था। वह संसार का मूल उपादान वायु को मानता था।

## कपिल

400 ई. पू. में कपिलवस्तु में कपिल पैदा हुए। कपिल ने सत्ता और चेतना दोनों को अलग–अलग माना जिसमें सत्ता को परिणामी और चेतना को अपरिणामी माना। वह बुद्ध के बाद पैदा हुए। कुछ दार्शनिक उन्हें बुद्ध के पूर्व मानते है।

परिणामवाद परिवर्तनवाद का दूसरा नाम है। यह सबसे पुराणा वाद है। इसके प्रथम संस्थापक कपिल ही थे। उनके अनुसार प्रकृति के 16 परिणाम हैं, जिनका फिर परिणाम नहीं होता। 1. अहंकार, जिनका परिणाम 11 इन्द्रियाँ हैं, 5 तन्मात्रायें, जिनका परिणाम पंच महाभूत है, और ये 16 परिणाम (इन्द्रियाँ और तन्मात्रायें) प्रकृति के चरम परिणाम हैं। परंतु उनका पुरुष अपरिणामी है। इस प्रकार कपिल ने दो परस्पर विरोधी तत्व प्रतिपादित किए। पुरुष की कल्पना क्यों की गई जब वह प्रकृति से अछूता रहता है। कहा गया है कि उनका परिणामवाद उस नित्य–शाश्वत्–पुरूष–आत्मा के मोक्ष प्रक्रिया मे सहायक है।

## कणाद

150 ई. स. में गुजरात में कणाद हुए। इनका भी पश्चिम में कोई सानी नहीं है। वह भारतीय प्राचीन भौतिकविद और दार्शनिक रहे।

कणाद अपनी नित्य दृष्टि नये तरीके से सिद्ध करते हैं। उन्होंने द्रव्य, गुण, कर्म, सामान्य, विशेष और समवाय छः पदार्थों में सत्ता वर्गीकरण किया। इनमें से सामान्य को कणाद ने नित्य–दृष्टि के सिद्ध करने का साधन बनाया। कणाद ने कार्य के कारण का होना आवश्यक माना और बताया कि कारण के गुण कार्य के गुणों के आरम्भक होते हैं। कारण–कार्य के कणाद–सिद्धांत में कार्य के गुण भले ही कारण से आते हों पर कार्य कारण से अभिन्न नहीं माना जाता था। कपिल जहाँ कार्य को अपनी कारणावस्था में सत मानते थे वहाँ कणाद कार्य को अपनी उत्पत्ति से पूर्व असत अर्थात प्रागभाव मानते है।

## पाणिनि

400 ई. पू. मे पटना में पाणिनि हुए। नागसेन ने भी अशोकाराम पटना में आकर विद्याध्ययन किया था। संस्कृत व्याकरणकार पाणिनि कुमारी अन्तरीप से हिमालय, सुवर्णभूमि बर्मा की सीमा से हिन्दूकुश तक के भारत की शासन और व्यापार बन्दरगाह पटना से सुपरीक्षित हो सारे भारत में कीर्ति पाते थे। पाणिनि (400 ई. पू.) ने युज् धातु को समाधि के अर्थ में लिया है। प्राचीन हिन्दी–युरोपीय भाषा में युज् धातु का अर्थ जोड़ना ही मिलता है, योग्य नहीं। नव–अफलातूनी दर्शन के साथ योग भी पश्चिम में फैला, और वह पीछे ईसाई साधकों और मुसलमान सूफियों में प्रचलित हुआ था, किन्तु योग का उद्गम स्थान भारत ही था।

## अरस्तू

384–322 ई. पू. मे स्तगिरा में अरस्तू हुए। जो विद्या या दर्शन आदिम या चरम कारण पर विचार करता है, वह अरस्तू का प्रथम दर्शन और आज–कल का अध्यात्मशास्त्र है। तर्क दर्शन तक पहुँचने के लिए सोपान है। तर्कशास्त्र में प्रमेय या ज्ञान के विषय हैं: 1. वह क्या है (द्रव्य, मनुष्य); 2. वह किनसे बना है (गुण); 3. वह कितना बड़ा है (परिमाण, 3.5 हाथ); 4. वह क्या संबंध (बृहतर, दुगुना) रखता है; 5. वह कहाँ (दिशा या देश या सड़क पर) है; 6. वह कब होता है (काल); 7. वह किस तरह है (आसन, लेटा या बैठा); 8. किस तरह है (स्थिति, कपड़े पहिने या हथियार–बन्द); 9. वह क्या करता है (कर्म, पढ़ता है); 10. उसका क्या परिणाम (निष्क्रियता, कुछ नहीं करता) है।

विज्ञान या मूलस्वरुप परिवर्तन–रहित कूटस्थ आधार भूत है। भूत और विज्ञान के मिलने से ही परिवर्तन और गतिया हरकत होती हैं। वह गति चार प्रकार से होती है। 1. द्रव्य–संबंधी (उत्पादन, विनाश); 2. परिमाण–संबंधी (संयोग, विभाग से पिंड के परिमाण में परिवर्तन); 3. गुण–संबंधी (एक चीज का दूसरी चीज में परिवर्तन, दूध का दही) आदि; और 4. देश–सम्बन्धी (एक जगह से दूसरी जगह जाना)।

परिवर्तन या वृद्धि का आश्रय या आधार होना चाहिए। अरस्तु व्यक्ति, विशेष को वास्तविक परिवर्तनशील, और भूत या विज्ञान को वस्तुओं के अनादि सनातन मूलतत्व मानता है।

सिकन्दर की मृत्यु 323 इ. पू. के समय वह मकदुनिया–विरोधी दल के समर्थक थे। वह विज्ञान (मूलस्वरुप) और भौतिक–तत्व, स्थिरता (एलियातिक) और परिवर्तनशीलता (हेराक्लितु) का समन्वयक रहे। मूर्ति में संगमर्मर भौतिक तत्व है और उसकी आकृति मूर्तिकार के दिमाग से निकला विज्ञान है। वनस्पति, पशु या मनुष्य में शरीर भौतिक तत्व है, और पाचन, वेदना आदि विज्ञान–तत्व। पृथ्वी, जल, आग और हवा मूल गुण रुक्षता, नमी, उष्णता, सर्दी (सांख्य की तन्मात्राएं, भूतों का कारण) के भिन्न–भिन्न योगों से बनी आकृतियाँ हैं। जाति–स्थिरता के सिद्धान्त ने अरस्तू को प्राणिशास्त्र में जाति–परिवर्तन तक नहीं बढ़ने दिया। अपरिवर्तनशील विज्ञान अरस्तू का ईश्वर विधाता (कर्ता) नहीं है। अरस्तू चार कारणों को मानता हैः उपादान (घड़े के लिए मिट्टी), मूल–स्वरुप या विज्ञान जिससे कार्य (घड़ा) बनता है, निमित्त जिसके कारण उपादान कार्य की शकल लेता है, जैसे कुम्हार मिट्टी से घड़ा और मूर्तिकार पत्थर से मूर्ति बनाता हैं। अंतिम या प्रयोजन जिसके लिए कि कारण बना। इनमें से पहले तीन कारण नैयायिकों ने लिए।

द्रव्य, गुण, कर्म प्रमेय को वैशेषिकों ने अपने छः पदार्थों में रखा और काल, दिशा को नौ द्रव्यों में। बाकी का भी जिक्र वैशेषिक और न्याय करते हैं। इन बातों का विवेचन सिकन्दर के आक्रमण पूर्व (323 ई. पू. में, जब यूनान दर्शन, कला, साहित्य आदि उन्नति के शिखर पर था। उनका रुधिर–मांस और ज्ञान हमारे रूधिर–मांस और ज्ञान में समा गया। गंधार–गुप्त मूर्ति कला में यवन और हमारे मठों, पाठशालाओं में शिक्षित सभ्य यूनानी थे।) किसी भारतीय ग्रंथ में नहीं आया हैं। वृद्धि या विकास एक सीमा रखता है। पत्थर मूर्ति बन सकता है, वृक्ष नहीं। एक पौधा या अमोला बढकर पीपल बन सकता है, पशु नहीं बन सकता।

अरस्तू के प्राणिशास्त्रीय कार्य को उसके शिष्य थ्योफ्रास्तु (270–311) ने जारी रखा जिसे आगे दो हजार शताब्दियों बाद डार्विन ने बढाया। 322 ई. पू. में यबोइया में उनकी मृत्यु हुई। 322 ई. पू. में यबोइया में उनकी मृत्यु हुई।

## सिकन्दर

356–323 ई. पू. में सिकन्दर हुए। वह अरस्तू का शिष्य था। उस की मृत्यु के बाद यूनानी साम्राज्य कितने ही टुकड़ों में बँटा। तथापि उसकी शासनप्रणाली, सभ्यता आदि एकसी थी।

## पिर्हो

365–270 ई. पू. में एलिस में पिर्हो हुए।

जब सिकन्दर ने पूर्व की दिग्विजय–यात्रा की, तो पिर्हो भी उसकी फौज के साथ था। ईरान में उसने पारसी धर्माचार्यों से शिक्षा प्राप्त की थी। भारत में उसने जिम्नो–सोफी (Gymno-sophist, जैन और बौद्ध अपने संस्थापकों को 'जिन' कहते हैं।) दार्शनिक सम्प्रदाय का अध्ययन किया। पिर्हो ने ज्ञान को असाध्य साबित करने के लिए तर्क दिए कि किसी चीज को ठीक साबित करने के लिए या तो उसे स्वतः प्रमाण मान लेना होगा; जो कि गलत तर्क है, या दूसरी चीज़ को प्रमाण मानकर चलना होगा; जिसके लिए कि फिर प्रमाण की जरुरत होगी।

उसका विचार है, वस्तुओं का अपना स्वभाव क्या है, इसे जानना असम्भव है। पिर्हो के भारत आने के समय वपैुल्यवादी मौजूद थे। नागार्जुन के वर्णन में इसकी समानता है। दोनों का उद्गम वही वैपुल्यवाद, हेतुवाद या उत्तरापथवाद थे। नागार्जुन ने 'विग्रह–व्यावर्तनी' में ठीक इन्हीं युक्तियों द्वारा प्रमाण की प्रामाणिकता का खंडन किया है। कोई भी सिद्धान्त पेश किया जाये, उतनी ही मजबूत युक्ति प्रमाण के साथ ठीक उससे उल्टी बात कही जा सकती है; इसलिए अच्छा यही है कि अपना अन्तिम बौद्धिक निर्णय ही न दिया जाये; जीवन को इसी स्थिति में रखना ठीक है।

## एपीकुरू

341–270 ई. पू. में समोस् द्वीप में एपीकुरु हुए। यदि अपनी इंद्रियों पर विश्वास न करें, तो हम किसी ज्ञान को नहीं प्राप्त कर सकते। भौतिकवादी अथवा सन्देहवादी एपीकुरियों ने बुद्धिवादी स्तोइकों की भांति अवसाद में धर्म या आचार–सम्बन्धी शिक्षा को याद किया। रोम के लुक्रेशियन भी भौतिकवादी थे।

## ज़ेनो

264–232 में फिनिशिया में भी जेनो हुए। उनका ख्याल था कि भौतिक–तत्व को सर्वत्र शक्ति या ईश्वर से व्याप्त मानना चाहिए, यह उपनिषद के अंतर्यामीवाद से मिलता है।

स्तोइक और वेदान्ती भी ईश्वर को विश्वात्मा मानते हैं। स्तोइक कहते थे प्रयोजनवाद ईश्वर की हस्ती को सिद्ध करता है। 336–246 में, एलियातिक जेनो के अनुसार, वास्तविकता का साक्षात्कार चिन्तन द्वारा ही किया जा सकता है। 490–430 में साईप्रस का जेनो स्तोइकों का आचार्य था। वह यूरोप से ज्यादा एशिया के नजदीक है। उसका विद्यालय स्तोआ पोईकिले या नुकीली अटारी (Stoa Poikile) पर होने से उसके सम्प्रदाय का नाम स्तोइक या नुकीला पड़ गया। उसका अगला आचार्य क्लियन्थ (Cleanthes 264-232) अशोक का समकालीन था। स्तोइकों का अंग–अंगी अवयव–अवयवी वाला सिद्धान्त वेदान्त सूत्र, उनकी बोधायनवृत्ति, और रामानुज–भाष्य में पाया जाता है। उपनिषद में शरीर–शरीरी भाव था किन्तु उसे स्तोइकों ने और तर्क–सम्मत बनाने में जो युक्तियाँ दी, उनसे वादरायण, बौधायन आदि ने फायदा उठाया।

जगत में न बुद्धिपूर्वकता, न शिवसुन्दरता दिखाई पड़ती हैं। बुद्धिपूर्वकता होती तो तो गलती कर–कर के – हजारों ढांचों को नष्ट कर–कर के – नये स्वरुपों की अस्थायी हस्ती के आने की जरुरत नहीं होती। स्वप्नालु लोग ही दुनिया को शिव सुन्दर कह सकते हैं।

जो परिवर्तनशील है वह नित्य एक–रस नहीं हो सकता। यदि वह अपरिवर्तनशील है तो वह नित्य एक–रस नहीं हो सकता। यदि वह अपरिवर्तनशील एक–रस है, तो वह एक कठिन निर्जीव पदार्थ है। उसका ज्ञान असंभव है। ईसाइयत ने स्तोइकों के साथ निषेधात्मक/ध्वंसात्मक कोरे फिलासफरों का खात्मा कर दिया।

जेनो ने बाण के दृष्टान्त को देकर सिद्ध करना चाहा, कि बाण हर क्षण किसी न किसी स्थान पर स्थित है, इसलिए उसकी गति भ्रम के सिवा कुछ नहीं है। स्तोइकों का कहना है, दर्शन एक खेत है; जिसकी रक्षा के लिए तर्क एक काटों की बाड़ है, भौतिक–शास्त्र खेत की मिट्‌टी, और आचार–शास्त्र फल है।

ईसाई धर्म के उपरले वर्ग में स्तोइकवाद का प्रचार था। विश्वात्मा अनुभव करता है तो वह परिवर्तनशील है। सन्देहवादी (पिर्‌हो) कहते थे जगत में ऐसा प्रयोजन नहीं दीख़ पड़ता। नैयायिकों ने स्तोइकों से तर्क की बाढ का ख्याल लेकर कहा, तर्क तत्व–निश्चय की रक्षा के लिए काँटे की बाड़ है –तत्वाध्यवसायसंरक्षणार्थ कण्टकशाखावरणवत्। न्यायसूत्र 4/2/50

रोमन सम्राट मर्कस औरेलियस (121–180), जो नागार्जुन का समकालीन था, भी स्तोइक दार्शनिक था। पिर्‌हो के अनुयायी स्तोइकों के ब्रह्म/ईश्वरवाद का खंडन करते थे। फिर विशमात्मा को वेदना और अनुभव करता होना चाहिए।

इस प्रकार जिसके चलने को लोग आँखों से साफ देखते हैं, उसने उससे भी इन्कार कर स्थिरवाद को दृढ करना चाहा।

## चन्द्रगुप्त मौर्य

321–297 ई. पू. में पटना में चन्द्रगुप्त हुए। यह सिकन्दर के समकालीन भारत के सम्राट थे।

चन्द्रगुप्त ने यूनानी शासन को भारत से हटाया। तथापि उससे यूनानी भारत से नहीं हट सके। पंजाब में उनकी कितनी ही बस्तियाँ बसी हुईं थीं।

हिन्दूकुश पार से उनका विशाल राज्य शुरु होता था, जो मध्य–एसिया, ईरान या पारस, मेसोपोतामिया, क्षुद्र–एसिया होते मिश्र और यूरोप तक फैला था।

## यूनान

150 ई. पू. में बाख्तर में यूनानी जातियां रहीं। इन जातियों में शक तो यूनानियों के क्षत्रप, उपराज या वाइसराय होकर मथुरा और उज्जैन में रहते थे, और यूनानियों के शासन के उठ जाने पर स्वतंत्र साम्राज्य कायम करने में समर्थ हुए। मौर्य साम्राज्य के नष्ट होते ही यूनानी फिर हिन्दूकुश पार हो यमुना और नर्मदा के पश्चिम के सारे प्रदेश पर स्थायी तौर से अधिकार जमाने में सफल हुए।

इन यूनानी शासकों के मध्य–एसियाई साम्राज्य में शक, जट्ट, गुज्जर, आभीर आदि जातियाँ रहती थी। इसलिए पश्चिमी भारत में यूनानियों के शासन स्थापित होने पर ये जातियाँ भी आ–आकर भारत में बसने लगी, और आज भी उनकी सन्तानें पश्चिमी भारत की आबादी में काफ़ी संख्या रखती हैं।

## थ्योफ्रास्तु

287 में थ्योफ्रास्तु हुए। ऊपर बताया जा चुका है कि वह अरस्तू के शिष्य थे।

## अशोक मौर्य

269 ई. पू. में पटना में अशोक मौर्य हुए। अशोक के शासन के साथ भारत के विशाल साम्राज्य की राजधानी पटना में एक राजकीय भाषा मागधी, एक तरह के सिक्के, एक तरह के नाप–तोल होने से भारतीय समाज में एकता आने लगी थी।

## महेन्द्र, संघमित्रा

269 ई. पू. में विदिशा में महेन्द्र और संघमित्रा थे। त्रिपिटक की

अट्ठकथायें इसा पूर्व तीसरी शताब्दी में भारत से सिंहल गई और ईसवी चौथी सदी में लेखबद्ध हुई थी।

## राजा बृहद्रथ

200–100 ई. पू. में राजगृह–मगध में बृहद्रथ हुए। इसमें भौतिकवादी दार्शनिक वृहस्पति का जिक्र है। वृहस्पति श्वेताश्वतर (सफेद–खच्चर) की मुख्य मंशा त्रैतवाद–प्रतिपादन करना है। यह रचना व्यास के सामने थी। उसने पांचरात्र–शैवों के मुकाबिले में वैष्णवों का भी एक जबरदस्त ग्रंथ –गीतोपनिशत्– तैयार करना था। वह उत्तरी भारत में देरी से ही सही पुराने वैष्णवों को प्रधानता दिलाने में सफल हुआ।

मैत्री का उपदेश बुद्ध के दुःख सत्य वर्णन से मिलता है। श्वेताश्वतर में ईश्वर या ब्रह्म को शिव, रुद्र या महेश्वर एक ही है, जो इन लोकों पर अपनी ईशनी (प्रभुताओं) से शासन करता है। उसे मायी और प्रकृति को माया कहा गया।

वृहद्रथ पुत्र को राज्य दे इस शरीर को अनित्य मान वैराग्यवान् हो जंगल में गया। जिस सांख्य योग का पीछे समन्वय गीता में किया गया, उसकी नींव श्वेताश्वतर में है। उसमें निरीश्वर सांख्य को सेश्वर बनाया गया। चतुर्थकालीन उपनिषदें, कौशीतकि, मैत्री तथा श्वेताश्वतर बुद्ध के पीछे की हैं। राजा वृहद्रथ बुद्धकालीन शासक–समाज के निराशावाद और वैराग्य का साक्ष्य है। वह शाक्यायन राजा के पास जाता है। शाक्यमुनि गौतम बुद्ध शाक्यायन बुद्ध भी है। शाक्यायन के गुरु मैत्री है। मैत्री के उपदेश में दो प्रकार के आत्माओं की बात है। एक शुद्ध आत्मा, जो शरीर में प्रादुर्भूत हो अपनी महिमा से प्रकाश–मान होती है। दूसरी भूत–आत्मा, जिस पर अच्छे बुरे कर्मों का प्रभाव होता है, और यही आवागमन में आती है। शुद्धात्मा शरीर को वैसे ही संचालित करता है, जैसे कुम्हार चक्के को।

श्वेताश्वतर तेरह उपनिषदों में सबसे पीछे की है। उसमें शैव आदि सम्प्रदायों के जमाने में चले जाते हैं। उसके खास विषय हैं: रुद्र (शिव) की महिमा, सांख्य–दर्शन के प्रकृति, पुरुष (जीव) में ईश्वर को जोड़

त्रैतवाद और योग। इसमें पंचम अध्याय में कपिल ऋषि का उल्लेख है। यह बुद्ध से कुछ समय बाद पैदा हुए सांख्य कपिल से बहुत पीछे की उपनिषद है।

## मिनान्दर

150 ई. पू. में स्यालकोट में मिनान्दर हुए। मिनान्दर (मिलिन्द) का राज्य यमुना से आमु वक्षु दरिया तक फैला हुआ था। उसकी एक राजधानी बलख (वाल्हीक) भी थी। परंतु मुख्य राजधानी सागल (स्यालकोट) नगरी थी। इनके प्रश्नों के कारण ग्रंथ का नाम मिलिन्द–प्रश्न पड़ा। पहिले दिन मठ में जाकर नागसेन से प्रश्न किये; दूसरे दिन महल में निमन्त्रण कर प्रश्न पूछे। यूनानीयों को भारत भर बसाने हेतु मिनान्दर की प्रमुख और प्रथम पहल थी। उसकी राजधानी बाल्हीक, बलख या बाख्तर थी।

मिनान्दर ने वहाँ के बड़े पंडित आयुपाल को चुप कर दिया था। नागसेन जब असंखेय परिवेण मठ में थे, तब मिनान्दर ने अपने एक अमात्य देवमंत्री दिमित्री से नागसेन से मिलने की इच्छा प्रकट की। जब वह पाँच सौ यवनों के साथ गया तो नमस्कार और अभिनंदन के बाद प्रश्न शुरु किये।

## प्लुतार्क

150 ई. पू. में यूनान–रोम में प्लुतार्क हुए। प्लुतार्क ने लिखा है कि मिनान्दर बड़ा न्यायी, विद्वान और जनप्रिय राजा था। उसकी मृत्यू के बाद उनकी हड्डियों के लिए लोगों में लड़ाई छिड़ गई। लोगों ने उसकी हड्डियों पर बड़े–बड़े स्तूप बनवाये। मिनान्दर को शास्त्रचर्चा और बहस की बड़ी आदत थी, और साधारण पंडित उसके सामने टिक नहीं सकते थे।

## नागसेन

150 ई. पू. में पंजाब में हुए नागसेन यूनानी दार्शनिक नेलुस के

समकालीन थे। यह यवन–शासित पंजाब के कजंगल गाँव, जिला स्यालकोट में पैदा हुए। बाद में उनका संपर्क रोहन नामक भिक्षु से हुआ। वहाँ से अश्वगुप्त के पास पहुँचे। तब उन्हें पटना के अशोकाराम विहारवासी आचार्य धर्मरक्षित के पास भेजा गया। वहाँ से बौद्ध तत्वज्ञान का अध्ययन कर वह अपने गृहराज्य में वापस लौटा।

भिक्षुओं ने कहा, ''नागसेन! राजा मिलिंद वादविवाद में प्रश्न पूछकर भिक्षु–संघ को तंग कर उन्हें नीचा दिखाता है; जाओ उस राजा का दमन करो।'' नागसेन ने जीव, आत्मा, निर्वाण के बारे में मिलिन्द राजा की सारी जिज्ञासा शांत की और उन्हें बौद्ध बनाया।

## कनिष्क

सन् 100 में पेशावर में कनिष्क हुए। पश्चिम से आई जातियाँ भारी संख्या में भारतीय बन भारत में बस गई थी। पेशावर में विक्रम संवत् 57 ई. पू., ईसवी सन् या शक संवत् 78 ई. में पूरब चीन, पश्चिम ईरान और यूनान तथा भारत के विचारों के सम्मिश्रण से पैदा हुए नये प्रयोग की नाप–तोल हो रही थी। इसी समय अश्वघोष का काव्य और नाटक, गुणाढ्य की बृहत्कथा, चरक का आयुर्वेद निखरता है। राजा बौद्ध सभा बुला अपने त्रिपिटक पर नये भाष्य या विभाषा तैयार करवाते हैं। जातियों के साथ नाना सभ्यताओं, नाना विचारों का भारत में संमिश्रण हो रहा था। इसी समय भारत ने यूनानी ज्योतिष से 12 राशियाँ होरा, घंटा और फलित ज्योतिष का होड़ाचक्र सीखा।

दर्शन में विज्ञानवाद, शून्यवाद, बाह्यार्थवाद या सौत्रान्तिक, और सवार्थवाद स्पष्ट होने लगा। ईसा की पहिली सदी में शक सम्राट् कनिष्क प्रायः सारे उत्तरी भारत और मध्य–एशिया तक का शासक था।

वह शक तीसरी सदी तक गुजरात और उज्जैन पर शासन करते रहे। आभीर शकों के प्रधान सेनापति तथा कभी–कभी स्वतंत्र शासक भी बने थे। गुप्त राजवंश जत्र या जट्ट था।

होड़ाचक्र की वर्णमाला क–ख–ग नहीं बल्कि यूनानी अल्फा, बीता, गामा ... है। गन्धार–मूर्तिकला इसी काल की देन है। इसी समय भारतीय कार्षापण चौकोर की जगह यूनानी सिक्कों की तरह गोल और राजा के चित्र से अंकित बनने लगे। यूनानी नाटकां की भांति भारतीय नाटकों का प्रथम प्रयास भी इसी समय शुरु हुआ, उपलभ्य नाटक हमें अश्वघोष, (50) ई. से पहिले नहीं ले जाते।

दार्शनिक क्षेत्र में भी इस काल की देनों में आकृतिवाद (पिथागोर ई. पू. 570–500), परमाणुवाद (देमोक्रितु 460–370 ई. पू.), विज्ञान–विशेष–जातिवाद (अफलातूँ 427–347 ई. पू.), उपादान–निमित्त–कारण, (अरस्तू 384–322 ई. पू.) और द्रव्यगुणपरिणाम–देश–काल–वाद (अरस्तू) हैं।

## नागार्जुन

175 ई. में विदर्भ, बेरार में नागार्जुन हुए। उन्होंने श्रीपर्वत (नागार्जुनीकोंडा, गुन्टूर) को अपना निवास स्थान बनाया। वह वैद्यक और रसायन शास्त्रज्ञ भी थे। उनकी वैद्यशास्त्रीय कृति अष्टांगहृदय तिब्बत में मशहूर है। तंत्र–मंत्र और सिद्धि से उनका कोई संबंध नहीं था। वह आन्ध्र राजा गौतमी पुत्र यज्ञश्री (166–196 ई.) के समकालीन थे। उनकी अन्य कृतियाँ हैं: माध्यमिककारिका, युक्तिशष्ठिका, प्रमाणविध्वंसन, उपायकौशल्य और विग्रहव्यावर्त्तनी (शुन्यतासप्तति)।

बुद्ध न आत्मवादी थे न भौतिकवादी। वह इन दोनों के बीच का विच्छिन्न प्रवाह मानते थे, जो सतत विद्यमानता और उच्छेद या विनाश के विरुद्ध है।

उत्पत्ति–स्थिति–विनाश के सिद्ध होने पर संस्कृत नहीं सिद्ध होगा। फिर असंस्कृत कैसे सिद्ध होगा?

नागार्जुन, आर्यदवे , चद्रंकीर्ति, भाव्य, बुद्धपालित शून्यवाद के दार्शनिक हैं। कार्य और कारण की व्यवस्था ही जब नहीं रही तब किसी कर्म या काम के करने की बात ही नहीं उठती और कर्ता–कारण कोई चीज ही

नहीं रहते। इस प्रकार जब करने–धरने आदि की बात ही नहीं रही तब धर्म और अधर्म किसी की चर्चा बेकार है।

जिन शब्दों का शून्यवाद प्रयोग करते है वे अवास्तविकता की उक्ति हैं। विग्रहव्यावर्त्तनी में कहा गया कि वस्तु विच्छिन्न प्रवाह मात्र है, कांट के वस्तुसार के विरुद्ध उन्होंने वस्तु–शुन्यता बताया। वह कारिका शैली के प्रवर्तक थे। कारिका में पद्य में अधिक बातों को थोड़े शब्दों यानी सूत्र में कहना होता है। शून्यता से नागार्जुन का मतलब प्रतीत्य–समुत्पाद यानी विश्व घटनाएं है, वस्तु समूह नहीं। वस्तुसार से इन्कार का मतलब है विचिन्न प्रवाह के रुप में उत्पत्ति सिद्ध है।

प्रमाण–विध्वंसन् में उन्होंने प्रमाण का प्रबल खंडन किया। उपाय–कौशल में निग्रह–स्थान, सामान्य जाति आदि शास्त्रार्थ–संबंधी बातें हैं, जो अक्षपाद के सूत्रों में भी मिलती हैं। माध्यमिक–कारिका में नागार्जुन प्रतीत्य–समुत्पाद के दो अर्थः 1. वस्तुएं अपनी उत्पत्ति में प्रत्यय पर आश्रित है; और 2. उत्पत्ति विच्छिन्न–प्रवाह –सी क्षणिकता हैं। प्रतीत्य–समुत्पाद का दूसरा नाम मध्यम–मार्ग है।

अशाश्वत् और अनुच्छिन्न या परिवर्तनशील सत्ता में जो सत्ता की प्रतीति हो रही है वह भी निरपेक्ष नहीं है क्योंकि कार्य की सत्ता कारण की सत्ता की अपेक्षा रखती है।

नागार्जुन से 400 वर्ष बाद बाण के हर्षचरित में एकावली हार को नागराज से मांगा और पाया भी, फिर उसे अरब सागर, दक्षिण भारत सागर और बंग–खाड़ी के स्वामी शातवाहन सुहृद को नागार्जुन ने दिया। दर्शन का नया युग नागार्जुन से आरम्भ होता है। इस काल में दर्शन कितने ही अनीश्वरवादी और कितने ही ईश्वरवादीयों में बंटा है। अनीश्वरवादी बुद्धिवाद, स्याद्वाद (जैन) और शब्दवाद (मीमांसा) इन तीन समूहों में विभक्त हुआ है तो ईश्वरवाद भी बुदिवाद (न्याय), रहस्यवाद (योग), और शब्दवाद (वेदान्त) इन तीनों में विभक्त है। फिर बुद्धिवाद के दो भाग हैं, एक अनात्मवाद और दूसरा आत्मवाद (वैशेषिक)। अनात्मवाद के दो विभाग हैं 1. भौतिकवाद (चार्वाक) और 2. अभौतिकवाद

(बौद्ध)। फिर अभौतिकवाद के चार प्रकार बने यथा 1. सर्वार्थ (सर्वास्तिवाद), 2. बाह्यार्थ (सौत्रान्तिक), 3. विज्ञान (योगाचार) और 4. शून्य (माध्यमिक)। ईश्वरवाद वेदान्त तक ही सीमित हुआ।

जगत की अवास्तविकता बताने वाली शब्दावली शून्यवाद की प्रतिज्ञा के अनुरुप है। शून्यता को सिद्ध करने के प्रमाण यह है कि भावों की वास्तविकता सिद्ध करने वाले प्रमाण ही अप्रमाणित हैं। एक प्रमाण दूसरे प्रमाण से कैसे सिद्ध होगा क्योंकि ऐसा करने से एक प्रमेय हो जाएगा। प्रमेय सिद्ध नहीं साध्य होता है। प्रमाण आग की भांति अपने को सिद्ध कर सकता है परंतु संयोग या इत्तिफाक से नहीं क्योंकि संयोग कोई प्रमाण नहीं।

अक्षपाद के न्यायसूत्र की प्रमाण–सिद्धि के ये तर्क हैं: सभी भाव, वस्तुएं वास्तविक हैं; क्योंकि अच्छे बुरे के भेद को सभी स्वीकार करते हैं, जो वस्तु नहीं उसका नाम ही नहीं मिलता, वास्तविकता का प्रतिषेध युक्तिसिद्ध नहीं और प्रतिषेध्य को सिद्ध नहीं किया जा सकता, तो विग्रहव्यावर्तनी के ये तर्क हैं: भावों की शून्यता सत्य है; क्योंकि यह अच्छे बुरे के भेद के खिलाफ नहीं है; यह भेद प्रतीत्यसमुत्पाद के कारण ही है। यदि परमार्थ रुपेन अच्छे बुरे का भेद हो, तो वह अचल एकरस है, फिर ब्रह्मचर्य आदि के अनुष्ठान द्वारा इच्छानुकूल उसे बदला नहीं जा सकता; शून्यता होने पर नाम नहीं हो सकता ऐसा नहीं है, नाम असद्भूत है। नाम सत् और असत् दोनों के होते हैं। प्रतिशेध भी सिद्ध किया जा सकता है जैसे अप्रतिशेध प्रमाण आदि से सिद्ध है। उनकी शिक्षा थी कि पत्नी, जो बहिन की भाँति मंजुल, मित्र की भाँति विजयिनी, माता के भाँति हितैषिणी और सेवक को भाँति आज्ञाकारिणी होती है, का सम्मान करें।

नागार्जुन के अनुसार यदि कर्म को स्वभावतः निरपेक्षतः सत माने तो कर्म को कर्ता की जरूरत न रहेगी और कर्ता भी निकम्मा हो जायेगा क्योंकि उसके करने योग्य कर्म तो स्वभाव सत है ही फिर उसके करने का सवाल ही क्या? यदि यह माने कि कर्म स्वभाव से असत है और वह

असतकर्ता के द्वारा किया जाता है तब बड़ी आफत होगी। कर्म बिना हेतु के हो जायेगा और कर्ता को भी निर्हेतुक ही कहना पड़ेगा। जब हेतु ही नहीं रहा तो कार्य–कारण का सवाल ही क्या?

## चन्द्रकीर्ति

परिवर्तन को सभी बौद्ध दर्शन सम्प्रदायों द्वारा परमार्थ सत माना गया। इसीका दूसरा नाम परिणामवाद है। उसे प्रतीत्यसमुत्पाद से भी जाना जाता है। चन्द्रकीर्ति ने बताया कि प्रतीत्यसमुत्पाद कोरा सकारणता और परिवर्तन का नियम नहीं है प्रत्युत वह सत्ता की सिद्धि भी सापेक्ष मान कर निरपेक्ष सत्ता का खण्डन करता है।

## पतंजलि वैयाकरण

150 इ. पू. में कोदर ग्राम, वजीरगंज क्षेत्र, जिला गोंडा, उत्तर प्रदेश में हुए पतंजलि की शब्दावली और मौलिक सच्चाई बौद्ध और उनके चार आर्य सत्य हैं। डॉ. दासगुप्त ने व्याकरण महाभाष्यकार पतंजलि 150 ई. पू. और योग–सूत्रकार पतंजलि को एक करके उनका समय ईसा–पूर्व दूसरी सदी माना है। पतंजलि के योगशास्त्र को सेश्वर सांख्य भी कहते है। कपिल के सांख्य में ईश्वर की गुंजाइश नहीं है। परंतु पतंजलि ने अपने ईश्वर को न उपनिशत्कारों की भाँति सृष्टिकर्ता बनाया, न अक्षपाद की भांति कर्मफल दिलाने वाला ही। पतंजलि के अनुसार ईश्वर वह है जो मलों, कर्मों, फलों तथा संस्कारों से निर्लेप है। इस परिभाषा के अनुसार जैनों और बौद्धों के अर्हत् तथा कैवल्यप्राप्त कोई भी मुक्त पुरुष ईश्वर है। पतंजलि ने सांख्य के प्रधान या भौतिक जगत के लिए दृश्य कहा और अपने पुरुष को द्रष्टा कहा। सांख्य और योग के तीनों गुण प्रकृति की तीन स्थितियों को बतलाते हैं। सत्व–प्रकाशमय अवस्था, रज–गतिमय अवस्था और तम–गतिशून्यतामय अवस्था। वस्तु चित्त से नहीं बनी है, बल्कि उसकी स्वतंत्र सत्ता है। पतंजलि ने जो आक्षेप चित्त पर उठाये, वे शंकर और बर्कले के स्थिर विज्ञानों पर भी लागू होते हैं, परंतु उसका मुख्य लक्ष्य बौद्धों का क्षणिक चित्त है।

## नेलुस

133 में यूनान में नेलुस हुए। यह यूनानी दार्शनिक पंजाबी दार्शनिक नागसने के समकालीन थे।

## अन्द्रानिकुस (Andronicus)

86 में रोड (Rhod) ग्रीक में अन्द्रानिकुस पैदा हुए। इनका समकालीन कोई भारतीय दार्शनिक नहीं है।

## अन्तियोक् (68 ई. स.) या विज्ञानवाद अन्तियोक

100 इसवी में नव–अफलातूनी दर्शन या भारतीय विज्ञानवाद दर्शन के दार्शनिक अन्तियोक् ई. स. 68 में हुए थे। उन्हें विज्ञानवाद अन्तियोक् भी कहा जाता है। पश्चिम का नव–अफलातूनी दार्शनिक अन्तियोक् हुआ। भारतीय विज्ञानवाद नव–अफलातूनी दर्शन के बाद 100 ई. स. में प्रस्तुत हुआ।

## फिलो–युदियो (Philo Judaeus)

ईसवी 25–50 में सिकन्दरिया का दर्शन–अध्यापक फिलो–युदियो हुआ। नवअफलातुनी (बिल्ली–कबूतर दर्शन) दार्शनिक, जिसने अफलातूँ और भारतीय दर्शन के साथ यहूदी शिक्षा का समन्वय करना चाहा।

## वैभाषिक

100 ई. स. में मगध/काश्मीर में वैभाषिक हुए। इस बौद्ध दार्शनिक संप्रदाय के सर्वास्तीवाद का सानी कोई पश्चिमी दर्शन नहीं है।

## अगस्तिन

166 ई. स. में पश्चिम में अगस्तिन हुए। इनका समकालीन भारतीय दार्शनिक 175 ई. स. में नागार्जुन थे।

## संत अगस्तिन

354–430 ई. स. में स्लाव में संत अगस्तिन हुए। समाधि के साक्षात्कार, आत्मानुभूति (intuition) को नवीन–अफलातूनी और संत अगस्तिन बुद्धि से ऊपर मानते थे। नागार्जुन 175 ई. स. में बेरार, विदर्भ में नागार्जुन हुए। नागार्जुन का शून्यवाद पुराने वैपुल्यवादियों से विकसित हुआ है, जो अशोक के समय तक लगता है। इनका पश्चिमी समकालीन अगस्तिन् ई. 166 में हुए थे।

## अक्षपाद

सारन, छपरा जिला में हुए अक्षपाद का मतलब था ''आंख का काम देते हैं जिसके पैर वह''।

तक्की वीमंसी, तार्किक और मीमांसे शब्द पाली ब्रह्मजाल–सुत्त में भी आता है। यहाँ जैमिनि के मीमांसा से मतलब नहीं है। अक्षपाद गोतम का न्यायशास्त्र बुद्धिवादी है, पतंजलि का योग रहस्यवादी है और वादरायण का वेदान्त शब्दवादी है।

अक्षपाद ने ऋग्वेद ऋषि मेधातिथि गौतम, और उपनिषद् के ऋषि नचिकेता गौतम को मिला–जुलाकर आन्वीक्षकी के मूल आचार्य मेधातिथि गौतम को तैयार किया है। उद्योतकर 550 ई. के न्यायवार्तिक और वात्स्यायन 300 ई. के न्यायभाष्यकार ने न्यायसूत्रकार को इसी नाम से पुकारा हैं। नागार्जुन ने अपनी विग्रहव्यावर्त्तनी में परमार्थ सत्ता के विरुद्ध जो युक्तियाँ दी उन्हें अक्षपाद ने अपने न्यायसूत्र में खंडित किया। न्यायसूत्र के प्रतिपाद्य विषय या पदार्थ सोलह हैं। अक्षपाद प्रमाण को परमार्थ अर्थ में लेते हैं जिस पर नागार्जुन ने पहिले ही आक्षेप लिया था। तीनों कालों में प्रमाण सिद्ध नहीं तो प्रमाण का निषेध भी ठीक नहीं। कौटिल्य काल 320 ई. पू. में तर्कविद्या को आन्वीक्षकी कहा जाता था।

निःश्रेयस/मुक्ति या अपवर्ग की प्राप्ति के लिए अक्षपाद ने अपना दर्शन लिखा। उपनिषद ब्रह्म का तत्वज्ञान/ब्रह्मज्ञान मुक्ति के लिए

जरुरी समझती है। अक्षपाद ने प्रमाण, प्रमेय आदि सोलह न्यायशास्त्र द्वारा प्रतिपाद्य पदार्थों के वास्तव ज्ञान को तत्वज्ञान कहा है। अक्षपाद गोतम ने मुक्तावस्था में आत्मा को बुद्धि / ज्ञान, मन और क्रिया से भी अत्यन्त रहित कहा। तत्वज्ञान भी किसी वस्तु का होता है। यूनानी स्तोइक दार्शनिक ज़ेनो 300 ई. पू. द्वारा कहे अनुसार कि दर्शन एक खेत है जिसकी रक्षा के लिए तर्क एक बाड़ है। छल एवं बहस / वितंडा की भी तत्वज्ञान में उसी तरह जरुरत है, जैसे बीज के अंकुरों की रक्षा के लिए काँटेवाली शाखाओं के बाड़ की। 250 ई. स. में श्रीहर्ष 1190 ई. ने नैशद में उपहास किया कि जिसने सचेतनों की मुक्ति के लिए अ–चेतन बन जाना कहते शास्त्र की रचना की, वह गोतम वस्तुतः गोतम / बैल ही होगा।

अक्षपाद भी कहते है कि तत्वज्ञान की रक्षा के लिए जल्प / परमत के खंडन के लिए छल एवं बहस / वितंडा की भी तत्वज्ञान में जरुरत हैं।

## प्लोतिनु (Plotinus)

सोभिध्याय शरीरात् स्वात्–मनु 1 । 8 ई. स. 205–271 में रोम में प्लोतिनु हुआ। इनका समकालीन भारतीय दार्शनिक ई. 250 के अक्षपाद माने जा सकते हैं। उस सर्व महान परमतत्व (Absolute) को बुद्धि के चिन्तन (Intelligence) से नहीं बल्कि अचिन्तन से, बुद्धि से परे जाकर (intuition) जाना जा सकता है। यह ईश्वर या दिव्य विज्ञान ध्यान करके अपने शरीर से विश्व–आत्मा को पैदा करता है, जो कि विश्व और अगणित जीवात्माओं की आत्मा है।

## पोर्फिरी

233 ई. स. में सिरिया, तायर नगर में पोर्फिरी हुए। उन्होंने तर्कशास्त्र पर ईसागोजी नामक प्रकरण ग्रंथ लिखा।

## मानी

245 ई. में ईरान में मानी हुए। यह भी भारतीय दार्शनिक अक्षपाद और योग–अभिमुख पतंजलि 250 ई. दोनों के समकालीन थे।

## पतंजलि योग

किसी भी सूत्रबद्ध दर्शन को नागार्जुन से पहिले ले जाना मुश्किल है। किन्तु हमारा पुराना भुवन–ज्ञान नगण्यता है। सूत्रकार चित्त की प्रमाण, विपर्यय, विकल्प, निद्रा, स्मृति आदि शक्ति को एक बड़ी सिद्धि मानते है, 1/5–11। 250 ई. स. में पतंजलि ने जिस विज्ञानवाद को खंडन किया वह असंग से पहले भी मौजूद था।

बुद्धि को सांख्य की भांति पतंजलि भी भोग्य विचारशील प्रकृति से बनी मानते हैं। उन्होंने वेदान्त–सूत्रों से पहिले अपने सूत्र लिखे थे। क्योंकि वादरायण 300 ई. ने उसका जिक्र किया है। व्याकरण महाभाष्यकार पतंजलि 150 ई. पू. और योग–सूत्रकार पतंजलि को एक करके उनका समय ई. स. पूर्व दूसरी सदी माना है। सूर्य में संयम करके, न जाने कितने योगियों ने भुवन, विश्वज्ञान प्राप्त किया होगा। जहाँ दूसरे देशों ने अपने पंचांग को आधुनिक उन्नत ज्योतिष–शास्त्र के अनुसार सुधार लिया है। योगसूत्र का प्रतिपाद्य विषय दर्शन नहीं योगिक साधनायें हैं। बुद्धि को सांख्य की भाँति पतंजलि भी भोग्य विकारशील से बनी मानते हैं। योगसूत्र के अंतिम/चतुर्थ पाद में विज्ञानवाद का खंडन है। अपने भुवन ज्ञान के भरोसे हम अभी तालमी के पंचांग को ही लिए बैठे हैं।

सांख्य के प्रकृति–पुरुष–संबंधी दर्शन को मानते हुए चित्त को वह भोक्ता/चेतन की भोग्य वस्तुओं में मानते है। योग सूत्र को सिद्धियों की बात छोड़ देने पर वह तीन भागों में बंटा हैः चित्त–चेतन, बाह्य/दृश्य जगत और प्रसंगवश तत्वज्ञान।

## वादरायण्

ई. स. 300 में वादरायण ने अपनी दार्शनिक प्रक्रिया को परिणाम के

सहारे स्थापित किया। पुराने परिणामवाद में सत्ता का परिणाम माना जाता था परंतु कपिल, पतंजलि, और कणाद द्वारा क्रमशः जीव या पुरूष, जीव और ईश्वर; जीव और ईश्वर, मन, काल, दिशा, आकाश आदि को परिणाम से अछूता ही रखा।

यूनानियों और शकों के चार शताब्दियों के शासन और संस्कृति–संबंधी प्रभाव तथा बौद्धों के तीक्ष्ण तर्क प्रहार से ब्राह्मणों के कर्मकांड की ही नहीं, उनके उपनिषदीय अध्यात्म दर्शन का प्रभाव भी क्षीण होने लगा। वादरायण छुआछूत जात–पात के कट्टर पक्षपाती है। देह–संबंध से विधि–निषेध की जरुरत होती है, जैसे आग के एक होने पर भी अग्निहोत्री ब्राह्मण के घर की आग ग्राह्य है और श्मशान की नहीं, यह उनका समाधान है।

अफलातूं के प्रभाव से प्रभावित हो बौद्धों ने अपने विज्ञानवाद का विकास नागार्जुन 175 ई. से पहले और उसका पूर्ण विकास असंग और वसुबंधु 350 ई. में किया था। वेदान्तसूत्र असंग से पीछे बने। वेद पढ़कर आचार्य अन्तेवासी (शिष्य) को अनुशासन (उपदेश) देता है – सत्य बोल आदि। वादरायण ने श्रृतियों –उपनिषदों की दार्शनिक पद्धति को एक व्यवस्थित रूप में उपस्थित किया। वादरायण, कणाद 150 ई, नागार्जुन 175 ई., पतंजलि 250 ई. के पीछे और जैमिनि 300 ई. के समकालीन थे। उपनिषद ने ब्रह्मा को हृदयहीन होने से बचाने के लिए उपनिषद् ने पूर्वजन्म के कर्मवाले सिद्धान्त को निकाला। वादरायण ने उसे दुहरा दिया। वादरायण के विचार के समीप रामानुज का वेदान्त आता है।

## जैमिनि

300 ई. में जैमिनि हुए। वैदिक कर्मकांड पंडित। उन्होंने ब्रह्वाद और पुनर्जन्म को अस्वीकार कर वेद सिर्फ कर्मों का विधान है कहा।

वेद को स्वतः प्रमाणता सिद्ध कर उन्हें यज्ञ कर्मकांड का रास्ता साफ करना था। मीमांसा का लेखन कणाद्, नागार्जुन, अक्षपाद पीछे

हुआ। जैमिनि और वादरायण समकालीन और वसुबंधु और दिग्नाग के पूर्व हुए।

## सौत्रान्तिक

300 ई. स. में सौत्रान्तिक हुए। ये अपने को बुद्ध के सूत्रों का अनुयायी बतलाते हैं। वे बाह्य विज्ञानवाद से उलटे बाह्यार्थवादी अर्थात् क्षणिक रुप ही मौलिक तत्व है, मानते हैं। हालांकि सर्वास्तिवाद बाह्य रुप, आन्तरिक विज्ञान दोनों की प्रतीत्य–समुत्पन्न सत्ता को स्वीकार करता है।

## यूनानी

323 ई. स. में भारत में यूनानी हुए। वैशेषिक दर्शन यूनानी दर्शन है। अक्षपाद यूनानी स्तोइकों की नकल करते हैं। महमहोपाध्याय सतीशचन्द्र विद्याभूषण ने लिखा कि अरस्तू के तर्क–संबंधी सिद्धांत सिकन्दरिया, मिश्र से भारत में आए।

अक्षपाद के अनुयायी उद्योतकर (सन् 500 ई.) ने काल को एक स्वतंत्र सत्ता सिद्ध करने की युक्तियाँ दी है। अनुमान प्रमाण द्वारा किसी तथ्य तक पहुँचने के वाक्यों के पाँच अवयव/अंश होते हैं।

नागार्जुन, (175 ई.) विरुद्ध अक्षपाद (250 ई.) और धर्मकीर्त्ति (600 ई.) विरुद्ध वाचस्पतिमि (841 ई.) यानी बौद्ध अनात्मवादी, अनीश्वरवादी, प्रत्यक्ष–अनुमान को परमार्थ नहीं बल्कि सापेक्ष तौर पर मानने वालों के विरुद्ध अक्षपाद ब्राह्मण आदि थे। इसके विरुद्ध मनोवृत्ति पर वराहमिहिर ने लिखा था। आज का हिन्दू ज्योतिष यूनानी ज्योतिष है। किन्तु प्रत्यक्ष जिस इन्द्रिय और विषय के संयोग से होता है, वह संयोग विषय के सारे अवयव के साथ नहीं होता।

दिड.नाग (425 ई.) विरुद्ध उद्योतकर (500 ई.) यानी क्रम और प्रवाह विरुद्ध अगतिक स्थिरता रही। भारत में यूनानियों का प्रभाव सिकन्दर की विजय के साथ बढने लगा। चन्द्रगुप्त मौर्य ने भारत में यूनानी शासन का

खात्मा कर देने पर भी यवन–प्रभाव कम नहीं हुआ, यह अशोक के शिलालेखों से भी मालूम होता है, जिसमें भारत और यूनानी राजाओं के शासित प्रदेशों से घनिष्ठ संबंध स्थापित करने की बात आती है।

175 ई. पू. से 600 ई. तक अरस्तू के तर्क ने भारतीय न्याय को प्रभावित किया। कलिमक्सु (285–247 ई. पू.) ने अरस्तू के ग्रंथों की प्रतियाँ सिकन्दरिया के पुस्तकालय में जमा की थी। दूसरी सदी में स्यालकोट/सागल यूनानी राजा मिनान्दर तर्क और वाद का पंडित था। यूनानी अरस्तू से और बौद्ध धर्म से प्रभावित थे। उसी से नागसेन, अश्वघोष, नागार्जुन, वसुबंधु, दिड.नाग पैदा हुए। अरस्तू के अतिरिक्त अनुमान अवयव के प्रयोग की भांति भारत में वसुबंधु, दिड.नाग और धर्मकीर्ति ने प्रयोग किया हैं। पांच अवयव हैं: प्रतिज्ञा, हेतु, उदाहरण, उपनय और निगमन। इसके उदाहरण हैं: प्रतिज्ञा–यह पहाड़ आगवाला है। हेतु–धुंआँ दिखाई देता है। उदाहरण–रसोई घर जैसा धुआँ दिखाई देता है। उपनय–वैसा ही धुआँवाला यह पहाड़ है। निगमन–इसलिए यह पहाड़ भी आगवाला है।

अरस्तू के सामने हेराक्लितु का सर्वं अनित्य–वाद और एलियातिक दार्शनिक का नित्यवाद मौजूद था तो उसने दोनों वाद, प्रतिवाद का संवाद किया और कहा–विश्व नित्य है, किन्तु दृश्य जगत परिवर्तनशील है। अक्षपाद के सामने सांख्य का सर्व नित्यवाद और बौद्धों का सर्व अनित्यवाद मौजूद था तो उसने विश्व नित्य है कहा और अरस्तू के फैसले को दुहराया। बौद्धों ने फैसले को नहीं माना। परिणामतः बौद्ध दार्शनिक के सामने दोनों ओर से विरोध हुआ। मौर्य साम्राज्य की समाप्ति के बाद उसके पश्चिमी भाग का शासन हिन्दू कुशपार वाले यूनानियों/ मिनान्दर के हाथ में चला गया।

अक्षपाद कहते है कि प्रमाण से हम सापेक्ष नहीं परमार्थ ज्ञान पा सकते है। अनुमान और अवयव अरस्तू के अंर्गन का अनुवाद है। अरस्तू ने दो, तीन अवयव अपने तर्क में इस्तेमाल किए हैं।

वसुबंधु (400 ई.) विरुद्ध वात्स्यायन (400 ई.) और ज्ञानश्री, रत्नकीर्ति (1000 ई.) विरुद्ध उदयन (984 ई.) और दुर्वेक मिश्र (1100 ई.) थे। प्रवाह स्वीकार करने से बौद्ध क्रम को भी स्वीकार करते हैं, जिसका विरोधी विरोध करते हैं।

## समुद्रगुप्त राजा

340–75 ई. स. में भारत में समुद्रगुप्त हुए। इस राजा का पश्चिमी समकालीन राजा नहीं है।

## असंग

350 ईं में पेशावर में असंग हुए। विज्ञानवाद के आचार्य असंग 350 ई. के पूर्व विज्ञानवाद का अविकसित मूल वैपुल्य सूत्रों में था। इनका पश्चिमी समकालीन दार्शनिक सन्त अगस्तिन था।

## अगस्तिन सन्त ओरोलियो

353–430 ईं में तगस्तेर, उत्तरी अफ़्रीका में सन्त अगस्तिन हुए। उन्होंने दर्शन को ईसाई धर्म की खिदमत में लगाया। ओरोलियो 47 वर्ष का था जब सिकन्दरिया के ग्रंथालय जल रहे थै। वह मिलन, इताली में पादरी रहा।

## चन्द्रगुप्त विक्रमादित्य

380–415 ईं में उत्तर भारत में चन्द्रगुप्त विक्रमादित्य हुए। इस राजा का पश्चिमी समकालीन नहीं है। इसे ही चन्द्रगुप्त द्वितीय भी कहा जाता है। इनके पिता का नाम समुद्रगुप्त और माता का नाम दत्त देवी था। इनके दादा चन्द्रगुप्त प्रथम और दादी कुतारदेवी थी। इनके पुत्र थे कुमारगुप्त प्रथम, प्रभाववतिगुप्त और गोविंदगुप्त। देखें उपरोक्त अध्याय मौर्योत्तर राजवंश।

## बोधायन

400 ईं में सीतामढी, बिहार मे बोधायन हुए। बौधायन शारीरकवादी द्वैतवाद के समर्थक थे।

## उपवर्ष

400 ईं में उपवर्ष हुए। वह अद्वैतवाद के समर्थक थे।

## वात्सायन

400 ई. स. में वात्सायन हुए। वह उपरोक्त उपवर्ष और बौधायन समवेत सन्त अगस्तिन (353–430 ई.) के समकालीन दार्शनिक थे।

## बोयथेयु (Boetheus) / थेवफिल

480–524 ई. स. में सिकन्दरिया में बोयथेयु यूनानी दर्शन पर अंतिम लेखनी थी। दिग्नाग (ई. 450) और धर्मकीर्ति (ई. 600) के बीच के काल में पैदा हुआ। उन्होंने कन्सोलेशन ऑफ फिलासफी (Consolation of philosophy) दर्शन की सान्त्वना लिखा। सिकन्दरिया के सारे पुस्तकालयों को जलवा दिया। (ई. 390–415 में) थेवफिल लाटपादरी थे। ज्योतिषी थ्योन का लड़का और गणित पंडिता हिपाशिया का वध हुआ।

## वसुबंधु

400 ईं में पेशावर में वसुबंधु हुए। उनके समकालीन दार्शनिक सन्त अगस्तिन (ई. 353–430) थे।

## शवर

400 ईं में भावर हुए। उनके समकालीन दार्शनिक सन्त अगस्तिन (ई. 353–430) थे।

## प्रशस्तपाद

400 ईं में प्रशस्तपाद हुए। वह चित्तालय के रुप में आत्मा का

अनुमान करता है। परंतु आत्मा के भाव के लक्षण ये भी हैं: जीवन श्वसन् का उभरना और गिरना, आँख की पलकों का बंद होना और खुलना, जीना, मन की गति, और अन्य इन्द्रियों में परिवर्तन होना यानी सुख, दुःख, इच्छा, प्रतिक्रिया और चेतना प्रक्रिया होना है।

## कालिदास

400 ईं में कालिदास हुए। समकालीन दार्शनिक सन्त अगस्तिन 353–430 ई. थे। उनका जन्म स्थान काश्मीर होने का अनुमान है। विक्रमादित्य या चंद्रगुप्त द्वितीय के समय उसे राजाश्रय मिला था। उसे श्रीलंका में कुमारदास महाराज कालीन षडयंत्र में मारे जाने की भी आशंका बताई जाती है। वह एक अन्य कवि व नाटक कार भारवी के साथ कालीदास का नाम प्रस्तर स्तंभ अहिवले कर्नाटक में अंकित है।

## हिपाशिया वध

415 ईं में हिपाशिया हुई। इनके भारतीय समकालीन महाकवि कालिदास और दार्शनिक दिग्नाग और ज्योतिषी आर्यभट थे।

## आर्यभट **(Aryabhata)**

476 ई. में पाटलीपुत्र में हुए। 550 ई. में उनका देहांत हुआ। गुप्त साम्राज्य में हुए इस गणितज्ञ और ग्रहवेत्ता ने लल्ल, भास्कर प्रथम, ब्रह्मगुप्त और वराहमिहिर को प्रभावित किया था।

## मज्दक

480–531 ई. में ईरान में मज्दक हुए। यह झोरोस्ट्रीयन मोबाद और ईरानी समाज सुधारक थे, जो सासानि साम्राज्य के बादशाह कवद प्रथम के समय अधिक मान्य हुए। उन्होंने अहुर मज्दा के प्राफिट या ईमाम होने का दावा किया था। उन्हांने सामाजिक सुधार का कार्यक्रम में शुरु किया था। ईरान का शहंशाह कवद 487–98 के समय विख्यात

दार्शनिक था। बमदाद के पुत्र मज्दीक ने मज्दकवाद नामक संगठन संस्थापित किया था।

## उद्योतकर

500 ई. में उद्योतकर हुए। यह न्याय संप्रदाय के दार्शनिक थे। उन्हें न्याय के रक्षक भी कहा गया। वह भारद्वाज गोत्र के ब्राह्मण थे। इनके समकालीन दार्शनिक ईरान के मज़्दक थे। वह पाशुपत संप्रदाय के थे। उन्होंने न्यायसूत्र पर न्यायवार्तिक दीर्घ भाष्य लिखा था। वह दिग्नाग के पश्चात् हुए। उद्योतकर के छः प्रकार के सम्बन्धों में तीसरे संबंध के अनुसार सामान्य की अनुभूति प्रत्यक्ष से होती है।

## गौडपाद

500 ई. में गौड़पाद हुए। मांडूक्य उपनिषद के चेतना की जागृत, स्वप्न, सुषुप्ति आरै तुरीय अवस्था के विवेचन का एक और महत्व यह है कि प्रच्छन्न बौद्ध शंकर के परम गुरु तथा बौद्ध गौडपाद ने मांडूक्य पर कारिका लिख कर पहिले–पहिल बौद्ध विज्ञानवाद से कितनी ही बातों को ले –और कुछ को स्पष्ट स्वीकार करते भी –आगे आनेवाले।

## जस्तीनियन (Justinian)

500–529 ई. में जस्तीनियन हुए। ईसाइयों द्वारा दर्शन पढ़ना निषिद्ध किया गया। दर्शन के सभी विद्यालयों को बन्द करने की राजाज्ञा निकाली गई। जब कि उस दौरान भाव्य, चन्द्रकीर्ति, प्रशस्तपाद, उद्योतकर जैसे दार्शनिक तथा वराहमिहिर और ब्रह्मगुप्त जैसे ज्योतिषी भारत में स्वतंत्र चिंतन में लगे थे।

## देमासियुस्

549 ई. – में पश्चिम में देमासियुस् हुए। इन्के समकालीन भारतीय राजा हर्षवर्धन थे।

## कुमारिल

550 ई. में कुमारिल हुए। उन्होंने अपने मीमांसा–दर्शन में ब्रह्वाद और पुनर्जन्मवाद को इन्कार कर वेद का विधान, कर्मफल, परलोक की गारंटी है, कहा। कुमारिल ने जैमिनि के पक्ष में बोला जब वसुबंधु, दिग्नाग ने यज्ञ जीविका पर प्रहार किया।

## मुहम्मद पैगंबर

570–622 ई. में मेसोपोतामिया/इराक और ईरान पर सासानी/पारसी शहंशाह शासन कर रहे थे। मक्का सिरिया/दमिश्क आदि रोमन कैसर, राजधानी विजन्तियुम् कुस्तुन्तुनिया/इस्ताम्बुल के शासन में था। उनके समय अरब के कुछ भाग तथा लाल–सागर के उस पार अबीसीनिया का ईसाई राज्य था। मिश्र रोमनों के हाथ में था। मक्का के कुरैश पुजारी वंश में मुहम्मद का जन्म हुआ। धर्म तत्कालीन मूर्तिपूजा, हज्र असवद (कृष्ण पाषाण) था। मक्का छोड़ यस्रिब (मदीनत्– उल्–नबी, नबी का नगर, मदीना) को हिज्रत (प्रवास) की। ईरान के ज़र्तुश्ती शाह और रोम के ईसाई कैसर को इस्लाम कबूल करने की दावत दी थी। उनकी पसंद थी ईसाई शांति और यहूदी मूर्तिरहित भक्ति।

अरब बद्दू/खानाबदोश कबीलों का रेगिस्तानी इलाका था। मक्का/बक्का और यस्रिब/मदीना अरबों की श्रद्धा और यहूदी व्यापार के केन्द्र रहें।

## हर्षवर्धन राजा

600 ई. में भारत में हर्षवर्धन हुए। हर्षवर्धन 640 ई. के शासन और धर्मकीर्ति 600 ई. के दर्शन के बाद विषमता से आँख मूँदना एक–मात्र रास्ता था।

## धर्मकीर्ति

600 ई. में भारत में धर्मकीर्ति हुए। इनके समकालीन इस्लामिक व्यक्तित्व थे मुहम्मद पैगम्बर और म्वाविया, खलीफा, दमिश्क, शाम/

सिरिया। उसे उस्मान ने गवर्नर दमिश्क रोमन–क्षत्रप की राजधानी नाया था। म्वाविया ने रोम–राज्य प्रणाली को स्वीकार किया। वह कबीलाशाही विरुद्ध सामंतशाही सिद्ध हुआ। अली उनके खिलाफ गया। उमर खलीफा नहीं थे। अबू बकर, उमर और उस्मान के बाद अली खलीफा बने। फातमा, हसन् और हुसैन म्वाविया के बेटे यज़ीद द्वारा वस्रा की राजधानी कूफा में शिकार बनाए गए। इस्लाम ने कबीलेशाही और सामंतशाही से आगे बढ़कर पुनर्जागरण कर भारत, ईरान, तुर्की, स्पेन और यूरोप में कला साहित्य, दर्शन और विज्ञान का सूत्रपात किया।

## सिद्धसेन जैन

600 ई. में सिद्धसेन जैन हुए। इनके समकालीन स्लामिक व्यक्तित्व थे मुहम्मद पैगम्बर और म्वाविया, खलीफा, दमिश्क। उनका मत था कि इस्लामी ईश्वर साकारसा है। वह दुनिया को 'कुन' कह बनाता है।

## म्वाविया, खलिफा

661–80 ई. में दमिश्क में म्वाविया, खलिफा हुए। पैगंबर के जाने के 39 वर्ष बाद अरब और गैर–अरब कबीलावाद शासन की बागडोर (खान्दान) बनी उमैया पर आई। खलीफा को कबीले का विश्वासपात्र होने का उसूल टूटा।

## प्रज्ञाकर गुप्त

700 ई. में प्रज्ञाकर गुप्त हुए। इनका समकालीन बगदाद का अब्दुल अब्बास, खलीफा था। उसने उमैया के एक को छोड़कर सभी शाहजादों को मारा।

## धर्मोत्तर

725 ई. में धर्मोत्तर हुए। इनका समकालीन बगदाद का अब्दुल अब्बास, खलीफा था। शाहजादा अब्दुर्रहमान दाखिल पश्चिम में भागा।

## ज्ञानश्री

725 ई. में ज्ञानश्री हुए। इनका समकालीन बगदाद का अब्दुल अब्बास, खलीफा था। उसके बेटे मंसूर ने बगदाद नगर बसाया।

## अकलंकदेव जैन

750 ई. में अकलंकदेव हुए। इनके समकालीन मंसूर खलीफा बगदाद थे। अरबी पर ईरानी तथा सुरियानी प्रभाव पड़ा।

## अब्दुल अब्बास, खलिफा

उपरोक्तानुसार, 749–54 ई. में बगदाद, कूफा में हुए। हुसैन की पत्नी अन्तिम ईरानी शाह यज्दगिर्द तृतीय की पुत्री हुस्नबानू थी।

## मंसूर, खलिफा

754–75 ई. में बगदाद में मंसूर हुए। 762 में बगदाद नगर को बसाया। बगदाद पारसी नाम है। उसका मतलब है भगवान की दी हुई।

## मुक्फ़फा

754 ई. में मुक्फ़फा हुए। यह हारुन खलीफा बगदाद थे। उनकी सल्तनत से बुखारा, समरकन्द, बलख, नैशापोर, रे, बगदाद, कूफा, दमिश्क में बड़े–बड़े विद्यापीठ कायम हुए। वह ईरानी जाति व धर्म का था। वह अनुवादक भी था।

## शान्तरक्षित

740–840 ई. में नालंदा में बौद्ध पंडित हुए। शान्तरक्षित मुक्फ़फा के समकालीन थे।

## शंकराचार्य

वेदान्तसूत्रों पर सबसे पुराना ग्रंथ शंकर (788–820 ई.) का भाष्य है। शंकर की सफलता ने बतला दिया, कि ब्राह्मण हिन्दू–धर्मी किसी

सम्प्रदाय को यदि सफलता प्राप्त करनी है, तो उसे शंकर के रास्ते का अनुकरण करना चाहिए। 788–820 ई. में दक्षिण भारत में शंकर हुए। बौद्धों की सफलता देखकर शंकर ने उपनिषद् दर्शन को शुद्ध विज्ञानवाद के रुप में परिणत करने की इच्छा से अपने वेदान्तभाष्य को लिखा। शंकर–भाष्य के बाद सबसे महत्वपूर्ण ग्रंथ वाचस्पति मिश्र 831 ई. की भामती शंकरभाष्य की टीका तथा कन्नोजराज जयचन्द के दर्बारी कवि और दार्शनिक श्रीहर्ष 1190 ई. का खंडन खंडखाद्य है। उन्हें भारतीय बर्कले कहा गया है। उन्हें अद्वैत नही मान सकते क्योंकि वे दोनों पृथिवी और पार्थिव भोगों का सर्वथा अपलाप नहीं करते। शंकर ने छान्दोग्य उपनिषद से ही सर्वं खल्विदं ब्रह्मं, यह सब ब्रह्म ही है और तत्त्वमसि, वह तू है वाक्य अपने अद्वैतवाद के लिए। जिस तरह जैमिनि ने ब्राह्मण और उसके कर्मकांड का अन्धाधुंध समर्थन किया है, वही काम वादरायण ने उपनिषद्के संबंध में किया है।

## हारून, खलिफा

786–809 ई. में बगदाद में हारुन हुए। इन्हें मुकफ़्फा भी कहा जाता है और वह वसुगुप्त, का मीर शैव के समकालीन थे। उसने वैद्यक और ज्योतिष के कई ग्रंथों का अरबी में अनुवाद किया।

## गोविंदपाद

800 ई. में गोविंदपाद हुए। यह बौद्ध दार्शनिक शान्तरक्षित के समकालीन थे।

## वसुगुप्त, कश्मीरी शैव

उपरोक्तानुसार 800 ई. में वसुगुप्त हुए।

## मामून, खलिफा

811–33 ई. में बगदाद में मामून हुए। यह शंकराचार्य के समकालीन थे। उनके दरबार में देश–विदेशों के विद्वानों का सम्मान होता था।

## अल्लाफ़

830 ई. में बस्रा में अल्लाफ हुए। यह भी शंकराचार्य के समकालीन थे। वह माते जलियों का सबसे बड़ा विद्वान था।

## हिम्सी

835 ई. में बगदाद में हिम्सी हुए। इनके समकालीन भारतीय दार्शनिक थे वाचस्पति मिश्र। उन्होंने फिलोपोनु (अरस्तू) के भौतिक शास्त्र की टीका लिखी।

## नज़्ज़ाम

845 ई. में बस्रा में नज़्जाम हुए। वह वाचस्पति मिश्र के समकालीन थे। वह अल्लाफ का शागिर्द था। उनका मत था कि ईश्वर बुराई नहीं कर सकता।

## इब्न मैमून (अज़मी)

850 ई. में ईरान में मैमून हुए। वाचस्पति मिश्र के समकालीन थे। और इरानी (अजमि) मुस्लीम थे।

## एरिगेना

810–77 ई. में इंग्लैंड में एरिगेना हुए। इनके समकालीन भारतीय दार्शनिक नहीं थे। वह असंग व रोश्द के पूर्ण विज्ञान या आलय विज्ञान का प्रवर्तक था।

## फिर्दोसी कवि

840–1020 ई. में पश्चिमी या गैर–अरब स्थान में फिर्दोसी हुए। इनके भारतीय समकालीन दार्शनिक उदयनाचार्य थे। वह सीना का भी समकालीन था।

## वाचस्पति मिश्र

841 ई. में वाचस्पति हुए। यह हिम्सी इस्लामिक दार्शनिक के समकालीन थे।

## जहीज

869 ई. में बस्रा में जहीज हुए। इनके भारतीय समकालीन दार्शनिक नहीं है। वह नज्जाम का शिष्य था। उनका मत था कि मानव बुद्धकिर्ता का ज्ञान करा देती है।

## अख्वानुस्सफा

900 ई. में बस्रा में अख्वानुस्सफा संघ हुआ। इनका भारतीय समकालीन संघ नहीं है। यह इस्लामी दार्शनिकों का धर्म राज्य बनानेवाला संघ था।

## अशअरी, सुन्नी

873–935 ई. में बसरा, इराक में अशअरी हुए। इनके भारतीय समकालीन दार्शनिक नहीं है। उनका मत था कि ईश्वर राजा जैसा साकार व्यक्ति नहीं है।

## किन्दी

870 ई. में इराक, मेसोपोतामिया में किन्दी हुए। इस्लामिक दार्शनिक किन्दी के अनुसार हमारे ज्ञान का उद्गम या स्रोत जीव नहीं बल्कि प्रथम विज्ञान (ईश्वर) है। किन्दी की भांति फ़ाराबि भी ज्ञान को मानव–प्रयत्न–साध्य वस्तु न मानकर ऊपर से ईश्वर द्वारा प्रदान की गई वस्तु मानता है। गज़ाली ने ज्ञान से परे योगी–प्रत्यक्ष–मुकाशफ़ा को मुक्ति का साधन बतलाया। बाजा ने दर्शन को सामान्य का ज्ञान बतलाया। उनका कहना था कि ज्ञान के बिना मुक्ति नहीं है।

## राज़ी

923 ई. में रे, ईरान में राजी हुए। इनके भारतीय समकालीन दार्शनिक नहीं है। विचार को बुद्धिसंगत बनाने के लिए जीव, प्रकृति, दिशा, काल की जरुरत है ऐसा वह मानता था।

## फाराबी, बौद्ध मुस्लीम

870–950 ई. में फ़राब में फाराबी हुए। इनके भारतीय समकालीन दार्शनिक नहीं है। वह वक्षु आमू नदी तटवर्ती जिला फराब का रहने वाला था।

## अल–बेरूनी

973–1048 ई. में ईरान में अल–बेरुनी हुआ। इनके समकालीन भारतीय दार्शनिक रत्नकीर्त्ति और महमूद गजनवी थे। उन्होंने ''अल–हिन्द'' लिखा। आर्यभट ई. 476 को उद्धृत करते हुए लिखा कि ''जहाँ सूर्य की किरणें नहीं पहुँचती वहाँ इन्द्रियों की गति नहीं, और जहाँ इन्द्रियों की गति नहीं उसे हम जान नहीं सकते।'' उसके साथ सीना का पत्र व्यवहार भी हुआ था।

## सीना

980–1037 ई. में ईरान में सीना हुआ। इनके समकालीन भारतीय दार्शनिक जयन्त भट्ट थे। पूर्वी इस्लामिक दार्शनिक बू–अली सीना बुखारा (बिहार, विहार) के पास अफ़शन में हुआ। फाराबी और सीना की मातृभूमि वर्तमान उजबकस्तान सोवियत् प्रजातन्त्र थी। आज उज़्बक मध्य–एशिया की जातियों में सबसे आगे बढ़े हुए माने जाते है। इस्लाम वहाँ के लोगों की जातीय भावना नष्ट नहीं कर पाया। वह नफ़स के सिद्धान्त पर, बातनियों के मत से बहस करते थे। मध्य एशिया की इस्लामिक नालन्दा बुखारा में उन्होंने पढ़ाई की। हमदान, पश्चिमी राजधानी, ईरान के शासक शमसुदौला का वह वजीर बना। इस्पहां के शासक अलाउदौला के दरबार में गया।

सीना का समालोचक रोश्द था। सीना अपने जीवन के हर क्षण को बेकार नहीं जाने देता था। उन्होंने ध्यान (रियाज़त) पर भी लिखा। वह पारसी और अरबी के अधिकारी ज्ञाता थे। सीना ने जीव का स्थान प्रकृति से ऊपर रक्खा है, जो कि भारतीय दर्शन (सेश्वर सांख्य) से समानता रखता है। हर एक शरीर को अपना–अपना जीव ऊपर से मिलता है। हई इब्न–यक़ज़ान (प्रबुद्ध–पुत्र जीवक) की कथा में उसने चिर तारुण्य, सौंदर्य और अनन्त रहस्य का उल्लेख किया।

## उदयनाचार्य

984 ई. में बिहार में उदयनाचार्य हुए। इनके समकालीन पश्चिमी फिर्दोसी कवि थे। उन्होंने न्याय–वैशेषिक तर्क का समन्वय किया।

## जितारि

1000 ई. में जितारि हुए। इनके समकालीन पश्चिमी मस्कविया थे। वह भावी कारण को मानते थे। वादस्थानानी उनकी प्रसिद्ध तार्किक रचना है।

## रत्नकीर्ति

1000 ई. में रत्नकीर्ति हुए। इनके समकालीन पश्चिमी अल्–बेरूनी थे। यह बौद्ध तार्किक थे।

## जयन्त भट्ट

1000 ई. में जयन्त भट्ट हुए। इनके समकालीन पश्चिमी दार्शनिक सीना थे। वह धर्मकीर्ति को धीर और बुद्धिमान आलोचक मानते थे।

## रत्नाकर शांति

1025 ई. में रत्नाकर हुए। इनके समकालीन पश्चिमी दार्शनिक जिब्रोल थे। वह शून्वयवादी तार्किक थे।

## जिब्रोल

1021–1070 ई. में माल्ता में जिब्रोल हुए। वह यहूदी परिवार में पैदा हुआ। उसका विचार था कि मूल प्रकृति/हेवला और आत्मा/विज्ञान ये दो वस्तुएं एक परमतत्व के भीतर है। इस विचार को रोश्द ने आगे विकसित किया। इनके समकालीन भारतीय दार्शनिक रत्नाकरशान्ति थे।

## मस्कविया

इनके समकालीन भारतीय दार्शनिक जितारि थे। तहज़ीबुल–इख़लाक़/आचार–सभ्यता उसकी अमर कृति है। वह सुल्तान अद्दूदौला का कोषाध्यक्ष था। बू–अली मस्कविया पूर्वी इस्लामिक गैर–अरबी मुस्लीम दार्शनिक थे जिनकी प्रसिद्ध कृति तहजीबुल–अखलाक (आचार सभ्यताद्ध थी। इनका मृत्यु 1030 ई. में हुआ।

## ग़जाली

1059–1111 ई. में पश्चिमी तुस, मश्शाद, इरान में गजाली हुए। उन्होंने सीना और फाराबी की दार्शनिक आलोचना की थी। उनकी इह्या उलुम अल–दिन (The Vivification of the Sciences of Religion) आज भी पढी जाती है। इनके समकालीन भारतीय दार्शनिक कोई नहीं थे।

## बाज़ा

1138 ई. में अंदालुसी में बाजा हुए। इनका लैटिन नाम (Avempace) था। यूनानी साम्राज्य के बाद इस्लामी दर्शन दो शाखाओं में बंटा था। पूर्व शाखा को सीना (Avicenna) चलाता था। और पश्चिम शाखा का नेतृत्व बाज़ा करता था। इनके समकालीन भारतीय दार्शनिक कोई नहीं थे।

## तोमरत

1147 ई. में मराको, मस्मुदी में तोमरत हुए। उस पर गज़ाली का प्रभाव था। उनके स्वप्न धर्म–राजनीतिक सल्तनत को साकार करना था। इनके समकालीन भारतीय दार्शनिक कोई नहीं थे।

## तुफैल

1105–1185 ई. में गुआदिस में तुफैल हुए। अरब अंदालुसी इस्लामिक बहुभाषाविद् थे। उन्हें ही लैटिन में (Abubacer Aben Tofail) कहा जाता है। इनके समकालीन भारतीय दार्शनिक हेमचन्द्र सूरि थे।

## रोश्द

इनके समकालीन भारतीय राजा जयचन्द और दार्शनिक श्रीहर्ष थे। 1126–1198 ई. में कार्दोवा, स्पेन में रोश्द हुए। उसी को लैटिन में एवेरा (Averroes) कहा जाता है। वह सबसे महान चिंतक और वैज्ञानिक थे। उन्होंने अरस्तू के दर्शन का इस्लामिक दृष्टि से अध्ययन किया।

## इब्न–मैमून 1135 ई.–

1208 ई. में बगदाद, इराक में इब्न–मैमून हुए। यह वैद्य और दार्शनिक दोनों थे। इनके समकालीन भारतीय दार्शनिक गंगेश और शाक्य श्रीभद्र थे।

## हेमचन्द्रसूरि ई. 1088–

1178 ई. में गुजरात में हेमचन्द्र सूरि हुए। यह जैन दार्शनिक, भाषाविद्, व्याकरणकार, प्रमाणमीमांसक और कवि, साहित्यकार के रुप में प्रसिद्ध है।

## जयचन्द राजा

1194 ई. में गहडवाल वंश में जयचन्द हुए गंगा क्षेत्र, कान्यकुब्ज और वाराणसी भी उनके अधीन थे। कुतुबुद्दिन ऐबक ने उनको परास्त किया था।

## श्रीहर्ष

1190 ई. में गहडवाल में श्रीहर्ष हुए। यह संस्कृत के पंडित और दार्शनिक थे। उनके पिता विजयचन्द्र के दरबारी कवि थे। विजयचन्द्र

के बेटे, जयचन्द राजा के समय में उन्होंने नैशाद चरित काव्य की रचना की थी। खंडन खंडखाद्य में उन्होंने कालिदास का उल्लेख किया।

## द्वितीय फ्रेड़रिक, होहेस्टाफेन्का राजा

1194—1250 ई. में रोम/स्वाबिया में होहेस्टाफेन्का हुए। उनके आधिपत्य में रोमन साम्राज्य का सर्वाधिक विस्तार हुआ।

## शाक्यश्रीभद्र

1127—1225 ई. में काश्मीर में शाक्यश्रीभद्र हुए। नालंदा पीठ में रहे। फिर तिब्बत गए। कईयों को दीक्षित किया और 99 वर्ष की उम्र में चल बसे।

## गंगेश

1200 ई. में मिथिला में गंगेश हुए। गंगेश उपाध्याय ने तत्वचिंतामणि, नव्य—न्याय का मूलग्रंथ लिखा। उनका नाम उच्च कोटि के नैयायिक और तार्किकों यथा श्रीहर्ष आदि के साथ लिया जाता है।

## राजर बैकन

1214—1294 ई. में इंग्लैंड में राजर बैकन हुए। रोश्द का समर्थक राजर कर्ता विज्ञान—अज़ल—फ़आ़ल (Creative Reason) को जीव से अलग एक स्वतंत्र सत्ता ईश्वर बतलाता था। परंतु कर्त्ता विज्ञान स्वतःसत्तावान एक अभौतिक द्रव्य है।

लातीनी, अरबी और यूनानी भाषा के जानकार थे। वह साधु फ्रांसिस्कन (Metaphysics) बना। वह स्वतंत्र विचारक था। इसकी खबर रोम में पोप को लगी। 1278 ई. में फ्रांसिस्कन सम्प्रदाय का महन्त जेरोम डी—एसल् राजर का दुश्मन बना। उसे नास्तिकता और जादूगरी —परीक्षण, प्रयोग करना, के अपराध में जेल में डाल दिया गया।

मध्ययुग में विचार–स्वातंत्र्य और भौतिकवाद की कमी थी। दोमिनिकन संप्रदाय वाले कहते हैं कि कर्त्ता विज्ञान, नातिक विज्ञान (Nautic Science) या जीव की एक अवस्था है। उसकी मृत्यु आक्सफोर्ड में हुई।

## रेमोन्द लिली

1224–1315 ई. में इताली में लिली हुए। उनका ध्येय था कि इस्लाम को दुनिया से नेस्तनाबूद करना चाहिए।

## थामस अक्विना

1225–74 ई. में इतली, पश्चिमी रोम में थामस अक्विना हुए। उसने पूर्वीय स्लाव ईसाइयत से अलग पश्चिमी रोमन कैथालिक चर्च को जमीन पर लाने की कोशिश की। तामस अक्विना अपने समय में रोश्द–विरोधी दोमिनिकन विचारकों का अगुआ था। और अपने गुरु अल्बर्तस् मग्न्स् की भांति अरस्तू के वस्तुवादी दर्शन का समर्थक था। वह धर्म और दर्शन का समन्वय करता था। और अरस्तू दर्शन के हिमायती दोमिनिकन साधुओं से संबंध रखता था। फ्रांसिस्कन साधु उसका विरोध करते थे।

## पिदारक

1304–1374 ई. में तस्केनी में पिदारक हुए। 17वीं सदी में जेसुइत–पंथियों और साइसं ने रोश्द पर हमला किया। यूरोप से इस्लामिक दर्शन के अध्ययनाध्यापन को ख़तम करने की पूर्ति के लिए पिदारक पूछता था कि यूनानी भाषा के वक्ता देमस्थनीज़ के बाद सिसरो, यूनानी कवि होमर के बाद वर्जिल, यूनानी ऐतिहासिक हेरोदोतस् के बाद तीतस् लेवी का जन्म दुनिया में कहां हुआ? इताली की बुद्धि और प्रतिभा! क्या तू कभी गाढ़ निद्रा से नहीं जागेगी? पिदारक के बाद इताली की प्रतिभा जगी।

## इब्न–खल्दून

1332–1406 ई. में टयूनिसिया/कैरो में इब्न–खल्दून हुए। यह अरब इस्लाम के विद्वान, समाजशास्त्रज्ञ और इतिहासकार थे।

## ल्योनार्दो–दा–विन्ची

1452–1519 ई. में नवीन यूरोप में ल्योनार्दो–दा–विन्ची हुए। वह स्वतंत्र विचारक और कलाकार थे।

## रोम

1453 ई. में रोम था। बिजन्टीन साम्राज्य के सुल्तान मेहमूद द्वितीय के हाथों पतन के बाद उसकी राजधानी कुस्तुनतुनिया तुर्कों के हाथ में गई।

## बेकन आधुनिक

1561–1626 ई. में इंग्लैंड में बेकन हुए। हॉब्स–टोलण्ड अद्वैती–भौतिकवादी और स्पिनोज़ा अद्वैती–विज्ञानवादी की तुलना में द–कार्त (Descartes), लीब्नितज़ (Leibnitz) की तरह बेकन द्वैतवादी था।

## हॉब्स

ई. 1588–1679 में इंग्लैंड में हाब्स हुए। उन्होंने भौतिकवाद को जगाया। टामस हॉब्स द–कार्त का समकालीन था। लोकोत्तरवाद के खिलाफ प्रकृतिवादी था। पहले क्रान्ति–विरोधी दल में होकर बाद में अधिनायक ओलिवर क्रामवेल (1599–1658) से समझौता किया।

## द–कार्त

1596–1650 ई. में फ्रांस में द–कार्त हुए। वह कार्तेसीय ज्यामिति के नाम से मशहूर हुए। वह आत्मा और शरीर को अक्विना की भाँति अभिन्न नहीं; बल्कि अगस्तिन् की भांति सर्वथा भिन्न कहता था। वह अगस्तिन् की भांति ईसाई–धर्मी और लाकोत्तरवादी था।

## क्रॉमवेल

1599–1658 ई. में इंग्लैंड में क्रॉमवेल हुए। उन्होंने सामन्तवाद के खिलाफ क्रान्ति का झंडा उठाया। क्रान्ति–विरोधी हॉब्स ने उनसे समझौता किया।

## शाहजहा

1627–1658 ई. में भारत में शाहजहा हुए। यह जहांगीर के बेटे थे। उन्होंने मेवाड़ के राणा की बेटी से विवाह किया था। ताज महल, लाल किला आदि के लिए वह मशहूर है। उन्होंने शहाजनाबाद नया शहर बसाया।

## शिवाजी

1627–1680 ई. में महाराष्ट्र में शिवाजी हुए। यह शहाजी भोंसले के पुत्र थे। उन्होंने मराठा राज्य स्थापित किया।

## स्पिनोजा

1632–1677 ई. में हालैंड में स्पिनोजा हुए। वह विचार से यूनानी भूतात्मवादी थे। बारुच दे–स्पिनोजा द–कार्त के ईश्वरीय यंत्रवाद की कमजोरियों को समझ कर उसने प्रकृति–ईश्वर–अद्वैत या विज्ञानवाद को हॉब्स के नजदीकतर लाया। उसका मत था कि हर तरह के शास्त्र या धर्म–ग्रंथ के प्रमाण से बुद्धि ज्यदा विश्वसनीय है। परंतु हाब्स शुद्ध भौतिकवादी था और स्पिनोजा स्तोइकों की तरह आत्मतत्ववादी।

## लॉक

1632–1704 ई. में इंग्लैंड में लॉक हुए। ज्ञान सीखने से आता है, स्वयंभू नहीं है। कारण वह चीज हैं, जो किसी दूसरी चीज को बनाता है; और कार्य वह है जिसका आरन्भ किसी दूसरी चीज से है।

## लाइब्निट्ज

जर्मनी में 1646–1716 ई. में लाइब्निट्ज हुए। गोट्फ्रीड विल्हेम लाइब्निट्ज लिपज़िग् जर्मनी में एक मध्यवितक परिवार में पैदा हुआ था। उन्होंने कहा था कि बुद्धिसंगत ज्ञान तभी संभव है, जब हम कुछ सिद्धान्तों को स्वयंभू सिद्ध मान लें। बौद्ध असंग ने ज्ञान का सर्वोच्च

विकास किया। वह आत्म–कणवाद (Monadism) का प्रवर्तक था। उनके मत में अवकाश या देश (Space) सापेक्ष पदार्थ है। उसकी परमार्थ सत्ता नहीं है। जहाँ शक्तियाँ खत्म होती हैं, वहाँ देश भी खत्म होता है। वह धर्म, ईश्वर, द्वैतवाद से सहमत था। आत्म–कणवाद का प्रवर्तक लाइब्निट्ज को द–कार्त के भौतिक तत्व में एक निश्चित मात्रा ईश्वर में गति–घड़ी की कुंजी की भाँति–भर देने वाला विचार पसंद नहीं था। उनका संसार प्रवाह का सिद्धान्त था कि संसार में कोई ऐसा पदार्थ नहीं हे, जो क्रिया नहीं करता। जो क्रिया नहीं करता वह है ही नहीं, कह के धर्मकीर्त्ति के मत अर्थक्रिया में जो समर्थ है वही ठीक सच है, अर्थक्रियासमर्थ यत् तदत्रपरमार्थ सत्–प्रमाणवार्त्तिक का ही समर्थन किया।

हाब्स का प्रकृतिवाद और द–कार्त का लोकत्तरवाद का समन्वय प्रकृति–ईश्वर–अद्वैत तत्व वाले स्पिनोजा को न मान उसने आत्मकण ज्ञान का सिद्धान्त निकाला। लाइब्निट्ज के अनुसार दर्शन का मुख्य काम ज्ञान के मौलिक सिद्धान्तों का आविष्कार करना है। बौद्ध दर्शन इन तीन शब्दों में अंतर्हित हैः अनित्य, दुख, अनात्म। अष्टांगिक मार्ग के अनुसार भले बुरे कर्मों के ठीक–ठीक ज्ञान को ठीक दृष्टि कहते है।

## चार्ल्स

1649 ई.– में इंग्लैंड में चार्लस् हुए। शाहजहाँ का समकालीन राजा चार्लस् का शिरच्छेद कर क्रामवेल नेतृत्व में जनता ने सामन्तवादियों पर विजय पाई।

## औरंगजेब

1658–1707 ई. में भारत में औरंगजेब हुए। वह भारत के अंतिम मुगल शहंशाह थे।

## क्लाइव

1757–1760 ई. में इंग्लैंड में क्लाइव हुए। वह बेंगाल के गवर्नर थे। प्लासी के युद्ध से वे ख्यातनाम हुए।

## टोलैंड

1670–1721 ई. में आयरलैंड में टोलैंड हुए। यह हाब्स का देशवासी भौतिकवादी और बर्कले के विज्ञानवाद का विरोधी था।

## बर्कले

1685–1753 ई. में आयरलैंड में बर्कले हुए। उनकी मशां थी कि भौतिकवाद और अनीश्वरवाद से ईसाई–धर्म की रक्षा करना, चाहे वह अठारहवीं सदी का अगस्तिन् अथवा सीमित अर्थ में ईसाईयों का अक्विना बनकर ही क्यों न करना पड़े।

## वोल्तेर

1694–1778 ई. में फ्रासं में वोल्तेर हुए। वह प्रखर चर्चविरोधी, अनीश्वरवादी चिंतक थे। वह चर्च और राज्य में पृथकता के समर्थक थे।

## हार्टली

1704–1757 ई. में इंग्लैंड में हार्टली हुए। यह ह्यूम, प्रीस्टली के समकालीन रहे। उन्होंने भावना की उत्पत्ति और प्रकृति पर लिखा।

## ला–मेत्री

1709–1751 ई. में फेंच क्रांति के दौरान ला–मेत्री हुए। भौतिकवादी दार्शनिक यांत्रिकवाद के लिए भी जाने जाते है।

## हयूम

1711–1776 ई. में स्काटलडैं में हयूम हुए। वह दार्शनिक अनुभववाद, संदेहवाद और प्रकृतिवाद के लिए जाने जाते है।

## रूसो

1712–1778 ई. में फ्रांस में रूसो हुए। उनका प्रमुख ब्रीदवाक्य था, ''मनुष्य मुक्त पैदा हुआ लेकिन वह चारो तरफ से बेड़ी में जखड़ा हुआ

है,'' यह हैं जो उन्होंने प्रबुद्ध युग को लिखा। वह सामाजिक करार के राजनीतिज्ञ भी थे।

## हेल्वेशियस

1715–1771 ई. में फ्रांस में हेल्विशियस हुए। वे भौतिकवादी सन्देहवादी दार्शनिक थे। उनकी मूलकृति है, 'ल स्पिरिट'।

## नेपोलियन

1769–1821 ई. में फ्रांस में नेपोलियन हुए। वह फ्रांस के सैनिकी सेनापति थे। नेतृत्व क्षमता में निपुण थे। उनके नेतृत्व में फ्रांस विश्वशक्ति के रुप में उभरा था।

## कान्ट

1724–1804 ई. में कोइनिगस् बर्ग, जर्मनी में कान्ट हुए। उनके दर्शन का लक्ष्य था हयूम के सन्देहवाद, और पुरानी दार्शनिक रुढ़ि, भौतिकवाद, अनीश्वरवाद को नष्ट करना। वाइनरिख हाइन के अनुसार कान्ट ने तजर्बे की सीमापारी बताकर अतार्किक श्रद्धा से मृत ईश्वर को आगे ढोने की कोशिश की गई।

## जेनर

1749–1823 ई. में इंग्लैंड में जेनर हुए। उन्होंने चेचक के टीके का आविष्कार किया।

## दो'लबाख़

1723–1789 ई. में जर्मनी में दो'लबाख़ हुए। यह भौतिकवादी थे। इनका सिस्टम द ला नातुर (Systems de la Nature) 1770 में प्रकाशित हुआ।

## कबानिस्

1757–1808 ई. में फ्रांस में कबानिस् हुए। वह एक फ्रेंच शरीर वैज्ञानिक और भौतिकवादी दार्शनिक थे।

## फिख़्ट

1762–1814 ई. में जर्मनी में फिख़्टे हुए। वह जर्मन विज्ञानवाद के संस्थापक दार्शनिक थे। उन पर इमेनुअल कान्ट का प्रभाव था।

## हेगेल

1770–1831 ई. में यूरोप में हेगले हुआ। हेगले का दर्शन आधुनिक युग के अभौतिकवादी यूरोपीय दर्शनों का चरम विकास था। मार्क्स उसका पहले अनुयायी था। उनकी द्वन्द्वात्मक प्रक्रिया से मार्क्स के भौतिकवादी दर्शन का निर्माण हुआ। यह बोध ईश्वर है, वह जगत पर शासन करता हैं उसके संस्कार का स्वरुप, उसकी योजना की पूर्ति विश्व इतिहास है, ऐसा हेगेल कहता है। विरोधी वह शक्ति है, जो कि चीजों को चालित करती है। दर्शन की व्याख्या करते वक्त वह द्वन्द्ववाद (गतिवाद) पर पहुँचा। गति तथा अ–वर्तमान का वर्तमान (भवति) होता है। परिवर्तनवाद हेगेल के दर्शन का आधार है।

## कार्नवालिस

1786–1792 ई. में इंग्लैंड में कार्नवालिस हुए। यह बंगाल के गवर्नर–जनरल रह चुके थे। उनके समय रयतचारी प्रथा जारी थी।

## शेलिंग

1775–1884 ई. में लओने बर्ग में शेलिगं हुए। उनका दशर्न स्पिनोजा आरै फिक्टे के अकृत संबंधी एप्रोच के भीतर दोलायमान होता था।

## दयानन्द

1824–1883 ई. में गुजरात में दयानन्द हुए। वह आर्य समाज के

संस्थापक थे। तिलक के पहले स्वराज की मांग की थी। उन्हें मूल शंकर के मूल नाम से भी जाना जाता है।

## राजा राममोहन राय

1874—1833 ई. में बंगाल प्रेजीडेन्सी / ब्रिस्टल, इंग्लैंड में राममोहन हुए। उनको भारतीय पुनःजागरण का पिता कहा जाता है। उन्होंने सति प्रथा बंद कर महिलाओं के लिए संपत्ति में उत्तराधिकार मांगा था। वह ब्रह्मो सभा के संस्थापक थे। अकबर द्वितीय ने उन्हें राजा की पदवी दी थी।

## शोपेनहार

1888—1860 ई. में जर्मनी में शोपेनहार हुए। उन पर बौद्ध विज्ञानवाद का बहुत प्रभाव था। उनकी जगत इच्छा के रुप में नामक कृति प्रसिद्ध है।

## फ्वेरबाख़ लुड्विग्

1804—1872 ई. में जर्मनी में फ्वेबाख़ लुड्विग हुए। इस भौतिकवादी का प्रभाव मार्क्स पर भी पड़ा।

## मार्क्स

1818—1883 ई. में राइनलैंड, ट्रेवेज नगर में मार्क्स हुए। जेना विश्वविद्यालय में देमोक्रितु और एपीकुरु के प्राकृतिक दर्शन पर लिखे निबंध से उसे पी.एच. डी. दर्शनाचार्य की उपाधि मिली। राइनिश् जाइटुंग पत्र का संपादन किया। बैठे—ठाले सम्पत्ति—शालियों ने कला की भाँति दर्शन को मनोरंजन का विषय माना और वे मार्क्स को आज के अम्बेडकर की भांति दार्शनिकों में नहीं गिनते थे। विज्ञानवादी धारा समाजशास्त्र में धुंद और रहस्यवाद छोड़ और कुछ नहीं पैदा करती। आज के प्राणी वनस्पति बिलकुल दूसरे हैं, जिसे भूगर्भशास्त्र से जाना जाता है।

लोहा अग्नि में लाल होकर आंच देता है तब हम रंग और आंच बाद में कल्पना करते हैं, पहले तो वस्तु के अस्तित्व का सही ज्ञान होता है। भौतिक तत्वों से परमाणु, अणु, अणु–गुच्छक, आरंभिक निर्जीव क्षुद्र पिंड, तथा जीव–अजीव के बीच के विरस या वायरस और बेक्टीरिया जैसे एक सेलवाले अत्यन्त सूक्ष्म सत्व बने।

मानव–जाति की भांति मानव समाज यानी उसकी आर्थिक, धार्मिक व्यवस्था प्रकृति की उपज है। वह प्रकृति के अधीन है, और तभी तक अपना अस्तित्व कायम रख सकता है, जबतक प्रकृति उसकी आवश्यक्ताओं को पूरा करती है। भौतिक उपज–खाना, कपड़ा आदि तथा उस उपज के साधनों पर ही मानव–समाज कायम है। करोड़ों वर्ष पहले यह पृथ्वी जिनकी थी, आज उनका कोई नामलेवा भी नहीं रह गया। आज मनुष्य प्रयोग करके यार्कशायर के सूअरों, अनरस–स्ट्राबरी, काले गुलाब को पैदा कर उनकी नसल को जारी रख सकता है।

निरन्तर गतिशील भौतिकतत्व इस विश्व का मूल उपादान है। किसी बाह्य दृश्य को देखते वक्त हमको बाहरी दिखलावटी स्थिरता को नहीं लेना चाहिए, हमें उसे उसके भीतर की अवस्था में देखना चाहिए। जिस वक्त आप ज्ञान के अस्तित्व को स्वीकार करते हैं, उसी वक्त ज्ञाता और ज्ञेय को भी स्वीकार कर लेते हैं। इन्द्रिय और विषय का जब सन्निकर्ष या योग होता है, तो पहले–पहल हमें वस्तु का अस्तित्वमात्र ज्ञात होता है।

विज्ञानवाद में यदि कोई सच्चाई हो सकती है, तो यही सापेक्षता है, जो कि सभी ज्ञानों पर लागू है। सारे मानव इतिहास के भौतिकवादी, वस्तुवादी दर्शनों का चरम विकास वैज्ञानिक भौतिकवाद या मार्क्स–दर्शन था।

भौतिकवाद मानस–जीवन की विशेषताओं की व्याख्या जितना अच्छी तरह कर सकता है, विज्ञानवाद वैसा नहीं कर सकता; क्योंकि विज्ञानवाद समझता है, कि विचार या विज्ञान का पृथ्वी और उसकी वस्तुओं से कोई संबंध नहीं है, वह अपने भीतर से उत्पन्न होता है।

प्रत्यक्ष को दिग्नाग और धर्मकीर्त्ति ने भी कल्पना–अपोढ़, कल्पना से रहित, माना है। पृथ्वी प्रायः दो अरब वर्ष पुरानी है। जीव कुछ करोड़ वर्ष पुराने, लेकिन उन जीवों के पास जगत बनाने वाला मन नहीं था। मनुष्य की उत्पत्ति ज्यादा से ज्यादा 10 लाख वर्ष तक ले जाई जा सकती है, किन्तु जावा, चीन, या नेअन्डर्थल मानव के पास मन नहीं था, जो विश्व को बनाता।

यह सारा सिलसिला यह नहीं बतलाता, कि आरंभ में मन था। हम सीधी छड़ी को पानी में खड़ा करने पर वक्र टेढ़ी मेढ़ी, छोटी या लाल प्रकाश से प्रकाशित देखते है। यह वक्रता, छोटापन और लाली सिर्फ छड़ी का रुप नहीं है, बल्कि उस परिस्थिति में देखी गई छड़ी के रुप हैं।

विश्व बनाने वाला मन सिर्फ पिछले ढाई हजार वर्ष के दार्शनिकों की पिनक में पैदा हुआ। गोया दो अरब वर्ष से कुछ लाख वर्ष पहले तक किसी तरह के मन का पता नहीं था, और इस सारे समय में भौतिकतत्व मौजूद थे। दर्शन का प्रयोग कल्पना क्षेत्र के बौद्धिक व्यायाम में न कर समाज शास्त्र में किया। मन प्रकृति का जनक नहीं, प्रकृति ही मन की माँ है।

हेगेल के गतिवाद को और संस्कारित करके मार्क्स ने अपने दर्शन की स्थापना की। गतिवाद विश्व का अपना दर्शन है, उसे ही द्वन्द्ववाद (Dialectic) भी कहते हैं। प्रत्यक्ष पहले–पहल वस्तु के अस्तित्व का ज्ञान कराता है।

फिर इस हाल के बच्चे मन को भौतिकतत्वों का जनक कहना क्या बेटे को बाप का बाप बनाना नहीं है? एक सेलवाले प्राणियों से क्रमशः विकास होते–होते अस्थि–रहित, अस्थिधारी, स्तनधारी जीव, यहाँ तक कि कुछ लाख वर्ष पहिले मनुष्य मौजूद हुआ।

सारा साइंस तथा भूगर्भशास्त्र एवं विकास सिद्धान्त हमें यही बतलाते हैं, कि भौतिक–तत्व प्राणी से पहले मौजूद थे, प्राणी बाद की परिस्थिति की उपज है। मन प्राणी की भी पिछली अवस्था में उत्पन्न हुआ है।

इसलिए मन भौतिक तत्वों की उपज है। उपज होने का मतलब मन भोतिक तत्व है ऐसा नहीं समझना चाहिए। भौतिकतत्व सदा बदल रहे हैं, जिससे परिस्थिति में गड़बड़ी, विरोध या द्वन्द्व शुरु होता है, जिससे द्वन्द्वात्मक परिवर्तन–गुणात्मक परिवर्तन – होता है।

गुणात्मक परिवर्तन हो जाने के बाद हम उसे वही चीज नहीं कह सकते, क्योंकि गुणात्मक–परिवर्तन एक बिल्कुल नई वस्तु हमारे सामने उपस्थित करता है। मन इसी तरह का भौतिकतत्वों से पैदा हुआ है, किन्तु भौतिकतत्व नहीं है।

## स्पेन्सर हबर्ट

1820–1903 ई. में इंग्लैंड में स्पेन्सर हुए। वह एक दार्शनिक और समाजशास्त्रज्ञ थे। उनके सामाजिक डार्विनिज्म की बहुत चर्चा थी। उन्होंने सामाजिक जीवन में योग्यतम जीवन संकल्पना को प्रचारित की थी।

## एन्ग्रेल्स

1820–1895 ई. में जर्मनी में एन्गल्से हुए। वे कार्ल मार्क्स के साथी थे। वर्ग संघर्ष को सामाजिक इतिहास का मूल मानते थे।

## मेंडेल

1822–1895 ई. में आस्ट्रीया में मेंडेल हुए। ग्रेगर मेंडेल ने आनुवंशिता के नियमों की खोज की। वर्गीकरण नियम, प्रभुता नियम और पार्थक्य नियम ये तीन नियम उन्होंने खोज निकाले।

## पास्तोर (Pasteur)

1822–1897 ई. में पश्चिम में पास्तोर हुए। इनके समकालीन भारतीय विचारक दयानंद थे। लुईस पेश्चर ने स्वनिर्मितता के सिद्धांतों को गलत साबित किया था।

## बुख्नेर

1824–1899 ई. में जर्मनी में बुख्नेर हुए। फ्रेडरिक कार्ल क्रिचन लुडविग बुखनेर (Buckner) दार्शनिक होने के साथ–साथ वे भौतिकविद्, और वैद्य थे। उन्होंने 19–वीं सदी के वैज्ञानिक भौतिकवाद की विवेचना की है।

## माख् अर्नस्ट

1838–1916 ई. में चेक में माख् अर्नस्ट हुए। यह आस्ट्रीयन भौतिकविद् थे। उन्हों ने तरंगों का अध्ययन किया था।

## जेम्स विलियम

1842–1910 ई. में इंगलैंड में जेम्स विलियम हुए। विलियम जेम्स के अनुसार ज्ञान एक साधन है, वह जीवन के लिए है, जीवन ज्ञान के लिए नहीं है। जैन मतानुसार इन्द्रियों के विकार अथवा गलत संस्कारों के असाक्षातकार के कारण ज्ञान होता है। उसके अनुसार ज्ञान का मतलब स्यादवाद या अनेकान्तवाद की सत्यता का निश्चय है। छांदोग्य उपनिषद कर्मकांड से नाता तोड़ने की बात नहीं करता, बल्कि उसे ज्ञानकांड से पुष्ट करना चाहता है। मुंडक उपनिषद ज्ञान को ब्रह्मप्राप्ति का साधन मानते हुए मुक्त जीव की ब्रह्म से अभिन्न नहीं, बल्कि परम समानता की बात करता है।

## निट्ज्शे

1844–1900 ई. में जर्मनी में निट्ज्शे हुए। उनका सबसे अधिक तर्कसगतं दशर्न नैतिकका की उत्पत्ति है। उसमें उन्होंने कहा है कि पाश्चात्य मूल्य प्रणाली मानवी स्वतंत्रता कब्जे में कर, उसके अस्तित्व को कमजोर कर धर्म, नीतिशास्त्र और दर्शन के जरिए ज्ञान को बर्बाद करती है।

## ब्राड़ले एफ. एच.

1846–1924 ई. में इंग्लैंड में ब्राड़ले हुए। यह ब्रिटिश विज्ञानवादी दार्शनिक रहा है। वह प्रत्यवादी है, सत्वादी है और अनात्मवादी तथा अनीश्वरवादी है। वह आभास स्तर पर मात्रा में ज्ञान होता है ऐसा मानकर सत्य का ज्ञान पूरा होता है जब आभास नहीं होता है इस पर जोर देता है।

## डीवी जॉन

1859 ई. में अमेरिका में डीवी जॉन हुए। यह व्यवहारवादी और प्रयोगवादी दार्शनिक रहे है। उन्होंने विकास के पहले स्तर से अधिक विकसित दूसरे स्तर को माना है। वह जीवशास्त्री भी थे। उनका मानना था कि मनुष्य की तीव्र मांगों के कारण संवेदना, बुद्धि और भाषा से शिक्षा व्यवहार में प्रयुक्त हुई है।

## हेनरी–लुईस बर्गसाँ

1849–1941 ई. में फ्रांस में हेनरी–लुईस बर्गसॉ हुए। इस दार्शनिक ने प्रक्रिया दर्शन का विवेचन किया। इस दर्शन मे स्थिरता से इंकार किया गया और गति, परिवर्तन और विकास पर जोर दिया गया है।

## व्हाईटहेड

1861 ई. में इंग्लैंड में व्हाईटहेड हुए। अलफ़्रेड नार्थ व्हाइटहेड गणितज्ञ थे।

## लेनिन

1870–1924 ई. में जर्मनी में लेनिन हुए। वह कार्ल मार्क्स के सहृदय और द्वन्द्वात्मक भौतिकवादी थे।

## सर्वपल्ली राधाकृष्णन

1988–1975 ई. में थिरुत्तन/चेन्नई में सर्वपल्ली राधाकृष्णन हुए।

यह वेदान्ती दार्शनिक थे। उन्होंने बौद्ध दर्शन को गलत ढंग से बताया। उन्होंने बुद्ध मत में आत्मा देखा। वैसा न अक्षपाद, न वादरायण, न वात्स्यायन, न उद्योतकर, न कुमारिल, न वाचस्पति, न उदयन जैसे ब्राह्मणों ने देखा था, न नागसेन, नागार्जुन, असंग, वसुबंधु, दिग्नाग, धर्मकीर्ति, धर्मोत्तर, शान्तरक्षित, ज्ञानश्री, शाक्यश्रीभद्र जैसे बौद्ध दार्शनिकों ने वैसा समझा था। बुद्ध दर्शन में आत्मा खोजने वाले वह एकमेव दार्शनिक है जिसका सानी यूरोप, अमेरिका, भारत, श्रीलंका, बर्मा, स्याम, चीन, जापान, कोरिया, मंगोलिया, तिब्बत, मध्य–एशिया, अफ़गानिस्तान और पुरी पृथ्वी पर नहीं है।

## रसल बर्ट्रान्ड

1872 ई. में इंग्लैंड में बर्ट्रान्ड रसेल हुए। विचार–नियम वस्तुओं पर भी समान रुप से लागू होते हैं। उनके शांति के प्रति सिद्धान्त पर डॉ. अम्बेडकर ने समालोचना की थी कि रसेल साहब युद्ध विरोधी तो है परंतु शांति प्रेमी नहीं है।

## डॉ. बी. आर. अम्बेडकर

1891–1956 ई. में डॉ. अम्बेडकर नगर (महू) भारत में डॉ. अम्बेडकर हुए। स्वतंत्रता, समता और बंधुत्व पर आधारित समाज निर्माण के दार्शनिक थे। मार्क्स, आगस्टीन, बकल के दर्शन में दैवी, आर्थिक और भौतिक शक्तियाँ ही दुनिया में इतिहास बनाने में कारगर हुई हैं, के विरुद्ध डॉ. अम्बेडकर ने मनुष्य की भूमिका ही ऐतिहासिक निर्माण में सर्वोपरी है, पर सबसे अधिक जोर दिया। डॉ. अम्बेडकर ने हिन्दू दर्शन के बारे में लिखा है कि असमानता हिन्दू दर्शन का प्राणवायु है और समता, स्वतंत्रता, बंधुत्व के मूल्य उसके दर्शन में ब्रह्म सत्य जगन मिथ्या पर आधारित वेदान्त की तरह रस्सी में सांप देखने जैसा है।

उन्होंने कर्म, पुनर्जन्म, आदि आत्माजनित धर्म मत के विरुद्ध विज्ञानसम्मत सिद्धान्त पर ही बल दिए। आत्मा, परमात्मा, परा–प्राकृतिक में विश्वास को उन्होंने अधर्म कहा। उनकी अंतिम और महत्वपूर्ण रचना

है, भगवान बुद्ध और उनका धम्म, जो मूल अंगेजी में है, जिसका हिन्दी में अनुवाद भदन्त आनन्द कौसलयायन जी ने किया और वह सरल व उपलब्ध है। बाबासाहेब को भारत के संविधान के पिता के नाम से जाना जाता है और हाल ही में उन्हें राष्ट्रपिता घोषित किये जाने बाबत हस्ताक्षर अभियान डॉ. अम्बेडकर नगर (महू) के 'टाईम्स ऑफ इंडिया' के ख्यातनाम पत्रकार डॉ. राजेश जोहरी द्वारा चलाया जा रहा है।

## चीन

चिंग–वंश के मान्चू शासकों के समय (1644–1911) राजाओं की प्रसन्नता और खिन्नता के अनुसार बौद्ध धर्म को राजाश्रय प्राप्त हुआ। सम्राट चियन–लुन्ग के शासन काल में (1735–1796) चानी त्रिपिटक का नया ड्रेगन संस्करण निकला। उसी समय तिब्बती तन्जुर के 270 खंड़ों का मंगोलियन अनुवाद और चीनी त्रिपिटक के मान्चुरियन अनुवाद मुद्रित हुए। हालांकि चिन्ग काल में 1678 के बाद चीनी बौद्धधर्म की लहर उतार पर थी। मान्चू शासन के अन्तिम कालावधि में चीन पर पड़ा पश्चिमी प्रभाव तीव्रता से झलक रहा था और चीन में बौद्ध अध्ययन का पुनरोज्जीवन हो रहा था। इसाई मिश्नरियों ने भी उभरती पीढ़ी के मानस पर अपना प्रभाव डालकर सामान्यतया शोध और अध्ययन को प्रोत्साहित किया।

1875 में लिउ चिह–तियन, (ग्रेट ब्रिटेन में चीन के मंत्री) होनहार नौजवान शोधार्थी यान्ग वेन–हुई को अपने साथ इंग्लैंड ले गये। वहाँ यान्ग जपान के रे. बुनयिउ नन्जिओ के संपर्क में आए और दोनों ने मिलकर प्रसिद्ध चीनी त्रिपिटक का केटलोग तैयार किया। यान्ग ने जपान से कई मौलिक ग्रन्थों को उपलब्ध करवाया, जो चीन में नष्ट हो चुके थे। सन् 1907 में उन्होंने नाकिन्ग में जेतवन विहार नामक बौद्ध संस्थान स्थापित किया, जहाँ उन्होंने लगभग 30 तरुणों को अपने सानिध्य में लाए, जिन्होंने अपनी उच्च शिक्षा अभ्यासक्रम हेतु बौद्ध अध्ययन को लिया। उसके समकालीन युवा बुद्धिजीवी यथा कन्ग यू–वेई और तान झुतुन्ग, जो कन्फ्यूशियनिज्म में सुधार की मांग करते

थे, बौद्ध धर्म के प्रभाव से अछूते न रहे। 1911 की राष्ट्रीय क्रांति के बाद चीन के बौद्धों ने अखिल चीन बौद्ध संघ की स्थापना की, जिसका मुख्यालय नानकिन्ग था और चौथे चीनी गणराज्य वर्ष में उन्होंने अपने अपने विहारों के लिए गृह मंत्रालय से सुरक्षा प्राप्त की, जिसके लिए सरकार द्वारा घोषणादेश जारी किया गया। विहारों और मंदिरों का पुनर्निर्माण हुआ और बौद्धधर्म को प्रचारित करने हेतु व्याख्यान आयोजन और बड़ी मात्रा में ग्रंथों का मुद्रण कर उन्हें वितरित किए जाने संबंधी प्रयास किए गए। बौद्ध उपासक वन और पावन लोक बौद्ध संघ की शंघाय में स्थापना की गई। नानकिन्ग में विहार नार्मल स्कूल और धर्मलक्षण स्कूल विश्वविद्यालय खोले गये। अन्य संस्थायें जो खोली गईं उनके नाम हैंः निन्गापो कुआनत्सुन्ग व्याख्यान सभागृह, चन्ग चाओ अवतन्सक महाविद्यालय, वुचान्ग बौद्ध संस्थान, रे. परम पावन ताई–ह्सु द्वारा संस्थापित चीनी–तिब्बत बौद्ध महाविद्यालय, चिन्ग–लिन्ग बौद्ध अकादमी, जो अब शंघाय में है, और नानकिन्ग अन्तराध्ययन चीनी संस्थान।

जो कुछ जर्नल चलाये गये थे वे यथा हाइछाओ यिन्ग (समुद्र लहर ध्वनि या द ओशन टाइड वाईस), प्योर लैंड वोकेशन या शुद्ध लोक आजीविका और अंतराध्ययन नामक जर्नल थे। पिटक को कोरने हेतु पेकिन्ग और तियन–त्सिन् में स्थापित दो मंडलों द्वारा इपिटोन ऑफ चायनीज त्रिपिटक प्रकाशित किया गया। बौद्ध त्रिपिटक के कई छोटे छोटे खण्ड शंघाय के कालविन्क विहार द्वारा छपवाये गए। शंघाय की कमर्शियल प्रेस ने जपानी त्रिपिटक के सहायक खण्ड और चीनी, तिब्बती, मंगोली और मान्चुरी भाषाई त्रिपिटकों की धारणीयों का फोटोग्राफी मुद्रण किया। रे. ताई–ह्सु (1888–1947), जो बौद्धधर्म पुनरोद्धार और बौद्ध अध्ययन में महान जीवित प्रभाव थे, ने बौद्ध भिक्षु धार्मिक प्रशिक्षण को वैज्ञानिक मोड़ दी। उन्होंने अपने कुछ शिष्यों को पालि और संस्कृत अध्ययन के लिए श्रीलंका और भारत भेजा था। उन्होंने स्वयं शंघाय में बोधि समाज स्थापित किया। वह बौद्ध सुधार समिति के अध्यक्ष रहे और चीनी बौद्ध धर्म में सुधार और चीनी संघ का संगठन कार्य करते रहे।

उनके एक शिष्य रे. फा फान्ग श्रीलंका में कोलम्बो समीप विद्यालंकार पिरिवेन में, और भारत के शान्तिनिकेतन के चीन भवन में रहे और पालि अध्ययन करते रहे। उन्होंने चीन में विज्ञानवाद नामक ग्रंथ की रचना भी की। उनके (फा फान्ग के) शिष्य रे. पाई हुई ने शान्तिनिकेतन में संस्कृत का अध्ययन किया था। उपासक ओउ–यान्ग चिन्ग–वु (1871–1943) जो बड़े बौद्ध विद्वान थे, ने यान्ग वेन–हुई के मार्गदर्शन में बौद्ध धर्म का अध्ययन किया था। उनकी रचनाओं में लंकावतार–सूत्र–टीका और महाप्रज्ञापारमिता, महापरिनिर्वाण–सूत्र, योगाचारभूमि–शास्त्र और अभिधर्म–कोश–शास्त्र के आमुखों का समावेश हैं। चीन अंतराध्ययन संस्थान, जिनकी स्थापना उन्होंने स्वयं की थी, के शिक्षार्थियों के लिए उन्होंने ज्ञानवर्धक उपदेश भी प्रकाशित किए। रे. ताई–ह्सु ने जिस वैज्ञानिक चेतना से अपना बौद्ध अध्ययन किया, उसे आधुनिक चीन में बरकरार रखने वाले उनके शिष्य रहे, लु–चने, तन्ग योन्ग–तुन्ग और चेन मिन्ग–ह्सु। अब बौद्ध आंदोलन उन युवा स्नातकों के नेतृत्व में है, जो किसी न किसी प्रकार से रे. ताई–ह्सु और उपासक ओउ–यान्ग चिन्ग–वु द्वारा संचालित संस्थानों के साथ जुड़े हुए हैं। पेकिन्ग चीनी बौद्ध संघ द्वारा मई 1953 में उस क्वान्ग–ची मदिर में बौद्ध सम्मेलन आयोजित किया गया, जहाँ तिब्बत दक्षिण–पश्चिम चीन, युनान और थाईलैंड समवेत भिन्न भिन्न राज्यों से बौद्ध जन पधारे थे।

## जापान

बौद्ध देश के नाते जापान ने बौद्ध अध्ययन निरंतर बढाने का प्रयास किया। परंतु 18वीं सदी में ही उसे व्यापक लोकप्रियता मिली। 1715–45 और 1718–1807 में महायान बौद्ध धर्म पर तोमिनागा चुकी और संस्कृत अध्ययन पर आदरणीय जीवन का कार्य आलोचनात्मक रुख से किया गया, होने के कारण इस कालावधि के बड़े महत्त्वपूर्ण कार्यों में शुमार हैं। आधुनिक शोध के पुरोधा के रुप में बी. नन्जिओ (1848–1927), और के. कासाहारा हैं, जिन दोनों ने इंग्लैंड के प्रो. मैक्स मूलर के अधीन संस्कृत अध्ययन किया था। बी. नन्जिओ ने जापान में नई अध्ययन

पद्धति का परिचय दिया, जो उन्होंने इंग्लैंड में सीखी थी। कासाहारा दुर्भाग्य से जापान में लौटने के बाद ही गुजर गए। ये दोनों विद्वान पीछे के बौद्ध विद्वानों के लिए बड़े प्रेरणा–स्रोत सिद्ध हुए।

यहां जापान के बौद्ध अध्ययन की प्रगति का संक्षिप्त सामान्य सर्वेक्षण या ब्योरा भारतीय बौद्धधर्म के संदर्भ में देने का प्रयास किया गया है।

मेइजी पुनर्स्थापन (1868) के बाद यूरोपी शिक्षा पद्धति को ग्रहण करने के साथ अनेक विश्वविद्यालय, महाविद्यालय और शोध संस्थान अस्तित्व में आए। उनमें से कुछ, उदाहरणार्थ, थे, ओतानी, रयूकोकू कोमाझावा, ताइशो, कोयासान, और रिस्शो, जिन्होंने मुख्य रुप से अपने को बौद्ध अध्ययन के विकास में समर्पित किया।

नन्जिओ ने ओतानी विश्वविद्यालय में संस्कृत वर्ग आरंभ किए और इसीसे जपान में शोध सभाओं का आरंभ हुआ। आज, टोकियो, क्योतो, तोहोकु, क्युशु, नगोया, होक्काइडो और ओसाका विश्वविद्यालय भी संस्कृत संगोष्ठियों का आयोजन करते हैं।

कई शोध संस्थान विशिष्ट बौद्ध सम्प्रदायों के साथ संबद्ध होते हैं। अनेक संस्थान हैं, जो सामान्यतः बौद्ध धर्म समवेत पौर्वात्य अध्ययन में विशेषज्ञता रखते हैं। उनमें सबसे महत्वपूर्ण हैं – तोयोबुन्का–केन्क्युजो (पौवात्य सांस्कृतिक शोध संस्थान अथवा दि ओरियन्टल कल्चरल रिसर्च इन्स्टिटट्यूट), जो टोकियो विश्वविद्यालय से सम्बद्ध है, जिनबुन्कागाकु–केन्क्युजो (विज्ञान और कला शोध संस्थान अथवा द रिसर्च इन्स्टिटट्यूट ऑफ साइन्सेस एण्ड ह्युमेनिटीज), जो क्योतो विश्वविद्यालय से सम्बद्ध है, तोयो–बुन्को (पौर्वात्य ग्रंथालय अथवा दि ओरियन्टल लाइब्रेरी), टोकियो और ओकुरायामा कल्चरल रिसर्च संस्थान, योकोहामा।

इन्डोगाकु–बुक्क्योगाकुकाई (भारतीय व बौद्धधर्मीय अध्ययन जपान संघ अथवा द जपानिज एसोशियेशन ऑफ इंडियन एण्ड बुद्धिस्ट स्ट्डीज)

की स्थापना 1951 में हुई, जो प्रति वर्ष ओरियन्टल अथवा पौर्वात्य सम्मेलन आयोजित करता है और अर्धवार्षिकी जर्नल चलाता हैं।

लंदन पालि टैक्स्ट सोसायटी के कार्यों का जपानी विद्वानों की जीवनदृष्टि पर बड़ा परिणाम हुआ। उसका अनुशरण कर पालि त्रिपिटक ग्रंथों का जपानी में अनुवाद करने जैसा विराट कार्य 65 खंडों में टोकियो विश्वविद्यालय के पूर्व आचार्यप्रमुख जे. तकाकुसु और उसी विश्वविद्यालय के सेवानिवृत्त प्रोफेसर एम. नगाई के निर्देशन में सम्पन्न हुआ। जपानी विद्वानों ने पालि ग्रंथों के तुनात्मक अध्ययन और त्रिपिटक के तिब्बती और चीनी भाषाई अनुवादों में असाधारण उत्साह और विशेष निपुणता दिखाई, जो दीर्घावधि तक मूल बौद्धधर्म और उसके विकास को सही रुप में परिभाषित करने का प्रतीक बना रहेगा। ओतानी विश्वविद्यालय के प्रोफेसर, सी. अकानुमा पालि बौद्ध धर्म के सबसे श्रेष्ठ विद्वानों में से एक है। उनकी पालि प्रापर नेन्स डिक्शनरी (नगोया, 1931), पालि त्रिपिटक का तुलनात्मक केटलोग और उसका चीनी संस्करण इनका महान विद्या रचनाओं में शुमार हैं। समन्त–पासादिका का संपादन जे. तकाकुसु और एम. नगाई ने किया। बौद्धधर्म नीतिशास्त्र अथवा एथिक्स ऑफ बुद्धिज्म का प्रकाशन कोमाझावा विश्वविद्यालय के एस. ताचीबाना ने किया। अनेसाकी के चार बौद्ध आगम का उल्लेख प्रसिद्ध ग्रंथों में होता है।

पालि बौद्ध धर्म का अध्ययन अब आगम, अभिधर्म और विनय के रुप में फलित हुआ। इनमें की प्रत्येक शाखा समर्थ विद्वान के अधीन होती है। ओतानी विश्वविद्यालय के फुनाहाशि आगम पर कार्यरत है, क्युशु विश्वविद्यालय के आर. हिगाता जातक, कोमाझावा विश्वविद्यालय के के. मिझुनु और ओतानी विश्वविद्यालय के जी. ससाकी अभिधम्म और एम. नगाई विनय पर कार्य कर रहे हैं।

संस्कृत अध्ययन को महायान बौद्धधर्म पर शोध के साथ जपान में शुरु किया गया। नन्जिओ ने वज्रछेदिका के संस्कृत पाठ को 1881 में प्रकाशित किया और सुखावति–व्यूह को प्रो. मैक्स मूलर के सहयोग में 1883 में।

उनके अन्य प्रकाशनों में हैं: सद्धर्म–पुण्ड़रिकसूत्र (bibl. Bud., Vol. 10, 1909-1912), लंकावतारसूत्र (Kyoto, 1923), और सुवर्ण–प्रभास (Kyoto, 1931)।

कई संस्कृत पाठों को ताइशो विश्वविद्यालय के पूर्व प्रोफेसर उ. वोगिहारा द्वारा संपादित किया गया। उनमें सबसे महत्वपूर्ण हैं: बोधिसत्वभूमि, (टोकियो 1930), अभिधर्म–कोश–व्याख्या, (टोकियो 1932), अभिसमयालंकारालोक, (टोकियो 1932–35), और सद्धर्मपुण्ड़रीक, (टोकियो 1934)। वोगिहारा ने महाव्युत्पत्ति संस्कृत–चीनी संस्करण 1915 में प्रकाशित किया। जपानी विद्वानों द्वारा जो अन्य संस्कृत पाठों का संपादन किया गया उनमें हैं: सुमगधावदान (जी. तोकीवाई 1897), भद्रचारी, (के. वतनाबे 1912), मध्यान्तविभागटीका, (एस. यामागुची, ओतानी 1934), गण्ड़–व्यूह, (डी. टी. सुजुकी और एच. इझुमी, 1934–36), दशभूमि वर, (आर. कोन्डो, 1936) और महाव्युत्पत्ति, संस्कृत–तिब्बती–चीनी संस्करण, (आर. सकाकी, क्योतो विश्वविद्याालय के पूर्व आचार्य, 1916)।

चीनी त्रिपिटक का उनका ज्ञान और पाठ सम्बन्धी उनकी आलोचनात्मक संकाय ने जपानी विद्वानों को महायान और अभिधर्म पर अनेक भाषा शास्त्रीय और दार्शनिक निर्मिति करने के योग्य बनाया। इस संबंध में इन निर्मितियों का उल्लेख किया जा सकता हैं, जो टी. किमुरा, एच. उई, डी. टी. सुजुकी और अन्य नामाकित विद्वानों ने की। मूल बौद्ध धर्म, अभिधर्म और महायान बौद्धधर्म पर किमुरा के ग्रंथों को अब भी चाव से पढा जाता हैं। एच. उई का सबसे महत्वपूर्ण कार्य है – भारतीय दर्शन अध्ययन, (6 खंडों में, बौद्ध दर्शन समवेत)। इस ग्रंथकार ने विज्ञप्तिमात्रतासिद्धि, जो त्रिंशिका पर स्थिरमति की टीका का तुलनात्मक अध्ययन है, और विज्ञप्तिमात्रताविंशटीका, जो संस्कृत पाठों का तुलनात्मक अध्ययन है, और चार चीनी अनुवादों को भी प्रकाशित किया। डी. टी. सुजुकी ने विशेष रुप से लंकावतार–सूत्र के अध्ययन की रचना 1930 में की, उसका अंग्रेजी अनुवाद भी किया और उसमें सांकेतिक जोड़ दिया। अन्य रचनायें भी रची। जी. होन्डा, जो एक बार क्योतो विश्वविद्यालय

के प्रोफेसर रहे, सद्धर्मपुण्ड़रिकसूत्र के अधिकारी थे। एस. यामागुची के भाषाशास्त्रीय अध्ययन और एस. मियामोतो के माध्यमिक विचार के दार्शनिक अध्ययन विषय पर महत्वपूर्ण ग्रंथ हैं।

तिब्बती त्रिपिटक अध्ययन का जपान में अनेक भिक्षुओं, अर्थात् इ. कावागुची, इ. तेरामोतो, टी. तादा, और बी. आओकी, जिन्होंने तिब्बती बौद्धधर्म का ज्ञान अर्जित करने के लिए तिब्बत को भेंट दी, के प्रयास से आगाज हुआ। इस क्षेत्र में महत्वपूर्ण रचनाओं में शुमार है, तिब्बती त्रिपिटक केटलोग, (2 खण्ड, तोहोकू विश्वविद्यालय 1934), कंजुर कैटलोग, (ओतानी विश्वविद्यालय, 1930–32), और बौद्ध धर्म (तिब्बती ग्रंथों का तोहोकू विश्वविद्यालय संग्रह केटलोग, 1954)।

विभिन्न ग्रंथों के संस्कृत, तिब्बती और चीनी संस्करणों के तुलनात्मक अध्ययन ने गत 20 वर्षों में काफी प्रगति की है। तिब्बती संस्करण पर आधारित ग्रंथ हैं महायानसंग्रह–शास्त्र, (संपादक जी. ससाकी, ओतानी विश्वविद्यालय के पूर्व प्रोफेसर), स्थिरमति का त्रिंशिकाविज्ञप्ति–भाष्य, (संपादक इ. तेरामोतो, ओतानी विश्वविद्यालय), आर्यश्रीमाला–सूत्र, (के. त्सुकिनोवा, रयूकोकू विश्वविद्यालय) और सन्धिनिर्मोचन–सूत्र, (के. निशिओ, ओतानी विश्वविद्यालय)।

तिब्बती बौद्धधर्म अध्ययन ऐसे विशेषज्ञों द्वारा जारी रखा गया है जैसे कि एस. यामागुची, जी. नगाओ, (क्योता), एच. हतानो, (तोहोकू), एस. योशिमुरा, (रयूकोकू) और कतिपय अन्य। चीनी त्रिपिटक और बौद्ध धर्म के अध्ययन पर भी गंभीरता से ध्यान दिया जा रहा है। इस क्षेत्र में सबसे ज्यादा महत्वपूर्ण कार्य है ताइशो शिन्शु दाइझोक्यो, (खंड 85, 1918–25)। चीनी त्रिपिटक के कैटलोगों में सबसे ज्यादा ज्ञात है बी. नन्जिओ द्वारा 1883 में बनाया गया बौद्ध त्रिपिटक के चीनी अनुवाद का कैटलोग। होबोगिरिन, (टोकियो 1931) के साथ संलग्न ताइशो–इस्साइक्यो सारणी भी उपयोगी है। जी. ओनो द्वारा निर्मित (12 खण्डों में 1933–35 में) बौद्ध संदर्भग्रंथ कोश अर्थात् बुस्शो काइसेत्सु दाइजितेन चीनी संस्करण के संदर्भ ग्रंथ अध्ययन नें स्पष्ट झलकता है।

ताइशो इसाइक्क्यो पर आधारित जो दो प्रकार के जपानी अनुवाद प्रकाशित हो चुके थे, वे हैं : कोकुयाकु इस्साइक्यो, (150 खण्ड, टोकियो 1928–35) और कोकुयाकु दाइझोक्यो, (28 खण्ड)।

विभिन्न प्रकार के बौद्ध कोश तैयार किए गए, जिनमें (टी ओदा का खण्ड 1, 1917 वालाद्ध बुक्कुओ दाइजितेन और (एस. मोचीझुकी का 6 खण्ड, टोकियो, 1931–36 वाला) बुक्क्यो दाइजितेन का समावेश हैं। इस क्षेत्र में असाधारण कार्य (के. कावाकामी द्वारा 1927–28 में 3 खण्डों वाला) त्रिपिटक सांकेतक दाइझोक्यो साकुइन है।

टोकियो विश्वविद्यालय के पूर्व आचार्य एस. मुराकामी, उसी विश्वविद्यालय के इ. माइदा, ताइशो विश्वविद्यालय के एक समय के प्रोफेसर एस. मोचिझुकी, ताइशो विश्वविद्यालय के पूर्व आचार्य बी. मात्सुमोतो के नाम उन लोगों में हैं, जिन्होंने पाठों के चीनी संस्करण पर आधारित बौद्धधर्म अध्ययनों को प्रकाशित किया है।

चीनी बौद्धधर्म विशेष (प्रापर) का अध्यायन जपान में प्रसिद्ध हुआ। डी. तोकिवा, के. सकाइनो और के. ताबुकी इस क्षेत्र के निश्नात विद्‌वान हैं। एच. ई, डी. टी. सुझुकी और कामाझावा विश्वविद्यालय के पूर्व आचार्य के. नुकारिया ने झेन बौद्धधर्म पर अनेक महत्वपूर्ण ग्रंथ रचे। केन्द्रिय एशियन बौद्ध धर्म अध्ययन के लिए आर. हतानी, जो क्योतो विश्वविद्यालय के सेवानिवृत्त प्रोफेसर थे, और उसी विश्वविद्यालय के जे. इशिहामा और कतिपय अन्य विद्वानों ने अपनों को समर्पित किया। के. ओतानी के निर्देशन में शोध मंडल (एक्सपीडिशन) यात्रा केन्द्रीय एशिया में भेजी गई थी, और इसी विषय से संबंधित महत्वपूर्ण पुरातात्विक अवशेष प्रकाश में आए।

अंत में जपानी बौद्धधर्म के कुछ महत्वपूर्ण कार्य का संदर्भ निम्न प्रकार हैः

जापानी बौद्ध धर्म अध्ययन अद्यतन अपनी आलोचनात्मक एप्रोच (खूबी) में लाक्षणिक प्रगति सूचक हैं। जपानी बौद्ध धर्म अध्ययन के दो लक्षणों में से एक ऐतिहासिक शोध पर केन्द्रित है, जब कि दूसरा बौद्ध

विचार पर। पहले पर बहुत प्रसिद्ध कार्य झेड. त्सुजी का जपानी बौद्ध धर्म का इतिहास, 10 खण्डों में है। बौद्ध धर्म विचार के क्षेत्र में एस. शिमाजी, पूर्व आचार्य, टोकियो विश्वविद्यालय अग्रणी है, जब कि उसी वि वविद्यालय के एस. हानायामा ने भी संबंधित विषय पर महत्वपूर्ण कार्य किए।

शिनरान, दोगेन और बौद्ध सम्प्रदायों के अन्य संस्थापकों के दर्शनों को जपान और अन्य देशों के गैर–बौद्ध दार्शनिकों द्वारा बड़े सम्मान से ग्रहण किया जाता है।

## दर्शन आरंभ में

### पुराने मानव

600 ई. पू. में मिश्र, मेसोपोतामिया, और सिन्धु–उपत्यका के पुराने मानव थककर बैठ गये थे; लेकिन इसी वक्त हिन्दू और यूनानी चिंतन करते हैं।

### यूनानी और हिन्दू

यूनानी 600–300 ई. पू. तक आगे बढ़ते रहते है, किन्तु हिन्दू 400 ई. पू. के आसपास थककर बैठ जाते हैं।

### यूरोप

यूरोप में 300 ई. पू. में अंधेरा छा जाता है। 100 ई. से 600 ई. तक तब यूरोप में स्कोलास्तिक धर्मपोशक दर्शन का अन्त होता है। इसी वक्त पश्चिम में दर्शन की अवस्था अब्तर रही है।

### इस्लामिक दार्शनिक और आधुनिक यूरोप दर्शन

900–1200 ई. के दौरान इस्लामिक दार्शनिकों के हाथ में उस दर्शन की मशाल जलती रहती है और पीछे उसी से आधुनिक यूरोप दर्शन के प्रदीप को 1600 ई. में 19 शताब्दियों के बाद जलाने में सफल होते हैं।

## भारतीय दर्शन

उधर दर्शन की भारतीय शाखा 400 ई. पू. की बाद की चार शताब्दियों में राख की ढेर में चिंगारी बनी पड़ी रहती हैं। किन्तु 100 ई. से 600 ई. तक, विशेषतः पिछली तीन शताब्दियों में भारतीय दर्शन की बेमिसाल सक्रियता उजागर होती है। नवीं से बारहवीं सदी तक भारतीय दर्शन इस्लामिक दर्शन का समकालीन ही नहीं समकक्ष रहता है।

## पश्चिम में दर्शन

इस्लामिक दर्शन के अवसान के बाद सोलहवीं सदी में यूरोपीय दर्शन ने धर्म से अपने को अलग कर लिया। इसके विपरित भारत में एकके बाद एक स्कोलास्तिक डाक्टर्स पैदा हुये और दर्शन को धर्म के खूंटे से बांधते रहे। साइंस और कला का सहयोगी न बन, जीवित प्रकृति–प्रयोग का आश्रय ग्रहण न कर, अपनी सृजन शक्ति को बढ़ाये बगैर वह बुद्धि, जीवन और आजादी से भी आजाद हुआ।

## वैश्विक दर्शनों में साम्यता और भेद

परिवर्तनवादी दर्शनों में साम्यता और भेद दर्शाने के लिए हमें परिवर्तनवादी दर्शनों की सूची बनाकर उनमें जो आज जीवित हैं, उनमें बौद्धिक और वैचारिक और प्रयोगिक संगति बिठाकर ही उनमें विद्यमान साम्य और भेद की ऊहापोह की जा सकती है। ऊपरोक्त में इसके संकेत विद्यमान हैं।

राहुल सांकृत्यायन ने विश्व का दार्शनिक चार्ट अपने दर्शन–दिग्दर्शन में बनाया था, वह उपरोक्त दृष्टि से उपयुक्त होगा।

## परिवर्तनवादी दर्शन

परिवर्तनवादी दर्शनों के दो भाग हैं। एक जड़वादी और दूसरे चेतनावादी। जड़वादी दार्शनिक जड़ता को जहां तक परिवर्तनीय समझते हैं वहां तक वे परिवर्तनवादी है और चेतनावादी दार्शनिकों में चित्त को

जहां तक परिवर्तनवादी माना जायेगा वहीं तक उसे परिवर्तनवादी भी समझा जायेगा। हो सकता है कि हमें जड़ को कूटस्थ मानने वालों तथा चेतना को आत्मा मानने वालों की सूची बनाकर साम्य और भेद का परीक्षण करना पड़ेगा।

परिवर्तन को सभी बौद्ध दर्शन सम्प्रदायों द्वारा परमार्थसत माना गया। इसी का दूसरा नाम परिणामवाद है। उसे प्रतीत्यसमुत्पाद से भी जाना जाता है। चन्द्रकीर्ति ने बताया कि प्रतीत्यसमुत्पाद कोरा सकारणता और परिवर्तन का नियम नहीं है प्रत्युत वह सत्ता की सिद्धि भी सापेक्ष मान कर निरपेक्ष सत्ता का खण्डन करता है।

परिणामवाद, परिवर्तनवाद का दूसरा नाम है। यह सबसे पुराणा वाद है। इसके प्रथम संस्थापक कपिल ही थे। उनके अनुसार प्रकृति के 16 परिणाम है, जिनका फिर परिणाम नहीं होता। 1. अहंकार, जिनका परिणाम 11 इन्द्रियाँ हैं, 5 तन्मात्रायें, जिनका परिणाम पंच महाभूत है, और ये 16 परिणाम (इन्द्रियाँ और तन्मात्रायें) प्रकृति के चरम परिणाम हैं। परंतु उनका पुरुष अपरिणामी है। इस प्रकार कपिल ने दो परस्पर विरोधी तत्व प्रतिपादित किए। पुरुष की कल्पना क्यों की गई जब वह प्रकृति से अछूता रहता है, कहा गया है कि उनका परिणामवाद उस नित्य–शाश्वत्–पुरूष–आत्मा के मोक्ष प्रक्रिया में सहायक है।

## छः दर्शन

भारतीय परंपरा में छः दर्शनों की चर्चा की जाती है, यथा 1. सांख्य, 2. योग, 3. न्याय, 4. वैशेषिक, 5. पूर्व मीमांसा और 6. उत्तर मीमांसा।

सांख्य दर्शन के प्रवर्तक कपिल के अनुसार प्रकृति जड़ है परंतु वह परिवर्तनशील है। पतंजलि के अनुसार योग मानस को चित्त वृत्तियों के नाश करने तक मददगार होता है। न्याय दर्शन तर्क को मानने वाला आत्मवादी दर्शन है। वैशेषिक दर्शन में भी आत्मवाद की दृष्टि से अस्तित्व के विशिष्ट वर्गीकरण पर बल दिया गया है। पूर्व मीमांसा कर्मकांड तथा उत्तर मीमांसा ज्ञान पर जोर देकर आत्मिक मुक्ति पथ प्रस्तुत करने वाली दर्शन परंपरायें हैं।

सभी पाश्चात्य, भारोपीय तथा 99 प्रतिशत दर्शन आत्मवादी है। हिन्दी या मराठी 'आत्मा' को ही अंग्रेजी में सोल, अरबी में रुह और संस्कृत में आत्मा कहते है।

## बौद्ध दर्शन

यह दर्शन दुख निवारक उपाय बताने वाला है। यह न जड़ता को कूटस्थ मानता है और न चित्त को आत्मा मानता है। उसमें अनित्य, दुख, अनात्म को हर चीज का वैश्विक त्रिलक्षण माना गया और वही दुनिया का एकमेव अनात्मवादी दर्शन भी है।

बौद्ध दर्शन को वैश्विक जीवन का पूर्ण प्रतिनिधि माने तो उसकी दार्शनिक लड़ाई अनात्मवाद के आधार पर दुनिया के समस्त आत्मवादी दर्शनों के साथ है।

## श्रमण परंपरा

श्रमण परंपरा में बौद्ध तथा जैन दोनों का समावेश हैं। परंतु दर्शन के आधार जैन दर्शन भी अनात्मवादी नहीं हैं।

## बौद्ध दर्शन तथा अन्य दर्शन

मैट केरन नामक योग शिक्षक ने भिन्न दर्शनों के तुलनात्मक अध्ययन के आधार पर निम्नांकित भेद दर्शाये हैः

## साम्य व भेद

| अ.क्र. | बौद्ध दर्शन | अन्य दर्शन |
|---|---|---|
| 1. | ईश्वर नहीं, वह अधिकृत दण्डाधिकारी भी नहीं है। | सर्व शक्तिमान परमेश्वर है, जो प्रशस्ति और दण्ड देता है। |
| 2. | पराप्राकृतिक पर विश्वास सत्य की खोज में बेकार है। | ये पराप्राकृतिक के प्रति अंधविश्वास तक करनेवाले है। |
| 3. | अंतिम ध्येय इसी जीवन में बोध और मुक्ति है। | अंतिम ध्येय स्वर्ग है। वह भी मरनोपरांत। |

| | | |
|---|---|---|
| 4. | बुद्ध मसीहा नहीं है, केवल मार्गदाता है। | यहाँ मसीहा अपने कर्म से दूसरों को मुक्ति देते है। |
| 5. | बुद्ध और अनुयायी का संबंध शिक्षक और शिष्य जैसा है। | ईश्वर और भक्त का संबंध स्वामी और सेवक जैसा है। |
| 6. | स्वयं–निर्भरता, स्व–अनुशासन, स्व–प्रयत्न से फल की प्राप्ति। | अनुयायी बिना प्रश्न के प्रभु पर विश्वास करें और प्रभु की इच्छा से फल पायें। |
| 7. | धर्म की शिक्षा वैश्विक है। धम्म बौद्धधर्म तक ही सीमित नहीं है। तथागत ने वैश्विक सत्यों को सबको बताया हालांकि वे उनके जनक नहीं बल्कि संवाहक हैं। | लैंगिक, धार्मिक, नस्ली, जन्मस्थलि, भौगोलिक मर्यादाओं तथा सत्यतत्व के जनक होने के दावों से युक्त वादें भरपूर हैं। |
| 8. | नरक योनी मानवीय गरीमा से अवांछनीय क्षेत्र माना गया है। | मानव को सदा के लिए नरक का दण्ड दिया जाता है, वह भी एक ही जन्म में किये गये गलत वा सही विश्वास पर। |
| 9. | स्व–कर्म व फल पर आधारित दर्शन है। | पाप–पुण्य तथा पर–निर्भर मनमानी दण्ड पर आधारित दर्शन प्रणाली है। |
| 10. | सभी जीवित प्राणी बुद्धस्वभाव से युक्त होते हैं। | सभी लोग पापी होते हैं जब तक वे बताये अनुसार आज्ञा का पालन नहीं करते। |
| 11. | कर्म सिद्धान्त वाला दर्शन है। | नसीब और पर दाता पर निर्भर दर्शन है। |
| 12. | करुणा से सब प्राणीयों के साथ बर्तात्र करना है। शाकाहार अनुसंशित है, अनिवार्य नहीं। | यहां भाई भी सब नहीं, इनके भाईचारा में कुछ सीमित लोग भाई हैं तो कुछ बहुसंख्यक लोग चारा हैं और मिलकर भाईचारा है। यहाँ शाकाहार और उसका दिखावा दोनों है। |
| 13. | यह नेकी से भी परे जाकर तृष्णा का परित्याग बताता है। | यह भी नेकी करता है लेकिन पूछ पूछकर। |
| 14. | जिहाद की कल्पना नहीं है। | पवित्र जंग और अपवित्र दुश्मन की संकल्पना है। |
| 15. | अस्तित्व का पहला कारण अशोध्य है। | परमेश्वर अस्तित्व का अल्फा और ओमेगा है। |
| 16. | बुद्ध सर्वज्ञ हो सकते हैं पर सर्व–शक्तिमान कतई नहीं। | यहां सर्वव्याप्त, सर्वशक्तिमान, सर्वज्ञ प्रभु की जय जयकार है! |

| | | |
|---|---|---|
| 17. | विपश्यना केवल यही दर्शन सिखाता है। | ये तो सभी की तरह समाधि सिखाते हैं। प्रज्ञा नहीं। |
| 18. | अंतिम सत्य आत्मा से शून्य है। | सभी आत्मा से सराबोर हैं। |
| 19. | यहाँ जीवन के 28 स्तर हैं, जिसमें कामावचर, रुपावचर, अरुपावचर ओर लोकोत्तर स्तर के प्रभेद हैं। | एक पृथ्वि, एक स्वर्ग, एक नरक की कल्पना से बंधे हैं। |

## तुलनात्मक अध्ययन

पिछले वर्ष में एमिलि मार्क द्वारा प्रस्तुत वैश्विक दर्शनों के तुलनात्मक अध्ययन से जो साम्य और भेद ज्ञात होता है वह निम्नानुसार हैः

| विषय | पौवार्त्य दर्शन | पाश्चात्य दर्शन |
|---|---|---|
| जीवन का अर्थ और पथ का ध्येय | साम्य | साम्य |
| दर्शन पर सामान्य ज्ञान से सरोकार पर मो–ति और प्लेटों | साम्य | भेद |
| समग्रता से जिओ के दार्शनिक विचार पर कन्फयूशियस बनाम अरस्तू | साम्य | भेद |
| विचार वस्तु को बुरी या अच्छी बनाता है पर कोरियन दार्शनिक वो–न–हो और ग्रीक दार्शनिक एपिकटेट्स | साम्य<br>साम्य | साम्य<br>साम्य |
| चीनी दार्शनिक तेंग–शीह और ग्रीक दार्शनिक प्रोतागोरस के दर्शन | साम्य | साम्य |
| जन्मपूर्व नैतिकता पर वांग–यांगमिंग और प्लेटो | साम्य | साम्य |

## दर्शनः वर्तमान संदर्भ में

दर्शन के छात्र प्रायः सोचते हैं कि डेकार्ट के बाद दर्शन की मैयत हुई। कुछ शिक्षक और संकाय ने इस बारे में ऐसा चुटकुला इजाद किया कि **भला दार्शनिक यानी मरा दार्शनिक है।**

परंतु वर्तमान में दर्शन हमेशा की भांति जीवित है। इक्कीसवीं सदी दर्शन की सदी है। बहरहाल कई चिंतकों ने नई सोच की विचारधारा यथा फिनामिनालाजी और अनालिटिक फिलॉश्फी का ऐलान करने की परंपरा को चुनौती दी।

तथापि आकर्षण का केन्द्र बदल चुका है। वर्तमान में इंग्लैंड अथवा अमेरिका के दार्शनिकों का शुमार है, जो सत्रहवीं सदी में फ्रेंच और जर्मन का था।

वर्तमान में निम्नांकित दर्शन और दार्शनिकों का जिक्र करना उचित होगा।

1. अमर्त्य सेनः उनका अर्थशास्त्रीय दर्शन सामर्थ्य के नवीन चिंतन पर आधारित है, जो उनके ग्रंथ **किस की समता** में अभिव्यक्त हुआ है।
2. पीटर स्लोटरडिज्क नित्शे और हेडेगर की भांति जर्मन दार्शनिक है। उनका दर्शन विज्ञान और नैतिकता के संबंध पर है, जिसके बारे में वह कहते हैं कि विज्ञान के द्वारा मनुष्य स्व–नियंत्रण पा सकता है।
3. पीटर सिंगर आस्ट्रेलिया के दार्शनिक हैं। उन्होंने पशु मुक्ति या पशु अधिकार के विचार पर एक नई विचारधारा दी कि मनुष्य और पशु में समान नैतिक चेतना होती है और इंसान को शाकाहारी होना चाहिए।
4. मायकल डुमेट एक इंग्लैंड के दार्शनिक है। उनकी प्रतिभा विश्लेषणात्मक दर्शन में स्पष्ट हुई है। फ्रेगे और विटगेन्स्टाईन के साथ उनकी चर्चा से भाषा–दर्शन बहुत प्रभावित हुआ है।
5. जर्गन हेबरमासः जीवित दार्शनिकों में सबसे बड़ा कोई एक दार्शनिक हो तो वह यही है। उन्होंने क्लोनिंग, युजेनिक्स और नैतिक प्रश्नों से काफी इत्तेफाक रखा। उनका योगदान इनके अलावा प्रचारिता का तत्व अथवा यूरोपीयन निर्माण आदि में भी अंकित है।
6. एक्सल हानेथ एक जर्मन समाज वैज्ञानिक है। उनका सिद्धांत मान्यता का सिद्धांत है, जो राजनीतिक दर्शन के आचार का वास्तविक घोषणापत्र है।

7. रेनी गिरार्ड एक फ्रेंच दार्शनिक है। उनका निर्णायक योगदान उनके अभिलाषा के सिद्धान्त में निहित है। वह मानवी जीवन की सरंचना अनुकरण और त्रिकोणीयता के माध्यम से निर्मित करता है। उनका कथन है कि प्रत्येक अभिलाषा दूसरे का अनुकरण करने की अभिलाषा होती है। लेवी–स्ट्रास की तरह रेनी गिरार्ड भी फ्रायड के आलोचक है।
8. जेक्स बुवरेसः यह फ्रेंच दार्शनिक है और विश्लेषक परंपरा से प्रेरित है। वह फ्रेंच दार्शनिक डेलुज़, फुकाल्ट अथवा डेरिडा के सिद्धान्त के विरुद्ध जागरण की परंपरा के समर्थक प्रतीत होते हैं। उन्होंने विटगेन्स्टाईन के विचार को स्पष्ट करने में भी अपना योगदान दिया।
9. हिलरी पुटनम अमेरिकन मानस दर्शन, भाषा दर्शन, गणित दर्शन और विज्ञान दर्शन के महान प्रतीक हैं। उनका लोटे में मेंदु वाला सिद्धान्त आज भी लोकप्रिय है।
10. रुवेन ओजियन एक नैतिक दार्शनिक है। वह न्यूनतम नैतिकता के प्रवर्तक हैं, जिसका एक वाक्य में सार यह है कि दूसरों को व्यथित मत करो, बस इतना ही। दुर्भाग्य से इस वाक्यांश ने ड्रग इस्तेमाल का रास्ता खोल दिया।
11. एक स्लोवेनियन दार्शनिक स्लावोज झीझेक पहचान और राजनीतिक अस्तित्ववाद पर कार्यरत है।

उपरोक्त यह सूची पूरी नहीं है, परंतु यह आज के दिन दर्शन के धड़कने वाले दिल का दर्शन करा देती है।

## शून्यवाद, सर्वास्तिवाद तथा तैर्थिक नित्यता

अशाश्वत् और अनुच्छेद और परिवर्तनशील प्रक्रिया को प्रतित्य समुत्पाद के नाम से मानना शून्यवाद है जब कि सर्वास्तिवादियों की सत्ता की जो अनित्यता दृष्टि है वह शड इन्द्रियों से प्रत्यक्ष होने से संवृत्ति या व्यवहार सत्य है। तैर्थियों की नित्यता दृष्टि न तो संवृत्ति सत्य है और न परमार्थ सत्य ही। क्योंकि सत्ता को नित्य और अनित्य

दोनों दृष्टियों से न देखने का अर्थ सत्ता या भाव को परमार्थ दृष्टि से अस्वीकार कर देना है।

## सत्ता और स्कन्ध

वैभाषिकों ने बुद्ध वचन के अनुसार सत्ता को प्रतीत्यसमुत्पन्न तथा अशाश्वत् और अनुच्छिन्न कहा। सत्ता का वर्गीकरण पांच स्कंधों में है। कोई एक वस्तु नहीं है प्रत्युत जहाँ एक का भान होता है वहाँ अनेकों का समूह हुआ करता है। वृक्ष एक पदार्थ है पर वह जड़, तना, शाखा और पत्र आदि का समूह ही तो है। हर एक पदार्थ का यही हाल है। इसी भाव को व्यक्त करने के लिए स्कंध शब्द का प्रयोग होता है। स्कन्ध का अर्थ राशि या ढेर है। प्रत्येक वस्तु अनेकों का एक ढेर है उसमें जो एक की प्रतीति है वह व्यवहारतः ठीक हो सकती है पर परमार्थतः है ही नहीं। प्रत्येक पदार्थ अपने अवयवों का स्कंध या ढेर है।

## सौत्रान्तिक–वैभाषिक

उपरोक्त स्कंधों के बारे में बौद्ध सौत्रान्तिक–वैभाषिक दर्शन सहमत है। जहां तक बाह्य प्रक्रिया स्वीकार करने की बात है उसमें वैभाषिक बाह्य वस्तु का प्रत्यक्ष मानते हैं। उदाहरणार्थ आंख से जो नील का ज्ञान होता है वह नीलाकारता या नील सारूप्य का अनुभव होता है। वही नील के संवेदन का व्यवस्थापक है। इस प्रकार नील ज्ञान प्रमा है, नील सारूप्य प्रमाण है, नील प्रमेय है।

सौत्रान्तिक के अनुसार नील सारूप्य से यानी प्रमाण से नील प्रमेय का अनुमान होता है, प्रत्यक्ष नहीं होता। वे बाह्यार्थानुमेयवादी है जबकि वैभाषिक बाह्यार्थप्रत्यक्षवादी है। दोनों की सर्वास्तिता अनित्य, क्षणिक और प्रतीत्यसमुत्पन्न है।

## नैयायिक

नैयायिक पदार्थ को अवयवों का ढेर न मान कर अवयवों से अतिरिक्त एक अवयवी की कल्पना करते हैं। अवयवी को मानकर भी अक्षपाद ने

मान लिया है कि अवयवी का अभिमान दोष अर्थात राग, द्वेष और मोह का कारण है। अवयवों से अतिरिक्त अवयवी की सत्ता असिद्ध है।

एक की प्रतीति से अवयवी की सिद्धि नहीं हो सकती क्योंकि एक अपने आप में ही सिद्ध नहीं है। एकत्व को सिद्ध मान कर हिन्दू तार्किकों ने अवयवी की सिद्धि की है।

## श्रृति

सत्ता को नित्य और अनित्य दोनों दृष्टियों से न देखने का अर्थ सत्ता या भाव को परमार्थ दृष्टि से अस्वीकार कर देना है। सर्वास्तिवाद की अनित्य दृष्टि, तैर्थिकों की नित्य दृष्टि, श्रोत्रीयों की भी नित्य दृष्टि शून्यवाद से विचलित हो गई।

लोकायत और जैन, सांख्य और योग श्रृति के प्रतिकूल होने के बावजूद उसकी नित्य दृष्टि के कायल थे। श्रोत्रियों ने तब द्विबिंदू कार्यक्रम चलाया। एक, श्रृति–प्रामाण्य स्थापित करना और दो, नित्य दृष्टि रक्षणार्थ अनुकुल दार्शनिक चिंतन उपस्थित करना। नागार्जुनोत्तर दार्शनिक तब दो बातों में ही व्यग्र दिखाई देते थे यथा अनित्य और अभाव अर्थात क्षणिक और शून्य वादों का खण्डन करना और श्रृति–प्रामाण्य का मण्डन करना।

## पदार्थ

अवयवों के स्कंध या ढेर को ही वैभाषिक पदार्थ मानते हैं। अवयव के लिए परमाणु शब्द का प्रयोग होता है क्योंकि स्थूल पदार्थ का जो सूक्ष्म से सूक्ष्म अवयव है वह परमाणु है। इस प्रकार परमाणु–पुंज ही पदार्थ है।

हिन्दू तार्किक भी परमाणु मानते हैं पर उनके यहाँ परमाणु–पुंज पदार्थ नहीं है प्रत्युत उनसे व्यतिरिक्त एक अवयवी पदार्थ हैं। परमाणु पृथ्वी, आप, जल और वायु इन चार महाभूत के होते हैं। इन चार भूतों का कारण अविज्ञप्ति है।

पांचों स्कन्धों की सत्ता भी निरपेक्ष नहीं है। किन्तु उनकी सत्ता सापेक्ष है। क्योंकि स्कंध कर्म माने तो कर्म करने वाले के बिना नहीं हो सकता। जब कर्म होता है तब कर्म का करने वाला भी होता है। सो कर्म और उसको करने वाला अर्थात कारक अपनी–अपनी सिद्धि के लिए परस्पर की अपेक्षा रखते हैं। यही नहीं बल्कि प्रत्येक सत्ता का यही हाल है। सब की सिद्धि सापेक्ष ही है। निरपेक्ष नहीं। इसीका नाम शून्यवाद है। वह निरपेक्ष सत्ता की सिद्धि से इन्कार करता है।

कणाद ने अपनी नित्य दृष्टि नये तरीके से सिद्ध करते है। उन्होंने द्रव्य, गुण, कर्म, सामान्य, विशेष और समवाय छः पदार्थों में सत्ता वर्गीकरण किया। इनमें से सामान्य को कणाद ने नित्य–दृष्टि के सिद्ध करने का साधन बनाया।

## कपिल और कणाद

कपिल ने सत्ता और चेतना दोनों को अलग–अलग माना जिसमें सत्ता को परिणामी और चेतना को अपरिणामी माना। कणाद ने कार्य के कारण का होना आवश्यक माना और बताया कि कारण के गुण कार्य के गुणों के आरम्भक होते हैं। कारण–कार्य के कणाद–सिद्धांत में कार्य के गुण भले ही कारण से आते हों पर कार्य कारण से अभिन्न नहीं माना जाता था। कपिल जहाँ कार्य को अपनी कारणावस्था में सत मानते थे वहाँ कणाद कार्य को अपनी उत्पत्ति से पूर्व असत अर्थात प्रागभाव मानते है।

## सामान्य

व्यक्तियों के परस्पर भिन्न होते हुए भी उनमें जो एक अभेद देखा जाता है वह सामान्य है। राम, कृष्ण, देवदत्त, यज्ञदत्त भिन्न–भिन्न है, पर उन्हें एक मनुष्य शब्द से भी कहा जाता है। सो यह मनुष्यत्व जिसके कारण भिन्न–भिन्न राम, कृष्ण, देवदत्त, यज्ञदत्त व्यक्तियों को मनुष्य कहा जाता है, सामान्य है। यह नित्य है, क्योंकि देवदत्तादि के नहीं रहने से भी नष्ट नहीं होता, व्यापक भी है व्यक्ति उससे व्यतिरिक्त नहीं होता।

इसी प्रकार द्रव्य, गुण और कर्म तीनों में इदं सत अर्थात यह है की प्रतीति होती है। इस सत की प्रतीति से सत्ता की सिद्धि होती है। यह सत्ता जो सामान्य के बल पर सिद्ध हुई नये ढंग से नित्यवाद की स्थापना करती है।

## अभाव सापेक्षता

जैसे स्वभावतः या निरपेक्षतः न तो सत्ता है और न अभाव ही है प्रत्युत काम के लिए जैसे कर्ता या करने वाले की अपेक्षा है वैसे ही कर्ता को काम या कर्म की अपेक्षा है। दोनों को बिना सापेक्ष माने सिद्धि नहीं हो सकती।

## प्रतीत्यसमुत्पाद या शून्यवाद

सत्ता को सापेक्ष सिद्ध मानने पर भी व्यवहार में विरोध नहीं आता क्योंकि तत्वचिंतक भी व्यवहार के समय लोक–प्रमाण पर ही चलता है। लोकप्रमाणक सत्य को संवृत्ति–सत्य कहते हैं। संवृत्ति सत्य के अनुरोध से सत्ता को निरपेक्ष कहना दोष नहीं पर परमार्थ सत्य के अनुरोध से उसकी सिद्धि सापेक्ष है। यह सापेक्षता, सकारणता और परिवर्तन का नियम ही नागार्जुन के मत से प्रतीत्यसमुत्पाद या शून्यवाद है।

## सांख्य

संख्या करने के कारण अर्थात अपने तत्वों की संख्या पचीस बताने के कारण सांख्य दर्शन का नाम सांख्य पड़ा जो संयोग और किसी और दर्शनों को इस संख्याकरण के अभ्यास के बावजूद भी प्राप्त नहीं हुआ।

## योग

योग में सांख्य पुरुष के स्थान पर ईश्वर को माना गया। आत्मवादी दर्शन तो वह है ही।

## जैन

सांख्य और जैन के विपरित वह ईश्वरवादी भी है। हालांकि तीनों ही दर्शन शाश्वत्‌वादी हैं। उसके विरूद्ध लोकायत विचार है।

## लोकायत

लोकायत शुद्ध भूतवादी दर्शन है। मन से बढ़कर उसे आंख पर विश्वास है। मनन और दार्शनिकता उसके लिए हवा में किले बनाने जैसा है। चार्वाक दर्शन जैसी जड़ता ने उसे खाने, पीने और मौज उड़ाने वाला शौक बना दिया। इसके बावजूद वह शाश्वत्‌वाद से दूर रहने की सूझ रखता है जो उसे ज्ञानवान कपिल, पतंजलि और महावीर से भी आगे अग्रसर करता है। भले ही उसे परिणामवाद की चिंता नहीं थी।

लोकायत सत्ता से चेतना की उत्पत्ति और उसका विनाश मानते थे।

## बुद्ध

उपरोक्त शाश्वत्‌वाद और लोकायत के रंग–ढंग देखकर बुद्ध ने परिणामवाद को सकारणता और परिवर्तन के रूप में प्रस्तुत किया। यह कार्य–कारण से न तो अनन्य है और न अन्य। जैसे अंकुर न तो बीज ही है और न बीज से भिन्न। कार्य को कारण से अन्य मानने पर कारण का उच्छेद मानना पड़ता है तथा अनन्य या अभिन्न मानने पर कारण का शाश्वत्‌वाद उपस्थित हो जाता है। कार्य को कारण से अन्य नहीं मानने से बुद्ध लोकायत के उच्छेदवाद से इत्तेफाक नहीं रखते थे तथा अनन्य भी नहीं मानने से आत्मवादियों के शाश्वत्‌वाद से भी अलिप्त थे। इसी सकारणता और परिवर्तन के नियम पर विकसित हुए अशाश्वत्‌वाद और अनुच्छेदवाद पर प्रतीत्यसमुत्पाद खड़ा है, जो एक प्रक्रिया है और जिसे बाद के बौद्ध दार्शनिकवाद का आधार बनाया गया।

जिस प्रकार बुद्ध के प्रतीत्य समुत्पाद ने किसी को न तो शाश्वत माना और न किसी का उच्छेद या विनाश ही माना, आचरण के क्षेत्र में

काय–पीड़न तथा भोग–विलास मना कर मध्यम मार्ग से चलने का उपदेश दिया। सौत्रान्तिकों और वैभाषिकों ने भी विवेचनापूर्वक पांचों स्कन्धों की निरपेक्ष सत्ता मानी। नागार्जून ने इनकी सत्ता को सापेक्ष कहा। वसुबन्धु ने विज्ञान की सत्ता को निरपेक्ष और बाह्य सत्ता को विज्ञान सापेक्ष कहा। वेदान्तियों ने भी बाद में बाह्य सत्ता को ब्रह्म–सापेक्ष माना।

बौद्ध दार्शनिकों ने भी सत्ता और चेतना को अलग–अलग मानकर परिणामी प्रतिपादित किया।

## वादरायण

वादरायण ने श्रृतियों–उपनिषदों की दार्शनिक पद्धति को एक व्यवस्थित रूप में उपस्थित किया। अपनी दार्शनिक प्रक्रिया को परिणाम के सहारे स्थापित किया। पुराने परिणामवाद में सत्ता का परिणाम माना जाता था, परंतु कपिल, पतंजलि, और कणाद द्वारा क्रमशः जीव या पुरूष, जीव और ईश्वर; मन, काल, दिशा, आकाश आदि को परिणाम से अछूता ही रखा।

वादरायण ने सत्ता और चेतना का अलग–अलग विभाग नहीं किया और बताया कि ब्रह्म सत भी है और चित भी है। सत्य और चेतना अविनाभूत है। इसी ब्रह्म के परिणाम से नाना रूप सृष्टि देखी जाती है। सम्पूर्ण अर्थ जगत को अपने कारण ब्रह्म से अनन्य है।

## कौटिल्य और नागार्जुन

जिस प्रकार शाश्वत्वाद और लोकायत दर्शन की विरासत कौटिल्य को मिली उसी प्रकार बुद्ध वचन तथा विभाषा पर आधारित क्रमशः सौत्रान्तिक और कनिष्क कालीन मूल वैभाषिक की विरासत नागार्जुन को प्राप्त हुई। दोनों सर्वास्तिवादी है और स्वीकार करते हैं कि जो सत (वर्तमान) है वह तीनों काल में विदयमान है।

जैसे सांख्य ने पुरुष और प्रकृति के दो विभागों में पचीस तत्वों की व्याख्या की वैसे आभ्यन्तर और बाह्य विभागों में सौगत दर्शन ने पंचस्कंधों की बात की। बाह्य जगत में रूपस्कंध है जिसमें पांच इन्द्रिय, उसके पांच विषय, एक अविज्ञप्ति (अदृष्ट) और चार महाभूतों का अंतर्भाव हैं। आभ्यन्तर जगत में वेदना, संज्ञा, संस्कार और विज्ञान स्कंध है, जिसमें चित्त, उसका चैतसिक, मनोविज्ञान तथा पंच इन्द्रिय विज्ञानों के साथ–साथ वेदना (सुख–दुःख) संज्ञा (विषय के बारे में विशेष जानकारी), और संस्कार (चारों स्कंधों के अतिरिक्त विषय ज्ञान की मन पर छाप) का समावेश है।

पांचों स्कंध सत, संस्कृत, अनित्यपरिवर्तनशील और क्षणिक भी हैं। इसके अतिरिक्त और कोई सत पदार्थ नहीं हैं। ये प्रतीत्य समुत्पन्न होने से सकारणता और नित्य नहीं होने से परिवर्तन के नियम से प्रतिबद्ध हैं।

## नागार्जुन

दार्शनिक, रसायन–शास्त्री और योगी नागार्जुन ने बताया कि प्रतीत्य समुत्पाद अशाश्वतवाद–अनुच्छेदवाद अथवा नित्य एकान्तवाद और अनित्य एकान्तवाद मानने में नहीं है प्रत्युत नित्यानित्य–विनिर्मुक्त शुद्ध शुन्यवाद या मध्यमा प्रतिपदा मानने में है। हमें जो कुछ प्रतीत हो रहा है वह स्वप्न जैसस है। जैसे जाग पड़ने पर स्वप्न नहीं रहता वैसे संसार भी मोह निद्रा टूटने पर नहीं रह जाता। इन्द्रजाल की माया दिखलाने वाला जानकार जैसे उस माया को कुछ भी (सत या असत) नहीं समझता, वैसे ही तत्व संसार को कुछ भी नहीं समझता। माया और मायामय पदार्थ उसके सामने कुछ नहीं है– अकिन्चआयतन। दृष्टि (सत या असत, नित्य या अनित्य) का होना ही परमार्थ सत्य है।

## कर्ता तथा हेतु (कारण), और कर्म तथा कार्य

नागार्जून के अनुसार यदि कर्म को स्वभावतः निरपेक्षतः सत माने तो कर्म को कर्ता की जरूरत न रहेगी और कर्ता भी निकम्मा हो जायेगा क्योंकि उसके करने योग्य कर्म तो स्वभाव सत है ही फिर उसके करने

का सवाल ही क्या?। यदि यह माने कि कर्म स्वभाव से असत है और वह असत कर्ता के द्वारा किया जाता है तब बड़ी आफत होगी। कर्म बिना हेतु के हो जायेगा और कर्ता को भी निर्हेतुक ही कहना पड़ेगा। जब हेतु ही नहीं रहा तो कार्य–कारण का सवाल ही क्या?। कार्य और कारण की व्यवस्था ही जब नहीं रही तब किसी कर्म या काम के करने की बात ही नहीं उठती और कर्ता–कारण कोई चीज ही नहीं रहते। इस पंकार जब करने–धरने आदि की बात ही नहीं रही तब धर्म और अधर्म किसी की चर्चा बेकार है।

अशाश्वत् और अनुच्छिन्न या परिवर्तनशील सत्ता में जो सत्ता की प्रतीति हो रही है वह भी निरपेक्ष नहीं है क्योंकि कार्य की सत्ता कारण की सत्ता की अपेक्षा रखती है।

## अद्वैतवाद

नागार्जून सब कुछ को अशाश्वत् और अनुच्छिन्न कह चुके थे। अनुच्छेद अंश से तो अद्वैतवादी सहमत थे पर अशाश्वत अंश उनकी नित्यदृष्टि का कांटा था। नियम को सभी परमार्थ समझते थे। प्रतीत्यसमुत्पाद या परिणामवाद नियम को मिथ्या करार दे दिया गया, वह संवृत्ति सत्यमात्र रह गया।

जहाँ विज्ञानवादियों ने परिणाम या प्रतीत्यसमुत्पाद को परमार्थ सत्य मानकर विज्ञान को क्षणिक या परिवर्तनशील माना वहाँ ब्रह्मवादियों ने इस नियम के अशाश्वतम अंश को मिथ्या मानकर अनुच्छेद अंश से ब्रह्म को परिवर्तन से मुक्त किया।

## नागार्जून के बाद

नागार्जून ने सत्ता की सिद्धि सापेक्ष है कहकर, कर्म सिद्धि के लिए कारण या कर्ता का होना अनिवार्य कर दिया, अन्यथा उसकी सिद्धि अप्रमाणित होगी। उनके अनन्तर असंग और वसुबन्धु हुए। इन्होंने चित्त या विज्ञान को निरपेक्ष सिद्ध माना पर बाह्यार्थ को विज्ञानसापेक्ष कहा।

फलतः बाह्य अर्थ भी विज्ञान के परिणाम या परिवर्तन का एक रूप बताया गया। जो बाह्य अर्थ को निरपेक्ष मानते थे उनका इन्होंने खंडन किया।

सौत्रान्तिक और वैभाषिक परमाणु पुंज को पदार्थ मानते थे। कणाद और अक्षपाद परमाणुओं से अतिरिक्त अवयवी की कल्पना करते थे। वसुबन्धु के बाह्यार्थ निराकरण को गौड़पाद ने उसी रूप में मान लिया। वेदान्त ने भी फलस्वरूप बाह्य सत्ता निरपेक्ष नहीं बल्कि सापेक्ष अर्थात ब्रह्म–सापेक्ष माना।

सौत्रान्तिक और वैभाषिक परमाणु पुंज को पदार्थ मानते थे। कणाद और अक्षपाद परमाणुओं से अतिरिक्त अवयवी की कल्पना करते थे। वसुबन्धु के बाह्यार्थ निराकरण को गौड़पाद ने उसी रूप में मान लिया। वेदान्त ने भी फलस्वरूप बाह्य सत्ता निरपेक्ष नहीं बल्कि सापेक्ष अर्थात ब्रह्म–सापेक्ष माना।

## वादरायण

दक्षिण कोसल में 150 ई. में जन्में नागार्जून के परमार्थ सत्य से आहत और विचलित होकर वादरायण ने सत्ता और चेतना को अलग–अलग न मानकर अभिन्न माना ताकि परिवर्तनवाद को अस्वीकार कर संसार जैसा है उसे वैसा ही रखने के इरादे से अपरिवर्तनवाद को ब्रह्म शब्द द्वारा प्रकाशित किया।

वादरायण ने प्रतीत्यसमुत्पन्न विज्ञान की तरह कूटस्थ ब्रह्म को भी जन्मात अस्य यतः तथा आत्मकृतेः परिणामात से परिणामशील कहा।

## वसुबन्धु

वसुबन्धु ने कहा कि सत्ता के न मानने से भी केवल चेतना से भी काम चल सकता है। बशर्ते कि चेतना ब्रह्म जैसी अपरिवर्तनशील नहीं बल्कि परिवर्तनशील हो। चेतना के लिए बौद्ध दार्शनिकों का विज्ञान

शब्द है। परिवर्तनवाद के विरूद्ध अपरिवर्तनवाद, स्थायित्व अथवा स्थिरता के लिए ब्राह्मण दार्शनिकों का आत्मा शब्द है।

आत्मा और विज्ञान दोनों एक ही नहीं है। कार्य–कारणवाद के विरूद्ध ईश्वर कतृत्ववाद, विज्ञान के विरूद्ध आत्मा नित्य या कूटस्थ है और विज्ञान परिवर्तनशील। वसुबन्धु के इस विज्ञानवाद में नित्यात्मवाद अथवा कूटस्थ और स्थिरता की झलक नहीं है। उनके लिए बाह्य सत्ता भी विज्ञानमय ही है। जैसे तिमिर रोगी को केश, जाल आदि जो नहीं होने पर भी प्रतीत होते है, वैसे ही अर्थ–सत्ता न होते हुए भी रूपादि की प्रतीति हुआ करती है। बाह्य पदार्थ के अभाव में भी देश–नियम अर्थात जिस स्थान में रूपादि पदार्थ होते है वही रूपादि विज्ञान भी देखें जाना, काल–नियम अर्थात जिस समय में रूपादि अर्थ कहीं पर होते हैं उसी समय विशेष में रूपादि विज्ञान उत्पन्न होना; संतान–नियम अर्थात जहाँ जिस समय में रूपादि अर्थ होते है वहाँ सभी को उनकी प्रतीति होना और कृत्य–क्रिया–नियम अर्थात स्वप्न में देखे गये अन्न–जल से शरीर की भूख–प्यास मिटना, और स्वप्न भी बाह्य पदार्थ के बिना सबको दिखाई पड़ते हैं और स्वप्न काल में सभी को बाह्य पदार्थ के बिना प्रतीति होती है।

## विज्ञान

आलय, मन और प्रवृत्ति भेद से कपिल की प्रकृति आलय या मूल, बीज, उपादान कारण विज्ञान है। उसी प्रकार वादरायण का ब्रह्म है। आलय विज्ञान के संतान–प्रतीति से प्रवृत्त हुआ विज्ञान, सत्काय दृष्टिमान, मोह और राग क्लेशों से युक्त होने के कारण मन कहलाता है। विषयों की जो प्रतीति है वह प्रवृत्ति विज्ञान हैं। जल में उठने वाली तरंगों की तरह ये विज्ञान आलय विज्ञान में एक साथ या पृथक–पृथक उत्पन्न होते रहते हैं।

सर्वास्तिवादी, कणाद और अक्षपाद परमाणु को निरवयव मानते थे। निरवयव से परमाणुओं का संयोग होना और अवयवी पदार्थ बनना असंभव है। इस प्रकार बाह्य पदार्थ बनना परास्त हो जाता है।

विज्ञानवादियों ने विज्ञान से अतिरिक्त व्यवहार को औपचारिक माना। जिस प्रकार अन्धे को सुलोचन, मूर्ख को बृहस्पति, बाहीक को बैल–गौर्वाहीकः या गंवार को गधा कहना औपचारिक है क्योंकि अन्धे आदि में सुलोचनत्व आदि धर्म नहीं हैं और जो जहाँ नहीं, उसका उसमें प्रयोग करना उपचार कहलाता है। स्थिरमति ने कहा ही है कि यत्र यच्च नास्ति तत तत्रोपचर्यते। इस प्रकार दोनों आत्मा–अपनापन, मैं और मेरापन तथा धर्म–अपने से पृथक् सब पदार्थ की सत्ता औपचारिक है क्योंकि विज्ञान के परिणाम के अतिरिक्त दोनों हैं ही नहीं।

## गौड़पाद

गौड़पाद ने विज्ञानवाद की सिद्धि के लिए किये गये बाह्य–सत्ता का निराकरण अद्वैतवाद के काम आया। विज्ञानवादियों और अद्वैतवादियों ने नागार्जून द्वारा चेतना व आत्मा को जो संवृत्ति–सत्य कहा गया था, उसे परमार्थ सत्य कहना शुरू किया और विज्ञान और ब्रह्म को सत्य मानकर बाह्य सत्ता को मिथ्या, अनुच्छिन्न, व अविनाशी माना।

## शंकर

विज्ञान के अतिरिक्त और सब कुछ मिथ्या है और उसी मिथ्या की व्यवहार सिद्धि के लिए यह अन्य मिथ्यान्तर है, जिसे शंकर ने अध्यास, अविद्या और माया कहा। वसुबंधु और शंकर विज्ञानैकत्ववाद सिद्ध करने जगत को मिथ्या कहने चले और जगत ने उन्हें अविद्या या उपचार में फेंक दिया।

## उपसंहार

उपसंहार के रुप में बस इतना ही कहना उचित होगा कि बारा बजने में केवल पांच मिनट की देरी है, बेहतर होगा की आप बदलें!

## निरंतर प्रवाह

न्याय वैशेषिक भी बौद्ध दर्शन की तरह कार्य और कारण सिद्धान्त

में उल्लेखित कार्य और कारण इन दो तत्वों को अलग–अलग मानते है और कारण किसी भी तरह अपने गुणों को कार्य में अंतर्निहित नहीं होने देता। बौद्ध दर्शन में कारण रहता ही नहीं जब कार्य उत्पन्न होता है और न्याय–वैशेषिक दर्शन में कारण और कार्य एक साथ रहते हुए भी एक दूसरे से अपने गुण या अवयव में सहभागी नहीं होते। लेकिन जब अवयव और अवयवी के भिन्न भिन्न प्रकार के रंग, रुप, भार आदिओं के साथ वस्तु के भीतर एक ही जगह अलग–अलग तौर पर रहते है कहने में व्यावहारिक दिक्कत आई।

सभी संस्कार अनित्य हैं–सब्बे संखारा अनिच्चा, सभी संस्कार असंतोषजनक हैं–सब्बे संखारा दुक्खा और सभी धर्म अनात्म हैं– सब्बे धम्मा अनत्ता से संक्षेप में बौद्ध दर्शन सूत्रित हो जाता है। जो अनित्य नहीं, उसका अस्तित्व ही नहीं, यह किसी नित्य तत्व का बाह्य परिवर्तन नहीं, यह है एक स्थिति का न रहना और उससे सर्वथा भिन्न स्थिति का अस्तित्व में आना। वह जो अभाव को प्राप्त होता है, वह दूसरा है और वह जो भाव को प्राप्त होता है, एकदम दूसरा।

## दिग्नाग

दिग्नाग ने कहा है कि कार्यकरण सामर्थ्य लक्षणात् वस्तुनाः अर्थात् कार्य कर सकने की सामर्थ्य ही जीवन है।

## धर्मकीर्ति

चीनी–अनुवाद के अनुसार अश्वघोश की कृति 'वज्रसूची' के रचयिता धर्मकीर्त्ति है। 170 दिग्नाग–वसुबन्धु के शिष्य–के पश्चात् धर्मकीर्त्ति सन् 575–700 ई. हुए, जिनका न्यायबिन्दु, हेतुबिन्दु और प्रमाणवार्तिक संस्कृत में उपलब्ध हैं। 349 दिङनाग, धर्मकीत्ति का मत है– ''प्रत्यक्ष अपने–अपने विशय के स्वलक्षण का ग्रहण है। निर्विकल्पक है, अतः जाति, सामान्य का प्रत्यक्ष नहीं होता। यदि यह सविकल्पक प्रत्यक्ष है, अर्थात् बुद्ध्यपेक्ष है, तो यह अलीक है।'' 565 भारतीय सभ्यता का स्वर्णयुग पाँचवीं से सातवीं शताब्दी तक है। इस युग में बौद्ध दर्शन में

मौलिक परिवर्त्तन हुआ। न्याय तथा ज्ञान–मीमांसा उसकी गवेशणा के मुख्य विषय हो गये। इस परिवर्तन का बौद्ध धर्म पर सामान्यतः बड़ा प्रभाव पड़ा। इस युग के तीन सूर्य, जिन्होंने अपनी प्रतिभा और प्रकाण्ड विद्वत्ता से संसार को दैदीप्यमान किया, वसुबन्धु, दिङ्नाग और धर्मकीर्त्ति थे। वसुबन्धु के शिष्य दिङ्नाग ने प्रमाणसमुच्चयवृत्ति, वादविधान और अभिधर्मकोश में अपने न्याय सिध्दान्त के बीज रोपित किए। उनको उन्होंने पहले एक सिद्धान्त के रुप में एकत्रित किया, और धर्मकीर्त्ति ने उसको एक निश्चित रुप प्रदान किया। दिङ्नाग ने न्याय के विभिन्न प्रश्नों पर छोटे–छोटे कई ग्रंथों के उन्होंने अपने 'प्रमाणसमुच्चय' में संगृहीत किया। उन्होंने न्याय पर सात ग्रन्थ लिखे– एक मूल और छः पाद यथा प्रमाणवार्त्तिक, प्रमाणविनि चय, न्यायबिन्दु, हेतुबिन्दु, सम्बन्धपरीक्षा, चोदनानामप्रकरण और सन्तानान्तरसिद्धि। जब दिङ्नाग ने 'प्रमाणसमुच्चय' की रचना की, तब प्रमुख भारतीय दर्शन पहले ही न्याय के मौलिक प्रश्नों पर अपना मत प्रतिपादित कर चुके थे। प्रत्येक दर्शन को अपनी पुष्टि के लिए न्याय तथा न्यायमीमांसा – लॉजिक ऐण्ड एपिस्टेमोलॉजी– की आवश्यकता प्रतीत हुई। चार मौलिक दृष्टियाँ आरम्भ से ही भारतीय दर्शन में विद्यमान रही हैं – आरम्भवाद, संघातवाद, परिणामवाद और विवर्तवाद। इनमें से संघातवाद बौद्धों का पक्ष है। केवल धर्मों–एलिमेण्ट्स– का बाह्य अस्तित्व है, संस्कृत या संघात का नहीं। जब वर्ण–संज्ञा की उत्पत्ति होती है, तब उस वस्तुमात्र से ज्ञान की उत्पत्ति नहीं होती, किन्तु तीन धर्म, अर्थात् विज्ञान, वर्ण–धर्म और चक्षु–धर्म एक साथ उत्पन्न होते हैं तब हेतु–फल–परम्परा का प्रतीत्यसमुत्पाद का सिद्धान्त काम करता है। 588 धर्मकीत्ति प्रत्येक विज्ञान में तथा प्रत्येक वस्तु में तीन प्रकार के गुण मानते हैं – देश, काल और स्वभाव। वे आकाश और काल दोनों का समान रुप से विवेचन करते हैं। वह देश और आकाश दोनों शब्द का व्यवहार करते हैं। अर्थ के देशस्थ होने को वह सदा 'देश' कहते हैं और आकाश को अनादि, अनन्त, अविपरिणामी बताते हैं। वह उन दोनों शब्दों का प्रयोग उसी अर्थ में करते हैं, जिस अर्थ में इनका प्रयोग आस्तिक दर्शनों में होता हैं। दिक् का अर्थ केवल अर्थ का

देशस्थ होना है। यह वाद विज्ञानवादी विचार से पूरी तरह मिलता है, किन्तु दिङ्नाग और धर्मकीर्त्ति अनन्त आकाश का बार–बार उल्लेख करते हैं। साथ–ही–साथ परार्थानुमान का उल्लेख है, जिसके द्वारा वाक् की अनित्यता सिद्ध हो सकती है। जिसका अस्तित्व है, वह अनित्य है। वाक् का अस्तित्व है, वह अनित्य है। आकाश नित्य है। इसलिए उसका अभाव है। 591 दिङ्नाग और धर्मकीर्त्ति के सिद्धान्त में ज्ञान की व्याख्या के तुल्य वस्तु, परमार्थ–सत् की व्याख्या भी अपूर्व है। वस्तु, परमार्थ–सत् अर्थक्रिया समर्थ है। जिसमें यह सामर्थ्य नहीं है, वह अवस्तु है। जो अग्नि प्रज्वलित और शान्त होती है, वह अग्नि स्वलक्षण है। अग्नि–संनिधान में स्फुट और असंनिधान में अस्फुट प्रतिभासित होती है। यह परमार्थ–सत है। जबतक वर्तमान और चक्षुरिन्द्रय–ग्राह्य है, अग्नि का प्रकाश–कण भी स्फुट है। जो वह्नि विकल्प का विशय है, जो न प्रज्वलित होती है और न पाचन–क्रिया करती है, और न प्रकाश देती है, वह अवस्तुक है। यद्यपि विकल्प–विषय दृष्य के तुल्य हो, तथापि वह अर्थक्रियाभाव के कारण दृश्य नहीं है। अतीत, भविष्य अवस्तुक है; केवल प्रत्युत्पन्न वस्तु है। विकल्प–विशय, अभाव, वृद्धिनिर्माण, जाति, सामान्य प्रज्ञप्तिमात्र हैं; केवल स्वलक्षण वस्तु–सत् है। अन्य केवल विकल्प हैं, शब्दमात्र हैं। इनके पीछे किंचिन्मात्र भी वस्तुत्व नहीं है। वस्तु–सत में विकल्प नहीं होता, अतः यह विर्विकल्पक है। किन्तु, इन दो के बीच एक लोक है, जो परिकल्प से बना है; किन्तु जिसका आधार वस्तु–सत् है। इसे संवृति–सत्य कहते हैं। परिकल्प दो प्रकार के हैं– शुद्ध और वस्तु–मिश्रित। वस्तु के भी दो प्रकार हैं– शुद्ध और परिकल्प–मिश्रित। एक वस्तु–सत् क्षण स्वलक्षण है। यह परमार्थ–सत् है। दूसरा स्वलक्षण के अनन्तर विकल्प– निर्मित आधार हैं। जब वस्तु–प्रतिबन्ध पारम्पर्येण होता है, तब अर्थ–संवाद होता है, यद्यपि यह अनुभव परमार्थ–सत् की दृष्ट से भ्रान्त है। पारम्पर्येण सत् है, प्रत्यक्षेण नहीं। 615–616 आचार्य दिङ्नाग ने जो विरुद्धाव्यभिचारि संशय हेतु बताया गया, वह अनुमान का विषय नहीं होने से धर्मकीर्त्ति ने उसका उल्लेख नहीं किया। तीन हेत्वाभास हैं – असिद्ध, विरुद्ध और अनैकान्तिक।

यह तब होते हैं, जब तीन रूपों में से किसी एक या दो–दो रूप असिद्ध या संदिग्ध हैं। जब एक रूप असिद्ध है, और दूसरा रूप संदिग्ध है, तब अनैकान्तिक होता है। जब इन दोनों रूपों का विपर्य निश्चित होता है, तब हेतु विरुद्ध होता है। इसका आकार हैः

एक वीतराग या सर्वज्ञ है (साध्य)।

क्योंकि उसमें वक्तृत्व हैं। –हेतु

जिस पुरुष में वक्तृत्व है, वह वीतराग या सर्वज्ञ है।

यहां व्यतिरेक असिद्ध है और अन्वय सन्दिग्ध है।

हमारा अनुभव सिद्ध करता है कि एक पुरुष जो रागवान है और सर्वज्ञ नहीं है, वह वक्तृत्व शक्ति से रहित नहीं होता। अतः, यह नहीं जाना जाता कि वक्तृत्व से सर्वज्ञ होता है या नहीं। यह अनैकान्तिक है। क्योंकि सर्वज्ञत्व और वीतरागत्व अतीन्द्रिय है, अतः यह संदिग्ध है कि वक्तृत्व जो इन्द्रियगम्य है, इनके साथ रहता है या नहीं। जब दोनों रूप संदिग्ध हैं, तब भी अनैकान्तिक है। अन्वय–व्यतिरेक रूप के संदिग्ध होने पर संशय हेतु होता है।

जीवच्छरीर सात्मक है (साध्य)।

क्योंकि, इसके प्राणादि आश्वासादि है। –हेतु

यह असाधारण संशय हेतु है। इसमें दो हेतु दिखाते हैं। सात्मक और निरात्मक। जो आत्मा के साथ वर्तमान है, वह सात्मक है। जिसमें आत्मा निष्क्रान्त हो गया है, वह निरात्मक है। इन दो से अन्य कोई राशि नहीं है, जहाँ प्राणादि वस्तुधर्म वर्तमान हो। इन दो राशियों में से किसी एक में भी वृत्ति का सद्भाव निश्चित नहीं हैं। असाधारण धर्म के अनैकान्तिकत्व में यह सिद्ध नहीं है कि जीवच्छरीर–सम्बन्धी प्राणादि सात्मक राशि या अनात्मक राशि से उसको व्यावृत्त करता है। यह निश्चय करना कि किस राशि में उसका निश्चित अभाव है, सम्भव नहीं है।

प्राणादि का होना कुछ सिद्ध नहीं करता; न यही सिद्ध करता है कि आत्मा है, न यही सिद्ध करता है कि आत्मा का अभाव है।

अतः, जीवच्छरीर में आत्मा का भाव है या नहीं, प्राणादि लिंग द्वारा निश्चित नहीं हो सकता।

## शब्द

मीमांसा और न्याय–वैशेशिक के अनुसार "शब्द नित्य है"। इनके विरुद्ध बौद्ध दार्शनिक है।

## अर्थ

वेद के *अग्निहोत्रं जुहुयात् स्वर्गकामः* स्वर्ग की कामना करने वाला हवन करें, *सोमने यजते* –सोम से यजन करे आदि चंद विधि–वाक्यों को छोड़ बाकी सभी अर्थवाद है। अर्थवाद चार प्रकार के हैं। निंदा, प्रशंसा, प्रकृति और पुराकल्प। उसके उदाहरण क्रमशः हैंः 1, 2, 3, और 4।

## अष्टांग मार्ग

| मिच्छा<br>मिच्छा दिटि्ठ | सामान्य<br>उपधिवेपक्को (resulting in becoming) सम्मा | लोकोत्तर<br>सम्मा दिट्ठी skillful qualities | मग्गाङ्ग<br>दिट्ठी |
|---|---|---|---|
| काम<br>व्यापाद<br>विहिंसा | नेक्खम्म संकप्पो<br>अब्यापाद संकप्पो<br>अविहिंसा सेकप्पो | सम्मा संकप्पो<br>तक्को (thinking)<br>वितक्को (directed thinking)<br>संकप्पो (resolve)<br>अप्पणा (mental fixity)<br>ब्यापणा (mental transfixion)<br>चेतसो अभिनिरोपना (focused awareness)<br>वची सङ्खारो (verbal fabrication) | संकप्पो |
| मुसावादो | मुसावादा वेरमणी | मुसावादा आरति विरति पटिविरति वे | वाचा |

| | | | |
|---|---|---|---|
| पिसुना वाचा<br>फरुसा वाचा<br>सम्फप्पलापो | पिसुना वाचा वेरमणी<br>फरुसा वाचा वेरमणी<br>सम्फप्पलापो वेरमणी | पिसुना वाचा आ वि प वेरमणी<br>फरुसा वाचा आ वि प वेरमणी<br>सम्फप्पलापो आ वि प वेरमणी | |
| पाणातिपाता कम्मन्तो<br>अदिन्नादाना<br>कामेसुमिच्छाचारा<br>कुहना (schem/d)<br>लपना (persuading/)<br>निमित्तिकता (hinting/soot)<br>निप्पेसिकता (belittling/tri)<br>निजिगिसनता (pursu/usury) | पाणातिपाता वेरमणी<br>अदिन्नादाना वेरमणी<br>कामेसुमिच्छाचारा वेरमणी<br>कुहना वेरमणी (scheming/deceit)<br>लपना वेरमणी (persua/treachery)<br>निमित्तिकता वेरमणी (hint/soothsaying)<br>निप्पेसिकता वेरमणी (belittling/trickery)<br>निजिगिसनता वेरमणी (pursuing g/usury) | पाणातिपाता आ वि प<br>अदिन्नादाना आ वि प वेरमणी<br>कामेसुमिच्छाचारा आ वि प वेरमणी<br>कुहना आ वि प वे (scheming/deceit refraining)<br>लपना आ वि प वे (persuading/treachery)<br>निमित्तिकता आ वि प वे (hinting/soothsaying)<br>निप्पेसिकता आ वि प वे (belittling/trickery)<br>निजिगिसनता आ वि प वे (pursuing gain/usury) | वेरमणी<br>आजीवो |
| मिच्छा वायामो | मिच्छा वायामो निज्जन्नो | सम्मा वायामो | वायामो |
| मिच्छा सति | मिच्छा सति निज्जन्ना | सम्मा सति | सति |
| मिच्छा समाधि | मिच्छा समाधि निज्जना | सम्मा समाधि<br>(c) with vrsalem* | समाधि |
| मिच्छा ञाणं | मिच्छा ञाणं निज्जना | सम्मा ञाणं असेखो वा अरहतो | ञाणं |
| मिच्छा विमोक्ख | मिच्छा विमोक्ख निज्जना | सम्मा विमोक्ख असेखो वा अरहतो | विमोक्ख |

(c)

*(c) = concentration or samadhi is concentrated with v=view or ditthi, r=resolve or samkappo, s=speech or vaca, a=action or kammanto, l=livelihood or ajivo, e=effort or vayamo, m=mindfulness or sati.

अस्तु।

## संदर्भ ग्रंथ

1. पृ. 593, अ. 16, दर्शन–दिगदर्शन. रा. सा., किताब महल, इलाहाबाद, 1944, द्वि. सं. 1947, तृ. सं. 1961।

2. भदंत आनंद कौसल्यायन, भदंत चंद्र बोधि अनु. बौद्ध धर्म ही क्यों अथवा बुद्धिज्म एण्ड अदर रिलिजन्स, भिक्खू निवास प्रकाशन, दीक्षा भूमि, नागपुर 1975, पृ. 1–42।
3. विनय पिटक, परिवार 164।
4. आचार्य नरेन्द्रदेव, बौद्ध–धर्म–दर्शन, पटना, 1971।
5. वर्मा विश्वनाथ प्रसाद, भारतीय दर्शन, नई दिल्ली 2002, पृ. 87।
6. राहुल सांकृत्यायन, दर्शन दिग्दर्शन, किताब महल, इलाहाबाद, प्र. सं. 1944, द्वि. सं. 1947, तृ. सं. 1961।
7. पी. वी. बापट और जे. एन. तकासाकी, बुद्धिस्ट स्ट्डीज इन रिसेन्ट टाईम्स, बौद्धधर्म के 2500 वर्ष, पब्लिकेशन डिविजन, मनिस्ट्री ऑफ इम्फोर्मेशन एण्ड ब्राडकास्टिंग, भारत सरकार 1956, रिप्रिन्ट 1959, 1964, 1971, 1976 पृ. 337–383।
8. चाउ–ह–सिएन्ग कुअन्ग, इन्डो–चीन संबंध, और चीनी बौद्धधर्म का इतिहास, 1955।

## अध्याय – 20

# भारत उदय स्तंभ

डॉ. बी. आर. अम्बेडकर विश्व वेद्यालय (BRAUSS) में बाबासाहेब की 125वीं जयंती वर्ष के उपलक्ष्य में उनके 125 योगदानों का स्तम्भ परिसर में स्थापित किया गया धा। उसी स्तंभ पर 125 योगदान निम्नानुसार अंकित किए गए थे।

### भारत उदय स्तंभ

1. काली पल्टन महू में श्री रामजी मालोजी सकपाल तथा भीमाबाई के परिवार में मंगलवार दिनांक 14 अप्रैल, 1891 को बालक भीमराव का जन्म हुआ।
2. वर्ष 1907 में मैट्रिक की परीक्षा उत्तीर्ण होने पर जनवरी 1908 में कृष्णाजी अर्जुन केलुस्कर ने स्वलिखित पुस्तक गौतम बुद्ध की जीवनी भीमराव को भेंट को।
3. सन् 1913 में उन्होंने मुबई विश्वविद्यालय से बी.ए. तथा कोलंबिया विश्वविद्यालय, न्यूयार्क से सन् 1915 को एम.ए. की परीक्षा पास की।

4. प्रो. गोल्डनवेज़र एन्थ्रपालाजिकल सेमिनार में मई 1916 को भारत में जातियाँ, उनकी उत्पत्ति, और निदान शोधपत्र मई 1917 में प्रकाशित हुआ।
5. कोलंबिया विश्वविद्यालय न्ययार्क ने 1917 में भारत का राजस्वः एक ऐतिहासिक तथा विश्लेषणात्मक अध्ययन प्रबंध पर उन्हें पी.एच. डी. उपाधि प्रदान की।
6. जुलाई 1917 में वे बड़ौदा नरेश गायकवाड़ के मिलिटरी अधिकारी पद पर बाद में वित्त मंत्री बनाने हेतु नियुक्त हुये।
7. सन् 1918 में उन्होंने साउथबरो कमिशन के समक्ष मताधिकार पर अपनी साक्ष्य दी और नागपुर में आयोजित डिप्रेस्ड वर्ग परिषद में उपस्थित हुये।
8. नवंबर 1918 में बम्बई के अर्थशास्त्र और वाणिज्य महाविद्यालय, सिडेनहैम में राजनीतिक अर्थव्यवस्था के प्रोफेसर बने।
9. मूकनायक (जनवरी 31, 1920), बहिष्कृत भारत (अप्रैल 3, 1920), समता व जनता (1930), तथा प्रबुद्ध भारत (1956) साप्ताहिक / पाक्षिक शुरु किये।
10. सितम्बर 1920–21 में लंदन स्कूल ऑफ एकानॉमिक्स ने शोध ग्रंथ ब्रिटिश भारत में साम्राजीय वित्त का प्रांतीय विकेन्द्रीकरण पर एम. एस.सी. की उपाधि प्रदान की।
11. वर्ष 1922–23 में वे जर्मनी के बॉन विश्वविद्यालय में रिस्पॉन्सिबिलिटी ऑफ द रिस्पॉन्सिबल गवर्नमेंट प्रशासन से संबंधित विषय पर ग्रंथ लिखा।
12. मार्च 1923 में शोध प्रबंध रुपये की समस्या, उसकी उत्पत्ति और उसका उपाय पर उन्हें डी.एस.सी. उपाधि मिली
13. ग्रेज–इन विधि संस्थान, लंदन द्वारा बैरिस्टर की उपाधि वर्ष 1923 में प्रदान की गई।
14. बहिष्कृत हितकारिणी सभा को 20 जुलाई, 1924 में संस्थापित किया और शिक्षित बनो, संघर्ष करो, संगठित रहो का नारा दिया।

15. वर्ष 1925 में एम. एस.सी. का शोध ग्रंथ ब्रेटिश भारत में प्रांतीय वित्त का विकास प्रकाशित किया।
16. उनके एम. एस.सी. के शोध ग्रंथ ब्रिटिश भारत में प्रांतीय वित्त का विकास के आधार पर देश में वित्त आयोग की स्थापना हुई।
17. हिल्टन यंग कमिशन के समक्ष प्रस्तुत अपने रुपये की समस्या, उसकी उत्पत्ति और उपाय शोध ग्रंथ पर साक्ष्य दिया, जिससे भारतीय रिज़र्व बैंक की स्थापना 1934 में हुई।
18. मार्च 20, 1927 को कोलाबा जिले के महाड़ में चवदार तालाब पर अस्पृश्यों की पहुँच हेतु सत्याग्रह किया।
19. उन्होंने समाज विरोधी संदेश देने वाले धार्मिक तथा पवित्र साहित्य को जलाने योग्य घोषित किया।
20. 1928 में बम्बई विधान परिषद में वतन विधेयक प्रस्तावित कर सायमन कमीशन के समक्ष अपनी साक्ष्य दी।
21. वर्ष 1930 के मार्च महिने में वे अनुसूचित जाति एवं जनजातियों के मंदिर प्रवेश के अधिकार हेतु नाशिक के कालाराम मंदिर प्रवेश के लिये सत्याग्रह किया।
22. वर्ष 1930–32 के दौरान वे भारत के अनुसूचित जाति एवं जनजातियों को नीति निर्धारण में सहभागिता दिलाने के लिये तीन बार गोलमेज सन्मेलन में शामिल होकर प्रतिनिधित्व किया।
23. महिलाओं, गरीबों एवं कमजोर वर्गों को मतदान एवं चुनाव लड़ने का अधिकार प्रदान किया।
24. सितंबर 1932 में महात्मा गांधी को आमरण अनशन से बचाने के लिये पूना पैक्ट पर हस्ताक्षर किया।
25. दिसंबर 1935 में जांत पांत तोडक मंडल, लाहौर के सम्मेलन के लिये जातिभेद निर्मुलन नामक जो ऐतिहासिक अध्यक्षीय अभिभाषण तैयार किया था, वह ग्रंथ रुप में प्रकाशित हुआ।

26. 1936 में येवला में हिन्दू धर्म छोड़ने के फैसले के समर्थन में चर्मकार, मातंग, हिन्दू, सिक्ख समुदाय आदि विभिन्न संगठनों ने धर्म परिवर्तन के लिये समर्थन दिया।
27. उन्होंने कहा "धर्म, दरिद्रता और दुःख को गौरवान्वित कर जमीनी सच्चाई से अपना मुख नहीं मोड़ सकता"।
28. उन्होंने राजनैतिक और आर्थिक शक्ति की भांति धर्म को भी एक प्रभावी शक्ति माना है।
29. उन्होंने अपने गहन अध्ययन से धार्मिक ग्रंथों में अन्तर्भूत, समाजविरोधी, शिक्षाओं का धिक्कार किया और उसे दूर करने हेतु जनता को जागृत किया।
30. अगस्त 1936 में बम्बई विधान परिषद के लिये स्वतंत्र मजदूर पार्टी की स्थापना की ।
31. भारत सरकार अधिनियम, 1935 के तहत 17 फरवरी, 1937 को सम्पन्न प्रथम आम चुनाव में बम्बई विधान सभा से स्वतंत्र मजदूर पार्टी ने 17 सीटें जीती।
32. डॉ. अम्बेडकर ने 17 सितम्बर, 1937 को महार वतन निर्मूलन विधेयक विधान सभा में पारित करवाया।
33. वर्ष 1938 में कांग्रेस पार्टी द्वारा अस्पृश्यों को हरिजन नाम देने वाला विधेयक विधान सभा में पारित करवाया गया, जिसका विरोध किया।
34. बम्बई विधान सभा में छोटे किसानों की उत्पीड़क खोती प्रथा निषेध विधेयक पारित कराया।
35. बम्बई विधान सभा में औद्योगिक विवाद विधेयक 1938 में पारित करवा कर श्रमिकों के हड़ताल के अधिकार को कानूनी करार दिया।
36. बम्बई विधान सभा में 10 दिसंबर, 1938 को जन्म नियंत्रण के उपायों को अंगीकृत करने वाला प्रस्ताव पारित किया।

37. भारत सरकार अधिनियम, 1935 में रेखांकित अखिल भारतीय संघ योजना की आलोचनात्मक समीक्षा को संघ बनाम आजादी 29 जनवरी, 1939 को पुस्तक के रूप में प्रकाशित किया।

38. वर्ष 1923–56 के दौरान बहिष्कृत हितकारिणी सभा, दलित वर्ग शिक्षा समाज; स्वतंत्र श्रमिक दल; महार पंचायत; अखिल भारतीय अनुसूचित जाति परिषद; द पिपुल्स एज्युकेशन सोसायटी; भारतीय बौद्ध महासभा; और रिपब्लिकन पार्टी ऑफ इंडिया जैसी कई संस्थायें स्थापित की।

39. कमजोर वर्गों के छात्रों को छात्रावासों, रात्रि स्कूलों, ग्रंथालयों तथा शैक्षणिक माध्यम से अध्ययन करने और साथ ही आय अर्जित करने के लिए सक्षम बनाये।

40. लार्ड लिनलिथगो ने उनकी क्षमता को 500 विद्वानों के समकक्ष आंकी थी और वास्तव में वे सामाजिक, आर्थिक, राजनीतिक, साहित्यिक, धार्मिक, कलात्मक और मनोवैज्ञानिक क्षेत्रों में पारंगत की भांति योगदान देते रहे।

41. दिसंबर 1940 में विचारोत्तेजक पुस्तक "पाकिस्तान अथवा भारत का विभाजन" शीर्षक से फरवरी 1945 में प्रकाशित हुई; जिसका तीसरा संस्करण 1946 में प्रकाशित हुआ।

42. श्रम मंत्री के रुप में महाराज्यपाल की कार्यकारिणी परिषद का दायित्व 20 जुलाई 1942 को ग्रहण कर श्रमिकों की 12 घण्टे परिश्रम करने की अवधि को 8 घण्टे तक कम किया।

43. दिसंबर 1942 को लिखित भारत में अछुतों की समस्यायें नामक शोध ग्रंथ दिसंबर 1943 में मि. गांधी और अछुतों की मुक्ति शीर्षक से प्रकाशित किया।

44. 1943 में रानाडे, गांधी और जिन्नाह ग्रंथ प्रकाशित किया। भारतीय श्रमिक अधिनियम को सक्रिय बनाकर श्रमिक संघ संशोधन विधेयक से श्रम्कि संघ को मान्यता दिलाई।

45. उन्होंने श्रमिक संघ, नियोक्ता तथा सरकार के त्रीसूत्रीय योजना से औद्योगिक विवाद सुलझाने का उपाय प्रदान किया।

46. जातीय गुत्थी और उसे सुलझाने का उपाय ग्रंथ को 6 मई, 1944 को प्रकाशित किया। उन्होंने श्रम कल्याण निधि के क्रियान्वयन हेतु जनवरी 1944 में सलाहकार समिति बनवाई।
47. कांग्रेस और गांधी ने अछूतों के लिये क्या किया, ग्रंथ जून 1944 में प्रकाशित हुआ।
48. सन् 1944 में कर्मचारियों के लिये दैनिक भत्ता, अवकाश की सुविधा, वेतन श्रेणी, भविष्य निधि, तथा सुरक्षा प्रदान करने का संशोधन विधेयक पारित करवाया।
49. भारतीय सांख्यिकी अधिनियम, श्रम की दशा, दैनिक मजदूरी, आय के अन्य स्रोत, मुद्रास्फिति, ऋण, आवास, रोजगार, राष्ट्रीय रोजगार कार्यालय की स्थापना, जमापूंजी तथा अन्य निधि व श्रम विवाद से संबंधित नियम निर्धारित करा दिये।
50. सन् 1944 में केन्द्रीय जल मार्ग तथा सिंचाई आयोग के प्रस्ताव को 4 अप्रैल, 1945 को महाराज्यपाल द्वारा अनुमोदित किया गया।
51. कृषि तथा छोटी जोतों पर निर्भर बेरोजगार श्रमिकों को रोजगार के अधिक अवसर प्रदान करने के लिए उन्होंने औद्योगीकरण की सिफारिश की।
52. सन् 1945 में महानदी के प्रबंधन की बहुउद्देशीय उपयुक्तता को परख कर देश के लिये जलनीति तथा औद्योगिकरण की योजना प्रदान की।
53. सहकारी और सामूहिक खेती, जमीन का राष्ट्रीयकरण, तथा सार्वजनिक प्राथमिक उद्यमों यथा बैकिंग, बीमा आदि उपक्रमों पर राज्य का स्वामित्व और नियंत्रण की पुरजोर सिफारिश की।
54. विश्व युद्ध के उपरांत उन्होंने राष्ट्रीय अर्थव्यवस्था की पुनर्स्थापना, रक्षासेवा की पुनर्नियुक्ति, कृषि, सिंचाई और विद्युत नीति की नींव रखी।
55. उन्होंने केन्द्रीय तकनीकि विद्युत मंडल, जल विद्युत केन्द्र तथा सर्वेक्षण के माध्यम से देश में उत्कृष्ट अभियंताओं के विदेश में प्रशिक्षण की व्यवस्था दी।

56. सन् 1946 में निवास, जल आपूर्ति, शिक्षा, मनोरंजन, सहकारी प्रबंधन आदि से श्रम कल्याण नीति की नींव डाली।
57. अप्रैल 1946 में सिद्धार्थ कला और वाणिज्य महाविद्यालय बम्बई कीं स्थापना की।
58. अक्तूबर 1946 को शूद्र कौन थे, वे इण्डो–आर्यन समाज में चौथा वर्ण कैसे बने, प्रकाशित किया।
59. सितंबर 1946 को लंदन जाकर ब्रिटिश सरकार और विपक्ष दल को अनुसूचित जाति एवं जनजातियों के लिये सुरक्षा, वेटेज, तथा भारत को आजादी दिलाने के बारे में अपील की।
60. डॉ. अम्बेडकर 1946 में भारत के संविधान सभा के सदस्य निर्वाचित होकर संयुक्त भारत निर्माण पर जोर दिया।
61. दामोदर घाटी, हिराकुण्ड तथा सोन व महानदी परियोजना के स्थापनार्थ जलसंग्रह, बंध निर्माण, राष्ट्रीय जलमार्ग और बहुउद्देशीय जल प्रयोग की योजना प्रदान की।
62. अनुसूचित जाति, जनजाति और अल्पसंख्यकों को शिक्षा और नौकरी की गांरटी प्रदान कर सामाजिक असमानता के निर्मूलन का कार्य किया।
63. स्वास्थ्य बीमा योजना, भविष्य निधि, कारखाना संशोधन, श्रमिक विवाद, न्यूनतम मजदूरी और विधिक हड़ताल के अधिनियमों को श्रमिकों के कल्याणार्थ निर्माण किया।
64. अज्ञान, अशिक्षा तथा अंधविश्वास से मुक्ति के लिये कमजोर वर्गों के छात्रों को उच्च शोध अध्ययन हेतु विदेश भेजने और छात्रवृत्ति प्रदान करने की सफल योजना कार्यान्वित की।
65. मार्च 1947 में राज्य और अल्पसंख्यक पुस्तक में मौलिक अधिकार, अल्पसंख्यकों का विशेष अधिकार, अनुसूचित जाति एवं जनजातियों की सुरक्षा और भारत के राज्यों की समस्याओं पर प्रकाश डाला।

66. डॉ. अम्बेडकर ने अप्रैल 1947 में भारत के संविधान का जो अस्पृश्यता निर्मूलक 17वां अनुच्छेद बनाया था, वह 20 नवंबर, 1948 को संविधान सभा में पारित किया गया।
67. डॉ. अम्बेडकर संविधान सभा में बम्बई विधान मंडल से कांग्रेस पार्टी द्वारा निर्वाचित हुये। वे आजाद भारत के प्रथम विधि मंत्री बने।
68. संविधान सभा ने उनको मसौदा समिति में नियुक्त किया और मसौदा समिति ने उन्हें 29 अगस्त 1947 को अपना अध्यक्ष निर्वाचित किया।
69. फरवरी 1948 को डॉ. अम्बेडकर ने भारत गणराज्य का संविधान मसौदा पूरा किया।
70. अक्तूबर 1948 में द अन्टचेबल नामक प्रकाशित ग्रंथ में अछूतों की उत्पत्ति पर ऐतिहासिक तथ्य प्रस्तुत किये।
71. भाषाई प्रांत आयोग अथवा धार आयोग को प्रस्तुत ''महाराष्ट्र एक भाषाई राज्य'' नामक प्रकाशित ग्रंथ में राज्य पुनगर्ठन के एक राज्य–एक भाषा तत्व को स्वीकार किया।
72. जम्मू और कश्मीर को विशेष दर्जा देने वाले संविधान अनुच्छेद 370 के बावजूद राष्ट्रीय एकता और अखण्डता पर जोर दिया।
73. समस्त भारतीय नागरिकों के लिए समान नागरिक संहिता का प्रतिपादन किया।
74. धर्म, विचार, अभिव्यक्ति, विश्वास, पूजा और उपासना की स्वतंत्रता प्रदान की।
75. तथागत गौतम बुद्ध, संत कबीर और महात्मा ज्योतिबा फुले उनके तीन प्रेरणास्रोत थे।
76. राष्ट्रीय ध्वज में अशोक चक्र एवं भारतीय मुद्रा पर चतुःसिंहशीर्षवाला अशोक स्तम्भ चिन्हित करवाया।
77. भारतीय गणराज्य को एक सूत्र में बांधने के लिए सामाजिक एकीकरण एवं 500 से ज्यादा रियासतों को भारतीय संघ में विलीन करने की संवैधानिक व्यवस्था दी।

78. डॉ. अम्बेडकर ने 4 अक्टूबर 1948 को संविधान सभा को संविधान का प्रारुप सौंपा।
79. डॉ. अम्बेडकर ने 25 नवंबर 1949 को संविधान सभा को उद्‌बोधन दिया।
80. समता, समानता, बन्धुता एवं मानवतावादी भारतीय संविधान 02 वर्ष 11 महिने और 17 दिन में तैयार कर राष्ट्रपति को सौंपा जिसे संविधान सभा ने 26 नवंबर 1949 को अंगीकृत किया।
81. राज्य नीति निर्देशक तत्वों के जरिये उन्होंने शासनकर्ता को जनकल्याण से कटिबद्ध किया।
82. सिद्धार्थ महाविद्यालय बम्बई में 11 जनवरी, 1950 को हिन्दू कोड बिल पर उदबोधन दिया।
83. संविधान निर्माता को बम्बई के नरे पार्क मैदान में संविधान की प्रति एक चांदी के कलश में भेंट की गई।
84. संविधान लागू होने के पश्चात् क्रांति के समस्त हिंसक उपाय असंविधानिक और अवैध करार दिये गये।
85. ग्रैनविल आस्टिन ने भारतीय संविधान को राष्ट्रीय और सामाजिक दस्तावेज बताया।
86. ऐतिहासिक प्राचीन भारतीय गणराज्य को आधुनिक भारत के गणतंत्र में तब्दील किया।
87. भारतीय नागरिकों को मूलभूत स्वतंत्रता के अधिकारों की गांरटी प्रदान की।
88. जातिभेद, मतभेद और अस्पृश्यता के सभी भेदों को समाप्त कर धार्मिक स्वतंत्रता प्रदान की।
89. भारत की शिक्षा पद्धति को सार्वजनिक बनाकर शिक्षा में आनुपातिक प्रतिनिधित्व की अनुसंशा की।
90. भारतीय अल्पसंख्यकों के लिए अपनी शिक्षा, संस्कृति, भाषा और लिपि को सुरक्षित रखने हेतु अनुच्छेद 29 और 30 का प्रावधान किया।

91. मई 1950 में लिखित बुद्ध और उनके धम्म का भविष्य नामक आलेख कलकत्ता महाबोधि सोसायटी के जर्नल में प्रकाशित किया गया।
92. 1950 में यंग मैन बुद्धिस्ट एसोशियसन् को हिन्दू महिलाओं का उत्थान और पतन विषय पर दिये गये संबोधन को 1951 में पुस्तक के रुप में प्रकाशित किया ।
93. भारत के प्रथम राष्ट्रपति डॉ. राजेन्द्र प्रसाद ने 1 सितंबर, 1950 को मिलिंद महाविद्यालय, औरंगाबाद की आधारशिला रखी।
94. डॉ. अम्बेडकर, प्रथम विश्व बौद्ध सम्मेलन में एक डेलिगेट के रुप में दिसंबर 1950 में कोलंबो, श्रीलंका गये।
95. केन्द्रीय कानून मंत्री की हैसियत से डॉ. अम्बेडकर ने संसद में हिन्दू कोड बिल 5 फरवरी 1951 को प्रस्तावित किया, उसका समर्थन नहीं किये जाने पर 9 सितंबर 1951 को नेहरु मंत्री मंडल से इस्तीफा दिया।
96. महिलाओं को सामाजिक और आर्थिक क्षेत्र में पुरूषों के बराबर अधिकार प्रदान किया।
97. डॉ. अम्बेडकर ने 15 अप्रैल, 1951 को दिल्ली में अम्बेडकर भवन की आधारशिला रखी।
98. डॉ. अम्बेडकर ने बुद्ध उपासना पाठ नामक पूजा पुस्तिका का संकलन कर सितंबर 1951 में प्रकाशित किया।
99. 19 सितंबर, 1951 को विवाह और विवाह–विच्छेद विधेयक पर संसद में चर्चा के पश्चात् 11 अक्टूबर, 1951 को डॉ. अम्बेडकर ने मंत्री मंडल को छोड़ दिया।
100. देश में प्रचलित मिताक्षर और दायभाग विवाह पद्धतियों को मिलाकर एक संहिता बनाई और अंतर्जातीय विवाह के द्वारा जाति विहीन समतामलकू समाज का मार्ग प्रशस्त किया।
101. मार्च 1952 में बम्बई प्रतिनिधि के रुप में राज्य सभा के संसद सदस्य बने।

102. कोलंबिया विश्वविद्यालय ने 15 जून 1952 को द्विशताब्दी दीक्षांत समारोह में एल. एल. डी. की उपाधि देकर और वर्ष 2013 में ज्ञान का प्रतीक कह कर सम्मानित किया।

103. प्रजातंत्र के सफलतापूर्वक संचालन की पूर्व शर्तें विषय पर 22 दिसंबर, 1952 को पूना के वकील परिषद को संबोधित किया।

104. बम्बई में 1953 को सिद्धार्थ वाणिज्य और अर्थशास्त्र महाविद्यालय और 1956 को सिद्धार्थ विधि महाविद्यालय शुरु किया।

105. उस्मानिया विश्वविद्यालय ने 12 जनवरी, 1953 को डॉ. अम्बेडकर को डी. लिट् की मानद उपाधि से सम्मानित किया।

106. बुद्ध जयंती के अवसर पर मई 1954 में और तृतीय विश्व बौद्ध सम्मेलन में भाग लेने दिसंबर 1954 में रंगून गये।

107. मैसूर के महाराजा द्वारा जून 1954 में प्रदत्त 5 एकड़ जमीन पर बौद्ध सेमिनरी, बंगलौर में बनाने की अनुसंशा की गई।

108. राज्य सभा में 16 सितंबर, 1954 को अस्पृश्यता अपराध विधेयक पर उद्बोधन दिया तथा आकाशवाणी पर मेरा निजी दर्शन विषय पर 3 अक्टूबर, 1954 को भाषण किया।

109. धर्म की आवश्यकता क्यों? विषय पर डॉ. अम्बेडकर ने 3 अप्रैल, 1955 को भाषण दिया।

110. भाषाई राज्यों पर विचार नामक 1955 में प्रकाशित ग्रंथ पर राज्य सभा में 1 मई, 1956 को बोले और मध्यप्रदेश, बिहार और उत्तर प्रदेश में उनके विचार 2000 में साकार हुये।

111. पुणे के समीप देहु रोड़ के बुद्ध विहार में दिसंबर 1955 में बुद्ध प्रतिमा स्थापित की।

112. बुद्ध और उनका धम्म और प्राचीन भारत में क्रांति तथा प्रतिक्रांति नामक दो ग्रंथों का लेखन कार्य फरवरी 1955 में पूर्ण किया।

113. बुद्ध और उनका धम्म का प्राक्कथन का लेखन 15 मार्च, 1956 को पूर्ण किया।

114. बी. बी. सी. लंदन आकाशवाणी पर "बौद्ध धर्म मुझे क्यों पसंद है" विषय पर उनका भाषण प्रसारित हुआ।
115. बुद्ध जयंति की पूर्व संध्या पर नरे पार्क, बम्बई में 24 मई, 1956 को वे श्री बी. जी. खेर के मुख्य आतिथ्य में आयोजित बैठक में अंतिम बार उपस्थित रहे।
116. 20वीं सदी में भारत में आधुनिक प्रजातंत्र तथा बौद्ध धर्म को पुनरोज्जीवित किया।
117. दीक्षा भूमि, नागपुर में अपने पांच लाख अनुयायियों के साथ 14 अक्तूबर, 1956 को बौद्ध धम्म की दीक्षा जेष्ठतम महास्थविर चंद्रमणि से ग्रहण की।
118. बौद्ध धर्म को उसके तीन बौद्धिक तत्वों यथा समता, करूणा और प्रज्ञा के कारण पसंद किया।
119. स्वतंत्रता, समता तथा बन्धुत्व पर आधारित नये धम्म चक्र प्रवर्तन का आगाज कर विश्व में नैतिक साम्राज्य की नींव डाली।
120. बौद्ध प्रतीकों एवं बौद्ध चेतना को भारत वर्ष की अधिशासक प्रेरणा बनाई।
121. रिपब्लिकन पार्टी 14 अक्तूबर, 1956 को संस्थापित करने का ऐलान किया।
122. चतुर्थ विश्व बौद्ध सम्मेलन, काठमांडू में 20 नवंबर, 1956 को उपस्थित होकर 'बुद्ध और कार्ल मार्क्स' नामक भाषण से उद्‌बोधित किया।
123. डॉ. अम्बेडकर का 6 दिसंबर, 1956 को उनके निवास 26, अलीपुर रोड़, दिल्ली में परिनिर्वाण हुआ।
124. बम्बई स्थित चैत्य भूमि में 7 दिसंबर, 1956 को बौद्ध संस्कार पद्धति से भारत रत्न बाबासाहेब डॉ. अम्बेडकर का अंतिम संस्कार हुआ।
125. अतुल्य योगदानों के लिये भारत सरकार ने वर्ष 1991 में सर्वोच्च नागरिक पुरस्कार भारत रत्न से उन्हें सम्मानित किया।

## अध्याय – 21

# चीर स्मृति स्थान

बाबासाहेब भारत रत्न डॉ. बी.आर. अम्बेडकर अब विश्व की वैचारिक धरोहर है। उनके चीर स्मृति स्थान निम्नानुसार हैं:

### 1. बाबासाहेब डॉ. अम्बेडकर जन्म स्थली स्मारक, महू

सन् 14 अप्रैल, 1891 को महू में श्री रामजी मालोजी सकपाल धर्मपत्नी भीमाबाई के कुल में डॉ. बाबासाहेब अम्बेडकर का जन्म हुआ। पिता जी मेजर सुबेदार के पद पर एक सैनिक अधिकारी थे, जो काली पलटन स्थित जन्मस्थली स्मारक की जगह पर विद्यमान जिस बैरेक में रामजी सकपाल रहते थे उसी बैरक की जगह पर 22500 वर्ग फुट

(Square feet) जगह में श्री सुन्दरलाल पटवा, माननीय मुख्यमंत्री, मध्य प्रदेश शासन ने बाबासाहेब की जन्म शताब्दी समारोह के शुभ अवसर पर 14 अप्रैल, 1991 को जन्म स्थली स्मारक का शिलान्यास किया। शिलान्यास के पश्चात 1994 में स्मारक बनाने का कार्य प्रांरभ हुआ और 2003 तक स्मारक का स्ट्रक्चर तैयार हो गया। मध्य प्रदेश शासन का कार्यभार श्री शिवराज सिंह चौहान, माननीय मुख्यमंत्री द्वारा ग्रहण करने के बाद कार्य तेजी से चला और उसमें मारबल लगाकर मुर्तियाँ स्थापित की गईं। 14 अप्रैल, 2008 में प्रधानमंत्री श्री लालकृष्ण आडवानी द्वारा माननीय श्री शिवराज सिंह चौहान की उपस्थिति में 14 अप्रैल, 2008 को बाबासाहेब की 14 फुट की प्रतिमा स्थापित कर जन्म स्थली का उद्घाटन किया गया तथा जयन्ती समारोह को भव्य रूप से मनाने के लिये प्रतिवर्ष एक करोड़ धनराशि राज्य शासन द्वारा उपलब्ध कराने का आदेश दिया गया। माननीय मुख्यमंत्री श्री शिवराज सिंह चौहान जी द्वारा 14 अप्रैल, 2013 को जन्म स्थली पर 6 और प्रतिमाएं स्थापित की गईं। जन्म स्थली को पंचतीर्थों में से एक तीर्थ के रूप में विकसित किया जा रहा है। जन्म स्थली स्मारक के साथ जुड़ी हुई जगह (सर्वे नं. 67) 7.5 एकड़ भूमि स्मारक को उपलब्ध कराने के लिये विभिन्न स्तरों पर लगातार प्रयास किये जा रहे है।

## 2. बाबासाहेब डॉ. अम्बेडकर अन्तर्राष्ट्रीय स्मारक, लंदन

बाबासाहेब डॉ. अम्बेडकर ने अपनी उच्च्च शिक्षा की एम.एस.सी. एवं डी.एस.सी. उपाधियों का शोध अध्ययन लंदन स्कूल ऑफ इकोनामिक्स

एण्ड पोलिटिकल सांइस लन्दन से किया था तथा बार–एट–लॉ का कौशल लंदन के ग्रेज–इन विश्वविद्यालय से प्राप्त किया था। बाबासाहेब लन्दन में 1921 से 1923 तक पढ़ाई करते समय मकान न. 10 हेन्री किंग्स रोड़, लन्दन में किराये पर रहते थे। उस मकान को श्री देवेन्द्र फडणवीस, माननीय मुख्यमंत्री, महाराष्ट्र शासन ने खरीद कर एक स्मारक का निर्माण कराया है, जिसका उद्घाटन माननीय प्रधानमंत्री भारत सरकार के कर कमलों द्वारा 9 नवम्बर, 2015 को किया गया। इस अंतरराष्ट्रीय स्मारक को बाबासाहेब के पंचतीर्थ में से एक द्वितीय तीर्थस्थल के रूप में विकसित किया जा रहा है।

## 3. दीक्षा भूमि स्मारक, नागपुर

यहाँ पर बाबासाहेब ने 14 अक्तूबर, 1956 को पांच लाख अनुयायियों के साथ बौद्ध धर्म की दीक्षा ली थी, यहॉ पर 14 अक्टूबर को धम्म दीक्षा दिवस के अवसर पर हर साल लाखों अनुयायी आते हैं। श्री नितीन गडकरी, माननीय केन्द्रीय मंत्री, भारत सरकार के प्रयासों से उसे ए–ग्रेड तीर्थ के रूप में चिन्हित किया गया है, जिससे भारत सरकार द्वारा हमेशा धनराशि उपलब्ध कराई जाती रहेगी और जो सांची स्तूप के अनुरूप विश्व धरोहर के रूप में मान्य है। ये स्थान दीक्षाभूमि के रूप में जाना जाता है और इसको भी बाबासाहेब की यादगार के रूप में विकसित किये जा रहे पंचतीर्थों में से एक तृतीय तीर्थस्थल के रूप में विकसित किया जा रहा है।

## 4. डॉ. अम्बेडकर राष्ट्रीय स्मारक, नई दिल्ली

बाबासाहेब डॉ. अम्बेडकर अपने अंतिम समय में 26, अलीपुर रोड़ में निवास कर रहे थे। उन्होंने 6 दिसम्बर, 1956 को इसी भवन में अंतिम सांस ली। इस भवन को माननीय अटल बिहारी बाजपेयी ने अपने

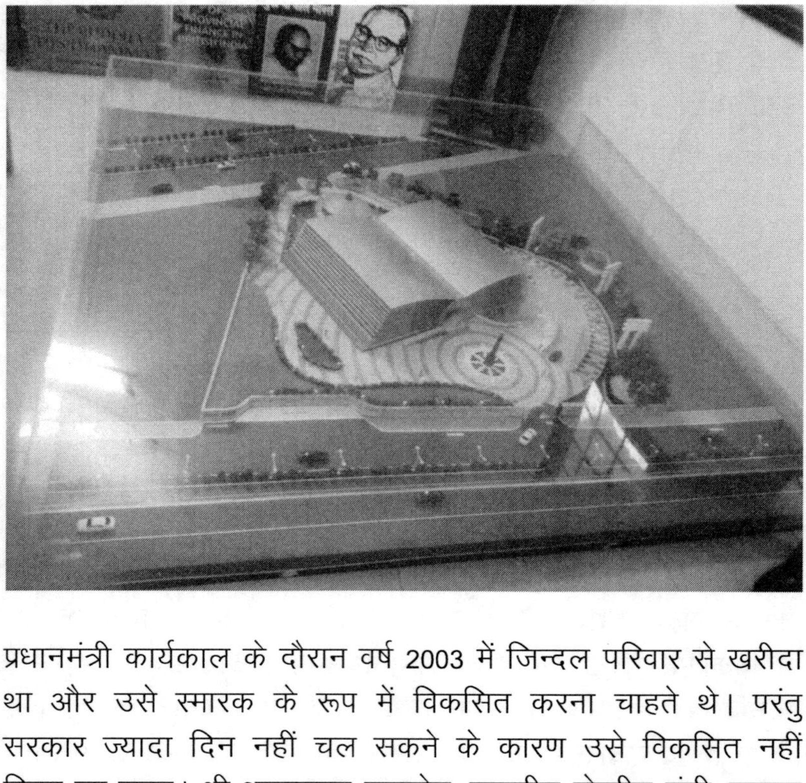

प्रधानमंत्री कार्यकाल के दौरान वर्ष 2003 में जिन्दल परिवार से खरीदा था और उसे स्मारक के रूप में विकसित करना चाहते थे। परंतु सरकार ज्यादा दिन नहीं चल सकने के कारण उसे विकसित नहीं किया जा सका। श्री थावरचन्द्र गहलोत, माननीय केन्द्रीय मंत्री, समाज कल्याण एवं अधिकारिता मंत्रालय, भारत सरकार द्वारा अब बाबासाहेब के इस स्मारक को पंच तीर्थस्थल में से एक चतुर्थ तीर्थस्थल के रूप में एक एकड़ भूमि पर विकसित किया जा रहा है। 21 मार्च 2016 को इसका शिलान्यास माननीय प्रधानमंत्री द्वारा किया गया तथा इसके लिए राशि रू. 95 करोड़ समाज कल्याण एवं अधिकारिता मंत्रालय, भारत सरकार द्वारा उपलब्ध करा दिए गये हैं। माननीय प्रधानमंत्री जी

ने इसे निश्चित समयावधि में स्मारक तैयार कर 14 अप्रैल, 2018 को लोकार्पण करने की तिथि निश्चित की है।

## 5. चैत्य भूमि स्मारक, मुम्बई

बाबासाहेब डॉ. अम्बेडकर के परिनिर्वाण के पश्चात् 7 दिसम्बर, 1956 को मुम्बई के दादर में उनका दाह संस्कार किया गया था, जिसे चैत्य भूमि के नाम से जाना जाता है। स्मारक बहुत कम जगह में है इसलिये उसके साथ बन्द पड़े इन्दू मील की जमीन को श्री देवेन्द्र

फडणवीस, माननीय मुख्यमंत्री, महाराष्ट्र शासन ने चैत्य भूमि स्मारक को उपलब्ध कराया है, जिससे उसको एक बड़े स्मारक के रूप में विकसित किया जा सके। माननीय प्रधानमंत्री, भारत सरकार ने दिनांक 11 अक्टूबर 2015 को स्मारक को भव्य बनाने का शुभारम्भ किया है। ये बाबासाहेब की यादगार में विकसित किये जा रहे पंचतीर्थों में से एक पंचम तीर्थ के रूप में विकसित किया जा रहा है।

## 6. अन्य मुख्य–मुख्य कार्य

डॉ. बी. आर. अम्बेडकर सामाजिक विज्ञान विश्वविद्यालयः–

माननीय मुख्यमंत्री, श्री शिवराज सिंह चौहान जी ने भारत सरकार के वरिष्ठ केन्द्रीय मंत्री श्री थावरचन्द गहलोत, सामाजिक न्याय एवं

अधिकारिता मंत्रालय और श्री राम विलास पासवान, मंत्री, खाद्य एवं उपभोक्ता मंत्रालय तथा मध्य प्रदेश शासन के वरिष्ठ मंत्री श्री ज्ञानसिंह जी, श्री कैलाश विजयवर्गीय, श्री विजय शाह एवं श्री लालसिंह आर्य की उपस्थिति में बाबासाहब डॉ. अम्बेडकर की 125वीं जयन्ती वर्ष के शुभ अवसर पर दिनांक 14 अप्रैल, 2015 को विश्वविद्यालय का शुभारंभ किया।

माननीय मुख्यमंत्री जी के ही प्रयासों से दिनांक 14 अगस्त, 2015 को विश्वविद्यालय अध्यादेश जारी हुआ और फिर दिनांक 13 जनवरी, 2016 को विश्वविद्यालय का अधिनियम मध्य प्रदेश राजपत्र (असाधारण) में अधिसूचित होकर आज देश के प्रथम सामाजिक विज्ञान का विश्वविद्यालय अपने पूर्ण स्वरूप को प्राप्त कर चूका है। विश्वविद्यालय का मुख्य उद्देश्य अनुसूचित जातियों, अनुसूचित जनजातियों एवं अन्य पिछड़े वर्गों के सामाजिक उत्थान एवं सामाजिक न्याय, आर्थिक विकास एवं आर्थिक सशक्तीकरण, शैक्षणिक उत्कृष्टता एवं कौशल विकास तथा उनका नीति निर्धारण एवं राष्ट्र निर्माण में और अधिक सहभागिता सुनिश्चित करना है। विश्वविद्यालय में 8 स्कूल जैसे डॉ. अम्बेडकर विचार एवं दर्शन, प्रबंधन, सामाजिक विज्ञान, शिक्षा विज्ञान, ग्रामीण विकास, कृषि विज्ञान, सामाजिक न्याय एवं विधि अपने 34 विभागों के

द्वारा लगभग 75 विषयों में स्नातकोत्तर, एम.फिल., पीएच.डी, डी.लिट्, डी.एस.सी., एल.एल.डी. जैसी उच्च उपाधियों के लिए शिक्षण एवं अनुसंधान कर रहे हैं।

मध्य प्रदेश शासन द्वारा बनाया गया डॉ. बी. आर. अम्बेडकर सामाजिक विज्ञान विश्वविद्यालय, देश का पहला विश्वविद्यालय है, जहाँ उच्च शिक्षा के साथ–साथ अनुसूचित जातियों, जनजातियों एवं अन्य पिछड़े वर्गों के समग्र विकास हेतु अनुसंधान किया जायेगा तथा प्रत्येक जिले में स्थापित सामाजिक विज्ञान केन्द्रों के द्वारा प्रचार–प्रसार प्रशिक्षण के माध्यम से समाज में व्याप्त सामाजिक बुराईयों, असमानता, कुप्रथाओं, अंधविश्वास, छुआछूत, जातिभेद निर्मूलन का कार्य किया जायेगा एवं कौशल विकास, उद्यमिता, उच्च शिक्षा उपलब्ध कराने के प्रावधानों से यह विश्वविद्यालय देश के लिये अग्रणी मिसाल साबित होगा।

## 7. डॉ अम्बेडकर अन्तर्राष्ट्रीय सेन्टर, 15 जनपथ, नई दिल्ली

श्री थावरचन्द गहलोत, माननीय केन्द्रीय मंत्री, समाज कल्याण एवं अधिकारिता मंत्रालय, भारत सरकार द्वारा डॉ. अम्बेडकर फाउण्डेशन 15 जनपथ को डॉ. अम्बेडकर अंतरराष्ट्रीय सेंटर के रूप में 3.25 एकड़

बुद्ध भूमि से राजमार्ग तक फैले शोकाकुल जनसागर की उपस्थिति में उनकी चिता अग्नि के हवाले की गई।

भदन्त आनन्द कौसल्यायन जी का अंतिम वचन था, ''जब मै मर जाऊँगा तो मेरी कब्र पर लिख देना कि डॉ. अम्बेडकर का यह चीवरधारी सेनानी बाबासाहेब के सपनों का भारत बनाने की जंग में लड़ते लड़ते शहीद हुआ।''

भन्ते जी की स्मृति में 15 जनवरी, 1992 को उक्त लेखक द्वारा बाकिबो (BAKIBO) अर्थात् भदन्त आनन्द कौसल्यायन इंटरनेशनल बुद्धिष्ट आर्डर, नागपुर नामक संघ की स्थापना की गई। उसका कार्यालय 695/2, बोधिगृह, इंदिरा नगर, वाड़ी टेकड़ी, खड़गाँव रोड़, नागपुर– 440027 था। उसके अध्यक्ष स्वयं इस पंक्ति के लेखक हैं तथा इसके सचिव श्री के. आर. मून (दिवंगत) और सदस्यों में कुमारी कुंदा मून तथा श्री एम. आर. शेन्डे (दिवंगत) जी आदि हैं। भन्ते जी के नाम से भवन बनाने हेतु श्री लक्ष्मण जी मून ने बड़ा और छोटा हुडकेश्वर नामक दो ग्रामों के बीच स्थित उनकी जमीन का एक एकड का भूखंड़ बाकिबो संघ को दान कर दिया था।

सन् 1989 से 1993 तक लेखक ने नागपुर विद्यापीठ से एम. फिल. तथा पी.एच. डी. समेत लगभग दर्जनों शैक्षणिक उपाधियों को अपने नाम के साथ संलग्न किया। 5 जनवरी, 1994 को भन्ते जी का 90वां जन्म दिवस मनाया गया तो उनके छोटे भाई श्री हरदास के बड़े बेटे श्री एम. आर. वर्मा, जो उस समय पटियाला बैंक के शाखा मैनेजर भी थे, भी नागपुर के उस समारोह में शामिल हुए थे। उस समय वे ऐसे फूट–फूट कर रोये और सिसकियाँ भरते भरते कहते रहे, ''ताया जी! आपने हमें अनाथ क्यों कर दिया।''

मेरे विदेश में वास्तव्य के दिनों में, मैं राहुल बाल सदन के लिये कपड़े आदि के गट्ठे भेजा करता था। बुद्ध भूमि के विहार में प्रतिष्ठित करने के लिये मैंने वाट पकनाम, भसीचरण, बैंकाक से वांछित मूर्ति मंगाने में मदद की। श्रीलंका में दान हेतु इच्छित दाताओं से मिला। उन

दिनों मैं बौद्ध प्रशिक्षण संस्थान, नागपुर का सहायक सचिव और एस. ओ. एस. चिल्ड्रन्स विलेज के राहुल बाल सदन, महेन्द्र नगर का उपाध्यक्ष कहलाता था। परंतु भन्ते जी के छोड़ जाने पर लगा कि हमारे सिर पर स्थित आश्रय और आजादी की छत अचानक ढह गई। मैं कुछ वर्ष नागपुर के लॉ कॉलेज के होस्टेल में, कुछ वर्ष गोकुलपेठ के विहार में और कुछ वर्ष इंदिरा नगर, टेकड़ी वाड़ी में शोधवृत्ति के पैसे से निर्मित स्वयं के आवास में सिर ढकने के लिये रहता रहा।

उसी समय के दौरान नागपुर विद्यापीठ में स्नातकोत्तर डॉ. अम्बेडकर विचारधारा में कान्ट्रिब्युटरी टीचर के रुप में पढाता रहा। सन् 1996 से लेखक डॉ. बाबासाहेब अम्बेडकर राष्ट्रीय सामाजिक विज्ञान संस्थान, महू में विभागाध्यक्ष और प्रोफेसर के पद पर कार्यरत रहा। उन्होंने वर्ष 2004 में स्वयं रचित डॉ आंबेडकर परस्पेक्टीव आन बुद्धिज्म एण्ड अदर रिलिजन्स नामक शोध ग्रंथ भन्ते जी के प्रथम जन्म शताब्दी की स्मृति में समर्पित किया था। वर्ष 2004 के नवंबर माह के अहा! जिंदगी नामक दैनिक भास्कर समूह, इंदौर से प्रकाशित मासिक में इंटरनेशनल विपश्यना एकडेमी के मूल संस्थापक श्री सत्यनारायन गोयन्का जी ने भी भन्ते जी को अपने वक्तव्य में याद करते हुये बताया कि भदंत आनंद कौसल्यायन जब उन्हें सन् 1969 से बौद्ध धर्म के आरंभिक पाठ पढाते थे तो वे अपना मुंह फेर लेते थे। अब वे महान बौद्ध बने।

आज 5 जनवरी 2005 को प्रो. डॉ. भदन्त आनन्द कौसल्यायन की जन्म शताब्दी पर आप सब पाठकों को लाख–लाख बधाईयाँ भेंट कर निम्नांकित संस्मरण प्रस्तुत करता हूँ।

## श्रमण या सिविलियन

भदन्त आनन्द कौसल्यायन एक व्यक्ति नहीं बल्कि एक चलते फिरते विश्वविद्यालय थे। उनके सहवास में आने वाले, रहने वाले तथा सीखने वाले व्यक्ति दो गतियों में से किसी एक को प्राप्त कर सकता था। यदि वह गृहस्थी त्याग कर भिक्षु बना तो विख्यात स्थविर, महास्थविर अथवा अंतर्राष्ट्रीय स्तर का विद्‌वान भिक्षु बनता है और यो

हवे दहरो भिक्खू युञ्जति बुद्ध सासने सो मं लोकं पभासेति अब्भा मुत्तोव चन्दिमा अर्थात् जो तरुण व्यक्ति भिक्षु बनकर बुद्ध के शासन में यत्नशील रहता है वह इस लोक को बादलों से मुक्त चन्द्रमा की तरह प्रकाशित करता है की धम्मपद गाथा को चरितार्थ करता रहा। और यदि वह श्रामणेर वा भिक्षु रहने के कुछ वर्षों बाद पुनः सिविल जीवन में लौटता है तो वह कवि, साहित्यकार, सायन्टीस्ट, इंजिनियर, वकील, जज, डॉक्टर, प्रोफेसर, कुलपति, मंत्री, अभिनेता व राजनेता इत्यादी जैसे पदों को हासिल कर लोकसेवा का कार्य करता रहा। आज भन्ते के जितने भी शिष्य विश्व में श्रमण या सिविलियन हैं वे उक्त दो गतियों में ही वर्गीकृत किये जा सकते हैं।

## श्री बी. पी. मौर्य

कुछ सप्ताह पहले दिवंगत हुये प्रखर तथा प्रख्यात राजनेता माननीय श्री बी. पी. मौर्य मुलतः बद्री प्रसाद मौर्य थे। जब वे भन्तेजी के सम्पर्क में आये तो उन्होंने भन्ते को अपने इनिशियल को यथावत् रखकर बौद्ध नाम पाने की मंशा जाहिर की। भन्ते ने उन्हें तत्काल नाम दिया बुद्ध प्रिय मौर्य। इस नये नाम के साथ मौर्य जी का पुराना सामाजिक स्टेटस भी जीवन में उत्तरोत्तर बढता ही गया। आज भी उनके दिवंगत होने पर उनका नाम ही उनकी याद ताजा कर देती है। उनका और मेरा परिचय भन्ते के कारण ही हुआ था। उन्हीं के निवास से मैं अपनी प्रथम ब्रिटेन यात्रा पर गया था और ली रोड स्थित बुद्ध विहार में जब उन्होंने भेंट दी थी तब मैंने अपना यथोचित आतिथ्य कर्तव्य किया था। कुछ सप्ताह पूर्व हुये उनके निधन से काफी अफसोस हुआ।

एक बार एक अशोक नामक गोंदिया का बालक भन्तेजी के साथ मौर्य जी के 5, डुप्लेक्स रोड़ के निवास स्थान पर भन्ते जी के साथ गया था। मौर्य जी ने उसे देखकर अपना अवलोकन बताते हुये कहा, "भन्ते आप इस जरायमपेशा सरीखे लड़के को अपने साथ क्यों रखते है?" भन्ते ने शान्त मुद्रा में कहा, "यदि मैं ही नहीं रखूंगा तो इसे कोन

रखेगा।" इस प्रकार भन्ते जी हमेशा चुनौतीपूर्ण चरित्र को सुधारने में ज्यादा यत्नशील और सफल रहते थे।

## एक गुरु चालीस चेले

सन् 1971 में जब मैं नागपुर की दीक्षा भूमि पर स्थित परम पूज्य डॉ. अम्बेडकर महाविद्यालय में प्रि–युनिव्हर्सिटी के विज्ञान शाखा में पढ रहा था तब 40 युवा छात्रों ने भन्तेजी के मार्गदर्शन में श्रामणेर की प्रव्रज्या ग्रहण की थी। उनमें से मैं भी एक था। गोंडबोरी से तीन कि. मी. की दूरी पर स्थित कारगाँव में मैंने उच्च प्राथमिक शिक्षा ग्रहण की थी। उसी गावं के मेरे मित्र श्री बी. के. जनू घरे भी उस बैच में श्रामणेर बने थे तो उनका नाम बोधितिस्स रखा गया था। बाद में मा. रा. सु. गवई प्रभृति राजनेता भी प्रव्रज्जित हुये थे। भन्ते जी के इन चालीस शिष्यों में कुछ अल्पकालीन प्रशिक्षु रहे और कुछ दीर्घकालीन। दोनों अवस्था में भन्ते जी के सहवास में आनेवालों की एक विशेषता रही जो अन्यत्र नहीं झलकती थी। जो दीर्घ कालीन प्रशिक्षु थे उनमें से कुछ बाद में भिक्षु भी बने। हमारे बैच में कुल चालीस श्रामणेर थे, जिन्हें थाईलैंड़ के विशेष डेलिगेट ने प्रव्रज्या की सामग्री प्रदान की थी।

## सुमतिपाल

17 वर्ष की आयु में जब मैं प्रव्रज्जित हुआ तो मेरा नाम भी बदलकर अब सुमतिपाल हो गया। भन्तेजी कहते थे कि "यूं तो पच्चीस वर्ष की आयु को गधापच्चीसी बोला जाता है। पर तुम्हारी आयु तो उस रेखा के नीचे है।" वैसे मैं उन दिनों नागपुर के स्पार्क सोशलिस्ट फोरम और किसान–मजदूर वर्ग के क्रान्तिकारी विचारों व आंदोलनों से जुड़ा हुआ था और माओ–त्से–तुंग की रेड बुक पढ़ता था।

## सिर मुंडाये तीन गुण

प. पू. डॉ. बाबासाहेब अम्बेडकर महाविद्यालय में नागपुर से बाहर प्रदेशों से आने वाले छात्रों के लिये छात्रावास की व्यवस्था थी। उस वर्ष

महाविद्यालय के प्राचार्य और छात्रावास के मुख्य वार्डन प्रो. नगराले ने ऐलान किया था कि जो छात्र ग्रीष्म कालीन अवकाश में श्रामणेर प्रशिक्षु के रुप में अपना पंजीयन करेगा उसे छात्रालय के प्रवेश में प्राथमिकता दी जायेगी। देहाती छात्रों के लिये यह कम आकर्षण नहीं था। मैंने भी अपना पंजीयन करा लिया। प्रशिक्षु के लिये आगे अलग श्रामणेर निवास बनाया गया और उनकी खास चर्या का ध्यान रखकर बेहतर व्यवस्थायें भी बहाल की गईं। श्रामणेर के रुप में मैंने तीन वर्ष प्रशिक्षण लिया। और आम छात्रों के साथ कॉलेज में भी पढता था। वेशभूषा अलग होने से अन्य सहपाठी और अध्यापकगण मेरा खास ध्यान और सम्मान रखते थे। विनोद में भन्ते जी कहा करते थे, ''सिर मुंड़ाये तीन गुण, एक, सिर की मीटे खाज, दो, खाने को भोजन मिले, तीन, लोग कहे महाराज।''

## वस्त्र से चरित्र नहीं बदलता

सिर मुंडा हुआ, आंख की भौएं साफ, पैंट–शर्ट के बदले पीत रंग का चीवर, अंतरवासक और उत्तरासंग पहनकर जब मैं अपने गाँव में परिचितों से मिलने गया तो उन्होंने साफ इन्कार कर दिया था कि मैं उनके गाँव वाला हूँ। तीन वर्ष के पश्चात् फिर उन क्रान्तिकारी विचारों ने मेरे मस्तिष्क में तुल पकड़ा और मैं श्रामणेर जीवन से सिविल चर्या में लौटने को तैयार हो गया। श्वेत वस्त्र पहन कर भन्तेजी के सम्मुख उपस्थित हुआ। डर रहा था कि भन्तेजी डांट फंटकार कर अनुशासन के सबक देंगे। परंतु मेरी अपेक्षा भंग हुई जब ऐसा कुछ नहीं हुआ। भन्तेजी ने मात्र इतना कहा, ''मैं तो वस्त्र में नहीं बल्कि हृदय–परिवर्तन पर विश्वास करता हूँ। मेरे लिये तुम बराबर वही हो जो तुम कल थे और आज भी हो। अब तुम चीवर छोड़कर श्वेत वस्त्र में आ ही चुके हो तो जरा उसका भी रस थोड़े दिन तक चख लो।''

## उपसम्पदा

मैं तीन–चार दिन सफेद वस्त्र में घूमा, फिरा। मित्रों, परिचितों, रिश्तेदारों से मिला तो मुझे एहसास हुआ कि जो लोग मुझसे चीवर के

भेष में इज्जत से पेश आते थे वे अब अबे–तुबे पर उतर आये। चर्या का यह भेद जब मैंने भन्तेजी को बताया तो उन्होंने कहा, ''इसी भेद का मैं तुम से एहसास कराना चाहता था। दुनिया की नजरों में श्वेत वस्त्रधारी आम होते हैं और पीत वस्त्रधारी खास। अब तुम खुद–ब–खुद बुद्ध के मार्ग पर लौट जाओगे। वैसे अब फिर श्रामणेर बनना तुम्हारे हित में नहीं। क्योंकि उससे तुम सब श्रामणेरों से कनिष्ठ हो जाओगे। वरिष्ठता का नियम बुद्ध शासन में आयु से नहीं बल्कि दीक्षा की तिथि से तय होता हैं। बीस वर्ष की उम्र के बाद कोई भी आदमी भिक्षु बन सकता है। उसे ही उपसम्पदा कहते हैं। अब मैं तुम्हारी उपसम्पदा ही करवा दूंगा।''

## चंद्रशेखर से चंद्रबोधि

श्वेत वस्त्र में मैं अपने मूल नाम चंद्रशेखर से संबोधित किया जाने लगा। जब मैं 20 वर्ष का हुआ जो भन्ते मुझे अन्य चालीस श्रामणेरों के साथ बोधगया के वाट थाई बुद्ध विहार में उपसम्पदा कराने हेतु अपने साथ ले गए। उनके पूर्व के छात्र और तत्कालीन केन्द्रीय रेल मन्त्री श्री कमलापति त्रिपाठी जी ने उन्हें काम्प्लीमेन्ट्री रेल का पास दे रखा था। उससे वे भारत में कहीं से कहीं तक फर्स्ट क्लास में और एक अटेन्डन्ट को साथ लेकर रेल यात्रा कर सकते थे। अटेन्डन्ट को सेकन्ड क्लास में प्रवास करना जरूरी था। उस दिन मुझे हल्का सा बुखार आया और रास्ते में वह काफी तेज हुआ। एक स्टेशन पर भन्ते ने मुझे अपने फर्स्ट क्लास के स्लीपर पर लिटा दिया। एक तौलिया को बार–बार ठंडा करते जाते और उसको मेरे मस्तक पर रखते जाते थे। मुगलसराय के स्टेशन पर गाड़ी रुकी। टी. सी. आया और भन्ते को मेरी टिकट के बारे में पूछा। भन्ते ने परिस्थिति और व्यावहारिक अड़चन को भांप कर टिकट का छोड़ मेरी तबीयत के बारे में बताकर मानवता के नाते बीमार को गया स्टेशन तक फर्स्ट क्लास में ही यात्रा करने देने की टी. सी. से विनम्र निवेदन किया। टिकट कलेक्टर नहीं माना और अगले स्टेशन तक सेकन्ड क्लास में भिजवाने का हुक्म दिया। भन्तेजी ने तब

अपना काम्प्लिमेन्ट्री रेल पास निकालकर टी. सी. को दिखाया और कहा, ''ये जो आपके रेल विभाग का पास है न, इसके धारक यही है, जो अभी बुरी तरह से बुखार में तड़प रहे है। मैं तो उनका अटेन्डन्ट हूँ, जो सेकन्ड क्लास से अपने मालिक की सेवा में हाजिर हुआ हूँ। इस में यह कहीं भी नहीं लिखा है कि मालिक अस्वस्थ हो तो उसके अटेन्डन्ट ने अपने मालिक को अपने ही हाल पर छोड़कर परिचारक का कर्तव्य नहीं करना चाहिये।'' बेचारा टी. सी. भन्ते जी के इस तर्क का कुछ प्रतिवाद करता तो उतने में ही सीटी बजी, गाड़ी चलने लगी और टी. सी. उतर गया। बोधगया में जिस दिन मेरी उपसम्पदा होनी थी उस दिन मैं काफी स्वस्थ था। थाई भिक्षु संघ के मठाधिपति फ्रा खृ धम्म विरानुवत्र देवविसुद्धिमोली के आचार्यत्व, अन्य दो थाई भिक्खुओं के कम्मट्ठानाचार्यत्व और भन्तेजी के उपाध्यायत्व में मेरी उपसम्पदा अन्य चालीस श्रामणेरों के साथ अग्रिम क्रम में हुई। तब से मेरा नाम चंद्रशेखर से चन्द्रबोधि में परिवर्तित हुआ। उक्त घटना के परिणामस्वरुप महाकारुणिक तथागत गौतम बुद्ध, उनका विद्वानों के द्वारा ही समझने योग्य धम्म और उनके अंजलिकरणेय्यो महान भिक्खु संघ की कल्याणकारी परंपरा का आदर्श प्रतिनिधि भदन्त आनन्द कौसल्यायन ने मुझे अपने अंतिम क्षणों तक अपने से बांधे रखा। और आज भी मेरी चेतना उनके अमिट उपकारों से अभिभूत है।

## जमीनी सच्चाई

औरंगाबाद की बात है। वहाँ एक विशाल सभा को आयोजित किया जाना तय था। उसके संयोजक ने टेलीफोन पर आनंद कौसल्यायन जी से निवेदन किया: ''भन्ते आप हमारा सादर ससंघ निमंत्रण स्वीकार कर टैक्सी से यहाँ पधारने का कष्ट कीजियेगा।'' भन्ते बोले, ''टैक्सी के लिये तो कुछ रुपयों की जरुरत पड़ेगी। सो उसे आप मनि आर्डर से भेज दीजिएगा ताकि हम उचित कार्यवाही कर सके।'' संयोजक ने कहा, ''भन्तेजी, रुपयों की क्या बात है, आपके लिये तो हमारी जान तक न्योछावर है।'' भन्ते बोले, ''आपकी श्रद्धा की मैं कद्र करता हूँ।

परंतु वास्तविकता यही है कि कोई भी टैक्सी जान डालने से नहीं चलती। उसमें पेट्रोल डालने से ही वह हमें आप तक ले आ पायेगी।'' संयोजक भन्ते जी के जमीनी सच्चाई को समझ गये और यथोचित उपाय करने पर राजी हो गये।

## भागते चोर की लंगोटी

नागपुर में एक शेरे–पंजाब होटल था। उसके मैनेजर ने मुझ से पांच सौ पौंड़ लेकर उसके ऐवज में मार्केट रेट से रुपया अदा करने का सौदा किया था। उस पर विश्वास कर मैंने अपने पास की विदेशी करंसी उसके हाथ थमा दी। पार्टी से रुपया लेकर आता हूँ कह कर वह चल दिया और मुझे अपने होटल में बिठाकर रखा। देर रात तक वह नहीं आया तो मैं बुद्ध भूमि के निवास स्थान पर लौट गया। उसके तीन दिन बाद भी जब बात नहीं बनी तो मैंने भन्ते जी को घटना से अवगत कराया। भन्ते जी और मैं आटो में बैठ कर उक्त होटल में गये। मैनेजर ने नमस्कार कर कुछ ठण्ड़ा पिलाया और कहा, ''स्वामी जी आपने यहाँ आने का कष्ट क्यों लिया। मुझे बुलाया होता तो मैं आपकी सेवा में हाजिर हो जाता। खैर, कहिए, क्या हुक्म है।'' भन्ते जी ने कहा, ''असल में हम पौंड के बदले में अपना रुपया लेने आये हैं।'' मैनेजर ने कहा, ''नो प्राब्लम, आप अपने आश्रम पर लौट जाईये। मैं आपके पीछे–पीछे रुपया लेकर आ जाता हूँ। और आदेश कीजिए।'' भन्ते जी ने कहा, ''और आदेश कुछ नहीं, आपके द्वारा पैसा लेकर आने तक हम यहीं आपके होटल में रुकते हैं।'' मजबूर होकर मैनेजर गया और आया लेकिन न पौंड लौटाया और न तय दर से रुपये ही। उन्होंने कहा कि करंसी लेने वाली पार्टी ने वादे से कम राशि दी है। माफ करना। आईंदा ऐसा नहीं होगा। ''भन्तेजी ने भागते चोर की लंगोटी ही सही की कहावत को दोहरा कर जितना मिल रहा है उतना मुझे लेने को कहा और बुद्ध भूमि की ओर लौटने का इशारा किय । इस प्रकार भन्तेजी ने अपनी साधुता से हानि को लाभ में बदल दिया।''

## मांगना कला है

महाराष्ट्र में चंद्रपूर जिले में किटाड़ी नामक मेरे मामा का गाँव है। एक बार मैं कार्यक्रम हेतु वहाँ गया। और वहाँ से मुझे चिमुर जाना था। जल्दबाजी में मैं जिस बनियान के पैकेट में पैसे रखे थे उसे नहा लेने के बाद पहनना भूल गया। बस में बैठ जाने के बाद कंडक्टर ने जब टिकट का पैसा मांगा तब मेरा ध्यान उस भूल पर गया। भाग्य से मेरा ममेरा भाई भास्कर मेरे साथ था तो जाते वक्त प्रवास खर्च का प्रबंध हो गया। लेकिन लौटते समय एक रुपया कम पड़ रहा था। भास्कर ने मुझे सोने–चांदी के दुकानदार के घर ले जाकर उससे मेरा परिचय कराया। मैंने सोचा साधू को लोभ नहीं करना चाहिए और जितनी जरुरत हो उतना ही मांगना चाहिये। अतः कुछ देर बाद मैंने दुकानदार से कहा, ''हमारी वापसी की यात्रा की टिकट में एक रुपये की कमी पड़ गई है, कृपया उसकी पूर्ति कर दीजिए।'' अपनी मांग जैसे ही प्रस्तुत की दुकानदार ने एक रुपया देना तो दूर दान में ''तुम भिखारी हो, ढोंगी हो, कष्ट करना जान पे आता है इसलिये भिक्षु बने होंगे, कौन है तुम्हारा गुरु, अभी तुम्हें अन्दर करवाता हूँ वगैरा वगैरा लम्बा भाषण पेल दिया।'' और कुछ बेइज्जत होने के लिये बचा नहीं था, अतः हम वहाँ से तुरंत आम रास्ते पर आकर पैदल–पैदल अपनी मंजिल पर जा रहे थे। थोड़ी देर बाद गोबर से सने हाथ जोड़कर आम रास्ते पर धूल में ही पंचाग प्रणाम करती हुई एक अधेड़ उम्र की महिला ने मेरे पैरों पर अपना माथा टेका और रास्ते से लगे हुये अपने झोपड़े में ले जाकर सादर चायपान करवाया। सोने–चांदी के दुकानदार के यहाँ एक रुपया मांगने के बदले में रसीद किये गये बेइज्जती के घाव मन में ताजा ही थे। दूध का जला छाछ फूंक–फूंक कर पीता है की कहावत के अनुसार हम अब किसी को रुपया मांगने लायक नहीं रह गये थे। जब हम झोंपड़ीवाली बहन को धन्यवाद देकर जाने को आसन् से उठ खड़े हुये तो उस बहन ने कहा जरा ठहरिये और अन्दर जाकर सौंफ और ग्यारह रुपये रखा हुआ एक ट्रे ले आई और मेरे सामने विनम्रता से उसे बढ़ाया। मैंने सौंफ तो ली पर पैसे को अनदेखा कर दिया। उस बहन ने कहा, ''भन्ते, इस

गरीब झोपड़ी वाली का तुच्छ दान स्वीकार कर हमें उपकृत कीजिए।'' उस बहन के ग्यारह रुपये इतने भारी लगे कि उसको छूने और उठाने के लिये मुझे काफी हिम्मत करनी पड़ी। बिना मांगे मिलने का संतोष, वापसी यात्रा की अड़चन का समाधान और दाता और दुकानदार के दिलों की खाई का साक्षात्कार मुझे एक साथ हो गया। नागपुर लौट कर इस घटना को मैंने भन्ते आनन्द कौसल्यायन जी को बताया तो उन्होंने कहा, ''देखो, दुनियादारी को समझना और समयोचित व्यवहार करना एक कला है। अगर तुम उस सोने–चांदी के दूकानदार को एक रुपये की याचना करने के बदले हजारों रुपयों का कोई काल्पनिक प्रोजेक्ट बताकर उसमें हाथ बटाने को कहते तो शायद तुम्हारी प्रतिष्ठा और उसका दान दोनों ही अनपेक्षित ढंग से बढ़ जाते।'' इस प्रकार मांगना एक कला है।

## मांगने से मिलता है

एक बार बड़े भन्तेजी और मैं बस से यात्रा कर रहे थे। जबलपुर के बस स्टैंड पर एक भिखारी बस की खिड़की के सामने हाथ फैलाकर मुझसे भीख मांग रहा था। मैंने जेब से एक रुपया निकालकर उसे भिखारी के कटोरी में डाल दिया। भन्तेजी यह सब देख रहे थे। मुझे लगा भन्तेजी कहेंगे, ''वाह! बेटे बहुत पुण्य का काम किया, भिखारी को जो दान दिया।'' परंतु मेरी अपेक्षा भंग हुई जब उन्होंने कहा कि तुने भिखारी को भीख डालकर उसे मांगने से मिलता है का सबक दिया और उसकी दशा को और पक्का कर दिया। तब से मुझे लगा कि भीख देना भी बुद्धिमानी से किया जानेवाला कार्य है। और इस सबक को मैं अब तक नहीं भूल पाया। ऐसे होते है महापुरुषों के आचार और विचार।

## ब्रिटेन में

भदन्त आनन्द कौसल्यायन इंग्लैंड के मध्य वेस्ट मिडलैंड में वुल्वरहैम्पटन के 146, ली रोड पर स्थित बुद्ध विहार में मेरे रहते दो बार आये थे और काफी दिनों तक उन्होंने मेरे साथ मुक्काम किया। प्रथम

बार मैंने उनके साथ अमेरीका और कनाडा का भी दौरा किया था। और दूसरी बार जब वह आ रहे थे उस वक्त मैं फ्रांस के पेरिस शहर में न्यूक्लीयर डिजार्मामेन्ट मूव्हमेन्ट के बैनर तले और तेरासावा प्रमुख जापानी संगठन के प्रतिनिधि स्वरुप तीन दिन बिना पानी पीये अनशन के लिये राजधानी के प्रशासनिक भवन के सामने बैठकर सद्धर्म पुंडरिक सूत्र को जापानी भाषा में नम्यो–हो–रेंगे–क्यो को रट रहा था। अनशन के समाप्त होने के बाद मैं शीघ्र ही भन्ते के पास लौट आया। उस समय भन्ते जी ने ब्रिटिश मूर्तिकार द्वारा बनवाया गया आदम कद के डॉ. अम्बेडकर की स्टैचू का अनावरण किया था।

## खिड़की

बुद्ध विहार में उनके रहने की व्यवस्था मेरे पास वाले कमरे में ही की गई थी। ग्रीष्म ऋतु में दिन के समय कमरे की खिड़कियाँ खोलकर शीतल हवा का आनन्द ब्रिटेन में भी उठा सकते है। परंतु रात में खिड़किया बंद और कमरे का हिटर चालू कर गरम कमरे में सोना पड़ता है। अन्यथा वहाँ न्यूमोनिया पकड़ लेता है। भन्तेजी के कमरे को भी मैं इसी प्रकार युक्त तापमान में ही रखता था। एक दिन मैं लेट उठा। उठने के बाद भन्ते जी के कमरे में खिड़की खोलने गया तो भन्ते जी ने उसे पहले ही खोल रखी थी और कहने लगे, ''देखो, हम भारतवासी इतने पिछड़े हुए भी नहीं है कि यहाँ खुद कुछ कर ही न सकें। आज मैंने अपने कमरे की खिड़की स्वयं ही खोल ली है।''

## कौंसिल हॉल

एक दिन वुल्वरहैम्पटन टाऊन के मेयर द्वारा भन्तेजी के सम्मानार्थ चाय पार्टी रखी गई थी। मेयर के साथ बहुत से कौंसिलर बातचीत करते हुये कौंसिल हाल का भन्तेजी को मुआयना करा रहे थे। एक कौंसिलर बोला हमारे इस सभागृह की एक बड़ी खासियत है। इस में कोई भी हीटिंग सिस्टम नहीं लगा है, तो भी यह हाल गरम रहता है। ''कैसे?'' भन्ते ने पूछा। कौंसिलर ने कहा, ''यहां एक ऐसा यन्त्र फिट

किया गया है कि वह यहाँ अन्दर प्रवेश करने वाले हर व्यक्ति की नाक से जो श्वास छोड़ी जाती है, उसे खींच कर वह ऊर्जा बनाता है और उससे आवश्यक रुम टेम्परेचर कायम रखता है।'' इस खासियत को सुनकर सबको बड़ा अद्भुत लगा और अपेक्षा कर रहे थे कि भन्तेजी भी ''वन्डरफुल'' कहकर उस तकनीक की तारीफ करेंगे। पर भन्ते कहने लगे, ''हम पता नहीं कितनी देर से आपके इस सभागृह में मुआयना कर रहे हैं और हमारी कितनी सासों को आपके यन्त्र ने खींच कर ऊर्जा और तापमान बनाया होगा तो क्यों न हम आपको अपना एक लम्पसम बिल थमा दे ताकि आप उसे हमारे लौटने से पहले ही अदा कर जाये?'' भन्तेजी को सुनते ही सभी के स्वर जोर के ठहाके में गूंजते रहे।

## बौद्ध विवाह पद्धति

यूं तो इंग्लैंड में बौद्ध विवाह पद्धति से होने वाला सर्वप्रथम विवाह, जिसे हम अंतर्जातीय, अंतर्प्रान्तीय, और अंतर्राष्ट्रीय भी कह सकते है, वहाँ के जेष्ठ निवासी पंजाबी भारतीय, श्री के. सी. लील की सुपत्री के साथ नागपुर के श्री बागुल (बैरिस्टर) का सन् 1964 में हुआ था। श्री लील द्वारा स्थापित इंडियन बुद्धिस्ट कौंसिल नामक संस्थान ने भी भंतेजी के व्याख्यान लंदन के सभागृह में आयोजित किये थे तथा उसके सचिव श्री जे. के. क्लेर ने भी अपने टाऊन में कार्यक्रम हेतु भन्तेजी को निमंत्रित किया था।

इंग्लैंड में रहते समय भन्ते जी ने भगीरथ सिद्धू और परमजीत कौर की बौद्ध पद्धति से विवाह रस्म भी कराई। उस अवसर पर उन्होंने जिस ढंग से प्रवचन दिया और विधि को अमल में लाया उससे प्रभावित होकर मैंने एक ''बुद्धिस्ट मैरेज एण्ड मेथड'' नामक पुस्तक लिख डाली जिसकी स्वयं भन्ते जी ने जांच कर सराहना की और जिसे बाद में प्रकाशित कराया गया।

## आनन्दगढ

इसी दौरान आनंदगढ के श्री रमेश सिद्धू द्वारा कृत डॉ. बाबासाहेब

अम्बेडकर के "बुद्ध एण्ड हिज धम्म" के पंजाबी अनुवाद की भन्तेजी सराहना कर रहे थे। अनुवाद को भन्तेजी का सर्टिफिकेट और नाम मिलते ही बम्बई की पिपुल्स एज्युकेशन सोसायटी ने उसे मान्यता प्रदान कर प्रकाशित कराया।

आनंदगढ़ के बुद्ध विहार का शिलान्यास करने के लिये श्री गुरुमुख सिद्धू मुझे वहाँ इंग्लैंड़ से ले गये थे। पंजाब में आधुनिक विहार निर्माण का आरंभ भी शायद आनंदगढ़ का यही बुद्ध विहार है। कई वर्षों के अन्तराल के बाद बौद्ध धम्म प्रचारक नामक हिन्दी मासिक के संपादक श्री रमेश सिद्धू से हाल ही में फोन पर चर्चा हुई। उन्होंने बताया कि हमारे हाथों से रोपित बुद्धांकुर अब बोधि वृक्ष की शक्ल में लहलहाने को आ रहा है। आज पता नहीं वह कितना विशाल हुआ होगा।

आनंदगढ़ की इस विकासोन्नति के हर्ष के साथ कुछ यादें भी जुड़ी है। सभी नश्वर है के सिद्धान्तानुसार गोंड़बोरी में वह घर उजड़ गया, जहाँ मैं रहता था, इंग्लैंड़ की एक काउन्टी में वह देवकी नहीं रही, जिसे भन्ते नागसेन बुद्धकी कहते थे, और होशियारपुर में विपश्यना सहायक टीचर श्री गुरुमुख सिद्धू नहीं रहे जिन्हें मैं महाराष्ट्र में स्थित धम्मगिरी से निकलने वाली विपश्यना पत्रिका में प्रकाशित सहायक आचार्यों की सूची में अभी तक हर बार खोजते रहता था। और सुना है कि उसमें अब उन्हीं के बिरादरी के युवा टीचर और श्री लील के सुपुत्र शुमार हैं।

## बुद्ध जयंती

वर्ष 1977 में इंग्लैंड में 22 दिसम्बर को बुल्वरहैम्पटन में 146, ली रोड का बुद्ध विहार भन्ते सद्धातिस्स और रेवतधम्म जी के हस्ते हुई। उसे 19 जुलाई, 1969 में बनी डॉ. अम्बेडकर मेमोरियल कमेटी ऑफ गेट ब्रिटेन द्वारा 23 जून, 1976 में निर्मित अम्बेडकर बुद्ध विहार ट्रस्ट के जरिए बनवाया गया था। उस विहार में भन्ते चन्द्रबोधि जी के नेतृत्व में 10 नवम्बर, 1979 को बुद्ध विहार मेनेजमेन्ट कमेटी और 2 मार्च, 1980 को प्रजापति धम्म प्रचार कमेटी फार वूमेन की स्थापना

हुई। 31 मई, 1981 को वुल्वरहैम्टन के सिविक हॉल में भन्ते चन्द्रबोधि के नेतृत्व में पंजाबी उपासक–उपासिकाओं द्वारा शुभ्र वस्त्र परिधान कर आम रास्तों से ऐतिहासिक शांति मार्च प्रोसेशन निकालकर शहर की सबसे बड़ी बुद्ध जयंति धूमधाम से मनाई गई, जिसमें भिन्न–भिन्न देशों के 40 भिक्षु गण तथा सात सौ श्रद्धालु लोग उपस्थित थे।

## अमेरीका व कनाडा

बुद्धिस्ट कल्चरल इन्स्टिट्यूट, मैनहेटन, न्यूयार्क की अध्यक्षा श्रीमति सुजाता नटराजन तथा टोरंटो के योगेश वऱ्हाडे, श्री दर्शन चौधरी, श्री वर्दी प्रभृति अम्बेडकरी बौद्धों के द्वारा संचालित अम्बेडकर मिशन इन्कार्पोरेशन, कनाडा के निमंत्रण पर भन्तेजी और मैं इंग्लैंड से अमेरीका व कनाडा की यात्रा पर निकले।

## हवाई जहाज में टंकलेखन

यू. के. से अमेरीका और कनाडा तक और उन–उन देशों में की गई इंटर–स्टेट यात्रा भी भौगोलिक दृष्टी से और हवाई जहाज से भी लंबी महसूस हो रही थी। हमें देर तक जहाज में बैठे रहना पडता था। जहाज के अन्दर जो समय मिलता था उसे हम भन्तेजी द्वारा रचित बाबासाहेब अम्बेडकर की लोकप्रिय पुस्तक "यदि बाबा न होते" का मेरे द्वारा अंग्रेजी में किया हुआ अनुवाद को जांचते हुये बिताते थे। भन्तेजी उसमें आवश्यक संशोधन को मुझे डिक्टेट करते जाते थे और मैं उसे साथ में लाये पोर्टेबल टाईपराइटर पर टंकलेखित करता जाता था। इस अनुवाद के कुछ अध्याय श्री डी. सी. अहिर ने अपने द्वारा संपादित और बुद्ध भूमि प्रकाशन द्वारा प्रकाशित भन्ते जी के "एसेज ऑन बुद्धिज्म" में समाहित किया। उसी अनुवाद को संक्षिप्त कर थाईलैंड के इंटरनेशनल नेटवर्क ऑफ एन्गेज्ड बुद्धिस्ट नामक संगठन के सुकसित श्याम प्रकाशक ने "डॉ. अम्बेडकरः द लिबरेटर" के शीर्षक से प्रकाशित किया गया था, जिसमें डी. सी. अहिर और पटियाला कोर्ट के वकील श्री खापर्डे का भी योगदान रहा।

## चिकन

हवाई जहाज में भोजन में जो पैकेट दिये जाते थे, उसमें मांसाहारी यात्री को चिकन की कटोरी एक्स्ट्रा दी जाती थी, शेष सब सामग्री एक समान ही रहती थी। भन्तेजी बचपन से वेजिटेरियन थे। परंतु वे नान–वेजिटेरियन लंच–पैकेट का ही आर्डर करने को मुझे बोलते थे और भोजन ग्रहण करते समय अपने ट्रे में से चिकन की कटोरी निकाल कर मेरे ट्रे में रख देते थे और कहते थे, "तुम मेरी कमी पूरी करो।" इस बात से उन्हें अपने गुरु के जीवन की घटना याद आती थी। वे कहते थे: "महापंडित राहुल सांकृत्यायन और मैं कई अन्य भारतीय उम्मीदवारों के साथ श्रीलंका में श्रीपाद लुनुपोकने धम्मानन्द के हाथों भिक्षु की उपसम्पदा में दीक्षित हुये थे। जब भोजन के समय, मैं और राहुल गुरुजी के दायें–बायें बैठते थे तो गुरुजी अपनी थाली में से मछली का एक टुकड़ा मेरी थाली में रखते हुये कहते थे, "मेरा राहुल शिष्य मुझसे सवाई है। मुझे एक मछली लगती है तो उसे दो लगती हैं। आनन्द तो एक टुकड़ा भी नहीं खाता।"

## मरना सरल है

हवाई जहाज के सफर में उड़ान भरते समय, उतरते वक्त और हवाई जहाज में किसी इमरजेंसी की वजह से यात्रीओं को शिष्ट बेल्ट, लाईफ जैकेट, आदि कैसे बांधना, उसकी नली को कैसे मुंह में रखना, जैकेट को कैसे फुलाना और आपातकाल में जहाज का दरवाजा कैसे खोलना इत्यादी के बारे में कई सारी इन्स्ट्रक्शन हवाई सुंदरियों द्वारा दी जाती है और उनका डिमान्स्ट्रेशन भी यात्रीयों के सामने किया जाता है। एक बार उन्हें सुन कर भंते जी मुझसे बोले, "क्या इतनी सारी बातें दुघर्टना के समय कोई यात्री याद रख पाता होगा? मुझे तो इन बातों की अपेक्षा दुघर्टना में मरना अति सरल लगता है।"

## चींटी

हिथ्रो एअरपोर्ट से केनेडी हवाई अड्डा नान–स्टाप फ्लाईट से

लगभग 8 घटें की दूरी पर है। अमेरिका में पहुँचकर एक दिन हम न्यूयार्क के ब्रान्क्स स्ट्रीट में स्थित थाई विहार में विराजमान हुये। वहाँ के इंचार्ज भिक्षु ने विश्राम के लिए हमें एक कमरा दिया था। उस में बैठकर थकान और भूख के समय प्रयोग करने के लिये हमारे पास एक पोटली में काजू और सोगी रखे हुये थे तो उसे ही खाने लगे। खाते खाते उसमें से एक चींटी निकल आई। उसे देखकर भन्ते ने कहा, ''देखो जानवर निकला है, हटाओ उसे। 'चींटी' के लिये 'जानवर' शब्द का प्रयोग मैंने पहली बार सुना था तो मैं उस बात पर हंसते हंसते लोट पोट हुआ। इससे भन्तेजी को चींटी के बारे में राहुल जी का मजाकिया कथन याद आया तो उन्होंने बताया कि राहुल जी कहते थे कि ये जो शुद्ध शाकाहारी जीवित रहते हैं उसका कारण और दूसरा कोई नहीं बल्कि उनके द्वारा भोजन में भूलवश चींटियों को खाये जाना है।''

## विदेश में अंग्रेजी स्वदेश में हिन्दी

नागपुर के रेशीम बाग में एक देशमुख शारीरिक महाविद्यालय है। एक दिन वहाँ के प्राचार्य भन्ते को विनती करने आये कि वे उनके कॉलेज में स्नातकों को एक व्याख्यान अंग्रेजी में देने का उनका निवेदन स्वीकार करें। भन्ते ने उन्हें तत्काल उत्तर दिया, ''देखिये, हमारे निवास पर दो ही जने अंग्रेजी में व्याख्यान देते हैं। एक तो मैं ही हूँ और दूसरे हमारे चन्द्रबोधि जी है। परतु मैं केवल विदेश में ही अंग्रेजी में बोलता हूँ परन्तु चन्द्रबोधि जी अपने देश में भी अंग्रेजी में व्याख्यान देते है। अतः आप उन्हें निमंत्रित करें।'' मैंने वह व्याख्यान देकर वहाँ अध्यापकों और छात्रों को इम्प्रेस तो कर आया परंतु भन्ते जी ने अंग्रेजी पर जो व्यंग कसा था वह आज भी भूल नहीं पाया हूँ।

## मालिश

मैं गांडे बोरी ग्राम से होने के कारण आरंभ में मैं हलधर की स्टाईल में ही हाथ–पैर रगड़ सकता था। एक दिन भन्ते ने मुझे मालिश करने को कहा तो मैंने उसी हलधर स्टाईल का अमल उनके कोमल अंग पर

भूमि पर विकसित किया जा रहा है। अन्तर्राष्ट्रीय सेन्टर का शिलान्यास माननीय प्रधानमंत्री, भारत सरकार द्वारा 20 अप्रैल, 2015 को किया गया था। इसके निर्माण के लिए समाज कल्याण एवं अधिकारिता मंत्रालय, भारत सरकार द्वारा राशि रू. 195 करोड़ NBCC को उपलब्ध करा दी गई है। इसमें Library, Conference Room, Auditorium, Museum, Meeting Rooms इत्यादि बनाये जा रहे हैं।

## 8. डॉ. अम्बेडकर स्मारक, जापान

बाबासाहेब डॉ. अम्बेडकर की आदमकद प्रतिमा श्री देवेंद्र फडणवीस, माननीय मुख्यमंत्री महाराष्ट्र शासन के करकमलों द्वारा दिनांक 10 सितम्बर, 2015 को जापान के योकोहामा प्रांत के कोयासन् विश्वविद्यालय, जापान में स्थापित की गई है। भारत रत्न बाबासाहेब डॉ. अम्बेडकर की जन्म

स्थली, महू स्थित भारत के प्रथम सामाजिक विज्ञान के विश्वविद्यालय डॉ. बी. आर. अम्बेडकर सामाजिक विज्ञान विश्वविद्यालय ने इस अन्तर्राष्ट्रीय कार्यक्रम में सहभागिता की।

इस अन्तर्राष्ट्रीय सहभागिता का मुख्य उद्देश्य बाबासाहेब डॉ. अम्बेडकर के विचारों एवं दर्शन को जापान में फैलाना हैं तथा दोंनों देशों की संस्कृति का आपस में आदान–प्रदान करना है।

## 9. डॉ. बी. आर. अम्बेडकर और भारत का संविधान दर्शाते हुए विशेष स्मृति डाक टिकट

बाबासाहेब डॉ. अम्बेडकर की 125वीं जयन्ती पर दिनांक 30 सितम्बर, 2015 को 125वीं जयन्ती के शुभ अवसर पर डाक विभाग, भारत सरकार एक यादगार डाक टिकट का भारत सरकार के श्री थावरचंद गहलोत, केन्द्रीय मंत्री सामाजिक न्याय एवं अधिकारिता एवं श्री रवि शंकर प्रसाद, मंत्री, संचार एवं सूचना तकनीकि द्वारा जारी किया गया। इस अवसर पर डॉ. बी. आर. अम्बेडकर और भारत का संविधान को दर्शाते हुए प्रथम दिवस आवरण तथा विशेष स्मृति लिफाफे को भी डाक विभाग द्वारा जारी किया गया।

## 10. डॉ. बी. आर. अम्बेडकर स्मृति सिक्के

बाबासाहेब डॉ. बी. आर. अम्बेडकर की 125वीं जयन्ती के शुभ अवसर पर बाबासाहेब डॉ. अम्बेडकर के महापरिनिर्वाण दिवस 6 दिसम्बर, 2015 को देश के माननीय प्रधानमंत्री श्री नरेन्द्र मोदी जी द्वारा

रू. 125/- एवं रू. 10/- के दो स्मृति सिक्के जारी किये गये। इस अवसर पर प्रधानमंत्री जी ने कहा कि ऐसे बहुत कम विभूतियाँ हैं जो अपने महापरिनिर्वाण के 60 वर्षो के बाद भी जन मानस में जीवित हैं। उन्होंने यह भी कहा कि हमें बाबासाहेब डॉ. अम्बेडकर के विचार एवं दर्शन को अधिक से अधिक अपनाना है। इस अवसर पर भारत सरकार के वित्त मंत्री श्री अरूण जेटली तथा सामाजिक न्याय एवं अधिकारिता मंत्री श्री थावरचंद गहलोत उपस्थित थे।

# अध्याय – 22

# जांच को आंच

यह प्रसंग सत्य घटना पर आधारित है। परंतु इसके समस्त पात्र और संदर्भ काल्पनिक हैं। यदि इसमें से कोई पात्र व संदर्भ किसी जीवित व्यक्ति/स्थान या नाम से मेल खाते हैं तो वह केवल संयोग माना जायेगा।

**जांच अधिकारीः** मैं नैसर्गिक अपचारी को नैसर्गिक न्याय देने के लिए यहाँ जांच कर रहा हूँ।

**अपचारीः** क्या आप अपने नियोक्ता आरोपकर्ता/आरोपकर्ती के प्रति वफादार होते है?

**जांच अधिकारीः** यह कैसा सवाल?

**अपचारीः** क्योंकि आप अपचारी को बचाव दस्तावेज आरोपकर्ता से मंगवाकर देने में असफल रहे। क्या आप आरोपकर्ता की मर्जी के मोहताज या लाचार हो?

**जांच अधिकारीः** इतनी बार कहा तो है उन्हें दस्तावेज देने के बारे में। नहीं दे रहे तो क्या कर सकते हैं? पर मैं आपको नैसर्गिक न्याय जरुर दिलाऊंगा।

**अपचारीः** कैसे

**अधिकारीः** पहले आप मेरे इन सवालों का जबाब दीजिए। लिखित में। अपचारीः कितने सवाल हैं?

**अधिकारीः** होंगे पाच–पचास मात्र। अपचारीः पूछिए।

**अधिकारीः** यह कि

प्रश्न 1: साक्षी क्र. 1 का कहना है कि वह बहुत बड़ा अधिकारी है। आपका क्या कहना है?

उत्तरः मेरा कहना है कि बड़ा हुआ तो क्या हुआ जैसा पेड़ खजूर पन्छी को छाया न मिले फल लागे अति दूर।

प्रश्नः 2. साक्षी का यह भी कहना है कि वैश्विक परियोजना का आपके पास कोई प्रस्ताव ही नहीं था?

उत्तरः यह झूठ है। क्योंकि प्रस्ताव के आधार पर ही राष्ट्रपति ट्रम्प, जगदगुरु और राज्यपाल को निमंत्रित किया गया था।

प्रश्न 3: बडे अधिकारी के नाते वह साक्षी परिषद की अध्यक्षा भी थी और उसने स्वयं बजट सहित आपका एक संयुक्त प्रस्ताव भी पारित करवाया?

उत्तरः कौनसा अध्यक्ष वैश्विक परियोजना के प्रस्ताव के स्थान पर बम्बई के लोकशाहिर और उसकी पार्टी के प्रस्ताव को स्वीकृत कर उन्हें ऐअर टिकट देकर और मानदेय का वादा कर बिना प्रोजेक्ट अनुमोदित किए इस केन्द्र में आमंत्रित करने की तुगलकी कर सकता है?

प्रश्न 4: उपरोक्त साक्षी का यह भी कहना है कि आपने वैश्विक प्रोजेक्ट के लिए संबंधित विशेषज्ञों के नाम–पते नहीं दिए जिसके लिए आपको स्वच्छ प्रति देने बाबत् पूछा गया था?

उत्तरः नाम–पते पूछने वाले नाम पते पूछते हैं, स्वच्छ प्रति नहीं और ये सब टंकित प्रस्ताव में उसमें शामिल थे और स्वच्छ भी।

प्रश्न 5: आमंत्रितों की स्वीकृति और उनके यात्रा को सुनिश्चित करना था, जो आपने नहीं किया?

उत्तरः ये सब होने के बाद ही निमंत्रण पत्र, ब्रोशर, सर्टिफिकेट आदि छापने की बारी आती है।

प्रश्न 6: आपके द्वारा फिर भी अतिथियों की सूची नहीं दी गई?

उत्तरः प्रस्ताव और ब्रोशर में ये दिए जाने के अलावा उनकी अलग से भी सूची दी गई थी, जिसके संदर्भ कार्यालय के आवक–जावक में भी हैं।

प्रश्न 7: आपने जब कार्य परिषद के बाद विश्व परियोजना का जो प्रस्ताव दिया था वह दो दिन बाद ही अनुमोदित किया गया। आप क्या कहेंगे?

उत्तरः कार्य परिषद के बाद प्रस्ताव देने का परियोजना निदेशक का कोई प्रस्ताव ही नहीं था। प्रस्ताव डेली वेयर की भांति न बदले जाते हैं, न अनुमोदित किये जाते है। महिनों की मेहनत के बाद ही प्रस्ताव दिया गया था। वह भी कार्य परिषद बैठक के महिना पूर्व।

प्रश्न 8: गाने वाली टीम को आपके और मांगी देवी के संयुक्त प्रस्ताव पर ही निमंत्रित किया गया था।

उत्तरः जिस हेतु निमंत्रित किया गया था पहले उसे तो मुकम्मल अनुमोदित करना था न। लक्ष्य वैश्विक परियोजना का था और अनुमोदन और एयर टिकट और मानदेय गायन पार्टी हेतु करना घर बनाने कब्र खोदने जैसा था।

प्रश्न 9: अकादमिक बैठक में आप और आपके सहयोगी की उपस्थिति में निर्णय लिए गए।

उत्तरः किंगरी जब बजानी थी तब बजाई नही। अब बजाने से क्या होगा? अकादमिक बैठक के निर्णय और विश्व परियोजना को कार्य परिषद में अनुमोदित किए जाने वाला लक्ष्य दो बेमेल बाते हैं।

प्रश्न 10: उस बैठक के कार्यवृत्त पर आप क्या कहेंगे?

उत्तरः बेकार की बाते है। न वह सार्थक कार्य था, न वास्तविक वृत्त ही।

प्रश्न 11: परियोजना की अंतिम बैठक में आप उपस्थित नहीं थे?

उत्तरः गैर–परियोजना बैठक परियोजना के नाम पर ली गई थी तो मैं क्यूं रहता। मुंह में राम बगल में छुरी वाले जाने।

प्रश्न 12: आपकी तैयारी पूरी नहीं देखकर आपके सामने विषय विशेषज्ञों से संपर्क कर उन्हें पत्र जारी करवाए। आप क्या कहते है?

उत्तरः गैर–जिम्मेदाराना लोग ऐसा ही कहते है। मेरी तैयारी दरकिनार कर ऐसी कार्यवाही करना व्यर्थ था।

प्रश्न 13: आपके द्वारा स्वीकृत की गई नोटशीट पर पुनः यह लिखकर भेजा गया कि उपरोक्त कार्यक्रम की कोई जरुरत नहीं, न उसे प्रपोज किया गया, अतः इसे निरस्त किया जाए।

उत्तरः कार्यक्रम का मतलब था कार्यक्रम नामक एक कमेटी, न कि पूरा प्रोजेक्ट जिसके लिए कई कमेटियाँ थीं और उनमें से केवल एक को ही तथाकथित आरोपकर्ता ने निरस्त करने के निर्देश भी दिए थे।

प्रश्न 14: प्रोजेक्ट निरस्त करना गंभीर मामला था और इसीलिए कुलसचिव और सहायक कुलसचिव की इस बाबत टीप ली गई। आप क्या कहेंगे?

उत्तरः इस हेतु जिसने प्रोजेक्ट प्रस्तुत किया उसकी ही टीप लेनी चाहिए थी। नवागंतुक कुलसचिव और उपकुलसचिव इसके काबिल नहीं थे।

प्रश्न 15: उपकुलसचिव ने तो कहा था कि संयोजक ने ही पूरे कार्यक्रम को प्रस्तावित किया और संयोजक ने ही उसे निरस्त करने को प्रस्तावित किया तो क्यों न प्रोजेक्ट को आचार संहिता के बाद किया जाए?

उत्तरः अनुभवहीन सहायक कुलसचिव अपने आंका की तोतागिरी कर रही थी। तीनों मतलब दो सचिव और उनके आंका बिना प्रस्ताव को पढ़े क्या जाने वैश्विक प्रोजेक्ट क्या है और उसे कैसे किया जाता है?

प्रश्न 16: कुलसचिव ने भी लिखा था कि प्रस्तावक का प्रस्ताव मान्य करने योग्य है। आप क्या कहते हैं?

उत्तर: यह बचकाना हरकतें उन्हे ही जंचती हैं, जो उसके योग्य है।

प्रश्न 17: साक्षी ने तब भी प्रोजेक्ट स्थगित ही किया, निरस्त नहीं किया। आप क्या कहेंगे?

उत्तर: निरस्त और स्थगित तो तब करेंगे जब प्रोजेक्ट प्रस्ताव और वही प्रोजेक्ट प्रस्ताव जो संयोजक ने बार–बार उसे प्रस्तुत किया था, अनुमोदित और कार्यान्वित होता।

प्रश्न 18: आचार संहिता के कारण विदेशी विद्वानों की प्रशासनिक और विदेश मंत्रालय की अनुमति जरुरी थी, है कि नहीं?

उत्तर: अनुमति तब जरुरी थी जब प्रोजेक्ट प्रस्ताव अनुमोदित और कार्यान्वित किया जाना तय हुआ हो। वैसे पड़ोसी केन्द्र के यहाँ भी उनके प्रोजेक्ट में विदेशी विद्वान आए थे क्योंकि उनका प्रोजेक्ट प्रस्ताव और उसका कार्यान्वयन तय था परंतु वह शिक्षा केन्द्र होने के कारण ऐसी अपराधिक जरुरत नहीं पड़ी। आपकी आरोपकर्ती किसी संदेहास्पद संगठन की अधिकारी थी क्या जिसे विदेश मंत्रालय ने चिन्हित किया हो?

प्रश्न 19: प्रोजेक्ट के फाइनल रिव्यू मिटिंग में आप उपस्थित नहीं थे?

उत्तर: जब आरंभ ही नहीं हुआ, गर्भ में ही प्रोजेक्ट मारा गया तो उसका फाइनल रिव्यू कहां से आया?

प्रश्न 20: आमंत्रण पत्र प्रकाशित करने की कार्यवाही प्रशासनिक और वित्तीय अनुमोदन के बिना की गई?

उत्तर: प्रकाशित करनेवाले भी प्रशासक हैं और अनुमोदन करनेवाले भी प्रशासक और वित्त नियंत्रक हैं, फिर अपचारी के प्रस्ताव को भी अनुमोदित नहीं करनेवाले प्रशासक ही हैं, अतः यह सवाल गलत आदमी को क्यों पूछा जा रहा? हालांकि वे जैसा चाहिए वैसा अनुमोदन घटनापूर्व और घटनोत्तर कर सकते थे।

प्रश्न 21: आपके द्वारा पुस्तक का प्रकाशन बिना किसी राज्य शासन प्रकाशन नियमों के विरुद्ध किया गया?

उत्तरः पुस्तक प्रकाशन प्रोजेक्ट का ही हिस्सा था तो आमंत्रण प्रकाशन और पुस्तक प्रकाशन भी प्रोजेक्ट के साथ किए गए षड़यंत्र के शिकार हो गए। आरोपकर्ती के झूठ और आपके साक्षी क्र. 1 के फर्जी चाल के वे शिकार बन गए। जिसने राज्यपाल के सम्मुख कूटरचित दस्तावेज देने में लोकलाज तांक पर रख दी हो उसे राज्य शासन प्रकाशन नियम के नाम पर मिथ्या और गिरी हरकत से कूटरचना करना स्वाभाविक है।

प्रश्न 22: अपचारी द्वारा ओरोपकर्ती और उसके प्रशासनिक और वित्तीय गुड़घों को फेसबुक में एण्टी–अम्बेडकरवादी लिखकर पूरी दुनिया में बदनाम किया गया?

उत्तरः प्रोजेक्ट अम्बेडकरवादी होने से उसके दुश्मन आटोमेटिकली एण्टी–अम्बेडकरवादी हो गए। फिर दुश्मन अपने बुरे कर्मों से स्थानीय स्तर पर बदनाम हुए तो उसमें इजाफा होना उनकी बुराई पर निर्भर है, न कि एन्टी–अम्बेडकरवादी शब्द पर। वैश्विक स्तर पर ऐसे लोग अस्तित्वहीन होते है।

प्रश्न 23: आपने उसी केन्द्र में अन्य कर्मचारियों द्वारा आयोजित किए गए भोज को मृत्यु भोज कहकर और सब को जैभीम कह कर दुनिया के अम्बेडकर प्रेमियों को प्रोजेक्ट विरोधियों के खिफाफ संगठित होने का आवाहन दिया है?

उत्तरः प्रोजेक्ट के मैयत पर एण्टी प्रोजेक्ट वालों द्वारा जो भोज करवाया गया उसे तो मृत्यु भोज कहना ही सही अभिव्यक्ति होगी न। और अम्बेडकरप्रेमी प्रोजेक्ट के समर्थकों को विरोधी ताकतों के विरुद्ध दुनिया में संगठित करना ही उचित कदम है, जो इस केन्द्र का लक्ष्य भी है।

प्रश्न 24: आपने आपके प्रोजेक्ट को साकार होने वाले दिन पर आहूत पुष्पांजली समारोह को बहिष्कृत किया?

उत्तरः मेरे प्रोजेक्ट को बर्खास्त करने के बाद आरोपकर्ता के सभी पक्वान फिके हो गए जिसमें हर कोई शामिल होने से बचता रहा।

प्रश्न 25: आचार संहिता के दौरान ढोल–ढमाके के साथ बाहर से आई रैली का आपने नेतृत्व किया?

उत्तरः फर्जी लोगों को फर्जी आरोप लगाने के अलावा भी कुछ बेहतर पूछना हो तो बात करें।

प्रश्न 26: रैली में शासन विरोधी नारे भी लगाए गए, जिसकी वीडियोग्राफी रिकार्डिंग भी हुई, आपका क्या कहना है?

उत्तरः जिस नारे को शासन विरोधी कहा गया वैसा कोई शासन इस दुनिया में है ही नहीं। फिर उसे रिकार्डिंग के दायरे में लाने से वास्तविकता बदलने वाली हो तो बताईए।

प्रश्न 27: म. प्र. कांग्रेस कमेटी ने रैली की शिकायत की और कुलसचिव द्वारा बड़गोंदा थाने में आपके विरुद्ध एफ. आई. आर. पंजीबद्ध की गई।

उत्तर : क्या आरोपकर्ती ने उनको बताया कि अपचारी जैसे वरिष्ठ जन संहिताविरुद्ध और एफआईआर योग्य काम नहीं कर सकते या उसने उन्हें अपचारी के विरुद्ध और ज्यादा भड़काया?

प्रश्न 28: आप डॉ अम्बेडकर चेअर के प्रभारी 2003 से है?

उत्तरः तो।

प्रश्न 29: तो उसके समस्त अकादमिक, प्रशासनिक, अनुदान, उपयोगिता प्रमाण–पत्र भिजवाना आपकी जिम्मेदारी है?

उत्तरः यदि ऐसा ही है तो कुलसचिव, वित नियंत्रक और कुलपति को इसी काम के लिए अलग से तन्ख्वाह क्यों दी जाती है?

प्रश्न 30: साठ लाख के ऊपर अनुदान बाकी है, उस हेतु आपने प्रभावी कार्यवाही नहीं की?

उत्तरः की, पर प्रोफेसर की हैसियत से, न कि वित्त नियंत्रक और प्रशासक की हैसियत से। पर आरोपकर्ती चेअर की चुगली करने से बाज आए तब न?

प्रश्न 31: इसके बावजूद आपने उससे भी ज्यादा राशि विश्वविद्यालय मद से व्यय की?

उत्तरः जब अपचारी स्वयं चाहे जैसा विश्वविद्यालय का पैसा व्यय कर सकता था तो उसके प्रशासनिक, वित्तीय और अकादमिक अधिकारियों की क्या जरुरत थी कि वे बेकार ही यहाँ से अपना वेतन लेते रहे?

प्रश्न 32: आपने अपने कुलपति कार्यालय में म्यांमार के साथ ब्राउस का जो एमओयू किया उसमें यांगून बौद्ध विश्वविद्यालय के केन्द्र ओडिशा में है लिखा गया तो वह एमओयू गैरकानूनी माना जायेगा, है कि नहीं?

उत्तरः हाँ, यदि अपचारी ने वैसा गलत मंशा से अपने हाथ से लिखा हो। परंतु वह एमओयू तो आरोपकर्ती के कार्यालय से प्राप्त हुआ था। फिर आरोपकर्ती भी गैरकानूनी मानी जाएगी, क्यों?

प्रश्न 33: आपके कई नामों के दस्तावेज हैं?

उत्तरः पासपोर्ट और आधार कार्ड पर तो एक ही नाम होता है। भले ही भगवान श्रीकृष्ण के 108 नाम थे।

प्रश्न 34: दिनांक 20.9.2006 को तत्कालीन कुलसचिव ने आपको आपके जन्म स्थान, तिथि, पता और कहां कहां कब कब रहे की जानकारी मांगी थी, जो आपने नहीं दी।

उत्तरः इस तिथि का कोई आरोप आरोप पत्र में अस्तित्व में ही नहीं है। यदि हो तो बताएं।

प्रश्न 35: आपने कारण बताओ सूचना–पत्र के प्रारंभिक उत्तर दिनांक 09 अप्रैल, 2019 में अपने वरिष्ठ के प्रति अपशब्दों का प्रयोग किया?

उत्तरः ऐसे झूठ निराधार आरोप कर्ता जो षडयंत्र के इंजिनियर हैं; वे मेरे वरिष्ठ अधिकारी हैं, की जानकारी इसी आरोप से मुझे मिली।

प्रश्न 36: आपने विश्वविद्यालय की प्रतिष्ठा को पूरी दुनिया में आघात पहुँचाया?

उत्तरः तब भी मैं इस परिसर में 24 वर्ष रहा तो मेरा आघात प्रतिष्ठित आघात प्रतीत होता है।

प्रश्न 37: प्रोजेक्ट के कार्यान्वयन में जो भी व्यय हुआ उसकी समस्त जिम्मेदारी आपकी है?

उत्तरः आरोपकर्ता के पहले हम ही समस्त जिम्मेदारी संभालते थे और वह परिसर से प्रस्थान करे तो भी हम उस जिम्मेदारी को संभालेंगे।

प्रश्न 38: आपके प्रोजेक्ट में मदवार वित्तीय भार अंकित नहीं था?

उत्तरः प्रोजेक्ट में जो मदवार प्रस्ताव और बजट अंकित था वह ही अनुमोदित नहीं किया गया तो वित नियंत्रक के सूक्ष्म मदवार बजट के बहाने किस काम के है?

प्रश्न 39: प्रकाशन और पुस्तक क्रय प्रस्ताव पूर्व वित्तीय स्वीकृति नियमानुसार नहीं था, आप क्या कहेंगे?

उत्तरः जो नियमानुसार था वह अनुमोदित नहीं किया गया और जो अनुमोदित नहीं किया गया उसे पूर्व वित्तीय स्वीकृति नियमानुसार नहीं था ऐसा कहा जा रहा है।

प्रश्न 40: आपने डॉ. अम्बेडकर चेअर से संबंधित अनुदान प्राप्त करने बाबत प्रयास नहीं किया?

उत्तरः पिछले सत्रह साल का चेअर का इतिहास पूछ रहे या अपने आरोपकर्ती को आईना दिखा रहे है?

प्रश्न 41: आपके द्वारा प्रस्तावित प्रकाशक का अनुमोदन नियमानुसार सक्षम प्राधिकारी द्वारा नहीं किया था?

उत्तरः कोन था वह अभागी सक्षम प्राधिकारी?

प्रश्न 42: चौकीदार प्रभारी का कहना था कि छात्रों की रैली में आप शामिल थे?

उत्तर : पवित्र रैली में सब को शामिल होना चाहिए था। परंतु एण्टी–अम्बेडकरवादी शामिल नहीं थे।

प्रश्न 43: रैली में बेईमानों का 'राज बदल दो' वाले नारे लगाए गए?

उत्तरः इसीलिए भी और डॉ. अम्बेडकर जयंती के कारण भी वह रैली पवित्र थी।

प्रश्न 44: नारों की पुष्टि वीडियोग्राफी रेकार्डिंग से भी होती है।

उत्तरः पवित्रता की पुष्टि किसी भी ग्राफी से हो, जायज ही है। यहाँ आरोपवाली क्या बात है?

प्रश्न 45: रैली के लिए स्थानीय प्रशासन की अनुमति नहीं थी, इसलिए चुनाव आचार संहिता का उल्लंघन हो सकता था, है कि नहीं?

उत्तरः अगर चुनाव आचार संहिता उल्लंघन पर संदेह था तो कांग्रेस कमेटी वालों को चौकीदार प्रभारी और आरोपकर्ती द्वारा गलत जानकारी क्यों दी गई और कुलसचिव के जरिए अपचारी के विरुद्ध बड़गोंदा थाने में एफआईआर पंजीकृत क्यों की गई?

प्रश्न 46: चौकीदार प्रभारी ने दिनांक 14/4/2019 को रैली के घटनाक्रम बाबत जानकारी प्रशासन को करीबन 3 बजे अपरान्ह को दी थी, आप क्या कहते है?

उत्तरः करीबन 3 बजे भी दी गई गलत रिपोर्ट समय दर्ज करने के कारण सही नहीं हो जायेगी।

प्रश्न 47: सहायक कुलसचिव ने संयोजक के कार्यक्रम निरस्त करने बाबत प्रस्ताव की अनुसंशा कुलसचिव को दी थी। आपका क्या कहना है?

उत्तरः बॉस को शायद ऐसे ही चमचों की सख्त आवश्यकता हो।

प्रश्न 48: उसी साक्षी ने यह भी कहा है कि संयोजक के प्रस्ताव अनुसार कार्यक्रम स्थगित किया गया था?

उत्तरः जिसको कार्यक्रम और कार्यक्रम नामक कमेटी का फर्क और कमेटी और प्रोजेक्ट तथा शाहीरी का फर्क समझने में काफी वक्त लगेगा वह क्या समझ पायेगी कि प्रस्ताव कमेटी बाबत् था या प्रोजेक्ट बाबत् और वह प्रस्ताव था या कमेटी पर टीप थी?

प्रश्न 49: कुलसचिव का भी यही मत था?

उत्तरः कुलसचिव कुलसचिव नहीं रहते जब वह अपने आंका में समरस हो जाते हैं।

प्रश्न 50: साक्षी आपके विरुद्ध क्यों बोल रहे?

उत्तरः साक्षी भी तो आंका के ही अधीन होते है जैसे कोई जांच अधिकारी भी अपने आंका के मोहताज होते है क्योंकि उसमें उनका आर्थिक लाभ होता है।

प्रश्न 51: आपको और कुछ कहना है?

उत्तरः हाँ, क्योंकि अक्सर यहीं देखा गया कि जिधर दम उधर हम वाली नीति से अभी तक निर्णय होते रहे हैं।

जांच अधिकारीः मैं अपनी रिपोर्ट साक्षी क्रं 1 को दो दिन बाद दूंगा।

अपचारीः आप मुझे भी आपके रिपोर्ट की कापी देना।

जांच अधिकारीः नहीं, मैं यह नहीं कर सकता। क्योंकि साक्षी क्र. 1 के साथ पहले से ही मेरा करार हुआ था कि मैं उसे ही अपनी रिपोर्ट दूंगा और किसी को नहीं। वह चाहे तो आपको मेरे प्रतिवेदन की प्रति दे सकती है या नहीं चाहे तो नहीं दे सकती है।

अपचारी अधिकारी जांच अधिकारी

# अध्याय – 20

# वह

वह गई तब सृष्टि सारी व्याकुल सिसक रही थी। ?
आंधी विलापते बादल धूल कण से पोंछ रही थी।।

वह करुणा चराचर थी तो समन्त प्रकृति रोई
अनहद निनाद करते अश्रुवर्षा बरसाई
मौन में नभ के नीचे निस्तब्ध धरा खड़ी थी।।1।।

छोटे के साथ रहते नन्हों को बड़ा किया था
साथी के छूटने पर भी साहस खड़ा किया था
कई दुख–टीलों को निपटा कई अब तक ढा रही थी।।2।।

खून बना लाल समुंदर तन में था प्रशांत सागर
टुकड़े जिगर के सारे आबाद है सात समुंदर
तब दिगंत वसुधा दोनों सत–सुगंध दमक रही थी।।3।।

– सी. डी. नाईक

# हे! नवभारत निर्माता डॉ. अम्बेडकर

भाग–2

प्रबुद्ध–भारतोदय

सी. डी. नाईक

KALPAZ

# हे! नवभारत निर्माता डॉ. अम्बेडकर

## (भाग–2: प्रबुद्ध–भारतोदय)



ISBN : 978-93-5324-641-9 (Set)
978-93-5324-973-1

भारत में सन् 2022 में प्रकाशित

**कल्पाज पब्लिकेशन**

सी–30, सत्यवती नगर,
दिल्ली–110052
वेब साइट: www.kalpazpublications.com
ई–मेल: kalpaz@hotmail.com
Phone : 011-47034999, 9811692060

*मुद्रित:* ज्ञान प्रेस, दिल्ली

# अनुक्रम

## समर्पण

जो

इस दुनिया में आये और अपना सर्वस्व देकर चले गएः आयुष्मान राजू काम्बले, श्री बी. पी. मौर्य, डॉ. डी. सी. अहिर, भन्ते रेवत धम्म, भन्ते सद्धातिस्स, भन्ते वालपोल राहुल, भन्ते साम्बुन, आचार्य शांति स्वरुप बौद्ध, पू. भन्ते सदानन्द, प्रो. भाऊ लोखंडे, एडवोकेट संदेश भालेकर, डॉ. कांबले, भन्ते गुणवर्धन, प्रभृतियों को समर्पित।

# नमस्कार

नमस्कार उनको, नमस्कार भगवन, नमस्कार अर्हन, नमस्कार सम्यक सम्बुद्ध को

नमस्कार उनको, नमस्कार भगवन नमस्कार अर्हन, नमस्कार सम्यक सम्बुद्ध को

नमस्कार उनको, नमस्कार भगवन नमस्कार अर्हन, नमस्कार सम्यक सम्बुद्ध को ।।धृ।।

प्रथम वार मैं बुद्ध–शास्ता को समर्पित हूँ।
प्रथम वार मैं धम्म–तथता को समर्पित हूँ।
प्रथम वार मैं संघ–शुद्धता को समर्पित हूँ।

द्वितीय वार मैं बुद्ध–शास्ता को सनर्पित हूँ।
द्वितीय वार मैं धम्म–तथता को सनर्पित हूँ।
द्वितीय वार मैं संघ–शुद्धता को समर्पित हूँ।

तृतीय वार मैं बुद्ध–शास्ता को समर्पित हूँ।
तृतीय वार मैं धम्म–तथता को समर्पित हूँ।
तृतीय वार मैं संघ–शुद्धता को समर्पित हूँ।

जो प्राणीपात है, शुद्धता का नाश है उसे नहीं मैं करुँगा।
जो नहीं दिया हो उसे लिया गया हो उसे नहीं मैं करुँगा।
जो लैंगिक बात है ब्रह्मचर्य वास है उसे दूषित नहीं मैं करुँगा।
जो मृषावाद है, निंदा–कठोर–बकवाद है, उसका प्रयोग नहीं मैं करुँगा।
जो लोभ, दोष, है, मोह जैसी आग है उसे मन में बुझा जाऊँगा।

साधु साधु साधु

# प्रास्ताविक

यह पारंपरिक नहीं है कि किसी पुस्तक की प्रस्तावना दोहे या गाने से लिखी जाए। परंतु दोहे और गाने कम शब्दों में बहुत कुछ कह देने में समर्थ होने से लेखक ने इस विधा को चुना है। बहुत से कबीर जी के दोहे जनमानस में विद्यमान होने से उसके अर्थ वाक्प्रचार में होने से वे यहाँ नहीं दिए गये तथा हिन्दी में जो गीत दिए गए हैं उसके अर्थ स्वयं शब्द ही वहन कर रहे हैं।

## कबीर

**कबीर मन निर्मल भया जैसे गंगा नीर**
**पाछे पाछे हरि फिरे कहत कबीर कबीर**

(सी.डी. नाईकः 2019ः 224)

**धीरे धीरे रे मना धीरे सब कुछ होए**
**माली सींचे सौ घड़ा ऋतु आए फल होए**

(सी.डी. नाईकः 2019ः 224)

घर घर दीपक बरै, लखै नहीं अंध है।
लखत लखत लखि परै, कटै जमफंद है।।
करन सुनन कछु नाहीं. नहिं कछु करन है।
जीते जी मरि रहै, बहुरि नाहि मरन है।।

(सी.डी. नाईकः 2019ः 228)

जोगी पड़े वियोग, कहै घर दूर है।
पासहि बसत हजूर, तूं चड़त ख़जूर है।।

(सी.डी. नाईकः 2019: 228)

बाह्मन दिछ्छा देत सै घर घर घालि है।
मूर सजीवन पास, तूं पाहन पालि है।।

(सी.डी. नाईकः 2019: 224)

ऐसन् साहब कबीर, सलोना आप है।
नहीं जोग नहीं जाप पुंन नहि पाप है।।

(सी.डी. नाईकः 2019: 228)

आसन् कर डिंड धरि बैठे, मन मैं बहुत गुमाना।
पीपर पाथर पूजन लागे, तीरथ वरत भुलाना।।

(सी.डी. नाईकः 2019: 229)

हिंदू की दइआ मिहर तुरकन की, दोनों घर से भागी।
वह करै जिबर वां झटका मारे, आग दैऊ घर लागी।।

(सी.डी. नाईकः 2019: 229)

या विधि हंसी चलत है हमको, आप कहावे सिआना।
कहै कबीर सुनो भई साधो इन में कौन दीवाना।।

(सी.डी. नाईकः 2019: 229)

## बुद्ध

बुद्ध एक मानव ही थे जैसे मानव हैं हम लोग।
सिद्धार्थ जैसे बुद्ध बने बन सकते वैसे हम लोग।।
असंख्य कितनी ही हो कमियाँ हम में तुम में और किसी में
एक एक कर सब दूर करेंगे बढ़ते आगे कदमों कदमों में
असीम सागर तर जायेंगे धम्म बेड़े से हम लोग ।।1।।

अगणित कितनी ही हो परीक्षा जल थल अगन अंतरिक्ष में
पार करेंगे हर चुनौती बाहर हो या अंतःस्थल में
दुःख से भारी अवनी सारी सुख से भर देंगे हम लोग ।।2।।

अपरिमित कितनी ही हो हानि विपदा प्रलय या सृष्टि विनाश
उदय स्थिति लय के ऊपर आबाद करेंगे मैत्रीमय निवास
नये कल्प के धम्मचक्र को मिल के गति देंगे हम लोग ।।3।।

## डॉ. बी. आर. अम्बेडकर सामाजिक विज्ञान विश्वविद्यालय

डॉ. बी. आर. अम्बेडकर सामाजिक विज्ञान

प्रणाम, विश्वविद्यालय प्रणाम = धृ =

चम्बल क्षिप्रा बाघ नर्मदा

उज्जेनी सांची सतपुडा गोदा

महू मालवा भारत वर्ष तू एक ही विद्या धाम =1= प्रणाम,

विश्वविद्यालय प्रणाम

समता स्वतंत्रता बंधुत्व

कुटुम्ब समस्त है वसुधैव

शिक्षा शोध प्रशिक्षण प्रसार अखंड राष्ट्र निर्माण =2= प्रणाम, विश्वविद्यालय प्रणाम

भारत उदय की अगस्त क्रांति

बुद्ध कबिर और फुले दम्पति

सामाजिकी कृषि जगत तू पहला ही संग्राम =3= प्रणाम,

विश्वविद्यालय प्रणाम

अनन्त विषयों अनन्त विधायें

शोध बोध बोधि द्रुम लताएं

अंतराल का संविधान तू धरती का आसमान =4= प्रणाम,

विश्वविद्यालय प्रणाम

चार सत्य चौसठ कलायें

समाज केन्द्र बहुविध सुविधायें

मानविकी विज्ञान तकनीकि दुःख का अनुसंधान =5= प्रणाम, विश्वविद्यालय प्रणाम

## अध्याय – 1

# अम्बेडकरी क्रांति

साहित्य में समतामूलक समाज दर्शन के विचार प्रवर्तक भी विज्ञान और नई तकनीकि के साम्प्रत युग में अधिक प्रखर हुये प्रतीत होते है। परंतु यह अवलोकन अद्यतन के ग्रामीण परिवेश के उपेक्षित महिला–पुरुष में जहां एक ओर उग्रता से दिखाई दे रहा है, वहाँ दूसरी ओर तथाकथित विशेषाधिकार सम्पन्न मानस में ग्लानिर्भवति भारत जैसा प्रकट हो रहा है। लगता है समसामयिक युग के वैश्विक धम्म प्रवर्तन में परम ब्रह्म को भी सर्व शिक्षा अभियान के चलते स्वयं को साक्षर और शिक्षित बनाकर अपने सनातन गप्पालॉजी से मुंह मोड़कर डॉ. अम्बेडकर के शिक्षित बनो, संघर्ष करो और संगठित रहो के बैनर तले सामाजिक पुनर्रचना की मानव सेवा करना अपरिहार्य हो गया–सा लगता है।

जॉन एडम ने क्रांति की व्याख्य सही फरमाई है। उनका कहना है कि मानस के क्रांति विचार से धरातल पर उसका गुणात्मक प्रकटीकरण करना ही क्रांति–विज्ञान है। अल्लामा इकबाल ने बतलाया था कि भारत ने अपने उस मूल्यवान मोती का मूल्य नहीं पहचाना, जिसने विश्व के अन्य देशों को रोशन किया। मिल्टन ने अपने महाकाव्य में जब यह व्यक्त किया है कि गंवाये हुये सुख राज्य को फिर एक इंसान ने बहाल करा दिया तो उनका अभिप्राय मनुष्य से था, न कि किसी मनुष्यतर से। कार्लाइल ने आज का नायक मैन ऑफ द लेटर है की यथार्थ घोषणा

ही कर दी। थामस पायन ने मनुष्य में निहित शक्ति का पैमाना पहचान कर ऐलान कर दिया था कि वह इस संसार का पुनर्निर्माता है। प्रसिद्ध जैन मुनि का कथन है कि ''जिस किसी का कोई भी कथन सत्य और हितकर है, वही मुझे स्वीकार है''। इसी तर्ज पर दलाई लामा भी कहते हैं कि मैं बौद्ध इसलिए हूँ कि बौद्ध रहते हुए भी मैं बुद्ध से पक्षपात न कर सकूं। बर्ट्रांड रसेल ने 'मैं क्रिश्चन क्यों नहीं हूँ' नामक अपनी पुस्तक में हवाला दिया है कि तार्किक युग ओल्ड टेस्टामेन्ट की बौद्धिक विवेचना से आरंभ हुआ।

थॉमस पायन ने जब बायबल पर अपनी बौद्धिक टिप्पणी दी कि समाज जोड़ने वाला नैतिक संदेश धर्म का अभिन्न अंग होना चाहिए तो उसे अपना सिर छुपाने के लिए अमेरिका, इंग्लैंड और फ्रांस जैसे राष्ट्रों में कहीं पर भी जगह नहीं मिली थी। तथापि वे अपने देश अमेरिका की वैचारिक स्वाधीनता के लिए अकेले लड़ते रहे। क्रांति वैज्ञानिक डॉ. अम्बेडकर की बात करें तो उनके व्यक्तित्व के अनुरुप उपमा केवल अश्वघोष के बुद्ध चरित के प्रथम श्लोक के शब्दों से ही व्यक्त की जा सकती है। वह कहते हैः

जिसने अपने सुख के वरदान से विधाता को भी मात दी, जिसने अपने प्रखर तेज से घूप अंधेरे को दूर कर सूर्य को परास्त किया और जिसने अपनी शीतल छाया से दग्ध दागों को ठंडा कर चन्द्रमा को भी हरा दिया, उस अनुपम अजेय अर्हत तथागत को मेरा वंदन है। इसी तर्ज पर हम अम्बेडकरी क्रांतिकारी लोग भाग्य को मात देकर आधुनिक भारत की नींव डालने वाले बाबासाहेब अम्बेडकर के तेजपुंज को नमन करते हैं।

*कार्लाइल ने कहा कि '' कोई भी काल जाया नहीं होगा यदि उसे ऐसा महामानव, ऐसा विवेकवान पुरुष मिल जाये जो वास्तव में स्पष्टता से देख सके कि काल की क्या मांग है, उसे ऐसा साहसी वीर पुरुष मिल जाये जो उसे वहाँ से आगे सही राह पर ले जा सके। यही किसी युग के संकट के समाधान है।''*

पूर्व में भी प्राचीन विश्व में कई क्रांति वैज्ञानिक हुए थे। उनमें सबसे श्रेष्ठ शास्ता तथागत बुद्ध ही थे। बौद्ध धर्मनिरपेक्ष त्रिपिटक में स्त्री के वचनों को भी बुद्ध वचनों के अंतर्गत रखा गया क्योंकि स्त्री–पुरुष की गरिमा इस संगठन में समतुल्य है। महिला भी क्रांति वैज्ञानिक होती है। एक बार बाजीराव पेशवा ने अहिल्या से लाखों रुपया भेंट के रुप में वसूलना चाहा और यह धमकी भी दे डाली कि इतनी भेंट नहीं मिलने पर हमारे युद्ध में आपको अपना सर्वस्व गंवाना पड़ेगा। लेकिन अहिल्या देवी कोई डरपोक नारी नहीं थी। उसने भी अपनी नारी फौज के साथ लड़ने की तैयारी की और बाजीराव को संदेश भेजा दिया कि "महोदय! मेरे खजाने में जो धनराशि संचित है, वह लूटमार या नाच–गाणे, खेल–तमाशे से अर्जित की हुई नही है। वह हम लोगों के अविरत पसीने से कमाई हुई दौलत है। अतः मैं मानती हूँ कि इस धनराशि से फुटी कौड़ी भी गुलछर्रे उड़ाने के लिए आपको भेंट देना एक अधार्मिक कार्य होगा। जहाँ तक युद्ध में अपना सर्वस्व गवांने की बात है, मैं महोदय को स्पष्ट कह देना चाहती हूँ कि मैं एक नारी व्यक्ति हूँ और युद्ध में हारने पर भी लोग आपको ही कहेंगे कि मर्द होकर भी एक महिला से लड़ाई लड़ी और मुझे कहेंगे कि एक नारी होकर भी एक मर्दों की सेना से टक्कर दी। उसमें भी आपको ही शर्मिंदगी को झेलना पड़ेगा। और ईश्वर न करें कहीं आप ही युद्ध में परास्त हुये तो आपका स्वत्व तो र्स्वथा ही स्वाहा हो जायेगा। आप तब कौनसा मुंह लेकर लौट जायेंगे?" इस बात से बाजीराव चमक गये और बिना युद्ध किए और वह भेंट राशि को तिलांजलि देकर अपनी इज्जत मुठ्ठी में लेकर लौट गया।

अहिल्या के पश्चात् पेशवाई के स्त्री संहारक कायर मुकुट पर जोतीराव फुले के मुखारविंद से जो शब्द के इंसान प्रहार करते थे तो लगता था मानो सामाजिक क्रांति और अर्थ के ईमान समय की परछाई को मोड़ देने बौछार कर रही थी।

आज का क्रांति वैज्ञानिक एक हाथ में क्रांतिवीर जोती की मशाल लेकर और दूसरे हाथ में समता, स्वातंत्र्य और बंधुत्व के अम्बेडकरी

जीवन दर्शन का त्रिशरण ग्रहण कर वह अपना रास्ता इस इहलोक में तय करने वाला है। अपनी शिक्षा, संघर्ष और संगठन से उसे असंख्य बुद्ध, अम्बेडकर, कबीर, शाहू, फुले, सावित्री, टामस पायन, बोनापार्ट, वाल्टेयर, आइन्स्टाईन, और अहिल्या आदि असंख्य तेजस्वी तारों से उसे वैज्ञानिक अनात्मिक ब्रम्हांड की पुनर्रचना करनी है। उसका नारा है: क्रांतिवैज्ञानिक बोधिसत्व बाबासाहेब भारतरत्न परमवीर डॉ. भीमराव अम्बेडकर जिंदाबाद!

## अध्याय – 2

# संस्मरणः प्रो. डॉ. भदन्त आनन्द कौसल्यायन

### परिचय

लेखक ने 5 जनवरी, 2004 को ही कल्पाज पब्लिकेशन, नई दिल्ली से प्रकाशित 421 पृष्ठीय अपने एम. फिल. तथा पी.एच.डी. के शोध प्रबंधों को पूज्यपाद भदन्त डॉ. आनन्द कौसल्यायन जी की प्रथम जन्म शताब्दी पर पुष्पांजली के रुप में समर्पित किया था। यह इत्तेफ़ाक ही कहना चाहिये कि डॉ. बाबासाहेब अम्बेडकर का जन्म जिस तिथि को हुआ उस तिथि को महापण्डित राहुल सांकृत्यायन (14 अप्रैल) का देहावसान हुआ और जिस तिथि को प्रो. डॉ. भदन्त आनन्द कौसल्यायन का देहावसान हुआ वह तिथि उपरोक्त लेखक की जन्म तिथि {22 जून} है।

कहते हैं कि इमर्सन के बारे में लिखने के लिये इमर्सन जैसा ही महान लेखक चाहिये। यह उक्ति कौसल्यायन जैसे महापुरुष के बारे में लिखने के लिये भी लागू होती है। परतु संसार का दुर्भाग्य ही मानना चाहिये कि दुनिया में केवल एक और मात्र केवल एक ही इमर्सन या कौसल्यायन या आइन्स्टाइन पैदा होते हैं। और जो जनता के होते हैं वे ही अमर हो जाते हैं। इस आलेख के नायक जनता के प्राण में बसे थे।

पंजाब और चंडीगढ़ राज्यों के मध्य में स्थित सोहाना गाँव में हिन्दु–मुस्लिम स्कूल के हेड़मास्टर तथा अंबाला गुरुद्वारा के ज्ञानी श्री राम शरण दास के कट्टर खत्री घर में आज से एक शताब्दी पहले

पांच जनवरी, 1905 को एक पुत्ररत्न पैदा हुआ। उसका नाम हरिनामदास रखा गया। उसके एक छोटा भाई श्री हरि दास और उनके पुत्र श्री मंगत राय, और पुत्रियाँ सुश्री इन्दिरा, वीणा आदि बुढलाड़ा में रहते हुये अपने ताया जी की स्मृति को ताज़ा कर रहे हैं।

ब्रिटिश भारत में मैट्रीक्युलेशन तक भी शिक्षा प्राप्त करना बड़ी बात थी। हरिनामदास ने बड़ी कठिनाई में से गुजर कर, सुबह अखबार बेचकर, शाम को ट्युशन देकर, तथा अपनी बीमारी से जूझकर सन् 1924 में स्नातक की उपाधि प्राप्त की थी। उन्होंने जिस विश्वविद्यालय से स्नातक तक की शिक्षा प्राप्त की थी वह उसी लाला लाजपत राय द्वारा स्थापित लाहौर का कौमी विश्वविद्यालय था, जहाँ हरिनामदास के सहपाठी भगत सिंह, सुखदेव और यशपाल जैसे क्रान्तिकारी देशभक्त थे। डॉ. अम्बेडकर ने अमेरिका में सन् 1915 में अपनी पी.एच.डी की पढ़ाई करते समय उनकी गदर पार्टी में शामिल होकर राजनीतिक कार्य करने की उन्हीं लाला लाजपत राय की विनती को ठुकरा दिया था।

पहले उन्होंने राष्ट्रीय कांग्रेस के साथ कार्य कर देश की आजादी की लड़ाई में अपने को झोंक दिया। यह वही समय था जब ब्रिटेन में डॉ. अम्बेडकर द्वारा लिखित रुपये की समस्या नामक डाक्टर ऑफ साईन्स {डी. एस. सी.} की उपाधि का शोध प्रबंध ने वहाँ के बौद्धिक जगत में तहलका मचा दिया था। इधर हरिनामदास जी ब्रिटिश सरकार की खुफिया एजेन्सी को परेशान कर रहे थे। आजादी के दिनों में उनका जोश देखिये। 70–80 कि. मी. दौड़ते हुये थके–मांदे वह एक स्कूल मे पहुचे, वहाँ एक अनजान भिखारी ने उनके पांव दबाकर कैसे सेवा की और एक परिचित जैन स्कूल मास्टर ने उन्हें कैसे सिला दिया, इस की कहानी उन्होंने अपने आतिथ्य नामक निबंध में जो न भूल सका इस ग्रंथ में बखूबी बयान की है।

कांगड़ा जिले में उन्होंने शिड्युल्ड कास्ट संवर्ग की दो उपजातियों की भी सेवा की। दो उपजातियाँ सराडे और डुमने परस्पर वैरी थी। जैसे महाराष्ट्र में महारों में भी बावने, बारके आदि उपजातियाँ आपस में

लड़ती थी वैसे ही उत्तर पश्चिम भारत में था। वे लोग शाम को शराब पीते और मांस खाकर आंगन के चारो ओर चारपाईयाँ डालकर सुस्ताते थे तब हरिनामदास जी उन्हें शिक्षा की बातें बताते थे।

हरिनामदास बालपन में ही मां–बाप के गुजर जाने से अनाथ हो गये थे।उसके दो वर्ष के पश्चात् जब हरिनामदास अपने बहन के घर में ठहरे हुये थे तो उनको ऐसा बुखार आया कि वह किसी भी दवाई से ठीक ही नहीं हो रहा था। उसके बावजूद वे उस घर को छोड़ना चाहते थे। उसके लिये उन्होंने बहाना बनाया कि उनको एक सपना आया कि उनका बुखार गंगा में स्नान करने से उतर गया। अतः गंगा में स्नान करने हेतु निकलना चाहिये कहकर घरवालों से विदा ली। रुढिवादी लोग पवित्र गंगा में डुबकी लगाने से अपने ही घरवाले को कैसे मना करते। बेचारे रिश्तेदारों ने मन मारकर उन्हें घोड़ी पर सवार करा दिया और उन्हें बाहर जाने की इजाजत दी। कुछ दूर जाकर हरिनामदास ने घोड़ी को घर की तरफ लौटा दिया और स्वयं जीवन की अज्ञात मंजिल की ओर बढे। तब से वे घर छोड़कर बेघर हो गये।

सन् 1926 के अन्त में जब वे मेरठ में इधर–उधर घूम रहे थे, तो इत्तेफाक से उनकी मुलाकात आर्य समाजी परिव्राजक साधू रामोदरदास पांडेय उपाख्य राहुल सांकृत्यायन से हुई। उनकी संगति में हरिनामदास भी ब्रह्मचारी विश्वनाथ के नाम से आर्य समाजी बने और धार्मिक स्थलों की यात्रा करते रहे। वे निरंतर पढते भी रहते थे। उस समय उनकी रुचि रस्किन की प्रसिद्ध कृति हिरो एण्ड हिरो वर्शिप में थी। उनके हाथ में यह पुस्तक देखकर लोग कहते थे, "देखो, दुबला–पतला साधू है लेकिन अंग्रेजी में किताब पढ़ रहा है।" बाद नें हरिनामदास और रामोदरदास दोनों ही साधू आर्य समाज के दर्शन के पौरुषेय वैदिक आधार के प्रति साशंक हुए। रामोदरदास को स्वामी दयानन्द जी के आर्य समाज को छोड़ने में कतई देर न लगी। वे श्रीलंका गये और वहाँ जाकर विद्यालंकार पिरिवेण, केलानिया के प्राचार्य आदरणीय लुनुपोकने धम्मानन्द जी के अधीन बौद्ध भिक्षु बने। तभी से उनका नाम राहुल सांकृत्यायन पड़ा। बाद में उसी पिरिवेन में राहुल जी संस्कृत पढाते थे।

21 साल की उम्र में उन्होंने संकल्प किया था कि (I have already lived the life of my share, and if I am to live now, let me live for the sake of my country). अर्थात् मैंने अपने हिस्से का जीवन तो जी लिया, अब यदि मैं जिऊं तो देश के लिये जीना चाहिए।

दिसम्बर 1927 में श्रीलंका से राहुल जी ने विश्वनाथ को भी अपने पास बुला लिया। विश्वनाथ जी भी मद्रास–धनुष्कोड़ी होते हुये श्रीलंका पहुँचे। वहाँ 10 फरवरी, 1928 के दिन श्री विश्वनाथ की भी आदरणीय लुनुपोकने धम्मानन्द जी के अधीन उपसम्पदा हुई और उन्हें नया नाम "आनन्द कौसल्यायन" मिला। उसी पिरिवेण में उन्होंने पालि और बौद्ध दर्शन का अध्ययन किया। भिक्षु बनने पर उनको लगा कि वे बुद्ध के वैचारिक स्वतंत्रता के वारिस बने, सामाजिक कटिबद्धता के जिम्मेदार नागरिक बने और वह लोक को अधिक से अधिक देना व उससे कम से कम लेना की सम्यक आजीविकाधारी श्रमण बन चुके है। वे प्रतिदिन 18 घंटे अपने अध्ययन में लगाते थे और डेढ साल में उन्होंने पूरे त्रिपिटक का मंथन कर डाला था। इसी प्रकार वे पांच वर्ष लगातार बौद्ध धर्म का गंभीर अध्ययन करते रहे।

परिणामस्वरुप अनागारिक धर्मपाल द्वारा स्थापित महाबोधि सभा ने धर्म प्रचार का कार्य करने हेतु लन्दन में स्थित अपने केन्द्र पर आनन्द जी और राहुल जी को नियुक्त किया। अतः 27 जुलाई, 1932 को दोनों धम्मदूत वहाँ गये। कुछ माह के पश्चात राहुल जी वहाँ से भारत लौट आये। परंतु कौसल्यायन जी वहाँ डटे रहे। इंग्लैंड में डेढ वर्ष से भी अधिक वास्तव्य कर कौसल्यायन जी फ्रांस और जर्मनी में भी धम्म प्रचार करते रहे। सन् 1934 में वे श्रीलंका लौटे और वहाँ सिंहल भाषा में सिंहलियों को भी अपनी धम्मदेशना से उन्होंने आकर्षित किया। उसी वर्ष एक ही गुरु के तीन शिष्य अर्थात् भन्ते जगदीश काश्यप, राहुल जी और कौसल्यायन जी का श्रीलंका में एकत्र मिलन हुआ और उन्होंने भारत में बौद्धधर्म के पुनरुज्जीवन पर चिंतन किया। सन् 1936 में डॉ. अम्बेडकर की येवला सम्मेलन में "हिन्दू के रुप में नहीं मरुंगा" की घोषणा के पश्चात् ये त्रिमूर्ति एक दिन इलाहाबाद में धम्म प्रचार के

व्यक्तिगत संकल्पों की एक दूसरे की साक्षी में उदघोषणा कर रहे थे। राहुल जी ने अधिक से अधिक ग्रंथ निर्माण का बेड़ा उठाया तो जगदीश कश्यप ने अध्ययन, अध्यापन, शोध और संस्थान के स्थापनार्थ अपनी आस्था जताई और भदन्त आनन्द कौसल्यायन ने कहा कि वे व्याख्यान, यात्रा, आलेख, पत्र–पत्रिकाओं का संपादन, पालि भाषा, बौद्ध धर्म और हिन्दी साहित्य के माध्यम से देश की सेवा करेंगे।

सन् 1933 में जब भन्ते जी इंग्लैंड में थे तो राहुल जी ने उन्हें जातक के अनुवाद का काम सौंप दिया। अगले वर्ष वे सिंहल जाकर मलेशिया पहुँचे और पिनांग में स्थविर गुणरत्न जी के सानिध्य में रहकर सौ जातक कथाओं का अनुवाद 1935 तक पूर्ण किया, जिसका प्रकाशन पंजाब विश्वविद्यालय के संस्कृत डिपार्टमेन्ट के अध्यक्ष डॉ. लक्ष्मण स्वरुप ने किया था। सम्पूर्ण जातक खण्डों को हिन्दी साहित्य सम्मेलन प्रयाग के प्राण आदरणीय श्री पुरुषोत्तमदास जी टग्डन ने क्रमशः 1941, 1942, 1946, 1951, 1954, व 1956 में प्रकाशित किया। इस कार्य हेतु भन्ते जी ने पालि अट्ठकथायें, तथा सिंहली, बंगाली, बर्मी, थाई, अंग्रेजी अनुवाद आदि स्रोतों का उपयोग किया था। अपने जातक अनुवाद को समर्पित करते हुये कौसल्यायन जी लिखते है, ''प्रथम परिचय के दिन से ही मेरे परम श्रद्धाभाजन राहुल सांकृत्यायन को।'' सारनाथ के मूलगन्धकुटी विहार से दिनांक 23 अगस्त 1941 को अपनी वस्तु–कथा में उन्होंने लिखा था, ''मेरे सारे अनुवाद को श्री कोसम्बी जी ने सुनने की कृपा की, पूज्य महास्थविर बोधानन्द जी का आशीर्वाद मिलता रहा, भाई जगदीश काश्यप जी अनेक प्रकार से सहायक होते रहे। अपनों को क्या धन्यवाद दिया जाए?''

सन् 1938 में गाांधी जी और अन्य कांग्रेस नेताओं ने गैर–हिन्दी क्षेत्रों में हिन्दी के प्रचारार्थ राष्ट्रभाषा प्रचार समिति की वर्धा, महाराष्ट्र में स्थापना की थी। बाद में गांधी जी ने हिन्दुस्तानी के पक्ष में समिति से अपना नाता तोड़ दिया। जवाहरलाल नेहरू और डॉ. राजेन्द्र प्रसाद आदि अन्य नेता भी उन्हीं के नक्शे–कदम पर चले गये। ऐसी अवस्था में सन् 1941 में महर्षि पुरुषोत्तम दास टण्डन जी के कहने पर

कौसल्यायन जी ने उस समिति के महामन्त्री पद का भार वहन किया। और अगले दस वर्ष तक वे हिन्दी की निरन्तर सेवा करते रहे। समिति के आरम्भ में शून्यावस्था थी। उसे भन्ते ने आत्मनिर्भर संस्थान बना ड़ाला, हिन्दी नगर बसाया, बड़ा मुद्रणालय स्थापित किया और समिति के बचत खाते में 4 लाख रुपयों की पूंजी का इजाफा किया। उनके हिन्दी भाषा के योगदान से हिन्दी साहित्य सम्मेलन, प्रयाग ने भन्ते जी को साहित्य वाचस्पति की उपाधि से सम्मानित किया।

सन् 1939 के मार्च महीने की बात है। महाबोधि सभा द्वारा दिल्ली में स्थापित बुद्ध विहार का उद्‌घाटन प्रचंड जनसमुदाय की उपस्थिति में महात्मा गांधी जी कर रहे थे। कौसल्यायन जी भी वहाँ मौजूद थे। उनके एक पुराने परिचित ने उन्हें पहचान कर कार्यक्रम के उपरान्त पूछा, " घर वापिस क्यों नहीं जा रहे आप?" भन्ते जी ने कहा, "इन दिनों ऐसा कोई काम ही नहीं कर रहा हूँ कि घर जाना पड़े।" उनके मामा जी को जैसे ही खबर मिली कि आनन्द जी दिल्ली में है, तो वे 16 वर्षों के अंतराल के बाद आशान्वित होकर उनसे मिलने पंजाब से दिल्ली गये। परंतु उनके दिल्ली पहुचने तक भन्तेजी सारनाथ जा चुके थे। अतः मामाजी दिल्ली से सारनाथ गये और अन्त में देखा कि हरिनामदास तो सिर मुंडाकर काषाय वस्त्र परिधान कर बौद्ध भिक्षु बन गये हैं और वहीं से वह खाली हाथ घर लौट आये।

सारनाथ में भन्ते ने महाबोधि सभा द्वारा प्रकाशित धर्मदूत नामक हिन्दी मासिक का संपादन किया। इन्हीं दिनों सारनाथ में महाबोधि सभा की जमीन पर, सेठ जुगल किशोर बिड़ला ने एक धर्मशाला भी बनवाई थी। उसका उद्‌घाटन वैदिक कर्मकांड से हो रहा था। भन्ते जी को यह बात बहुत खटक रही थी। परंतु भारतीय महाबोधि सभा के तत्कालीन महासचिव देवप्रिय वलिसिंह के इशारे पर कौसल्यायन जी उस समय चुप रहे परंतु दूसरे ही दिन कलकत्ता जाकर उन्होंने अपना आलेख छपवाया, जिसका शीर्षक था– यह है आर्य धर्म संगठन!

सन् 1941 से 1951 तक का काल जिस प्रकार डॉ. अम्बेडकर के जीवन में ब्रिटिश भारत में लेबर मेम्बर और आजाद भारत में संविधान और हिन्दू कोड बिल आदि के जरिये देश की सेवा करने में महत्वपूर्ण रहे, उसी प्रकार उक्त समय भदन्त आनन्द कौसल्यायन के जीवन में हिन्दी के पक्ष में और पुरुषोत्तम दास टंडन के नेतृत्व में तथा हिन्दुस्तानी के विपक्ष में और महात्मा गांधी, जवाहरलाल नेहरु, श्रीमन्नारायण, डॉ. राजेन्द्र प्रसाद आदि के विरुद्ध वर्धा की राष्ट्रभाषा प्रचार समिति का प्रधानमंत्री का भार वहन कर देशसेवा के लिये महत्वपूर्ण रहा। काकावाडी से गोरक्षण का एक कमरा जिस समिति का कार्यालय था वह वर्तमान में हिन्दी नगर के रुप में बस चुका है। इसका सारा श्रेय जिस किसी एक व्यक्ति को जाता है वह भन्ते कौसल्यायन है। जिस प्रकार बाबासाहेब के शैक्षणिक और साहित्यिक योगदानों से प्रभावित होकर हैदराबाद के उस्मानाबाद विश्वविद्यालय ने उन्हें डी. लिट. की उपाधि बहाल कर उनके प्रति अपनी कृतज्ञता व्यक्त की थी, उसी प्रकार भदन्त जी के भाषण, लेखन और विद्वत्ता से प्रभावित होकर हिन्दी साहित्य सम्मेलन प्रयाग और नव नालन्दा महाविहार ने उन्हें क्रमशः साहित्य वाचस्पति तथा डी. लिट् की उपाधि से भी सम्मानित किया था। वे कहा भी करते थे कि उनके जीवन रथ के दो पहिये हैं : हिन्दी और बौद्ध धर्म। दोनों के वे हमेंशा एक साथ खींचते रहे।

वर्ष 1951 में जहाँ एक तरफ डॉ. बाबासाहेब अम्बेडकर ने भारतीय स्त्री–पुरुषों में समानता का दर्जा प्रस्थापित करने के उद्देश्य से स्वयं रचित हिन्दू कोड बिल को नेहरु जी के वादे के बावजूद संसद में पारित न होने देने की सनातनी हिन्दुओं के प्रतिकारी रवैये को देखकर कानून मन्त्री के पद से इस्तीफा दिया तो उसी समय दूसरी ओर डॉ. कौसल्यायन ने राष्ट्र भाषा प्रचार समिति को शिखर तक पहुचा कर महामन्त्री पद से त्यागपत्र दिया। इस कालावधि में उनकी कलम से निम्नलिखित प्रमुख रचनायें प्रसृत हुई यथाः बुद्ध वचन, भिक्षु के पत्र, भगवद्गीता की बुद्धिवादी समीक्षा, तुलसी के तीन पात, बहानेबाजी, जो न भूल सका, कहां क्या देखा, जो लिखना पड़ा और रेल का टिकट।

इसी कालावधि में महावंस, जातक, अंगुत्तर निकाय, धम्मपद, अभिधम्मत्थसङ्ग्हो, सच्चसङ्ग्हो, आदि पालि ग्रंथों का उन्होंने हिन्दी में अनुवाद भी किया। इसके अतिरिक्त उन्होंने अंगेजी की महत्वपूर्ण कृतियों यथा पच्चीसवा घंटा, स्वतन्त्र चिन्तन, धर्म के नाम पर, देश की मिट्टी बुलाती है इत्यादी को भी अनुदित किया। इसी दौरान भन्ते जी भारत में ही नहीं बल्कि ब्रह्मदेश, श्रीलंका, जापान, चीन और नेपाल आदि देशों में बौद्ध धर्म प्रचारार्थ पर्यटन करते रहे।

इसके पश्चात् भन्तेजी कुछ वर्ष कालिंगपोंग में रहे। उस समय नेपाल में राणा सरकार का शासन था। उसने नेपाल से सारे भिक्षुओं को निष्कासित कर दिया। ऐसे एग्जाईल्ड भिक्षुओं को इकट्ठा कर भन्तेजी ने उनको धर्मादाय सभा नामक संगठन में एकत्रित किया। उस सभा के अध्यक्ष बाबासाहेब के दीक्षागुरु चंद्रमणि महास्थविर ही थे और उसका सारा कार्य भन्ते जी संभालते थे।

सन् 1950, 1952–1954 और 1956 में क्रमशः श्रीलंका, बर्मा और नेपाल में चार विश्व बौद्ध सम्मेलन हुये थे, जिस में डॉ. अम्बेडकर और आनन्द कौसल्यायन दोनों सम्मिलित रहे। बर्मा के सम्मेलन का किस्सा भन्ते ने हमें भी सुनाया था। उसमें एक सत्र में सीढी चढकर भवन के ऊपर के मंजिलवाले कक्ष में जाना पड़ता था। सारे भिक्षु लोग जूते पहनकर ही प्रवेश कर रहे थे तो बाबासाहेब भी वैसे ही अन्दर दाखिल होने लगे। परन्तु सम्मेलन के स्वयंसेवक ने उन्हें जूते बाहर निकालने का आग्रह किया। बाबासाहेब अपने जूते उतारते हुये पास में स्थित भन्ते आनन्द कौसल्यायन को कहने लगे, ''यह क्या, आप जूते पहने हो और मुझे उसके बिना ही जाने को कहा जा रहा है?'' भन्तेजी ने कहा, ''यह किसी व्यक्ति का अधिकार थोड़े ही है, यह तो सभी भिक्षुओं का विशेषाधिकार है। आप भी भिक्षु बनो तो आप भी उस विशेषाधिकार को भोग सकते है।''

सन् 1956 का वर्ष जहाँ एक ओर डॉ. अम्बेडकर के जीवन का धम्मक्रांति और महाप्रयाण की घटनाओं से प्रभावित रहा, वहाँ दूसरी

ओर भदन्त आनन्द कौसल्यायन के लिये वह वर्ष चीन में अंतर्राष्ट्रीय बौद्ध भिक्षुओं के प्रतिनिधिमंडल और भारत में डॉ. अम्बेडकर के धम्मक्रान्ति और अन्तिम संस्कार का नेतृत्व करने में महत्वपूर्ण रहा। 6 दिसंबर 1956 को बाबासाहेब अपने दिल्ली के निवास में नींद में ही महाप्रयाण कर गये। भन्ते जी उस समय बाबा के शव को लेकर चार्टर्ड प्लेन से बम्बई ले आये और उन्होंने चैत्य भूमि पर बौद्ध परंपरा से उनका अन्तिम संस्कार किया। उसके दूसरे ही दिन वही उन्होंने एक लाख लोगों को बौद्ध धर्म की दीक्षा दी। अगले दो वर्षों तक भन्ते जी महाराष्ट्र में बाबासाहेब के संदेश को गाँव–गावं और नगर–नगर पहुंचाते रहे। बाबासाहेब द्वारा लिखित सबसे महान और उनका अन्तिम ग्रंथ द बुद्ध एण्ड हिज धम्म सन् 1957 में प्रकाशित हुआ था। भन्ते जी ने उसका हिन्दी में अनुवाद बैंकाक में रहते हुये पूर्ण किया। भन्ते जी ने उसके पालि और संस्कृत मूल के संदर्भ श्रीलंका में रहते हुये एकत्र किये और उन्हें प्रकाशित कराने हेतु सिद्धार्थ एज्युकेशन सोसायटी को बम्बई में भेज दिया।

भन्ते आनन्द जी ने सन् 1958 में भोपाल से 45 कि. मी. दूर सांची के महाबोधि सोसायटी के बुद्ध विहार में निवास किया था। भन्तेजी शायद मध्य प्रदेश में इन्दौर जिले तक तो आये थे परंतु बाबासाहेब की जन्मस्थली महू, जिसे आज डॉ. अम्बेडकर नगर से जाना जाता है, में नहीं गये। हालांकि उनके प्रथम शिष्य भिक्षु सत्यशील मेरे पूर्व और मेरे यहाँ स्थानापन्न होने के पश्चात् भी यहाँ आ चुके है।

वर्ष 1959 में उन्होंने श्रीलंका के विद्यालंकार विश्वविद्यालय में हिन्दी विभागाध्यक्ष की हैसियत से प्रोफेसर का कार्यभार संभाला। उसी समय भन्ते मेधंकर भी वहाँ जाकर भन्ते कौसल्यायन जी के कृपाभाजन बने। एक बार भिष्मचारी महाराज ने बताया था कि वडसा जिले के सावंगी गाँव में एक खुजली से पीड़ित बालक को उन्होंने गोद लिया था। उसे चार दर्जे तक पढाया भी। वह बालक मेश्राम कुल से था। आगे वह भिक्षु बनकर सन् 1957 में भन्तेजी के संपर्क में आकर अच्छा लेखक और संगठक बन गया। लोग उन्हें भिक्षु मेधंकर के नाम से जानते है। कुछ

माह पूर्व उनके अकाल निधन से बौद्ध प्रशिक्षण संस्थान को जो क्षति हुई उसकी पूर्ति असंभव है।

1984 मे जब मैं श्रीलंका में था तो मेधंकर जी ने तीन फरवरी की अपनी चिट्ठी में मुझे बी.ए. पास करने का परामर्श दिया और अपने बारे में लिखते हुए कहा कि 1949 में जब वे लंका गये थे तो उनकी आयु 23 साल की थी और शिक्षा के नाम पर ज़ीरो थे। 17 जून, 1959 को श्रीलंका की सरकार ने उस प्राचीन विद्यालंकार पिरिवेण को विद्यालंकार विश्वविद्यालय के रुप में नामांतरित किया। उस समय डॉ. शान्ति भिक्षु शास्त्री, राहुल जी और भन्तेजी क्रमशः संस्कृत, दर्शन और हिन्दी विभागों के मुख्य प्रोफेसर थे।

भन्ते जी ने श्रीलंका में लगभग 9 साल व्यतीत करते समय निम्नलिखित ग्रंथों की रचना की: पालि–हिन्दी कोष, श्रीलंका, मोग्गल्लान व्याकरण, बुद्धालंकार, सिंहल भाषा और साहित्य, अनात्मवाद, संयोजन–दस भव बंधन और बौद्ध धर्म एक बुद्धिवादी अध्ययन। श्रीलंका में रहते हुये भी भन्ते जी भारत में बाबासाहेब के मिशन की गतिविधियों को देखने हेतु समय–समय पर यहाँ आते रहे और उत्तर तथा दक्षिण भारत का दौरा करते रहे। सन् 1968 में भन्ते जी विद्यालंकार विश्वविद्यालय से सेवानिवृत्त हुये।

1969 से उन्होंने बाबासाहेब की दीक्षा भूमि को अपनी कर्म भूमि बनाकर 1981 तक के 13 वर्षों के कार्यकाल में उन्होंने निम्नवत् महान कार्य सम्पन्न किया: भिक्षुओं के रहने हेतु भिक्षु निवास की स्थापना की, चालीस युवा छात्रों को श्रामणेर–भिक्षु बनाकर उन्हें जीवन में बेहतर स्थिति तक उन्नत करने में सफलता हासिल की। उनमें से नंदवर्धनबोधि ने नागपुर में ही एक बस्ती को कौसल्यायन नगर से नामांतरित किया, उत्तमबोधि उपाख्य हिम्मतराव देशभ्रतार को पुलिस विभाग में एस.पी. /डी.एस.पी. का ओहदा मिला, महेन्द्र ने महाराष्ट्र शासन के अभिलेख विभाग में उपनिदेशक के पद तक तरक्की की, बोधितिस्स उपाख्य भीमराव जूनघरे केन्द्रीय शासन में आडिट एण्ड एकाउन्ट विभाग में

कार्यरत रहे, सुभाष गेडाम अमेरीका में वैज्ञानिक है, चन्द्रबोधि मध्य प्रदेश में बाबासाहेब की जन्मस्थलि के समीप भारत के एकमेव एम.फिल व पीएच.डी. के अध्ययन व शोध केन्द्र वाले संस्थान, डॉ. अम्बेडकर नगर, महू में डॉ. अम्बेडकर विचार एवं दर्शन विभाग के विभागाध्यक्ष तथा डॉ. अम्बेडकर चेअर के प्रोफेसर के पद पर गत 1996 से सेवारत है, तथा वर्ष 2018 में वह कुलपति रहे और सीनियर प्रोफेसर और अधिष्ठाता के रुप में वर्ष 2021 तक डॉ. बी. आर. अम्बेडकर सामाजिक विज्ञान विश्वविद्यालय में अविरत सक्रिय रहे। विमलकीर्ति अधिव्याख्याता और लेखक है, सत्यशील कर्मठ धर्मप्रचारक है, ज्ञानरत्न जी दिल्ली में धम्मप्रचार करते रहे; विनयबोधि, राहुलबोधि बम्बई और उसके पास महाविहार के शिल्पकार बन सक्रिय है; बोधिरत्न श्रीलंका में अध्ययनरत है, अजयकीर्ति, मेत्तानंद, रेवतधम्म मेंढेगाँव; शास्त्री सरांडी भदन्त सदानन्द मृत्यु 4/8/2020; संघरत्न मानके भन्ते इंडो–जपान संघ चलाते हैं। और कई नाम है, जिन्हें डायरेक्ट्री के रुप में पेश किये जा सकते हैं। जब कभी स्थानीय संगठन के मदद के अभाव में अपनी शिक्षा, निवास, भोजन और रखरखाव में उनके शिष्यों के चेहरों पर आर्थिक अड़चन की उदासी झलकती तो कौसल्यायन जी उन्हें कहते, " अरे! चिन्ता मत करना, आनन्द कौसल्यायन की लेखनी और रायल्टी अभी थमी नहीं है।"

इसी वर्ष की 14 अप्रैल को दीक्षा भूमि से प्रकाशित प्रथम पुस्तक के रुप में उनके द्वारा स्वरचित बाबासाहेब का चरित्र ग्रंथ, यदि बाबा न होते का उल्लेख करना पड़ेगा। उक्त लेखक ने उसका हिन्दी से अंग्रेजी में तर्जमा हैड देअर बीन नो अम्बेडकर के शीर्षक से 1978 के दौरान यू. के. में रहते समय किया था और उसका प्रूफ व टंकलेखन भन्तेजी के मार्गदर्शन में उनके यू.के.. अमेरीका व कनाडा यात्रा वर्ष 1979 के सितम्बर माह के समय पूर्ण किया गया हालांकि उसे यथावत प्रकाशित करने का कार्य अभी भी लम्बित है। यह पुस्तक मूल लेखक ने बाबासाहेब के धम्मगुरु चंद्रमणि महास्थविर को समर्पित की है। उन्हीं के नामपर एक चंद्रमणि कुटीर दीक्षा भूमि पर बनाने का उनका संकल्प

था पर वह पूरा नहीं हुआ। उक्त लेखक ने इसके पूर्व भन्ते द्वारा वर्ष 1963 में रचित बुद्धिज्म एण्ड अदर रिलिजन नामक अंग्रेजी पुस्तिका का भी हिन्दी में अनुवाद किया था, जिसे 'बौद्ध धर्म ही क्यों' के शीर्षक से सन् 1975 में दीक्षा भूमि से ही प्रकाशित किया गया। यह बाबासाहेब डॉ. अम्बेडकर की पुण्यस्मृति को लेखक की श्रद्धांजली है। सन् 1967 से 1982 तक की कालावधि के दौरान भिक्षु निवास से दीक्षा भूमि संदेश और बाद में दीक्षा भूमि पाक्षिक लगातार निकलता रहा। उसमें उक्त लेखक द्वारा रचित प्रथम आलेख मैं मन हूँ के शीर्षक से प्रकाशित हुआ और तभी से उक्त लेखक को कलम के प्रयोग का इल्म हुआ।

यदि बाबा न होते के अनन्तर कौसल्यायन जी ने अनेक विधाओं में अपना लेखन जारी रखा। उनमें से कुछ ग्रंथ तथा पॅम्फलेट्स निम्नांकित हैं: क्रांति के अग्रदूत भगवान बुद्ध, तथागत का शाश्वत संदेश, भगवान बुद्ध का धर्म, बोध गया, बौद्ध जीवन पद्धति, राहुल सांकृत्यायन, बौद्ध धर्म और मार्क्सवाद, भगवत्गीता तथा धम्मपद, राम कहानी राम की जबानी, रामचरित मानस में ब्राह्मणशाही तथा नारीनिंदा, मनुस्मृति जलाई गई क्यों?, दर्शन वेद से मार्क्स तक, एन इंटेलिजन्ट मैन्स गाईड टू बुद्धिज़्म, और द बुद्ध एण्ड हिज धम्म का पंजाबी में अनुवाद। भन्ते जी के इन साहित्यिक योगदान के फलस्वरुप सन् 1971 में नवनालंदा महाविहार, नालंदा ने उन्हें विद्यावारिधि अर्थात डी. लिट. की उपाधि बहाल कर सम्मानित किया।

कनाडा के दौरे में भन्तेजी ने टोरन्टो, ब्रांक तथा आटावा विश्वविद्यालयों में बौद्ध धर्म पर व्याख्यान दिए। उसी समय भन्ते जी के हस्ते नसीब सल्लन, मोहन वर्दी और दर्शन चौधरी और उनके समस्त परिवारों ने बौद्ध धर्म की दीक्षा ग्रहण की। अम्बेडकर मिशन कनाडा के उपाध्यक्ष श्री योगेश वराडे भी 13 सितम्बर 1981 में वुल्वरहैम्पटन विहार, यू. के. में ब्रिटिश शिल्पकार श्री आलन पोप द्वारा बनवाई गई बाबासाहेब की आदम कद ऊंची फायबरग्लास की मूर्ति के भन्ते जी के हस्ते तथा भारत के उच्चायुक्त डॉ. सईद मोहम्मद की मौजूदगी में हुये अनावरण के कार्यक्रम में शरिक होने आये थे। उसी वर्ष उक्त अनावरन के चालीस

दिन बाद श्री बी. पी. मौर्य जी भी वहाँ आकर लेखक से मिले थे। उसी वर्ष अंतर्जातीय संबंध को बढावा देने हेतु दिल्ली में मौर्य जी के निवास पर भन्ते जी की भतीजी वीणा वर्मा का बर्मिंघम के श्री संसारी लाल के सुपुत्र सिद्धार्थ के साथ विवाह संपन्न हुआ था।

सन् 1979 में अपने अमेरिका के दौरे में भी भन्ते जी बाबासाहेब जहाँ पढे और रहे थे उस कोलंबिया विश्वविद्यालय और उसी के केम्पस में स्थित छात्रावास का कमरा देख आये थे। न्यूयार्क और वाशिंगटन डी. सी. में वे क्रमशः 8 और 5 दिन रहे। उसी वर्ष के सितम्बर माह में भन्ते जी और उक्त लेखक कनाडा में थे। वहाँ अम्बेडकर प्रेमियों ने उसी वर्ष अम्बेडकर मिशन, कनाडा की स्थापना की थी। उससे पुर्व अमेरिका में 1977 में विजन अर्थात् वाल्युन्टीयर्स इन सर्विस टू इण्डियाज़ ऑप्रेस्ड एण्ड निग्लेक्टेड नामक संगठन स्थापित हो चुका था। जब भंते जी अमेरीका में थे तब बौद्ध भिक्खुनी फरिदा बेदी के अभिनेता पुत्र कबीर बेदी लास एंजलिस में थे और भन्ते जी ने न्यूयार्क में जैन मुनि सुशील कुमार के आश्रम से टेलीफोन पर उनसे बातचीत की तो बेदी जी ने भन्ते जी को घर पर आने की विनति की थी परंतु उस समय भन्ते जी अति व्यस्तता के कारण उनके यहाँ नहीं जा सके।

सन् 1982 में जब उक्त लेखक यू. के. में थे तब वहाँ के सभी अम्बेडकरी संगठनों को एक केन्द्रीय सत्ता में संगठित करने हेतु अम्बेडकर बुद्धिस्ट कौंसिल आफ यू. के. की उन्होंने स्थापना की थी और भेदभाव प्रतिबंधक और अल्पसंख्यक प्रतिरक्षा का संयुक्त राष्ट्र सब–कमिशन के स्वीत्ज़रलैंड अर्थात् जिनेवा में 31 अगस्त को सम्पन्न 35 वें सत्र में मानवाधिकार के संबंध में भारत के अस्पृश्यों के बाबत् लिखित साक्ष दलित प्रतिनिधि डॉ. एल. एन. बेरवा को यू. के. से भेजी गई थी। उसी वर्ष भन्ते जी ने नागपुर और कमेटो के बीच साडे आठ एकड़ भूखण्ड पर बनाये गये विहार में निवास करना स्वीकार किया। इसके पूर्व वे धंतोली में रहते थे। नई जगह का बुद्ध भूमि नाम भी उन्हीं का दिया हुआ है।

बुद्ध भूमिं पर वे तीन वर्ष और 22 दिन रहे। अन्तिम दिनों में वे मेयो अस्पताल में पीलिया की बीमारी से जूझते रहे। दीक्षा भूमि पर निवास के दिनों मैं उन्हें गवई नर्सिंग होम में भर्ती कराया गया था। उस वक्त लेखक ने उनके पाखाने की सफाई करने की सेवा करने का पुण्यार्जन किया था। सन् 1986 में भन्ते जी के मेयो अस्पताल में भर्ती रहने के दौरान से उनके अंतिम सांस तक लेखक ने भन्ते जी के चरणों में ही अपनी सेवा को अर्पित करना उचित समझा था।

2 जुलाई, 1984 को उक्त लेखक विश्व शांति के प्रचारक तिब्बत के देश निकाले शासक दलाई लामा के साथ इंग्लैंड के कावेन्ट्री शहर के कथिड्रल में थे और 11 जुलाई, 1985 को ईस्ट लंदन के प्लास्टो विहार में रहते समय एक हादसे के शिकार हुये थे। उसका प्रतिबिंब भन्तेजी के जीवन पर भी घटित हुआ। उसी वर्ष लेखक जब श्रीलंका में था तो उन्हें बौद्ध प्रशिक्षण संस्थान के तत्कालीन कार्यालय 44, चितले रोड, धंतोली, नागपुर से एक चिट्ठी मिली, जिस से इंगित हुआ कि भन्ते जी परेशानी में थे। और 5 जनवरी 1985 को भन्ते जी का 80वां जन्मदिन बुद्ध भूमि के विहार में परम पावन दलाई लामा के सत्संग में बिता। 1986 में लेखक ने ब्रिटेन को छोड़कर भारत में भन्ते के पास ही रहने का निर्णय लिया।

सन् 1988 में भन्ते जी ने अपना अंतिम अनुवाद किया। वह था बाबासाहेब की बहुचर्चित अंग्रेजी पुस्तक रिडल्स ऑफ हिन्दुइज़्म का हिन्दू धर्म का बुझौवल (रिडल्स) नामक हिन्दी अनुवाद। भन्ते जी जब मेयो अस्पताल, नागपुर में भर्ती थे तब भी वे चैन से नहीं रहते थे। नर्स और डाक्टर की हिम्मत नहीं पड़ती थी कि वे उन्हें आम पेशंट की भांति परामर्श देने की हिम्मत रखे। कई बार भन्ते जी आटो से जाकर शहर से अपना काम कर वापस अस्पताल के बिस्तर पर उपस्थित हो जाते थे। मरणासन्न भन्तेजी की पीड़ा इतनी असहाय थी कि मानो बौद्धों का जीसस क्राईस्ट सूली पर टंगा हो। 22 जून को उनका शव अस्पताल से ले आये। 23 जून की शाम उनके पार्थिव शरीर को दाह संस्कार देने का विधि और शोक संदेश उक्त लेखक के नेतृत्व में ही सम्पन्न हुआ।